Detlef Ridder

Autodesk Revit 2026

Der umfassende Praxiseinstieg für Architekturkonstruktion

mitp

Bibliografische Information der Deutschen Nationalbibliothek
Die Deutsche Nationalbibliothek verzeichnet diese Publikation in der Deutschen Nationalbibliografie; detaillierte bibliografische Daten sind im Internet über <https://portal.dnb.de/opac.htm> abrufbar.

Bei der Herstellung des Werkes haben wir uns zukunftsbewusst für umweltverträgliche und wiederverwertbare Materialien entschieden.
Der Inhalt ist auf elementar chlorfreiem Papier gedruckt.

ISBN 978-3-7475-1100-8
1. Auflage 2026

www.mitp.de
E-Mail: mitp-verlag@lila-logistik.com
Telefon: +49 7953 / 7189 - 079
Telefax: +49 7953 / 7189 - 082

Lektorat: Janina Vervost
Sprachkorrektorat: Petra Heubach-Erdmann
Coverbild: © Yurij / stock.adobe.com
Satz: III-satz, Kiel, www.drei-satz.de

Inhaltsverzeichnis

Einleitung

Was ist Revit?

Objektorientiert und assoziativ

Revit ist ein sehr modernes objektorientiertes dreidimensionales Architekturprogramm mit stark interaktiven Funktionen. Der Name entspricht der Abkürzung von »REVise InstanTaneously« – auf Deutsch »Änderungen sofort übernehmen«. Dahinter steckt der Anspruch, Änderungen am CAD-Modell sofort zu übernehmen und auch so zu integrieren, dass alle damit in Verbindung stehenden Konstruktionselemente automatisch angepasst werden. Das wird dadurch realisiert, dass die Konstruktionselemente miteinander in assoziativer Verbindung stehen. Das wiederum ist nur durch eine komplexe Datenbank im Hintergrund realisierbar, die die Verknüpfungen der Elemente sofort aktualisiert. Außerdem sind hier nicht nur Objekte aus dem Architektur-Bereich zu bearbeiten, sondern auch Stahlbau-Teile und alle Objekte für die Gebäude-Installation. Damit wird Revit den heutigen Ansprüchen an ein Gesamtprojekt gerecht, das unter dem Begriff BIM (Building Information Modeling) zusammengefasst wird. Das beinhaltet dann natürlich auch die synchrone Speicherung aller technischen Daten angefangen bei den Listen über die Bauelemente und Massen bis hin zu den Belastungen von Stützen und Trägern, aber auch die Mengen, die in der Gebäudetechnik auftreten wie Stromstärken, Durchflussmengen und Heizungsbedarf.

Automatische Sicherungen

Damit diese kompakte Datei auch gut gesichert wird, führt Revit in regelmäßigen Zeitabständen automatische Speicherungen durch und verwaltet auch mehrere Versionen dieser Sicherungsdatei. Die Zeichnungsdatei und auch die Zwischenspeicherungen bei Revit tragen die Endung `*.rvt` als Abkürzung des Programmnamens ReViT.

Wie oft Sie an das Speichern eines Projekts erinnert werden möchten, können Sie mit DATEI|OPTIONEN, dort unter Registerkarte ALLGEMEIN (Abbildung E.1) und bei ERINNERUNGSINTERVALL – SPEICHERN einstellen.

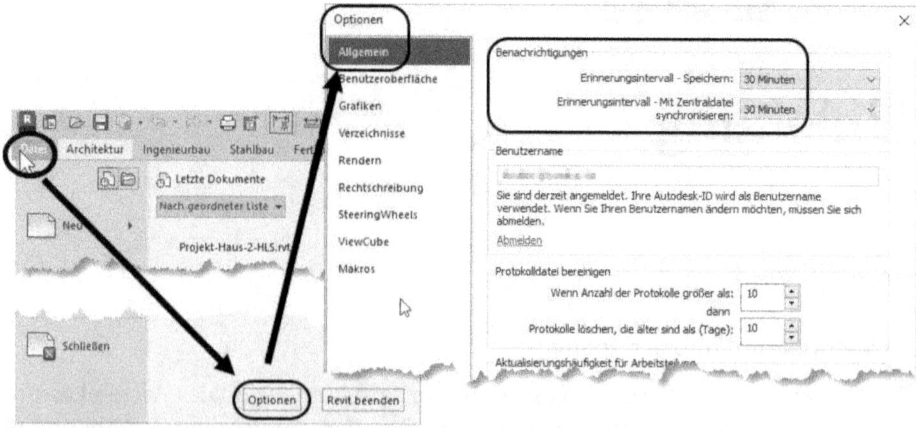

Abb. E.1: Einstellungen für das automatische Sicherungsintervall

Die maximale *Anzahl der Sicherungsdateien* können Sie ändern unter DATEI|SPEICHERN UNTER|PROJEKT und dort unter OPTIONEN bei SICHERUNGSKOPIEN MAXIMAL. Vorgabemäßig werden 2 Sicherungen angelegt (Abbildung E.2). Damit bleibt die Möglichkeit, auch auf ältere Versionen des Projekts zurückzugreifen. Die Sicherungs-Dateinamen enthalten dann eine fortlaufende Versionsnummer.

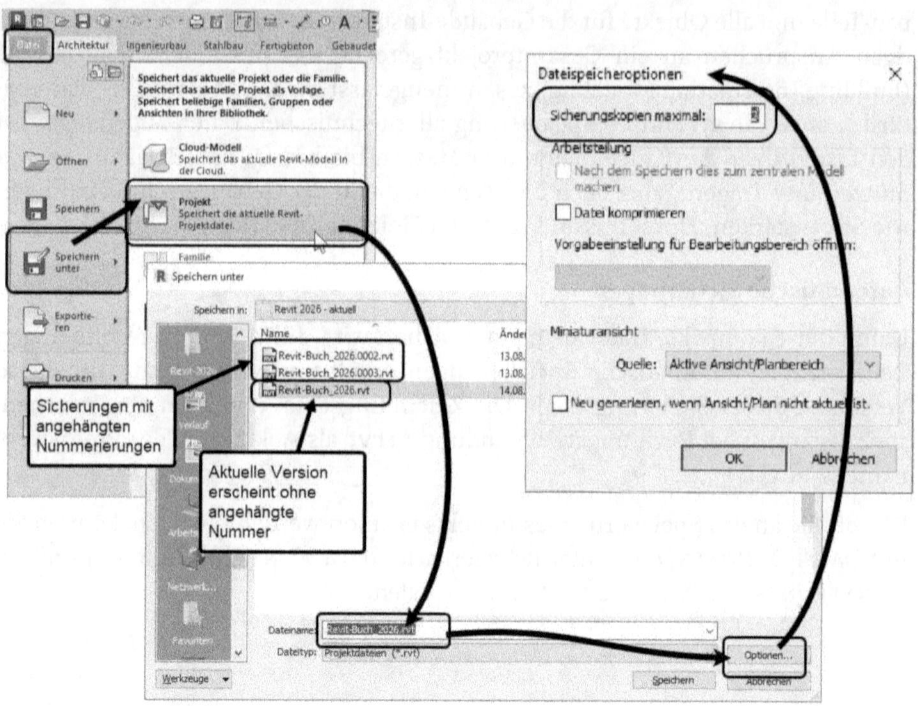

Abb. E.2: Einstellen der maximalen Anzahl von Sicherungskopien

Neu in Revit 2026

Es gibt wieder viele kleine Verbesserungen im Detail für die Bedienung und Performance des Programms. Bei den Wandfunktionen gibt es eine Option zum Hinzufügen von Wandschichten für vorhandene Wände. Bei mehreren Funktionen wurden die bisher in der Optionsleiste wählbaren Kriterien in eine neue Erweiterungsgruppe am rechten Ende der Multifunktionsleiste verlagert. Für Abonnenten der Autodesk-Cloud bietet die Startseite nun auch einen unkomplizierten Zugriff auf den Cloud-Speicher.

Unterschiede zu Revit LT

Wie bei so vielen Produkten der Firma Autodesk gibt es auch für Revit eine Light-Version: Revit LT. Die wichtigsten Unterschiede sind folgende:

- Revit LT bietet nur *eine* Vorlage an: BIM ARCHITEKTUR UND INGENIEURBAU.
- Revit LT beschränkt sich auf die Bereiche ARCHITEKTUR und INGENIEURBAU *ohne* STAHLBAU, BETONFERTIGTEILE, GEBÄUDETECHNIK, KÖRPER, ZUSAMMENARBEIT und ZUSATZMODULE.
- Es gibt *keinen* Entwurf von projektspezifischen Volumenkörpern.
- Import von Punktwolken ist *nicht* möglich und der Import von Fremdformaten beschränkt sich auf *.dwg, *.dxf, *.axm, *.dgm, *.obj, *.skp und *.stl.
- Georeferenzierung, Sonnenstandseinstellung und Rendern sind nicht möglich.
- Es gibt *keine* Analyse-Werkzeuge wie beispielsweise für die Energiebilanz.
- Arbeitsteilung mit mehreren Konstrukteuren kann höchstens über die Cloud-Funktion realisiert werden.

Für einfache reine Architekturaufgaben reicht damit aber die LT-Version meist aus.

Wie sollte man mit Revit arbeiten?

Revit ist ein Programm, das mit einem durchgängigen 3D-Modell arbeitet. Es besteht nicht aus einzelnen 2D-Zeichnungen der Geschosse, sondern es ist ein Programm, das die Geschossansichten immer aus dem kompletten 3D-Modell als horizontale Schnitte ableitet. Dabei gibt es natürlich immer Arbeiten, die sich leichter in den 2D-Ansichten erledigen lassen, wie das Entwerfen der Wandverläufe und Planen des Grundrisses. Andererseits sind bestimmte Arbeiten fast nur am 3D-Modell in einer passenden 3D-Darstellung möglich wie das Bearbeiten von Fassaden, Treppen und Geländern. Natürlich ist es möglich, Details in speziellen

2D-Detailansichten oder Detailschnitte zu zeichnen, deren Realisierung in 3D unerheblich oder zu aufwendig wäre.

Man sollte auch guten Gebrauch von *Parametern* machen, von denen es verschiedene Arten mit unterschiedlichen Gültigkeitsbereichen gibt. Parameter können eben dafür sorgen, dass bestimmte Maße oder Größen vom einzelnen Objekt bis hin zu mehreren Modellen über passende Parametereingaben zentral gesteuert werden können.

Solche Parameterarten sind:

- *Gemeinsam genutzter Parameter*: kann von mehreren Modellen verwendet werden.
- *Globaler Parameter*: gilt zentral in einem Modell.
- *Typ-Parameter*: ist im Typ eines Objekts festgelegt und nur durch Ändern des Typs zu beeinflussen.
- *Exemplar-Parameter*: kann für jedes Exemplar eines Typs einen anderen Wert besitzen und wird über den EIGENSCHAFTEN-MANAGER verwaltet.

Zu guter Letzt sollten Sie auch die *Warnungen* beachten. Zwar kann man viele Warnungen ignorieren, aber sie deuten stets auf ein Problem hin, das sich zu analysieren lohnt. Im Warnungsdialog können Sie das Objekt anklicken, das dann im Zeichnungsfenster hervorgehoben wird. Notfalls bietet Revit auch eine andere Ansicht an, wenn das betreffende Objekt nicht im aktuellen Fenster gezeigt werden kann. Die Objekte in den Warnungen tragen *ID-Nummern*, nach denen man sie auch suchen kann. Dazu gibt es im Register VERWALTEN in der Gruppe ABFRAGE das Werkzeug NACH ID AUSWÄHLEN.

Für wen ist das Buch gedacht?

Dieses Buch wurde in der Hauptsache als einführendes Buch zum Lernen und zum Selbststudium konzipiert. Es soll Revit-Neulingen einen Einstieg und Überblick über die Arbeitsweise der Software geben, unterstützt durch viele Konstruktionsbeispiele. Nach der Benutzeroberfläche im ersten Kapitel werden im zweiten Kapitel die grundlegenden *Konstruktionsbefehle* anhand eines Einfamilienhauses erläutert. Im dritten Kapitel folgen dann die *Bearbeitungsbefehle*, die einerseits an passenden Einzelbeispielen erläutert werden, andererseits aber auch zur Vervollständigung des Einfamilienhauses aus dem vorhergehenden Kapitel genutzt werden. In den folgenden Kapiteln werden dann weitere Konstruktions- und Bemaßungsbefehle einzeln anhand von speziellen Detail-Beispielen demonstriert. Insbesondere soll durch die authentisch wiedergegebenen Bedienbeispiele in Form von Befehlsprotokollen auch ein schnelles autodidaktisches Einarbeiten erleichtert werden. Der Leser wird im Laufe des Lesens einerseits die Befehle und Bedienelemente von Revit in kleinen Schritten erlernen, aber darüber hinaus auch ein Gespür für die vielen Anwendungsmöglichkeiten entwickeln.

In zahlreichen Kursen, die ich für die *Handwerkskammer für München und Oberbayern* abhalten durfte, habe ich erfahren, dass gute Beispiele für die Befehle mehr zum Lernen beitragen als die schönste theoretische Erklärung. Erlernen Sie die Befehle und die Vorgehensweisen, indem Sie gleich Hand anlegen und mit dem Buch vor sich jetzt am Computer die ersten Schritte gehen. Sie finden hier zahlreiche Demonstrationsbeispiele, aber auch Aufgaben zum Selberlösen. Wenn darunter einmal etwas zu Schwieriges ist, lassen Sie es zunächst weg. Sie werden sehen, dass Sie etwas später nach weiterer Übung die Lösungen finden. Benutzen Sie die Dokumentationen und insbesondere das Register am Ende auch immer wieder zum Nachschlagen.

Arbeiten mit dem Buch

Das Buch ist in 15 Kapitel gegliedert und kann, sofern genügend Zeit (ganztägig) vorhanden ist, vielleicht in zwei bis drei Wochen durchgearbeitet werden. Am Ende aller Kapitel finden Sie Übungsfragen zum theoretischen Wissen. Im Anhang liegen auch die Lösungen vor.

Eine Übersicht soll nun zeigen, wo Sie die wichtigsten Themen finden:

- **Kapitel 1 – Installation der Software und Beschreibung der Benutzeroberfläche**
- **Kapitel 2 – Konstruktionsbeispiel mit grundlegenden Elementen**
- **Kapitel 3 – Funktionen zur Bearbeitung von Elementen**
- **Kapitel 4 – Bemaßung und Beschriftung**
- Kapitel 5 – Gelände, echte Höhe und Nord-Richtung
- **Kapitel 6 – Ansichten, Planerstellung und Plot**
- Kapitel 7 – Konstruktionshilfen
- Kapitel 8 – Wände, Decken, Fußböden und Treppen
- Kapitel 9 – Tragwerke
- Kapitel 10 – Dachformen
- Kapitel 11 – Konzeptionelles Design
- Kapitel 12 – Gruppen, Import und Export
- Kapitel 13 – Auswertungen, Raumstempel und Listen
- Kapitel 14 – Rendern
- Kapitel 15 – Familieneditor für benutzerspezifische Bauteile

Die *grundlegenden Kapitel* sind in dieser Auflistung **fett** markiert. Diese Kapitel sollte jeder lesen bzw. inhaltlich beherrschen. Die übrigen Kapitel empfehle ich, nach Bedarf zu studieren.

Für *Anfänger*, die noch nie mit der Materie CAD zu tun gehabt haben, wäre es interessant, zunächst mit *Kapitel 1 einen Überblick* über die Oberfläche zu gewinnen, ohne aber zu tief einzusteigen. Danach sollte das *zweite Kapitel mit dem Übungsbeispiel* durchgearbeitet werden, und dann die fett markierten Kapitel.

Nach diesem Grundstudium sind alle möglichen Zeichenaufgaben lösbar. Dann wären als Erweiterung die Kapitel 5, und 7 bis 14 interessant.

Wer sich mit der Erweiterung der Möglichkeiten, die Revit bietet, beschäftigen will, sollte nun in Kapitel 15 sehen, wie mit dem Familieneditor eigene Bauteile erstellt werden können.

Downloads zum Buch

Im Verlauf des Buches wird als praxisnahes Anwendungsbeispiel ein Einfamilienhaus vom Keller bis zum Dach konstruiert. Das komplette Beispielprojekt finden Sie unter `www.mitp.de/1100` zum kostenlosen Download.

Mit dem Studium des Buches haben Sie dann die wichtigen Vorgehensweisen und Funktionen kennengelernt, sodass Sie sich auch mit den Online-Hilfsmitteln der Software dann weiterbilden können. Für weitergehende Fragen steht Ihnen eine umfangreiche Hilfefunktion in der Software selbst zur Verfügung.

Über die E-Mail-Adresse `DRidder@t-online.de` erreichen Sie den Autor bei wichtigen Problemen direkt. Auch für Kommentare, Ergänzungen und Hinweise auf eventuelle Mängel bin ich immer dankbar. Geben Sie als Betreff bitte den Buchtitel an.

Darstellung der Icons, Dialogfelder und Schreibweise für die Befehlsaufrufe

Dialogfelder wurden für die effektive Darstellung im Buch teilweise unterbrochen und verkleinert, um Platz zu sparen.

Da die Befehle auf verschiedene Arten eingegeben werden können, die Multifunktionsleisten sich aber wohl als normale Standardeingabe behaupten, wird generell die Eingabe für die Multifunktionsleisten beschrieben, beispielsweise ARCHITEKTUR|ERSTELLEN|TÜR (REGISTER|GRUPPE|FUNKTION). Funktionen mit Untergruppierungen, sogenannte Flyouts, werden mit dem Zeichen ▾ angedeutet. In der rechten Ecke eines Gruppentitels finden sich besondere Funktionen, meist für Voreinstellungen, unter dem Zeichen ↘.

Wie geht's weiter?

Mit einer Revit-Testversion aus dem Internet und den hier angebotenen Lernmitteln, nämlich dem Buch und den Beispielen darin, hoffe ich, Ihnen ein effektives Instrumentarium zum Erlernen der Software zu bieten. Benutzen Sie auch den Index zum Nachschlagen und unter Revit die Hilfefunktion zum Erweitern Ihres Horizonts. Arbeiten Sie viel mit Kontextmenüs und Griffen sowie deren Menüs. Das Buch hat viel Mühe gekostet, aber ich hoffe, dass es sich lohnen wird, um Ihnen als Leser eine gute Hilfe zum Start in das Thema Revit 2026 zu geben. Ich wünsche Ihnen viel Spaß und Erfolg bei der Arbeit mit dem Buch und mit der Revit-Software.

Detlef Ridder

Germering, den 28.10.2025

Kapitel 1

Revit installieren, starten und loslegen

In diesem einleitenden Kapitel wird grundlegend in die Programmbenutzung eingeführt. Sie lernen zuerst den Revit-Bildschirm mit seinen Bedienelementen kennen. Schließlich wird auch die grundlegende Dateiverwaltung erläutert.

1.1 Die Testversion

Testversionen von Revit 2026 für 64-Bit-Windows 10 (ab Version 1809) und 11 erhalten Sie direkt von AUTODESK über das Internet (`www.autodesk.de`). Eine Testversion kann 30 Kalendertage (gerechnet ab dem Installationstag) zum Testen benutzt werden. Sie kann auf einem PC nur ein einziges Mal installiert werden.

- `http://www.autodesk.de`
- Im Begrüßungsfenster klicken Sie auf PRODUKTE▾.

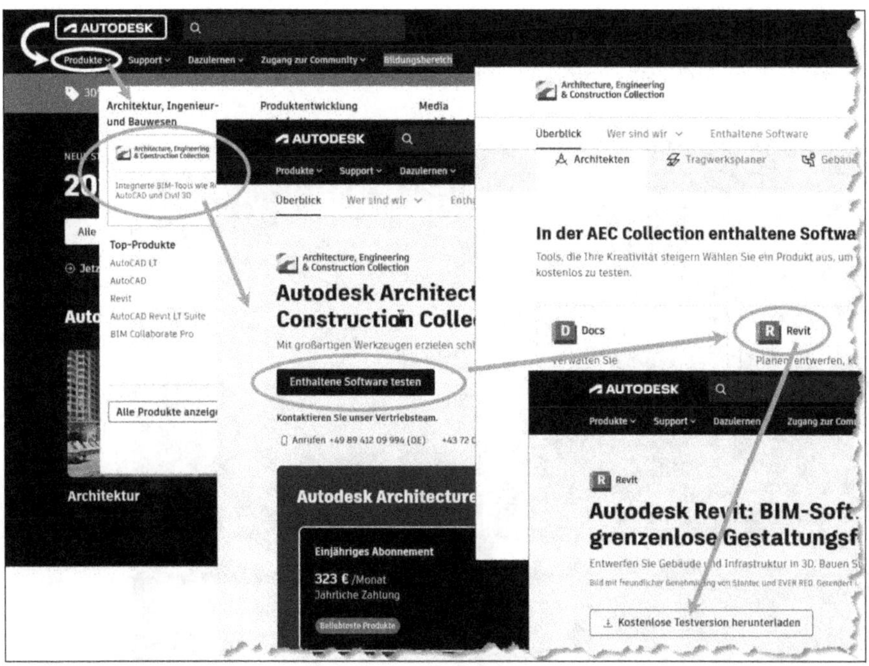

Abb. 1.1: Autodesk-Seite mit kostenlosen Revit-Testversionen

- Im nächsten Fenster unter TOP-PRODUKTE wählen Sie REVIT und dann KOSTENLOSE TESTVERSION HERUNTERLADEN.
- Auf der nächsten Seite können Sie wegen der Verwendung zwischen GESCHÄFTSZWECKE (Ihre Wahl für eine 30-Tage-Testversion), FÜR PRIVATE ZWECKE, BILDUNG (Studentenversion mit jährlichem Ausbildungsnachweis) und DATEI-VIEWER (reduzierte Version nur zum Betrachten und Plotten von Revit-Dateien) wählen. Mit WEITER> geht's weiter.
- Wenn Sie bereits einen *Autodesk-Account* besitzen, wählen Sie danach ANMELDEN.
- Wenn Sie noch keinen *Autodesk-Account* besitzen, klicken Sie auf ACCOUNT ERSTELLEN und geben Ihre EMAIL-ADRESSE und ein KENNWORT ein sowie die geforderten Daten.
- Es folgen noch einige Anfragen zu Ihrer Person und Ihrem Arbeitsfeld.
- Dann klicken Sie auf der Download-Seite auf INSTALLIEREN ▾. Sie werden hier noch aufgefordert, die Nutzungsbedingungen zu akzeptieren.
- Es wird nun eine Web-Installationsdatei heruntergeladen: `C:\Downloads\Revit_2026_..._webinstall.exe`. Sie speichern diese Datei und können darauf doppelklicken, um dann den Download der Programmdateien zu starten.
- Dann erscheint von Windows die Anfrage, ob Sie dieser App nun Änderungen an Ihrem Gerät erlauben wollen, was Sie mit **Ja** beantworten.
- Sobald die nötigen Dateien heruntergeladen sind, meldet sich der *Revit-Installationsdialog*. Hier können Sie auch die Speicherorte für das Programm (PRODUKT) und die Bibliotheken (INHALTE) noch ändern.

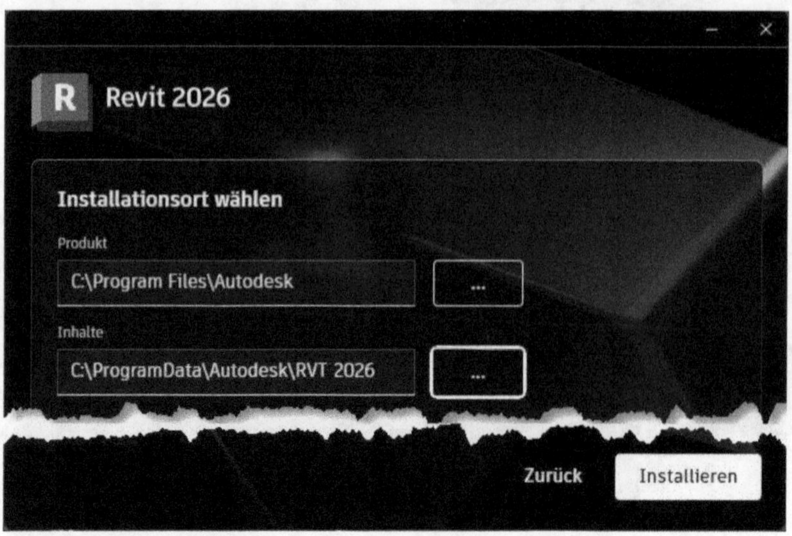

Abb. 1.2: Installation starten

- Nachdem Sie auf INSTALLIEREN geklickt haben, läuft die Installation und Sie werden noch kurz um Zustimmung zu den AUTODESK-DATENSCHUTZRICHTLINIEN gefragt.
- Sobald das Programm installiert ist, erscheint eine Schaltfläche START. Sie können damit das Programm schon starten, während die Installation für die Bibliotheken noch weiterläuft. Mit FERTIGSTELLEN wird dann die gesamte Installation beendet.

1.2 Die Studentenversion

Um als Student oder Schüler eine länger nutzbare *Studentenversion* zu erhalten, können Sie auf der Download-Seite gleich in die Kategorie KOSTENLOSE SOFTWARE FÜR SCHÜLER UND STUDENTEN gehen. Alternativ besuchen Sie direkt die Seite `students.autodesk.com`. Dort müssen Sie sich identifizieren und auch einen Ausbildungsnachweis Ihrer Bildungseinrichtung beibringen. Die Erstinstallation der Software muss auf *dem* Rechner erfolgen, auf den Sie die Software heruntergeladen haben. Per E-Mail erhalten Sie dann auch die Studentenlizenz. Die Studentenversion ist bei jährlichem Ausbildungsnachweis länger gültig als die Testversion, darf aber wie die normale Testversion nicht kommerziell benutzt werden.

Hinweis

Bitte beachten Sie, dass der Verlag weder technischen noch inhaltlichen Support für die Revit-Testversionen übernehmen kann. Bitte wenden Sie sich ggf. an den Hersteller Autodesk: `www.autodesk.de`.

1.3 Hard- und Software-Voraussetzungen

Revit 2026 läuft unter den *64-Bit-Versionen Microsoft®-Windows®* 10 (ab Version 1809) und *11*.

Zusätzlich ist ein aktueller Browser Chrome, Edge oder Firefox für Download und Lizenzregistrierung nötig.

Bei der Hardware werden folgende Prozessoren vorausgesetzt:

- *Prozessor Intel®- oder AMD®-Prozessoren mit mindestens 2 GHz Basiskern-Taktfrequenz.*

Höchstmögliche Geschwindigkeit und mehrere Kerne werden empfohlen.

Ferner wird benötigt

- mindestens *16 GB RAM*
- Bildschirmauflösung ab *1280x1024* Pixel mit True Color, empfohlen werden *1600x1050* Pixel und bis Ultra-High (4K)

- Grafikkarte mit *True Color* (24 Bit) für einfache Grafiken, empfohlen werden *DirectX11*-Grafikkarten mit Shader-Modell 5 und 4 GB Video-Speicher
- *30 GB freier* Speicherplatz auf der Festplatte für die Installation und 100 GB für temporäre Dateien
- *Microsoft®-Mouse*-kompatibles Zeigegerät (am besten optische Wheel-Mouse), *3Dconnection®-kompatible Maus* (z.B. SpaceMouse)

Grafikkarte und Treiber werden beim ersten Start auf ihre Leistung überprüft und die Voreinstellungen für fortgeschrittene 3D-Darstellungen ggf. angepasst.

Wer viel im 3D-Bereich arbeitet und fotorealistische Darstellungen erzeugt, sollte mit RAM-Speicher nicht sparen und vielleicht auf 32 GB aufrüsten, ebenso mindestens 3-GHz-Prozessoren und eine Grafikauflösung bis 4K verwenden.

Auf dem *MAC-Rechner* müssten Sie mit der Software *Parallels Desktop®* einen virtuellen PC mit *Windows-10- oder 11-Betriebssystem* installieren, um dann dort Revit zu benutzen.

1.4 Installierte Programme

Nach erfolgter Installation steht Ihnen neben Revit noch ein Viewer zur Verfügung, die Sie beide unter der Kategorie AUTODESK finden, wenn Sie auf das Windows-Logo in der Taskleiste klicken und dann links oben ALLE APPS wählen (Abbildung 1.4):

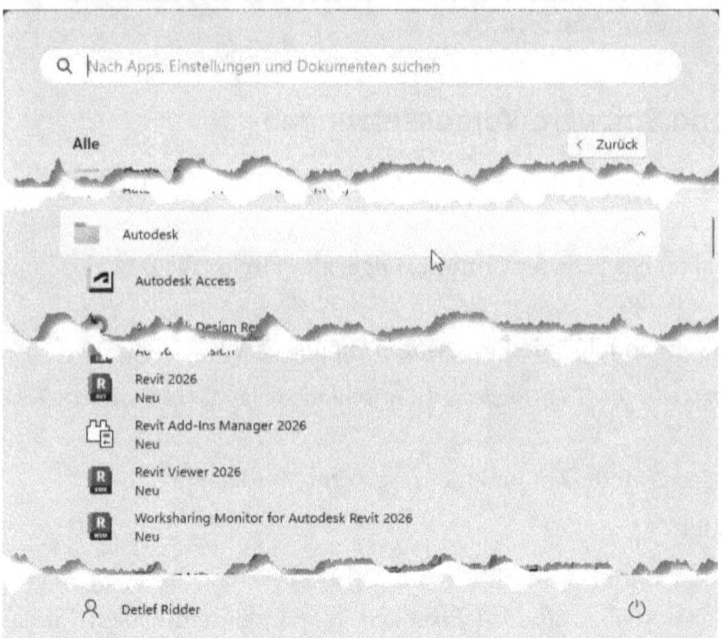

Abb. 1.3: Aufruf der Programme

- REVIT 2026 – Das Hauptprogramm
- REVIT ADD-INS MANAGER 2026 – ist ein Hilfsprogramm zur Verwaltung von Revit-Zusatzprogrammen außerhalb des Hauptprogramms.
- REVIT VIEWER 2026 – ist ein reduziertes Revit-Programm nur zur Anzeige und zum Plotten von Revit-Zeichnungen.
- WORKSHARING MONITOR FOR AUTODESK REVIT (nicht bei der LT-Version) – Ein Zusatz zur Anzeige des Zustands der Dateien bei Arbeitsteilung in Team-Projekten

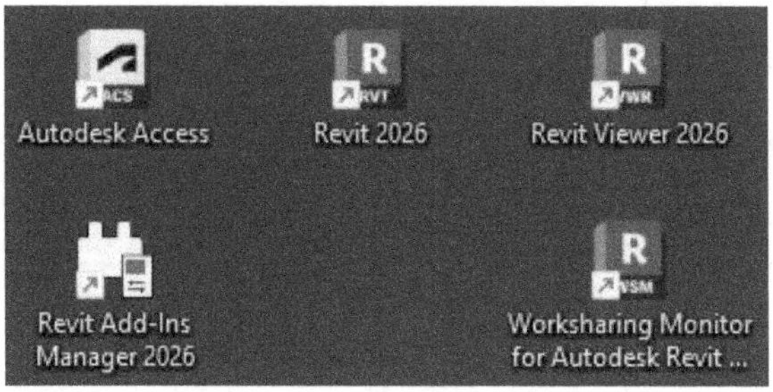

Abb. 1.4: Revit-Komponenten

1.5 Revit starten

Beim ersten Start des Programms mit einem Klick auf das Revit-Symbol auf dem Desktop können Sie entweder das Programm aktivieren lassen, wenn Sie es als lizenzierte Version benutzen wollen, oder für 30 Kalendertage als Testversion ausführen. Wenn Sie dazu einfach PRODUKT AUSFÜHREN anklicken, werden Sie regelmäßig informiert, wie viele Kalendertage Ihnen noch für die Testversion verbleiben.

Strikte 30-Kalendertage-Test-Phase

Bedenken Sie bei der Installation auch, dass die Test-Phase exakt vom Installationstag an in Kalendertagen zählt und eine spätere Neuinstallation zur Verlängerung der Test-Phase keinen Zweck hat. Nach den 30 Tagen ab Erstinstallation kann die Software nur noch nach Kauf benutzt werden!

Spezielle Anpassungen können Sie jederzeit unter DATEI|OPTIONEN|BENUTZEROBERFLÄCHE vornehmen.

Revit zeigt nach dem Programmstart seine Startseite an (Abbildung 1.5). Darin können Sie in der aktuellen Version 2026 auf ein neues Format ❶ umschalten. Dieses Format bietet neue Möglichkeiten zur Sortierung und Vorschau der bisherigen *Projekte* und *Familien* an.

Unter *Projekten* versteht man die eigentlichen Konstruktionen, die Sie mit Revit erstellen wollen. Unter *Familien* werden hier die Normteile wie Möbel, Standard-Zukaufteile und auch alle Einzelkomponenten verstanden, die Sie eventuell selbst für Ihre Projekte erstellen.

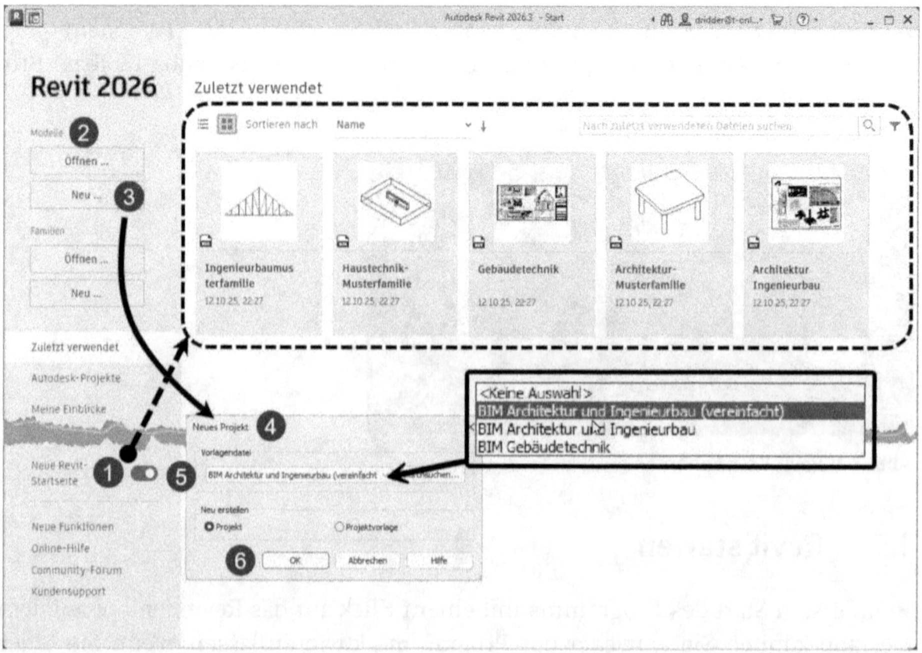

Abb. 1.5: Neue Startseite von Revit mit Projektstart

Die normale Programmnutzung beginnt mit MODELLE|NEU ❷, ❸ oder für ein bestehendes Projekt mit MODELLE|ÖFFNEN bzw. durch Anklicken eines Vorschaubildes.

Zu Beginn eines neuen Projekts bzw. Modells werden Sie noch nach der Vorlagendatei gefragt (Abbildung 1.5). Für unsere Konstruktionen soll die vorgegebene Vorlage BIM ARCHITEKTUR UND INGENIEURBAU (VEREINFACHT) ❹, ❺ verwendet werden. Mit der Wahl der spezifischen Vorlage bestimmen Sie die gewünschte Disziplin bzw. die gewünschte logische Gliederung in verschiedene Gewerke (Abbildung 1.6).

- Mit der Vorlage <KEINE AUSWAHL> erhalten Sie eine sehr vereinfachte Projektstruktur mit einem einzigen Geschoss und wenig vorgegebener Struktur. Diese Vorlage wäre für kleine Projekte geeignet, die dann in größere eingefügt werden sollen.
- Die optionale Vorlage BIM ARCHITEKTUR UND INGENIEURBAU ist im Projektbrowser noch professioneller gegliedert und enthält viele Bezugsebenen für die diversen Projektstadien und Gewerke. Sie ist für den Einstieg etwas zu komplex.

- Die Vorlage BIM GEBÄUDETECHNIK ist dann für den gebäudetechnischen Ausbau Ihres Projekts gedacht.
- In diesem Buch wird vornehmlich mit der überschaubaren BIM ARCHITEKTUR UND INGENIEURBAU (VEREINFACHT) ❻ gearbeitet.

Mit der Abkürzung BIM (Building Information Model) soll darauf hingewiesen werden, dass es sich hier nicht nur um Konstruktionszeichnungen für einzelne Geschosse handelt, sondern um komplexe miteinander verknüpfte Projektdateien, die auch sofortige Auswertungen von Mengen, Massen und Volumina der konstruierten Bauelemente erlauben.

Die verschiedenen Vorlagen unterscheiden sich in der Projektstruktur und der Sichtbarkeit der verschiedenen Elemente (Abbildung 1.6). Dies zeigt sich deutlich an der unterschiedlichen Strukturierung im Projektbrowser. In den anderen Vorlagen finden sich zusätzliche Konstruktionsebenen z.B. für die vereinfachte Positionierung von Installationselementen mit passenden Höhenvorgaben.

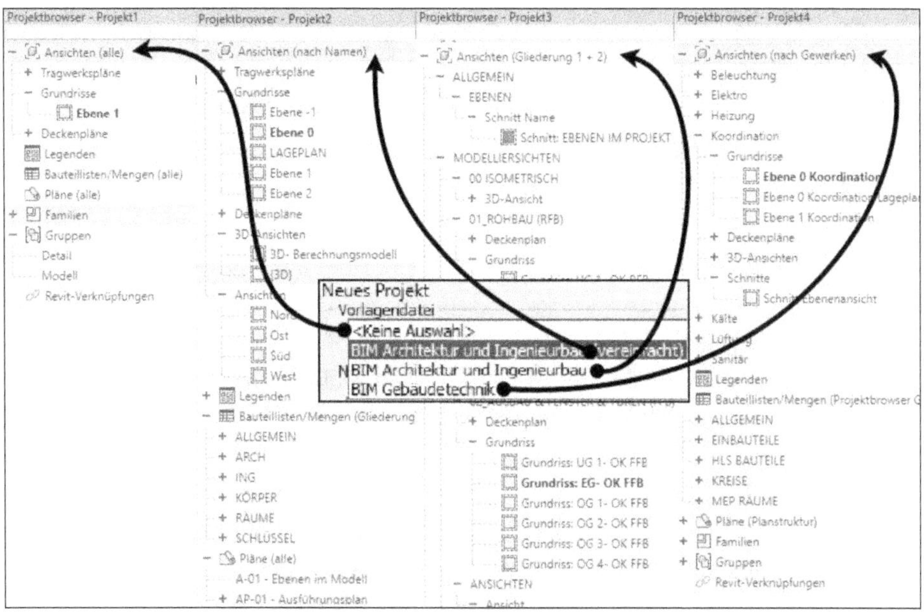

Abb. 1.6: Projektbrowser der einzelnen Vorlagen

1.6 Die Revit-Benutzeroberfläche

Die Bedienelemente der Revit-Benutzeroberfläche zeigt Abbildung 1.7.

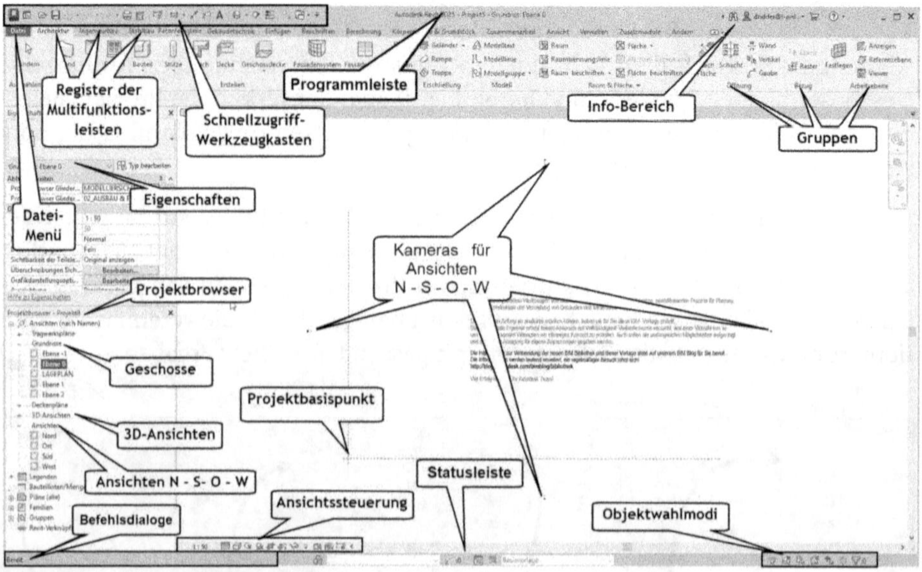

Abb. 1.7: Revit-Benutzeroberfläche

1.6.1 Programmleiste

Als oberste Leiste erkennt man die *Programmleiste*. In dieser Leiste wird der Name des gerade in Arbeit befindlichen Projekts angezeigt, hier zu Beginn `Projekt1.rvt`. Revit zeigt hier die aktuelle Projektdatei mit der aktuellen Ansicht – hier `Grundriss: Ebene 0` – an. Die Dateiendung für Revit-Projekte ist stets `*.RVT` (für **ReViT**).

1.6.2 Dateimenü

Ganz links als erstes Menü finden Sie die Dateiverwaltung Datei. Dieses Werkzeug bietet eine Sammlung von Dateibearbeitungsbefehlen:

- einen schnellen Zugriff auf LETZTE DOKUMENTE, GEÖFFNETE DOKUMENTE,
- die wichtigsten Dateiverwaltungsbefehle wie NEU, ÖFFNEN, SPEICHERN, SPEICHERN UNTER und EXPORTIEREN, DRUCKEN und
- unter SCHLIEẞEN die Möglichkeit zum Schließen des aktuellen Projekts,
- ganz unten die Schaltfläche OPTIONEN mit Zugriff auf viele Grundeinstellungen des Programms wie z.B. das Intervall für die automatische Sicherung (Vorgabe 30 Minuten),
- und ganz rechts unten eine Schaltfläche zum BEENDEN der Revit-Sitzung. Falls Sie noch nicht gespeichert hatten, wird Ihnen das Speichern angeboten.

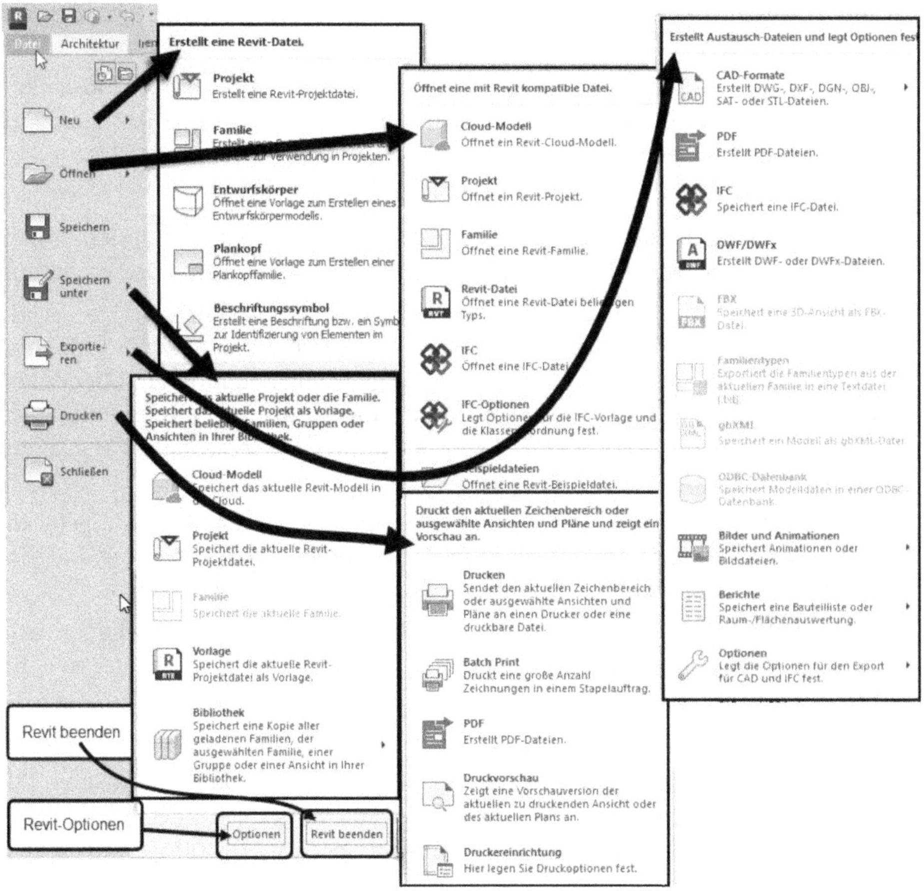

Abb. 1.8: Das Dateimenü und seine Funktionen

1.6.3 Schnellzugriff-Werkzeugkasten

Gleich oben neben dem REVIT-ICON finden Sie den SCHNELLZUGRIFF-WERKZEUGKASTEN (Abbildung 1.9). Darin liegen die wichtigsten und meistgebrauchten Befehlswerkzeuge wie

- die REVIT-STARTSEITE, auf der Sie weitere Projekte parallel öffnen könnten.
- die Dateiwerkzeuge NEU (vorgabemäßig nicht aktiviert), ÖFFNEN, SPEICHERN, SYNCHRONISIERUNGS- UND ÄNDERUNGSEINSTELLUNGEN. Letzteres ist wirksam, wenn Sie ein Zusatzprogramm für die Verwaltung von Team-Projekten besitzen, das eine Zentraldatei in der Cloud verwaltet.
- ferner die beiden Werkzeuge ZURÜCK und WIEDERHERSTELLEN, um einen oder mehrere Befehle rückgängig zu machen bzw. dies zu widerrufen. Neben ZURÜCK und WIEDERHERSTELLEN finden Sie kleine schwarze Dreiecke, die Symbole zum Aufklappen. Dahinter verbirgt sich die Änderungshistorie

mit der Möglichkeit, gleich mehrere Befehle rückgängig zu machen oder wiederherzustellen.

- PLOTTEN – Hiermit können die komplette aktuelle Ansicht, der momentan sichtbare Teil davon oder ausgewählte Ansichten oder Pläne mit dem Standard-Plotter geplottet werden.
- PDF – erstellt eine PDF-Datei aus Plänen und Ansichten.
- STEUERELEMENTE UND BEMAẞUNGEN AKTIVIEREN steuert die Sichtbarkeit von Sperrsymbolen für Elemente, Abhängigkeiten und temporäre Bemaßungen.
- MESSEN – Hiermit können Sie Maße in Ihrer Konstruktion zur Information abnehmen, ohne permanent eine Bemaßung erstellen zu müssen. Mit der Option ZWISCHEN ZWEI REFERENZEN MESSEN kann der Abstand zweier Punktpositionen ermittelt werden oder mit AN ELEMENT ENTLANG MESSEN die Länge eines linearen Elements.
- AUSGERICHTETE BEMAẞUNG – ist ein sehr universeller Bemaßungsbefehl mit vielen Optionen, der permanente Bemaßungen für komplette Wände inklusive der Öffnungen oder Wandverschneidungen erstellen kann.
- NACH KATEGORIE BESCHRIFTEN – erzeugt eine Beschriftung, die für jede Element-Kategorie einstellbar ist, wie z.B. Nummerierung der Fenster und Türen.
- TEXT **A** – erstellt einen beliebig einzugebenden Beschriftungstext.
- 3D-ANSICHT – Dies ist der schnellste Weg in die Standard-3D-Ansicht. Dahinter verbergen sich noch die Option zur Positionierung einer KAMERA mit Schwenk in die perspektivische Ansicht und der WALKTHROUGH zum Erzeugen eines bewegten Kamerapfads.
- SCHNITT – dient zum Zeichnen eines *Schnittverlaufs* und erzeugt automatisch eine *Schnittansicht* sowie eine SCHNITT-Kategorie im PROJEKTBROWSER.
- FEINE LINIEN – schaltet von der Anzeige mit zeichentechnisch vorgeschriebener echter Linienstärke zur Anzeige mit extra dünnen Linien um und umgekehrt. Das ist zur präzisen Überprüfung kritischer Positionen sehr nützlich.
- INAKTIVE ANSICHTEN SCHLIEẞEN – schließt aktuell nicht sichtbare Ansichtsfenster.
- FENSTER WECHSELN – wechselt zwischen verschiedenen Ansichtsfenstern.

Rechts daneben finden Sie die Drop-down-Liste ▾ SCHNELLZUGRIFF-WERKZEUGKASTEN ANPASSEN, um Werkzeuge zu entfernen oder wieder aufzunehmen. Auch können hier beliebige Werkzeuge aus den Multifunktionsleisten-Registern darunter leicht hinzugefügt werden. Dazu gehen Sie mit einem Rechtsklick auf ein Werkzeug und wählen dann die Kontextmenüfunktion ZUM SCHNELLZUGRIFF-WERKZEUGKASTEN HINZUFÜGEN.

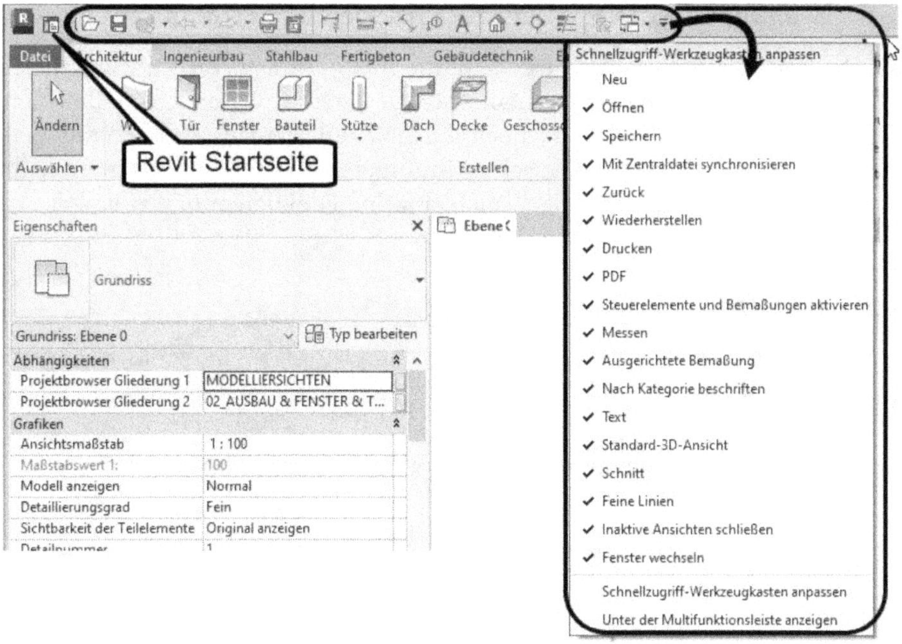

Abb. 1.9: SCHNELLZUGRIFF-WERKZEUGKASTEN und Kontextmenü

1.6.4 Die Info-Leiste

Oben rechts in der INFO-LEISTE finden Sie vier Werkzeuge zur Information und Kommunikation:

- DURCHSUCHEN – ermöglicht die Suche nach Begriffen in der *Revit-Hilfe-Dokumentation* und bei *Autodesk-Online* im Internet. Sie können dort einen Begriff eingeben und dann auf das Fernglassymbol klicken. Die Fundstellen werden durchsucht, und Sie können sie zum Nachschlagen anklicken.
- AUTODESK ACCOUNT – dient zur Anmeldung in der Cloud unter einer Autodesk-Kunden-ID. Sie können dort Zeichnungen hinterlegen, die sich von jedem Ort aus abrufen lassen.
- AUTODESK APP STORE – Hierüber gelangen Sie in den AUTODESK APP-STORE, wo Sie zahlreiche Zusatzfunktionen gratis oder gegen Gebühr herunterladen können.
- HILFE – bietet unter *Hilfe* die übliche Online-Hilfe zur Information über Befehle und Verfahren an. Im Punkt *Info über Autodesk Revit 2026* und weiter unter *Produktinformationen* können Sie die Daten Ihrer Installation und Registrierung finden.

1.6.5 Multifunktionsleiste, Register, Gruppen und Flyouts

Unterhalb der Programmleiste erscheint die *Multifunktionsleiste* mit zahlreichen *Registern*. Jedes *Register* enthält thematisch gegliederte *Gruppen* von Befehlen. Diese *Gruppen* können teilweise noch aufgeblättert werden. Das erkennt man dann am kleinen schwarzen Dreieck ▾ im unteren Rand. Das Aufblättern kann über eine Pin-Nadel fixiert werden. Auch einzelne Funktionen mit ▾ lassen sich so aufblättern.

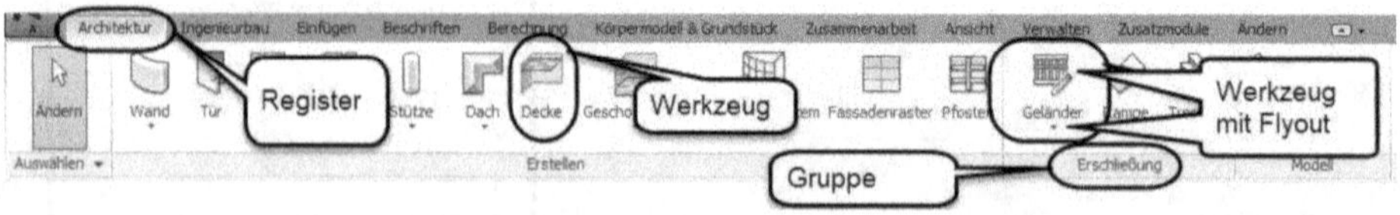

Abb. 1.10: Struktur der Multifunktionsleisten mit Registern, Gruppen, Werkzeugen

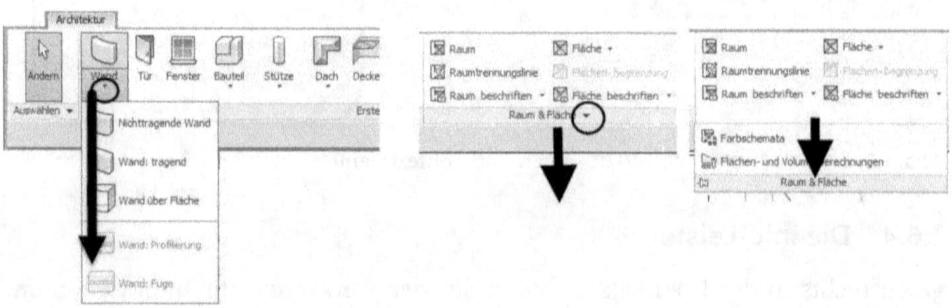

Abb. 1.11: Flyouts bei Werkzeugen und Gruppen

In manchen *Gruppentiteln* finden Sie rechts einen kleinen schrägen Pfeil ↘ (Süd-Ost-Pfeil). Dahinter befinden sich üblicherweise spezielle Einstellungen und Stile für die Befehle dieser Gruppe.

Eine Gruppe kann auch nach einem Klick auf den Gruppennamen ❶ auf die Zeichenfläche gezogen werden ❷, ❸. Sie wird ggf. erst dann mit voller Breite dargestellt, d.h. mit allen Funktionen. Zum Repositionieren der Gruppe klickt man sie an ❹ und hat dann zwei Optionen. An der Griffleiste links ❺ kann man sie direkt wieder mit gedrückter Maustaste in die Registerleiste ziehen ❼. Alternativ kann man auch auf das kleine Werkzeug in der rechten Leiste ❻ klicken, um die Gruppe an ihre Ursprungsposition ❼ zu bringen.

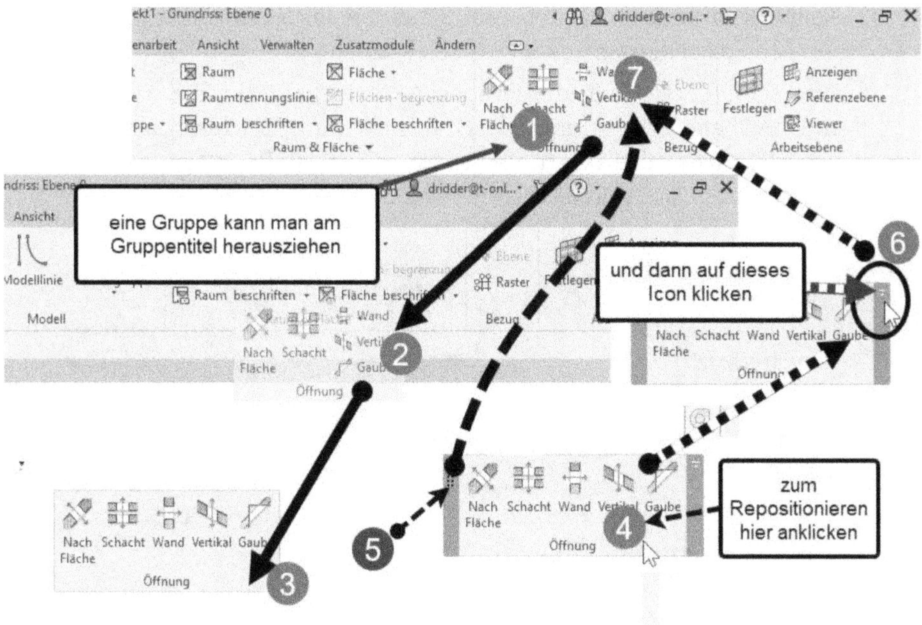

Abb. 1.12: Gruppe auf Zeichenfläche ziehen und wieder zurücksetzen

In der Multifunktionsleiste werden folgende Register angeboten:

- ARCHITEKTUR
  - enthält die grundlegenden *Konstruktionsbefehle* in den Gruppen ERSTELLEN und ERSCHLIEẞUNG mit den Werkzeugen für WAND, TÜR, FENSTER, DACH, GESCHOSSDECKE und TREPPE, um nur die fundamentalen zu nennen.
  - Aber auch Funktionen für zweidimensionale Zeichnungsobjekte und *Hilfsgeometrien* wie MODELLTEXT und MODELLLINIE liegen hier in der Gruppe MODELL.
  - Die Raumstempel und Flächenberechnungen können mit den Werkzeugen in RAUM & FLÄCHE erzeugt werden.

Tipp

Eine *Legende für Raumstempel* finden Sie nicht hier, sondern im Register ANSICHT!

  - Unter ÖFFNUNG finden sich verschiedenste Werkzeuge für Wand-, Decken- und Dachdurchbrüche.
  - Unter BEZUG können Sie mit RASTER Hilfslinien in Draufsichten und seitlichen Ansichten definieren, die Hilfsebenen vertikal zu den Geschossen erzeugen, sowie mit REFERENZEBENE weitere Hilfsebenen mit beliebiger

Neigung in Seitenansichten und Schnitten festlegen, die zur Festlegung von Arbeitsebenen verwendet werden können.

- Und schließlich bietet die Gruppe ARBEITSEBENE für die Fälle, wo eine andere Ebene als die normale Draufsicht zum Zeichnen benötigt wird, unter FESTLEGEN die ARBEITSEBENEN an, die sich an RASTERLINIEN, REFERENZEBENEN oder *Objektflächen* orientieren können.

Abb. 1.13: Register ARCHITEKTUR

- INGENIEURBAU
  - Im Register INGENIEURBAU finden sich in der Gruppe INGENIEURBAU neben dem aus dem Register ARCHITEKTUR schon bekannten Befehl STÜTZE weitere Konstruktionsbefehle für Tragwerkselemente wie TRÄGER und STREBE. TRÄGERSYSTEME werden für große Decken und Dachstühle interessant, das Werkzeug RASTER in der Gruppe BEZUG vereinfacht das Positionieren regelmäßig angeordneter Stützen.
  - Die Gruppe BEWEHRUNG bietet Funktionen für verschiedene Bewehrungen an.
  - Unter MODELL|BAUTEIL können Sie entweder aus einer umfangreichen Bibliothek seltener benutzte Bauelemente auswählen oder eigene Bauteile als Volumenkörper erstellen.
  - Bei den ÖFFNUNGEN werden hier neben den schon aus dem Register ARCHITEKTUR bekannten auch *Durchbrüche in Trägern* bei NACH FLÄCHE angeboten.

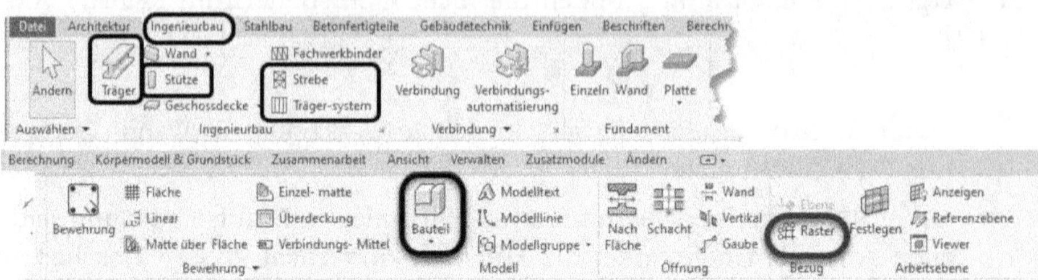

Abb. 1.14: Register INGENIEURBAU

- STAHLBAU – Dieses Register enthält Werkzeuge zur Gestaltung der Verbindungen zwischen Stützen und Trägern.

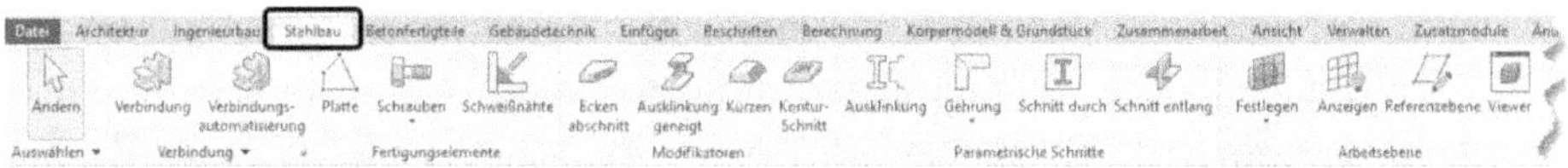

Abb. 1.15: Register STAHLBAU

- BETONFERTIGTEILE – Hiermit können Ihre Wände und Decken in konfigurierbare Betonfertigteile segmentiert werden.

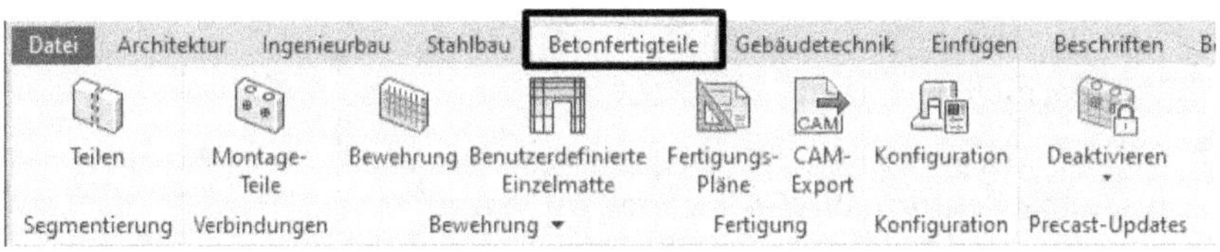

Abb. 1.16: Register BETONFERTIGTEILE

- GEBÄUDETECHNIK – Dieses Register bietet zahlreiche Funktionen zur Gebäudeinstallation an.

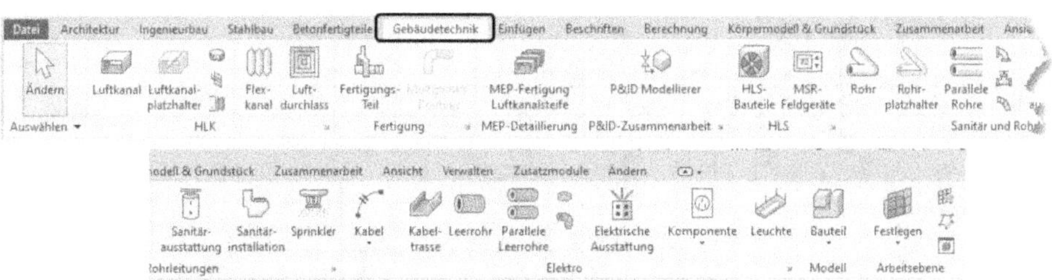

Abb. 1.17: Register GEBÄUDETECHNIK

- EINFÜGEN – enthält alle möglichen Befehle zum VERKNÜPFEN und IMPORTIEREN von Objekten aus verschiedenen Quellen. Verknüpfen können Sie
    - andere REVIT-Projekte,
    - IFC-Daten-Modelle, die im neutralen CAD-Format International Foundation Classes vorliegen,
    - andere CAD-Formate wie *DWG* und *DXF* von AutoCAD®, *DGN* von MicroStation, *SAT* (ACIS-Format aus anderen ACIS-basierenden CAD-Systemen), *SKP* von SketchUp (Trimble),
    - ein ABZIEHBILD zum Anheften an eine Modell-Oberfläche in den Pixelformaten *BMP*, *JPG*, *JPEG*, *PNG* und *TIF*,

- Punktwolken von Laserscannern,
- Dateien von einem Koordinations-Modell aus Navisworks (NWD-, NWC-Dateien). Mit Navisworks können Modelle übergreifend über Softwareprogramme verschiedener Hersteller erstellt und zum Abgleich der unterschiedlichen Geometrien verwendet werden.

Die verknüpften Daten bleiben als externe Dateien nur an das Revit-Modell angehängt und repräsentieren den aktuellen Zustand der jeweiligen Datei. Mit Verknüpfungen verwalten können sie auch aus dem Projekt entfernt oder während der aktuellen Sitzung aktualisiert werden.

Beim Importieren werden Kopien der Dateien in das Revit-Projekt hineinkopiert und sind damit unabhängig von der Ursprungsdatei. Der Import ist möglich

- für CAD-Formate wie oben
- mit Aus Datei einfügen für das Revit-Format *RVT* und das Autodesk-interne Austauschformat *ADSK* z.B. aus Inventor
- mit Bild, um ein *Hintergrundbild* für die orthogonalen Ansichten aus den Kategorien Grundrisse, Deckenpläne, Ansichten (d.h. Außenansichten) und Schnitte zu nutzen

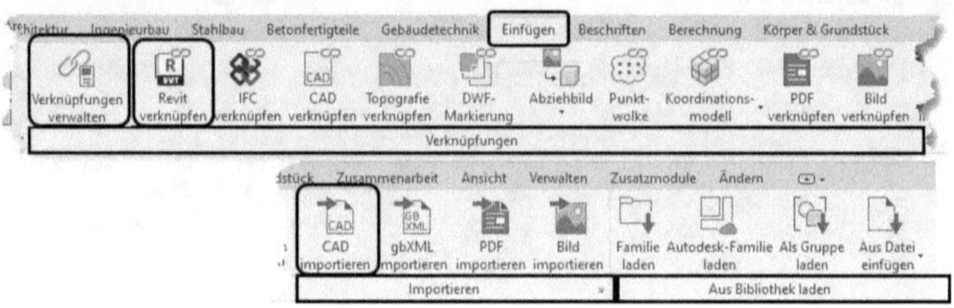

Abb. 1.18: Register Einfügen

- Beschriften – umfasst die Befehlsgruppe Bemaßung mit allen Bemaßungsbefehlen, die Gruppe Detail mit den Werkzeugen für das Zeichnen und Illustrieren in zweidimensionalen *Detailzeichnungen*, weiter die üblichen Textbefehle. Die Gruppe Beschriftung enthält automatisierte Befehle für *Bauteilbeschriftungen*. Schließlich findet sich unter Farbfüllung noch die Farben-Legende zur Ergänzung der *Raumstempel* aus dem Register Architektur.
- Berechnung – bietet Ihnen verschiedene Berechnungsmöglichkeiten für die Konstruktion an. Am interessantesten dürfte die energetische Berechnung des Gebäudes sein, die überschlägig die Kühl- und Heizlast berechnen kann. Bedingung ist natürlich, dass MEP-Räume definiert sind und das Gebäude komplett und dicht ist.

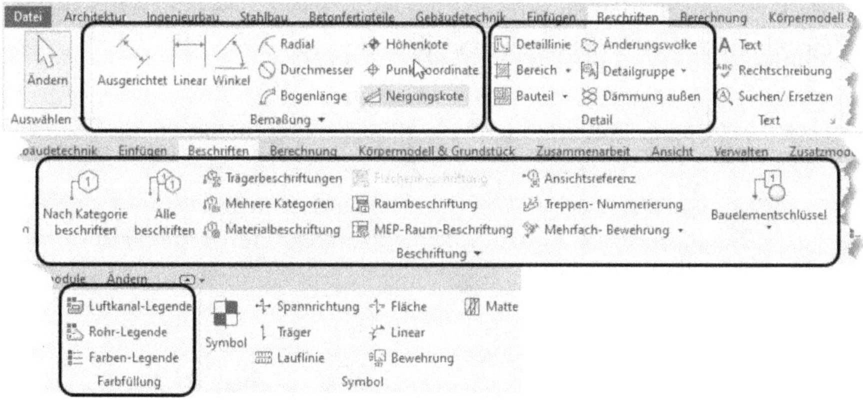

Abb. 1.19: Register BESCHRIFTEN

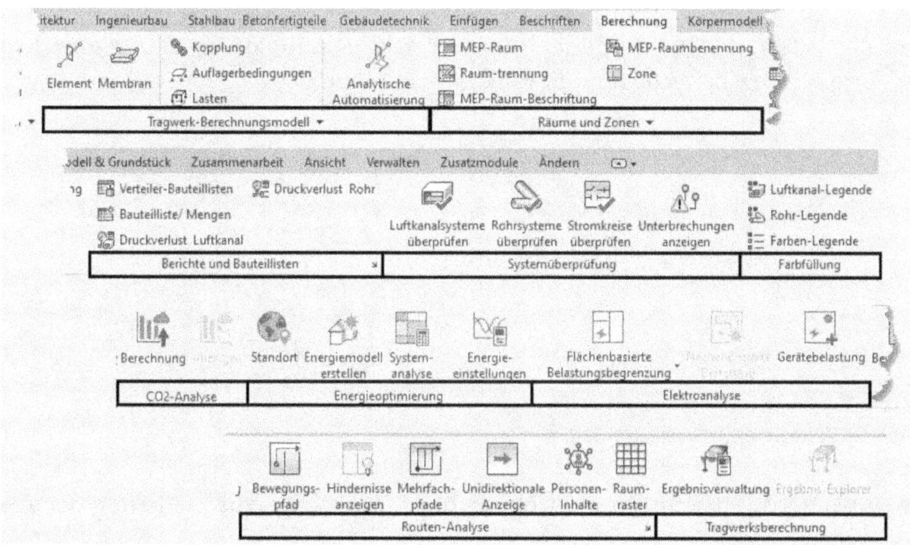

Abb. 1.20: Register BERECHNUNG

- KÖRPER & GRUNDSTÜCK – Hierunter verbergen sich mehrere Arten von Konstruktionen.
  - Einerseits können Sie Dinge als PROJEKTKÖRPER modellieren, für die keine fertigen Elemente zur Verfügung stehen.
  - Andererseits können Sie Gebäudeaußenkonturen als PROJEKTKÖRPER modellieren und mit ÜBER FLÄCHE MODELLIEREN dann aus den Außenflächen und Stockwerken die Architekturelemente FASSADENSYSTEM, DACH, WAND und GESCHOSSDECKE erzeugen. Man nennt diese Vorgehensweise *konzeptionlles Design* im Gegensatz zum üblichen Vorgehen, wo Geschoss für Geschoss und Wand für Wand einzeln erstellt werden.

- Mit GELÄNDE können Sie einzelne Vermessungspunkte mit Höhenangaben eingeben, um ein Gelände zu modellieren.

Abb. 1.21: Register KÖRPER & GRUNDSTÜCK

- ZUSAMMENARBEIT – In diesem Register geht es um die Verwaltung einzelner Bearbeitungsbereiche für den Fall der Teamarbeit.

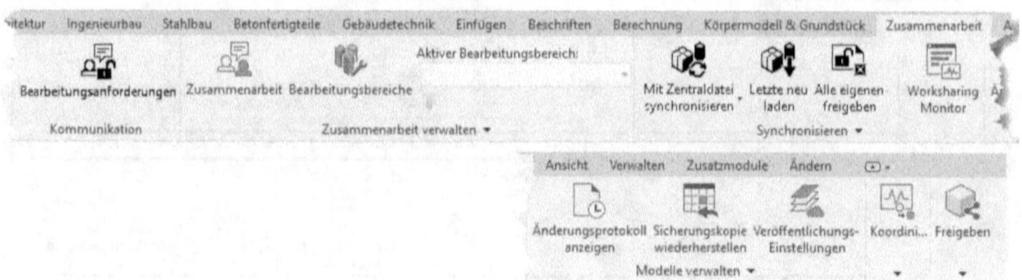

Abb. 1.22: Register ZUSAMMENARBEIT

- ANSICHT – Hier finden Sie viele wichtige Werkzeuge zur Steuerung der Anzeige.
  - Unter GRAFIK liegt die Funktion SICHTBARKEIT/GRAFIKEN, mit der Sie die Sichtbarkeit aller Elemente in der aktuellen Ansicht steuern können. So ist beispielsweise der PROJEKT-BASISPUNKT nicht überall sichtbar. Unter der Kategorie GRUNDSTÜCK ist er zu finden und kann hier aktiviert werden. Auch das GELÄNDE kann hier unter TOPOGRAFIE aktiviert werden.
  - Mit FEINE LINIEN kann die Bildschirmdarstellung von echten Linienstärken umgeschaltet werden auf ganz dünne Linien. Das ist sehr nützlich zur Überprüfung exakter Geometrien.
  - Des Weiteren können Sie unter ERSTELLEN mit SCHNITT Schnittverläufe festlegen und damit automatisch die *Schnittansicht* im PROJEKTBROWSER erzeugen. Mit DETAILAUSSCHNITT wird auch wieder automatisch eine neue Ansicht mit dem spezifizierten Ausschnitt im PROJEKTBROWSER erzeugt.

- Am rechten Ende des Registers finden Sie schließlich Werkzeuge zur Steuerung der *Zeichenfenster-Sichtbarkeit* und letztlich das Werkzeug BENUTZEROBERFLÄCHE zum Ein- und Ausschalten der wichtigen einzelnen Oberflächenelemente wie VIEWCUBE, PROJEKTBROWSER, EIGENSCHAFTEN etc.

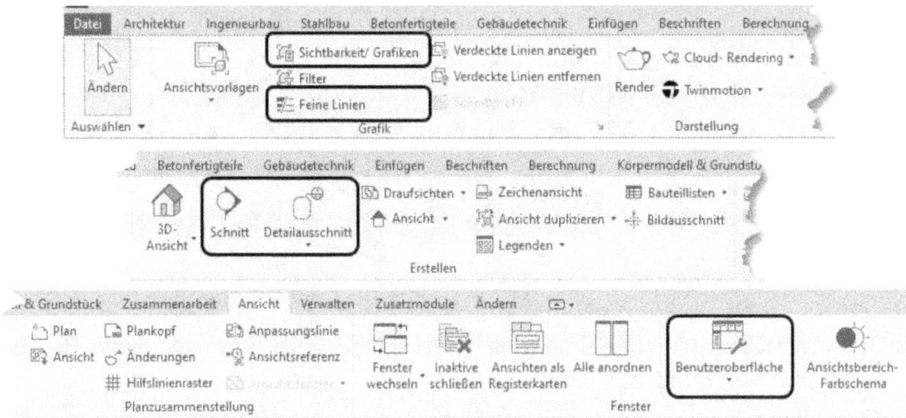

Abb. 1.23: Register ANSICHT

- VERWALTEN – Hier finden Sie zahlreiche Einstellungen für das Projekt, von denen viele auf Standardwerten bleiben können.
  - Unter PROJEKTINFORMATIONEN können die projektspezifischen Daten eingegeben werden, die dann teilweise auch im Schriftkopf der Pläne angezeigt und geplottet werden.
  - Mit PROJEKTSTANDARDS ÜBERTRAGEN können Einstellungen aus einem anderen parallel geöffneten Projekt übernommen werden.

Vorsicht

Warnung vor der Funktion NICHT VERWENDETE BEREINIGEN: Diese Funktion entfernt alle bisher nicht benutzten Bauelemente aus der internen Projekt-Bibliothek. Dies ist nur zu empfehlen, wenn am Projekt keine weiteren Änderungen mehr vorgenommen werden sollen. Nur mit PROJEKTSTANDARDS ÜBERTRAGEN können Sie später die fehlenden Bibliotheksteile wieder aus einem anderen Projekt beschaffen!

  - Interessant sind die Funktionen unter PROJEKTPOSITION. Hiermit lässt sich das Projekt an der geografisch korrekten Position positionieren und auch nach der aktuellen Höhe und Nord-Richtung ausrichten.
  - Unter PHASEN finden Sie eine Verwaltung von verschiedenen Projektphasen wie BESTAND, ABRISS, NEUBAU.

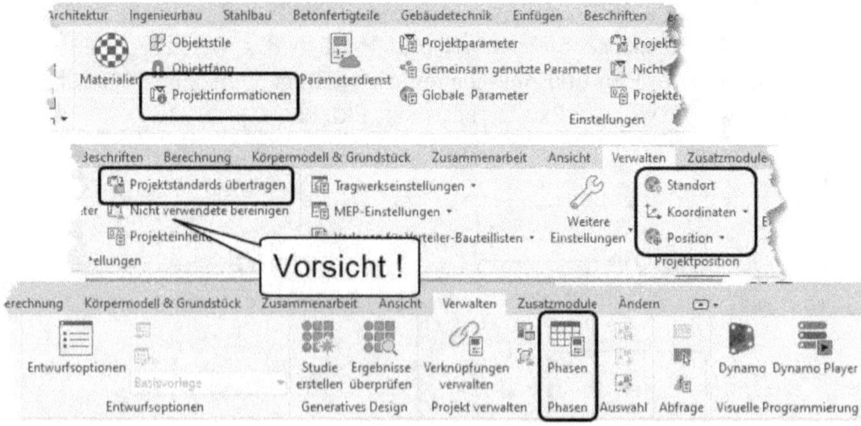

Abb. 1.24: Register VERWALTEN

- ZUSATZMODULE – Hier finden sich verschiedene Funktionsgruppen für Projektverwaltung und Zusammenarbeit:
  - ETRANSMIT – packt ein Revit-Projekt und zugehörige Dateien zum Versand. Diese Funktion kann nur aktiviert werden, wenn *alle Projekte geschlossen* sind und oben links neben dem REVIT-LOGO das START-ICON angeklickt wird.
  - FORMIT CONVERTER – ermöglicht den Austausch von Revit-Dateien (*.RVT) und Familien (*.RFA) mit Formit, einer neuen Software für konzeptionelles Design.

Abb. 1.25: Register ZUSATZMODULE

- ÄNDERN – Dieses Register enthält etliche *allgemeine und spezielle Bearbeitungsfunktionen* für verschiedene Elemente. Sobald ein Element angeklickt wird, erweitert sich dieses Register noch um elementspezifische Funktionen.
  - In der Gruppe ÄNDERN liegen die üblichen CAD-Bearbeitungsbefehle wie VERSCHIEBEN, DREHEN, SKALIEREN etc.
  - In der Gruppe MESSEN finden Sie sowohl die Funktion zum temporären Bemaßen als auch die Funktion AUSGERICHTETE BEMAẞUNG zum Erstellen endgültiger Maßketten.

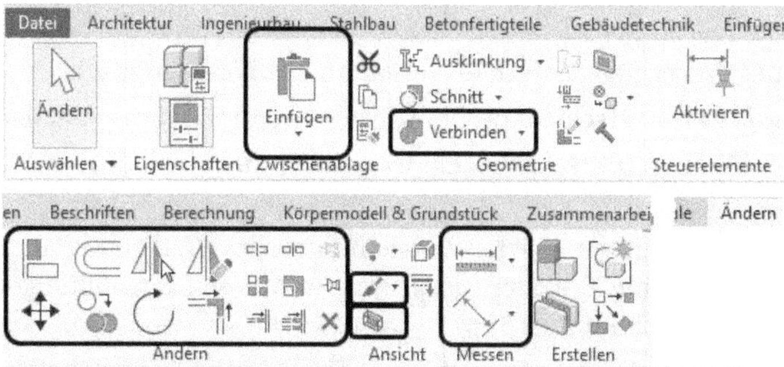

Abb. 1.26: Register ÄNDERN

> **Tipp**
>
> Falls die Multifunktionsleiste nicht wie gewohnt dargestellt wird, können Sie oben ganz rechts außen neben den Registertiteln über ▾ bzw. ▴ in einem *Flyout-Menü* wählen, wie detailliert die Darstellung sein soll.

1.6.6 Benutzung der Werkzeuge

Wenn Sie *Werkzeuge* ❶ (Abbildung 1.27) aus den Multifunktionsleisten aufrufen, müssen Sie mehrere Bedienelemente beachten, die weiter unten einzeln vorgestellt werden.

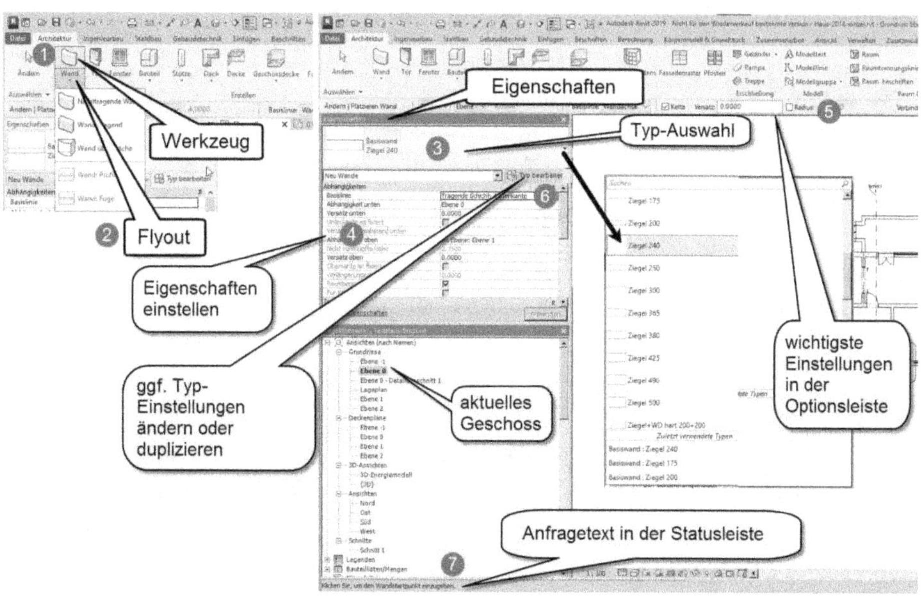

Abb. 1.27: Schritte bei der Benutzung der Werkzeuge

Dazu gehören:

- ggf. die *Flyouts* ❷ der Werkzeuge, sofern es Varianten des Werkzeugs gibt
- ggf. die *Typen-Auswahl* ❸ für verschiedene Objekttypen, wenn Sie etwas erstellen
- die EIGENSCHAFTEN ❹ mit den für das Objekt wählbaren und einstellbaren Parametern
- die OPTIONSLEISTE ❺ mit den wichtigsten Einstellungen des Werkzeugs und/oder bei einigen Befehlen eine Erweiterungsgruppe mit diesen Einstellungen (siehe Abbildung 1.28 bis Abbildung 1.30),
- ggf. die *Bearbeitung* und das *Duplizieren* von *Typen* ❻, wenn Sie Eigenschaften brauchen, die nicht über EIGENSCHAFTEN modifizierbar sind, sondern nur durch Änderungen am Typ festgelegt werden können
- die STATUSLEISTE ❼ mit den Eingabeaufforderungen des Werkzeugs, damit Sie wissen, was als Eingabe nun verlangt wird

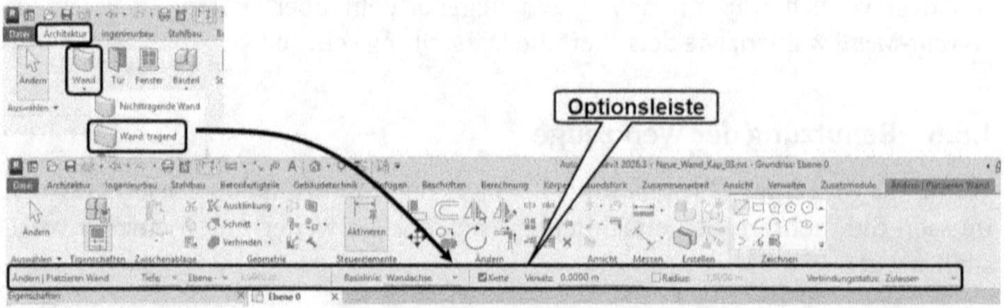

Abb. 1.28: Befehl TRAGENDE WAND mit Optionsleiste für wichtige Einstellungen

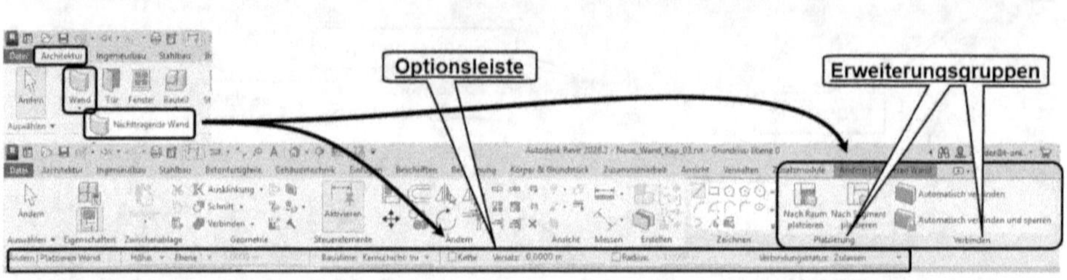

Abb. 1.29: Befehl NICHTTRAGENDE WAND mit Optionsleiste und Erweiterungsgruppe für wichtige Einstellungen

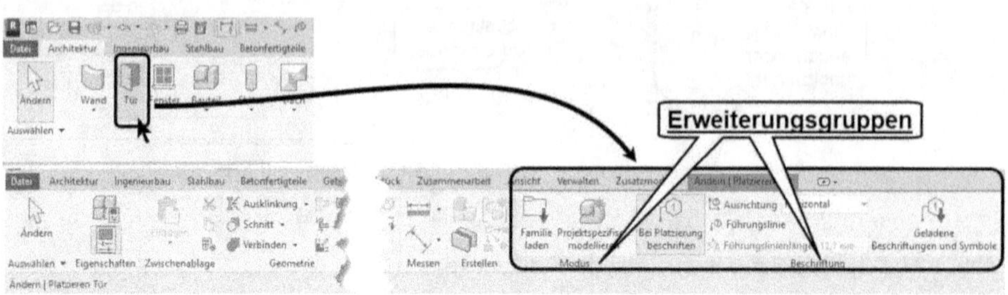

Abb. 1.30: Befehl TÜR ohne Optionsleiste, nur mit Erweiterungsgruppe für wichtige Einstellungen

1.6.7 Exemplar- und Typeigenschaften, neue Elementtypen

In der obersten Leiste bei EIGENSCHAFTEN wählen Sie das Element aus, darunter werden dann die spezifischen geometrischen und sonstigen Eigenschaften dieses Elements eingestellt, die Exemplareigenschaften. Die wichtigsten dieser Exemplareigenschaften erscheinen meist zusätzlich noch in der grünlichen OPTIONSLEISTE unter der Multifunktionsleiste. Es gibt aber auch *Typeigenschaften*, die nicht in diesen Bereichen verändert werden können, sondern über den Typ festgelegt sind und erst über die Schaltfläche TYP BEARBEITEN erreichbar sind.

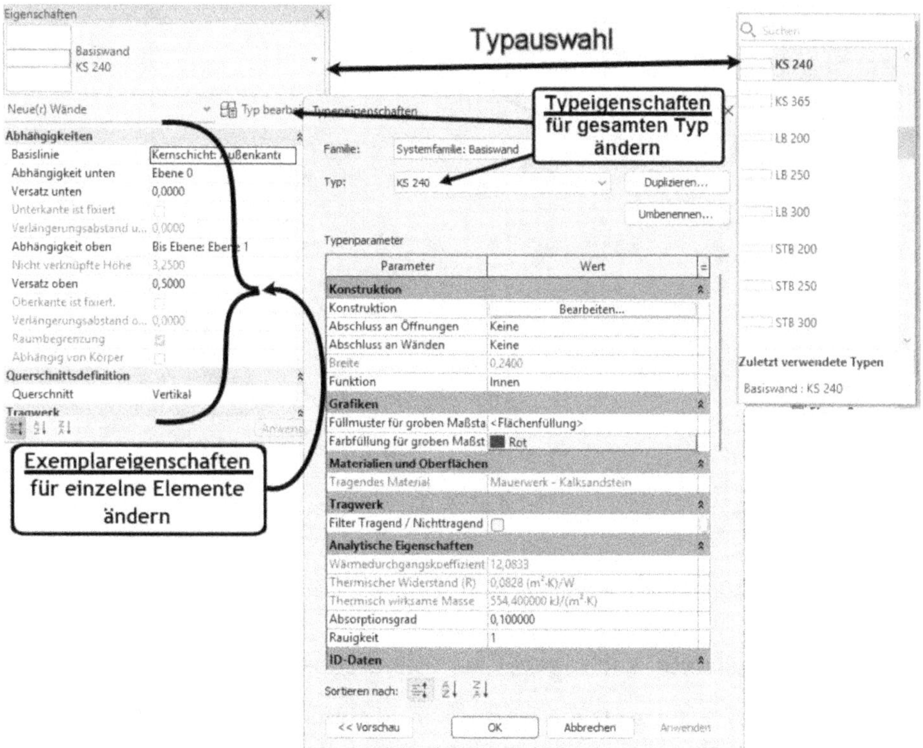

Abb. 1.31: EIGENSCHAFTEN

Wenn Sie beispielsweise eine Wand mit Kalksandstein-Mauerwerk und Stärke 49 cm bräuchten, dann werden Sie sehen, dass es nur Wände **KS 115**, **KS 240** und **KS 365** gibt. Für eine stärkere Wand müssten Sie einen neuen Wandtyp anlegen. Dazu wählen Sie TYP BEARBEITEN und dann im Dialogfeld TYPENEIGENSCHAFTEN die Option DUPLIZIEREN ❶, um einen neuen Namen ❷ ❸ und neue Werte ❹ wie hier für die Wandstärke ❺ einzugeben ❻ (Abbildung 1.32).

Tipp

Die Abmessungen der Bauelemente werden in den Bezeichnungen in *mm angezeigt*, die Maße für Längen und Abstände auf der Zeichenfläche oder in EIGENSCHAFTEN sind aber *in Metern mit Punkt oder Komma als Dezimalzeichen einzugeben*. Wenn Sie diese Zahlen mit Einheitenbezeichnung wie `mm` oder `cm` eingeben, werden diese automatisch in `m` umgerechnet.

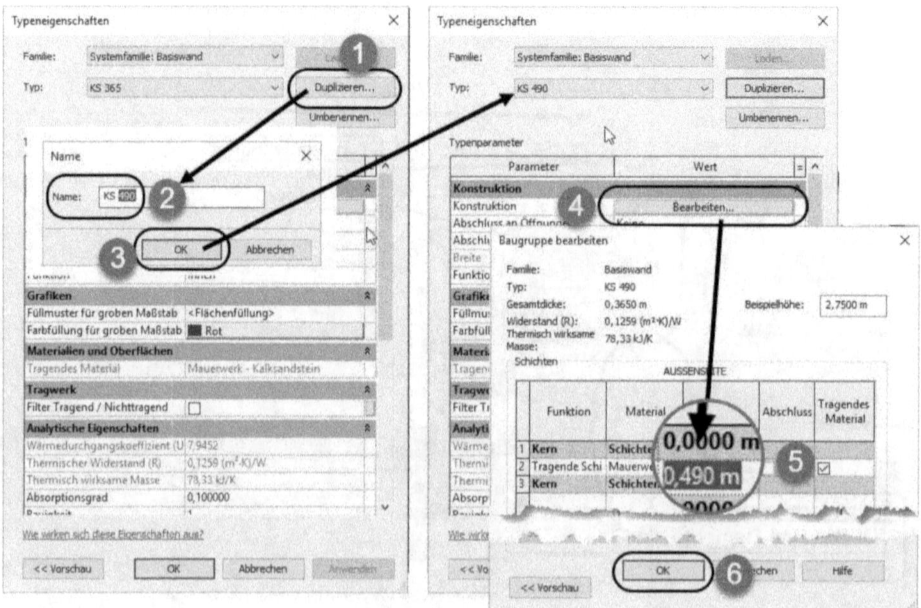

Abb. 1.32: Neuen Wandtyp durch Duplizieren erstellen

1.6.8 Optionsleiste: wichtigste Exemplareigenschaften

Die OPTIONSLEISTE zeigt oft die wichtigsten Eigenschaften eines Elements und auch zusätzliche einstellbare Konstruktionsdetails. Nach Aufruf eines Werkzeugs sollten Sie diese grüne Leiste auf jeden Fall beachten.

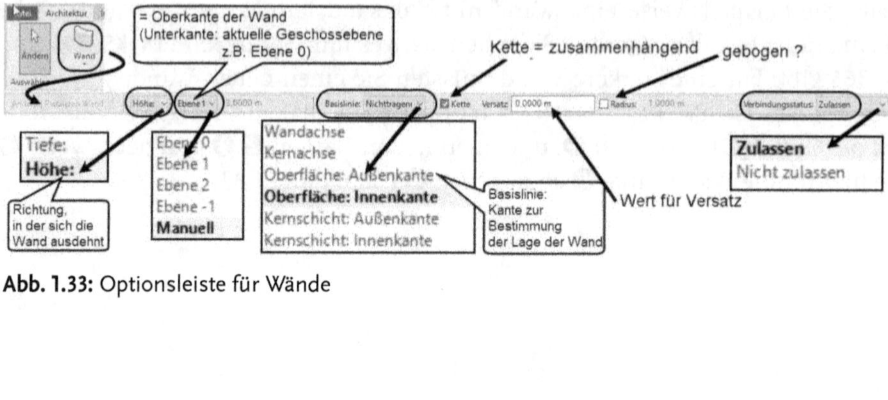

Abb. 1.33: Optionsleiste für Wände

Am Beispiel einer Wand wird in Abbildung 1.33 gezeigt, was eingestellt werden kann:

- Die Konstruktionsrichtung kann HÖHE oder TIEFE sein, damit kann die Wand von der aktuellen Geschossebene nach oben oder nach unten konstruiert werden. Wenn hier TIEFE vorgegeben ist, entsteht die Wand unter dem aktuellen Geschoss nach unten und wird im aktuellen Geschoss gar nicht sichtbar!
- Die Maß-Angabe für HÖHE/TIEFE kann nun in der Auswahlliste auf MANUELL eingestellt werden oder gemäß einer darüber/darunter liegenden Geschossebene auf EBENE 1 (ausgehend vom aktuellen Geschoss EBENE 0) automatisch bestimmt werden.
- Nur bei MANUELL kann die WANDHÖHE direkt eingegeben werden.
- Für die BASISLINIE der Wand können verschiedene Einstellungen gewählt werden, üblich ist (aber nicht Vorgabe!) KERNSCHICHT: AUßENKANTE. Die Wandstärke entsteht dann in Fahrtrichtung rechts von der gezeichneten Kontur. Dort liegt dann die Innenkante. Wenn die äußere Putzschicht die Lage bestimmen soll, kann OBERFLÄCHE: AUßENKANTE gewählt werden.
- Über die Option KETTE kann aktiviert werden, dass die Wandsegmente hintereinander zusammenhängend punktweise eingegeben werden können.
- Mit einem Wert bei VERSATZ ist es möglich, eine Wandkontur parallel zu einer bereits vorhandenen Kontur zu zeichnen.
- Die Option RADIUS generiert eine *automatische Eckenrundung* mit dem eingegebenen Wert.
- Über VERBINDUNGSSTATUS kann bestimmt werden, ob die Wände automatisch verschneiden sollen, natürlich nur bei gleichem Material.

1.6.9 Statusleiste

Die STATUSLEISTE zeigt links unten die Anfragen des aktuell gewählten Werkzeugs an. Dies ist sehr nützlich, damit Sie wissen, was das Werkzeug eigentlich von Ihnen will. Dies wird leider oft ignoriert, was wiederum zu Fehlbedienungen führt.

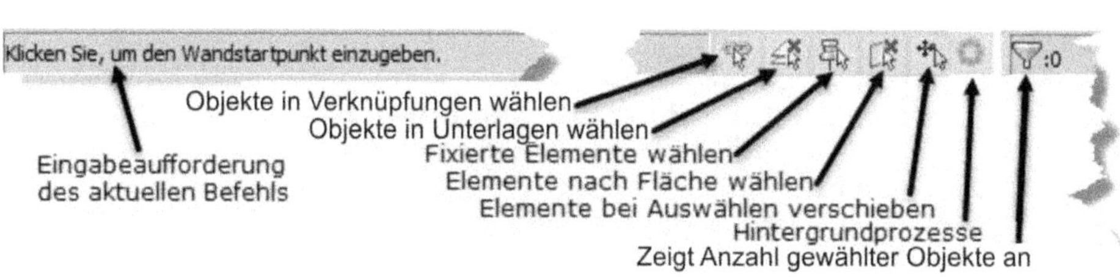

Abb. 1.34: Statusleiste

Auf der rechten Seite finden sich noch einige Icons für *Objektwahlvorgaben*:

- VERKNÜPFUNGEN AUSWÄHLEN – Solange dies aktiv ist, können Sie Elemente, die Sie mit EINFÜGEN|... VERKNÜPFEN eingefügt haben, wie beispielsweise *verknüpfte CAD-Dateien*, wählen.
- UNTERLAGE WÄHLEN – Wenn dies aktiviert wird, lassen sich auch Elemente in der *Unterlage* zum aktuellen Geschoss wählen. Eine *Unterlage* ist eine *andere Geschossebene*, die in EIGENSCHAFTEN der aktuellen Geschoss-Ebene im Bereich UNTERLAGE praktisch zum Durchpausen eingeschaltet werden kann. Es kann dort auch ein Bereich von Geschossen eingestellt sein.

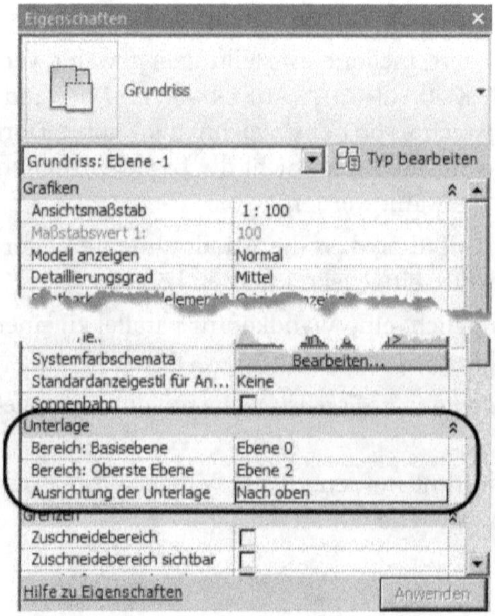

Abb. 1.35: Unterlagen zum aktuellen Geschoss

- FIXIERTE ELEMENTE WÄHLEN – Fixierte Elemente wie etwa die Referenzebene in Abbildung 1.36 können gewählt werden, solange dieses Werkzeug aktiviert ist.

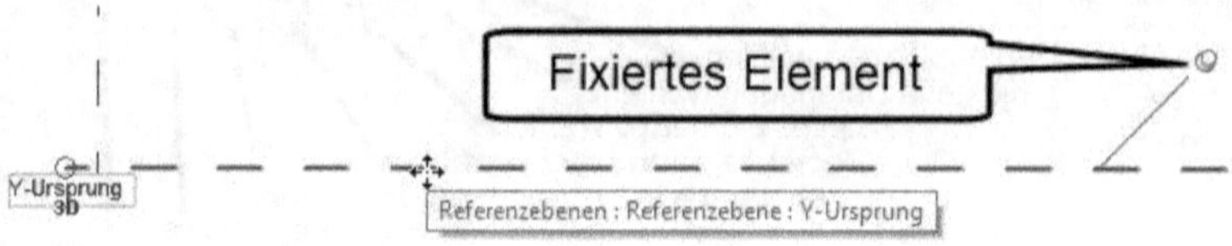

Abb. 1.36: Fixiertes Element: REFERENZEBENE

- ELEMENTE NACH FLÄCHE WÄHLEN – Standardmäßig ist mit diesem Werkzeug die Wahl von Elementen nur durch Anklicken von Kanten möglich. Nach Umschalten auf Flächenwahl ist die Elementwahl auch durch Berühren der Flächen möglich. Damit können Sie eine Geschossdecke in der Grundrissansicht nicht nur über die – meist verdeckten – Kanten, sondern einfach durch Klick in die Deckenfläche hinein wählen.
- ELEMENTE BEI AUSWÄHLEN VERSCHIEBEN – ermöglicht das sofortige Verschieben von gewählten Elementen mit dem Cursor. Zum Verschieben von Elementen ist damit also kein extra Befehl VERSCHIEBEN mehr nötig. Sie müssen nur das *Element markieren,* die linke Maustaste gedrückt lassen und können es dann *an eine andere Position ziehen.* Da ein Element bei Revit standardmäßig an vorhandenen Kanten automatisch einrastet, auch in der Verlängerung bestehender Kanten, ist dies dann eine *sehr bequeme Art für Korrekturarbeiten.*
- HINTERGRUNDPROZESSE – zeigt an, welche Prozesse, beispielsweise Berechnungen, noch im Hintergrund laufen.
- FILTER – Wenn Sie Objekte gewählt haben, können Sie hier sehen, wie viele Objekte sich in der Auswahl bzw. in einer gefilterten Auswahl befinden. Ein AUSWAHLFILTER, mit dem Sie aus einer Auswahl noch Objekte nach Kategorien herausfiltern können, erscheint immer *oben in der Multifunktionsleiste,* wenn Sie im *Wahlmodus* sind.

Wichtig: Dialog mit dem Computer – Statusleiste beachten

Sie sollten wenigstens in der Lernphase die Anfragetexte der Befehle *in der Statusleiste ganz unten links verfolgen,* damit Sie erfahren, was die Befehle von Ihnen wollen. Der Text ändert sich aber, sobald Sie Objekte mit dem Cursor berühren. Außerdem bleibt der *aktuelle Befehl immer aktiv,* bis Sie ihn mit [ESC] abgebrochen haben! Das ist gewöhnungsbedürftig!

1.6.10 Ansichtssteuerung

Zwischen Zeichenfläche und Statusleiste liegen die Werkzeuge der ANSICHTSSTEUERUNG. Je nach gewählter Ansicht – ob 3D oder Geschoss-Ebenen – stehen hier verschiedene Optionen zur Verfügung.

Ein- Ausschalten von Funktionen der Ansichtssteuerung:

Viele der Funktionen haben nur die Optionen **Ein** und **Aus.** Der Modus Aus wurde in den bisherigen Revit-Versionen mit einem roten x markiert. In der aktuellen Version wird die Option **Ein** durch eine **gelbe eingeschaltete Glühlampe** signalisiert, die Option **Aus** dagegen durch eine **blaue ausgeschaltete Glühlampe.** Im Schwarz-Weiß-Druck erscheint Letztere dann etwas dunkler grau.

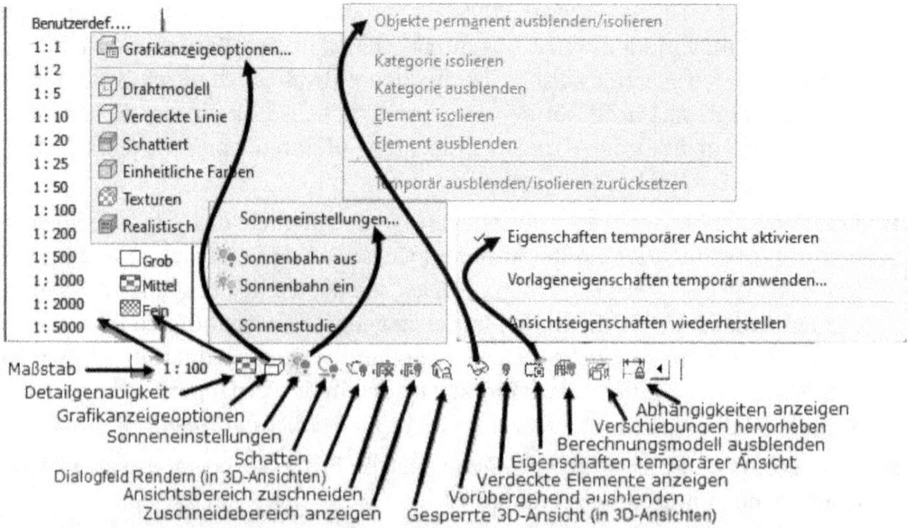

Abb. 1.37: Ansichtssteuerung

Folgende Einstellungen sind möglich:

- MAẞSTAB 1 : 100 – Hier wählen Sie den gewünschten Maßstab für die spätere Anzeige auf dem Plan. Unter BENUTZERDEFINIERT können Sie *eigene Maßstäbe* definieren.
- DETAILGENAUIGKEIT – Es gibt drei Detailgenauigkeiten für die Darstellung der Architekturelemente: GROB, MITTEL, FEIN. Um beispielsweise die Anschlagsrichtungen der Fensterflügel zu realisieren, brauchen Sie FEIN.
- BILDSTIL – Insbesondere für die 3D-ANSICHT ist es interessant, zu wählen zwischen
  - GRAFIKANZEIGEOPTIONEN – zum Ändern der Anzeigevoreinstellungen in der aktuellen Ansicht, um beispielsweise Schattenwurf oder skizzenhafte Linie zu aktivieren
  - DRAHTMODELL – Darstellung der Konstruktion über die Elementkanten und Sichtkanten
  - VERDECKTE LINIE – blendet die verdeckten Kanten aus. zeigt Flächen weiß an.
  - SCHATTIERT – zeigt die Elemente mit ihren Farben und Schattierung an.
  - EINHEITLICHE FARBEN – zeigt die Elemente mit ihren Farben ohne Schattierung an.
  - TEXTUREN – zeigt Oberflächen mit Materialeigenschaften an.
  - REALISTISCH – zeigt die Elemente mit ihren Oberflächen-Materialien, Farben und Schattierung an.

- SONNENBAHN / (Ein/Aus) – Mit aktivierter Sonne können Sie für die schattierten Darstellungen den *Sonnenstand manuell einstellen.*

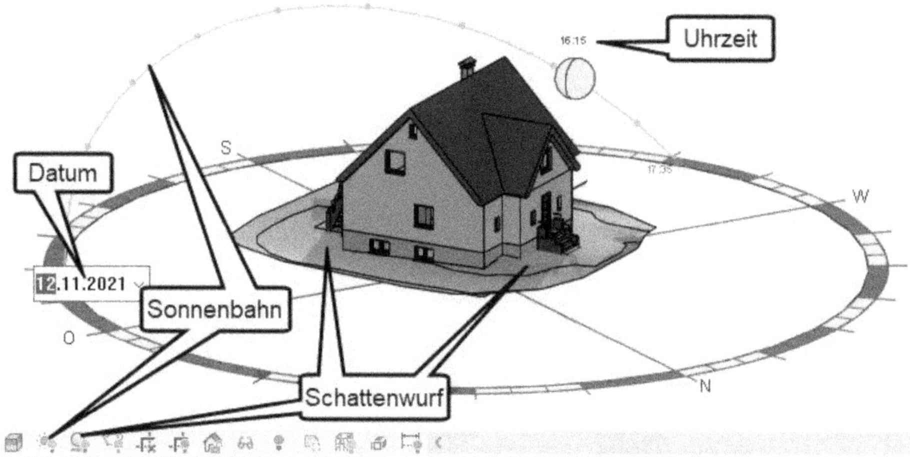

Abb. 1.38: Sonnenstandseinstellung mit Datum und Uhrzeit in der 3D-Ansicht {3D}

- SCHATTEN AUS/EIN / – deaktiviert/aktiviert den Schattenwurf.
- DIALOGFELD RENDERN AUS/EIN / – aktiviert/deaktiviert das *Render*-Dialogfeld für *fotorealistische Darstellungen.*
- ANSICHT ZUSCHNEIDEN / ANSICHT NICHT ZUSCHNEIDEN – Zum *Zuschneiden* der aktuellen Ansicht aktiviert man für die spätere *Anzeige im Plan.* Der Rahmen des Bereichs wird aber erst mit der nächsten Option sichtbar gemacht. Wenn Sie hier das rote Kreuzchen weggeklickt haben , ist zwar ein Zuschneiderahmen aktiv, aber leider noch nicht sichtbar. Dazu brauchen Sie das nächste Werkzeug.
- ZUSCHNEIDEBEREICH EINBLENDEN / ZUSCHNEIDEBEREICH AUSBLENDEN – Mit ZUSCHNEIDEBEREICH EINBLENDEN machen Sie den *Rahmen des Zuschneidebereichs sichtbar.* Die Glühbirne muss dann gelb erscheinen. Wenn der Rahmen unsichtbar ist (Glühbirne ist blau), so ist doch seine Zuschneide-Wirkung dadurch nicht beeinträchtigt, solange sie in der vorigen Funktion aktiv ist. Nach Anklicken ist der Rahmen auch modifizierbar. Über die *blauen Kreise* können die *Bereichsgrenzen verschoben* werden, über das *Unterbrechungssymbol* kann er in *Teilbereiche* unterteilt werden. Diese Änderungen wirken sich auch unmittelbar auf die Plandarstellung aus, falls die Ansicht schon in einen Plan gezogen wurde.

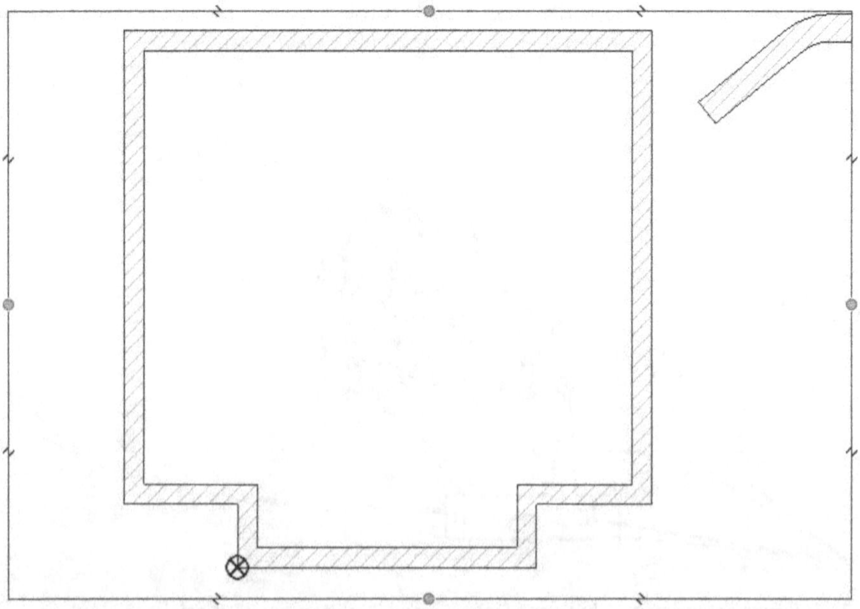

Abb. 1.39: Erdgeschoss EBENE 0 mit Zuschneidebereich

- **Nur in 3D-Ansichten:** AUSRICHTUNG SPEICHERN UND ANSICHT SPERREN / AUSRICHTUNG SPEICHERN UND ANSICHT SPERREN/ANSICHT ENTSPERREN – bietet die Möglichkeit, eine 3D-Ansicht in ihrer Ansichtsrichtung zu fixieren und gegen Änderungen zu sperren. Damit werden in dieser Ansicht der VIEWCUBE und alle Schwenkbewegungen außer dem PAN-Modus zum Verschieben deaktiviert. Sie können die Ansicht auch wieder entsperren oder nach Schwenken wahlweise die alte Ansichtsrichtung wieder fixieren.
- VORÜBERGEHEND AUSBLENDEN/ISOLIEREN – Markierte Objekte können hiermit temporär ausgeblendet oder isoliert werden. Isolieren bedeutet, dass alle anderen unsichtbar werden. Diese Ausblendung/Isolation können Sie für einzelne Elemente oder eine ganze Kategorie von Elementen schalten. Wenn Sie diesen Modus mit einem Klick auf das Werkzeug verlassen wollen, können Sie entscheiden, ob das Ausblenden oder Isolieren dauerhaft werden soll oder ob beides zurückgenommen wird. Der dauerhafte Zustand kann dann mit dem nachfolgenden Werkzeug behandelt werden.
- VERDECKTE ELEMENTE ANZEIGEN / VERDECKTE ELEMENTE ANZEIGEN SCHLIEßEN – Im Modus VERDECKTE ELEMENTE ANZEIGEN werden Elemente, die Sie im normalen Zeichenfenster markiert und über das Kontextmenü mit IN ANSICHT AUSBLENDEN unsichtbar gemacht haben, intensiv rot angezeigt. Um diese Elemente wieder im normalen Zeichenfenster sichtbar zu machen, müssen Sie die roten Elemente hier markieren und übers Kontextmenü IN AN-

SICHT ANZEIGEN wieder aktivieren. Sobald Sie dann dieses Werkzeug wieder deaktiviert haben, sind auch die ausgeblendeten Elemente wieder da.

- EIGENSCHAFTEN TEMPORÄRER ANSICHT – Sie können hiermit temporär die Ansichtseigenschaften, d.h. die Sichtbarkeit der verschiedenen Elemente, verstellen und wieder zurücksetzen oder auch fest eingestellte Ansichtseigenschaften temporär anwenden.
- BERECHNUNGSMODELL ANZEIGEN /BERECHNUNGSMODELL AUSBLENDEN – erlaubt, die für Berechnungen unsichtbar gespeicherten internen Basiselemente der Baukonstruktion anzuzeigen oder auszublenden.
- VERSCHIEBUNGEN ANZEIGEN /NICHT ANZEIGEN (NUR IN 3D-ANSICHTEN) – Es gibt die Möglichkeit, mit ÄNDERN|ANSICHT|ELEMENTE VERSCHIEBEN in 3D-Ansichten Elemente *temporär* zu verschieben, um bestimmte dahinter liegende Elemente besser zu sehen. Solche verschobenen Elemente werden dann mit diesem Werkzeug in Grün hervorgehoben (Abbildung 1.40). Die verschobenen Elemente können Sie auch nachträglich noch in orthogonale Richtungen verschieben, mit BEARBEITEN weitere hinzufügen und über PFAD mit *Verschiebungspfaden* versehen.

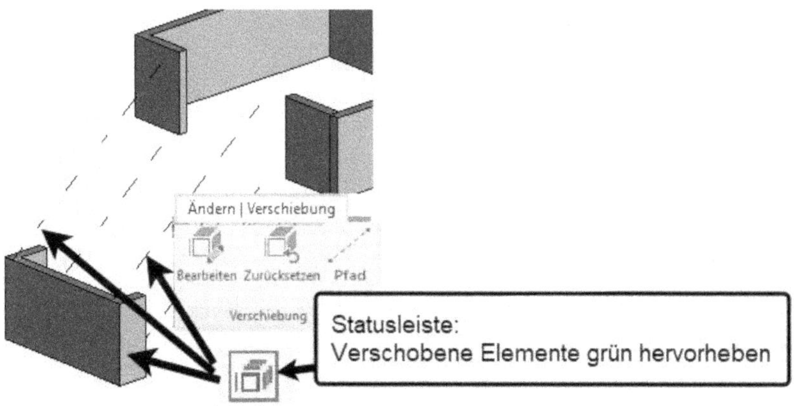

Abb. 1.40: Elemente verschieben und mit Pfaden versehen

- ABHÄNGIGKEITEN ANZEIGEN /ANZEIGE VON ABHÄNGIGKEITEN SCHLIEßEN – Abhängigkeiten zwischen Elementen, die z.B. über fixierte Bemaßungen entstanden sind, werden hiermit in Rot hervorgehoben (Abbildung 1.41). Wenn Sie auf die Bemaßung in diesem Beispiel rechtsklicken, dann finden Sie das Werkzeug ZUGEHÖRIGE ANZEIGEN, womit Sie die beiden voneinander abhängigen Wände hervorheben können. Mit << bzw. >> können Sie zwischen den Wänden hin und her blättern.

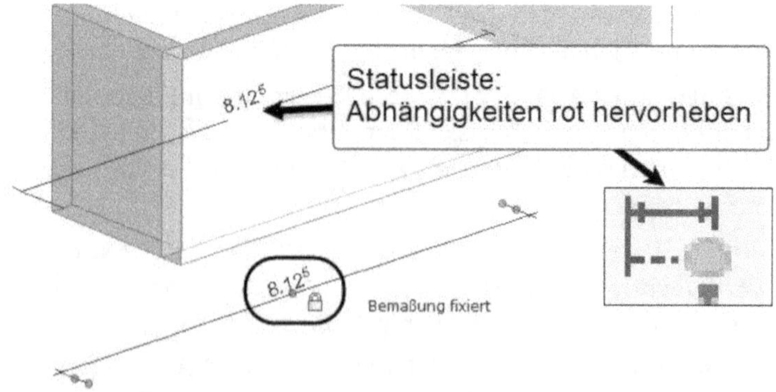

Abb. 1.41: Abhängigkeit durch die fixierte Bemaßung (Vorhängeschloss) wird rot angezeigt.

1.6.11 Projektbrowser

Der PROJEKTBROWSER dient der Verwaltung des gesamten Projekts. Er sieht für die verschiedenen Vorlagen – *<keine Auswahl>*, *BIM Architektur und Ingenieurbau (vereinfacht)*, *BIM Architektur und Ingenieurbau* oder *BIM Gebäudetechnik* – unterschiedlich aus. Hier wird zunächst die Gliederung für *BIM Architektur und Ingenieurbau (vereinfacht)* verwendet.

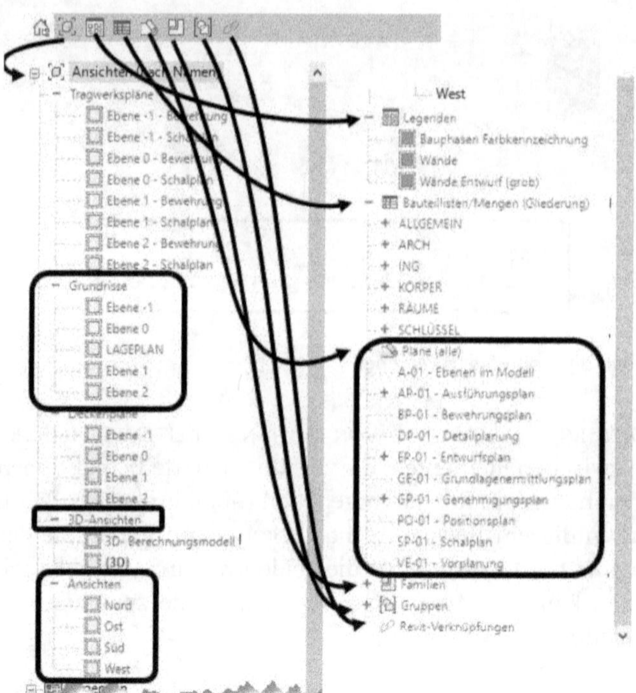

Abb. 1.42: Projektbrowser mit wichtigsten Bereichen für Architektur

Der PROJEKTBROWSER untergliedert sich in die Kategorien ANSICHTEN, LEGENDEN, BAUTEILLISTEN/MENGEN, PLÄNE, FAMILIEN, GRUPPEN und VERKNÜPFUNGEN. Damit Sie schneller zu den einzelnen Kategorien navigieren können, werden in der Kopfzeile entsprechende Register-Icons dazu angezeigt. Als Erstes bietet die Option ALLE die traditionelle Übersicht des gesamten PROJEKTBROWSERS mit sämtlichen Kategorien an.

Das Projekt wird zuerst gegliedert in

- ANSICHTEN (NACH NAMEN) – Hierunter finden Sie alle Zeichnungsansichten:
  - GRUNDRISSE – verwaltet die zweidimensionalen Grundrissdarstellungen. Das sind vertikale Schnitte durch die Geschosse in einer vorgegebenen Höhe von 1,20 m. Die vorgegebenen Namen bedeuten:
  - EBENE -1 – Keller
  - EBENE 0 – Erdgeschoss (Vorgabe-Geschoss beim Start)
  - LAGEPLAN – ebenenübergreifende Draufsicht auf das gesamte Projekt mit aktiviertem PROJEKT-BASISPUNKT und VERMESSUNGSPUNKT
  - EBENE 1 – erstes Obergeschoss
  - EBENE 2 – zweites Obergeschoss

Sie können neue Geschosse erzeugen, wenn Sie in eine der ANSICHTEN gehen (NORD, SÜD, OST oder WEST), dort eine Ebene anklicken und übers Kontextmenü ÄHNLICHES PLATZIEREN wählen (Abbildung 1.43). Die Geschosshöhe geben Sie beim Platzieren ein oder danach, indem Sie die temporäre Bemaßung mit Ihrem Wert überschreiben. Das Geschoss wird über zwei Punkte für das linke und rechte Ende der Geschosslinie erstellt.

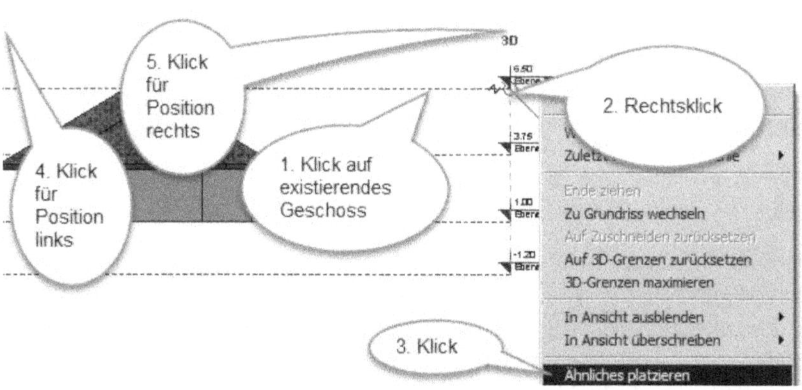

Abb. 1.43: Neues Geschoss erstellen

Weitere vorgegebene Zeichnungsansichten im Browser sind:

- DECKENPLÄNE – Passend zu den Geschossgrundrissen gibt es hier die Deckenansichten, damit Lampen oder abgehängte Decken platziert werden können. Hier ist vom aktuellen Geschoss alles bis zur oberen Geschosshöhe zu sehen.
- 3D-ANSICHTEN – Diese Kategorie enthält vorgabemäßig eine normale 3D-Ansicht, die {3D} heißt, und eine Ansicht 3D-BERECHNUNGSMODELL, die die analytischen Eigenschaften für Wände und Tragwerke anzeigt. Diese Anzeige ist aber nur wirksam, wenn die Option TRAGWERK im betreffenden Bauelement in den EIGENSCHAFTEN aktiviert wurde.
- ANSICHTEN – umfasst die *Außenansichten* NORD, OST, SÜD und WEST.

Auf die Kategorie ANSICHTEN (NACH NAMEN) folgen dann nicht-grafische Kategorien im Browser:

- LEGENDEN – Sie können hier Legenden der von Ihnen verwendeten Symbole und Bauelemente erstellen, die sich aus den Bauteilbeschriftungen ergeben.
- BAUTEILLISTEN/MENGEN – enthält folgende Listen für die Architekturelemente und Mengen, die automatisch mit der Konstruktion aktualisiert werden: WANDLISTE, TÜRLISTE, FENSTERLISTE, RAUMLISTE. Ferner die Listen mit Bezeichnungen: SCHLÜSSEL RAUMNAMEN, SCHLÜSSEL RAUMOBERFLÄCHEN.
- PLÄNE (ALLE) – Hier werden verschiedene Pläne angeboten wie ENTWURFSPLAN, GENEHMIGUNGSPLAN, AUSFÜHRUNGSPLAN, BEWEHRUNGSPLAN etc., für die Sie fertige Rahmen vorfinden.
- FAMILIEN – enthält alle Standard-Revit-Konstruktionselemente, die Sie mit den Konstruktionswerkzeugen verwenden können.
- GRUPPEN – Sobald Sie mehrere Elemente zu Gruppen zusammengefügt haben, werden diese hier aufgelistet.
- REVIT-VERKNÜPFUNGEN – Verknüpfungen z.B. mit CAD-Zeichnungen aus AutoCAD werden hier verwaltet.

1.6.12 Zeichenfläche

Die ZEICHENFLÄCHE ist praktisch Ihr Konstruktionsbereich und zeigt jeweils die im PROJEKTBROWSER gewählte Ansicht.

In den normalen 2D-Geschossansichten werden standardmäßig zwei rote gestrichelte Linien angezeigt, die sich im PROJEKT-BASISPUNKT kreuzen. Damit ist die Lage des Nullpunkts im Projekt gut markiert. Die roten Linien sind REFERENZEBENEN, die später nicht geplottet werden. Außerhalb des Bereichs der Linien sind oben, unten, rechts und links kleine Dreiecke zu sehen. Sie haben einen Abstand von ca. 75 m horizontal und ca. 50 m vertikal. Das sind die Kameras, die die Außenansichten Nord, Süd, Ost und West generieren. Deren Lage können Sie der Größe Ihres Projekts anpassen. Sie sollten sie aber nicht löschen, weil dann auch die dazugehörigen Ansichten im Browser verschwinden.

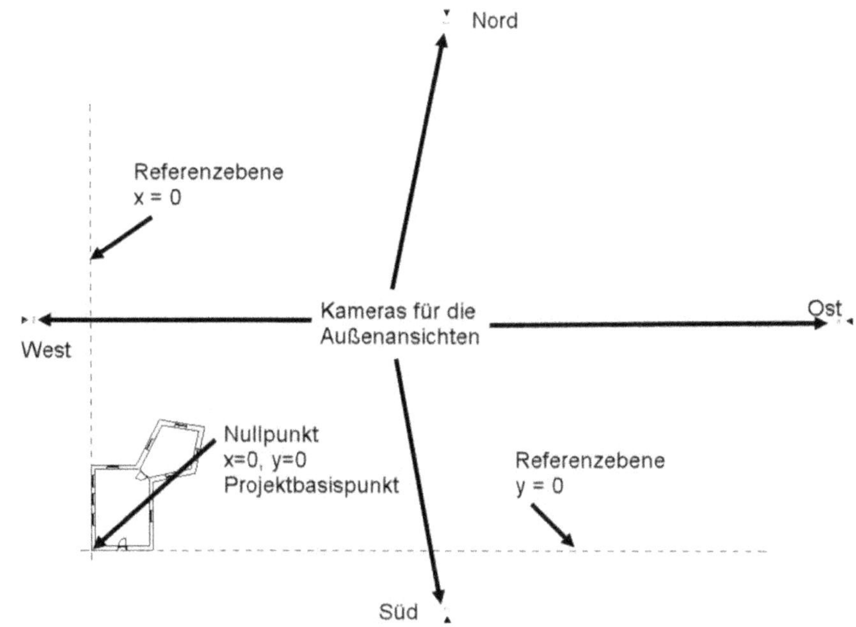

Abb. 1.44: Zeichenfläche für 2D-Ansichten

In 3D-ANSICHTEN wird zusätzlich zur NAVIGATIONSLEISTE der VIEWCUBE angezeigt.

Abb. 1.45: Zeichenfläche der Ansicht {3D} mit VIEWCUBE und NAVIGATIONSLEISTE

ViewCube

Rechts oben im Zeichenbereich finden Sie den VIEWCUBE, der zum Schwenken der dreidimensionalen Ansichten verwendet werden kann. In der Draufsicht sind rechts oben die beiden Schwenkpfeile interessant, um 90°-Drehungen zu wählen.

Über das Kontextmenü des ViewCube können Sie in die perspektivische 3D-Ansicht wechseln und zurück.

Navigationsleiste

Am rechten Rand befindet sich in allen Ansichten die NAVIGATIONSLEISTE mit folgenden Werkzeugen:

- VOLL-NAVIGATIONSRAD – und weitere Navigationsräder bieten verschiedene Optionen zum Schwenken und Variieren der Ansichtsrichtung. Interessant sind hier die Optionen:
  - MITTE – setzt den Mittelpunkt der 3D-Schwenkbewegungen auf eine wählbare Objektposition. Das ist interessant bei großen Projekten, weil sonst vorgabemäßig um den Schwerpunkt des gesamten Projekts geschwenkt wird. Im Kontextmenü des Rades kann mit AUSGANGS-MITTELPUNKT WIEDERHERSTELLEN auf den vorgegebenen Ausgangspunkt zurückgesetzt werden.
  - ORBIT – schwenkt um den gewählten Mittelpunkt oder alternativ um den Schwerpunkt. Es kann aber auch *mit der Maus geschwenkt* werden, indem Sie `Shift` *halten* und dann die Maus *bei gedrücktem Mausrad bewegen*.
  - PAN – Mit dieser Funktion können Sie den aktuellen Bildschirmausschnitt verschieben. Sie können das Gleiche aber auch erreichen, indem Sie das *Mausrad drücken* und mit gedrücktem Mausrad dann die *Maus bewegen*.
- ZOOM – Normales *Zoomen* geschieht durch *Rollen des Mausrades*. Mehrere besondere Zoom-Funktionen finden sich hier im Flyout:
  - FENSTER – zoomt auf einen Ausschnitt, den Sie dynamisch mit dem Cursor aufziehen können.
  - VERKLEINERN 2X – verkleinert die Ansichtsdarstellung, sodass Sie also doppelt so viele sehen.
  - GRENZEN oder ALLES – zoomt die Bildschirmanzeige so, dass alles Gezeichnete sichtbar wird. Bei aktiviertem ZUSCHNEIDEBEREICH wird auf diesen gezoomt. Dieselbe Aktion können Sie auch *mit der Maus* durch einen *Doppelklick aufs Mausrad* tätigen.

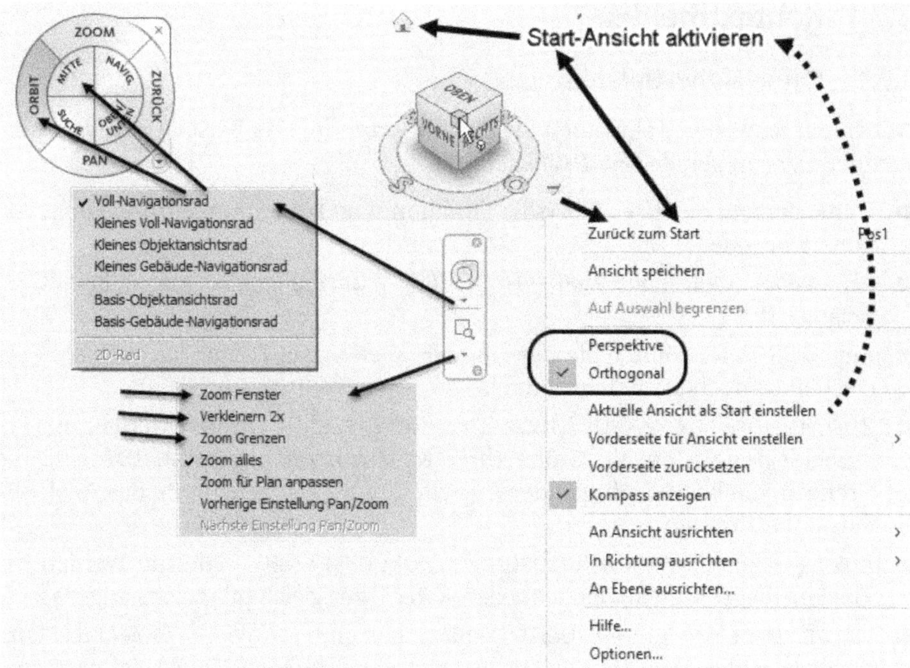

Abb. 1.46: Funktionen der Navigationsleiste

Tipp

Im Register ANSICHT können Sie über die Gruppe FENSTER|BENUTZEROBERFLÄCHE die verschiedenen Bedienelemente VIEWCUBE (*Ansichtswürfel*), NAVIGATIONSLEISTE etc. ein- und ausschalten.

Zoom und Pan mit der Maus

Für das schnelle Manipulieren der Ansicht können Sie natürlich auch das Mausrad benutzen:

- *Mausrad drücken und Maus bewegen:* Mit dieser Pan-Aktion wird der Ansichtsausschnitt hin- und herbewegt.
- *Mausrad rollen:* Der Zeichnungsausschnitt wird verkleinert und vergrößert.
- *Mausrad doppelklicken:* wirkt wie ZOOM GRENZEN.
- `Shift` + *Mausrad drücken und Maus bewegen* (in 3D-Ansichten): schwenkt die Ansicht.

1.7 Kontextmenüs

1.7.1 Ohne aktive Befehle

Mit einem Rechtsklick aktivieren Sie ein *Kontextmenü*. Das Beispiel zeigt das Kontextmenü, wenn gerade *kein Befehl aktiv* ist.

- Es bietet dann an erster Stelle die Funktion ABBRECHEN, um eine beliebige Aktion zu beenden.
- An zweiter Stelle folgt WIEDERHOLEN (...) *Wiederholung des letzten Befehls*, im Beispiel TÜR.
- Eine Zeile tiefer können Sie *einen aus mehreren letzten Befehlen* auswählen. Hier erscheinen auch die Befehlskürzel.
- ZUSCHNEIDEGRENZEN AUF MODELL ZURÜCKSETZEN – Hiermit werden die Zuschneidegrenzen an die Größe Ihrer Konstruktion angepasst. Das sind die Grenzen, die beim Einfügen der Ansicht in eine Planzeichnung das Ansichtsfenster bestimmen.
- ZUSCHNEIDEGRENZE AUF BILDSCHIRM ZURÜCKSETZEN – Hiermit werden die Zuschneidegrenzen an den aktuellen Rand Ihres Zeichenbereichs angepasst.
- VERWEISENDE ANSICHTEN SUCHEN – bietet bei einem aktivieren Objekt das Umschalten in die Ansichten an, in denen das betreffende Objekt definiert sein könnte. Wenn Sie sich jetzt beispielsweise in EBENE 0 befinden, gar keinen Befehl mehr aktiviert haben, dann ist EBENE 0 in EIGENSCHAFTEN angezeigt, und als *verweisende Ansichten* bekommen Sie die Außenansichten NORD, OST, SÜD und WEST angeboten, weil man in diesen Ansichten Geschosse definieren kann.
- Es folgen die wichtigen Zoom-Befehle ZOOM FENSTER, VERKLEINERN 2X und ZOOM GRENZEN.

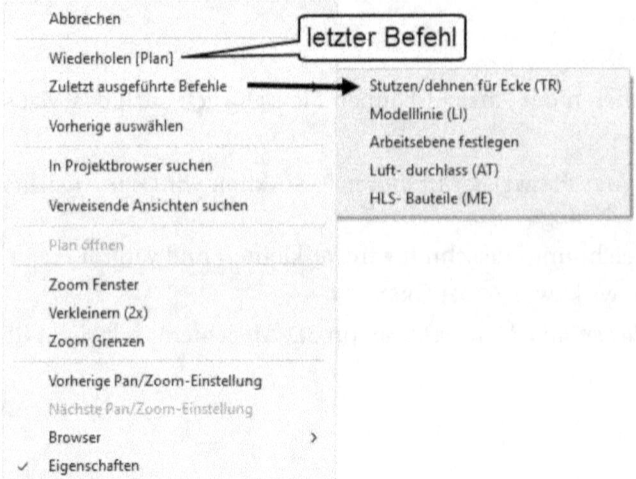

Abb. 1.47: Kontextmenü ohne aktiven Befehl

Wichtig

Befehle werden endgültig meist mit zweimal [ESC] oder zweimal ABBRECHEN im *Kontextmenü* beendet.

1.7.2 Kontextmenü mit aktivem Element

Auch wenn Sie mit Klick ein Element aktiviert haben, erscheint nach Rechtsklick ein *Kontextmenü* mit einigen elementspezifischen und einigen allgemeinen Befehlen.

- Interessant ist die Option IN ANSICHT AUSBLENDEN. Damit können einzelne Elemente oder eine komplette Kategorie von Elementen unsichtbar gemacht werden. Mit dem Werkzeug [Symbol] aus der ANSICHTSLEISTE können sie wahlweise wieder sichtbar gemacht werden.

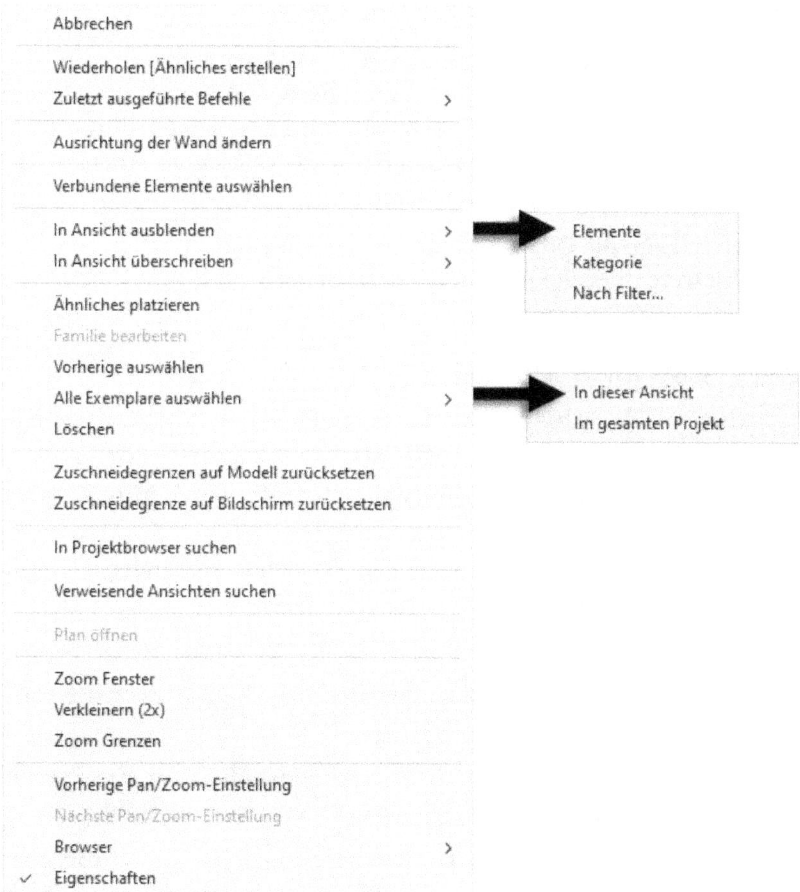

Abb. 1.48: Kontextmenü bei aktiviertem Wandelement

- ÄHNLICHES PLATZIEREN ist ein bequemer Befehl, um das markierte Element erneut zu erstellen, und zwar mit den gleichen Eigenschaften. Das spart oft den Aufruf des Original-Befehls zum Erstellen und die Wahl von TYP und EIGENSCHAFTEN. Also wenn Sie beispielsweise eine Wand angeklickt hatten, wird damit der Befehl WAND zum *Erstellen einer neuen Wand gleichen Typs* und mit *gleichen Eigenschaften* aufgerufen.
- ALLE EXEMPLARE AUSWÄHLEN erweist sich als sehr nützlicher Befehl, wenn eine bestimmte Aktion für *alle Elemente einer bestimmten Kategorie und eines bestimmten Typs* durchgeführt werden soll. Wenn Sie beispielsweise alle Außenwände ans Dach anpassen wollen, wählen Sie eine Außenwand, dann ALLE EXEMPLARE AUSWÄHLEN|IN DIESER ANSICHT und rufen dann unter WAND ÄNDERN die Funktion FIXIEREN mit der Unterauswahl OBERKANTE FIXIEREN auf.

1.8 Objektwahl, Klick, Doppelklick und Objektfang

1.8.1 Objektwahl

Viele Befehle wie beispielsweise VERSCHIEBEN oder DREHEN verlangen die Wahl von einem oder mehreren Objekten. Sobald eine Objektwahl ansteht und Sie den Cursor auf die Kanten eines Elements hinbewegen, wird das Element durch Verdicken der Kanten in blauer Farbe hervorgehoben. Die *Hervorhebung* deutet an, dass nun das Element per Klick gewählt werden kann.

In der STATUSLEISTE kann die Objektwahl noch unterschiedlich durch , , , ,  beeinflusst werden (siehe Abschnitt 1.6.9, »Statusleiste«)

Auf die *Objektwahlanfrage* hin wird

1. ein einzelnes Objekt per Klick gewählt,
2. mit `Strg`+Klick ein Objekt hinzugewählt – durch Pluszeichen am Cursor angezeigt,
3. mit `Shift`+Klick ein Objekt aus der Auswahl entfernt – durch Minuszeichen am Cursor angezeigt,
4. mit `Tab`+Klick bei übereinander liegenden Objekten ein anderes Objekt gewählt,
5. mit `Enter` die Auswahl beendet.

Alternativ können Sie die Objektwahl auch per Rechtsklick und AUSWAHL BEENDEN abschließen.

Sie können auch Objekte wählen, indem Sie *mit gedrückter Maustaste eine Box* aufziehen. Je nachdem, in welcher Richtung die Box aufgezogen wird, wählen Sie

1. Fenster-Wahl: Bei Aufziehen von *links nach rechts,* unabhängig ob von oben nach unten oder anders, wählen Sie *nur diejenigen Objekte, die vollständig* in der Box liegen.

2. Kreuzen-Wahl: Bei Aufziehen von *rechts nach links*, unabhängig ob von oben nach unten oder anders, wählen Sie *alle Objekte*, die *vollständig* oder auch nur *teilweise* in der Box liegen.

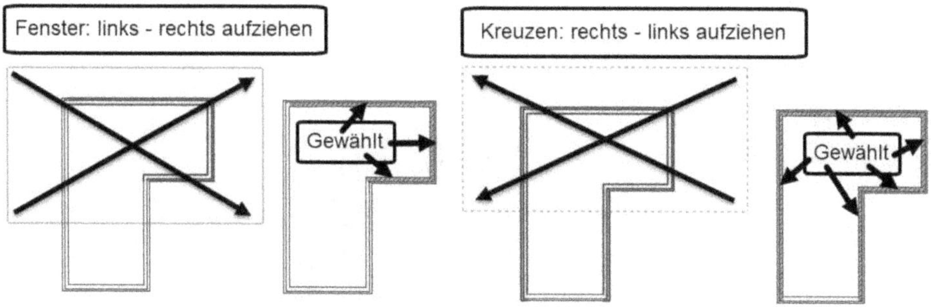

Abb. 1.49: Fenster-Wahl links-rechts: nur Elemente, die vollständig drin liegen, Kreuzen-Wahl rechts-links: alle Elemente, die vollständig in der Box liegen oder nur teilweise

Wenn Sie die Kreuzen- oder Fenster-Wahl mit der [Strg]-Taste oder der [Shift]-Taste kombinieren, werden die gewählten Elemente zur aktuellen Objektwahl hinzugefügt oder aus ihr entfernt.

Wahl zusammenhängender Elemente

Eine besonders effektive Objektwahlmethode kann mehrere zusammenhängende Objekte wählen. Das ist besonders bei verbundenen Wandelementen u.Ä. sehr interessant.

1. Bewegen Sie zuerst den Cursor auf eines der Elemente, nicht klicken (!).
2. Drücken Sie nur *einmal* die [Tab]-Taste, damit alle Elemente markiert werden.
3. Nun klicken Sie mit der linken Maustaste.
4. Schließlich sind umlaufend alle Elemente gewählt.

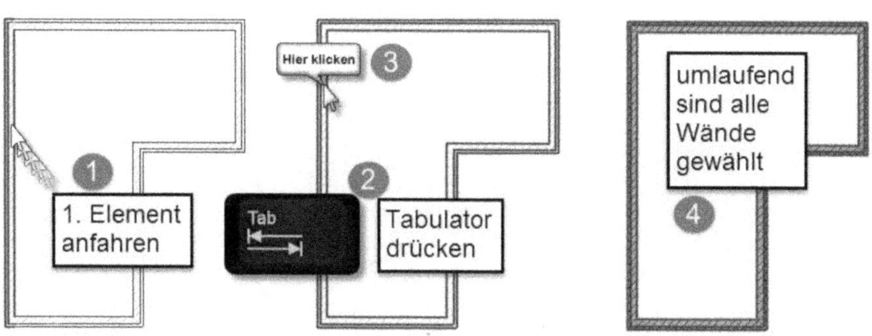

Abb. 1.50: Wahl zusammenhängender Elemente

1.8.2 Griffe an markierten Objekten

Wenn Sie ein Objekt mit einem Klick markieren, erscheinen kleine blaue Symbole, die Griffe, und temporäre Bemaßungen. Hiermit können Sie die markierten Abmessungen ändern, indem Sie einfach die Maßzahlen anklicken oder an den Pfeilgriffen ziehen.

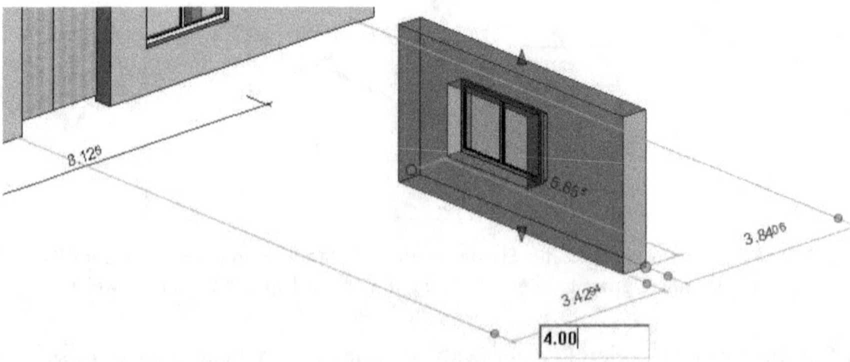

Abb. 1.51: Griffe und Bemaßungen zum Ändern einer Wand

1.8.3 Doppelklicken auf Objekte zum Bearbeiten

Um Objekte zu bearbeiten, müssen Sie nicht immer unbedingt Werkzeuge anklicken, oft genügt ein Doppelklick auf das betreffende Objekt. Damit kommen Sie an die Geometriedefinitionen der Objekte heran. Bei Wänden, Dächern und Geschossdecken können Sie die zugrunde liegenden Profile nach einem Doppelklick bearbeiten.

Bei den Elementen wie Fenstern und Türen, die auch aus der Bauteilbibliothek geladen werden können, gelangen Sie nach Doppelklick in den *Familieneditor* und könnten dann modifizierte Objekte erstellen. Damit würden Sie alle Objekte dieses Typs verändern! Beenden Sie die betreffende Familieneditor-Ansicht ohne Speichern, wenn Sie nichts verändern wollen.

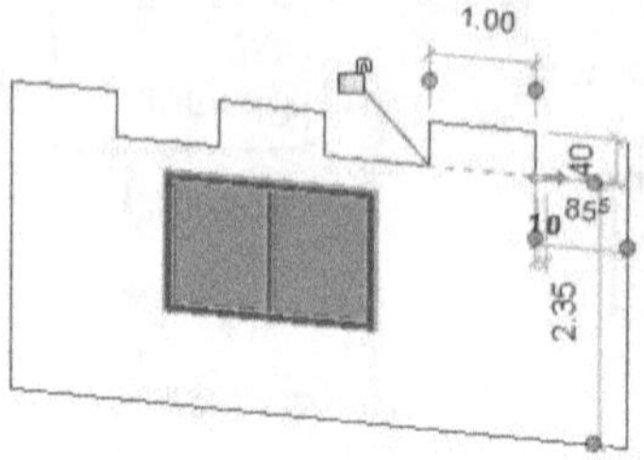

Abb. 1.52: Bearbeiten eines Wandprofils nach Doppelklick

Tipp: Abbruch einer Funktion

Befehlsabbruch wird durch die [Esc]-Taste (Escape-Taste) ganz oben links auf der Tastatur erreicht. Auch wenn Sie mal ein Zeichnungsobjekt angeklickt haben und nun kleine blaue Kringelchen und Bemaßungen erscheinen, hilft die [Esc]-Taste weiter, die diese *Griffe* und *temporären Maße* wieder entfernt.

1.9 Info-Center

Das Info-Center rechts oben in der PROGRAMMLEISTE enthält mit DURCHSUCHEN als wichtigste Funktion die Suche in der ONLINE-HILFE (Abbildung 1.53). Hier können Sie sich zu den verschiedenen Befehlen und Themen schnelle Hilfe holen. Auch mit der [F1]-Taste gelangen Sie schnell zur ONLINE-HILFE.

Über AUTODESK ACCOUNT können Sie sich mit Ihrer Autodesk-ID anmelden.

Apps zu Revit können Sie über AUTODESK APP STORE finden.

Im Menü bei HILFE sind nützliche Lern-Hilfsmittel in Form von Videos zu finden. Informationen zu Ihrer *Produktlizenz* und *Seriennummer* finden Sie am Ende des Flyout-Menüs unter INFO ÜBER AUTODESK REVIT 2026|PRODUKTLIZENZ|LIZENZ VERWALTEN.

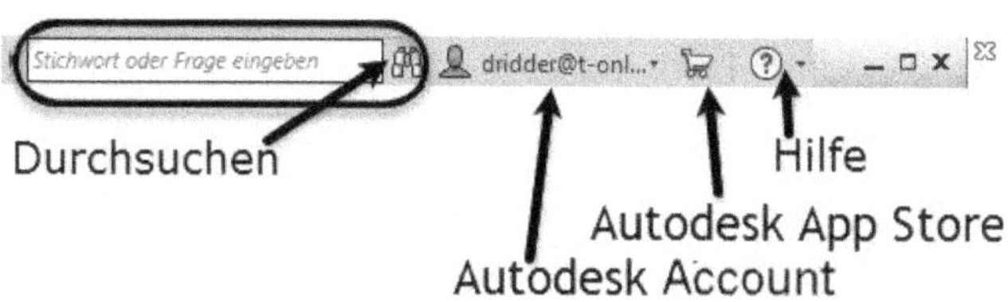

Abb. 1.53: Info-Center

1.10 Revit zurücksetzen

Um Revit für einen Benutzer auf die Werkseinstellungen zurückzusetzen, müssen Sie nur die Datei `Revit.ini` löschen und dann Revit neu starten. Die Datei befindet sich im Verzeichnis `C:\Benutzer\`*Benutzername*`\Appdata\Roaming\Autodesk\Revit\Autodesk Revit 2026`. Das Verzeichnis APPDATA ist ein verstecktes Verzeichnis, dessen Sichtbarkeit Sie im EXPLORER unter ANSICHT in der Gruppe EIN/AUSBLENDEN erst aktivieren müssten.

Alternativ können Sie auch in der Windows-SYSTEMSTEUERUNG unter PROGRAMME UND FEATURES nach *Rechtsklick* auf AUTODESK REVIT 2026 die Option DEINSTALLIEREN wählen und dann neu installieren.

1.11 Die Familien-Bibliotheken

Der Begriff *Familie* ist unter Revit die Abkürzung für *Teilefamilien* und bezeichnet alle Zusatzkomponenten für die Baukonstruktion und die Beschriftungen. Die Familienbibliotheken sind zum großen Teil schon in den Vorlagen enthalten und liegen im PROJEKTBROWSER unter der Kategorie FAMILIEN. Weitere Teile sind in der *Autodesk-Cloud* im Internet verfügbar und können über EINFÜGEN|AUS BIBLIOTHEK LADEN| AUTODESK-FAMILIE LADEN hinzugeladen werden. Einige wenige Teile sind aber auch noch mit FAMILIE LADEN unter dem traditionellen Bibliothekspfad zu finden:

`C:\ProgramData\Autodesk\RVT 2026\Libraries\German.`

Hier befinden sich zwei Verzeichnisse für die Bereiche INGENIEURBAU – BETONFERTIGTEILE und ROUTEN-ANALYSE.

1.12 Übungsfragen

1. Wie unterscheiden sich Test-Version, Studenten-Version und lizenzierte Version?
2. Welche wichtigen Werkzeuge finden Sie im SCHNELLZUGRIFF-WERKZEUGKASTEN?
3. Welches sind die wichtigsten Dinge in EIGENSCHAFTEN?
4. Nennen Sie die wichtigsten Kategorien des PROJEKTBROWSERS.
5. Wo können Sie den PROJEKTBROWSER aktivieren, wenn er abgeschaltet ist?
6. Wie können Sie VIEWCUBE und NAVIGATIONSLEISTE ein-/ausschalten?
7. Was tun Sie, wenn die Multifunktionsleiste nur noch die Gruppen, aber keine einzelnen Werkzeuge mehr anzeigt?
8. Wo finden Sie die ANSICHTSLEISTE und was sind die wichtigsten Werkzeuge?
9. In welchen Registern liegen die wichtigsten Konstruktionswerkzeuge?
10. Wo finden Sie Befehlseingabeaufforderungen?

Ein einfacher Grundriss

In diesem Kapitel wird anhand eines einfachen Grundrisses in die wichtigsten Zeichenoperationen eingeführt.

2.1 Neues Projekt

Bevor Sie mit einem ersten Projekt beginnen, aktivieren Sie vielleicht die NEUE REVIT-STARTSEITE ❶. Für ein neues Projekt wählen Sie MODELLE ❷ und NEU ❸. Als Vorlage ❹ wird die normale Vorlage BIM ARCHITEKTUR UND INGENIEURBAU (VEREINFACHT) ❺ angeboten, sie kann mit OK ❻ bestätigt werden.

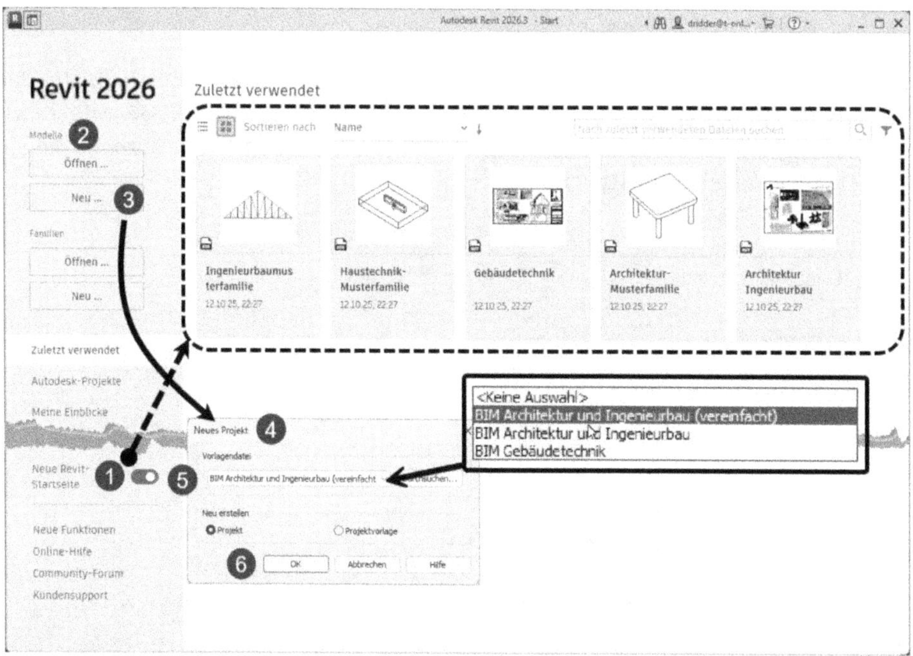

Abb. 2.1: Neues Projekt starten

Den Erklärungstext »BIM mit Revit ...« im Zeichenfenster können Sie nach Durchlesen per Klick und [Entf] löschen. Es ist zu empfehlen, die neue Projektdatei gleich zu speichern, damit sie einen sinnvollen Namen bekommt. Vorgegeben ist PROJEKT1.

2.1.1 Projektinformationen

Unter VERWALTEN|EINSTELLUNGEN|PROJEKTINFORMATIONEN ❶, ❷ können Sie Daten über den Bauherrn und das Projekt eingeben ❸, die teilweise später auch bei der Planausgabe für die *Zeichnungsbeschriftung* ❹ verwendet werden (Abbildung 2.2).

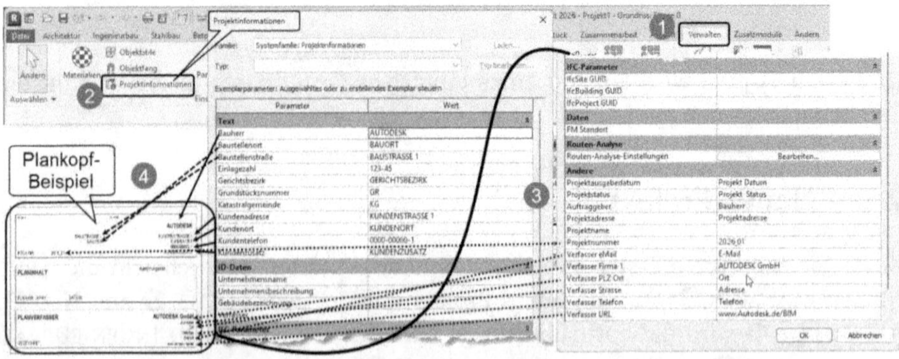

Abb. 2.2: Projektinformationen, teilweise für den Plankopf benutzt

2.1.2 Geschoss-Ebenen

Im neuen Projekt befinden Sie sich nun im *Erdgeschoss*, genannt EBENE 0. Um das zu sehen, sollten Sie im PROJEKTBROWSER die Kategorie GRUNDRISSE aufblättern (Abbildung 2.3). Dort ist EBENE 0 fett hervorgehoben; falls nicht, können Sie sie mit einem Doppelklick aktivieren.

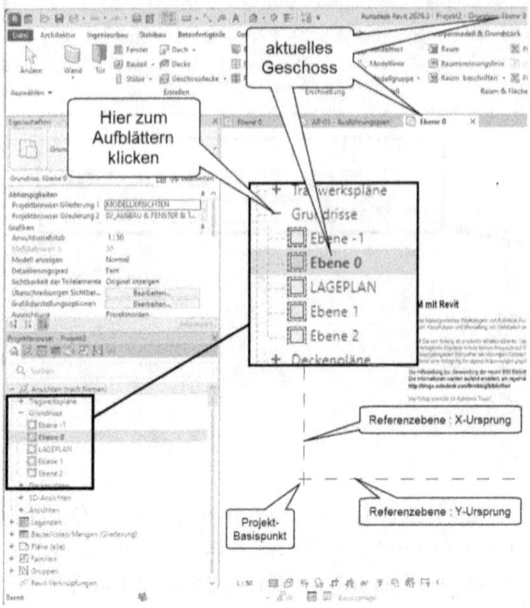

Abb. 2.3: Erdgeschoss EBENE 0 aktiviert im neuen Projekt

Das Zeichenfenster zeigt als kleine Dreieckssymbole die vier Kameras (Abbildung 1.7 aus Kapitel 1), die den Ansichten SÜD, WEST, NORD und OST entsprechen. Dazwischen werden Sie Ihren Grundriss nun zeichnen. Die vier *Kameras* sollten Sie *nie löschen*, weil sonst die dazugehörigen *Außenansichten* im PROJEKTBROWSER in der Kategorie ANSICHTEN links außen auch gelöscht werden.

Tipp

Ansichten (Außenansichten) können mit dem Werkzeug ANSICHT|ERSTELLEN|ANSICHT Ansicht notfalls wieder erstellt werden. Nach Platzieren des Ansichts-Symbols auf der Zeichenfläche kann es angeklickt und über entsprechende Griffe die Richtung und Beschriftung geändert werden.

2.1.3 Projekt-Basispunkt

Der Abstand der Kameras beträgt waagerecht etwa 75 m und senkrecht etwa 50 m. In der linken unteren Ecke dieses Bereichs liegt der PROJEKT-BASISPUNKT, der in normalen Geschossansichten nicht als Symbol angezeigt wird, sondern durch den Schnittpunkt von zwei roten gestrichelten Linien angedeutet wird, die zwei Referenzebenen in x- und y-Richtung entsprechen. Um den PROJEKT-BASISPUNKT sichtbar zu machen, müssen Sie seine Sichtbarkeit einschalten. Dazu gibt es das Werkzeug ANSICHT|GRAFIK|SICHTBARKEIT/GRAFIKEN Sichtbarkeit/ Grafiken (Abbildung 2.4). Der PROJEKT-BASISPUNKT ist der *Nullpunkt des Projekts* mit den x-y-Koordinaten 0,0. An dieser Stelle soll auch das Projekt beginnen. Der Punkt wird mit dem Symbol ⊗ markiert. Die Zeichenbefehle des Programms rasten auch automatisch an dieser Position ein, wenn Sie sie mit dem Cursor anklicken.

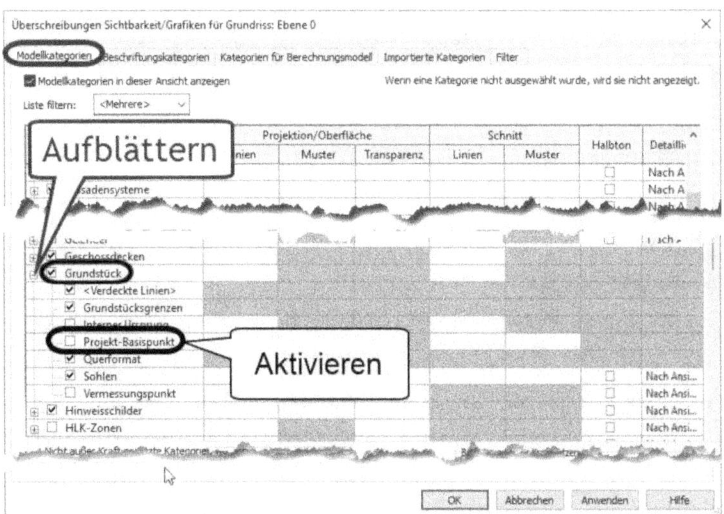

Abb. 2.4: PROJEKT-BASISPUNKT aktivieren

Tipp: Wichtige Funktion: Sichtbarkeit/Grafiken

Da naturgemäß in dreidimensionalen Architekturmodellen immer Elemente von anderen vollständig oder teilweise verdeckt werden, ist es sehr wichtig, das Werkzeug ANSICHT|GRAFIK|SICHTBARKEIT/GRAFIKEN im SCHNELLZUGRIFF-WERKZEUGKASTEN verfügbar zu haben. Dazu gehen Sie in das Register ANSICHT ❶, klicken mit der RECHTEN Maustaste auf SICHTBARKEIT/GRAFIKEN ❷ und klicken dann auf ZUM SCHNELLZUGRIFF-WERKZEUGKASTEN HINZUFÜGEN ❸ (Abbildung 2.5).

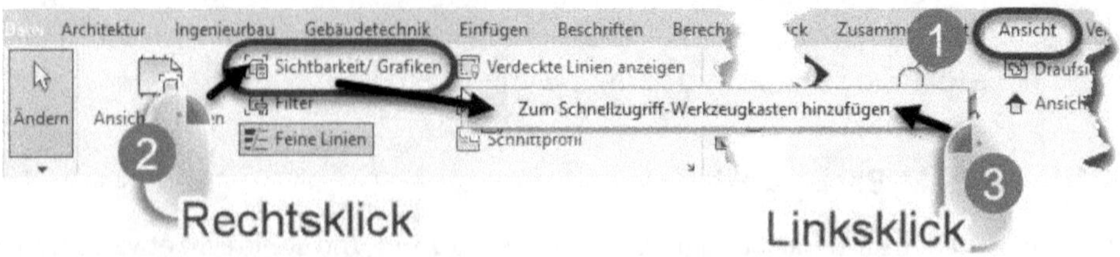

Abb. 2.5: SICHTBARKEIT/GRAFIKEN in den SCHNELLZUGRIFF-WERKZEUGKASTEN holen

Meist ist der SCHNELLZUGRIFF-WERKZEUGKASTEN schon mit den vorgegebenen Werkzeugen gefüllt und zeigt weitere dann erst in einer Fortsetzungszeile am rechten Ende an. In diesen Fällen sollten Sie vielleicht nicht so dringend benötigte Werkzeuge wie INAKTIVE ANSICHTEN SCHLIEẞEN oder FENSTER WECHSELN entfernen.

2.1.4 Sichtbarkeit mittels Filter steuern

Oft wollen Sie die Sichtbarkeit mehrerer Objekte in einer Ansicht ein- oder ausschalten. Das wäre dann nach der Methode wie beim Basispunkt oben sehr mühsam. Für diesen Zweck richten Sie sich Filter ein. Nehmen wir an, Sie wollen in einer Ansicht die MÖBEL, MÖBELSYSTEME, SANITÄRINSTALLATIONEN und HLS-ELEMENTE ein-/ausblenden können.

1. Aktivieren Sie ANSICHT|GRAFIK|SICHTBARKEIT/GRAFIKEN.
2. Wählen Sie das Register FILTER.
3. Klicken Sie auf BEARBEITEN|NEU.
4. Klicken Sie auf das Werkzeug NEU und geben Sie einen Namen für den Filter ein und beenden Sie mit OK.
5. Bei LISTE FILTERN aktivieren Sie einen Arbeitsbereich wie beispielsweise ARCHITEKTUR, aus denen Sie Elemente wählen wollen.
6. In der Liste darunter aktivieren Sie alle Elemente, die Sie schalten wollen, also im Beispiel MÖBEL, MÖBELSYSTEME, HLS-BAUTEILE und SANITÄRINSTALLATIONEN und beenden Sie mit OK.
7. Zurück im Dialogfeld SICHTBARKEIT/GRAFIKEN unter Register FILTER klicken Sie auf HINZUFÜGEN und wählen den gerade erstellten Filter aus.

8. Nun können Sie für diesen Filter in der Spalte SICHTBARKEIT das Häkchen löschen, und nach OK verschwinden die Objekte aus der aktuellen Ansicht.

2.1.5 Arbeitsbereich bzw. Zuschneidebereich in 2D festlegen

Im Zeichenfenster sollten Sie zunächst auf die bisher sichtbaren Objekte zoomen. Das geht mit einem *Doppelklick auf das Mausrad* oder entsprechend mit der Funktion ZOOM-GRENZEN im NAVIGATOR am rechten Rand im Drop-down-Menü von ZOOM-FENSTER. Worauf gezoomt wird, hängt davon ab, ob der ZUSCHNEIDEBEREICH aktiviert ist oder nicht. Der ZUSCHNEIDEBEREICH ist ein zunächst unsichtbarer Ausschnitt des Zeichenfensters, der später einmal als Ansichtsfenster für die Darstellung in der Planausgabe dient. Mit (mit gelber Glühbirne) bzw. (mit blauer Glühbirne) in der STATUSLEISTE unten links können Sie zwischen sichtbarem rechteckigen ZUSCHNEIDEBEREICH und unsichtbarem per Klick wechseln. Wenn der ZUSCHNEIDEBEREICH nicht aktiv ist, werden bei ZOOM-GRENZEN alle Konstruktionselemente, auch die Kameras und Referenzebenen, angezeigt (Abbildung 2.6).

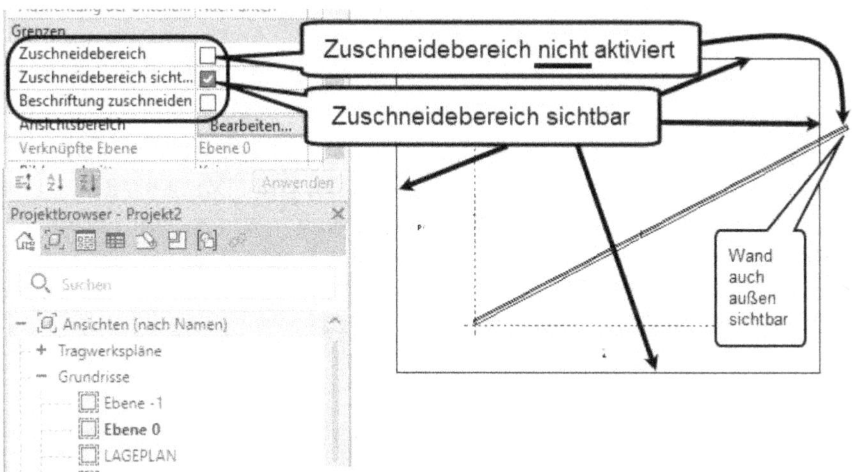

Abb. 2.6: ZUSCHNEIDEBEREICH nicht aktiv

Bei aktiviertem ZUSCHNEIDEBEREICH wird nur der im ZUSCHNEIDEBEREICH befindliche Teil der *Konstruktionselemente* angezeigt. Nach *Anklicken* des zugehörigen Rechtecks kann der ZUSCHNEIDEBEREICH über Werkzeuge rechts in der Multifunktionsleiste oder direkt über die kreisförmigen blauen Griffe beliebig neu definiert werden.

Für *Beschriftungsobjekte* und *Hilfselemente* wie die REFERENZEBENEN gilt ein etwas größerer Zuschneidebereich, der unter EIGENSCHAFTEN in der Kategorie GRENZEN unter BESCHRIFTUNG ZUSCHNEIDEN sichtbar gemacht werden kann. Der gestrichelte ZUSCHNEIDEBEREICH FÜR DIE BESCHRIFTUNG läuft vorgabemäßig parallel zum ZUSCHNEIDEBEREICH. Er kann angezeigt und bearbeitet werden, wenn er in den EIGENSCHAFTEN der Ansicht aktiviert ist und der ZUSCHNEIDEBEREICH markiert (angeklickt) ist (Abbildung 2.7).

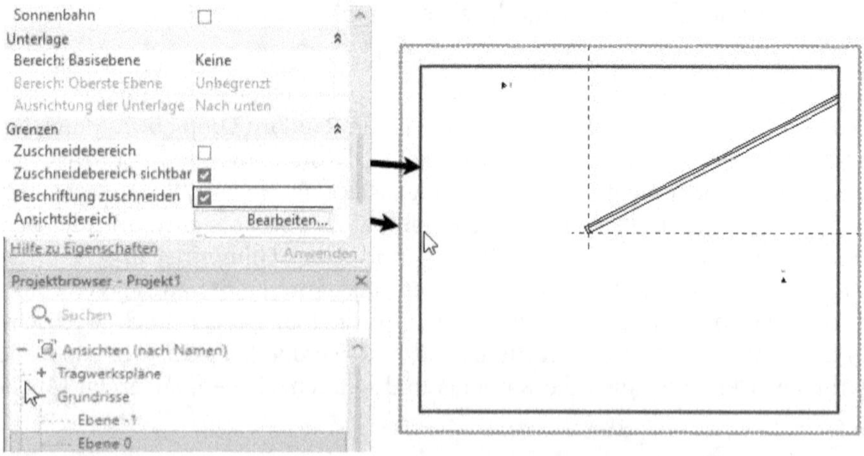

Abb. 2.7: ZUSCHNEIDEBEREICH und BESCHRIFTUNG ZUSCHNEIDEN aktiv

Diese Bereiche sind später wieder wichtig für die Zeichnungsdarstellung und Eingrenzung in den Plänen.

Vorgabemäßig ist der ZUSCHNEIDEBEREICH sehr groß und auch die Abstände der Kameras sind für das geplante Einfamilienhaus viel zu groß. Damit bei den ZOOM-Aktionen nicht immer zu große Bereiche gewählt werden, wäre es sinnvoll, die Kamera NORD weiter nach unten zu schieben und die Kamera OST viel weiter nach links. Die Kameras sind komplexe Objekte. Sie bestehen aus der eigentlichen KAMERA und einer ANSICHTSRICHTUNG mit SCHNITTEBENE.

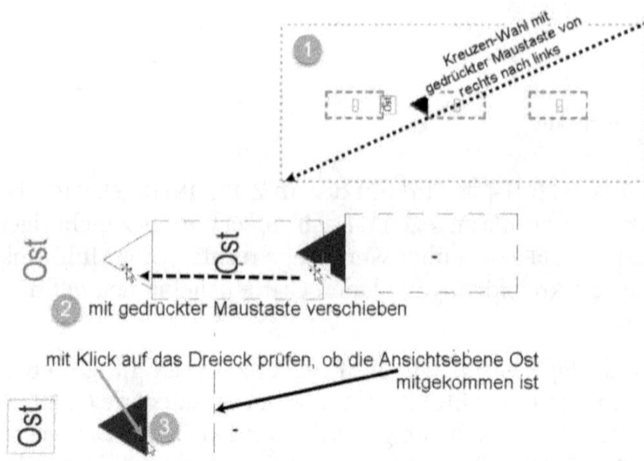

Abb. 2.8: Objektwahlmodus KREUZEN und VERSCHIEBEN einer Kamera

Damit alles zusammen gewählt und verschoben wird, wählen Sie die Objektwahl KREUZEN, indem Sie mit gedrückter Maustaste eine *Box von rechts nach links aufziehen* (Abbildung 2.8).

Da normalerweise der Objektwahlmodus ELEMENTE BEIM AUSWÄHLEN VERSCHIEBEN in der STATUSLEISTE rechts unten aktiv ist, können Sie die gewählten Objekte mit gedrückter Maustaste danach sofort ohne Extra-Befehl verschieben.

Mit einem Klick auf das Kamera-Dreieck können Sie danach einfach prüfen, ob die Schnittebene korrekt mitgekommen ist. Wenn nicht, dann müssen Sie diese einzeln markieren und verschieben. Die Schnittebene bewirkt, dass alles, was außerhalb liegt, in der betreffenden Ansicht weggeschnitten und nicht mehr angezeigt wird. Bei einigen der aktiven Ansichten liegen daneben noch weitere Ansichtswerkzeuge, die inaktiv sind und eigentlich nicht benötigt werden. Sie könnten auch gelöscht werden.

2.1.6 Objektfang

Beim Zeichnen wird der Cursor, den Sie mit der Maus bewegen, an bestimmten charakteristischen Punkten, in bestimmten Richtungen und in bestimmten Entfernungen automatisch einrasten. Das ist mit dem Werkzeug VERWALTEN|EINSTELLUNGEN|OBJEKTFANG Objektfang eingestellt.

Unter FANGSTUFEN ist angegeben, in welchen Abständen Ihr Cursor bei Längeneingaben und bei Winkeleingaben automatisch einrasten wird. Diese Abstände sind stets von der Zoom-Vergrößerung Ihrer Ansicht abhängig. Von den vorgegebenen Abständen wird immer derjenige verwendet, der noch unterhalb 2 mm auf dem Bildschirm liegt. *Je nach Größe des Zeichenbereichs* bzw. des herausgezoomten Bereichs geschieht deshalb ein Einrasten in Abständen von *1 m, 0.1 m* (10 cm), *0.02 m* (2 cm) oder *0.005 m* (5 mm).

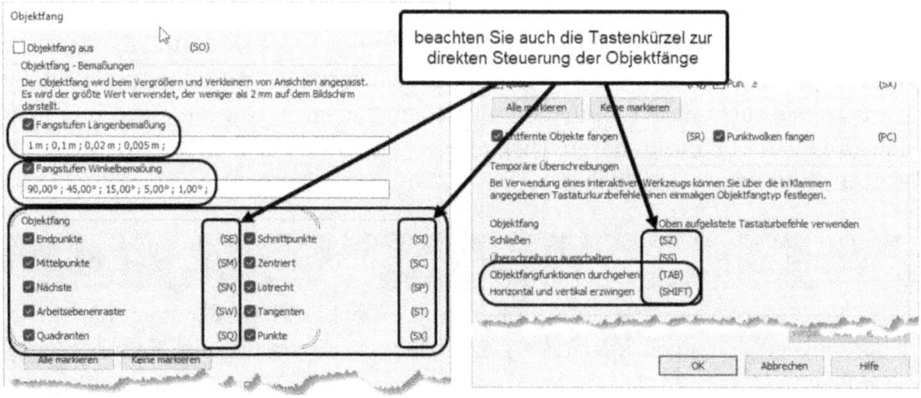

Abb. 2.9: Objektfangeinstellungen

Damit kann man sich oft die manuelle Eingabe von Längenmaßen ersparen. Auch beim *Winkel* gibt es ein Einrasten bei Werten von *90°*, *45°*, *15°*, *5°* sowie *1°* und Vielfachen jeweils davon.

Folgende *Punktpositionen* werden über Objektfang automatisch akzeptiert, sofern Sie den Cursor darauf positionieren:

- ENDPUNKTE – die Endpunkte von Elementkanten oder Modelllinien
- MITTELPUNKTE – Mittelpunkte auf Elementkanten oder Modelllinien
- NÄCHSTE – Positionen nahe dem Cursor auf Elementkanten oder Modelllinien
- ARBEITSEBENENRASTER – Schnittpunkte der Rasterlinien auf Arbeitsebenen
- QUADRANTEN – die Positionen bei 0°, 90°, 180° und 270° bei Kreisen, Bögen und Ellipsen bzw. entsprechenden Elementkanten
- SCHNITTPUNKT – Schnittpunkte von Elementkanten oder Modelllinien
- ZENTRIERT – Mittelpunkte/Zentrumspunkte bei Kreisen, Bögen und Ellipsen bzw. entsprechenden Elementkanten
- LOTRECHT – Lotpunkt auf Elementkanten oder Modelllinien
- TANGENTEN – Tangentenpositionen an Kreisen, Bögen und Ellipsen bzw. entsprechenden Elementkanten
- PUNKTE – Positionen von Punktobjekten

Wenn es nahe einer Position mehrere Objektfangmöglichkeiten gibt, können Sie mit der Tabulatortaste `Tab` dazwischen wechseln. Mit der `Shift`-Taste bzw. `Umschalt`-Taste können Sie beim Zeichnen horizontal oder vertikal einrasten.

2.1.7 Einheiten

Das Programm startet mit *Längeneinheiten* von *Metern*. Sie können die Zahlen sowohl im *amerikanischen Format mit Dezimalpunkt* eingeben als auch im *deutschen Format mit Dezimalkomma*. Sie finden die Einheiten unter VERWALTEN|EINSTELLUNGEN|PROJEKTEINHEITEN. Für KOSTEN PRO FLÄCHE, LÄNGE und die ZIFFERNGRUPPIERUNG sollten Sie vielleicht Anpassungen vornehmen (Abbildung 2.10). Sie können hier auch andere Einheiten einstellen. Neben ALLGEMEIN sind hier auch die Einheiten für die anderen Disziplinen wie TRAGWERK, LÜFTUNG, ELEKTRO, ROHRE und ENERGIE einstellbar.

Hinweis: Dezimalkomma und Dezimalpunkt erlaubt

Bei der Eingabe von Dezimalzahlen sind sowohl Dezimal*komma* (deutsche Schreibweise) als auch alternativ Dezimal*punkt* (amerikanische Schreibweise) erlaubt.

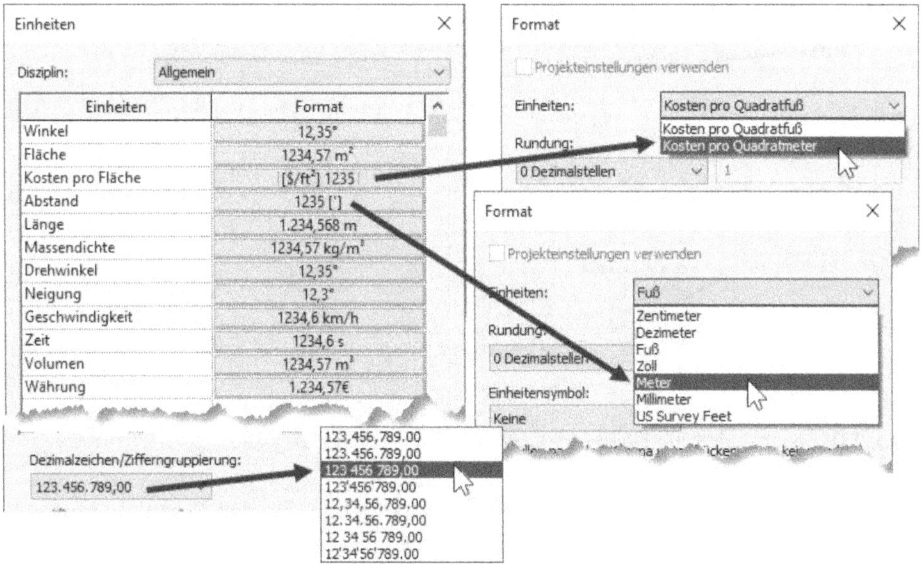

Abb. 2.10: Aktuelle Projekteinheiten anpassen

2.1.8 Geschosshöhen

Die Höhenlagen der Geschosse werden in diesem Programm grafisch über die *Außenansichten* festgelegt. Blättern Sie dazu im PROJEKTBROWSER die Kategorie ANSICHTEN auf und aktivieren Sie mit Doppelklick beispielsweise die Ansicht SÜD. Dort werden die Geschosshöhen auf der rechten Seite angezeigt.

Auch diese Ansichten sind für das geplante Haus viel zu groß angelegt und sollen hier erst einmal auf brauchbare Größe reduziert werden. Zuerst sollten Sie zwei Dinge in diesen Ansichten sichtbar machen, nämlich den PROJEKT-BASISPUNKT und die REFERENZEBENE. Beide sind zwar vorhanden, aber verdeckt. Um solche verdeckten, d.h. temporär ausgeblendeten Elemente wieder komplett sichtbar zu machen, aktivieren Sie in der Statusleiste unten links VERDECKTE ELEMENTE ANZEIGEN (Glühlampe wird gelb). Damit werden alle verdeckten Elemente dick in Rot angezeigt und können markiert werden. Im Kontextmenü wählen Sie für die markierten Elemente IN ANSICHT ANZEIGEN ▸ KATEGORIE. Damit werden sie nach Abschalten des Modus VERDECKTE ELEMENTE ANZEIGEN (Glühlampe wird blau) wieder ganz normal sichtbar.

Nun kommt es darauf an, die Markierungen der Geschosshöhen von ihrer ursprünglichen Breite von etwa 55 m in Richtung PROJEKT-BASISPUNKT zusammenzuschieben. Klicken Sie eines der Geschosse an, dann sehen Sie rechts oder links am Ende der Markierung ein Kringelchen. Damit können Sie nicht nur das eine Geschoss, sondern alle in die gewünschte Richtung zusammenschieben (Abbildung 2.11).

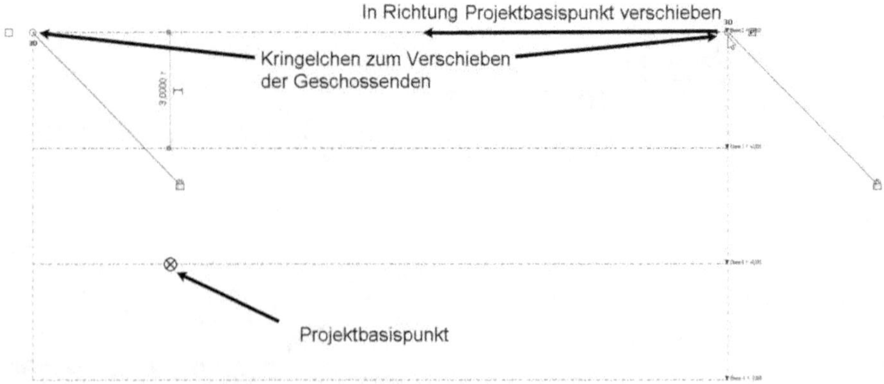

Abb. 2.11: Seitenansicht für kleineres Haus zusammengeschoben

Abbildung 2.12 zeigt diese absoluten Höhenangaben für das Beispiel-Haus. Mit einem Doppelklick auf die Höhenangaben können Sie die Werte und ggf. die Geschossbezeichnungen in einer Tabelle ändern. Nach Markieren einer Höhenlinie oder Ebene mit einem einfachen Klick – siehe EBENE 2 in Abbildung 2.13 – erscheinen auch die relativen Geschosshöhen, d.h. die Abstände zum Geschoss darüber und darunter. Auch diese Werte können Sie anklicken, um die *Lage des aktuell markierten Geschosses* zu ändern.

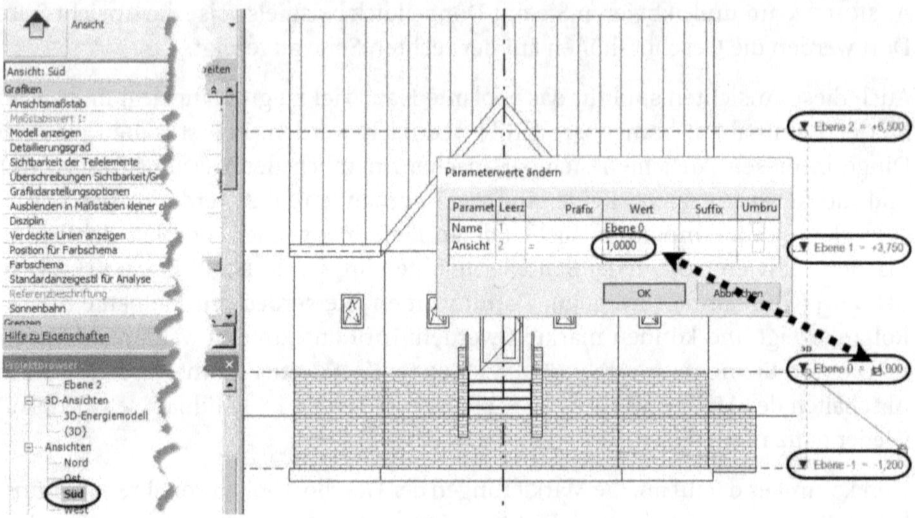

Abb. 2.12: Geschosshöhen in Ansicht SÜD eingeben (mit dem geplanten Haus)

Wichtig

Hierbei ist zu beachten, dass sich die Änderungen der relativen Höhe unter bzw. über dem markierten Geschoss *immer nur auf die Lage des aktuellen Geschosses* auswirken, die übrigen Geschosse werden dadurch nicht verschoben!

Die Geschosshöhen sollten Sie zu Beginn des Projekts sinnvoll festlegen, weil sich daran viele Elemente automatisch ausrichten. So werden die Wandhöhen im Erdgeschoss dann standardmäßig von EBENE 0 bis EBENE 1 gehen.

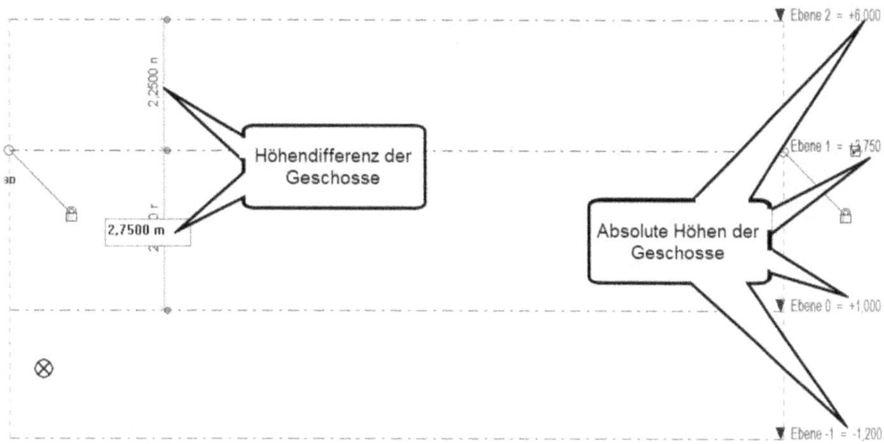

Abb. 2.13: Geschosshöhen können absolut oder relativ zum anderen Geschoss eingegeben werden.

Für das Konstruktionsbeispiel in diesem Buch sollten Sie die Höhen nach Tabelle 2.1 eingeben.

Bezeichnung	Geschoss	Höhe
Keller	Ebene -1	-1.20 absolut
Erdgeschoss	Ebene 0	2.20 relativ zu Ebene -1
Obergeschoss	Ebene 1	2.75 relativ zu Ebene 0
Dachgeschoss	Ebene 2	2.75 relativ zu Ebene 1

Tabelle 2.1: Geschoss-Eingaben für Konstruktionsbeispiel

2.1.9 Die 3D-Ansicht

Während der Konstruktionsarbeit ist es immer wieder nützlich, das Projekt dreidimensional zu betrachten. Zum Wechseln in die 3D-Ansicht gibt es ein Werkzeug im SCHNELLZUGRIFF-WERKZEUGKASTEN (Abbildung 2.14). Sie können auch über den PROJEKTBROWSER die Ansicht {3D} in der Kategorie 3D-ANSICHTEN aktivieren. Zurück in die Geschossansicht geht es über das Register oben am Zeichenfenster oder über den PROJEKTBROWSER.

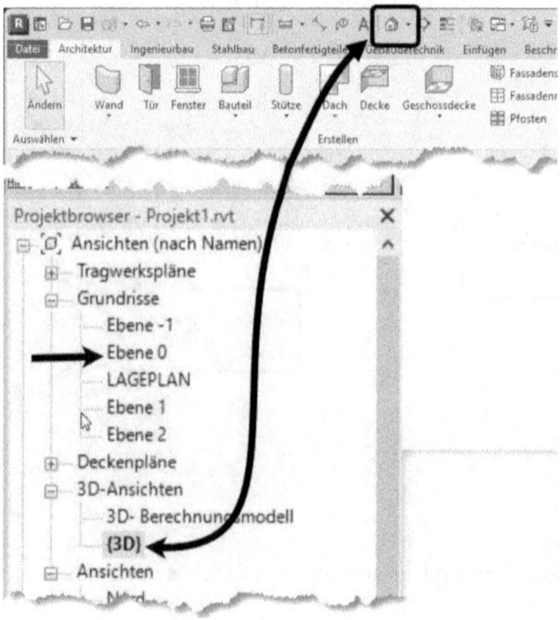

Abb. 2.14: Werkzeuge für die 3D-Ansicht {3D}

2.2 Die ersten Wände

Abbildung 2.15 zeigt den Grundriss für das Erdgeschoss mit den Maßen für die Wände. Beginnen Sie nun mit den Außenwänden. Dazu rufen Sie aus dem Register ARCHITEKTUR das WAND-Werkzeug ARCHITEKTUR|ERSTELLEN|WAND ▾ |WAND: TRAGEND auf (Abbildung 2.16).

Bereits hier entscheiden Sie sich für die Tragwerksverwendung der Wand. Dies wird auch in den EIGENSCHAFTEN unter der Kategorie TRAGWERK mit einem Häkchen vermerkt und könnte nachträglich dort noch geändert werden. Parallel zur tragenden Eigenschaft wird dort auch die Zugehörigkeit zum BERECHNUNGSMODELL aktiviert. Infolgedessen werden Sie später in der dreidimensionalen Darstellung unter 3D-ANSICHTEN|3D-BERECHNUNGSMODELL die tragenden Elemente farbig hervorgehoben sehen. Nichttragende Elemente erscheinen dann transparent.

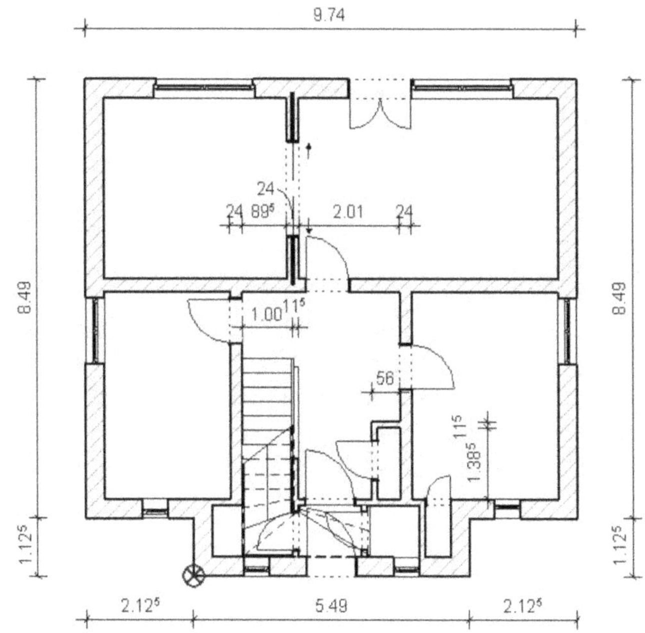

Abb. 2.15: Einfacher Grundriss mit den Maßen für die Außenwände

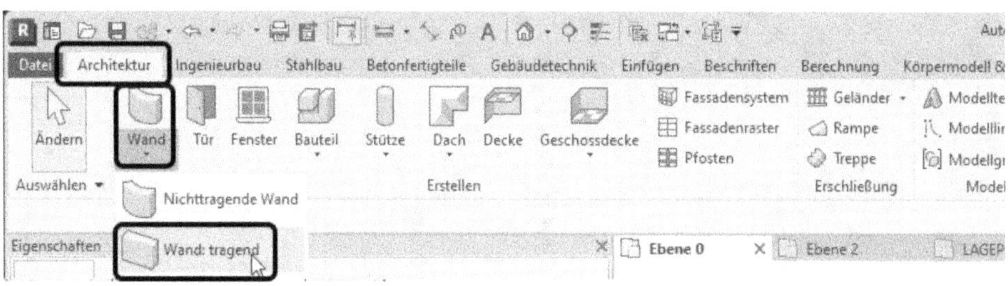

Abb. 2.16: WAND-Werkzeug

In den EIGENSCHAFTEN wählen Sie dann den Wandtyp aus, hier ZIEGEL 365 (Abbildung 2.18). Weiter unten erscheinen die Wandeigenschaften. Hier fällt die BASISLINIE auf, die als WANDACHSE eingestellt ist. Das sollte geändert werden, denn die Wand wird üblicherweise entweder über die *Außen- oder Innenkanten* definiert. Dabei ist noch zu unterscheiden, ob sich diese Angaben bei einer geschichteten Wand auf die Kernschicht oder Oberflächen der Wand beziehen. Die Bedeutungen sind in Abbildung 2.17 dargestellt.

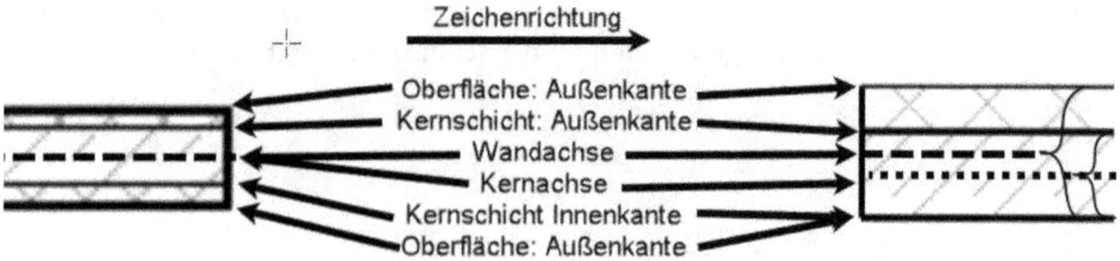

Abb. 2.17: Positionen für die Basislinie

Für die Position der Wand in der Höhe ist unter ABHÄNGIGKEIT UNTEN die EBENE 0 vorgegeben und unter ABHÄNGIGKEIT OBEN dann BIS EBENE: EBENE 1. Beides ist für die Wände im aktuellen Geschoss okay.

Bevor Sie anfangen zu zeichnen, sollten Sie unbedingt einen Blick in die grünliche OPTIONSLEISTE werfen, denn die enthält noch einmal die wichtigsten EIGENSCHAFTEN. Hier sollte die erste Eintragung lauten HÖHE: und nicht TIEFE:, gefolgt von der aktuellen Wandhöhe mit EBENE 1 als Höhenbegrenzung und dahinter gegraut die echte Höhe 2,75 m. Zum Zeichnen mehrerer Wandstücke hintereinander sollte auch die Option KETTE aktiviert sein.

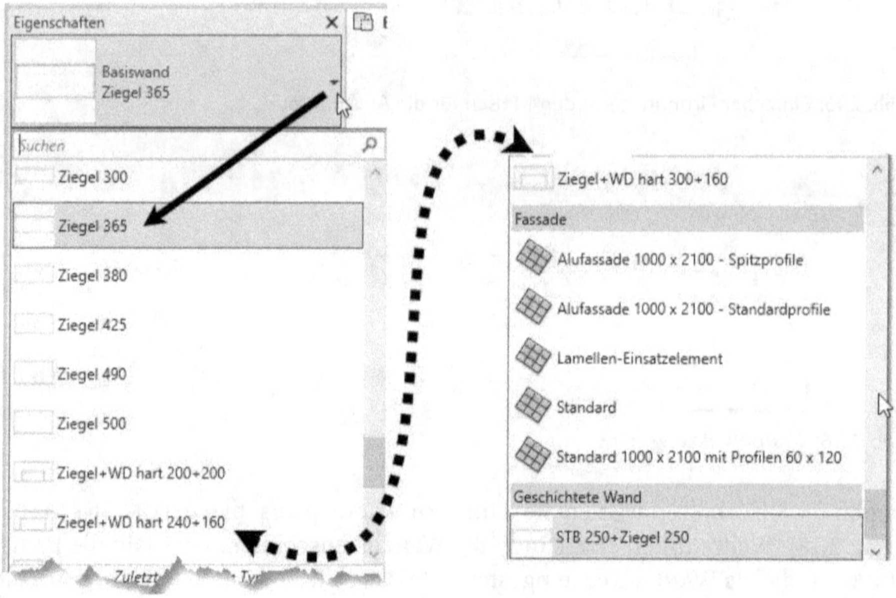

Abb. 2.18: Wandtyp wählen

Falls Sie Wände haben, die nicht durch die nächste Geschosshöhe begrenzt sein sollen, müssen Sie statt EBENE 1 auf MANUELL umschalten. Dann ist die Höhe auch direkt einzugeben.

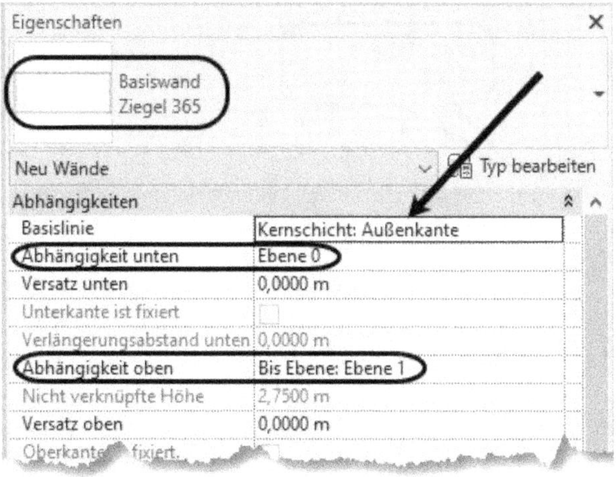

Abb. 2.19: Wandeigenschaften

Dann folgt unter BASISLINIE die Vorgabe WANDACHSE, die Sie unbedingt ändern auf: KERNSCHICHT: AUßENKANTE. Die Option KETTE lassen Sie *aktiviert*, damit Sie eine fortlaufende Wandkontur ohne Absetzen zeichnen können. Eine weitere Option RADIUS bleibt ausgeschaltet, sie wäre für gebogene Wandstücke sinnvoll.

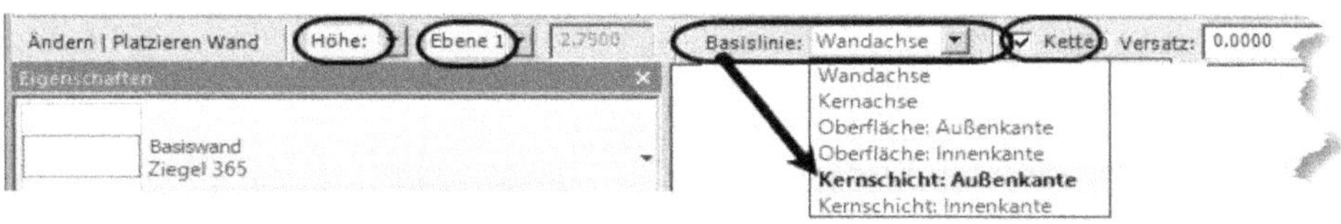

Abb. 2.20: Die OPTIONSLEISTE für Wände

2.2.1 Wände zeichnen

Für die erste Wand fahren Sie nun zum Schnittpunkt der beiden Referenzebenen (= PROJEKT-BASISPUNKT), wo Ihnen über ein violettes Zeichen das Einrasten mit dem OBJEKTFANG SCHNITTPUNKT signalisiert wird. Klicken Sie die Position an ❶ und bewegen Sie nun den Cursor ziemlich genau senkrecht nach oben ❷. Die Wand wird in der Vorschau angezeigt, die Richtung rastet auch auf einer gestrichelten Hilfslinie unter 90° ein, wenn sie nach Augenmaß nicht mehr von der orthogonalen Richtung abweichen, und die Länge wird als Vorschau angezeigt. Nun können Sie auf der Tastatur die gewünschte Länge mit **`1,125`** eingeben ❸ (Abbildung 2.21).

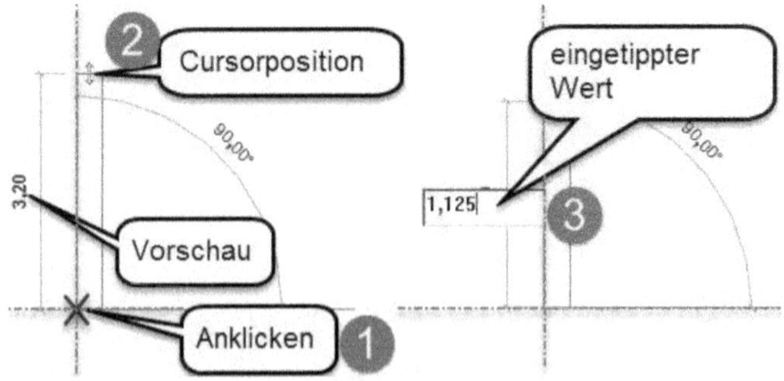

Abb. 2.21: Positionierung und Wert-Eingabe für erste Wand

Die nächsten drei Wandstücke werden ähnlich erstellt, indem Sie mit dem Cursor in die orthogonalen Richtungen ziehen und die Längen **2,125** ❹, **8,49** ❺ und **9,74** ❻ auf der Tastatur eingeben (Abbildung 2.22).

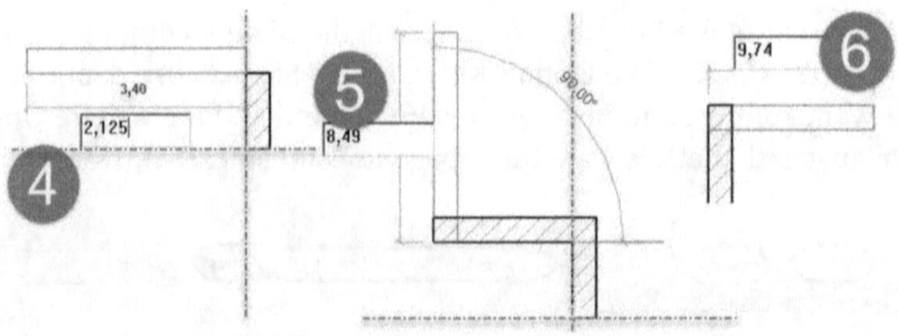

Abb. 2.22: Nachfolgende Wandstücke

Die nächste Wand ist wieder 8.49 lang und wäre ähnlich zu konstruieren, aber hier können Sie sich die Längeneingabe sparen, indem Sie die Länge praktisch abgreifen. Fahren Sie zuerst senkrecht mit dem Cusor herunter ❼ (Abbildung 2.23), bis eine Spurlinie von der Wandkante links ❽ erscheint und ein Kreuz ❾ das Einrasten mit einem Klick ermöglicht.

Tipp: Orthogonale Richtung

Mit der `Shift`-Taste können Sie beim Zeichnen die Konstruktionsrichtung in senkrechter oder waagerechter Richtung fixieren.

Tipp: Wandausrichtung

Mit der `Leer`-Taste können Sie beim Zeichnen die Ausrichtung der Wand von rechts neben der Wandlinie auf links umstellen und umgekehrt.

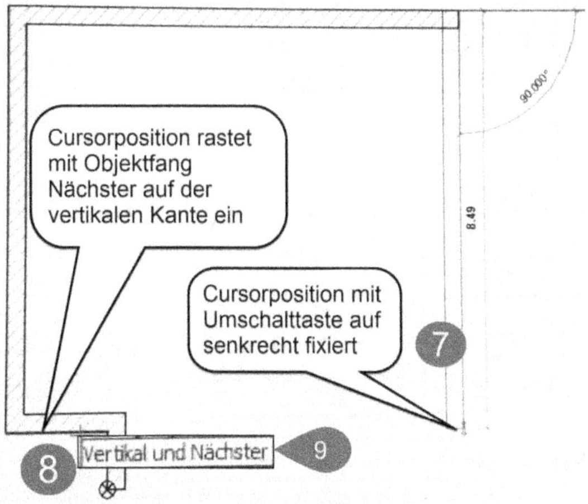

Abb. 2.23: Wand senkrecht bis auf Verlängerung einer entfernten Kante ziehen

Tipp: Verlängerung zur fernen Kante

Revit verwendet Spurlinien, d.h. automatische Verlängerungen von Basislinnien bereits vorhandener Elemente ❽ erscheinen immer dann, wenn Sie beim Konstruieren mit dem Cursor in deren Nähe kommen. Sie werden gestrichelt angedeutet. Sobald der Cursor den Schnittpunkt mit dieser Spurlinie erreicht, erscheint ein Kreuz und Sie können diesn Punkt per Klick übernehmen.

Die nächste Wand wird wieder über Richtung und Länge **2,125** wie üblich definiert ❿ (Abbildung 2.24). Beim senkrechten Wandstück danach ist keine Längeneingabe nötig, weil dann eine *Spurlinie* vom Startpunkt erscheint, sobald Sie weit genug nach unten gehen. Dort rastet der Cursor dann mit Objektfang SCHNITTPUNKT automatisch ein und Sie können klicken ⓫. Sie schließen die Wandkontur, indem Sie den Startpunkt anklicken, auf dem der Cursor mit Objektfang ENDPUNKT dann einrastet ⓬.

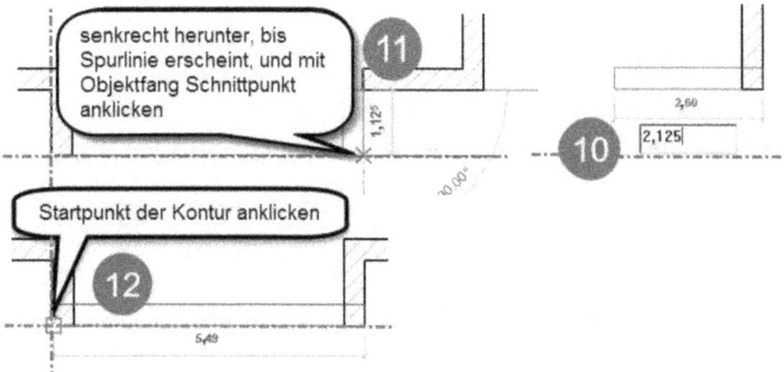

Abb. 2.24: Die letzten Wandstücke

Wenn Sie die Wandstücke ohne Unterbrechung gezeichnet haben, ist der WAND-Befehl mit der Ketteneinstellung nun beendet. Falls Sie aber unterwegs abgebrochen und angestückelt haben, ist der Befehl hier nicht automatisch beendet und braucht noch einmal [ESC] oder einen Rechtsklick und ABBRECHEN im Kontextmenü.

Der WAND-Befehl bleibt aber zum Zeichnen einer weiteren Wand-Kette aktiv. Wenn Sie ihn endgültig beenden wollen, ist ein weiteres [ESC] nötig oder ein Rechtsklick mit ABBRECHEN im Kontextmenü.

Alle bisher benutzten Ansichten EBENE 0, SÜD und {3D} werden als Registerfähnchen oben am Zeichenfenster angezeigt, wo Sie sie zum schnellen Wechseln anklicken können.

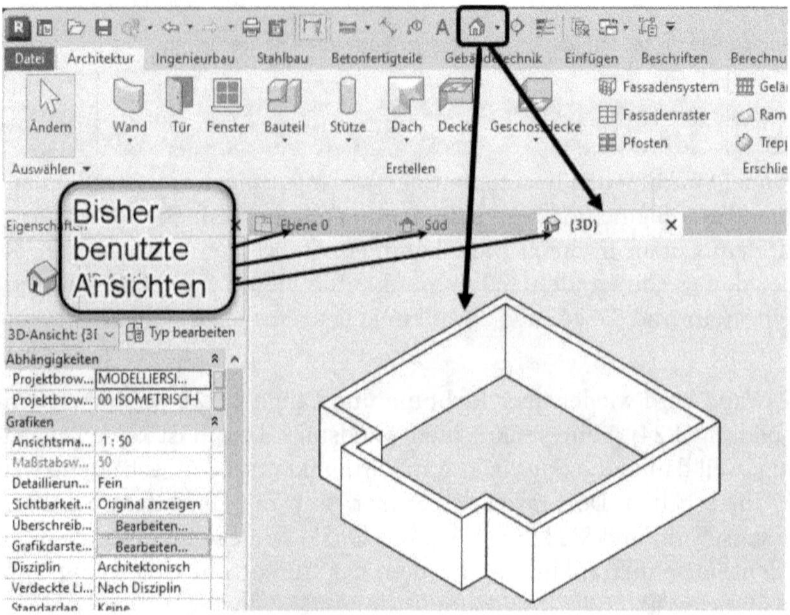

Abb. 2.25: Wände in der 3D-Ansicht

2.2.2 Wandlängen korrigieren

Um Wandlängen zu kontrollieren, müssen Sie die Wände nicht unbedingt bemaßen. Es reicht, eine Wand einfach anzuklicken ❶, damit Sie eine temporäre Bemaßung sehen (Abbildung 2.26).

Es wird dabei nicht die Länge der markierten Wand selbst angezeigt, sondern die Abstände dieser Wand zu den gegenüberliegenden ❷. Sie können durch die Maßänderung dann die Lage der aktuellen Wand in Bezug auf die Wand, zu der das Maß zeigt, ändern.

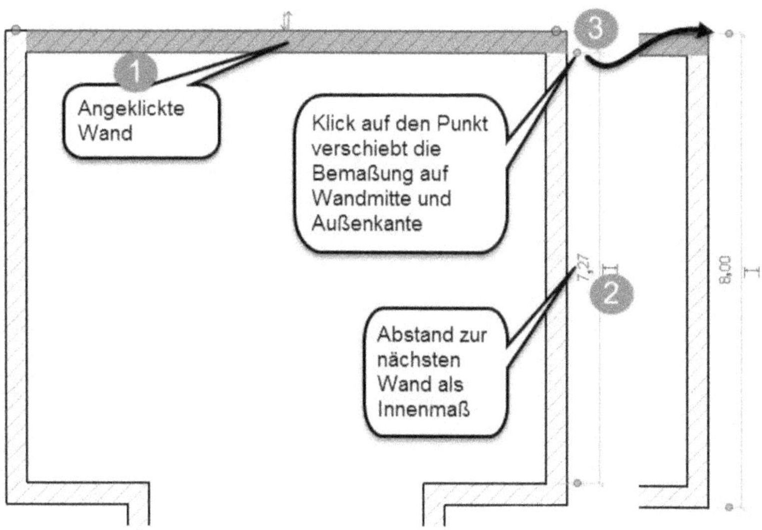

Abb. 2.26: Wandlage über temporäre Bemaßung feststellen

Es erscheint auch nicht immer die Bemaßung mit den gewünschten Bezugskanten, die Sie haben wollen. In Abbildung 2.26 erscheint ausgerechnet das Innenmaß der Wand, wo Sie das Außenmaß kontrollieren wollen. Dafür gibt es die runden *Griffe* an den Maßhilfslinien ❸. Mit einem Klick auf so einen Griff können Sie die Maßhilfslinie neu positionieren, und zwar wechselt die Hilfslinie dann zwischen Innenkante, Wandmitte und Außenkante.

Wenn die angezeigte Bemaßung nicht nur die falsche Kante, sondern überhaupt die Entfernung zur falschen Wand anzeigt, dann müssen Sie den Griff bei gedrückter Maustaste auf die Kante an der gewünschten Bezugs-Wand ziehen.

2.2.3 Innenwände konstruieren

Nach Maßgabe der Abbildung 2.27 sollen nun die Innenwände konstruiert werden.

Das Werkzeug ist ARCHITEKTUR|ERSTELLEN|WAND ▾ |WAND: TRAGEND und der Typ ZIEGEL 240. In der Optionsleiste bleibt BASISLINIE auf KERNSCHICHT: AUSSENKANTE eingestellt, aber die Option KETTE wird nicht mehr gebraucht und deaktiviert.

Die mittlere Innenwand wird auf der linken Außenwand begonnen. Beim Berühren der Wand mit Cursor für den Startpunkt zeigt Revit wegen des aktiven Objektfangs NÄCHSTE zunächst den Abstand von der nächsten Ecke an (Abbildung 2.28). Die temporär angezeigte Bemaßung von der oberen Innenecke klicken Sie nun an und überschreiben den Abstand mit **`3,51 m`**. Das andere Wandende entsteht auf der gegenüberliegenden Wand durch Herüberziehen auf der automatischen horizontalen Spurlinie. Es ist egal, ob Sie dabei auf die Innenkante der rechten Wand, die Wandachse oder die Außenkante klicken.

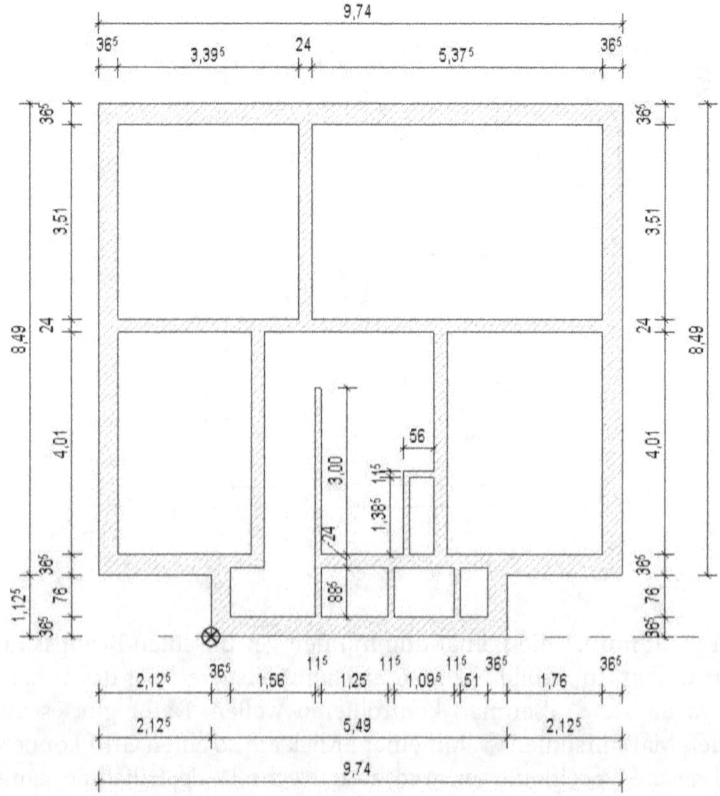

Abb. 2.27: Maße für die Wände

Um nach Beenden des Wand-Befehls mit zweimal [ESC] die Lage der Wand nachzuprüfen, wurde sie angeklickt (Abbildung 2.29).

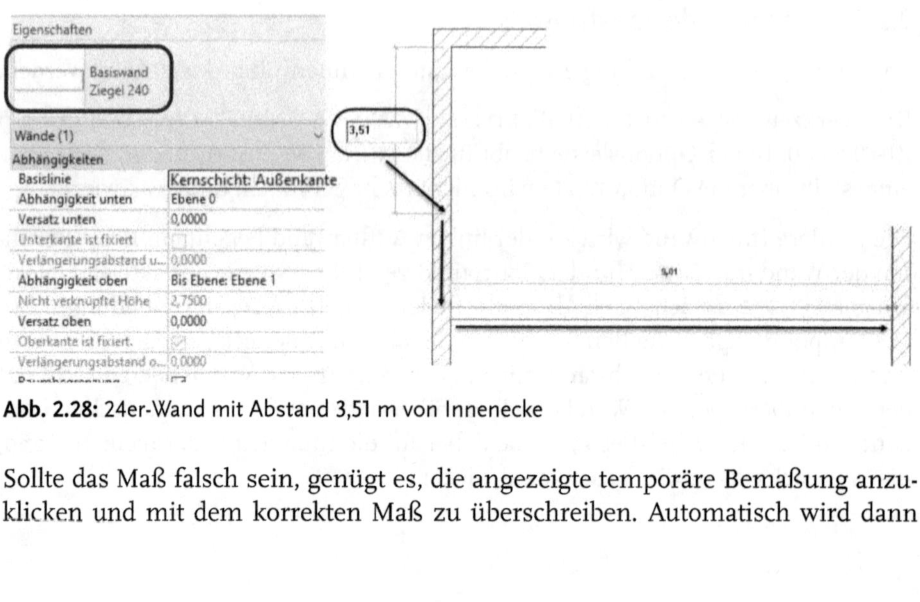

Abb. 2.28: 24er-Wand mit Abstand 3,51 m von Innenecke

Sollte das Maß falsch sein, genügt es, die angezeigte temporäre Bemaßung anzuklicken und mit dem korrekten Maß zu überschreiben. Automatisch wird dann die Wand auf die neue Position verschoben. Eventuell wurde auch die Wandausrichtung bzgl. Innen- und Außenkante nicht richtig berücksichtigt. Dann genügt es, mit einem Klick auf das Doppelpfeilsymbol ⇅ oder mit der [Leertaste] die Wandausrichtung zu wechseln.

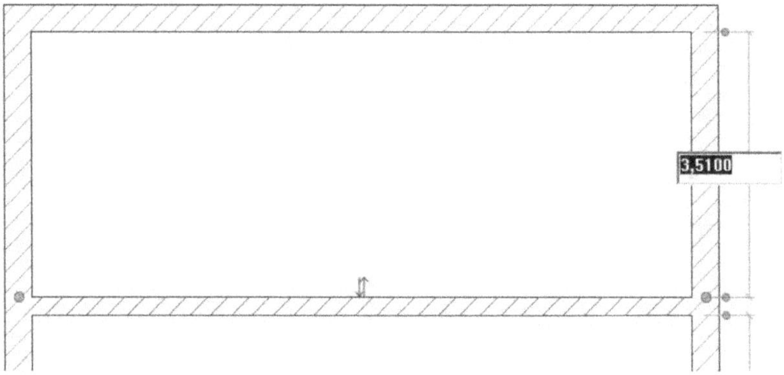

Abb. 2.29: Innenwand-Abstand nach Anklicken ändern

Die nächste Wand soll nun auf der oberen Außenwand mit Abstand **`3,635 m`** von der Innenecke links beginnen. Gehen Sie dazu mit dem Cursor nicht weit weg von der Innenecke auf die obere Außenwand (Abbildung 2.30). Revit wird aufgrund des ständig aktiven Objektfangs NÄCHSTE die Ecke als Referenzpunkt erkennen und den Startpunkt relativ dazu bemaßen ❶. Vermeiden Sie, zu weit nach rechts zu gehen, weil Revit dann das nächste Objekt als Bezug für die temporäre Bemaßung wählen wird, wie etwa die Referenzlinie vom Nullpunkt, und dafür sind keine Bezugsmaße vorhanden. Das angezeigte Maß ❶ klicken Sie nun an und überschreiben es mit dem Sollwert **`3,635 m`** ❷. Daraufhin springt der Startpunkt der Wand an die entsprechende Position entlang der Außenwand ❸. Sie können nun den Cursor senkrecht nach unten zur waagerechten Innenwand ziehen. Es wird aber ein kleiner Fehler sichtbar, weil sich das eingegebene Maß ja auf die *linke* Wandkante und nicht die rechte beziehen sollte ❹.

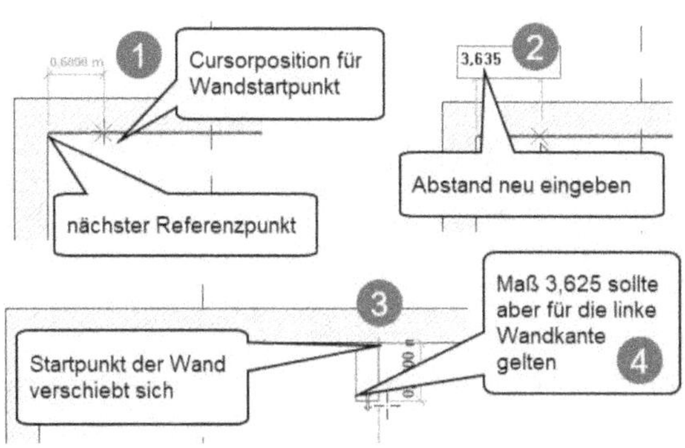

Abb. 2.30: Innenwand im Abstand 3,635 m von der Innenecke

Der Grund besteht darin, dass die *Bezugskante* der Wand als **Kernschicht Außenkante** gewählt wurde, und die *gegenüberliegende Wandkante dann immer in Laufrichtung gesehen rechts* davon liegt. Da diese Wand aber von oben nach unten hier konstruiert wurde, liegt jetzt die bemaßte Referenzkante rechts und die andere Wandkante links. Sobald Sie die falsche Wandausrichtung erkennen, können Sie diese im laufenden Befehl durch Drücken der [Leertaste] sofort umkehren (Abbildung 2.31).

Abb. 2.31: Wechseln der Wandausrichtung mit der Leertaste

Abb. 2.32: Wand mit [Shift]-Taste senkrecht halten, Länge über Wand links daneben bestimmen

Im unteren Bereich ist nun eine 24er-Wand so in die Länge zu ziehen, bis das Ende mit einer Wand daneben fluchtet. Dazu kann man die Wand mit gehaltener [Shift]-Taste senkrecht halten und dann mit dem Cursor auf die waagerechte Kante zum Ausrichten links daneben klicken, die dann als Zielkante aktiv wird.

Bei einer Parallelwand mit der gleichen Länge wird das Wandende automatisch auf der Spurlinie durch das erste Wandende einrasten (Abbildung 2.33).

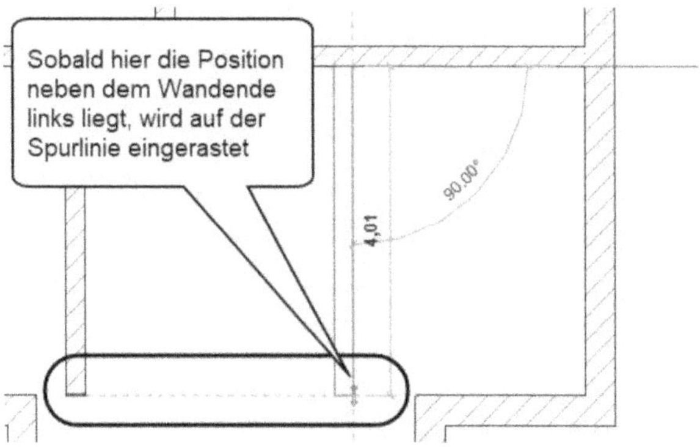

Abb. 2.33: Wandlänge über automatische Spurlinie vom anderen Wandende bestimmen

Eine andere Möglichkeit zur Eingabe der Wandlänge ist die Berechnung über eine Formel. Die *Formel muss mit einem Gleichheitszeichen beginnen* und kann direkt in die temporär angezeigte Bemaßung eingetragen werden (Abbildung 2.35).

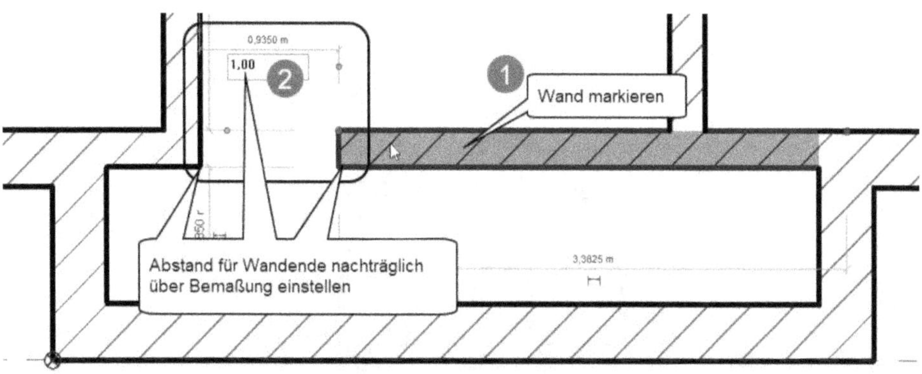

Abb. 2.34: Letzte 24er-Wände einrichten

Bei den dünnen Innenwänden wäre die Option NICHTTRAGEND zu verwenden oder spätestens in den Eigenschaften die Tragwerkseigenschaft zu ändern. Damit wären die Wände im Erdgeschoss fertig (Abbildung 2.36).

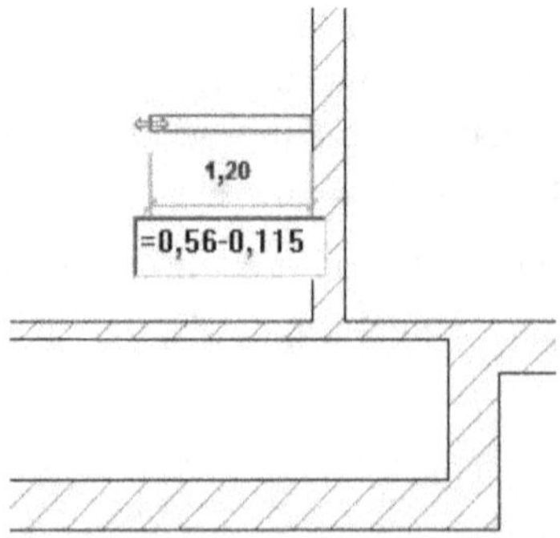

Abb. 2.35: Wandlänge über Formeleingabe berechnen

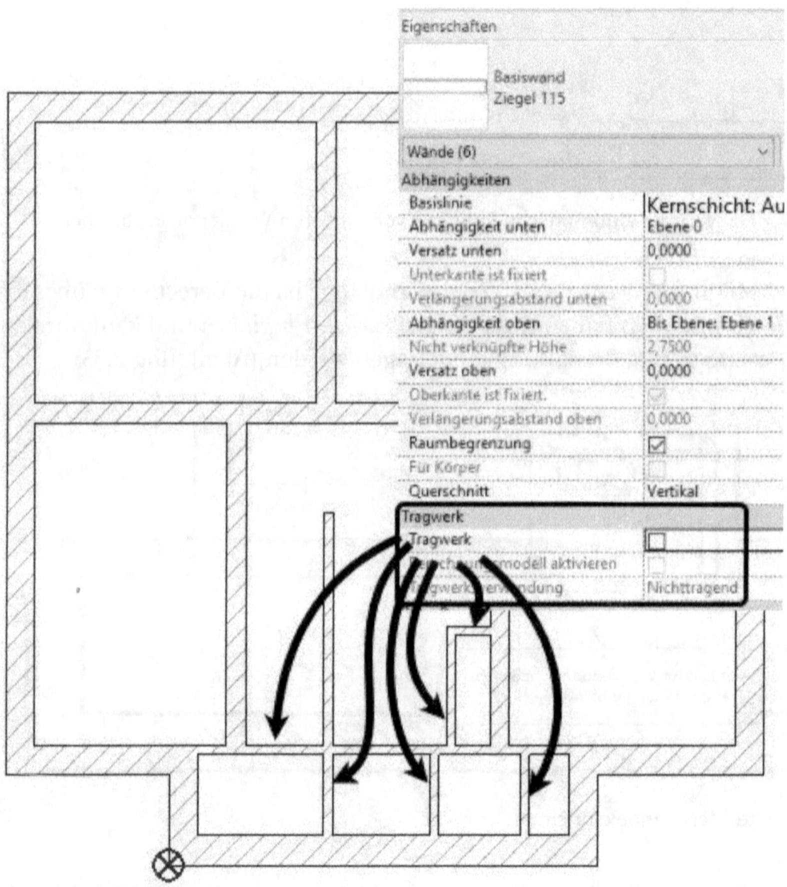

Abb. 2.36: Wände im Erdgeschoss fertig

2.3 Fenster und Türen

Fenster und Türen sollen nun gemäß Abbildung 2.37 eingefügt werden. Damit die Ausrichtung der Fenster bzw. die Anschlagsrichtung der Türöffnungen zu erkennen ist, sollten Sie unbedingt in der ANSICHTSLEISTE die Darstellungsgenauigkeit FEIN wählen. Nur dann sind die Griffe an Fenster- und Türflügeln und ihre Lage zu erkennen.

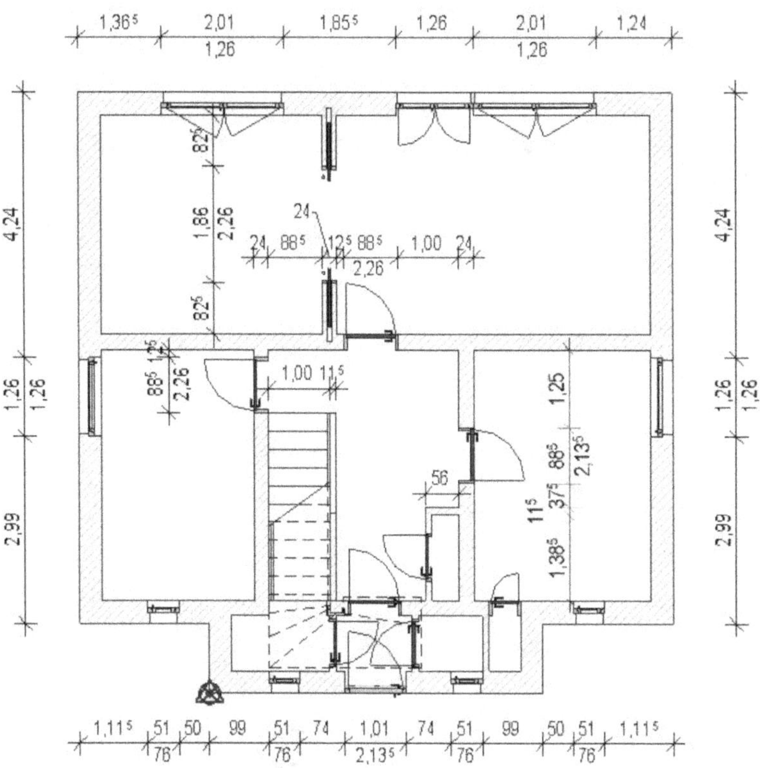

Abb. 2.37: Positionen für die Fenster

2.3.1 Fenster einfügen

Nach Wahl des Werkzeugs ARCHITEKTUR|ERSTELLEN|FENSTER stehen in EIGENSCHAFTEN verschiedene Fenstertypen zur Verfügung:

- FE 1 TLG – XXX
- FE 2 TLG – XXX
- FE TÜR 1 TLG – XXX
- FE TÜR 2 TLG – XXX
- FE ÖFFNUNG – XXX und Ähnliche

Alle Fenstertypen haben feste Höhen und Breiten, das heißt, die Parameter HÖHE und BREITE sind als TYPPARAMETER festgelegt. Andere Abmessungen sind deshalb nur möglich, wenn Sie *neue Fenstertypen* generieren.

Alternativ könnten Sie mit dem FAMILIENEDITOR die Fenster bearbeiten und aus den TYPPARAMETERN des Fensters EXEMPLARPARAMETER machen. Dann wären HÖHE und BREITE in EIGENSCHAFTEN individuell zu ändern.

Im aktuellen Fall wurden drei neue Fenstertypen mit den Abmessungen 2010x1190 (FE 2 TLG), 1260x1260 (FE 1 TLG) und 510x760 (FE 1 TLG) generiert. Da die Familienteile üblicherweise in Millimetern erstellt werden, wurden auch hier die Maße entsprechend angegeben. Dazu gehen Sie auf ARCHITEKTUR|FENSTER und wählen unter EIGENSCHAFTEN zuerst einen Typ aus, der abgesehen von den Abmessungen passt. Hier ist es zuerst das Fenster FE 1 TLG- DREHKIPP ❶, mit den Maßen 1100 x 1400.

Wählen Sie TYP BEARBEITEN ❷ und im neuen Dialogfenster DUPLIZIEREN ❸ und geben einen neuen Namen ein ❹. Im Dialogfenster ❺ gehen Sie zu den BEMAßUNGEN und tragen die neuen Werte für HÖHE und BREITE ❻ ein. Mit OK ❼ ist der neue Fenstertyp im Projekt verfügbar.

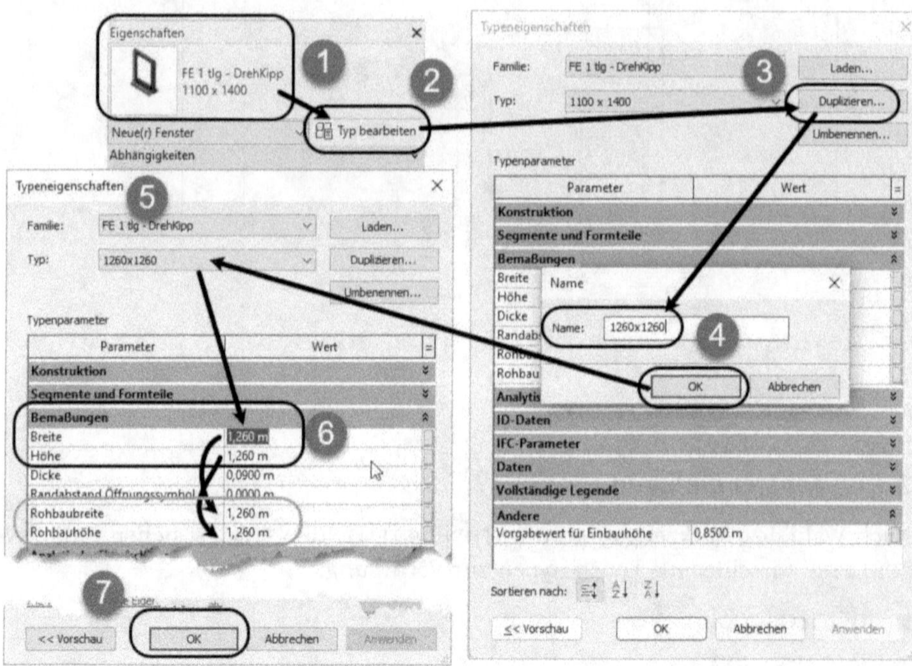

Abb. 2.38: Neuen Fenstertyp erstellen

Um die Fenster in einem Raster von **12,5 cm** relativ zu den Referenzpunkten in den Wänden einfügen zu können, lohnt es sich, dieses Raster unter VERWALTEN|

EINSTELLUNGEN|OBJEKTFANG bei den FANGSTUFEN die 10 cm-Rasterung auf **12,5 cm** bzw **0,125 m** umzustellen.

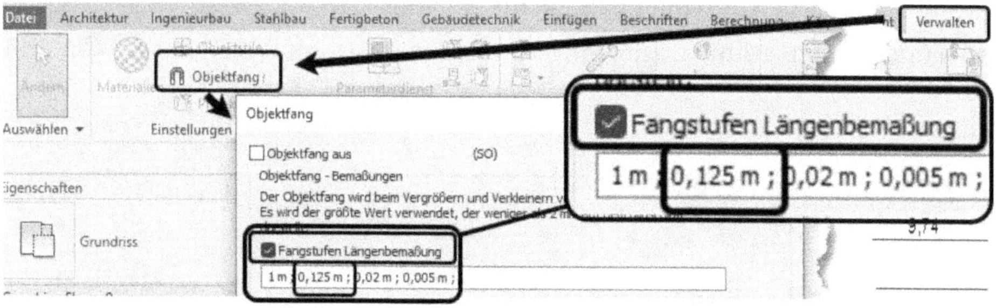

Abb. 2.39: Objektfang-Intervall auf 12,5 cm einstellen

Zum Einfügen des ersten Fensters (Abbildung 2.41) wählen Sie

- den TYP ❶ und
- geben in den EIGENSCHAFTEN unter ABHÄNGIGKEITEN noch für die EINBAUTIEFE 16cm ein ❷.
- Die Höhenlage des Fensters können Sie über die EIGENSCHAFTEN entweder unter ABHÄNGIGKEITEN bei SCHWELLE/BRÜSTUNG ❸ (Vorgabe 0,85 m) eingeben oder unter SONSTIGE bei STURZHÖHE (Vorgabe 0,85 m plus Fensterhöhe).
- Dann klicken Sie die Wand auf der Außenkante an ❹. Der Klick auf die Außenkante bewirkt nämlich, dass die Fensteröffnung nach innen geht. Das Fenster wird nun mit temporären Bemaßungen angezeigt. Hier ist es jetzt möglich, das Fenster schon gleich auf den Abstand **12,5 cm** zur Innenwand einrasten zu lassen, der sich aus Abbildung 2.37 ableiten lässt.

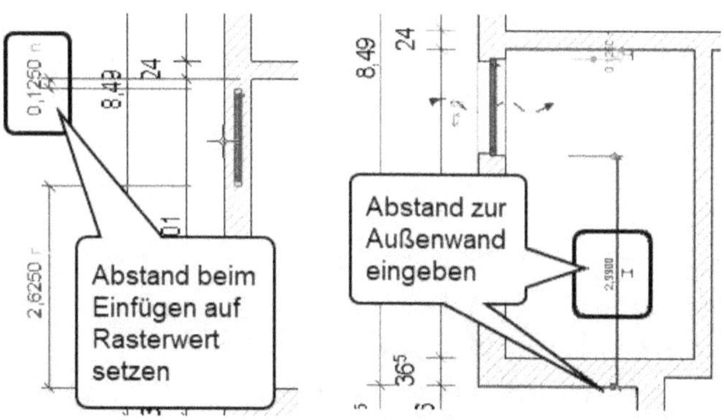

Abb. 2.40: Positionieren eines Fensters über Objektfang-Abstand oder nachträglich über temporäre Bemaßung

- Alternativ können Sie zunächst das Fenster frei platzieren, das Einfügen mit zweimal [ESC] beenden und mit einem Klick die temporäre Bemaßung aktivieren.

- Die untere Bemaßung ist aber nicht automatisch an der Wandkante außen fixiert. Deshalb klicken Sie auf den *blauen Kreis* der Maßhilfslinie und ziehen ihn auf die Außenkante ❺. Sie können so die Hilfslinie bei gedrückter linker Maustaste auf die gewünschte Bezugskante ziehen.
- Für diese Bemaßung tragen Sie nun den gewünschten Wert **2.99** ein ❻.

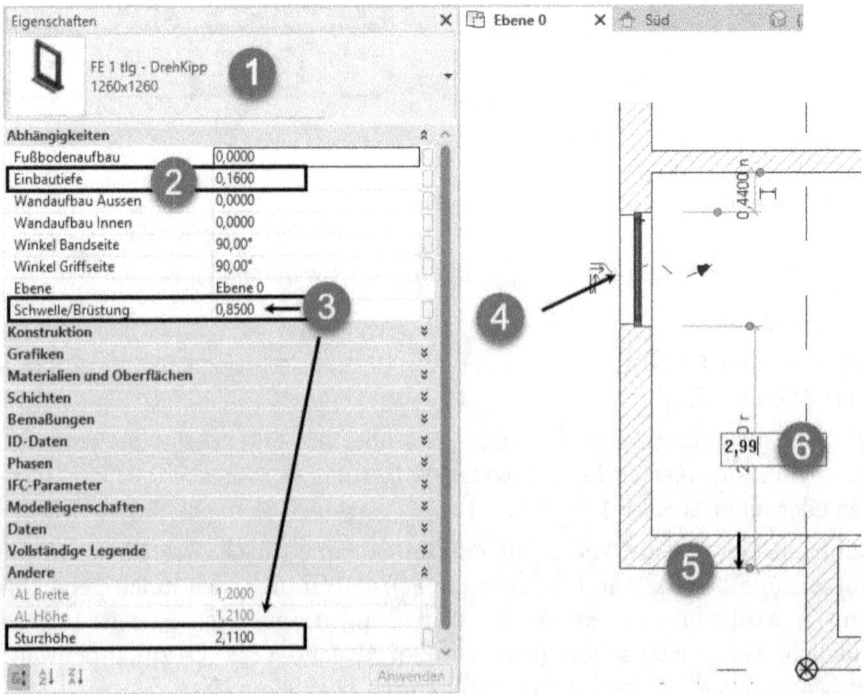

Abb. 2.41: Fenstereinbau

Das zweite Fenster gegenüber wird mit den gleichen Abmessungen und über Positionierung mit gleicher y-Koordinate durch den Befehl AUSRICHTEN eingefügt:

- Klicken Sie das letzte Fenster an.

Wählen Sie in der Multifunktionsleiste ÄNDERN|ERSTELLEN|ÄHNLICHES ERSTELLEN oder im Kontextmenü nach Rechtsklick ÄHNLICHES PLATZIEREN ❶ (Abbildung 2.42).

- Klicken Sie an beliebiger Stelle die gegenüberliegende Außenwand an, um zunächst das Fenster ohne spezielle Bemaßung zu positionieren.
- Wählen Sie das Werkzeug ÄNDERN|ÄNDERN|AUSRICHTEN ❶, ❷ und fahren Sie links auf die Fenstermitte, die dann mit einer temporären Hilfslinie angezeigt wird, und klicken Sie ❸ (Abbildung 2.43).
- Danach fahren Sie rechts auf die Fenstermitte und klicken ❹.

- Nun wird noch ein Vorhängeschloss 🔒 an der Fluchtlinie angezeigt. Mit einem Klick darauf können die Fenster von der Ausrichtung her verknüpft werden ❺. Wird in Zukunft eines der Fenster verschoben, wirkt sich die Verschiebung synchron auf das andere Fenster aus.

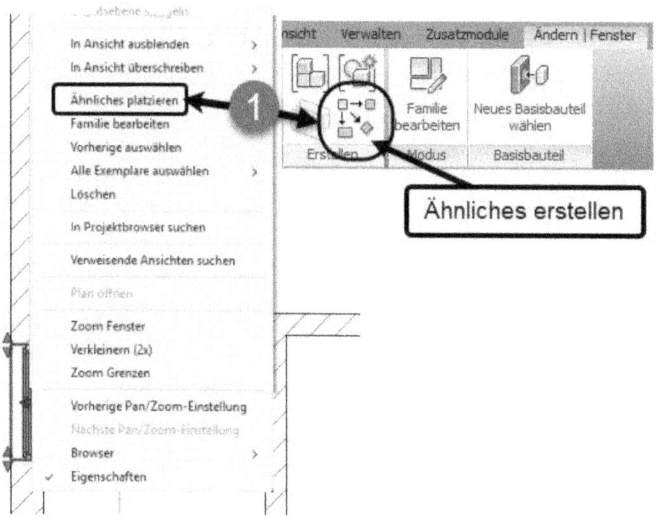

Abb. 2.42: Fenster mit gleichen Eigenschaften platzieren

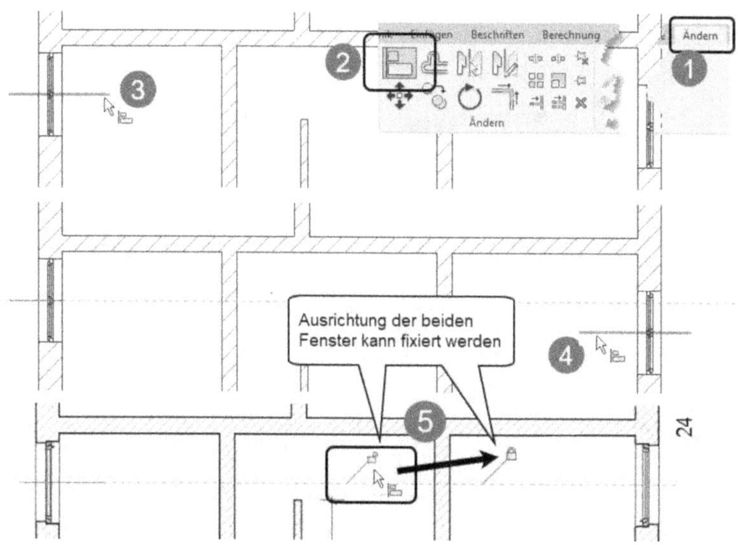

Abb. 2.43: Befehl AUSRICHTEN für fluchtende Fenster

Die großen Fenster sollten zweiflügig mit losem Pfosten sein. Wählen Sie ARCHITEKTUR|FENSTER und dann den Typ FE 2 TLG – DREHKIPP MIT STULP. Davon können Sie dann wieder wie oben beschrieben den benötigten Typ für die Abmessungen

2010x1260 durch Duplizieren ableiten und einbauen. Auch die zweiflügligen Fenster werden nach der Methode des ersten Fensters über die Bemaßungen positioniert.

Die kleinen Fenster an der Vorderfront mit den Maßen 51x76 können wieder wie das allererste über die Bemaßungen positioniert werden ❶. Alternativ können Sie aber auch ausnutzen, dass Revit automatisch bei bestimmten Abständen einrastet. So ist es möglich, das automatische Einrasten im Abstand 75 cm direkt ohne Bemaßungseintragung zu erreichen ❷. Auch wird das Einrasten auf dem Mittelpunkt einer Kante angeboten. Sie erkennen das daran, dass beide Maße rechts und links dann gleich sind.

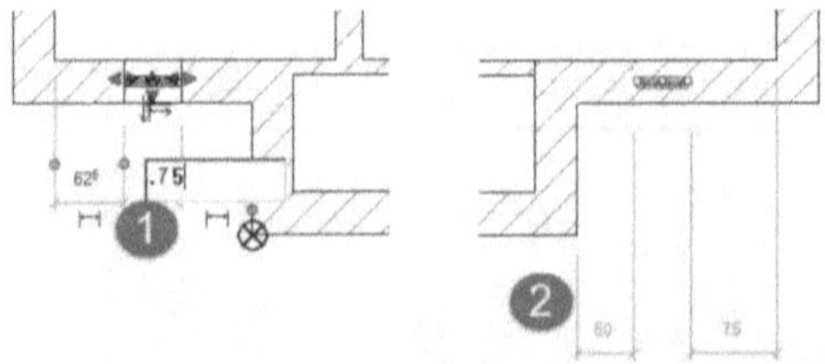

Abb. 2.44: Fenster durch explizite Maßeingabe oder durch Einrasten positionieren

Die Fenster können auch mit geöffneten Flügeln dargestellt werden. Dazu müssten Sie unter EIGENSCHAFTEN in der Kategorie GRAFIKEN die Option SYMBOL DREHFLÜGEL IM GRUNDRISS aktivieren und unter WINKEL ÖFFNUNGSSYMBOL den Winkel eintragen (Abbildung 2.45). Mit den Optionen im Rechtsklick-Menü ALLE EXEMPLARE AUSWÄHLEN|IN DIESER ANSICHT können Sie gleich für alle Fenster eines Typs die EIGENSCHAFTEN umstellen.

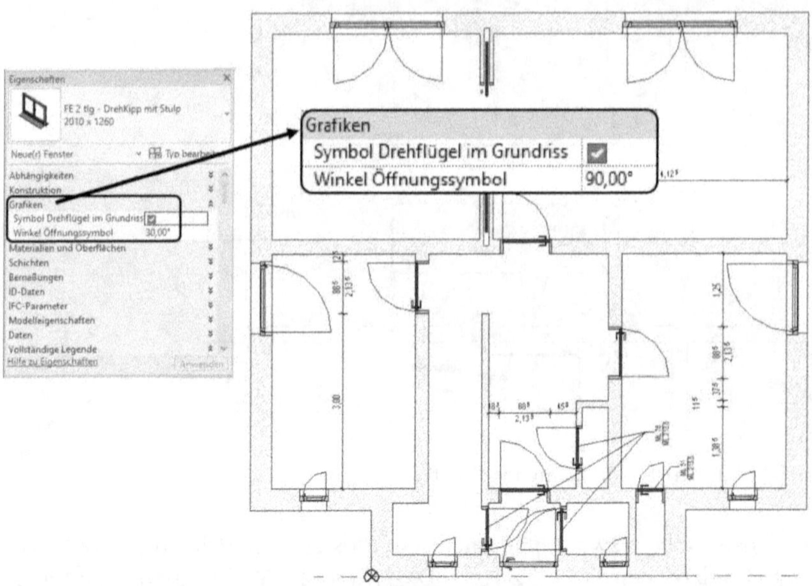

Abb. 2.45: Darstellung mit geöffneten Flügeln für Fenster und Türen

2.3.2 Türen positionieren

Die Türen werden nach Auswahl der gewünschten Typen genauso positioniert wie die Fenster. Die Typen der Türen sind nach den lichten Maßen für Durchgang (DL) und Mauerausschnitt (ML) sortiert.

Haustür

Für die Haustürabmessungen steht ein Standard-Typ mit anzupassenden Maßen zur Verfügung.

- Deshalb wählen Sie zunächst ARCHITEKTUR|ERSTELLEN|TÜR und klicken dann unter EIGENSCHAFTEN in der Kategorie TU DF 1 – HAUSTÜRE die vorhandene Eingangstür an: ML – 1135x2250.
- Ändern Sie die Abmessungen wie oben beschrieben für einen neuen Typ ML 1010x2100.

Wenn Sie mittig auf die untere Außenwand klicken, platziert Revit die Tür mittig zu den nächsten Wänden (Abbildung 2.46). Hier soll aber die Position mittig zu den Fenstern sein.

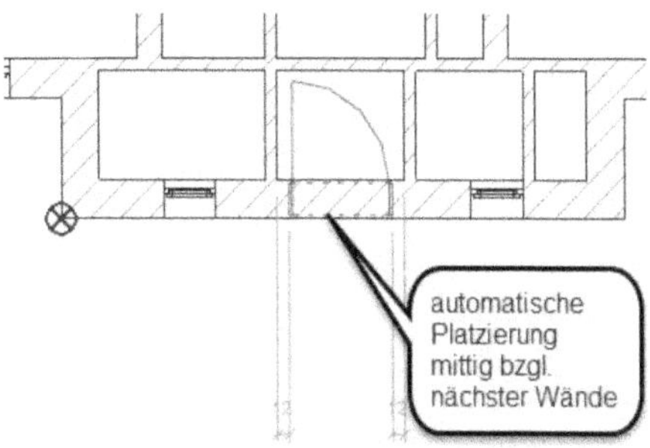

Abb. 2.46: Tür wird automatisch auf die Mitte zwischen den nächsten Wänden positioniert.

An dieser Stelle wird hier evtl. die Übersichtlichkeit durch die vielen Wandelemente gestört. In so einem Fall können Sie die störenden Elemente ❶ nach Rechtsklick über das Kontextmenü IN ANSICHT AUSBLENDEN|ELEMENTE ❷ temporär ausblenden (Abbildung 2.47 links). Danach verschieben Sie die temporären Maßhilfslinien links ❻, ❼ und rechts ❹, ❺ auf die Fensterkanten und klicken eine der Maßzahlen an, um das gewünschte Maß ❸ einzugeben (Abbildung 2.47). Die Ausblendung der Wände können Sie RÜCKGÄNGIG MACHEN, indem Sie in der Statusleiste auf der linken Seite die Ansicht VERDECKTE ELEMENTE ANZEIGEN aktivieren. Die zuvor verdeckten Elemente erscheinen nun rot hervorgeheben und können nach Markieren und Rechtsklick über IN ANSICHT ANZEIGEN|ELEMENTE wieder normal sichtbar gemacht werden. Sie müssen danach aber wieder ANZEIGE VERDECKTER ELEMENTE SCHLIEßEN anklicken.

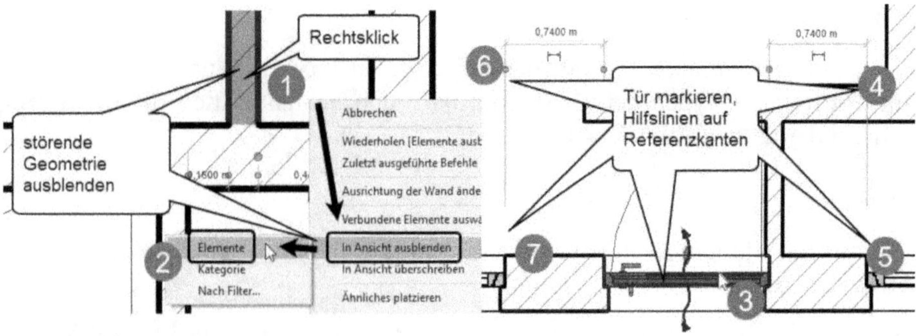

Abb. 2.47: Neupositionierung der Tür

Innentüren

Unter EIGENSCHAFTEN finden Sie für die Innentüren die Kategorie TU DF 1 – RAHMENSTOCK FLÄCHENBÜNDIG. Der Türtyp ML – 885 x 2135 passt schon für die meisten Innentüren in Höhe und Breite (Abbildung 2.48). Die Öffnungsseite der Tür liegt immer gegenüber der angeklickten Wandkante und die Anschlagsrichtung kann beim Einfügen noch mit der `Leertaste` geändert werden.

Für weitere Türen mit den Breiten von 76 cm und 51 cm muss der Typ dupliziert und angepasst werden (Abbildung 2.49).

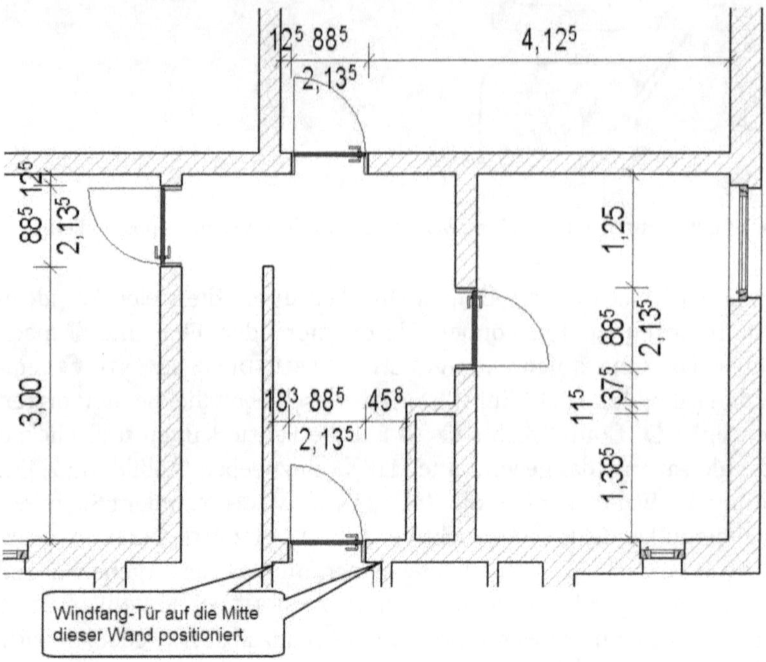

Abb. 2.48: Standard-Innentüren mit den Maßen 88,5x2,135

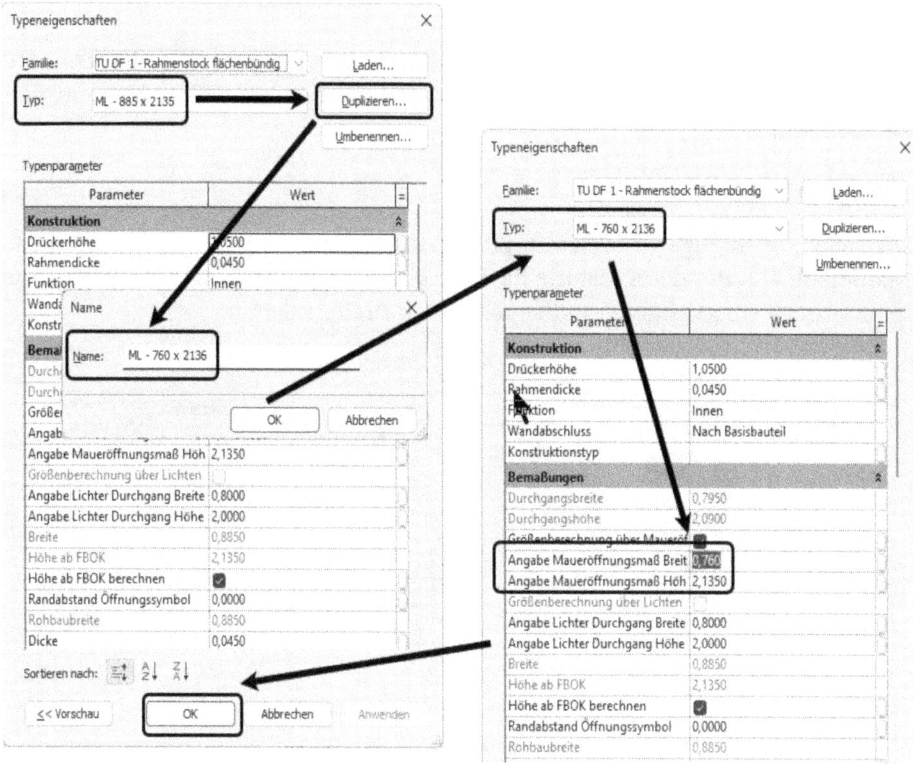

Abb. 2.49: Neuer duplizierter Typ wegen der Breite 760 mm im neuen Typ

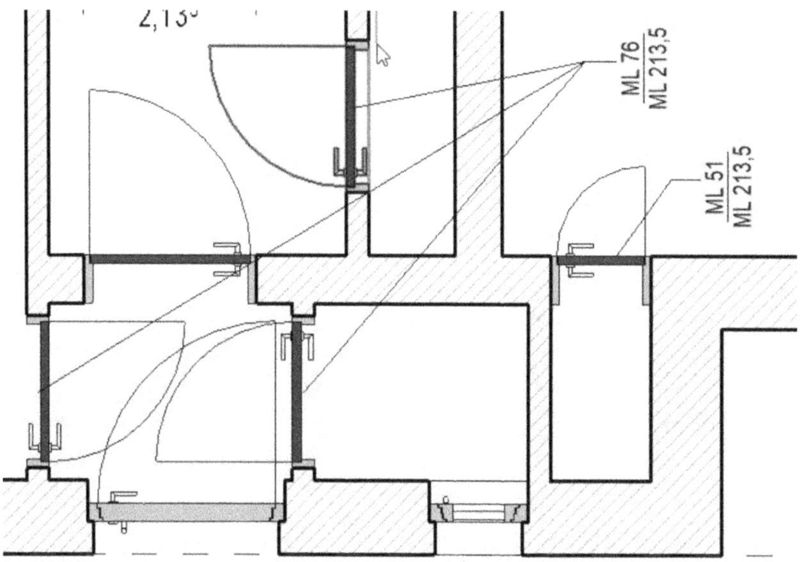

Abb. 2.50: Weitere Innentüren auf Wandmitten positioniert

Schiebetür

Die Schiebetür finden Sie in der Kategorie TU SF 2 SCHIEBETÜRE IN WANDTASCHE unter ML – 1260X2135 MIT RAHMENSTOCK. Sie positionieren diese bequem über die Wandmitte.

Terrassentür

Für die doppelflüglige Terrassentür gibt es den passenden Typ nur über den FENSTER-Befehl unter der Kategorie FE TÜR 2 TLG – DREHKIPP MIT STULP. Sie müssen nur noch eine Variante mit der passenden Breite ableiten.

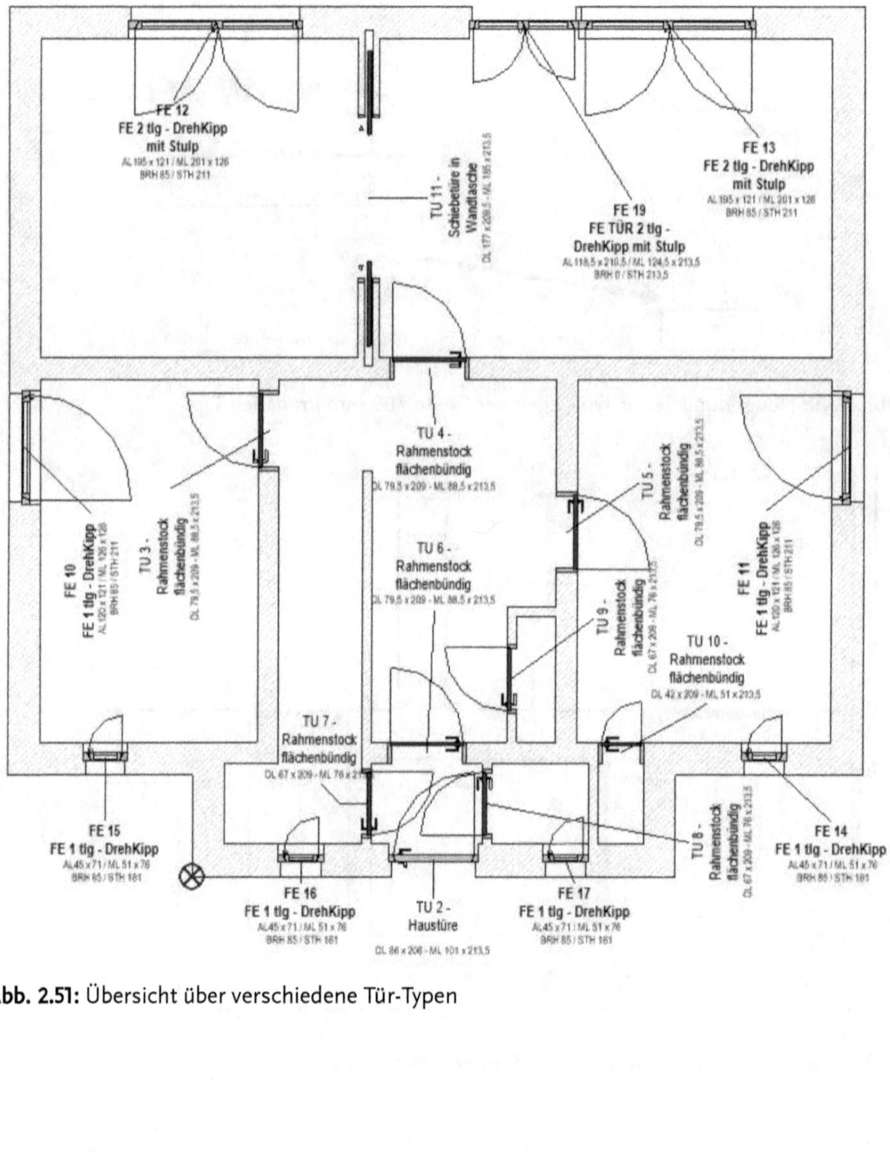

Abb. 2.51: Übersicht über verschiedene Tür-Typen

Türen aus der BIM-Bibliothek

Nicht immer können alle Türtypen aus der internen Tür-Bibliothek des Projekts besorgt werden. Wenn Sie Einfügen|Aus Bibliothek laden|Autodesk-Familie laden wählen und dann Architektur – Tür aufblättern, können Sie unter sehr vielen Türtypen in der externen BIM-Bibliothek im Internet suchen.

2.4 Geschossdecken

Passend zu allen Außenwänden soll nun die Geschossdecke erstellt werden. In Revit gibt es zwei ähnlich klingende Befehle: Decke und Geschossdecke, Letztere mit Unteroptionen.

- Der Begriff Decke wird hier für die Decken verwendet, die in den Deckenplänen zum Platzieren von Lampen und als abgehängte Decken verwendet wird.
- Die – meist aus Beton bestehende – Geschossdecke für den Rohfußboden wird über Architektur|Erstellen|Geschossdecke |Geschossdecke tragend erstellt (Abbildung 2.52). Als Standard-Geschossdecke wird hier der Typ STB 200 mit 20 cm Stärke verwendet.
- Ein Fußbodenbelag wird dann mit Architektur|Erstellen|Geschossdecke |Nichttragende Geschossdecke erstellt.

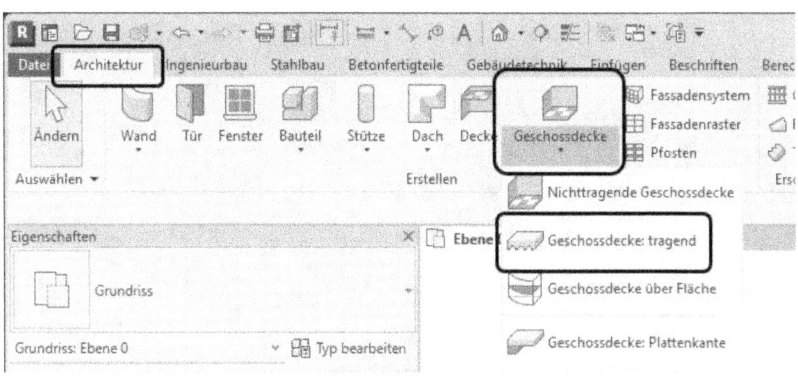

Abb. 2.52: Tragende Geschossdecke einfügen

Im Prinzip können Sie mit diesem Befehl nun einfach alle Außenwände anklicken, um aus den Außenkanten eine geschlossene Kontur zu erhalten. An dieser Stelle ist es aber geschickter, die Wände mit der in Abschnitt 1.8.1 »Objektwahl« geschilderten Methode fortlaufend zu wählen (Abbildung 2.54).

Sie können dazu auch bequem in die Ansicht 3D-Ansicht|{3D} gehen. Hier ist es dann aber nötig, die *Arbeitsebene* für die Decke sauber festzulegen. Aktivieren Sie dazu zuerst die Anzeige der Arbeitsebene mit Architektur|Arbeitsebene|Anzeigen (ganz rechts in der Multifunktionsleiste). Weil die Decke über den aktuellen

Wänden des Erdgeschosses konstruiert werden soll, wählen Sie in ARCHITEKTUR|ARBEITSEBENE|FESTLEGEN über NAME die EBENE 1. Das ist das Obergeschoss und für die Decke über dem Erdgeschoss genau richtig.

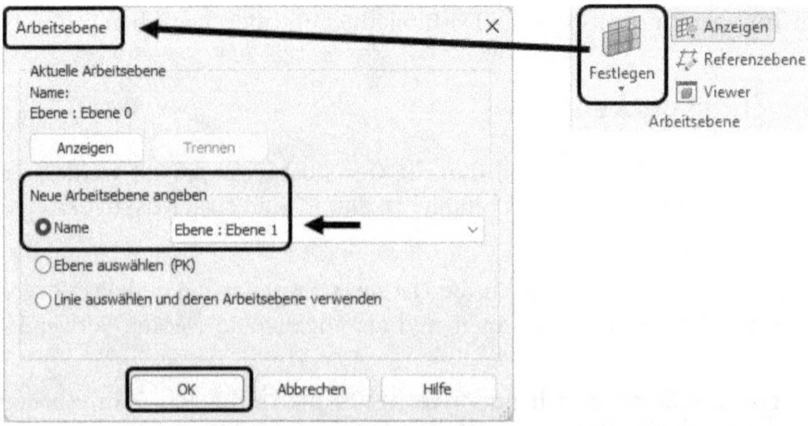

Abb. 2.53: Arbeitsebene für Obergeschoss festlegen

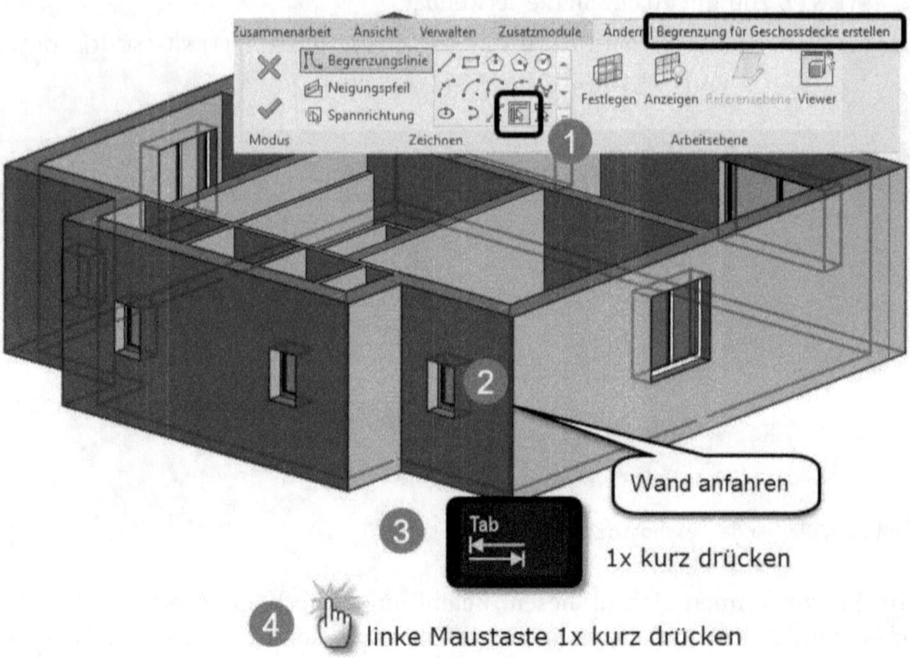

Abb. 2.54: Auswahl zusammenhängender Elemente

Nun soll also die Geschossdecke mit der umlaufenden Objektwahl elegant erzeugt werden:

- Gehen Sie im Projektbrowser in das Geschoss EBENE 0.
- Wählen Sie den Befehl ARCHITEKTUR|ERSTELLEN|GESCHOSSDECKE|GESCHOSSDECKE TRAGEND.
- Aktivieren Sie in EIGENSCHAFTEN die EBENE 1, weil die Decke *über* dem aktuellen Geschoss entstehen soll.
- Aktivieren Sie das Zeichenwerkzeug WÄNDE WÄHLEN ❶.
- Wählen Sie nun nach der oben geschilderten Art ❷ – ❸ – ❹ *alle Außenwände.*
- Klicken Sie in der Multifunktionsleiste auf BEARBEITUNGSMODUS BEENDEN ✔.
- Es erscheint die Frage: SOLLEN WÄNDE ... AN DER UNTERKANTE FIXIERT WERDEN?
- Antworten Sie mit FIXIEREN. Dadurch werden die Wände, die sich bisher zum Obergeschoss erstreckten, um die Deckenstärke, hier 20 cm, verkürzt und mit der Deckenunterkante verknüpft.

Die Geschossdecke ist nun so weit fertig.

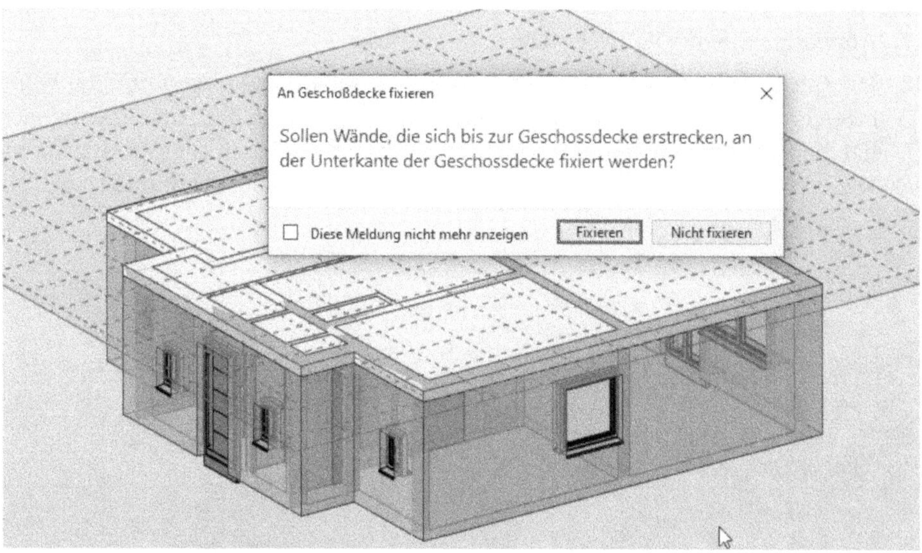

Abb. 2.55: Geschossdecke mit in der Höhe zurückgezogenen Wänden

2.4.1 Geschossdecke bearbeiten

Bisher geht die Deckenplatte bis zu den Außenkanten der Wände. Um bei den nicht-isolierten Wänden eine Kältebrücke zu vermeiden, sollten sie aber um eine Ziegelbreite zurückgezogen werden. Dazu

1. markieren Sie die Geschossdecke,
2. wählen dann BEGRENZUNG BEARBEITEN (Abbildung 2.56) im Änderungsmenü. Der Deckenumriss wird nun als *rote Kontur* angezeigt.

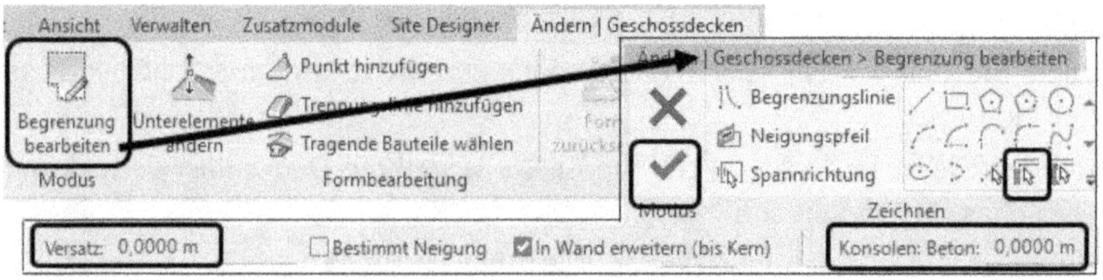

Abb. 2.56: Deckenumriss bearbeiten

3. Wählen Sie nun die *Konturkanten* (nicht die Wände!) wieder *umlaufend* mit Zeigen, [Tab] und Klick.
4. In der OPTIONSLEISTE erscheint VERSATZ. Dort geben Sie den Wert **`-0.125`** ein, um die Deckenkanten nach innen zu verschieben.
5. Dann klicken Sie auf BEARBEITUNGSMODUS BEENDEN ✔.
6. Es erscheint wieder die Frage: SOLLEN WÄNDE ... AN DER UNTERKANTE FIXIERT WERDEN?
7. Antworten Sie mit NICHT FIXIEREN.
8. Die Geschossdecke ist nun von der Außenkante zurückgezogen und die Wand erreicht im Außenbereich wieder die alte nicht fixierte Höhe. Im Innenbereich hat die Decke eine höhere Priorität und verdrängt praktisch das Wandvolumen. Dadurch entsteht die Einkerbung innen an der Oberkante der Wand.

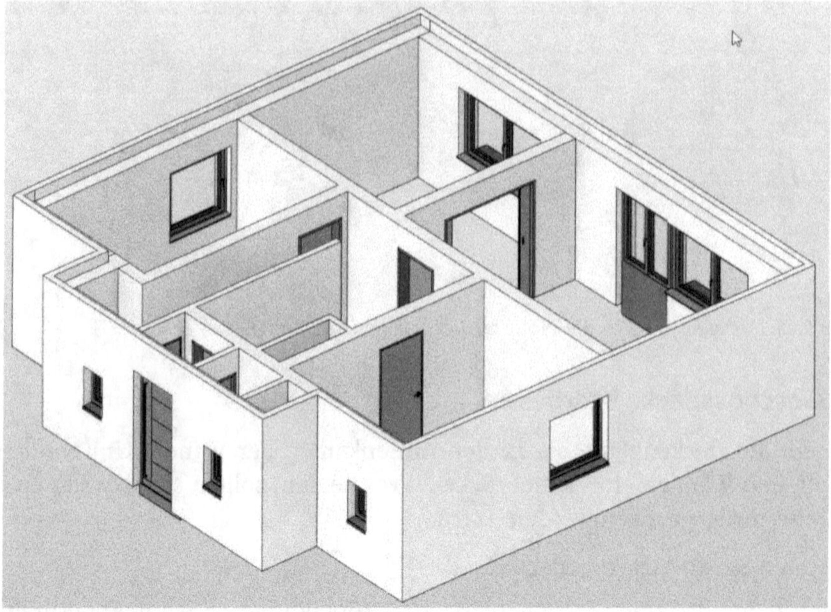

Abb. 2.57: Erdgeschoss mit ausgeblendeter Decke

2.4.2 Alternative Deckenkonstruktion

Alternativ können Sie die Decke auch gleich mit einem Versatz von -0,125 über die Optionsleiste erstellen und die Außenwände automatisch ausschneiden.

- Wählen Sie den Befehl GESCHOSSDECKE TRAGEND.
- Aktivieren Sie in EIGENSCHAFTEN die EBENE 1.
- Geben Sie nun in der OPTIONSLEISTE unter VERSATZ den negativen Wert **`-0,125`** ein und *klicken Sie danach noch einmal in das Zeichenfenster* (wichtig!).
- Wählen Sie nun nach der in Abbildung 2.54 gezeigten Art *alle Außenwände.*
- Klicken Sie in der Multifunktionsleiste auf BEARBEITUNGSMODUS BEENDEN.
- Es erscheint die Frage: SOLLEN WÄNDE ... AN DER UNTERKANTE FIXIERT WERDEN?
- Antworten Sie diesmal mit NICHT FIXIEREN.
- Dann erscheint die Frage: DIE GESCHOSSDECKE ... ÜBERLAPPT MIT DEN HERVORGEHOBENEN WÄNDEN, MÖCHTEN SIE DIE GEOMETRIE VERBINDEN UND DAS ÜBERLAPPENDE VOLUMEN AUS ... DEN WÄNDEN AUSSCHNEIDEN?
- Antworten Sie hier mit JA. Dadurch werden die Wände dort automatisch ausgeschnitten, wo die Geschossdecke mit ihnen kollidiert.
- Als Nacharbeit sind nun nur noch die Innenwände zu wählen und in der Multifunktionsleiste ÄNDERN mit der Funktion FIXIEREN mit Unterauswahl OBERKANTE FIXIEREN an der Unterkante der Decke zu begrenzen. Nach Wahl mehrerer Innenwände mit Klick und `Strg`+Klick wählen Sie einfach die Decke. Sie können hier auch wieder nach Wahl einer Innenwand mit Rechtsklick ALLE EXEMPLARE AUSWÄHLEN|IN DIESER ANSICHT bequem mehrere Wände eines Typs wählen und danach mit die Decke.

2.4.3 Unterschied: Fixieren – Verbinden

Hier soll noch einmal der prinzipielle Unterschied zwischen FIXIEREN und VERBINDEN bei Wänden erläutert werden. Beim FIXIEREN werden eine oder mehrere Wände mit der Höhe an eine Geschossdecke oder an ein Dach angepasst. Dabei wird bei Wänden die gesamte Höhe auf die Geschossdeckenunterkante beschränkt, auch jenseits des Deckenrandes (Abbildung 2.58 rechts). Es können mehrere Wände gewählt werden, die zusammen an einer Geschossdecke oder einem Dach fixiert werden sollen.

Wände können nach entsprechender Auswahl in der Unterauswahl bei FIXIEREN *auch an der Unterkante* fixiert werden. Das ist beispielsweise bei Gaubenwänden nötig.

Um eine Fixierung aufzulösen, können Sie nach Anklicken der Wand das Werkzeug LÖSEN benutzen. In der Unterauswahl ist dann allerdings noch die Option VON ALLEN LÖSEN zu aktivieren.

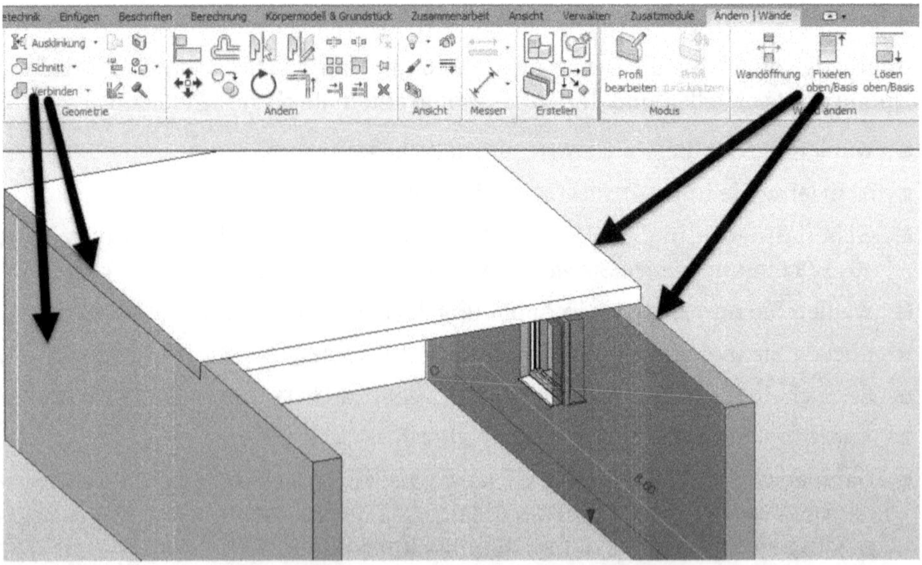

Abb. 2.58: VERBINDEN und FIXIEREN bei Wänden

Beim VERBINDEN wird eine Überlagerung zwischen zwei Volumenkörpern wie hier einer Wand und einer Geschossdecke derart beseitigt, dass dasjenige Volumen zurückgenommen wird, das die niedrigere Priorität hat. Im aktuellen Beispiel hat die Mauerwerkswand die niedrigere Priorität und die Betondecke die höhere. Deshalb wird beim VERBINDEN der beiden das Mauerwerk zurückgezogen, wo die Geschossdecke dann dominiert. Aber jenseits der Deckenkante bleibt die Wand unverändert. Die vorgegebene Reihenfolge beim VERBINDEN kann mit dem Werkzeug VERBINDUNGSREIHENFOLGE ÄNDERN im Flyout unter VERBINDEN auch umgekehrt werden.

Vorsicht

Um die Wände im jetzigen Zustand zu erhalten, nämlich mit höhenmäßig *fixierten Innenwänden* und nicht fixierten, aber *verbundenen Außenwänden*, müssen Sie *bei zukünftigen Deckenbearbeitungen* stets die Frage »Sollen Wände ... an Decke fixiert werden?« verneinen, sonst müssen Sie die Außenwände wieder lösen und dann erneut verbinden!

2.4.4 Prioritäten

Oft gibt es solche Überlappungsprobleme wie im Fall von Wand und Geschossdecke oben. Meist regeln dann PRIORITÄTEN, die in den Materialien der Elemente in den TYPEIGENSCHAFTEN unter KONSTRUKTION eingetragen sind, welches Material bei Überlappungen stehen bleibt und welches unterdrückt wird. Eine kleine Zahl wie **1** bedeutet dann eine *hohe Priorität*, eine große Zahl wie **5** bedeutet *niedrige*

Priorität. Treffen zwei Materialien mit gleicher Priorität wie bei tragender Wand und tragender Decke aufeinander, dann hat funktionsbedingt die Decke den Vorrang. Ansonsten zählen die Prioritäten jeder einzelnen Schicht.

2.5 Treppen

Um die Treppe bei schon vorhandener Geschossdecke bearbeiten zu können, sollten Sie nun einfach die Geschossdecke mit der Kontextmenüfunktion IN ANSICHT AUSBLENDEN ▸ ELEMENTE unsichtbar machen. Bevor die Treppenkonstruktion begonnen wird, soll eine Hilfslinie für die Treppenposition und die Wand seitlich der Treppe erstellt werden. Die Wand wird dann im Profil abgeschrägt. Danach wird eine einfache Treppe geradläufig eingebaut.

2.5.1 Vorbereitung der Treppenseitenwand

Mit ARCHITEKTUR|MODELL|MODELLLINIE zeichnen Sie in der EBENE 0 eine waagerechte Linie an der ungefähren Position für die erste Treppenstufe. Dann klicken Sie diese Linie an, positionieren ggf. die untere Maßhilfslinie auf die Wand unten und überschreiben die Maßzahl (Abbildung 2.59). Die Hilfslinie ist danach exakt auf 3 m positioniert und Sie können die seitliche Treppenwand am Endpunkt auf diese Hilfslinie ziehen.

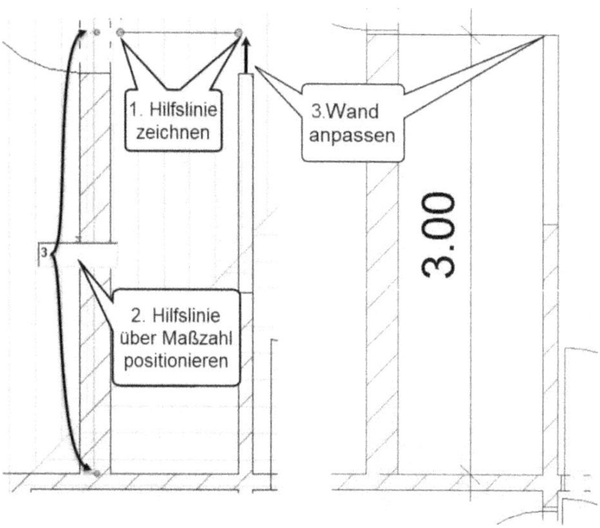

Abb. 2.59: Hilfslinie für Treppen- und Wandlänge

Damit Sie die Treppe in der 3D-Ansicht bequem erstellen können, wählen Sie die Geschossdecke und machen Sie übers Kontextmenü IN ANSICHT AUSBLENDEN|ELEMENTE unsichtbar. Um das Wandprofil an die Schräge der Treppe anzupassen, starten Sie die Bearbeitung des Profils in der 3D-ANSICHT {3D} mit einem Doppelklick auf die dünne Wand (Abbildung 2.60) oder wählen Sie ÄNDERN|PROFIL BEARBEITEN. Das rechteckige Profil der Wand erscheint in roter Farbe. Achten Sie darauf, dass Wandprofile immer einfach geschlossene Konturen sein müssen.

1. In der Multifunktionsleiste PROFIL BEARBEITEN wählen Sie LINIE und
2. klicken mit Objektfang ENDPUNKT und
3. mit Objektfang SCHNITTPUNKT die Positionen für die neue Linie an.
4. Dann wählen Sie die Funktion STUTZEN/DEHNEN FÜR ECKE, um das überstehende waagerechte Liniensegment zu entfernen,
5. klicken auf diese neue Linie und
6. auf die Oberkante auf der linken Seite.
7. Klicken Sie dann die senkrechte Linie rechts an und
8. wählen Sie LÖSCHEN. Die Wandkontur erscheint nun einfach und geschlossen (Abbildung 2.61).
9. Danach wählen Sie BEARBEITUNGSMODUS BEENDEN, und die Wand erscheint mit der neuen Kontur (Abbildung 2.62).

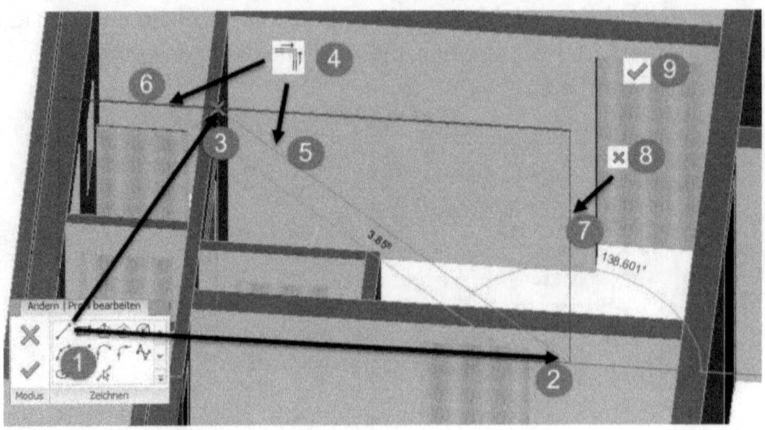

Abb. 2.60: Bearbeitung des Wandprofils nach Doppelklick

Abb. 2.61: Überflüssige Linie bzw. Linienteil entfernt

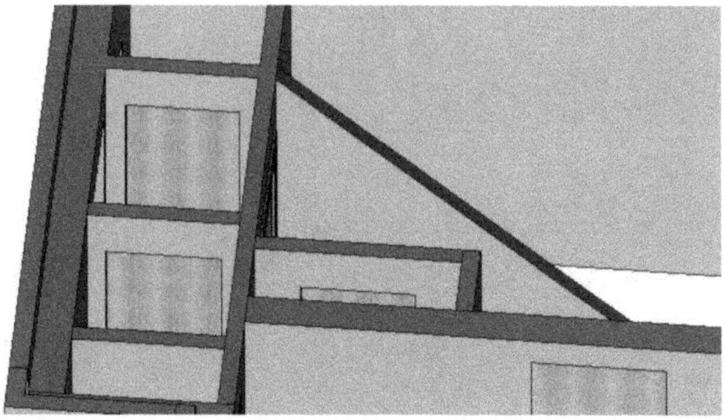

Abb. 2.62: Fertige Treppenwand

2.5.2 Treppe erstellen

Die Treppe soll nun auf einfachste Weise erstellt werden. Die komplexen Treppenformen werden in Kapitel 8 behandelt. Unter ARCHITEKTUR|ERSCHLIEẞUNG| TREPPE wählen Sie LAUF [Lauf]. Es gibt mehrere vorgegebene Formen des Treppenverlaufs: GERADE, SPIRALE IN GANZEN SCHRITTEN, SPIRALE DURCH MITTEL- UND ENDPUNKTE, L-FORM-WENDELSTUFE, U-FORM-WENDELSTUFE (Abbildung 2.63) und es gibt die frei gestaltbare Treppe unter SKIZZE ERSTELLEN. Im aktuellen Beispiel soll die Form GERADE zunächst ausreichen. Die Treppe soll mit der linken Kante (in Laufrichtung gesehen) erstellt werden (BASISLINIE: `Lauf links`), die Breite beträgt 1 m (TATSÄCHLICHE LAUFBREITE: `1 m`).

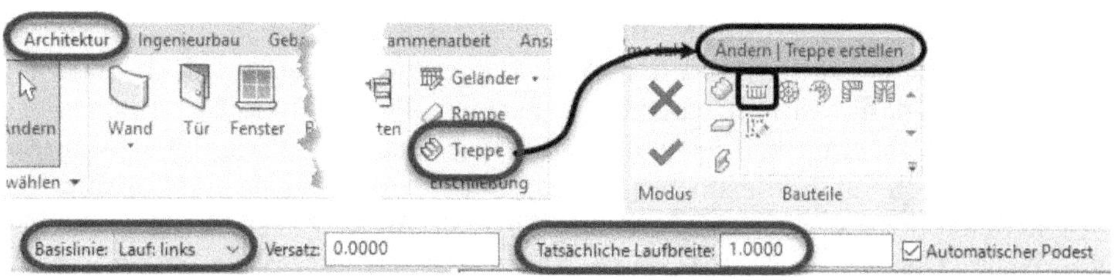

Abb. 2.63: Einläufige Treppe erstellen

Beides kann in der Optionsleiste eingegeben werden. Dann sollten Sie in EIGENSCHAFTEN die Treppenparameter noch betrachten.

Die Eintragungen für die Treppenhöhe sind über Startebene EBENE 0 und Endebene EBENE1 schon korrekt vorgegeben. Sie können aber noch die ANZAHL DER STEIGUNGEN einstellen, hier wäre **14** richtig und die AUFTRITTSLÄNGE mit **0.2143(=3,00m/14)**. Anstelle der Zahl dürfen Sie hier auch die Formel **=3,00m/14** mit Gleichheitszeichen beginnend eintragen. Dann kann *Start- und Endpunkt* der Treppe angeklickt werden (Abbildung 2.64) bzw. für den Endpunkt die gewünschte Länge 3 `m` eingetippt werden.

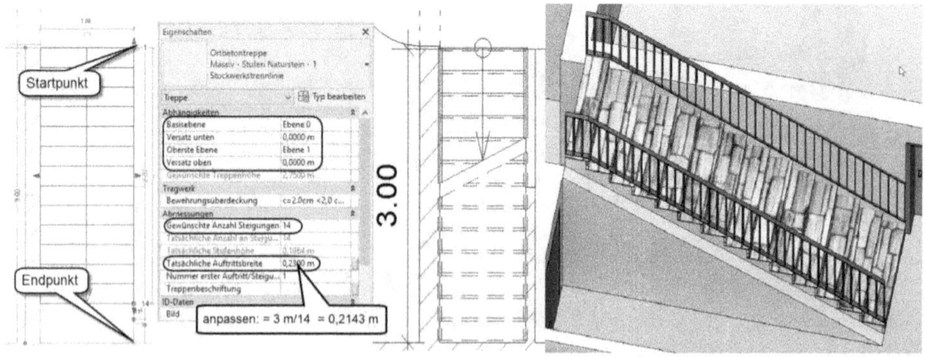

Abb. 2.64: Treppenparameter und Konstruktion

Nachdem nun die Treppe erstellt ist, können Sie die Geschossdecke wieder einblenden. Dazu klicken Sie in der Anzeigeleiste auf Verdeckte Elemente anzeigen und klicken die ausgeblendete *Geschossdecke* an, um im Kontextmenü die Funktion In Ansicht anzeigen|Elemente zu wählen. Dann klicken Sie in der Anzeigeleiste auf Verdeckte Elemente anzeigen Schließen. Danach wird die Geschossdecke wieder angezeigt.

2.5.3 Das Treppenloch

Sowie die Treppe konstruiert ist, darf das Treppenloch nicht vergessen werden. Die Geschossdecke vom Erdgeschoss benötigt noch den passenden Ausschnitt für die Treppe. Sie müssen nur noch die Geschossdecke erneut aktivieren und mit dem Werkzeug Geschossdecken|Modus|Begrenzung bearbeiten (Abbildung 2.65 ❶, ❷) die Öffnung für die Treppe als weitere innere Kontur dazu zeichnen. Sie benutzen dafür am einfachsten die Rechteck-Funktion ❸. Das Treppenloch muss nicht unbedingt bei der ersten Stufe beginnen. Das hängt etwas von der Durchgangshöhe ab, die extra berechnet werden muss. Im Beispiel beginnt die Treppe nach der zweiten Stufe. Mit Bearbeitungsmodus beenden ❹ schließen Sie die Geschossdecke ab.

Das Ergebnis zeigt ein 3D-Schnitt ❺. Für die 3D-Schnittdarstellung wählen Sie in den Eigenschaften der 3D-Ansicht die Option Grenzen|3D-Schnittbereich und verschieben dann dessen Quaderflächen mit den dreieckigen Griffen auf die gewünschten Positionen.

Tipp

Achten Sie unbedingt darauf, dass das Treppenloch **nicht** aus Versehen zu groß angelegt wird. Damit wird die Fixierung an der Decke nämlich gelöst und Wände, die neben der Treppe liegen und normalerweise an der Decke fixiert sind, können teilweise durch das Loch wieder in die Höhe »wachsen«.

Wenn das Treppenloch zu breit gezeichnet wird, kann es ein Problem mit den Seitenwänden der Treppe geben. Sie können evtl. nicht mehr oben an der Decke fixiert bleiben und kollidieren dann mit dem Deckenvolumen. Der Grund dafür liegt oft darin, dass Sie das Treppenloch nicht passend zu den Wänden, sondern an die Außenkanten der Treppengeländer angelehnt gezeichnet haben. Sie müssen dann evtl. das Treppengeländer erst in die Treppe hineinziehen oder z.B. auf der Innenseite ganz entfernen, um den rechteckigen Treppenausschnitt exakt passend zu den Wandkanten zeichnen zu können. Zum Verschieben des Treppengeländers können Sie unter EIGENSCHAFTEN einfach bei ABHÄNGIGKEITEN|VERSATZ VON PFAD einen Wert von **0,04** eingeben.

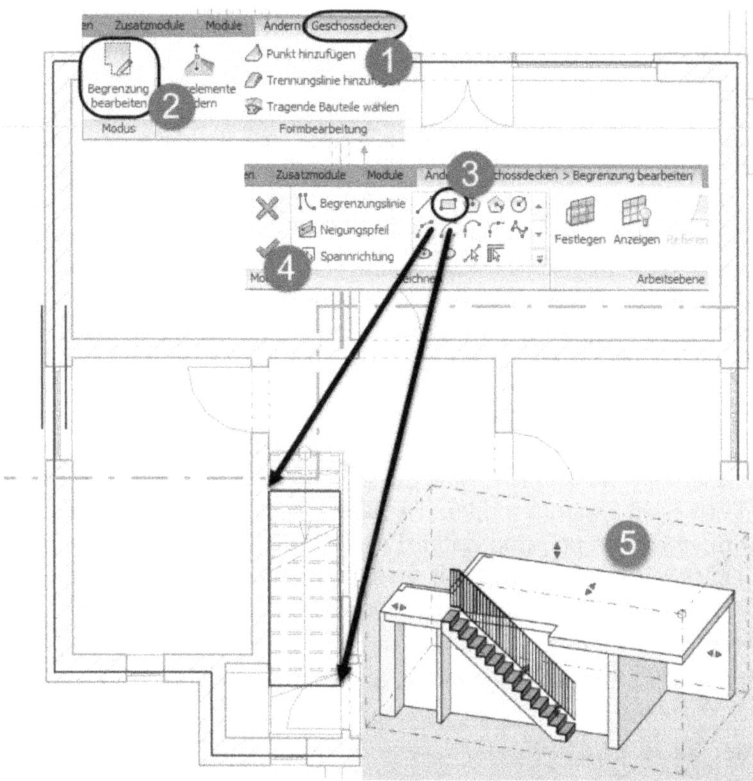

Abb. 2.65: Geschossdecke mit Treppenloch

Die Treppe hat automatisch Geländer bekommen. Die können Sie über EIGENSCHAFTEN einzeln modifizieren oder auch einzeln löschen. Wenn Sie beide Geländer entfernt haben, können Sie neue Geländer mit ARCHITEKTUR|ERSCHLIEßUNG|GELÄNDER ▾ |AUF TREPPE/RAMPE PLATZIEREN erzeugen, aber immer nur paarweise.

2.6 Mehrere Stockwerke

2.6.1 Stockwerke kopieren

Um nun bei einem mehrstöckigen Haus nicht jedes Stockwerk neu zeichnen zu müssen, können Sie ein komplettes Stockwerk auf mehrere andere Geschosse kopieren. Das lohnt sich auch in diesem Beispiel, weil eine Vielzahl von Wänden dann schon passt. Zwar sind hier an jedem Geschoss noch viele nachträgliche Änderungen nötig, aber das Kopieren in andere Geschosse spart doch Arbeit. Im Prinzip läuft dieses Kopieren über die Windows-Zwischenablage.

Es gibt Teile der Konstruktion, *die sich nicht kopieren lassen*. Dazu gehören *Beschriftungselemente* wie Texte und Bemaßungen und auch die Richtungsmarkierungen für die Treppen. Die müssen Sie weglassen oder ausblenden, wenn Sie die Elemente in die Zwischenablage kopieren.

Noch ein Hinweis zum *Kellergeschoss*: Da das Kellergeschoss üblicherweise niedriger ist als die übrigen Geschosse, wären die herunterkopierten Wände dann zu hoch und würden unter Hinweis auf zahlreiche Fehlerbedingungen mit den Wänden im Erdgeschoss kollidieren. Deshalb lohnt es sich, vor der Kopieraktion die *Höhe des Kellergeschosses an die oberen Geschosse anzupassen*. Dann klappt das Kopieren einwandfrei. Wenn Sie dann nach dem Kopieren die ursprüngliche Kellergeschosshöhe wieder herstellen, werden die Wände dort automatisch angepasst, weil sie assoziativ zu den Geschosshöhen sind.

1. Wählen Sie die Objekte für die Zwischenablage einfach in der Ansicht {3D} aus. Mit der [Strg]-Taste können Sie Elemente dazuwählen, mit der [Shift]-Taste entfernen Sie Elemente aus der Auswahl. Sie sollten keineswegs PROJEKT-BASISPUNKT oder Vermessungspunkt wählen. Die lassen sich nicht kopieren, ebenso wie die Lauflinien der Treppe und deren Beschriftung. Alternativ können Sie auch einfach alles wählen und dann mit der FILTER-Funktion (MEHRFACHAUSWAHL|AUSWAHL|FILTER oder in der Statusleiste rechts) die nicht kopierbaren Elemente abwählen.
2. Dann aktivieren Sie unter ÄNDERN|ZWISCHENABLAGE das Werkzeug IN ZWISCHENABLAGE KOPIEREN.
3. Danach wählen Sie EINFÜGEN und darunter
4. AN AUSGEWÄHLTEN EBENEN AUSGERICHTET. Falls diese Option mit Fading (gegraut) erscheint, haben Sie Elemente mitgewählt, die sich nicht in andere Geschosse kopieren lassen.

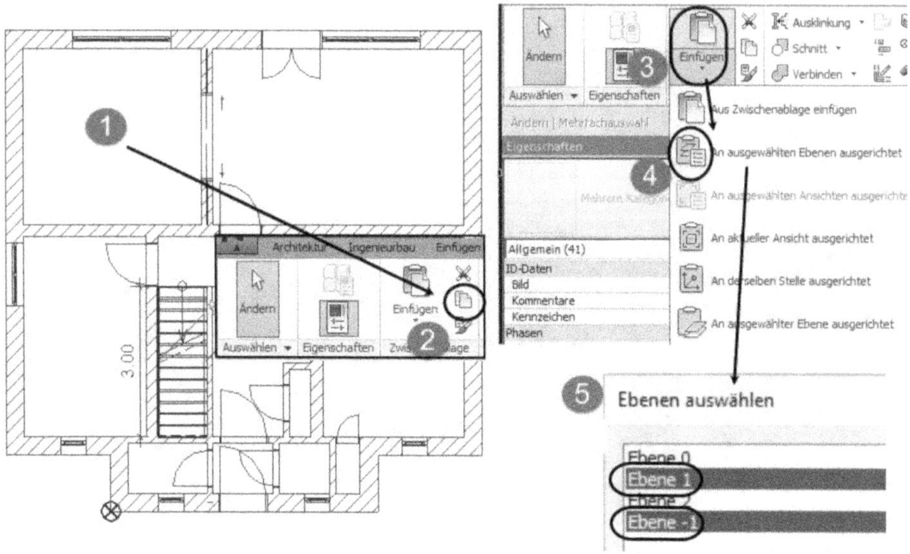

Abb. 2.66: Elemente in andere Stockwerke kopieren

5. Schließlich wählen Sie aus, in welche Ebenen Sie nun hineinkopieren möchten. Achten Sie unbedingt darauf, dass *nicht* aus Versehen *die Original-Ebene* der Objekte mit markiert wird. Das würde nämlich zu doppelten Objekten im Originalgeschoss und damit zu zahlreichen kaum noch reparablen Fehlerbedingungen führen.

2.6.2 Geschossabhängige Änderungen

Wandhöhen im Keller nachträglich anpassen

Nach der Kopieraktion bei unverändert niedrigen Kellerwänden haben Sie dann schon beim Kopieren die Warnung erhalten, dass sich etliche Wände überlappen. Das Haus sieht dann so aus wie in Abbildung 2.67. Man erkennt leicht, dass für den Keller die Wände alle zu hoch sind und mit den Erdgeschoss-Wänden überlappen.

Gehen Sie dann in die Kellergeschoss-Ansicht EBENE -1, wählen Sie dort alle Elemente mit einer großen Kreuzen-Box und schalten dann mit dem FILTER-Befehl alles außer den Wänden aus (Abbildung 2.68). Nun sind alle Wände gewählt. In EIGENSCHAFTEN werden Sie sehen, dass bei ABHÄNGIGKEIT OBEN die EBENE 0 eingetragen ist – und das ist okay –, aber zusätzlich steht da noch VERSATZ OBEN 0.55. Das ist eben die Differenz zwischen der alten Geschosshöhe von 2,75 m und der Kellerhöhe von 2,20 m. Dieser Versatz muss dann auf **0,0** gesetzt werden. Damit sind dann wenigstens die Kellerwände in der Höhe korrigiert.

Abb. 2.67: Vervielfachte Stockwerke bei niedrigerem Kellergeschoss

Auch die Geschossdecke über dem Kellergeschoss liegt dann in der falschen Höhe und ist auch in den EIGENSCHAFTEN von der Versatzhöhe 0,55 auf 0,0 herunterzusetzen.

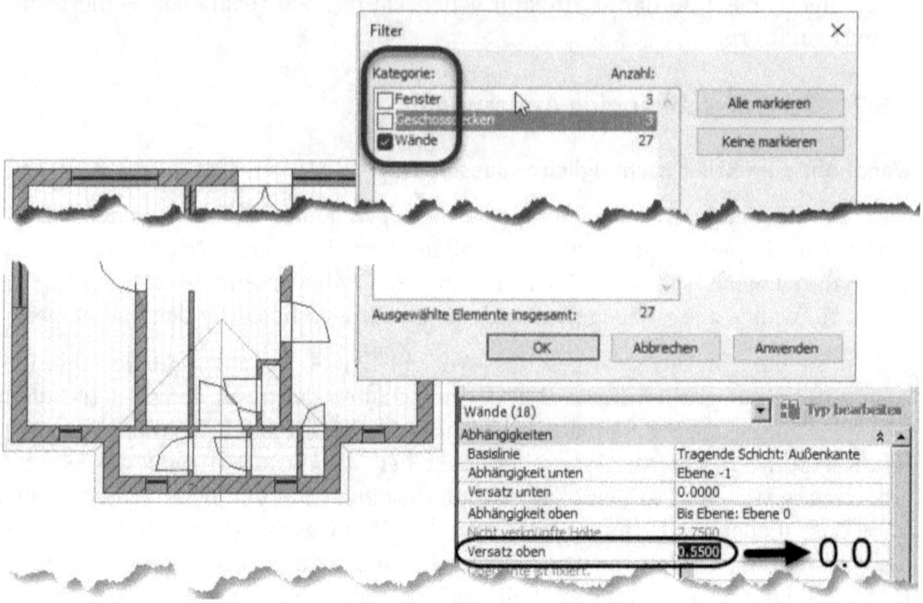

Abb. 2.68: Höhe der Kellerwände ändern

Wenn Sie aber vor der Kopieraktion die Kellergeschosshöhe ans Erdgeschoss angepasst hatten, sieht es aus wie in Abbildung 2.69 und Sie müssen nur noch in einer der Seitenansichten die Höhe im Kellergeschoss wieder auf den Wert 2,20 m anpassen.

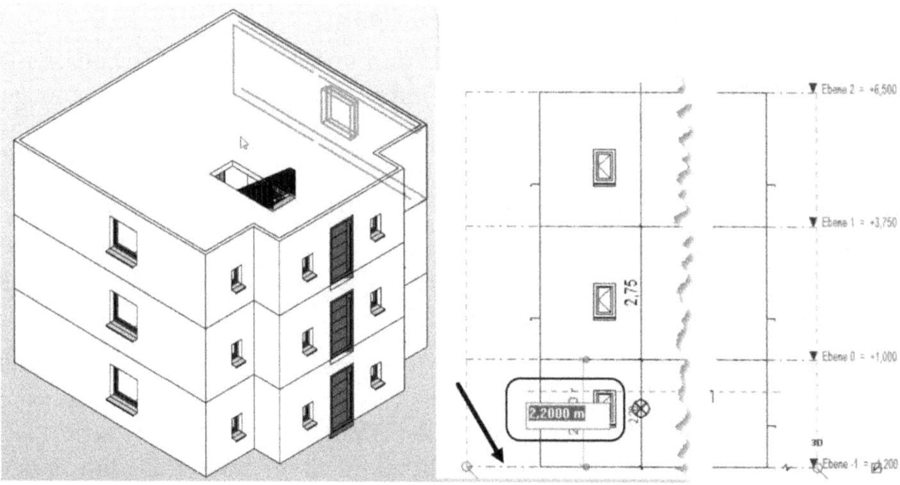

Abb. 2.69: Geschosse mit gleichen Höhen kopiert und Keller-Geschosshöhe geändert

Treppen

In ähnlicher Weise muss die Treppe höhenmäßig angepasst werden, weil sie auch zur Geschosshöhe passen muss. Damit ist meist eine Änderung der Stufenzahl verbunden und notfalls auch eine Neukonstruktion. Der Treppentyp wird auch zu ändern sein, denn die Kellertreppen sind oft Holztreppen, während die übrigen im Haus meist Betontreppen sind.

Um bequem in der 3D-Ansicht an die Treppe heranzukommen, wählen Sie am besten mit dem View-Cube eine Ansicht von schräg unten, indem Sie eine der unteren Ecken des Cubes anklicken. Da noch kein Kellerboden vorhanden ist, können Sie die Kellertreppe von unten schon sehen. Nun klicken Sie die Treppe an und aktivieren ÄNDERN|ANSICHT|AUSWAHLRAHMEN. Die Ansicht wird durch den 3D-SCHNITTBEREICH auf die Treppe und die unmittelbare Umgebung beschränkt. Die Seitenflächen des Schnittbereichs werden gestrichelt angezeigt. Wenn Sie sie anklicken, erscheinen kleine dreieckige Richtungspfeile, an denen Sie den Schnittbereich noch anpassen können. Wenn Sie die Treppe aktuell in EBENE -1 betrachten, werden Sie viel zu viele und zu breite Stufen finden.

- Markieren Sie die Treppe und wählen Sie TREPPE BEARBEITEN.
- Ändern Sie in den Eigenschaften die ANZAHL der Stufen beispielsweise auf 12, aber das wirkt sich nicht direkt aus.
- Variieren Sie dann die AUFTRITTSBREITE auf `0,25 m` (`=3m/12`).

- Da die Treppe intern immer noch 14 Stufen besitzt, müssen Sie den Treppenaufbau intern verändern. Gehen Sie dazu in die Ansicht EBENE -1 und klicken Sie die Treppe nochmals an (Abbildung 2.70).
  - Bewegen Sie in der Draufsicht der Treppe den *Pfeil am oberen Treppenende* herunter, bis das Ende der Treppe mit der Kante der Wand fluchtet. Dadurch wird die gesamte Treppe verschoben.
  - Das untere Treppenende richten Sie nun über den Kringel fluchtend mit der seitlichen Wandkante aus. Dadurch wird die Treppe zusammengestaucht, also die Länge verändert.
  - Nun passt die Treppe, die Anzahl der Stufen hat sich auch intern auf 12 angepasst. Klicken Sie zum Abschluss auf BEARBEITUNGSMODUS BEENDEN ✔.
- Ändern Sie vielleicht noch in den EIGENSCHAFTEN den Typ von der Vorgabe ORTBETONTREPPE auf ZUSAMMENGEBAUTE TREPPE|WANGEN HOLZ – STUFEN HOLZ und passen auch die Geländer an.

Um die Kellertreppe etwas detaillierter zu betrachten, klicken Sie bei markierter Treppe das Werkzeug ÄNDERN|ANSICHT|AUSWAHLRAHMEN an. Die Treppe erscheint jetzt mit den umgebenden Elementen durch den 3D-SCHNITTBEREICH isoliert in 3D. Um wieder die volle 3D-Ansicht zu erhalten, müssen Sie nur in den EIGENSCHAFTEN der aktuellen Ansicht den 3D-SCHNITTBEREICH in der Kategorie GRENZEN deaktivieren.

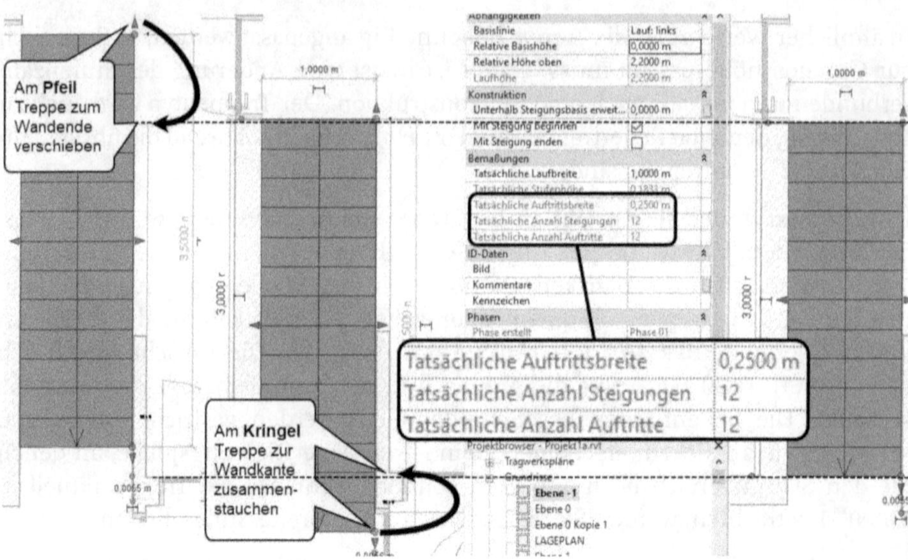

Abb. 2.70: Kellertreppe korrigieren

Die Wand unter der Treppe können Sie in der Ansicht EBENE -1 anklicken und dann unter ÄNDERN-WÄNDE|MODUS|PROFIL RÜCKSETZEN das Wandprofil wieder zurücksetzen. Mit ÄNDERN|AUSRICHTEN können Sie die Wand dann einfach bis auf die 24er-Querwand zurückziehen (Abbildung 2.71, Abbildung 2.72).

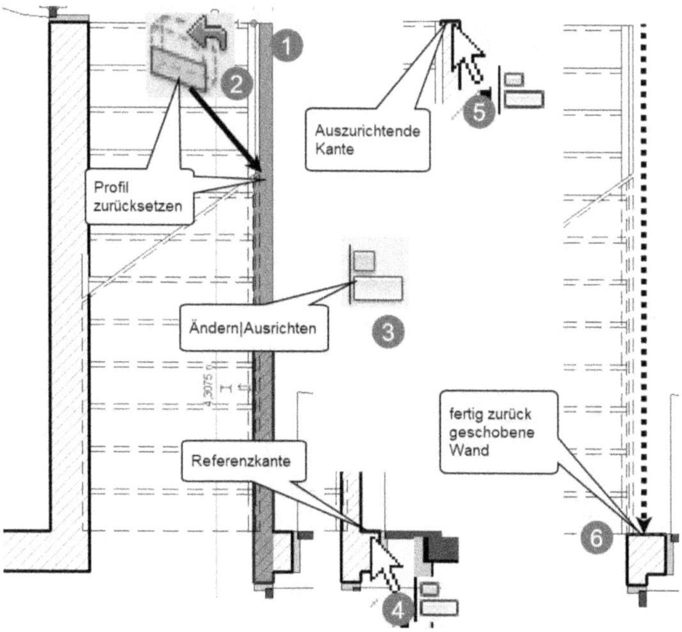

Abb. 2.71: Wand unter der Kellertreppe: Profil entfernen und an 24er-Wand ausrichten

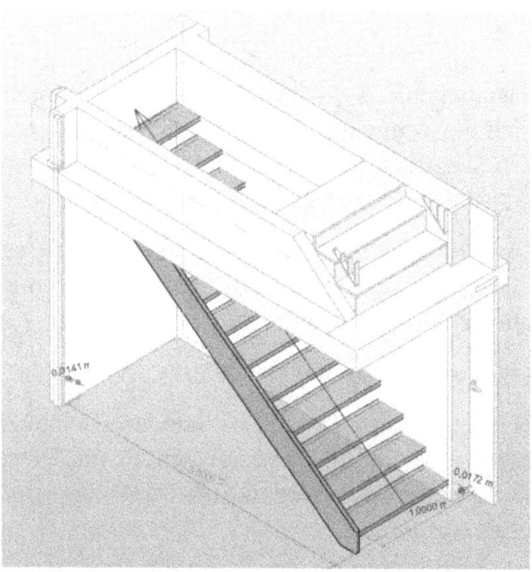

Abb. 2.72: Fertige Kellertreppe im Auswahlrahmen

Hinweis

Der AUSWAHLRAHMEN hat Ihnen eine begrenzte 3D-Ansicht erzeugt. Um wieder die volle 3D-Ansicht {3D} zu sehen, sollten Sie in den EIGENSCHAFTEN der aktuellen Ansicht das Häkchen bei GRENZEN|3D-SCHNITTBEREICH entfernen.

Detaillierte Treppenbearbeitung

Abb. 2.73: Treppe mit angepasstem Geländer

Die Breite der Kellertreppe ist im Beispiel genau 1 m, aber inklusive der Wangen. Der momentane Stand ist so, dass sich die Wangen mit den Wänden überschneiden. Um die Breite zu ändern, lockern Sie zuerst in EIGENSCHAFTEN unter TYP BEARBEITEN die Eintragung bei MINDESTLAUFBREITE von **`1,00 m`** auf **`0,80 m`**.

Dann markieren Sie die Treppe und wählen TREPPE BEARBEITEN und klicken sie erneut an, um seitlich die *dreieckigen Pfeilgriffe* zu erhalten. Damit können Sie nun die Treppenbreite auf die Wandkanten *ziehen*, um sie anzupassen.

Abbildung 2.73 zeigt die Treppe mit einem angepassten Geländer.

- Zunächst wurde der Typ geändert in HANDLAUF HOLZ. Das Standard-Geländer erscheint dann mit Geländerhalterungen, die für Wände geeignet sind. Diese sollen auf einer Seite durch Holzpfosten ersetzt werden und am Anfang und Ende mit stärkeren Pfosten versehen werden.
- Markieren Sie das Geländer, wählen Sie TYP BEARBEITEN und duplizieren Sie. Im Dialogfenster des Typs gehen Sie dann bei PLATZIERUNG DER GELÄNDERPFOSTEN auf BEARBEITEN.

- Unter HAUPTMUSTER in der Zeile 2 REGELMÄSSIGER GELÄNDERPFOSTEN tauschen Sie **Befestigung Handlauf** gegen **Geländerpfosten - rechteckig : 20 x 20** aus. Damit sind die Zwischenpfosten gesetzt (Abbildung 2.75).
- Beenden Sie zunächst die Bearbeitung des Typs mit OK, weil die stärkeren Pfosten für Geländerstart und -ende nicht in den vorgegebenen Familien des Projekts enthalten sind.
- Nun sollen diese Pfosten aus den BIM-Bibliotheken ins Projekt geladen werden. Gehen Sie deshalb auf EINFÜGEN|AUS BIBLIOTHEK LADEN|AUTODESK-FAMILIE LADEN und wählen Sie im Dialogfenster **Architektur - Bauteil\Geländer\Vertikale Holme** die Familie **Pfosten Quadratisch.rfa**.

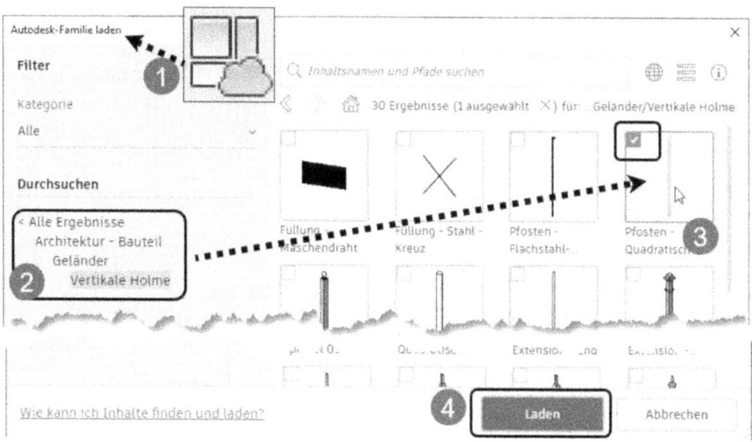

Abb. 2.74: Pfosten-Familie für Geländer laden

- Um den Pfosten in das Haus-Projekt zu laden, beenden Sie das Dialogfenster mit LADEN (Abbildung 2.74).
- Die Familie PFOSTEN – QUADRATISCH wurde nun mit den Ausführungen bzw. Abmessungen **8**, **25**, **50** und **60** zu Ihren projektspezifischen FAMILIEN im BROWSER hinzugefügt.
- Markieren Sie nun wieder das Geländer, wählen Sie TYP BEARBEITEN und im Typeigenschaftenfenster wieder PLATZIERUNG DER GELÄNDERPFOSTEN und BEARBEITEN.
- Diesmal tauschen Sie weiter unten im Dialogfenster unter PFOSTEN bei 1 START POST und 3 END POST die Eintragung **Keine** gegen **Pfosten Quadratisch:50** aus und geben als VERSATZ **-0,05** ein (Abbildung 2.75). Damit sind erster und letzter Pfosten mit den stärkeren 50-mm-Pfosten bestückt.
- Damit das Geländer genau über den Wangen liegt, müssen Sie in den Geländereigenschaften noch bei VERSATZ VON PFAD **-0,075** eingeben.

- Wenn Sie noch die Länge des Geländerlaufs ändern wollen, markieren Sie ihn und wählen Sie PFAD BEARBEITEN. Dann können Sie Start- und Endpunkt des Geländers noch frei verschieben. Das sollten Sie vorzugsweise in einer Draufsicht durchführen.
- Bei verlängertem Handlauf sollten Sie dann aber den letzten oder ersten Pfosten um einen entsprechenden Betrag zurücksetzen. Dieser Abstand ist unter FREIER BEREICH einzutragen.

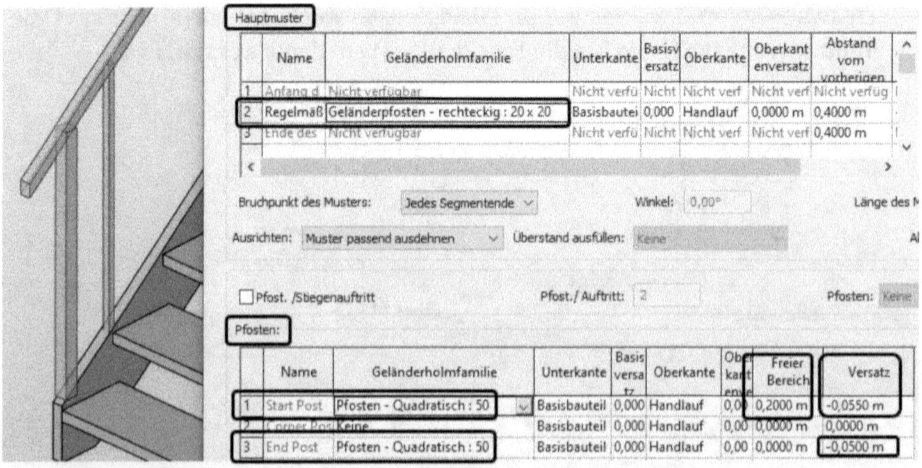

Abb. 2.75: Holzgeländer mit verschiedenen Pfosten, Verlängerung und freiem Bereich

Fenster und Türen

Für die Fenster im Keller sind zwei Dinge zu ändern:

- Die Fensterhöhe ist meist viel geringer, oft 51 cm oder 76 cm und
- die Brüstungshöhe oder der Sturz für das Fenster liegt höher.

Im aktuellen Beispiel haben die Kellerfenster eine Höhe von 76 cm und eine Sturzhöhe von 1,96 m. Damit liegen sie dann 4 cm unter der Kellerdecke von 2 m. Sie können die Fenster vom Typ FE 2 TLG – DREHKIPP MIT STULP durch Anpassen der Abmessungen ableiten.

Aus der Lage der Kellerfenster ergibt sich somit ein Problem für die Ansichtsdarstellung. Während im normalen Grundriss eine Schnitthöhe von 1,20 m für die Ansicht verwendet wird, muss sie im Keller höher liegen. Dies können Sie in den Eigenschaften des Kellergrundrisses unter ANSICHTSBEREICH einstellen. Nach

Klick auf BEARBEITEN können Sie die SCHNITTEBENE auf **1.75** ändern. Dann sind die Fenster auch wieder vollständig sichtbar (Abbildung 2.77).

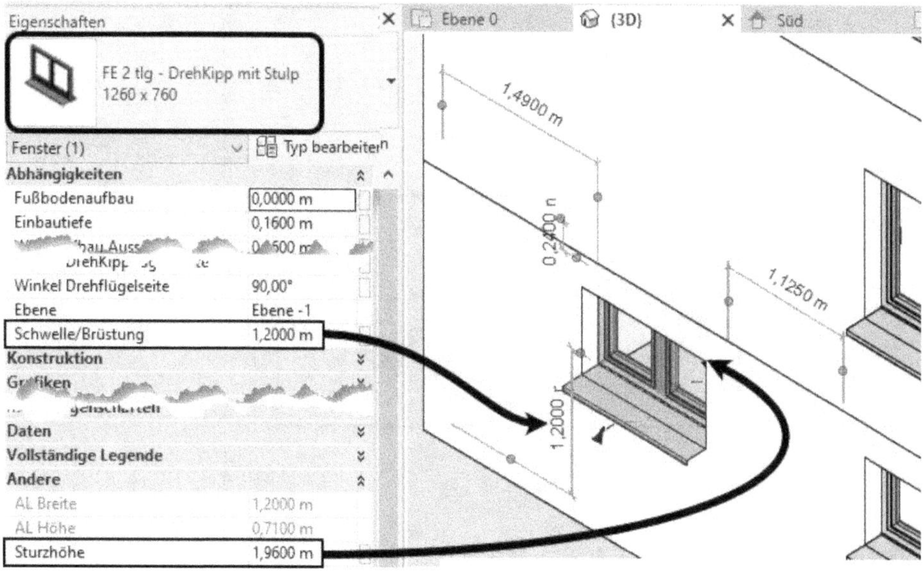

Abb. 2.76: Kellerfenster

Hier können Sie auch gleich die OBERKANTE im PRIMÄREN BEREICH auf aktuelle **2,20 m** setzen, damit Sie keine Elemente aus den Erdgeschosswänden angezeigt bekommen.

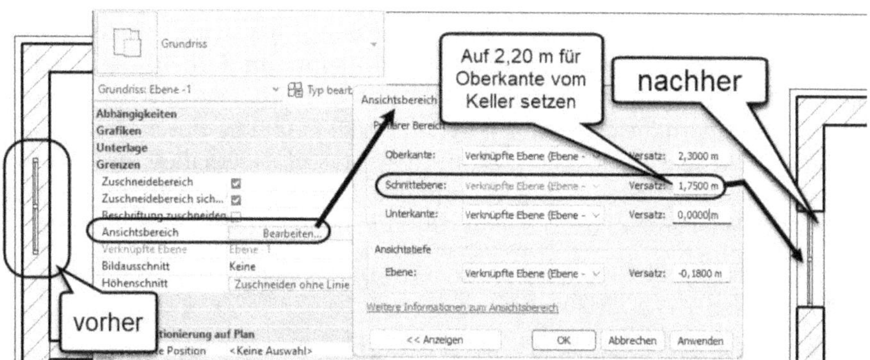

Abb. 2.77: Ansichtsbereich im Keller anpassen

Fundamentplatte

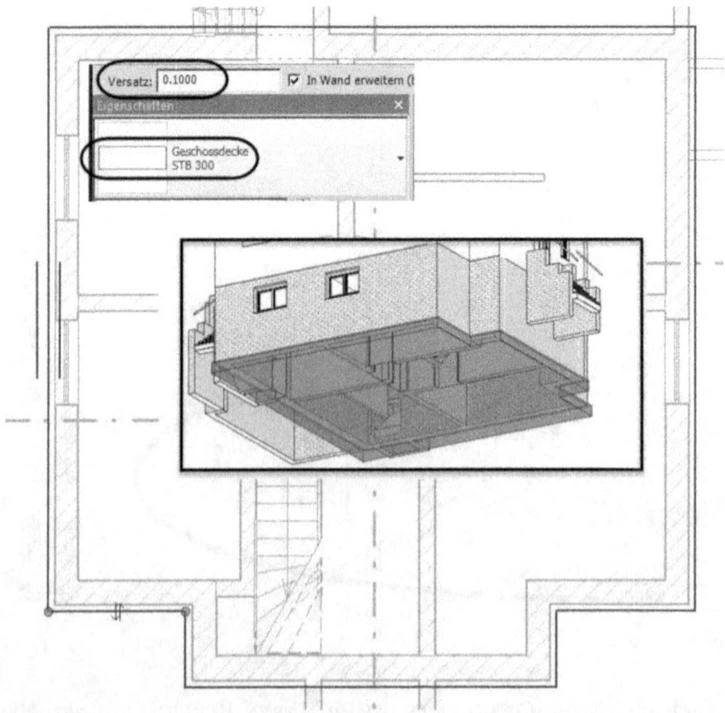

Abb. 2.78: Neu erstellte Fundamentplatte

Unter dem Keller soll noch eine Fundamentplatte entstehen. Sie können dafür aus dem Obergeschoss die Geschossdecke hierher verschieben, diese etwas verdicken, den äußeren Rand etwas über die äußere Wandkante hinausstrecken und müssen natürlich noch das Treppenloch oder die Treppenkontur entfernen. Die Geschossdecke im Obergeschoss wird sowieso nicht gebraucht und demnächst durch ein Dach ersetzt. Ändern Sie also einfach in den EIGENSCHAFTEN dieser Decke die Zuordnung von EBENE 2 auf EBENE -1. Dann ist sie unten! Sie erhalten hier eine Warnung wegen verloren gehender Verknüpfungen. Damit sind die Verbindungen mit den Wänden im Obergeschoss gemeint. Die sind dann sowieso nicht mehr nötig.

Nun wäre noch die Plattenstärke zu ändern. In EIGENSCHAFTEN wählen Sie anstelle GESCHOSSDECKE STB 200 einfach die STB 300.

Als Letztes muss die Bodenplatte noch etwas größer werden. Statt `-12,5 cm` nach innen soll sie nun `10 cm` nach außen versetzt werden. Klicken Sie die Platte an, wählen Sie BEGRENZUNG BEARBEITEN, wählen Sie *umlaufend alle Konturlinien* und geben Sie in der OPTIONSLEISTE bei VERSATZ den positiven Wert **0,10** ein.

Um das Treppenloch noch zu entfernen, bleiben Sie unter BEGRENZUNG BEARBEITEN, wählen Sie *umlaufend alle Linien des Treppenlochs* und entfernen Sie sie alle mit [Entf] oder mit ✖.

2.7 Dächer

Nun muss noch ein Dach im Obergeschoss erstellt werden. Gehen Sie also im Browser in die Ebene 1.

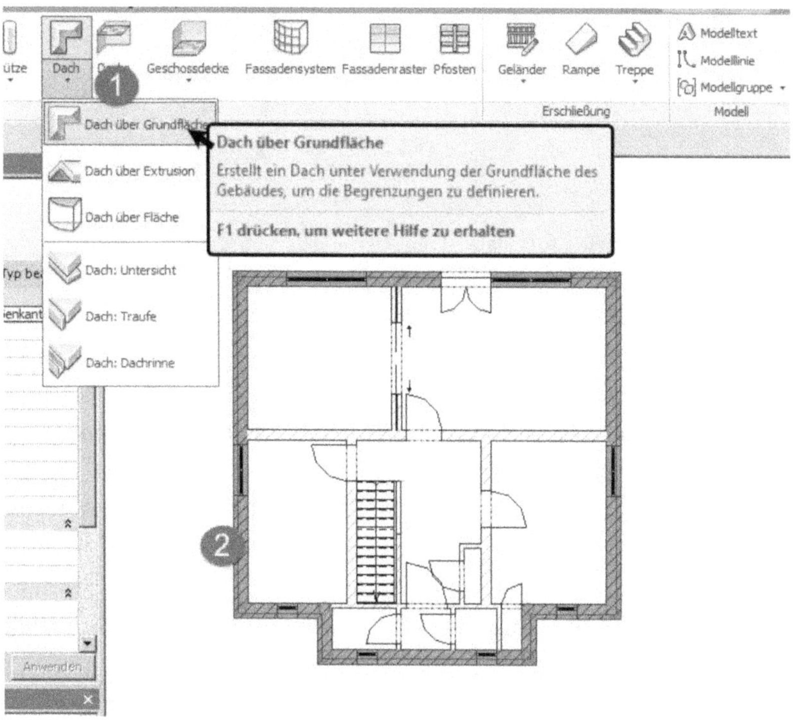

Abb. 2.79: Außenwände zur Dacherstellung

1. Dann wählen Sie ARCHITEKTUR|ERSTELLEN|DACH|DACH ÜBER GRUNDFLÄCHE. In der OPTIONSLEISTE stellen Sie den DACHÜBERSTAND auf **0,4** ein und setzen das **Häkchen** bei BESTIMMT NEIGUNG.
2. Zeigen Sie auf eine Außenwand, drücken Sie [Tab] und klicken Sie, um umlaufend *alle Außenwände* zu wählen.
3. Geben Sie in EIGENSCHAFTEN unter NEIGUNG den Wert **45** ein (Abbildung 2.80).

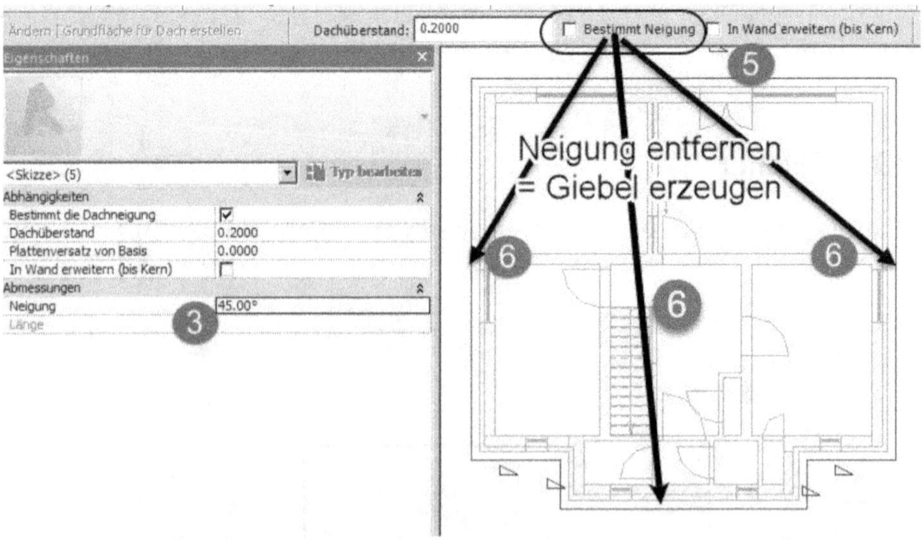

Abb. 2.80: Parameter und Geometrie fürs Dach

4. Beenden Sie die Bearbeitung ✔ und Sie erhalten ein Walmdach.
5. Es soll aber ein Dach mit drei Giebeln werden. Markieren deshalb Sie das Dach erneut und aktivieren Sie rechts in der Multifunktionsleiste GRUNDFLÄCHE BEARBEITEN. Der Dachumriss wird nun wieder als rote Kontur angezeigt.
6. Markieren Sie die Dachkanten rechts, links und vorne und deaktivieren Sie BESTIMMT NEIGUNG in der OPTIONSLEISTE, damit an diesen Kanten die Dachgiebel entstehen.
7. Die Wände sind noch zu hoch und müssen ans Dach angepasst werden (Abbildung 2.81). Wählen Sie in der Ansicht EBENE 1 (Abbildung 2.82) zunächst alle Elemente.

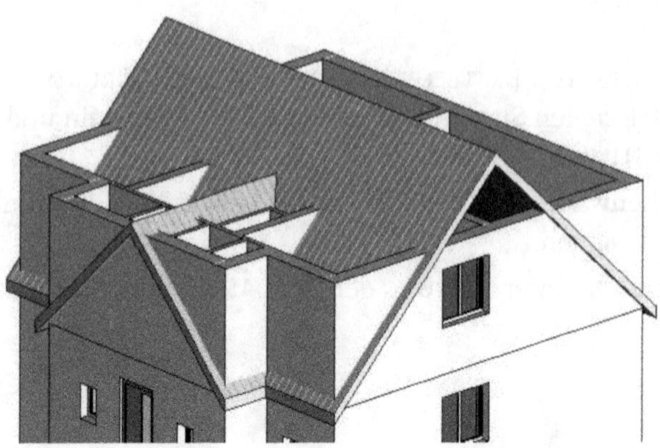

Abb. 2.81: Noch nicht angepasste Wände im Dachgeschoss

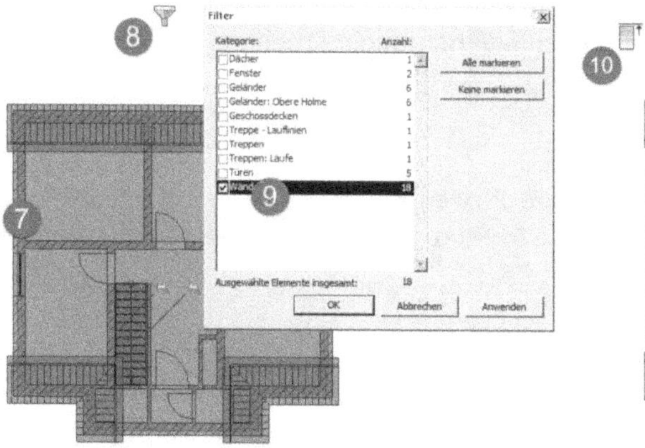

Abb. 2.82: Wände ans Dach anpassen

8. Aktivieren Sie die Funktion MEHRFACHAUSWAHL|AUSWAHL|FILTER.
9. Schalten Sie alle Kategorien bis auf WÄNDE aus.
10. Klicken Sie auf FIXIEREN mit Unterauswahl OBERKANTE FIXIEREN und
11. klicken Sie das Dach an.

Das Haus ist nun bis auf Feinheiten zunächst fertig. In den Stockwerken EBENE -1 und EBENE 1 müssen noch Fenster- und Türpositionen und -formen geändert sowie Innenwände verändert werden.

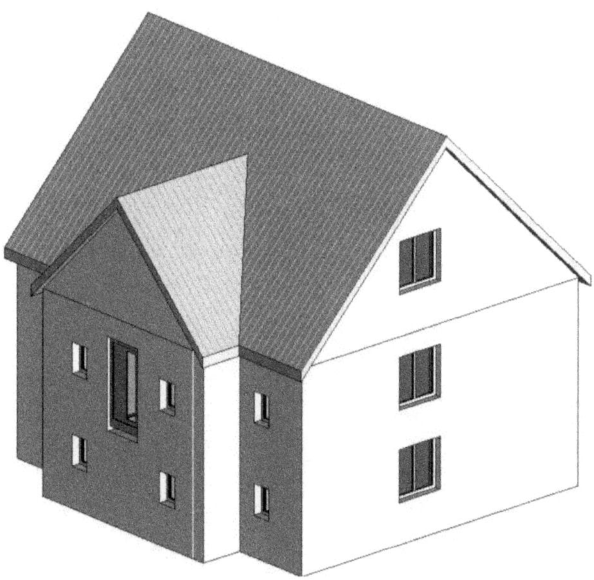

Abb. 2.83: Fast fertiges Haus

Auch fehlen noch vorne eine Eingangstreppe sowie hinten eine Terrasse. Auch ganz oben im Dach ist noch ein Dachbodenraum einzurichten.

2.8 Projektphasen

Ein Projekt kann zeitlich in mehrere Phasen eingeteilt werden. Unter VERWALTEN|PHASEN|PHASEN können Sie die Phasen und ihre Bedeutung eintragen (Abbildung 2.84).

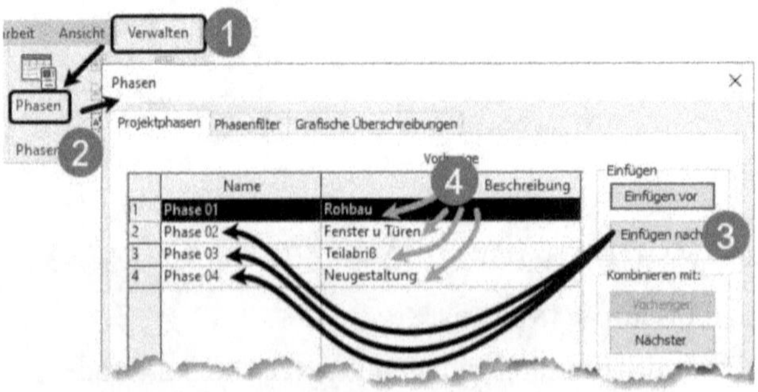

Abb. 2.84: Phasen mit Beschreibungen einrichten

Bevor Sie in einer Ansicht etwas konstruieren, hinzufügen oder abbrechen, aktivieren Sie in den EIGENSCHAFTEN der Ansicht die gewünschte PHASE (Abbildung 2.85). Zum Abbrechen von Wänden etc. benutzen Sie das Werkzeug ÄNDERN|GEOMETRIE|ABBRUCH. Über den PHASENFILTER legen Sie fest, welche Elemente aus welchen Phasen angezeigt werden sollen. Zur Unterscheidung werden die Elemente farbig gekennzeichnet (Abbildung 2.86):

- Bestandselemente – grau,
- Neue Elemente – rot,
- Abgebrochene Elemente – gelb,
- Temporäre Elemente, die als Provisorium in derselben Phase abgebrochen werden – blau.

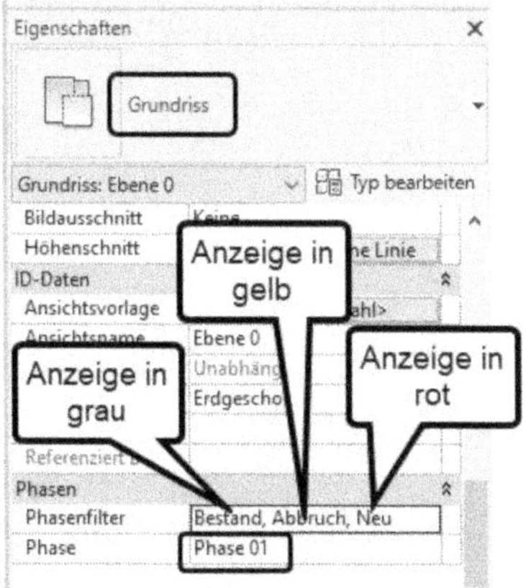

Abb. 2.85: Aktuelle PHASE und PHASENFILTER zur farbcodierten Anzeige

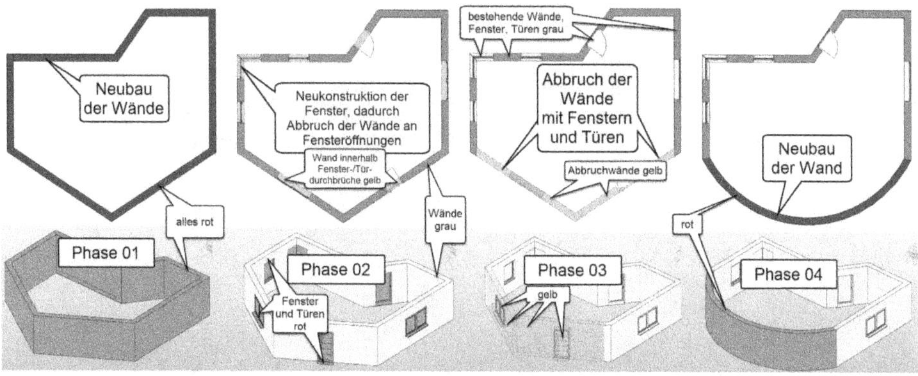

Abb. 2.86: Anzeige von vier verschiedenen Phasen mit Phasenfilter BESTAND, ABBRUCH, NEU

2.9 Weitere Grundrisse und Ansichten

Um das Haus vollständig konstruieren zu können, sollen hier noch die fehlenden Abmessungen in einzelnen Detailansichten und Grundrissen gegeben werden. Einzelne Details der Konstruktion werden dann in den nachfolgenden Kapiteln bei den betreffenden Themen erläutert.

2.9.1 Terrasse

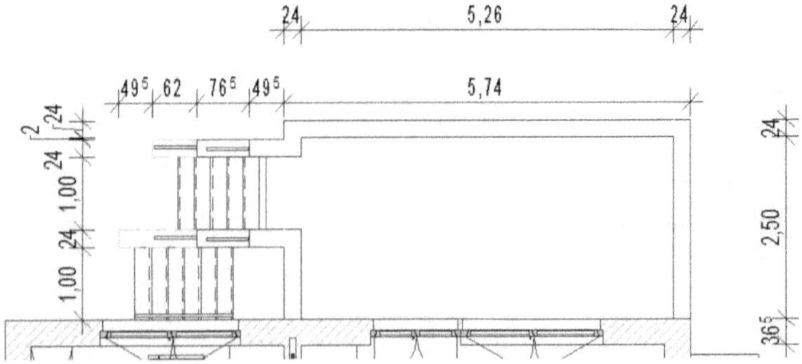

Abb. 2.87: Terrasse im Erdgeschoss

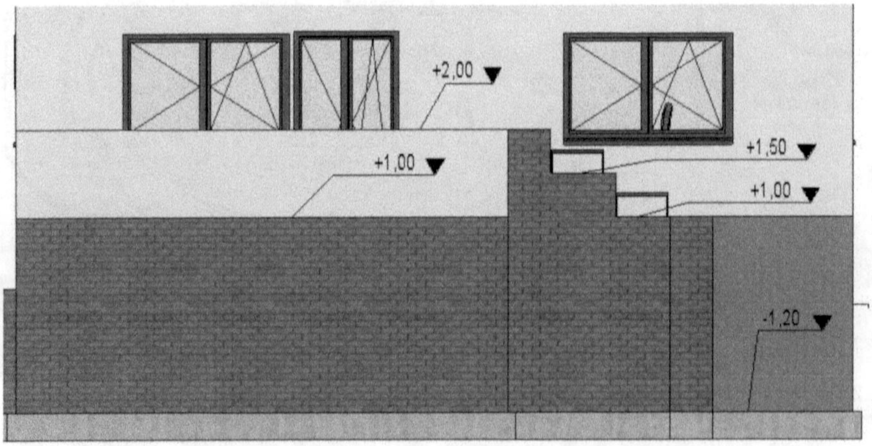

Abb. 2.88: Terrasse Ansicht Nord

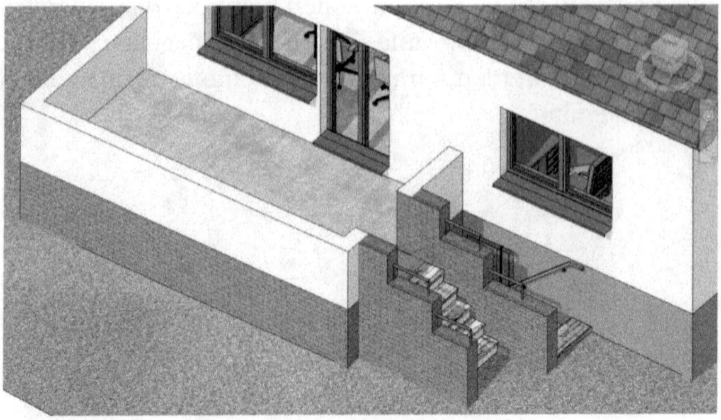

Abb. 2.89: Terrasse in 3D-Ansicht von schräg oben

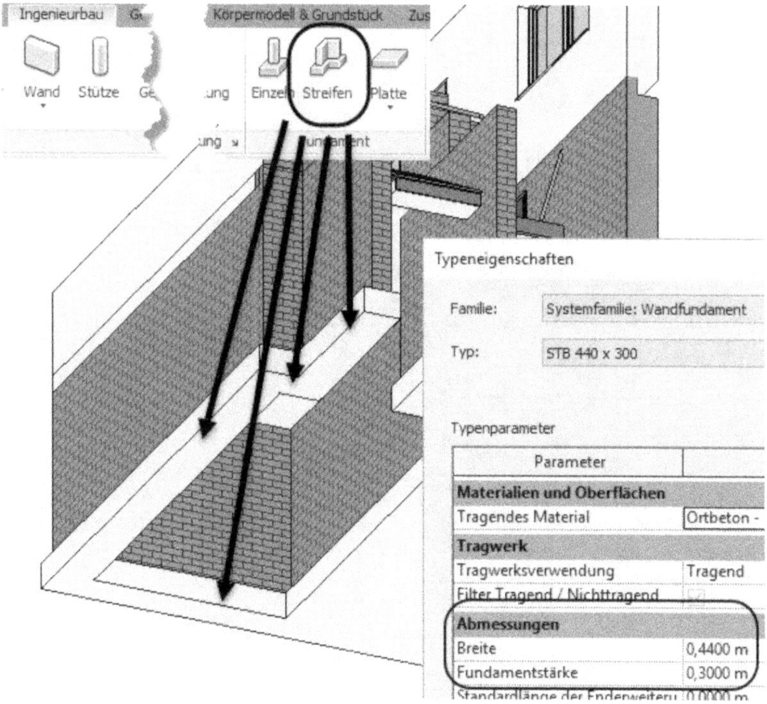

Abb. 2.90: Terrasse in 3D-Ansicht von unten mit Fundamentstreifen

2.9.2 Eingangstreppe

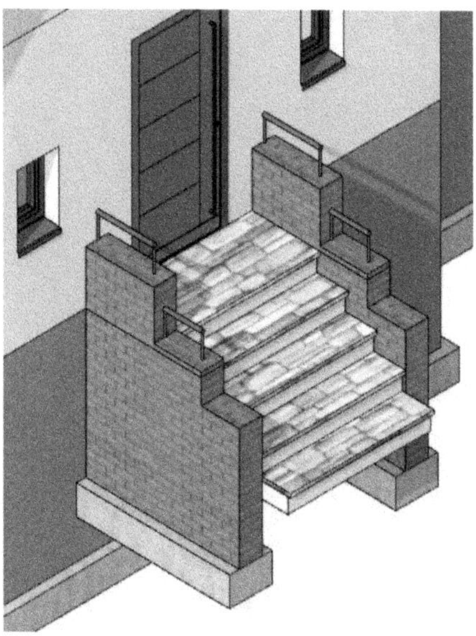

Abb. 2.91: Eingangstreppe in 3D-Ansicht

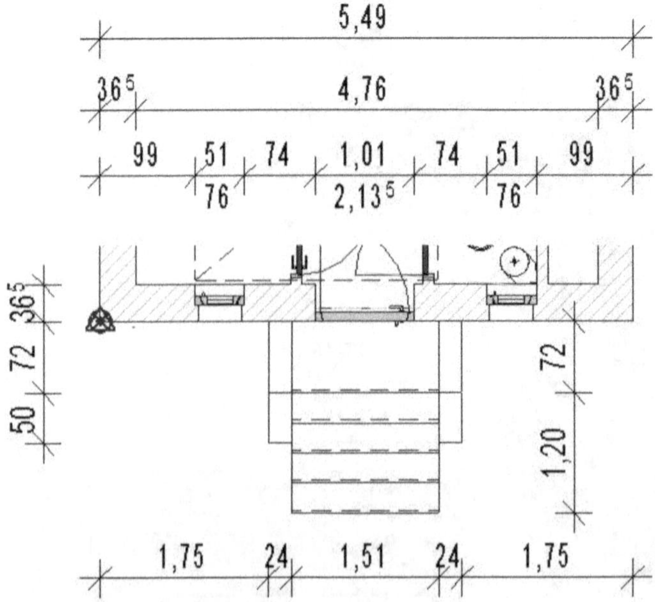

Abb. 2.92: Eingangstreppe im Erdgeschoss

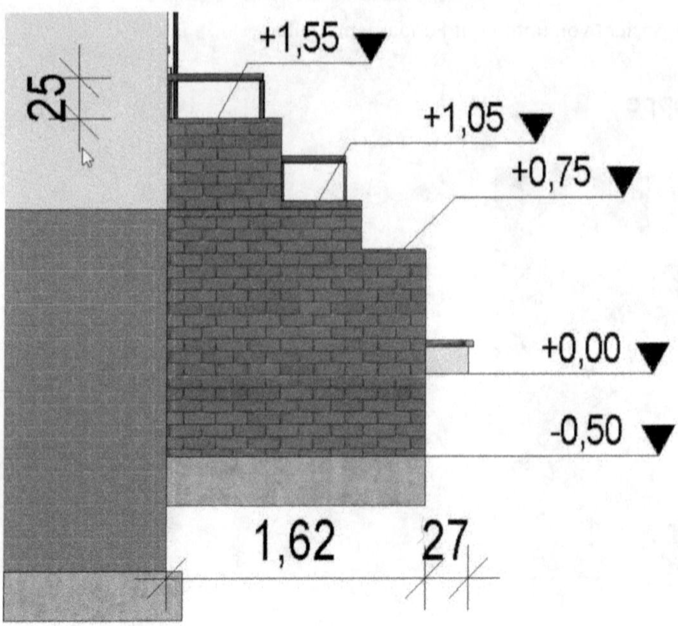

Abb. 2.93: Eingangstreppe in Ansicht West

2.9.3 Komplexe Treppe

Eine etwas komplexere Gestaltung der Innentreppe zeigt Abbildung 2.94. Dazu müssen Sie aber die Treppe mit TREPPE|LAUF|SKIZZE ERSTELLEN|BEGRENZUNG und TREPPE|LAUF|SKIZZE ERSTELLEN|STEIGUNG detailliert konstruieren, wie es in Kapitel 8 beschrieben wird.

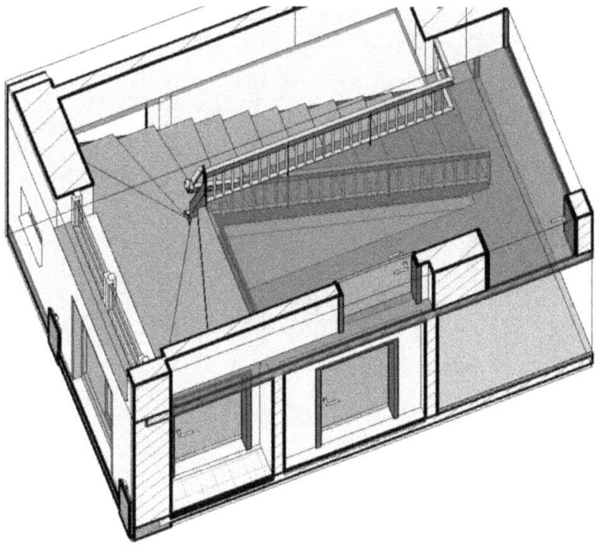

Abb. 2.94: Komplexe Treppe mit Windung (Geschossdecke transparent)

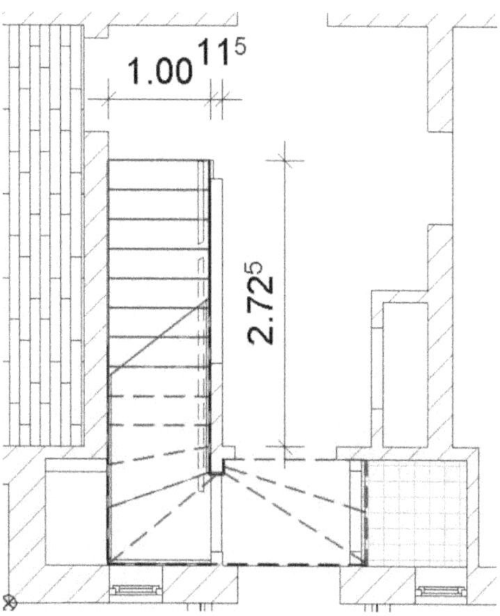

Abb. 2.95: Komplexe Treppe vom Erdgeschoss zum Obergeschoss

2.9.4 Obergeschoss

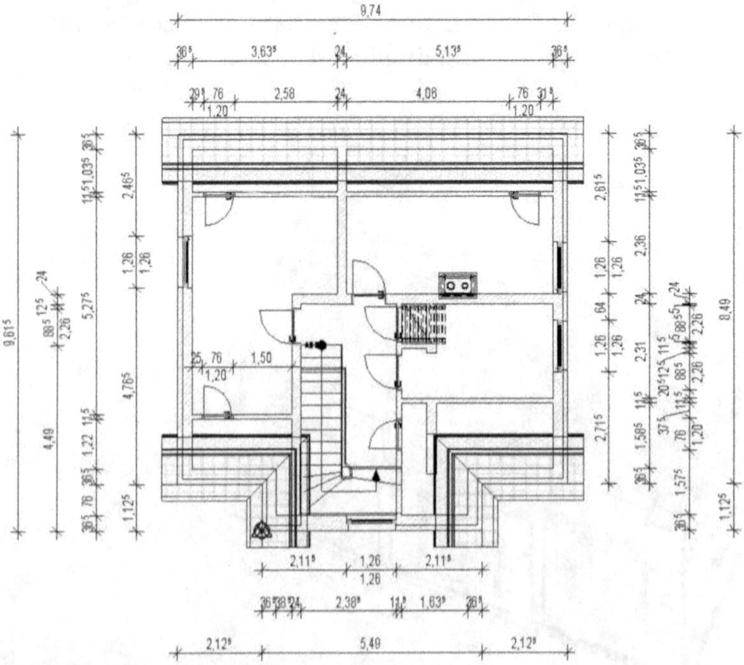

Abb. 2.96: Obergeschoss

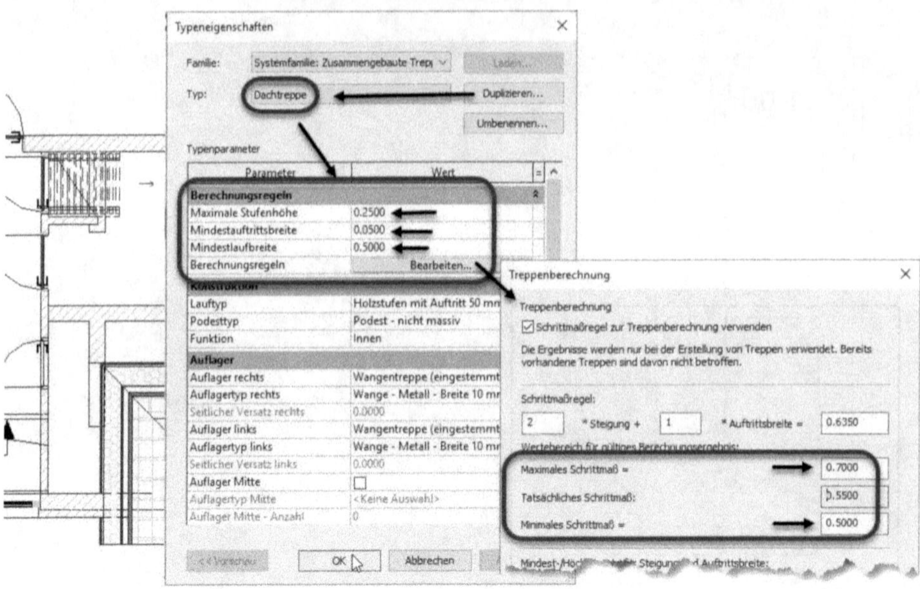

Abb. 2.97: Steile Treppe zum Dach mit geänderter Treppenregel

2.9.5 Keller

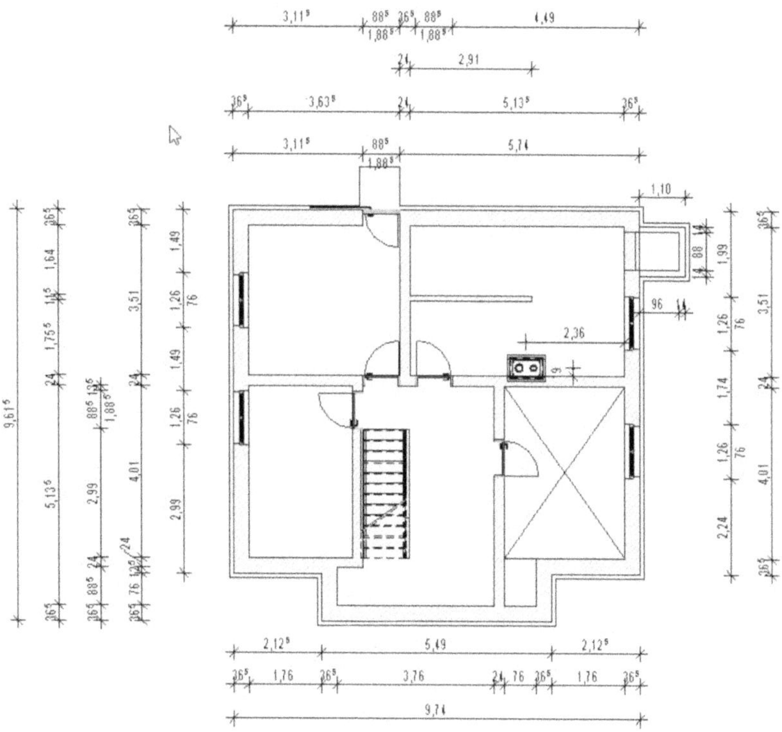

Abb. 2.98: Kellergeschoss

2.10 Übungsfragen

1. Was bedeuten bei Revit FAMILIEN?
2. Welche Projekt-Kategorien gibt es?
3. Wo können Sie die Anzeige für den PROJEKT-BASISPUNKT aktivieren?
4. Was ist alles unter OBJEKTFANG eingestellt?
5. Wo liegt die Wandbasislinie bei Außenwänden?
6. Welche Darstellungsgenauigkeit brauchen Sie, um die Fenster präzise dargestellt zu bekommen?
7. Was bedeutet ÄHNLICHE PLATZIEREN?
8. Wie können Sie umlaufende Wände wählen?
9. Was bedeutet WÄNDE AN GESCHOSSDECKE FIXIEREN?
10. Wie erstellen Sie ein Satteldach?

Bearbeitungsfunktionen der Basiselemente

Um die Bearbeitungsfunktionen für verschiedene Elemente zu demonstrieren, sollen nun das Kellergeschoss, die EBENE -1, und das Dachgeschoss, die EBENE 1, bearbeitet werden. Damit für die Arbeit stets auch für jedes Geschoss eine 3D-Ansicht betrachtet werden kann, sollten Sie mehrere Kopien der 3D-Ansicht mit unterschiedlichen Zuschnitts-Eigenschaften erstellen. Weiter werden Sie in diesem Kapitel noch mehrere Architekturelemente abändern müssen und dabei die typischen Bearbeitungen verschiedener Elemente kennenlernen. Wenn Sie in Revit ein Element anklicken, werden Ihnen mehrere *Bearbeitungsmöglichkeiten* angezeigt (Abbildung 3.1):

- Die Multifunktionsleiste ÄNDERN mit elementunabhängigen Bearbeitungsfunktionen mit Gruppentiteln grau hinterlegt,
- der *kontextspezifische Teil der Multifunktionsleiste* ÄNDERN|WÄNDE mit elementbezogenen Funktionen und grün hinterlegten Gruppentiteln,
- den EIGENSCHAFTEN-MANAGER mit
  - der *Typenauswahl*, um ggf. einfach einen anderen Elementtyp zu wählen,
  - den elementbezogenen *Parametern* und
  - TYP-BEARBEITEN zum Bearbeiten der Parameter, die *im Typ* verankert sind, oder zur Erstellung eines *neuen Typs* mittels DUPLIZIEREN.
- Der FAMILIENEDITOR kann nicht nur über die *Startseite des Programms* aufgerufen werden, sondern er öffnet sich bei den meisten Elementen automatisch, wenn Sie in Ihrem Modell auf ein Element *doppelklicken*. Ausgenommen sind solche Basiselemente wie Wände, Decken, Treppen und Dächer. Im FAMILIENEDITOR können Sie dann über die Geometrie und die Parameter die komplette Definition des Elements verändern oder ein neues Element gestalten. Hier ist also Vorsicht geboten. Die Tatsache, dass Sie sich im Familieneditor des Elements befinden, erkennen Sie daran, dass ganz oben in der Programmleiste der Elementname mit der Endung `*.rfa` (Revit FAmilie) erscheint. Auch die Multifunktionsleiste sieht dann plötzlich etwas anders aus! Durch Schließen des gerade erzeugten Zeichenfensters kommen Sie unbeschadet wieder zurück in Ihre ursprüngliche Modellansicht.
- STEUERELEMENTE erscheinen nach Anklicken eines Elements in blauer Farbe und können nach Anklicken direkt bearbeitet werden:

- / Verbindung zulassen / Verbindung nicht zulassen – erlaubt bzw. verhindert die automatische Verbindung aneinanderstoßender Wände.
- Ausrichtung der Wand ändern – kehrt die Wand bzgl. der Basislinie um.
- Temporäre in dauerhafte Bemaßung umwandeln – erzeugt aus der temporär angezeigten Bemaßung ein dauerhaftes Bemaßungselement.
- Wandende ziehen – erlaubt das Verschieben des Wandendpunkts.
- Verschiebt die Maßhilfslinie – Die Maßhilfslinie kann hiermit auf einen anderen Punkt verschoben werden.
- 9,3750 m Bearbeitet die Bemaßungslänge – ermöglicht über die Änderung der Maßzahl die Korrektur der Elementlänge.

Im Folgenden werden die meisten dieser Werkzeuge benutzt, um die Konstruktion aus dem vorhergehenden Kapitel zu vollenden.

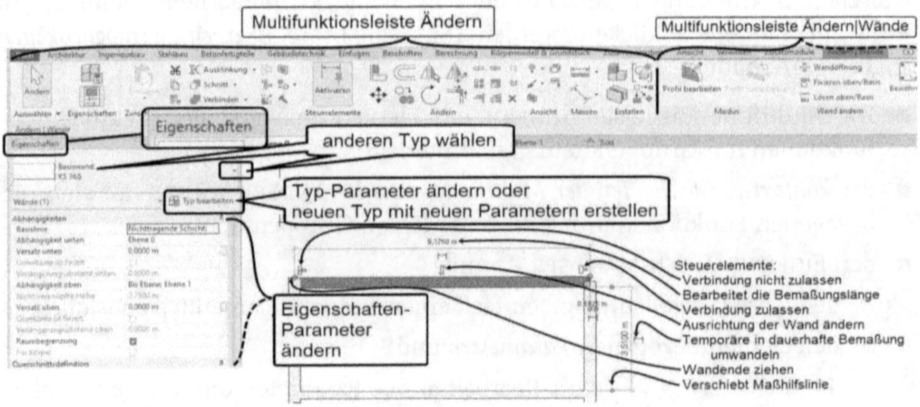

Abb. 3.1: Bearbeitungsmöglichkeiten für Elemente am Beispiel einer Wand

3.1 3D-Ansicht für einzelne Geschosse erstellen

Zunächst sollen spezielle 3D-Ansichten für die einzelnen Geschosse erstellt werden. Es wird mit dem Keller Ebene -1 begonnen. Zunächst soll die Standard-3D-Ansicht {3D} kopiert werden ❶. Duplizieren Sie sie ❷ ❸ und benennen Sie sie ❹ ❺ danach sinnvoll um (Abbildung 3.2).

Dann markieren Sie diese Ansicht und aktivieren im Eigenschaften-Manager unter der Kategorie Grenzen den 3D-Schnittbereich (Abbildung 3.3). Die Konstruktion wird nun durch eine Box umschlossen. Nach Markieren dieser Box erscheinen auf allen Seiten pfeilförmige Griffe (Abbildung 3.4), mit denen man die Flächen der Box verschieben kann.

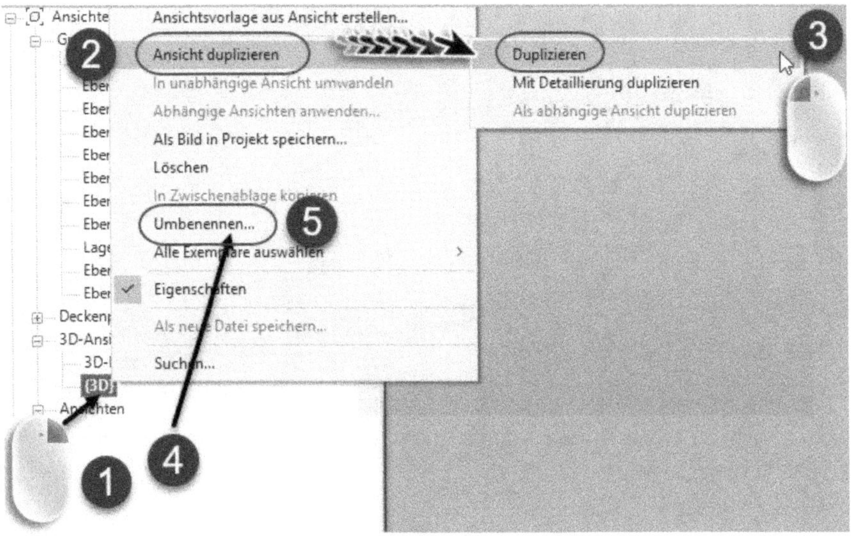

Abb. 3.2: Duplikat der 3D-Ansicht {3D} erstellen

Vorsicht: Gefährliche Griffe

Wenn Sie diese Box mit den relativ kleinen und unscheinbaren Griffen modifizieren wollen, sollten Sie unbedingt darauf *achten, dass Sie auch wirklich einen der Box-Griffe aktiviert haben* und nicht aus Versehen ein Element Ihrer Konstruktion darunter. Damit könnten Sie Ihre Konstruktion nämlich sehr bös durcheinanderbringen. Achten Sie also gut darauf, dass das *Griff-Symbol* vor dem Anklicken mit etwas verstärkter Blaufärbung *hervorgehoben* ist. Es ist nicht leicht erkennbar!

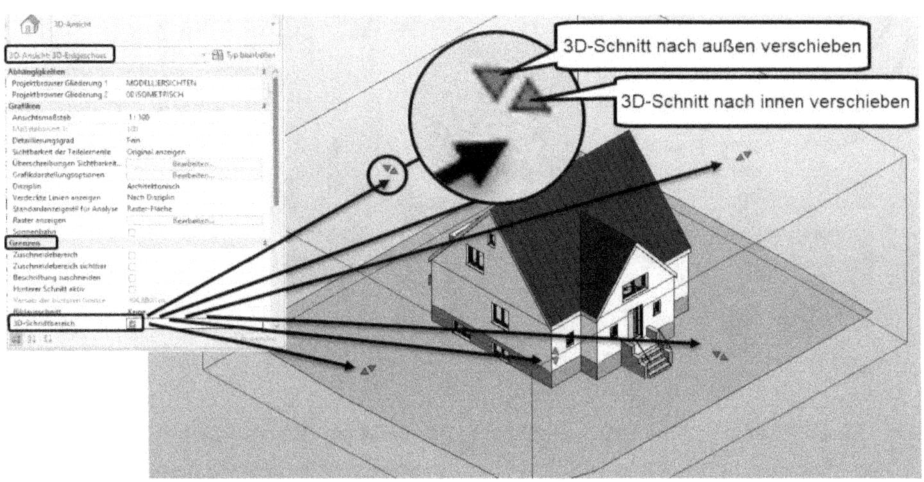

Abb. 3.3: Aktivieren des 3D-SCHNITTBEREICHS

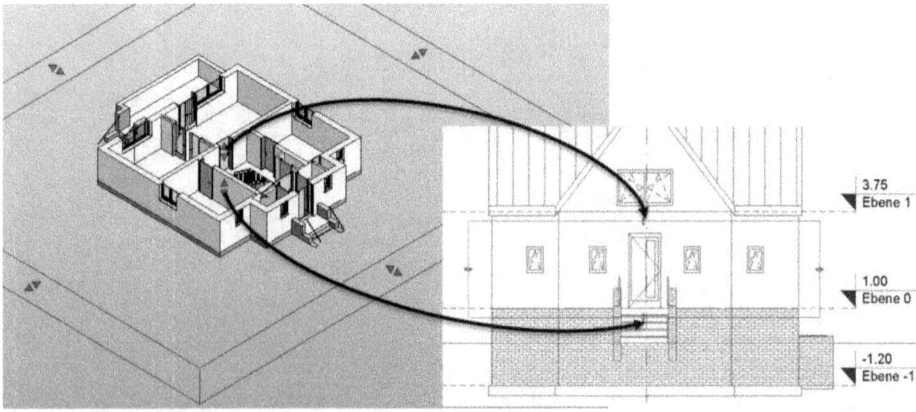

Abb. 3.4: 3D-Ansicht für Erdgeschoss mit Griffen gestaltet, auch in der Ansicht Süd sind die Schnittflächen zu sehen.

Solange der 3D-SCHNITTBEREICH markiert ist, wird er auch in anderen Ansichten wie beispielsweise der Ansicht SÜD angezeigt und kann dort bequem bezüglich der Höhe eingerichtet werden. Nützlich ist dabei die Darstellung im DRAHTMODELL, die Sie in der ANZEIGELEISTE unten einstellen können. Damit können Sie dann die Box-Oberkante präzise etwas unterhalb der Kellerdecke positionieren.

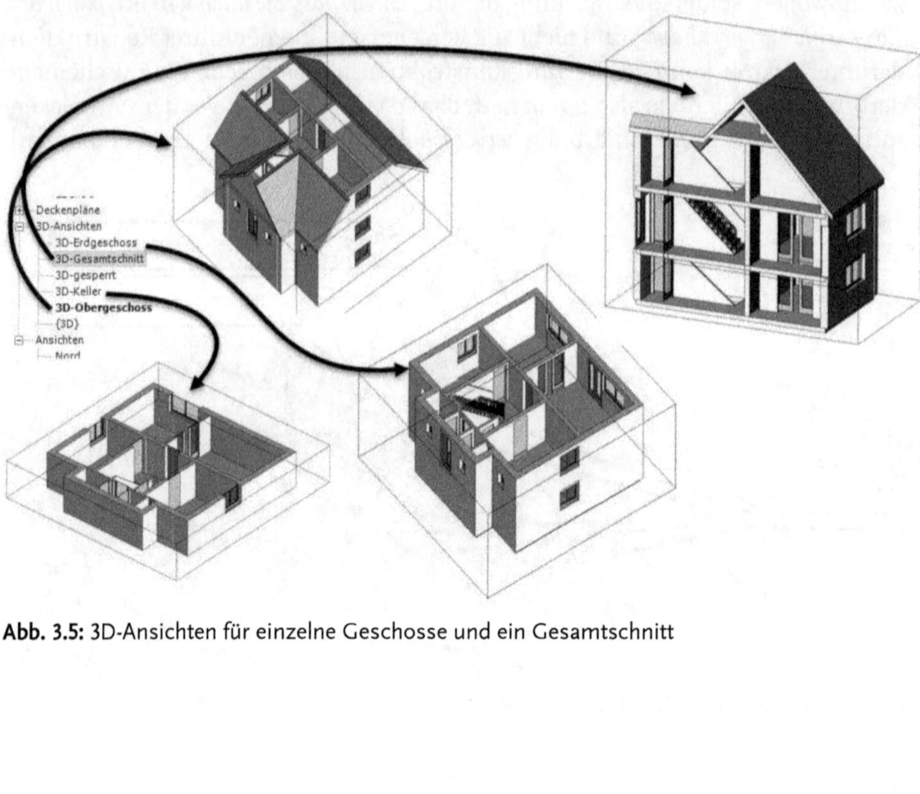

Abb. 3.5: 3D-Ansichten für einzelne Geschosse und ein Gesamtschnitt

3.2 3D-Ansicht für ein Geschoss über View Cube

Alternativ zum gerade beschriebenen Verfahren können Sie eine geschossspezifische 3D-Ansicht mit dem Kontextmenü des VIEW-CUBE rechts oben auf dem Zeichenfenster erzeugen. Aktivieren Sie zuerst mit Doppelklick im Browser die Standard-3D-Ansicht {3D}. Nach Rechtsklick auf den VIEW-CUBE ❶ wählen Sie beispielsweise für eine 3D-Ansicht des Erdgeschosses AN ANSICHT AUSRICHTEN|GRUNDRISSE|GRUNDRISS: EBENE 0 ❷, ❸, ❹. Danach befinden Sie sich in einer *Draufsicht* des Erdgeschosses ❺. Klicken Sie nun auf das START-Symbol am VIEW-CUBE, damit Sie wieder eine isometrische 3D-Ansicht erhalten ❻. Mit einem weiteren Rechtsklick auf den VIEW-CUBE ❼ und der Option ANSICHT SPEICHERN ❽ können Sie diese zusätzliche 3D-Ansicht unter einem neuen Namen abspeichern.

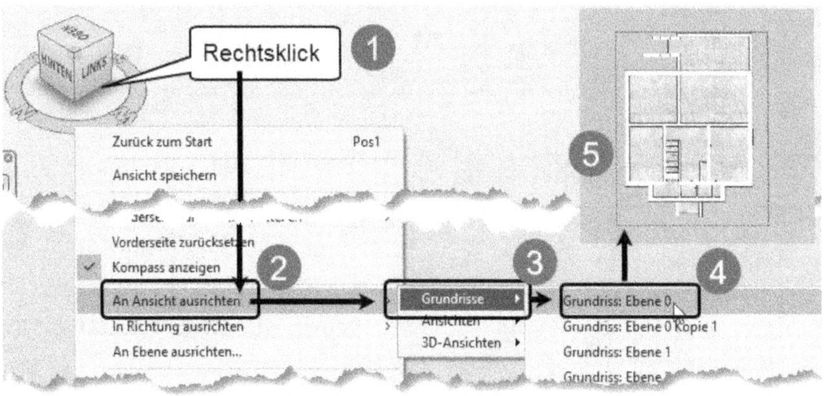

Abb. 3.6: 3D-Schnitt für einzelnes Geschoss

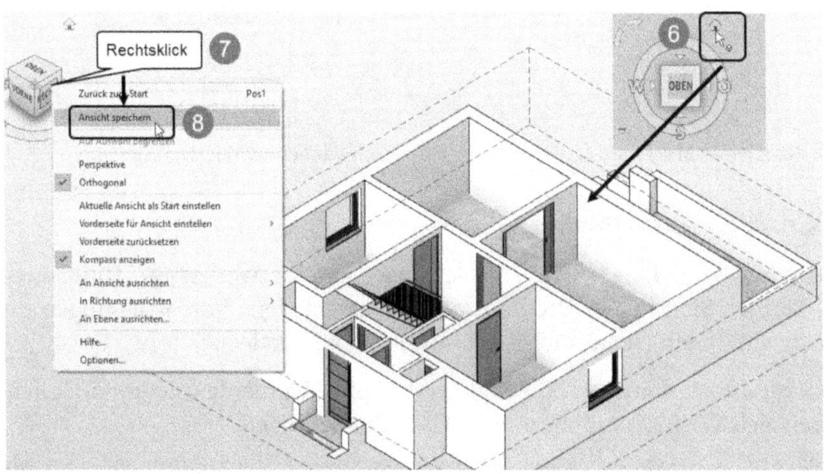

Abb. 3.7: 3D-Schnitt in ursprünglicher Ansichtsrichtung zeigen

3.3 Das Register »Ändern«

Das Register ÄNDERN enthält Funktionen, die auf alle oder sehr viele Elemente angewendet werden können. Wenn Sie nichts markiert haben, erscheint die neutrale Registerkarte (Abbildung 3.8). Falls Sie aber ein oder mehrere Elemente gleichen Typs gewählt haben, wird am Ende der Registerkarte ÄNDERN noch eine elementspezifische kurze Registerkarte zum Ändern der geometrischen Eigenheiten dieses Typs angezeigt (Abbildung 3.9). Wenn sogar mehrere verschiedene Elemente markiert wurden, erscheint neben dem Register ÄNDERN die MEHRFACHAUSWAHL (Abbildung 3.10). Damit lässt sich die Auswahl noch weiter nach Typen filtern oder daraus benannte Auswahlsätze für spätere Wiederverwendung erstellen.

Abb. 3.8: Register ÄNDERN

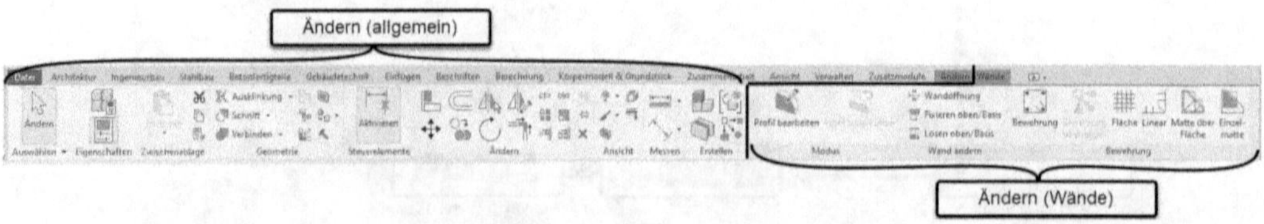

Abb. 3.9: Register ÄNDERN mit WÄNDE bei markierter Wand

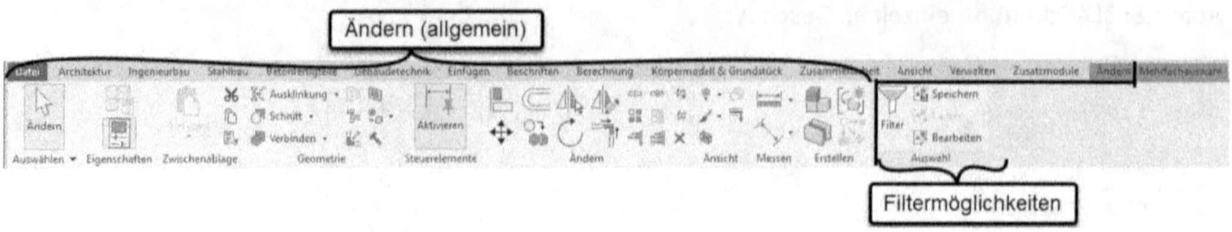

Abb. 3.10: Register ÄNDERN mit MEHRFACHWAHL bei verschiedenen markierten Elementen

3.3.1 Gruppe »Auswählen«

In den ersten drei Gruppen finden Sie relativ allgemeine Werkzeuge. Unter AUSWÄHLEN können Sie in einer Drop-down-Liste verschiedene Voreinstellungen für die Objektwahl finden (siehe auch Abschnitt 1.6.9 »Statusleiste«):

- VERKNÜPFUNGEN WÄHLEN – Die Wahl verknüpfter Elemente ist damit möglich, wie beispielsweise verknüpfte andere CAD-Zeichnungen.
- UNTERLAGE WÄHLEN – ermöglicht die Auswahl von Elementen in einer als UNTERLAGE zum aktuellen Geschoss aktivierten Ebene.

- FIXIERTE ELEMENTE AUSWÄHLEN – erlaubt die Auswahl von fixierten Elementen wie beispielsweise der Geländer, die an einer Treppe fixiert sind.
- ELEMENTE NACH FLÄCHE AUSWÄHLEN – Hiermit können Sie Elemente nicht nur durch Anklicken von Kanten, sondern auch durch Berühren der Oberflächen insbesondere in 3D-Ansichten wählen.
- ELEMENTE BEIM AUSWÄHLEN VERSCHIEBEN – ermöglicht, sofort die gewählten Elemente mit gedrückter Maustaste zu verschieben. Dadurch ist es oft nicht mehr nötig, extra den Befehl VERSCHIEBEN aufzurufen.

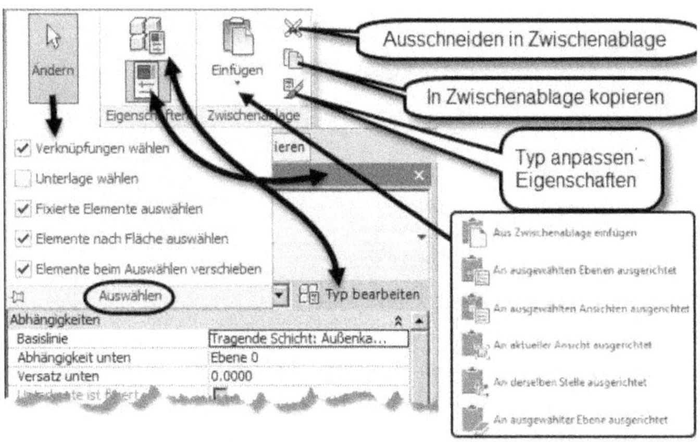

Abb. 3.11: Gruppen AUSWÄHLEN, EIGENSCHAFTEN und ZWISCHENABLAGE

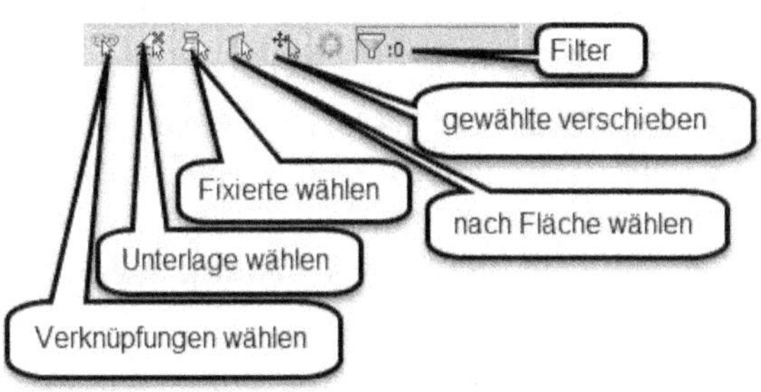

Abb. 3.12: Elementwahl-Einstellungen in der STATUSLEISTE

Die Elementwahl-Einstellungen, die Sie oben in der Gruppe AUSWAHL finden, sind auch rechts unten über die STATUSLEISTE erreichbar. Dort wird in der Fläche neben FILTER ebenfalls angezeigt, wie viele Elemente Sie aktuell gewählt haben. Zusätzlich können Sie mit dem Werkzeug FILTER noch Elemente nach Kategorie aus der Wahl ausschließen. Wenn Sie ohne speziellen Befehlsaufruf mehrere Elemente gewählt haben, erscheint das FILTER-Werkzeug auch in der Multifunktionsleiste.

Die *Objektwahl* geschieht normalerweise durch Zeigen oder *Anfahren* einer der *Kanten* des Elements, bis die Elementkanten *blau hervorgehoben* werden. Dann wird zur Auswahl *geklickt*.

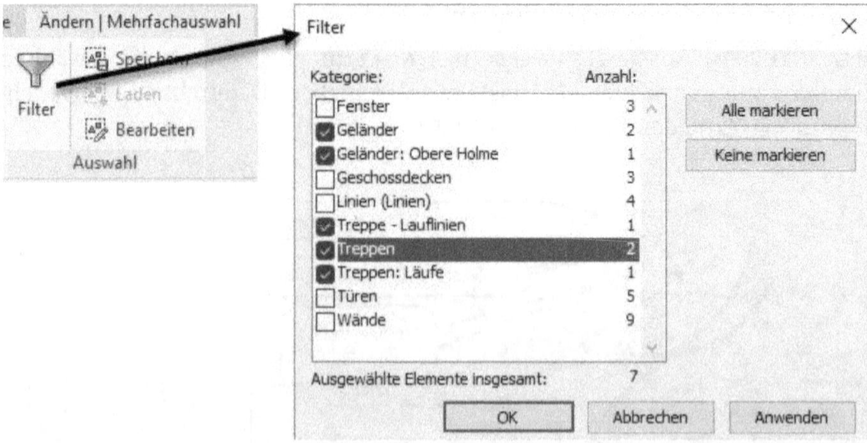

Abb. 3.13: Einschränken der Auswahl nach Kategorien mit FILTER

Alternativ können Sie auch *mehrere Elemente* wählen, wenn Sie mit gedrückter Maustaste eine Box aufziehen. Hierbei sind die Ergebnisse davon abhängig, ob die Box von links nach rechts aufgezogen wird oder umgekehrt (Abbildung 3.14).

- *Elementwahlbox von links nach rechts* aufgezogen, auch als *Fenster-Modus* bezeichnet, wählt nur diejenigen Elemente, die *vollständig in der Box* liegen. Die Wahlbox hat durchgezogene Linien. Im Beispiel sind hier nur zwei Türen gewählt.
- Bei einer *Elementwahlbox von rechts nach links*, auch als *Kreuzen-Modus* bezeichnet, werden alle Elemente gewählt, die entweder *vollständig* in der Box liegen *oder wenigstens teilweise* die Box kreuzen. Diese Wahlbox hat gestrichelte Kanten. Im Beispiel sind damit alle Elemente bis auf die zwei Wände gewählt.

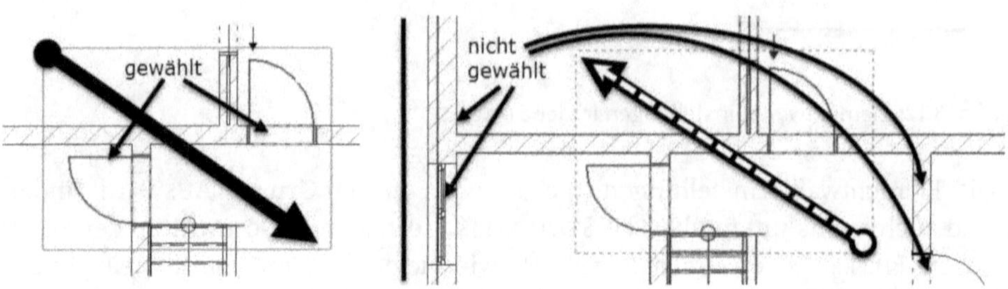

Abb. 3.14: Objektwahl mit Box im Fenster-Modus (links) bzw. Kreuzen-Modus (rechts)

- Sie können eine *Elementwahl ergänzen*, wenn Sie zur nächsten Wahl die `Strg`-Taste gedrückt halten. Der Cursorpfeil erscheint dann mit einem *Pluszeichen*.

- Mit gedrückter Shift-Taste wird die vorherige *Elementwahl* um die gewählten Elemente *reduziert*. Dabei zeigt der Cursorpfeil ein *Minuszeichen*.

3.3.2 Gruppe »Eigenschaften«

Das untere Werkzeug dieser Gruppe aktiviert/deaktiviert den EIGENSCHAFTEN-MANAGER, mit dem die elementspezifischen Parameter eingestellt werden. Mit dem Werkzeug TYPEIGENSCHAFTEN darüber können Sie die Eigenschaften *aller Elemente des Typs* ändern oder mit DUPLIZIEREN einen neuen Typ erstellen.

3.3.3 Gruppe »Zwischenablage«

Die Gruppe ZWISCHENABLAGE umfasst hauptsächlich die Werkzeuge für die Arbeit mit der Zwischenablage (Abbildung 3.11):

- Mit AUSSCHNEIDEN IN ZWISCHENABLAGE werden die gewählten Elemente in die Zwischenablage kopiert und aus der Konstruktion entfernt.
- Mit IN ZWISCHENABLAGE KOPIEREN werden die Elemente in die Zwischenablage kopiert und an der Originalposition belassen.
- Unter Einfügen verbirgt sich eine Drop-down-Liste mit teilweise sehr nützlichen Optionen:
  - Mit AUS ZWISCHENABLAGE EINFÜGEN können Sie die Elemente aus der Zwischenablage in verschiedene Ansichten an verschiedenen Positionen einfügen.
  - Die interessanteste Aktion ist aber AN AUSGERICHTETEN EBENEN AUSGERICHTET. Damit fügen Sie die Objekte in ein oder mehrere andere *Geschossebenen* ein. Das Einfügen ist aber nicht möglich, wenn die Elemente noch fixiert, mit anderen verknüpft oder einfach nicht in andere Ebenen kopierbar sind, wie beispielsweise *Bemaßungen* und Beschriftungen.
- Die Funktion TYP ANPASSEN – EIGENSCHAFTEN hat nichts mit der Zwischenablage zu tun, ist aber sehr nützlich, um den TYP und die EIGENSCHAFTEN eines gewählten Elements *auf ein oder mehrere andere zu übertragen*.

3.3.4 Gruppe »Geometrie«

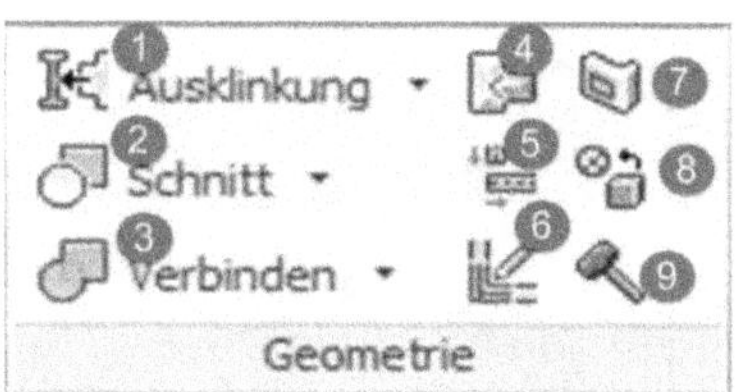

Abb. 3.15: Gruppe GEOMETRIE mit elementspezifischen Bearbeitungen

Die Gruppe GEOMETRIE enthält Werkzeuge, die jeweils für bestimmte Elemente anwendbar sind:

1. AUSKLINKUNG – generiert für verbundene Träger die nötigen Ausklinkungen. Zuerst wird das Element ❶ gewählt, das die Ausklinkung erhält, dann dasjenige ❷, das die Ausklinkungsform bestimmt.

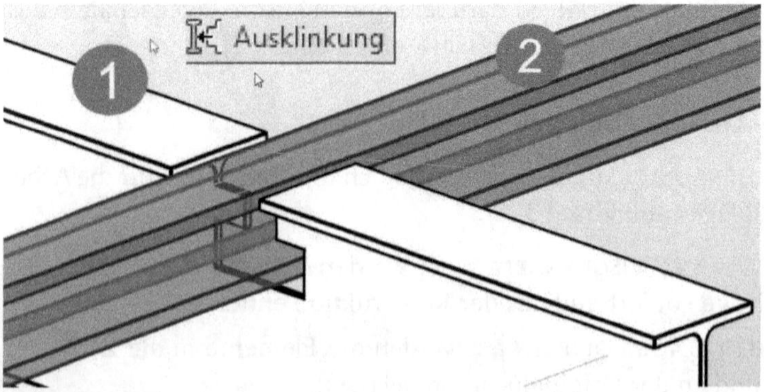

Abb. 3.16: Ausklinkung bei zwei Trägern

2. SCHNITT – kann Volumenkörper oder Abzugskörper aus anderen Volumenkörpern ausschneiden, um Öffnungen oder Ausbrüche verschiedenster Form zu generieren. Typisches Beispiel ist eine Wand, aus der ein Teil durch eine andere Wand ersetzt werden soll. Mit SCHNITT ❶ aktivieren Sie die Wand ❷, von der ein Teil ersetzt werden soll, und dann die bereits überlagert konstruierte Ersatzwand ❸.

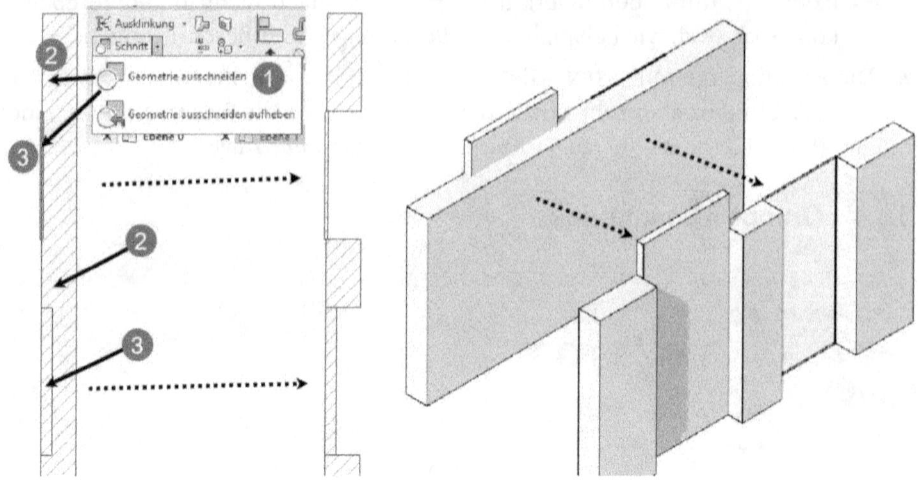

Abb. 3.17: Teile einer Wand mit SCHNITT durch andere ersetzen

3. VERBINDEN – verbindet unterschiedliche vollständig oder teilweise überlappende Elemente unter Berücksichtigung von Prioritäten derart, dass das Element mit der niedrigeren Priorität unterdrückt bzw. abgezogen wird. Im Aufklappmenü ermöglicht VERBINDUNGSREIHENFOLGE ÄNDERN die Umkehr der Prioritäten. Mit GEOMETRIEVERBINDUNG AUFHEBEN wird sie entfernt.
4. DACH VERBINDEN – kann aufeinanderstoßende Dachelemente miteinander verbinden. Dies wird insbesondere beim Erstellen von Gauben benötigt. Ein Dach kann damit bis zu einem zweiten verlängert werden.
5. TRÄGER-/STÜTZENVERBINDUNGEN – verbindet aufeinanderstoßende Träger und Stützen. Dies ist aber nur möglich, wenn keine anderen Verbindungen oder Abhängigkeiten stören. Es wird typisch für Träger angewendet, um das Verhalten an Gehrungen zu beeinflussen.
6. WANDVERBINDUNGEN – ist ein universelles Werkzeug, um bei komplexen Wandverbindungen verschiedene Gestaltungsmöglichkeiten im Grundriss anzubieten. Mit dem Werkzeug klicken Sie auf einen zu korrigierenden Knotenpunkt mehrerer Wände. Es kann dann in der Erweiterungsgruppe zwischen verschiedenen Gehrungen und stumpfen Eckverbindungen gewählt werden, die Revit anbietet.
7. FLÄCHE TRENNEN – unterteilt die Fläche eines Elements mit Linien oder anderen Kurven in verschiedene Bereiche, um unterschiedliche Materialeigenschaften oder Farben anzuwenden.
8. FARBE/FARBE ENTFERNEN – kann einer Elementfläche eine wählbare Farbe zuweisen bzw. entfernen. Auch eine transparente Farbe kann ausgewählt werden.
9. ABBRUCH – markiert Elemente in der aktuellen Phase als abgebrochen. Diese Elemente werden dann im Phasenfilter gelb markiert und sind in zeitlich darauf folgenden Phasen nicht mehr vorhanden. Die Phasen eines Projekts werden unter VERWALTEN|PHASEN|PHASEN behandelt (siehe Abschnitt 2.8 »Projektphasen«).

3.3.5 Gruppe »Steuerelemente«

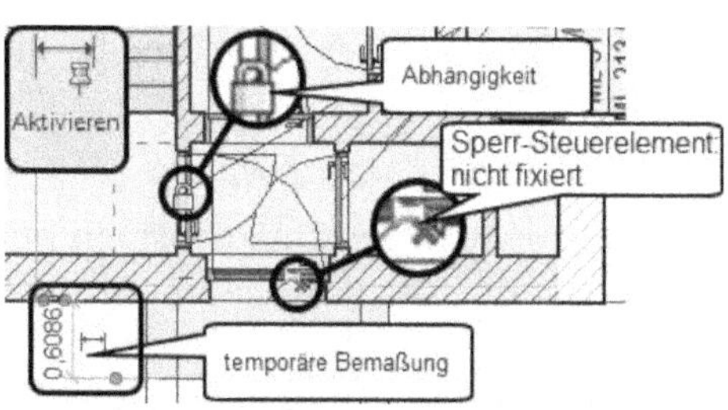

Abb. 3.18: Steuerelemente sichtbar gemacht

Diese Gruppe enthält unter dem Titel AKTIVIEREN die Funktion STEUERELEMENTE UND BEMAẞUNGEN SICHTBAR MACHEN. Damit können Sie bei Auswahl mehrerer Elemente die zugehörigen *Steuerelemente temporäre Bemaßungen, Sperr-Steuerelemente* und *Abhängigkeiten* sichtbar machen (Abbildung 3.18). So können Sie dann feststellen, ob Elemente noch nicht vollständig bemaßt sind, ob sie fixiert wurden oder Abhängigkeiten zu anderen Elementen besitzen. Das ist wichtig, wenn Sie Elemente nachträglich ändern wollen.

3.3.6 Gruppe »Ändern«

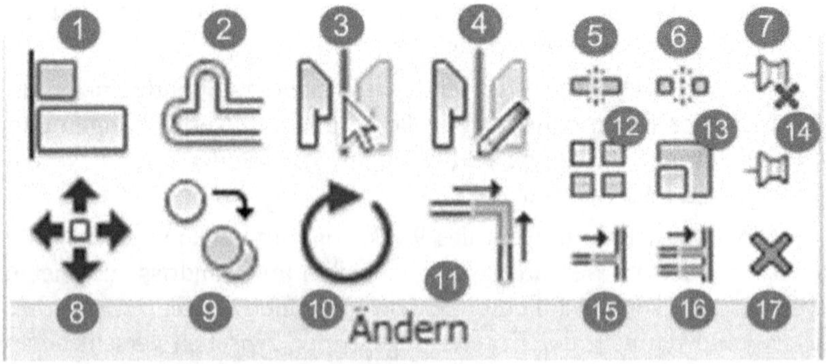

Abb. 3.19: Grundlegende Änderungsbefehle für fast alle Elemente

In der Gruppe ÄNDERN sind ganz allgemeine Funktionen zusammengefasst, die auf die meisten Elemente angewendet werden können:

1. AUSRICHTEN – kann ein Element an einem anderen fluchtend durch Auswahl von Kanten ausrichten. Die *erste Kante* dient als *Referenzkante*. In der 3D-Darstellung werden *auch Flächen* zueinander ausgerichtet.
2. VERSATZ – erzeugt eine *Parallelverschiebung*. Der Abstand wird in der Erweiterungsgruppe eingegeben, und die Richtung wird durch die Seite bestimmt, auf der die Kurve mit dem Cursor berührt wird.
3. SPIEGELN – ACHSE WÄHLEN – spiegelt Elemente an einer vorhandenen Achse.
4. SPIEGELN – ACHSE ZEICHNEN – spiegelt Elemente an einer Achse, die Sie über Punktpositionen erst definieren müssen.
5. ELEMENT TEILEN – zerschneidet ein Element an der Cursorposition.
6. MIT LÜCKE TRENNEN – zerschneidet ein Element an der Cursorposition mit einer vorgegebenen Lücke. Die Lückenbreite ist über die Erweiterungsgruppe ABHÄNGIGKEITEN einstellbar.
7. SPERRUNG AUFHEBEN – löst die Sperrung bzw. Fixierung eines Elements.
8. VERSCHIEBEN – verschiebt Elemente von einer Start- zu einer Zielposition.
9. KOPIEREN – kopiert Elemente von einer Start- zu einer Zielposition.
10. DREHEN – dreht Elemente um einen Basispunkt über einen Start- und einen Endwinkel. Der Drehpunkt ist vorgabemäßig der Schwerpunkt. Er kann aber auch über die Erweiterungsgruppe DREHEN individuell eingegeben werden.

11. STUTZEN/DEHNEN FÜR ECKE – verkürzt oder verlängert zwei Elemente derart, dass eine saubere Ecke entsteht. Hierbei werden stets die Teile der Kanten angeklickt, die stehen bleiben sollen, nie die zu entfernenden Teile.
12. REIHE – erzeugt eine regelmäßige lineare oder polare Anordnung. Die Einstellungen werden in der Erweiterungsgruppe REIHE vorgenommen.
13. MAßSTAB (Skalieren) – skaliert Elemente bzgl. eines Basispunkts (*Maßstab* ist eine fehlerhafte Übersetzung von *scale*).
14. SPERREN – sperrt ein Element gegen Bearbeitungen wie Verschiebungen oder Drehungen.
15. EINZELNE ELEMENTE STUTZEN/DEHNEN – verkürzt oder verlängert *ein* Element bzgl. *einer* Kante. Es wird stets die Partie eines Elements angeklickt, die beim Stutzen erhalten bleibt bzw. beim Dehnen verlängert werden soll. Die erste Kante ist die Referenzkante, danach wird das zu bearbeitende Element gewählt.
16. MEHRERE ELEMENTE STUTZEN/DEHNEN – verkürzt oder verlängert *mehrere* Elemente bzgl. *einer* Kante. Auch hier wird zuerst die Referenzkante gewählt und dann immer das angeklickt, was stehen bleiben soll.
17. LÖSCHEN – löscht Elemente.

Die Einstellungen für viele der Bearbeitungsbefehle werden auch zwischen den Sitzungen gespeichert. Das betrifft die Funktionen AUSRICHTEN, VERSATZ, SPIEGELN, TRENNEN, KOPIEREN, DREHEN, REIHE und SKALIEREN.

Ausrichten

Über die Wahl geeigneter Kanten kann ein Element an einem anderen fluchtend ausgerichtet werden. Die *erste* Kante ist die *Referenzkante*, die die Lage vorgibt. Die *zweite* Kante ist die *zu verschiebende*. AUSRICHTEN kann auch im Dreidimensionalen auf Flächen beispielsweise bei Wänden angewendet werden.

Mit AUSRICHTEN ❶ wird im ersten Beispiel (Abbildung 3.20 links) an einem Wandende ❷ ein zweites Wandende ❸ ausgerichtet und damit die zweite Wand verlängert.

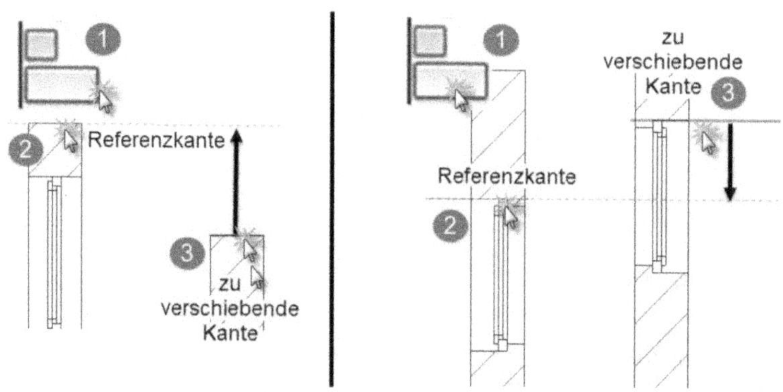

Abb. 3.20: Ausrichten für Wandende und Fenster

Das zweite Beispiel verwendet AUSRICHTEN (Abbildung 3.20 rechts), um an einer Fensterkante ❶ ein zweites Fenster ❷ fluchtend zu positionieren. Das zweite Fenster wird verschoben.

Im dritten Beispiel (Abbildung 3.21) wird mit AUSRICHTEN ❶ an einer ersten Wand ❷ eine zweite fluchtend ❸ gemacht. Dabei wird die zweite Wand um den Schnittpunkt beider Kanten gedreht.

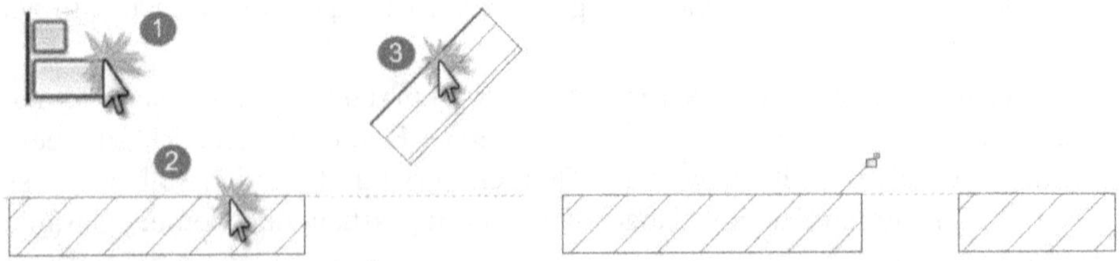

Abb. 3.21: Ausrichten zweier Wände

Versatz

Mit VERSATZ erzeugen Sie parallele Elemente bei beliebigen Kurven oder Wänden. Um eine Wand oder eine ganze Wand-Kette um einen Meter zu versetzen (Abbildung 3.22),

1. wählen Sie VERSATZ,
2. aktivieren in der OPTIONSLEISTE NUMMERISCH,
3. geben den Wert **1.0** für VERSATZ: ein,
4. aktivieren KOPIEREN, wenn die Original-Wand erhalten bleiben soll,
5. fahren die Wandkante an, drücken bei mehreren verketteten Wänden die [Tab]-Taste und klicken.

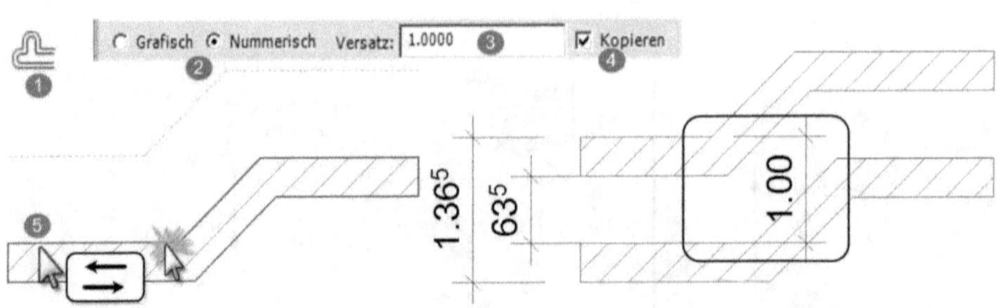

Abb. 3.22: Wand um 1 Meter versetzen

Der erzielte Versatz bezieht sich auf die markierte Wandkante. Der Abstand zwischen den Wänden ist dann um die Wandstärke kleiner. Wenn Sie nun aber 1 m Abstand zwischen den Wänden brauchen, müssen Sie die Wand um die Basislinie spiegeln (Abbildung 3.23). Dazu beenden Sie erst einmal mit zweimal [ESC] ❶ ❷ die VERSATZ-Funktion und aktivieren mit einem Klick die Wand ❸. Hier finden Sie an der Wandbasislinie einen Doppelpfeil zum Umdrehen der Wand mit einem Klick ❹. Das Umdrehen müssen Sie allerdings für jedes Wandsegment einzeln durchführen.

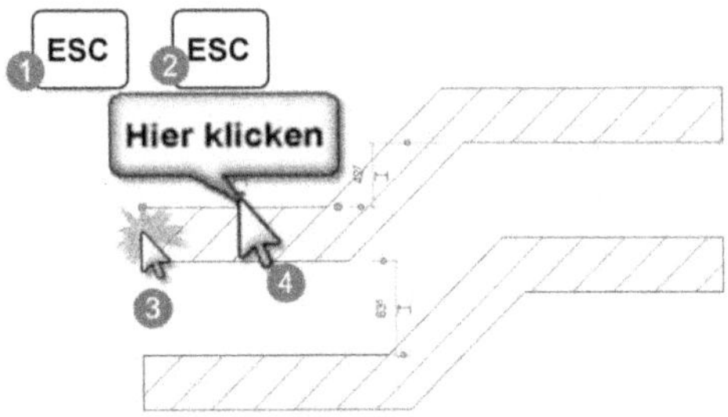

Abb. 3.23: Wand umkehren

Spiegeln – Achse wählen

Nach Befehlsaufruf ❶ wählen Sie die Objekte beispielsweise mit der Kreuzen-Wahl ❷ ❸ und beenden die Objektwahl mit [Enter] oder über Rechtsklick ❹ und AUSWAHL FERTIG STELLEN ❺. Dann klicken Sie als Spiegelachse eine Kante ❻ an. Das Ergebnis zeigt Abbildung 3.24 etwas verkleinert an.

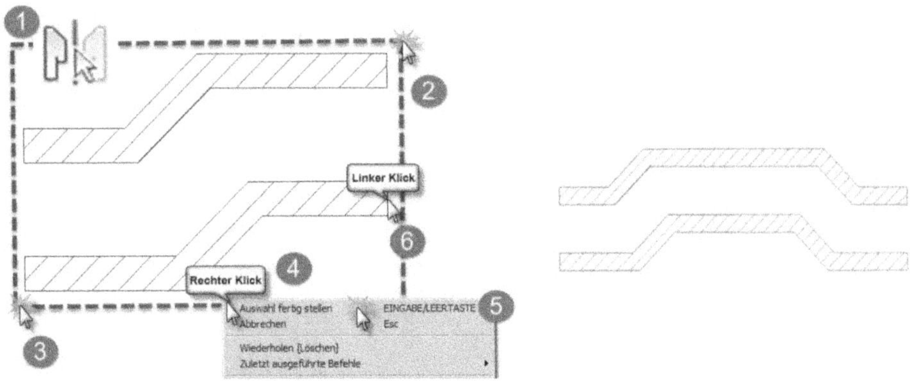

Abb. 3.24: SPIEGELN mit einer wählbaren Achse

Spiegeln – Achse zeichnen

Bei diesem Spiegeln-Befehl können Sie nach der Objektwahl die Spiegelachse über Punktpositionen definieren. Die Punktpositionen können Sie eventuell direkt an Elementen oder Hilfsgeometrien abgreifen oder über das Einrasten in bestimmten Abständen eingeben. Im Beispiel wurde der erste Punkt über Einrasten im Abstand 0.50 m vom Wandendpunkt per Klick gesetzt und der zweite über eine Position auf der horizontalen Spurlinie. Danach ist sofort die gespiegelte Geometrie zu sehen.

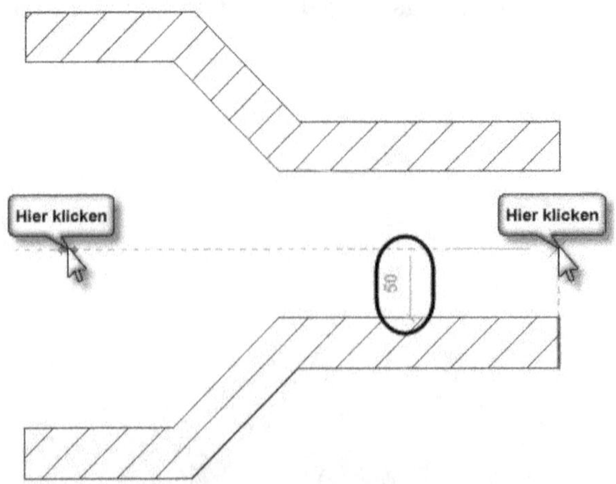

Abb. 3.25: Spiegeln mit zu zeichnender Achse

Element teilen

Diese Funktion ❶ zerschneidet ein Element an der Cursorposition. Dazu fahren Sie zunächst an dem zu teilenden Element entlang ❷ und dann bis zu der gewünschten Trennungsposition ❸. Dort klicken Sie. Im Beispiel wurde dann der abgetrennte obere Teil der Wand mit einem anderen Wandtyp `MW 24` über den EIGENSCHAFTEN-MANAGER versehen.

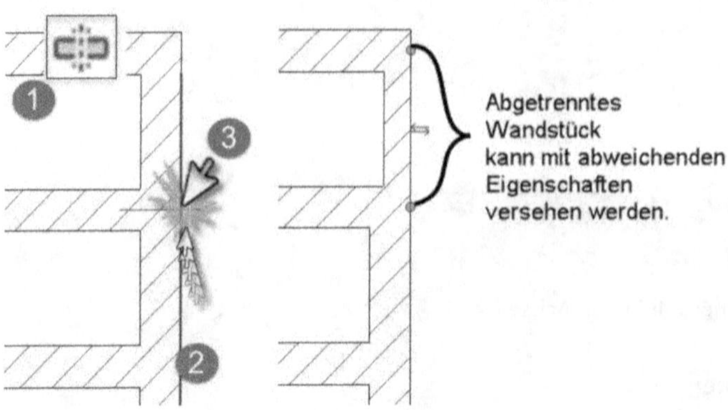

Abb. 3.26: Element an Wandmitte trennen

Besonders interessant ist die Option INNENSEGMENT LÖSCHEN in der Erweiterungsgruppe ANPASSUNGEN (Abbildung 3.27). Damit ❶, ❷ kann aus einer Wand ❸ ein Stück zwischen zwei Klickpositionen ❹, ❺ herausgeschnitten werden ❻.

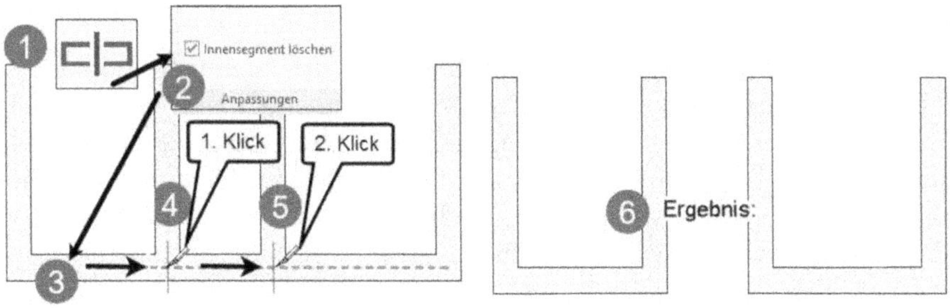

Abb. 3.27: Innensegment beim TEILEN entfernen

Mit Lücke trennen

Mit dieser Funktion ❶ (Abbildung 3.28) können Sie ein Element an der Cursorposition ❷ mit einer vorgegebenen Lücke zerschneiden ❸. Die Breite der Lücke ist in der Erweiterungsgruppe ABHÄNGIGKEITEN einstellbar. Die Lücke bleibt auch bei nachfolgenden Bearbeitungen wie Verschiebungen erhalten ❹. Das ist auch daran zu erkennen, dass die Bemaßungen fixiert sind. Ohne Weiteres sind die Abmessungen der Lücke nicht bearbeitbar. Die Lage kann aber verschoben werden.

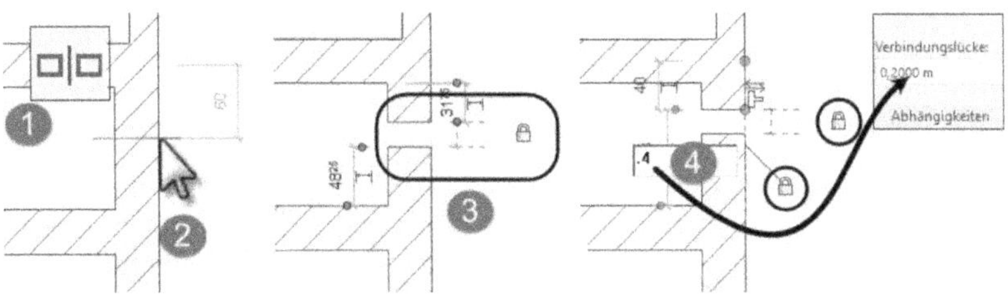

Abb. 3.28: Teilen mit Lücke

Sperrung aufheben

Es gibt gesperrte Elemente wie beispielsweise ein Geländer, das an einer Treppe fixiert ist. Diese Fixierung können Sie mit SPERRUNG AUFHEBEN lösen. Danach wäre das Geländer beispielsweise verschiebbar.

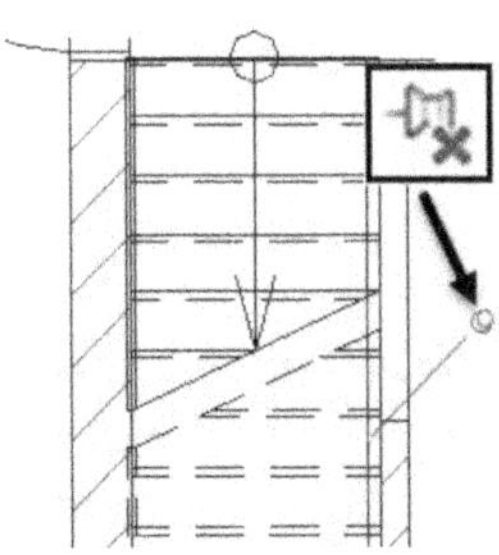

Abb. 3.29: SPERRUNG AUFHEBEN

Verschieben

Mit VERSCHIEBEN können Sie Elemente von einem Start- zu einem Endpunkt verschieben. Beim VERSCHIEBEN von verbundenen Elementen wie Wänden gibt es noch Einstellungen in der Erweiterungsgruppe VERSCHIEBEN. Ohne besondere Optionen werden bei verbundenen Elementen die anderen Elemente mitgenommen (Abbildung 3.30). Erst die Option TRENNEN erlaubt ein unabhängiges Verschieben einer einzelnen Wand (Abbildung 3.31).

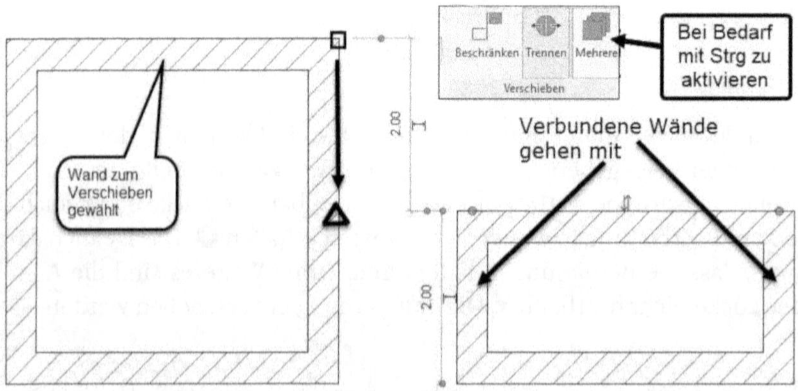

Abb. 3.30: VERSCHIEBEN verknüpfter Wände

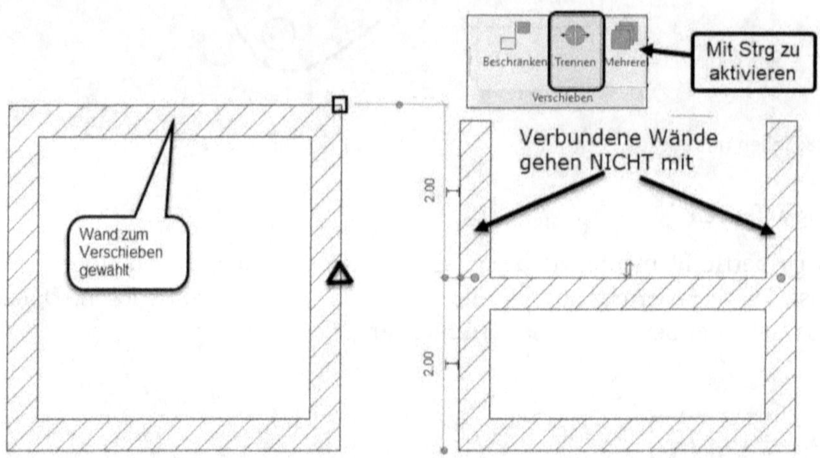

Abb. 3.31: VERSCHIEBEN mit TRENNEN der Verknüpfung

Beim schrägen VERSCHIEBEN und TRENNEN einer Wand gehen die Teile der Wand, die durch die Wandverbindungen entstanden sind, verloren (Abbildung 3.32). Mit der Option BESCHRÄNKEN sind dann nur noch orthogonale Verschiebungen möglich (Abbildung 3.33).

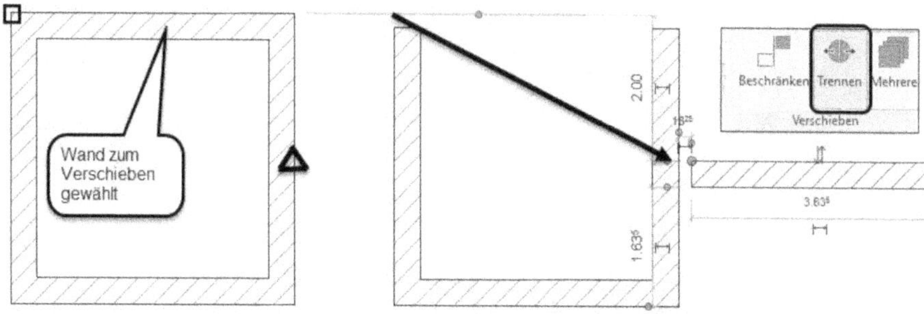

Abb. 3.32: VERSCHIEBEN mit TRENNEN in schräger Richtung

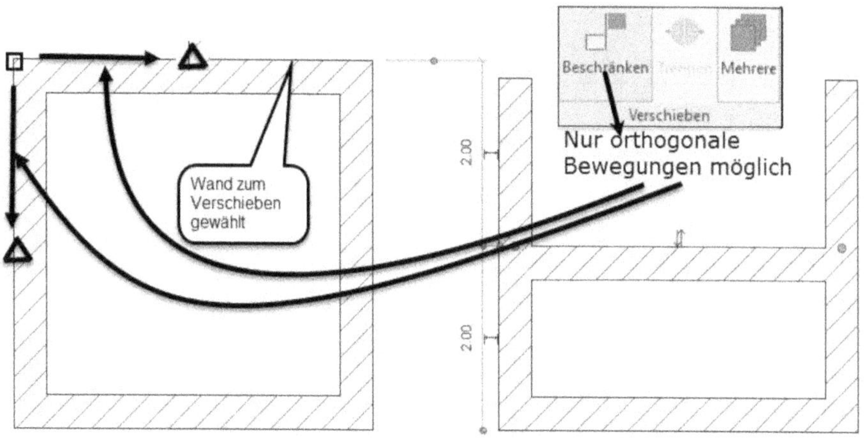

Abb. 3.33: VERSCHIEBEN mit BESCHRÄNKEN nur orthogonal möglich

Tipp

Auch ohne den expliziten Befehl VERSCHIEBEN können Sie Elemente nach Markieren direkt verschieben, wenn in der STATUSLEISTE rechts unten das Werkzeug ELEMENTE BEIM AUSWÄHLEN VERSCHIEBEN aktiv ist. Da Revit dann stets an Kanten und deren Verlängerungen einrastet, reicht dies meist zum Verschieben aus.

Kopieren

KOPIEREN läuft ähnlich ab wie VERSCHIEBEN, nur bleibt hierbei das Original an seiner Position erhalten. Von den VERSCHIEBEN-Optionen ist TRENNEN aktiv und nicht abwählbar. Es gibt die Optionen MEHRERE, um mehrfach zu kopieren und BESCHRÄNKEN wie beim VERSCHIEBEN (Abbildung 3.34). Für das Kopieren mit *regelmäßigen Abständen* gibt es das Werkzeug REIHE weiter unten.

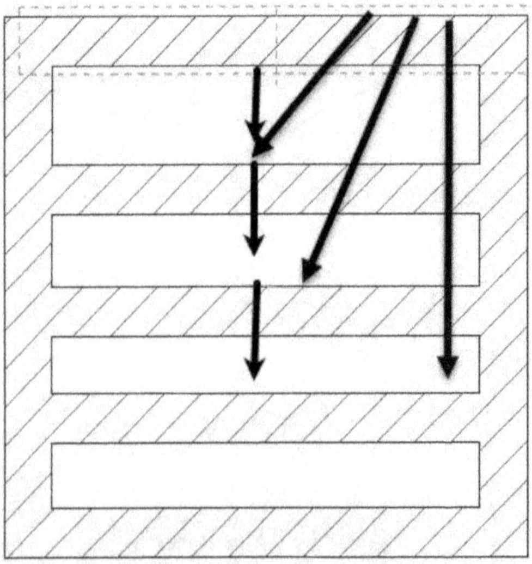

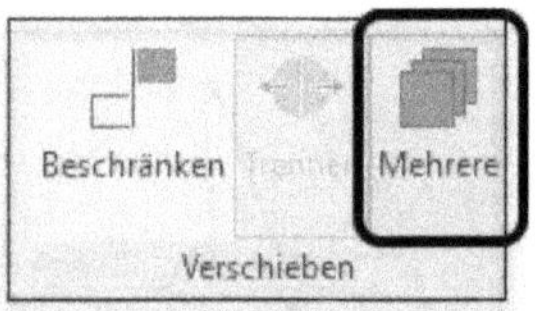

Abb. 3.34: KOPIEREN mit Option MEHRERE

Drehen

Beim DREHEN wird nach der Elementwahl in der Erweiterungsgruppe DREHEN die Wahl des Drehpunkts über MITTE (=Schwerpunkt) oder PLATZIEREN (freie Wahl) erwartet. Es folgt die grafische Eingabe einer *Start-* und *Endrichtung*. Alternativ können Sie den *Drehwinkel*, um den gedreht werden soll, in der Erweiterungsgruppe unter WINKEL eingeben. Ohne TRENNEN bleiben die Wände verbunden (Abbildung 3.35).

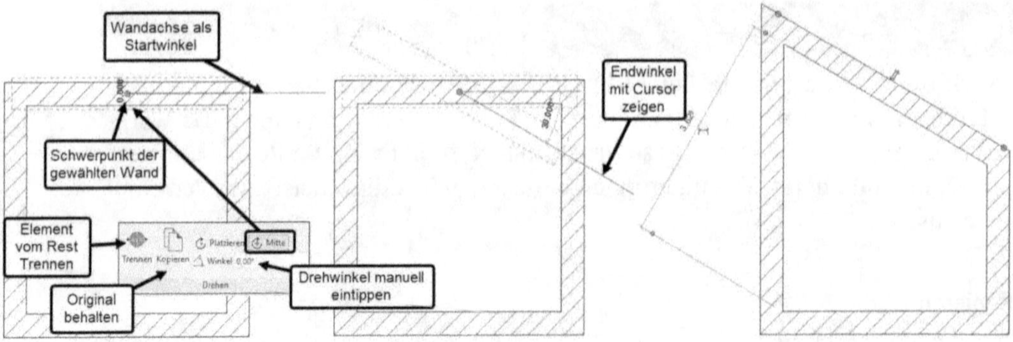

Abb. 3.35: Drehen um den Schwerpunkt mit grafischer Wahl von Start- und Endwinkel

Wenn nicht der Schwerpunkt, sondern ein anderer *Drehpunkt* verwendet werden soll, muss in der Erweiterungsgruppe die Option PLATZIEREN und dann die Position gewählt werden (Abbildung 3.36).

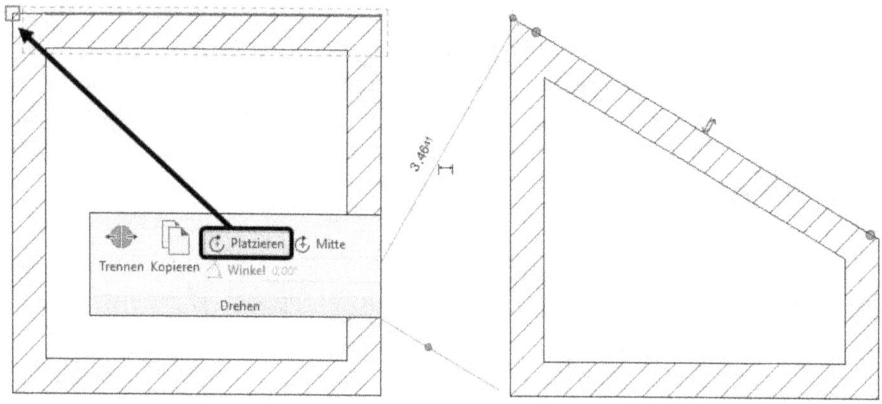

Abb. 3.36: Drehen um einen Eckpunkt

Wenn mehrere Wände gedreht werden, dann bleibt der Abstand der gewählten Wände erhalten, im Beispiel 4 m (Abbildung 3.37).

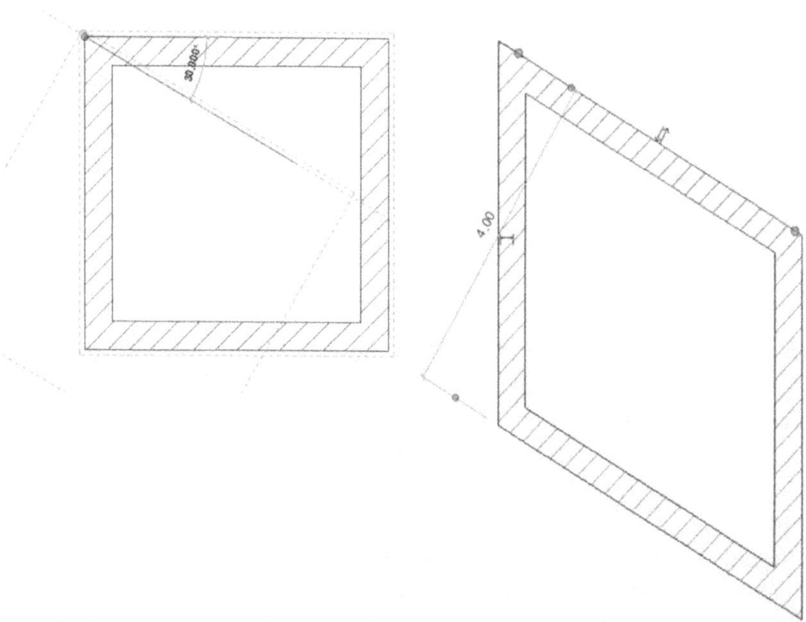

Abb. 3.37: Drehen von zwei Wänden um einen Eckpunkt

Stutzen/dehnen für Ecke

Wenn zwei Elemente wie Linien oder Wände eine saubere Ecke bilden sollen, dann können Sie mit diesem Befehl die Elemente dort anklicken, wo die Partien im Endergebnis stehen bleiben sollen. Zu lange Elemente werden gestutzt, also abgeschnitten, zu kurze Elemente werden gedehnt. Es können nicht nur lineare, sondern auch gebogene Elemente so bearbeitet werden.

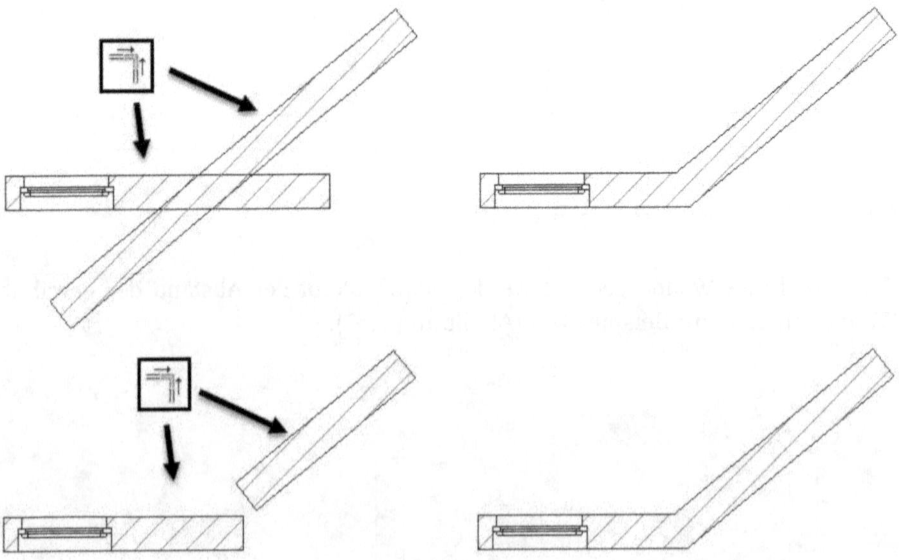

Abb. 3.38: STUTZEN/DEHNEN FÜR ECKE

Reihe

Das Werkzeug REIHE erzeugt eine regelmäßige Anordnung in *linearer* oder *polarer* Richtung. In der Erweiterungsgruppe REIHE können Sie die Art wählen (Abbildung 3.39). Standardmäßig ist GRUPPIEREN UND ZUORDNEN aktiviert. Damit bleiben die angeordneten Elemente auch nach Befehlsende in einer Gruppierung zusammengefasst und können in ihren *Anordnungsparametern* noch geändert werden. Die ANZAHL können Sie daneben eingeben, aber auch nachträglich noch im Zeichenfenster verändern (Abbildung 3.40). Unter VERSCHIEBEN NACH können Sie wählen, ob Sie den Abstand zwischen einem Punkt des Originals und der ersten Kopie – Option ZWEITE – oder bis zur letzten Kopie – Option LETZTE – angeben wollen.

Da die Anordnung im Beispiel gruppiert wurde, kann die Verschiebung einer einzelnen Kopie die gesamte Anordnung beeinflussen (Abbildung 3.41, Abbildung 3.42).

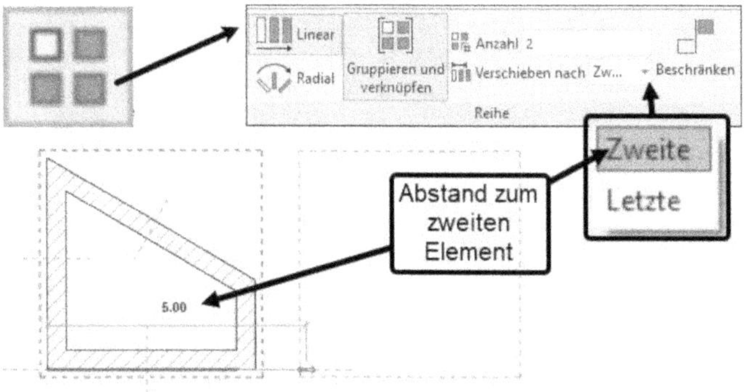

Abb. 3.39: Lineare Anordnung mit Abstand zur zweiten Kopie

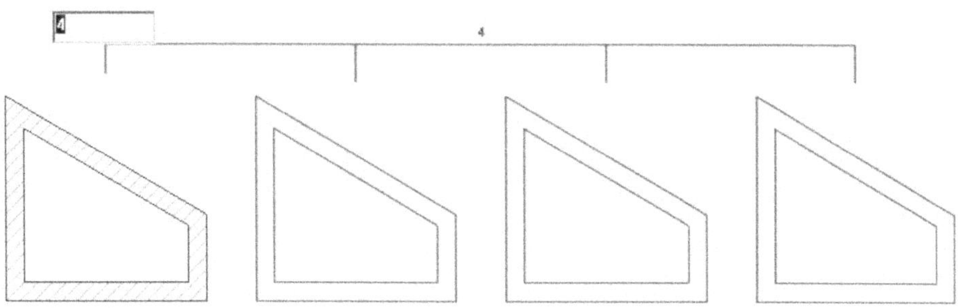

Abb. 3.40: Anzahl kann nach Eingabe des Abstands geändert werden.

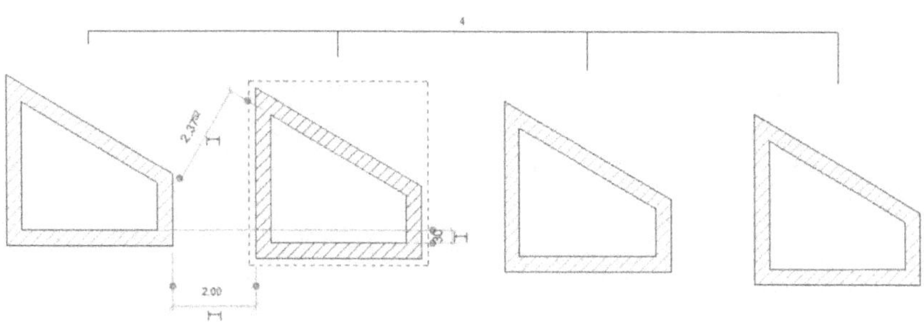

Abb. 3.41: Wirkung der Verschiebung einer Kopie auf die Gruppierung

Für die polare Anordnung sind die Eingaben ähnlich der linearen REIHE. Wie beim Werkzeug DREHEN können Sie den Drehpunkt der Anordnung mit PLATZIEREN *per Cursor* eingeben oder mit MITTE auf den *Schwerpunkt* setzen. Den Drehwinkel zur nächsten Kopie (ZWEITE) oder insgesamt (Letzte) können Sie unter WINKEL eintippen oder mit *Start- und Endwinkel* am Bildschirm mit dem Cursor dynamisch eingeben. Im Beispiel wurden **6** Kopien mit dem Winkel **60°** zwischen erster und zweiter Kopie gewählt, um einen Vollkreis auszufüllen.

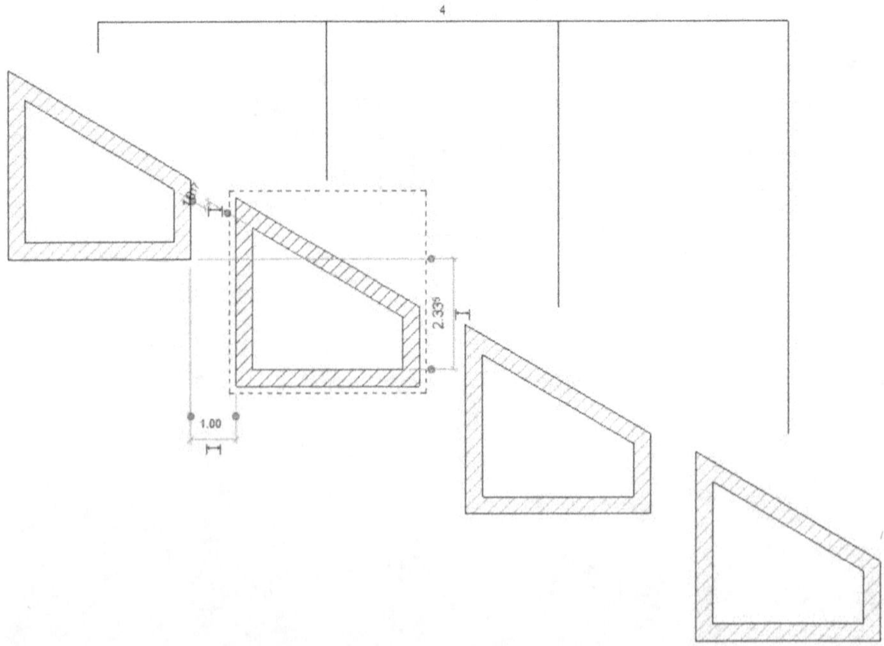

Abb. 3.42: Ändern der Anordnung auch in y-Richtung möglich

In der Nachbearbeitung der gruppierten Anordnung wurde der Winkelbereich *über einen Griff* an der markierten Anordnung auf **180**° reduziert und ebenfalls mit einem *Griff* der radiale Abstand verändert.

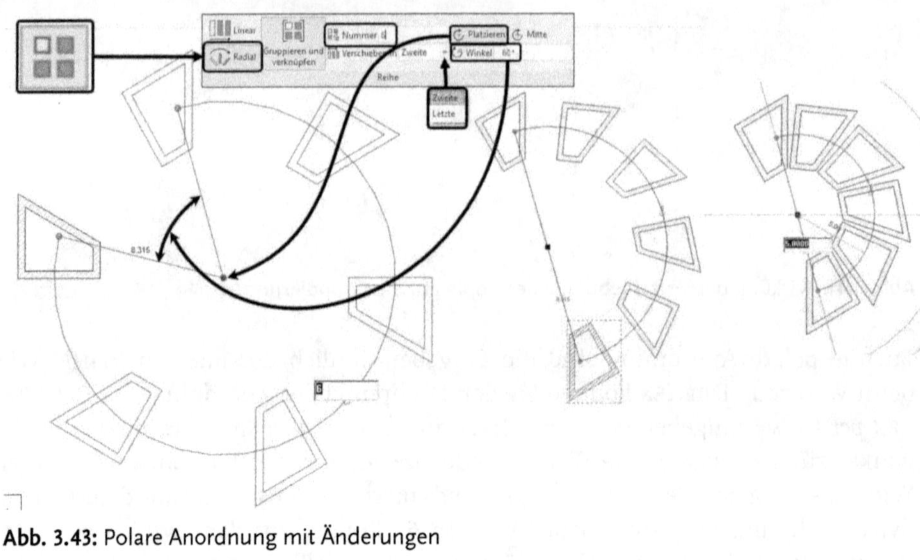

Abb. 3.43: Polare Anordnung mit Änderungen

Tipp

Das Werkzeug REIHE kann auch auf die Geschossebenen in einer ANSICHT **Süd** beispielsweise verwendet werden, um mehrere zusätzliche Geschossebenen zu erzeugen.

Maßstab (Skalieren)

Das englische Wort *scale* kann verschiedene Bedeutungen haben: *Maßstab* oder *Skalieren*. Hier ist Skalieren gemeint. Das Werkzeug skaliert Elemente bzgl. eines Basispunkts. In der ERWEITERUNGSGRUPPE werden zwei Methoden angeboten:

- GRAFISCH – Nach Wahl der Elemente ❶ und Angabe eines Ursprungspunkts ❷ geben Sie einen Ziehpunkt ❸ für die alte Länge bzw. Größe ein und einen zweiten Ziehpunkt ❹ für die neue Länge bzw. Größe.
- NUMMERISCH – Hierbei geben Sie in der Erweiterungsgruppe den *Skalierfaktor* unter MAẞSTAB ein und klicken dann den Ursprungspunkt an.

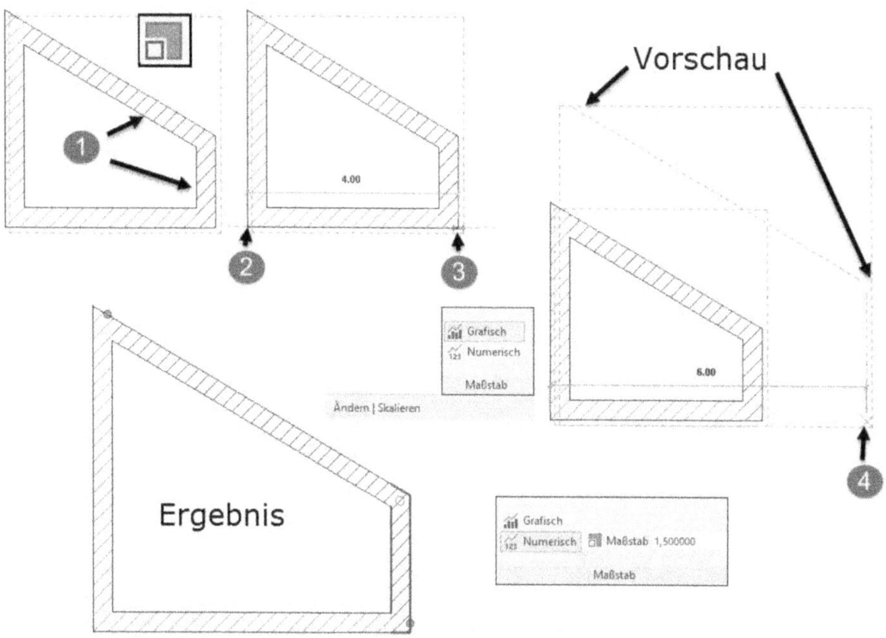

Abb. 3.44: Grafisches Skalieren mit Ursprung und zwei Ziehpunkten

Sperren

Das gesperrte Element ist gegen alle Manipulationen gesperrt, nicht nur gegen Verschiebungen.

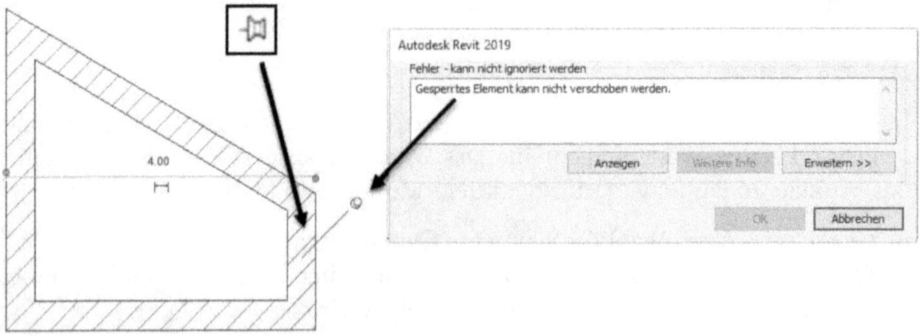

Abb. 3.45: Wand gegen Manipulationen gesperrt

Einzelne Elemente stutzen/dehnen

Wenn Sie ein einzelnes Element verkürzen (stutzen) oder verlängern wollen, wählen Sie zuerst die *Referenz- oder Bezugskante* ❶, die als Begrenzung dienen soll. Dann klicken Sie das Element, das verkürzt werden soll, dort an, wo es stehen bleiben soll ❷, also nicht das abzuschneidende Ende(!). Das unterscheidet den Befehl von anderen CAD-Systemen wie z.B AutoCAD. Wenn ein Element verlängert werden soll, dann wählen Sie es dort, nahe dem Ende, das verlängert werden soll.

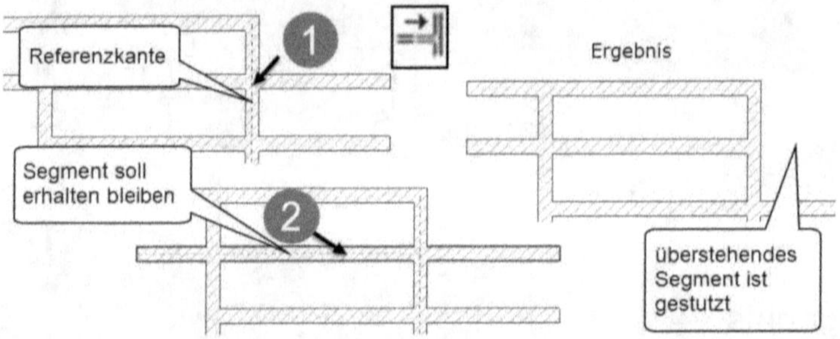

Abb. 3.46: Einzelne Wand stutzen

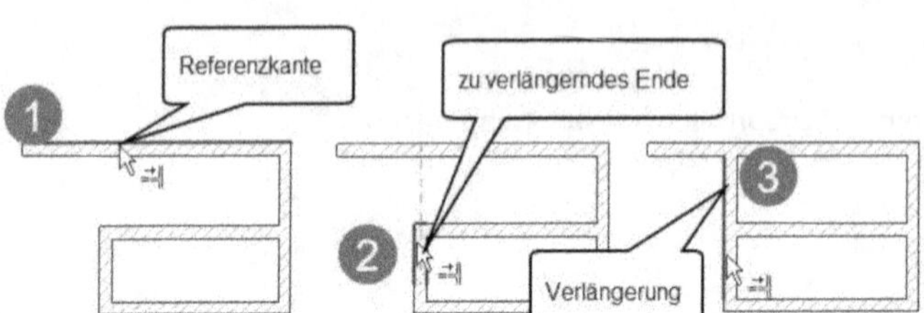

Abb. 3.47: Einzelne Wand dehnen

Mehrere Elemente stutzen/dehnen

Mit diesem Werkzeug können Sie an einer Referenzkante mehrere Elemente verkürzen oder verlängern. Sie wählen zuerst wieder die Referenzkante ❶ und danach die Elemente, die verlängert und/oder verkürzt werden sollen ❷ ❸.

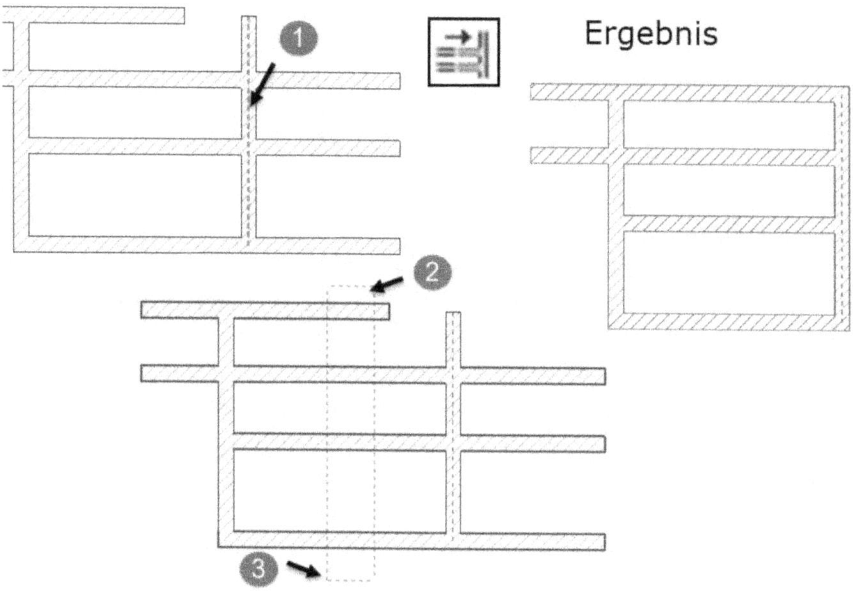

Abb. 3.48: Mehrere Wände stutzen und dehnen

Löschen

Das Werkzeug LÖSCHEN löscht Elemente, sofern sie nicht gesperrt sind.

3.3.7 Gruppe »Ansicht«

Die Gruppe ÄNDERN|ANSICHT umfasst fünf Werkzeuge:

- IN ANSICHT AUSBLENDEN – kann Elemente nach Auswahl oder nach Kriterien ausblenden.
- GRAFIK IN ANSICHT ÜBERSCHREIBEN – kann für Elemente nach Auswahl oder nach Kriterien die Darstellung ändern.
- AUSWAHLRAHMEN – erzeugt für gewählte Objekte den passenden 3D-Ausschnitt.
- ELEMENTE VERSCHIEBEN – erzeugt eine temporäre Verschiebung in einer 3D-Ansicht, um innere Teile des Modells sichtbar zu machen.
- LINIENGRAFIK – kann zwecks Hervorhebung die Darstellungslinien einer 2D-Ansicht verändern.

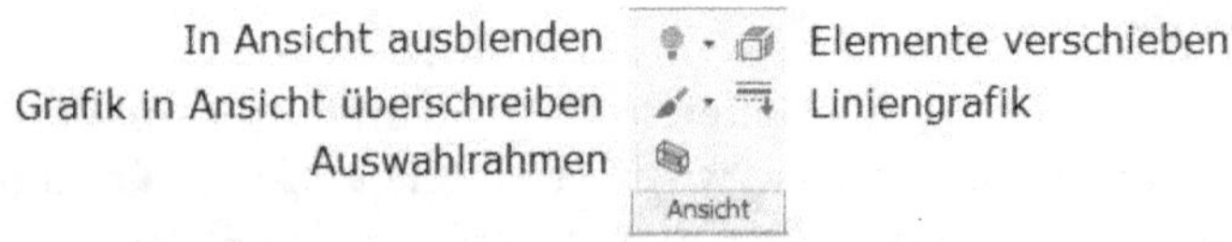

Abb. 3.49: Gruppe ÄNDERN|ANSICHT

In Ansicht ausblenden

Dieses Werkzeug finden Sie auch im Kontextmenü bei markierten Elementen (Abbildung 3.50). Es ist in der Multifunktionsleiste auch nur wählbar, wenn bereits Elemente markiert sind. Es gibt drei Optionen:

- ELEMENTE AUSBLENDEN – macht die gewählten Objekte unsichtbar. Mit Klick auf VERDECKTE ELEMENTE ANZEIGEN unten in der ANSICHTSLEISTE erscheint dort und diese ausgeblendeten Elemente werden dick rot markiert angezeigt. Dann können Sie sie anklicken und übers Kontextmenü mit IN ANSICHT ANZEIGEN wieder sichtbar machen. Beachten Sie, dass diese Sichtbarkeit immer für jede Ansicht einzeln gesteuert wird!
- KATEGORIE AUSBLENDEN – macht alle Objekte vom gleichen Typ wie das gewählte Objekt unsichtbar. Auch diese können ähnlich wie oben wieder sichtbar gemacht werden.

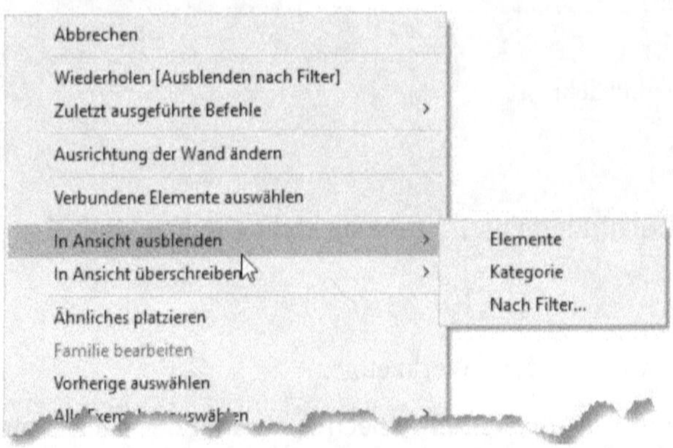

Abb. 3.50: Kontextmenü bei markiertem Element mit Ausblendenwerkzeug

- AUSBLENDEN NACH FILTER – kann Elemente nach Spezifikation in einem Filter ausblenden (Abbildung 3.51). Damit der Befehl wählbar wird, müssen Sie erst ein Element der auszublendenden Kategorien markieren. Beim Aufruf
  1. landen Sie im großen Dialogfenster, wo Sie einen vorhandenen Filter zum Ausblenden der Elemente aktivieren können. Wenn Sie noch keinen definiert haben, klicken Sie auf HINZUFÜGEN.
  2. Im Fenster FILTER HINZUFÜGEN klicken Sie auf BEARBEITEN/NEU.

3. Im Fenster FILTER klicken Sie auf das Icon NEU.
4. Dann geben Sie einen Namen ein und
5. klicken auf OK.
6. Im Fenster FILTER deaktivieren Sie die Option NICHT AKTIVIERTE KATEGORIEN und
7. wählen darunter die Kategorien für Ihren Filter aus und
8. klicken auf OK.
9. Nun klicken Sie im Dialogfenster FILTER HINZUFÜGEN den Filternamen an und auf OK.
10. Im großen Dialogfenster nehmen Sie für Ihren Filter das Häkchen bei SICHTBARKEIT heraus und beenden. Die gefilterten Objekte sind nun unsichtbar.

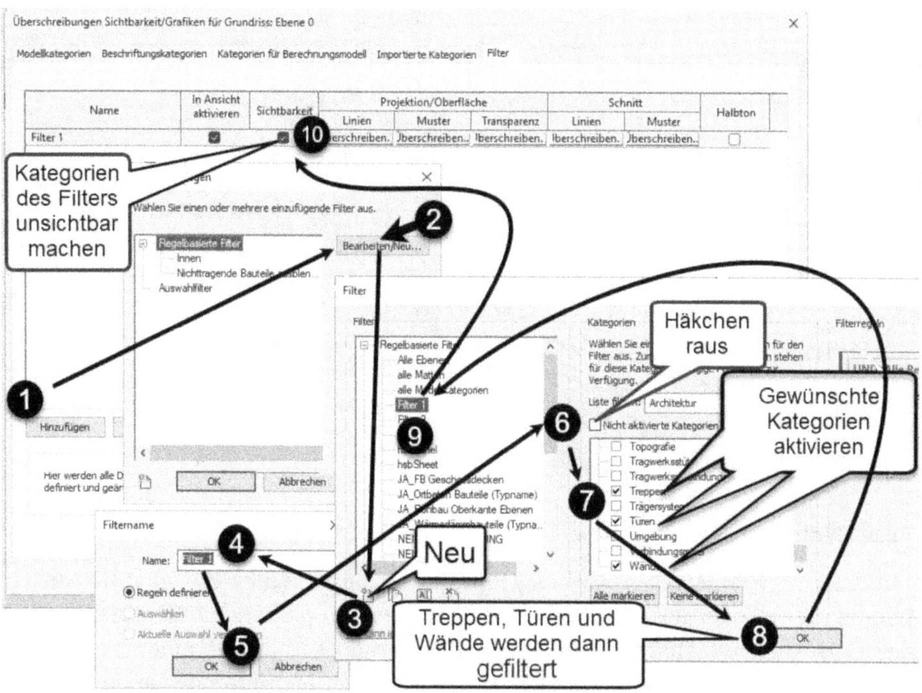

Abb. 3.51: Filter erstellen

Die derart ausgeblendeten Elemente können *nicht* mit dem Werkzeug VERDECKTE ELEMENTE ANZEIGEN reaktiviert werden.

Am einfachsten machen Sie die Elemente wieder sichtbar, indem Sie in dem großen Dialogfenster von Abbildung 3.51 wieder das Häkchen bei ⑩ setzen. Dazu müssen Sie aber erst irgendetwas markieren, weil sonst das Werkzeug AUSBLENDEN NACH FILTER nicht wählbar ist.

Alternativ können Sie aber auch im Register ANSICHT auf GRAFIK|SICHTBARKEIT/GRAFIKEN gehen und dort ins Register FILTER, um die Position ❿ zu erreichen, und die Objekte wieder sichtbar machen.

Grafik in Ansicht überschreiben

In der aktuellen Ansicht können hier verschiedene Darstellungsoptionen für Linien oder Oberflächenmuster und Ähnliche überschrieben oder auch ganz ausgeschaltet werden. Es gibt wieder die drei Optionen wie im letzten Abschnitt: ÜBERSCHREIBEN NACH ELEMENT, ÜBERSCHREIBEN NACH KATEGORIE und ÜBERSCHREIBEN NACH FILTER.

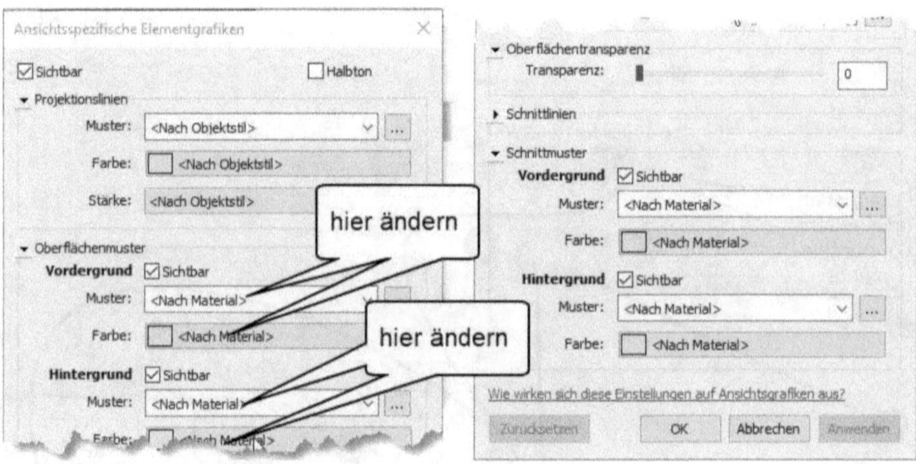

Abb. 3.52: Überschreiben der grafischen Eigenschaften der Elemente

Auswahlrahmen

Mit diesem *sehr nützlichen Werkzeug* können Sie aus einer 2D- oder 3D-Ansicht heraus für ein oder mehrere gewählte Elemente den passenden 3D-Ausschnitt in der {3D}-Ansicht erstellen, der das oder die Elemente und noch einen Nachbarbereich enthält. Sie wählen zuerst das interessierende Element oder auch mehrere mit Fenster-Wahl ❶. Dann klicken Sie auf das Werkzeug AUSWAHLRAHMEN ❷. Revit verzweigt sofort in die Ansicht {3D} mit dem passenden 3D-SCHNITTBEREICH ❸, der im EIGENSCHAFTEN-MANAGER unter GRENZEN angezeigt wird ❹. Hier können Sie das Häkchen entfernen, um wieder die komplette Ansicht {3D} zu sehen. Übrigens können Sie die Box auch anklicken und dann die Begrenzungsfläche über dreieckige Griffe nach Belieben verschieben.

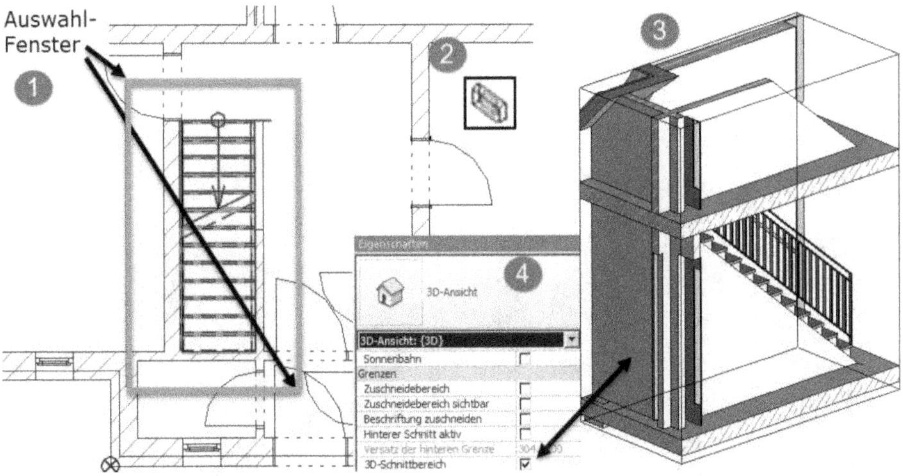

Abb. 3.53: Auswahlrahmen auf die Treppe gesetzt

Elemente verschieben

Mit diesem hilfreichen Werkzeug haben Sie die Möglichkeit, Teile Ihres Modells temporär zu verschieben, um den Blick ins Innere des Modells frei zu geben. Die Verschiebung ist nur in der Ansicht sichtbar, in der diese Aktion ausgeführt wurde. Auf die Darstellungen anderer Ansichten hat die temporäre Verschiebung keine Wirkung.

1. Markieren Sie die zu verschiebenden Elemente.
2. Aktivieren Sie ELEMENTE VERSCHIEBEN.
3. Es erscheint nun bei den Elementen ein Koordinatendreibein, ziehen Sie dort an dem gewünschten Richtungspfeil bis
4. zur gewünschten Endposition.

Weitere Verschiebungen können Sie nachträglich nach Anklicken der verschobenen Elemente jederzeit hinzufügen, indem Sie am Dreibein dann in die gewünschte Richtung ziehen. Nach Festlegen der Verschiebung können Sie die Elemente anklicken, um das Register VERSCHIEBUNG zu aktivieren mit den Funktionen:

- BEARBEITEN, um weitere Elemente zu den bereits verschobenen mit der gleichen Verschiebung hinzuzufügen oder einige aus der Verschiebung herauszunehmen,
- ZURÜCKSETZEN, um die Verschiebung wieder aufzuheben,
- PFAD, um Verschiebungspfade zur visuellen Unterstützung passend zu den gewählten Eckpunkten zu generieren (Abbildung 3.55).

Abb. 3.54: Vorderwand verschieben, um ins Innere zu blicken

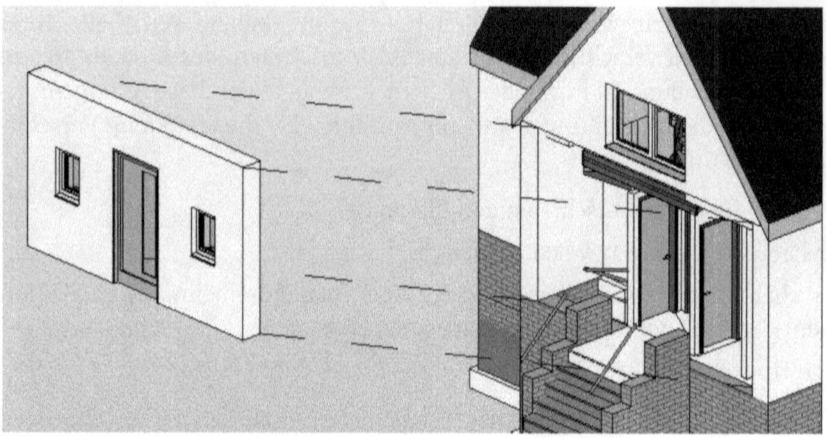

Abb. 3.55: Pfade zu den Eckpunkten des Elements hinzugefügt

Liniengrafik

Zwecks Hervorhebung können Sie die Darstellungslinien einer 2D-Ansicht hiermit verändern:

1. Wählen Sie LINIENGRAFIK,
2. öffnen Sie die Linienauswahl,
3. wählen Sie den gewünschten LINIENSTIL und
4. markieren Sie die zu ändernden Linien.

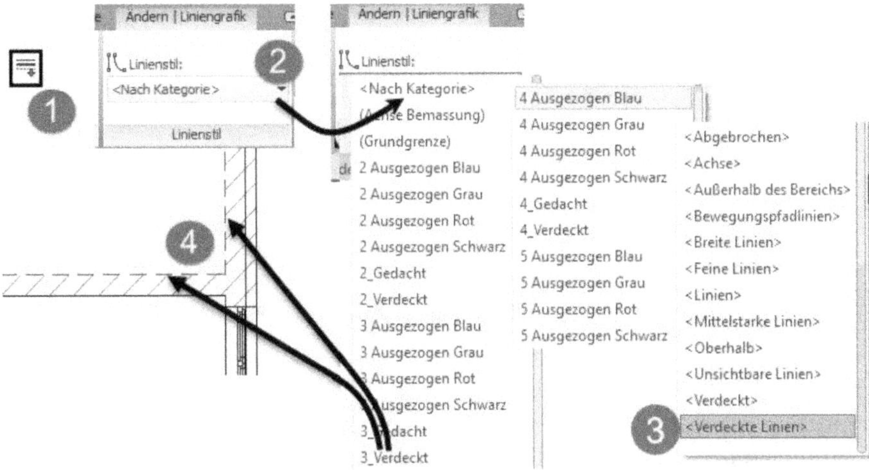

Abb. 3.56: Liniengrafik einiger Elemente verändern

3.3.8 Gruppe »Messen«

Die Gruppe ÄNDERN|MESSEN enthält zwei Typen von Messen-Befehlen (Abbildung 3.57):

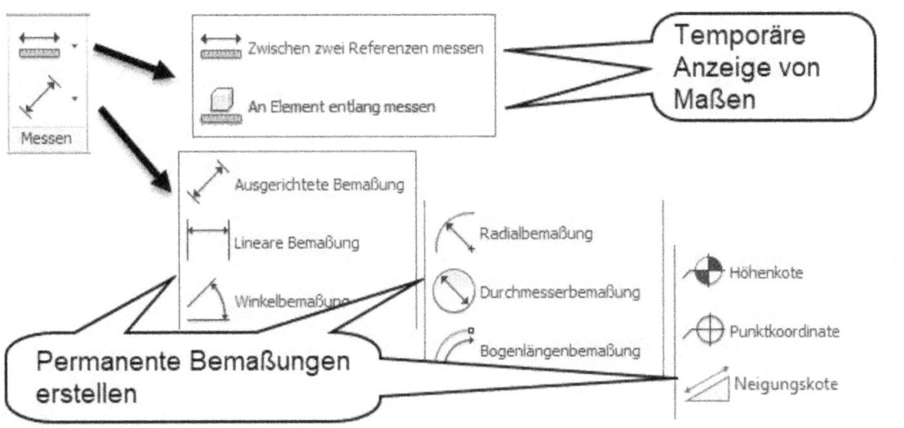

Abb. 3.57: Gruppe MESSEN

- Befehle zum *temporären Messen*
  - ZWISCHEN ZWEI REFERENZEN MESSEN – misst den Abstand zwischen zwei Kanten oder Punkten in einer 2D- oder 3D-Ansicht, erstellt aber keine permanente Bemaßung (Abbildung 3.58 rechts).
  - AN ELEMENT ENTLANG MESSEN – misst in einer 2D-Ansicht die Länge einer Wand, bei verbundenen Wänden jedoch nur entlang der Wandmitte bis zur Mitte der Verschneidung (Abbildung 3.58 links).

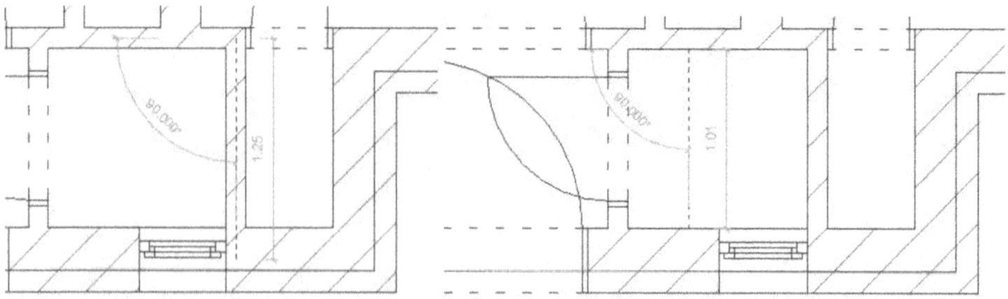

Abb. 3.58: AN ELEMENT ENTLANG MESSEN (links) und ZWISCHEN ZWEI REFERENZEN MESSEN (rechts)

- Befehle zum *permanenten Bemaßen*
  - AUSGERICHTETE BEMAẞUNG – Ein universeller Befehl, mit dem Wände komplett auch unter Berücksichtigung von Öffnungen und/oder Wandverschneidungen bemaßt werden können.
  - LINEARE BEMAẞUNG – Einzelne Linearbemaßung zwischen zwei Punkten
  - weitere spezifische Einzelbemaßungen für Winkel, Radien, Durchmesser, Bogenlängen, Höhenniveaus, Positionen und Neigungen.

Unabhängig davon, wo Sie diese Bemaßungen aufrufen, ob im SCHNELLZUGRIFF-WERKZEUGKASTEN, im Register ÄNDERN in der Gruppe MESSEN oder im Register BESCHRIFTEN in der Gruppe BEMAẞUNGEN, Sie werden dann stets ins Register ÄNDERN mit den *grün markierten Erweiterungsgruppen* BEMAẞUNG und BEMAẞUNGEN PLATZIEREN geleitet. Die Gruppe BEMAẞUNGEN PLATZIEREN bietet dabei die *Feineinstellungen* für die eigentlichen Bemaßungsbefehle, die sich in der Gruppe BEMAẞUNGEN befinden.

Der *nützlichste Bemaßungsbefehl* AUSGERICHTETE BEMAẞUNG hat in der Gruppe BEMAẞUNGEN PLATZIEREN unter BEVORZUGEN zahlreiche Voreinstellungen. Sie können dort zwischen den zu bemaßenden Kanten wählen:

- ACHSEN WAND
- KANTEN WAND (Vorgabeeinstellung)
- ACHSEN TRAGENDE SCHICHT
- KANTEN TRAGENDE SCHICHT

Unter AUSWÄHLEN: können Sie zwischen WÄNDE und REFERENZEN wählen. Bei REFERENZEN wird senkrecht zu den gewählten Kanten eine Bemaßung erstellt. Mit der Option WÄNDE können komplette Wände mit Öffnungen, Wandverschneidungen oder ohne Details bemaßt werden.

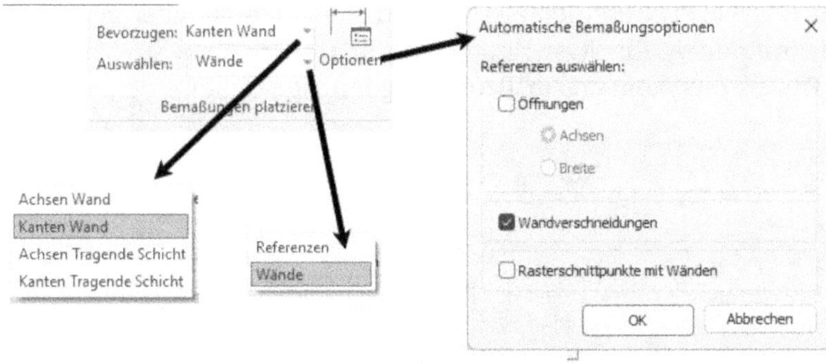

Abb. 3.59: Voreinstellungen für AUSGERICHTETE BEMAẞUNGEN

Für die Option WÄNDE stehen weitere Einstellungen unter der Schaltfläche OPTIONEN zur Verfügung (Abbildung 3.60):

- ÖFFNUNGEN – ACHSEN – BEMAẞT DIE WAND UND DIE MITTELACHSEN DER FENSTER UND TÜREN.
- ÖFFNUNGEN – BREITE – BEMAẞT DIE WAND UND DIE ÖFFNUNGSBREITEN DER FENSTER UND TÜREN.
- WANDVERSCHNEIDUNGEN – BEMAẞT DIE WAND UND DIE KANTEN DER DAMIT VERBUNDENEN WÄNDE.
- RASTERSCHNITTPUNKTE MIT WÄNDEN – BEMAẞT DIE WAND UND DIE SCHNITTPUNKTE DER WAND MIT RASTERLINIEN.

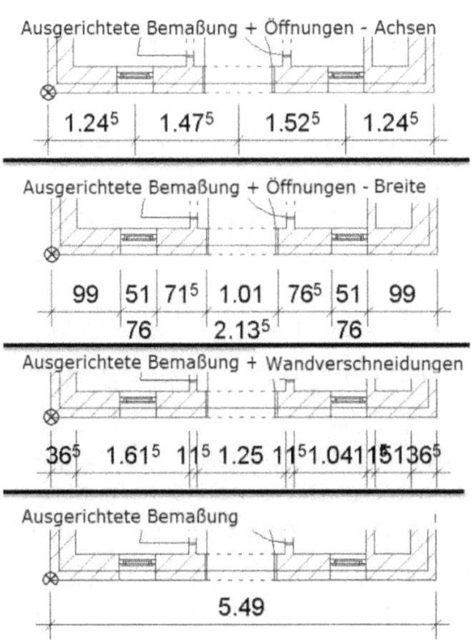

Abb. 3.60: Varianten der ausgerichteten Bemaßung

Bei der Option RASTERSCHNITTPUNKTE MIT WÄNDEN werden zu einer gewählten Wand deren Schnittpunkte mit Rasterlinien automatisch mitbemaßt (Abbildung 3.61). Weitere Rasterlinien können zur Bemaßung hinzugewählt werden.

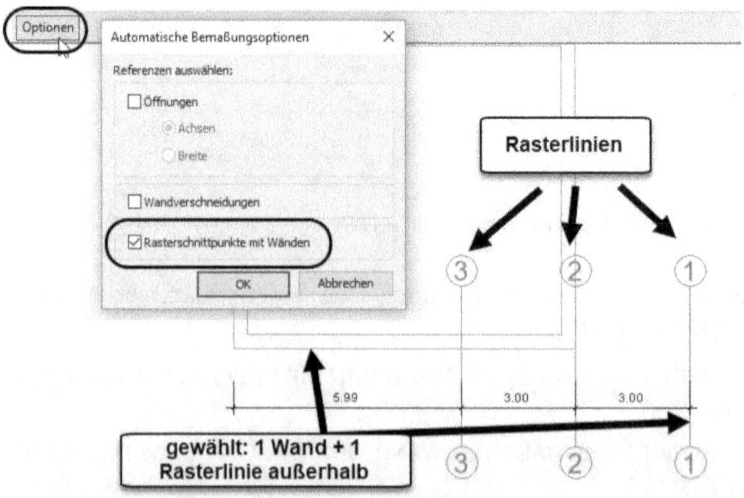

Abb. 3.61: Rasterlinien mit der Wand zusammen bemaßt

Eine komplette Beschreibung der übrigen Bemaßungsbefehle folgt im nächsten Kapitel.

3.3.9 Gruppe »Erstellen«

In der Gruppe ÄNDERN|ERSTELLEN sind verschiedene Befehle zum Erstellen von Dingen zusammengefasst:

- BAUGRUPPE ERSTELLEN – Eine Baugruppe ist eine Zusammenfassung verschiedener Elemente der Konstruktion. Baugruppen werden im BROWSER in der Kategorie BAUGRUPPEN verwaltet. Jede Baugruppe erhält einen Namen und kann eine eigene Ansichten-Struktur ähnlich dem eigentlichen Modell erhalten mit Bauteilliste und Plandarstellung.
- TEILELEMENTE ERSTELLEN – Teilelemente werden durch Ausschneiden aus normalen Elementen anhand von entsprechenden Skizzen ansichtsspezifisch generiert.
- GRUPPE ERSTELLEN – Eine Gruppe ist eine einfache Zusammenfassung verschiedener Elemente zum Zwecke der mehrfachen Verwendung im Modell. Zum Bearbeiten einer Gruppe klicken Sie diese an und können dann mit der Funktion GRUPPE BEARBEITEN weitere Objekte hinzufügen, dazugehörige entfernen oder ändern. Eine Änderung an einer Gruppe wirkt sich automatisch auf alle Positionierungen der Gruppe aus. Die GRUPPE ähnelt stark dem BLOCK im Programm AutoCAD.

- ÄHNLICHES ERSTELLEN – Dieses Werkzeug ist auch im normalen Kontextmenü bei markiertem Element zu erreichen. Damit wird dasjenige Werkzeug aktiviert, mit dem das aktuell markierte Element erstellt wurde. Es ist also sehr nützlich zum Erstellen von Elementen, von denen bereits Exemplare im Modell vorkommen.

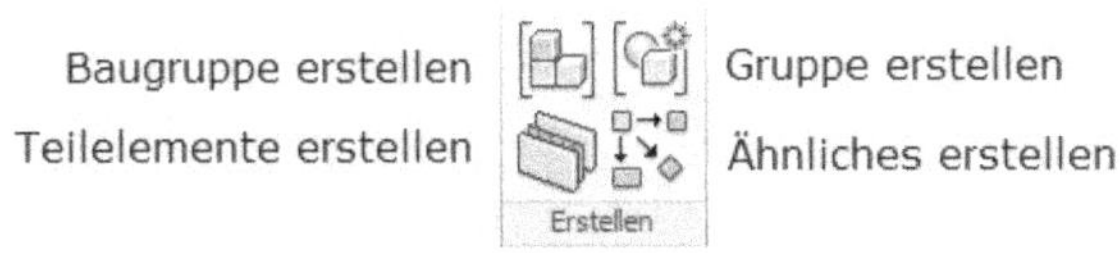

Abb. 3.62: Gruppe ÄNDERN|ERSTELLEN

3.4 Geschossdecken bearbeiten

3.4.1 Geschossdecke am Dach begrenzen

Das Kopieren der Erdgeschoss-Decke im Beispiel-Haus auf alle Stockwerke führt zu einer viel zu großen Decke im Dachgeschoss (Abbildung 3.63). Hier wäre es nötig, die Deckenkanten bis unter das Dach zurückzuschieben. Um die Decke bequem bearbeiten zu können, wurde für die Ansicht {3D} im Browser zunächst ein passender 3D-SCHNITTBEREICH aktiviert. Dann sollte die Decke auf einen rechteckigen Umriss reduziert werden.

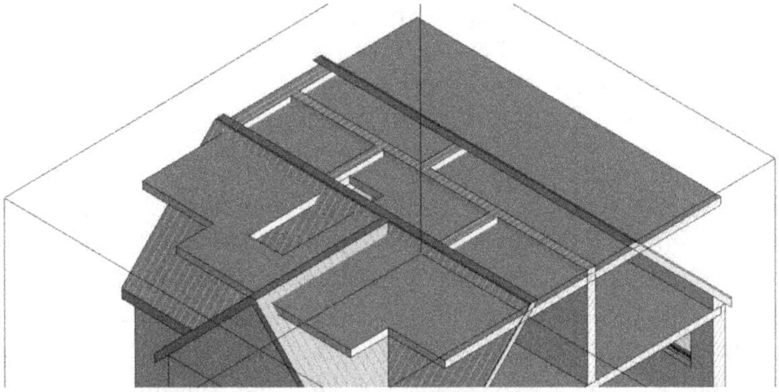

Abb. 3.63: Kopierte Geschossdecke im Dachgeschoss

Nach Anklicken der Geschossdecke wird ein Bereich der Multifunktionsleiste mit grüner Oberkante und mit Beschriftung ÄNDERN|GESCHOSSDECKEN hervorgehoben. Dort finden Sie die Funktion BEGRENZUNG BEARBEITEN (Abbildung 3.64). Die Funktion zeigt dann die Deckenkontur in roter Farbe zum Bearbeiten an. Der Ausschnitt für die Treppe kann entfernt werden. Ebenso können die überflüssigen Kanten für den vorderen Giebelbereich entfernt werden, sodass ein rechteckiger

Umriss entsteht. Die langen Kanten müssen aber noch an die realen Schnittkanten zwischen Decke und Dach exakt angepasst werden.

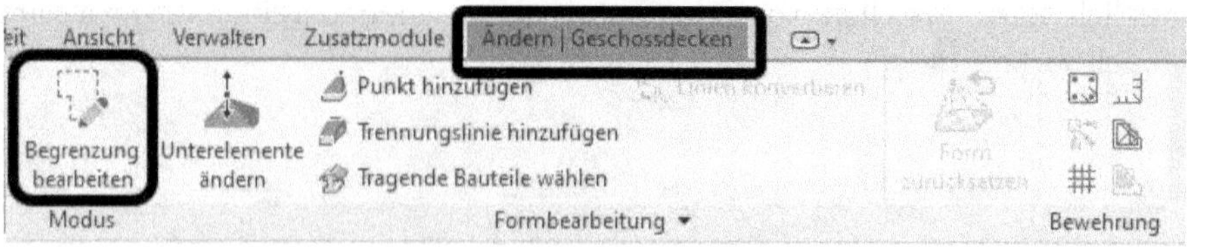

Abb. 3.64: Bearbeitungsfunktionen für Geschossdecken

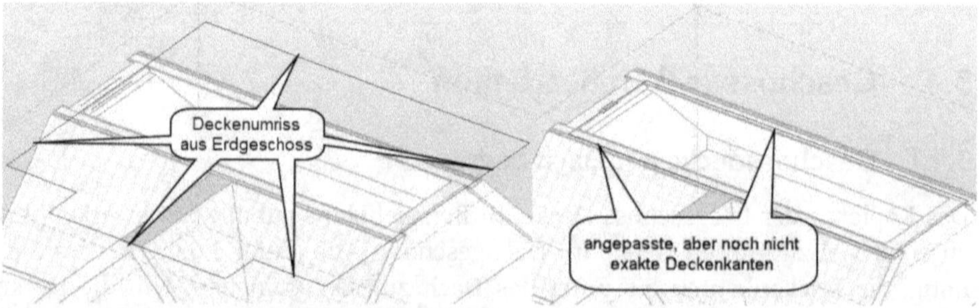

Abb. 3.65: Anpassung der Erdgeschossdecke an die Dachform

Diese exakten Schnittkanten sind aber nicht automatisch verfügbar. Sie können zwar in der Ansicht {3D} die Deckenkante im Modus BEGRENZUNG BEARBEITEN wunderschön verschieben und sehen dann anhand von blauen Hervorhebungen, dass die Kante an allen möglichen Wänden und deren Projektionen einrasten würde. Aber wo das schräge Dach die Unterseite der Decke schneidet, erscheint kein Zeichen zum Einrasten.

Sie müssen sich diese Schnittkurve zwischen Unterseite Decke und Unterseite Dach erst konstruieren. Ein erster Schritt wäre, das Dach und die Decke mit VERBINDEN zu bearbeiten. Das überlappende Volumen der beiden Elemente wird dabei ausgeschnitten und die gewünschten Schnittkanten sind zumindest sichtbar. Beim Befehl VERBINDEN können Sie mit VERBINDUNGSREIHENFOLGE ÄNDERN festlegen, aus welchem der Elemente ausgeschnitten wird. Hier sollten Sie die Reihenfolge so wählen, dass aus der Decke das überlappende Volumen des Dachs ausgeschnitten wird (Abbildung 3.66).

Diese nun zwar sichtbare Kante ist aber noch nicht als neue Dachkante verwendbar. Sie müssen daraus eine *3D-Schnittkurve* als Element erzeugen. Das geht folgendermaßen:

1. Falls noch nicht geschehen, rufen Sie VERBINDEN für die beiden Elemente auf (Abbildung 3.66), damit die gewünschte Schnittkante zwischen Dach und Decke entsteht.

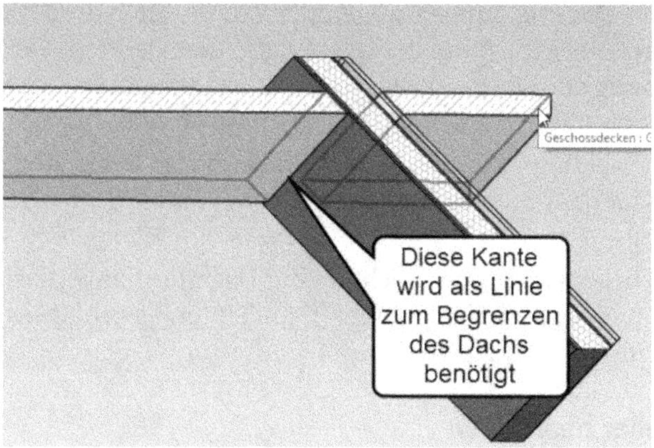

Abb. 3.66: Benötigte Kante für Dachgrenze als Ergebnis von VERBINDEN

2. Zur Übersichtlichkeit *isolieren* Sie die Decke mit ELEMENT ISOLIEREN aus der Statusleiste, damit alle anderen Elemente unsichtbar werden.

Abb. 3.67: Isolierter Dachboden und neue Deckenkante

3. Zusätzlich können Sie auch noch im Kontextmenü für das Dach mit IN ANSICHT AUSBLENDEN|ELEMENTE das Dach unsichtbar machen.
4. Aktivieren Sie im Register KÖRPER & GRUNDSTÜCK die Funktion ENTWURFSKÖRPER|PROJEKTKÖRPER und geben Sie einen Namen dafür ein, z.B. **Dachkante**.
5. In der Gruppe ZEICHNEN verwenden Sie nun das grüne Werkzeug LINIEN AUSWÄHLEN und klicken die gewünschte Kante an.
6. Beenden Sie die Funktion mit PROJEKTKÖRPER FERTIG STELLEN.
7. Ignorieren Sie die Warnung, dass kein Volumen erstellt wurde.
8. Nun können Sie die Decke markieren und mit BEGRENZUNG BEARBEITEN die Kante der Decke anpassen.
9. Mit ZEICHNEN|LINIE AUSWÄHLEN wählen Sie die eben als »Körper« erzeugte Kante und korrigieren den Deckenumriss damit.
10. Genauso verfahren Sie mit den übrigen Kanten der Decke.
11. Mit BEARBEITUNGSMODUS BEENDEN schließen Sie die Deckenänderung ab.
12. Es erscheint dann noch die Frage, ob die Wände an der Deckenunterkante fixiert werden sollen. Wählen Sie FIXIEREN, um die Wände an der Decke zu fixieren.

13. Danach erhalten Sie zwei Fehlermeldungen wegen der Giebelwände, weil die nicht über den kompletten Querschnitt von der Decke nach oben begrenzt werden. Hier antworten Sie mit der Option VERBINDUNG ZWISCHEN ELEMENTEN AUFHEBEN. Danach laufen die Giebelwände weiter bis zum Dachfirst.
14. Dann erscheint noch eine Meldung, dass die Giebelwände mit der Decke überlappen. Die Frage, ob der Überlapp ausgeschnitten werden soll, beantworten Sie mit JA.
15. Danach sind die beiden Giebelwände noch nicht an die Dachform angepasst. Markieren Sie nun die Wände, wählen Sie FIXIEREN mit Unterauswahl OBERKANTE FIXIEREN und klicken Sie das Dach an.

3.4.2 Bodenplatte im Keller bearbeiten

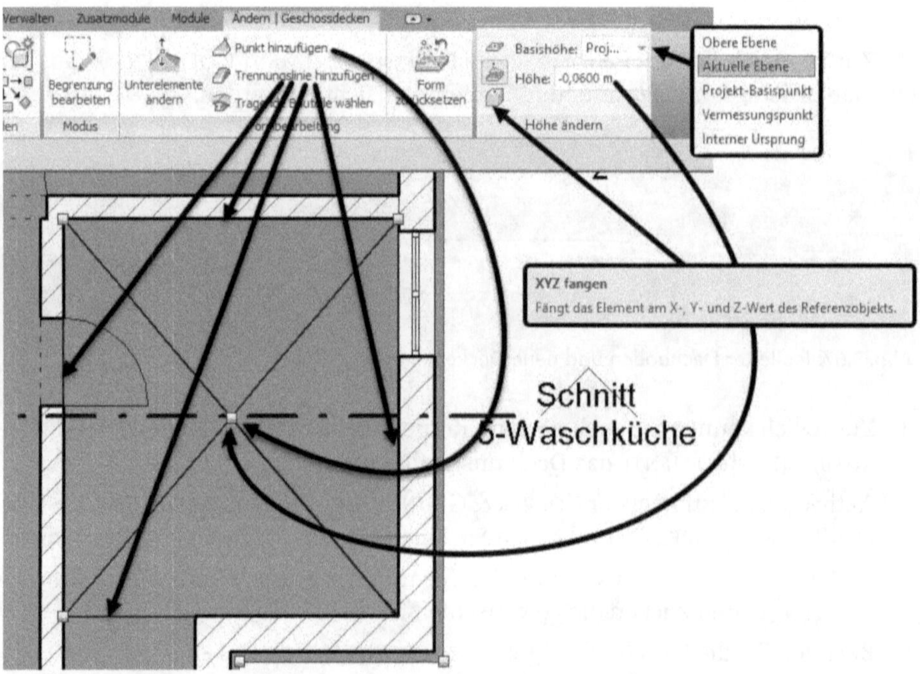

Abb. 3.68: Waschküchenboden mit abgesenktem Punkt in der Mitte

Im Keller gibt es eine Waschküche, die einen geneigten Boden mit Abfluss in der Mitte erhalten soll. Dafür gibt es die FORMBEARBEITUNG für Geschossdecken. Bevor Sie mit diesen Werkzeugen arbeiten, zeichnen Sie mit ARCHITEKTUR|MODELL|MODELLLINIE diagonale Hilfslinien und eine waagerechte wie in Abbildung 3.68 gezeigt. Auf deren Mitte soll später die Bodenabsenkung platziert werden. Markieren Sie danach den Kellerboden und wählen Sie TRENNUNGSLINIE HINZUFÜGEN, um punktweise diejenigen Kanten anzugeben, die auf der Originalhöhe des Fußbodens bleiben sollen. Dabei ist die Option KETTE in der Optionsleiste nützlich. Als Nächstes wählen Sie PUNKT HINZUFÜGEN, stellen in der Erweiterungsgruppe bei HÖHE **0.06** ein, aktivieren bei BASISHÖHE die AKTUELLE EBENE und positionieren das Werkzeug mittig auf der Modelllinie (Abbildung 3.68).

Damit die Bodenplatte nur an der Oberfläche abgesenkt wird, nicht aber unten, ist noch eine Änderung am Schichtaufbau nötig. Wählen Sie dazu TYP BEARBEITEN, gehen Sie in den TYPEIGENSCHAFTEN unter KONSTRUKTION auf BEARBEITEN und aktivieren Sie bei der einzigen Schicht die Spalte VARIABEL. Abbildung 3.69 zeigt, wie die Oberkante des Bodens um die eingestellten 6 cm abgesenkt wird.

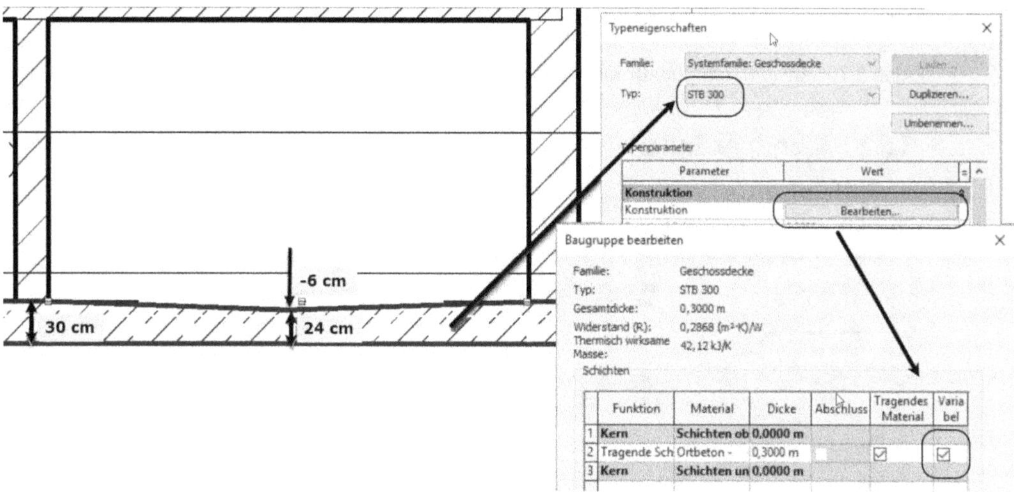

Abb. 3.69: Querschnitt durch abgesenkten Boden

3.5 Wände bearbeiten

3.5.1 Die Schnitthöhe für Geschossansichten

In den Geschossansichten werden die Geschosse im Schnitt dargestellt. Die vorgegebene Schnitthöhe beträgt bei Revit 1,20 m. In bestimmten Geschossen wie im Keller oder im Dach sind andere Schnitthöhen sinnvoll. Die Fenster im Keller liegen normalerweise höher bzgl. der Geschossebene. Deshalb soll hier die Schnittebene auf **1.70** im EIGENSCHAFTEN-MANAGER des Keller-Grundrisses eingestellt werden (Abbildung 3.70). Auf jeden Fall sollte die Schnitthöhe so hoch liegen, dass sie durch die Kellerfenster geht.

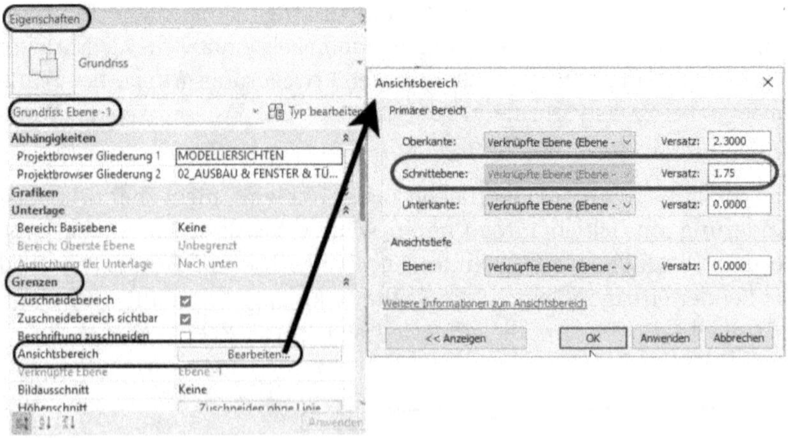

Abb. 3.70: Ansichtsbereich für Kellergeschoss einstellen

3.5.2 Wandtyp ändern

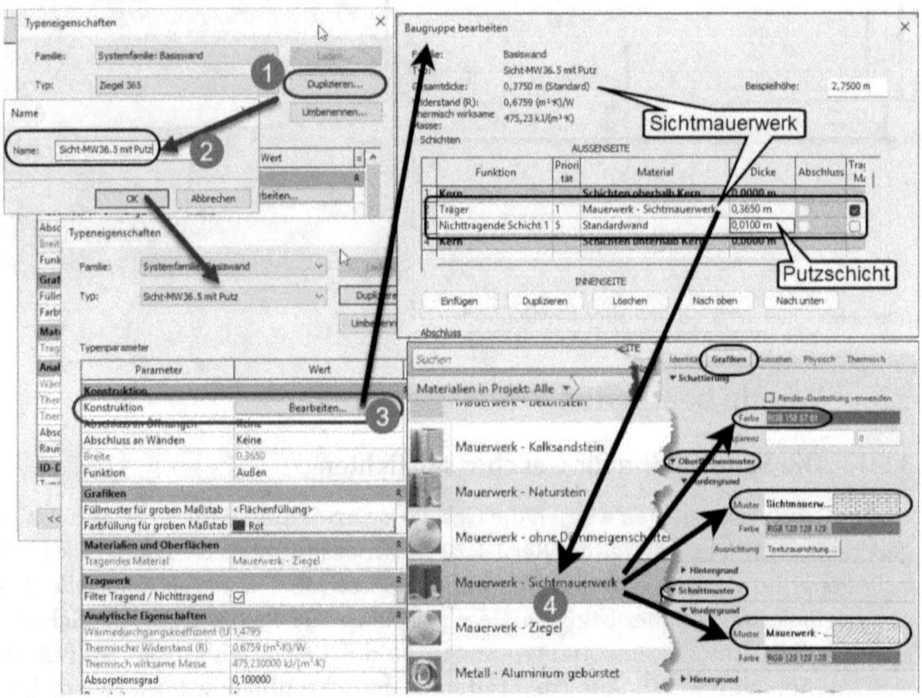

Abb. 3.71: Erstellen eines neuen Wandtyps

Das Kellergeschoss soll nach außen Klinkersteine zeigen. Dafür wäre ein neuer Wandtyp nötig. Wählen Sie dazu eine Kelleraußenwand und aktivieren Sie im EIGENSCHAFTEN-MANAGER dann TYP BEARBEITEN. Es soll ein Wandtyp mit

Sichtmauerwerk außen und einer dünnen weißen Putzschicht innen werden. Im Dialogfenster TYPENEIGENSCHAFTEN wählen Sie DUPLIZIEREN ❶ und geben einen neuen Namen ein: **`Sicht-MW 36,5 mit Putz`** ❷. Dann klicken Sie bei KONSTRUKTION auf BEARBEITEN ❸. Im nächsten Dialogfenster BAUGRUPPE BEARBEITEN gehen Sie in die zweite Schicht und klicken auf die drei Pünktchen, die hinter dem MATERIAL MAUERWERK-ZIEGEL erscheinen, um in den MATERIALBROWSER zu kommen. Hier wählen Sie MAUERWERK – SICHTMAUERWERK ❹ und OK.

Um die weiße Putzschicht innen zu erhalten, markieren Sie im Dialogfenster BAUGRUPPE BEARBEITEN die dritte Schicht und klicken weiter unten auf EINFÜGEN. In der neuen Schicht klicken Sie in die Spalte FUNKTION und wählen NICHTTRAGENDE SCHICHT 2 [5]. Die 5 bedeutet hier die Priorität der Schicht. Bei Wandverschneidungen wirkt sich die 5 als niedrigste Priorität aus, sie wird sich also gegenüber anderen Materialien im Fall von Kollisionen immer zurückziehen.

Weiter klicken Sie in der Spalte MATERIAL auf die *drei Pünktchen*, um dann im MATERIALBROWSER STANDARDWAND zu wählen und unter Register GRAFIKEN alle Farben auf *Weiß (255,255,255)* umzustellen. In der Spalte DICKE geben Sie **`0,01`** für 1 cm Putzschicht ein. Damit ist der neue Wandtyp definiert, den Sie nun nur noch auf alle Kelleraußenwände übertragen müssen.

3.5.3 Wände löschen, ergänzen und verschieben

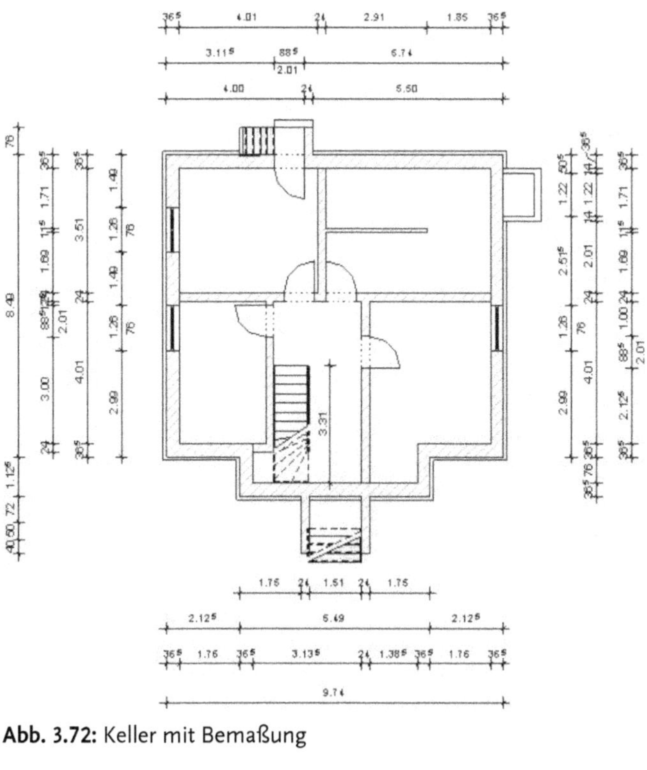

Abb. 3.72: Keller mit Bemaßung

In Abbildung 3.72 sind die Maße für das Kellergeschoss gegeben. Generell können alle dünnen 11,5er-Wände, die noch aus dem Erdgeschoss stammen, entfernt werden.

In Abbildung 3.73 sind das Kellergeschoss und in Grau das Erdgeschoss zu sehen. Diese Anzeige wurde dadurch möglich, dass

- die EBENE -1 – der Keller – *aktiviert* wurde,
- bei UNTERLAGE die EBENE 1 – das Erdgeschoss – bei Bereich: BASISEBENE gewählt wurde,
- bei UNTERLAGE die EBENE 1 – bei BEREICH: OBERSTE EBENE gewählt wurde,
- bei UNTERLAGE in der ANZEIGELEISTE der BILDSTIL: DRAHTMODELL gewählt wurde.

Hier können Sie also erkennen, welche Wände gelöscht, verschoben oder neu erstellt werden müssen.

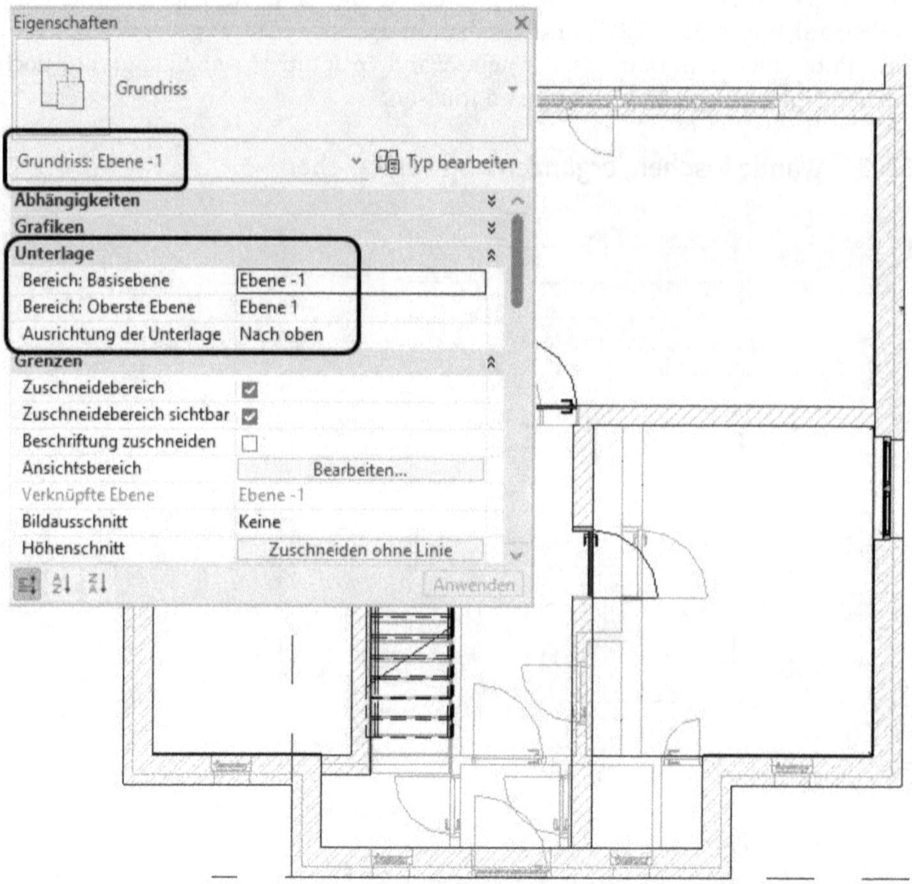

Abb. 3.73: Vergleich Kellergeschoss mit Erdgeschoss (grau)

Wände löschen

Im Keller sollen alle 11,5er-Wände, die aus dem Erdgeschoss kopiert wurden, gelöscht werden. Um alle 11,5er-Wände zu wählen, brauchen Sie nur *eine* zu markieren und können dann nach Rechtsklick im Kontextmenü ALLE EXEMPLARE AUSWÄHLEN>|IN DIESER ANSICHT anklicken. Danach drücken Sie zum Löschen die [Entf]-Taste.

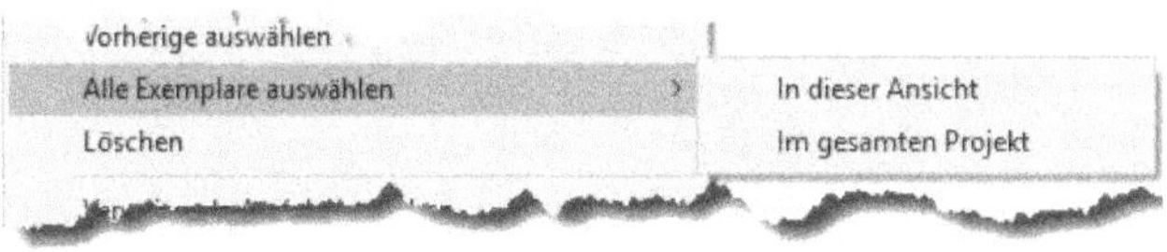

Abb. 3.74: Alle Elemente eines Typs in der Ansicht wählen

Wände ergänzen

Einige neue Wände sind noch hinzuzufügen, beispielsweise an der Eingangstreppe (Abbildung 3.75). Es ist eine Wand vom TYP ZIEGEL 240 und sie soll mit Abstand 1,75 m von der Hausecke und mit einer zu berechnenden Länge erstellt werden. Da dies eine einzelne Wand ist, deaktivieren Sie in der OPTIONSLEISTE ggf. die Option KETTE. Die Startposition wählen Sie zunächst beliebig nahe der Hausecke und ziehen die Länge nach unten.

Nun ist für das Längenmaß eine Formel beginnend mit = einzugeben: **=0,4+0,5+0,72**. Formeln müssen Sie wie in Excel mit = beginnen.

Hinweis: Dezimalzahlen und Rechenformeln

Während früher bei der Eingabe von Dezimalzahlen der im Amerikanischen übliche Dezimalpunkt anstelle des Kommas im Deutschen verpflichtend war, sind heutzutage beide Schreibweisen möglich. Auch führende Nullen vor dem Punkt oder Komma können weggelassen werden. Einen kleinen Unterschied gibt es allerdings: In Formelausdrücken muss bei deutscher Schreibweise die führende Null mitgeschrieben werden.

Nach dieser Eingabe ist noch die Wandposition über die automatisch erscheinende Bemaßung anzupassen. Schieben Sie die Maßhilfslinie, die auf die Innenkante der Wand zeigt, durch Klick auf den runden Griff zur Außenkante. Dann können Sie die Maßzahl anklicken und mit **1,75** überschreiben.

Angenehmer ist die zweite Wand zu konstruieren, bei der Sie sowohl für die Startposition als auch für die Endposition die automatisch erscheinenden Spurlinien einer Innenwand und der zuletzt gezeichneten Wand nutzen können (Abbildung 3.76).

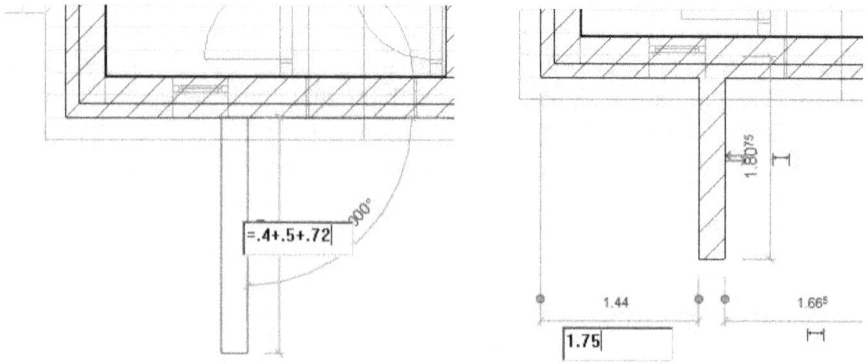

Abb. 3.75: Wand für Eingangstreppe

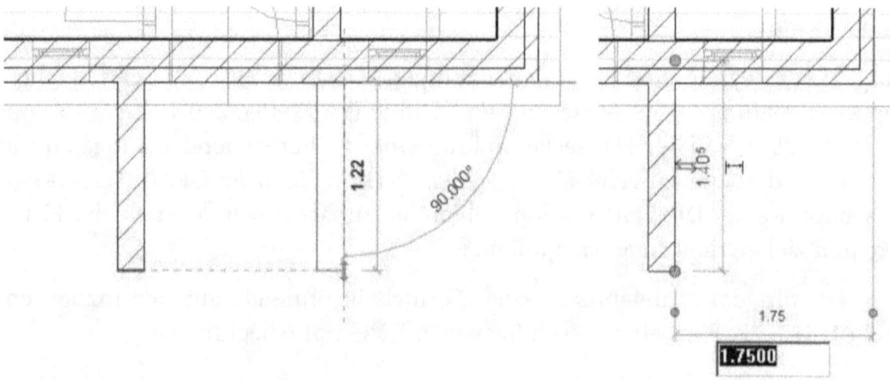

Abb. 3.76: Zweite Wand zur Eingangstreppe

3.5.4 Verschieben mit und ohne Befehl

Das Verschieben von Wänden ohne extra Befehl mit dem Cursor direkt beim Markieren ist möglich, wenn in der Statusleiste das Werkzeug ELEMENTE BEIM AUSWÄHLEN VERSCHIEBEN aktiviert ist. Typisch wird diese Aktion angewendet, um Wände im aktuellen Geschoss auf vorhandene Kanten im darunter liegenden Geschoss, das als Grundlage aktiviert sei, zu ziehen. Die Wände werden dann auch korrekt einrasten.

Beim expliziten Verschieben-Befehl ÄNDERN|ÄNDERN|VERSCHIEBEN geht es darum, eine oder mehrere gewählte Wände nach beendeter Objektwahl von einem *Basispunkt* auf einen *Zielpunkt* zu verschieben. In der Erweiterungsgruppe stehen noch die Optionen BESCHRÄNKEN und TRENNEN zur Verfügung. Mit BESCHRÄNKEN wird die Bewegung auf horizontale bzw. vertikale Richtungen beschränkt. Bei den Bewegungen werden normalerweise verbundene Wände mitgehen. Die Option TRENNEN löst solche Verbindungen und verschiebt die Wand oder die Wände losgelöst.

3.5.5 Wände fixieren, Profil anpassen und Verbinden-Werkzeug

Im Obergeschoss gibt es Wände, die einerseits ans Dach, andererseits an die Geschossdecke angepasst werden müssen. Eine der Wände hat durch das Kopieren des kompletten Geschosses aus dem Erdgeschoss heraus eine Begrenzung durch die Geschossdecke oben, ragt dann aber aus dem Dach seitlich hervor (Abbildung 3.77). Das Beschränken unter das Dach kann nun so erfolgen (Abbildung 3.78):

1. Nach Markieren der Wand ❶,
2. wählen Sie FIXIEREN ❷ mit der mit Unterauswahl OBERKANTE FIXIEREN und
3. klicken dann das Dach ❸ an.
4. Falls es noch nötig ist, die Wand auch an der Decke zu fixieren, können Sie das nachträglich auch noch durchführen ❶ – ❷ – ❹, ohne die vorherige Fixierung am Dach zu verlieren.

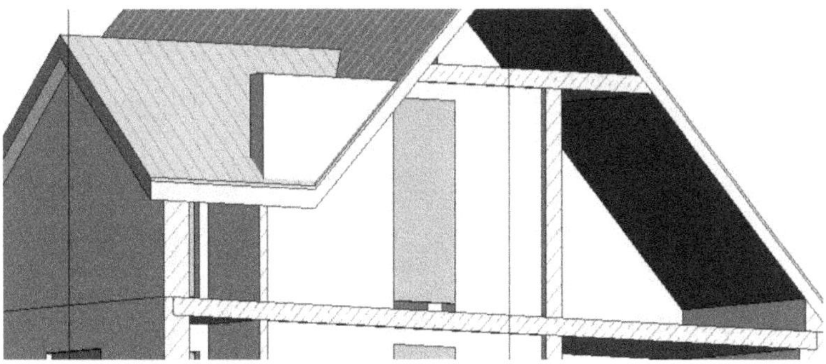

Abb. 3.77: Obergeschoss-Wand im Originalzustand

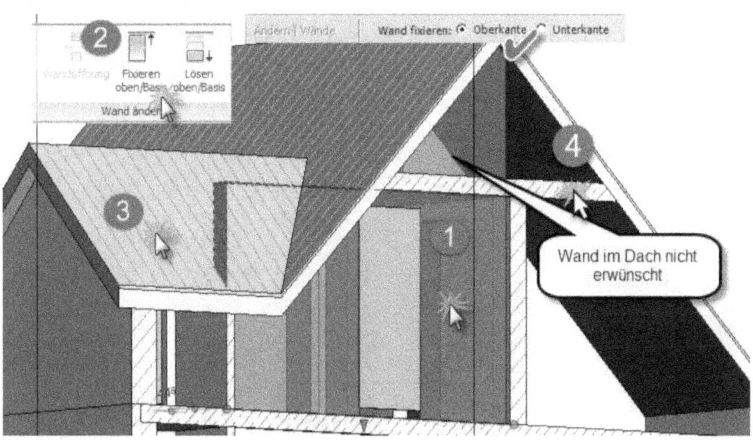

Abb. 3.78: Obergeschoss-Wand am Dach und an der Decke fixiert

Nach dieser Aktion ragt die Wand über die Geschossdecke ins Dach hinein. Sie können nun die Wand ein zweites Mal an der Decke fixieren mit ❷ und ❹.

3.5.6 Wände in Laufrichtung verbinden

Oft entstehen beim Löschen von Teilen der Konstruktion Lücken in Wänden, die aber exakt fluchten. Um diese Lücken zu schließen, ist keine spezielle Funktion nötig, sondern nur eine Ziehen-Aktion.

Klicken Sie das zu verlängernde Wandende an und ziehen Sie es am runden Griff ❶ hinüber bis exakt zum gegenüberliegenden Eckpunkt ❷. Die Wand verbindet sich dann automatisch zu einem einzigen durchgehenden Wandelement. Falls es nicht klappen sollte, sind die Wände entweder nicht exakt fluchtend – das ließe sich mit vorherigem AUSRICHTEN korrigieren – oder Sie haben den zweiten Punkt ❷ nicht exakt getroffen – ziehen Sie dann nochmals präziser am Griff.

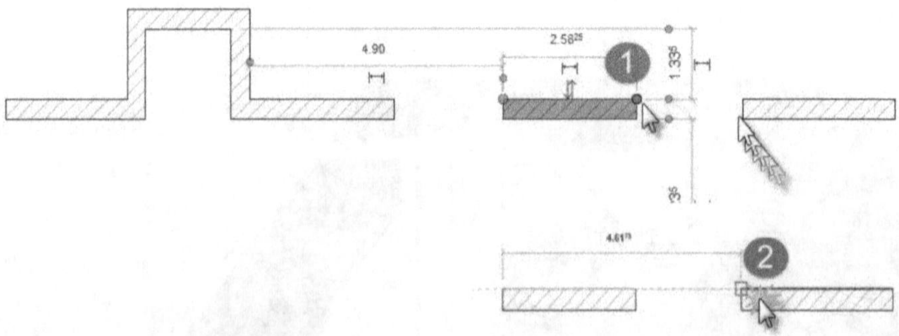

Abb. 3.79: Verbinden bei einer Wandlücke

Das klappt auch bei Wänden mit Schichtaufbau, beispielsweise Außendämmung. Bei den einzelnen Wandstücken wird zwar die Dämmung noch an den Enden herumgezogen, aber nach dem Schließen der Lücke wird das automatisch korrigiert.

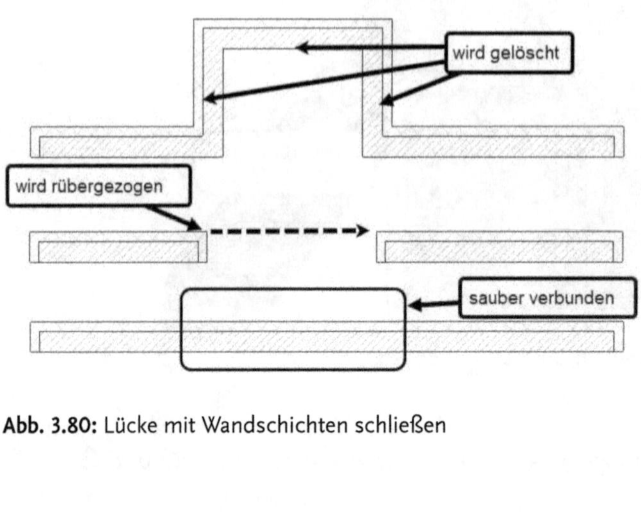

Abb. 3.80: Lücke mit Wandschichten schließen

3.5.7 Geneigte und verjüngte Wände

Weitere Optionen für Wände finden Sie in den EIGENSCHAFTEN unter dem Titel QUERSCHNITT. Neben dem Standard VERTIKAL können hier auch GENEIGT und VERJÜNGT gewählt werden. In Abbildung 3.81 werden ein Wandviereck und ein Schornstein jeweils mit Neigungsangaben von -10° und -1° gezeigt. Das Vorzeichen probiert man am besten aus. Beim Schornstein wurde natürlich eine manuelle Höhe weit über der normalen Geschosshöhe gewählt. Für den Schornstein kann man der Einfachheit halber auch erst einen Kreis als MODELLLINIE zeichnen und dann daraus die Wand mit der Zeichenoption LINIEN AUSWÄHLEN erzeugen.

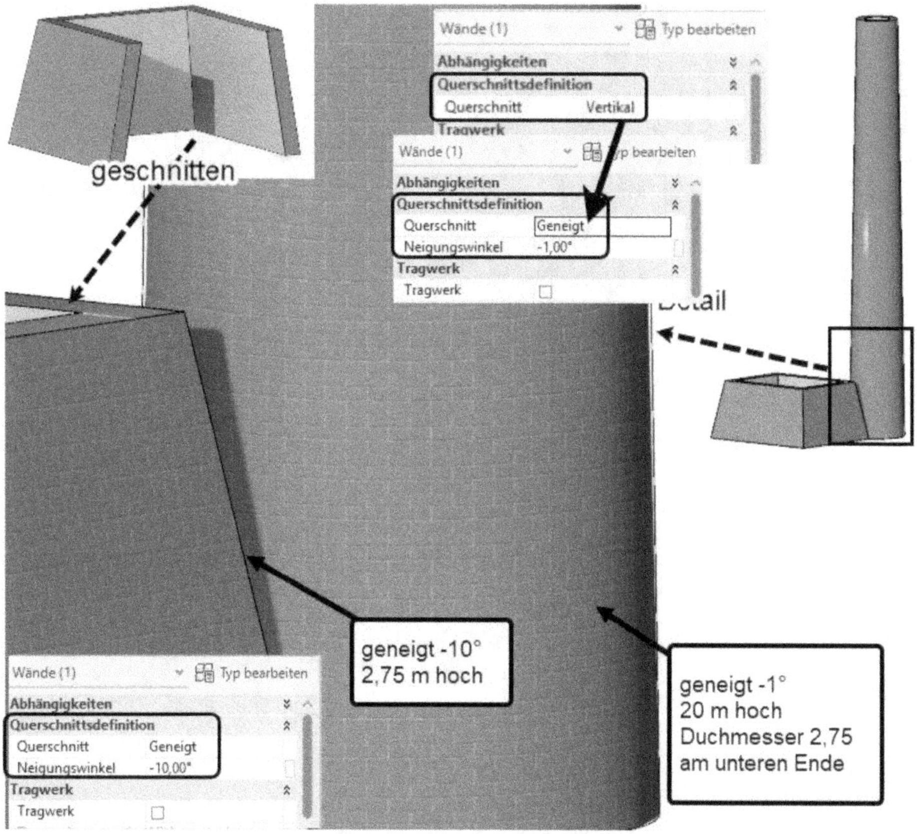

Abb. 3.81: Geneigte Wände mit -10° bzw. -1°

Für *verjüngte Wände*, die mit zunehmender Höhe dünner werden, ist ein spezieller Wandtyp nötig, der mindestens eine *variable Wandschicht* enthält. Abbildung 3.83 zeigt die Einstellungen dafür im Typ unter KONSTRUKTION|BEARBEITEN. Eine Schicht wurde hier in der Spalte variabel mit einem Häkchen versehen. Außerdem wurden noch unter QUERSCHNITTSEIGENSCHAFTEN die Vorgabewerte für die Neigungswinkel innen und außen eingestellt sowie die Position für die Breitenangabe, hier OBEN. Mit solch einem Wandtyp können Sie in den EIGENSCHAFTEN den QUERSCHNITT auf VERJÜNGT umstellen. Dann können Sie hier die Neigungswerte vom Typ übernehmen oder Sie markieren TYPEIGENSCHAFTEN ÜBERSCHREIBEN und geben eigene Winkel für die Verjüngung an.

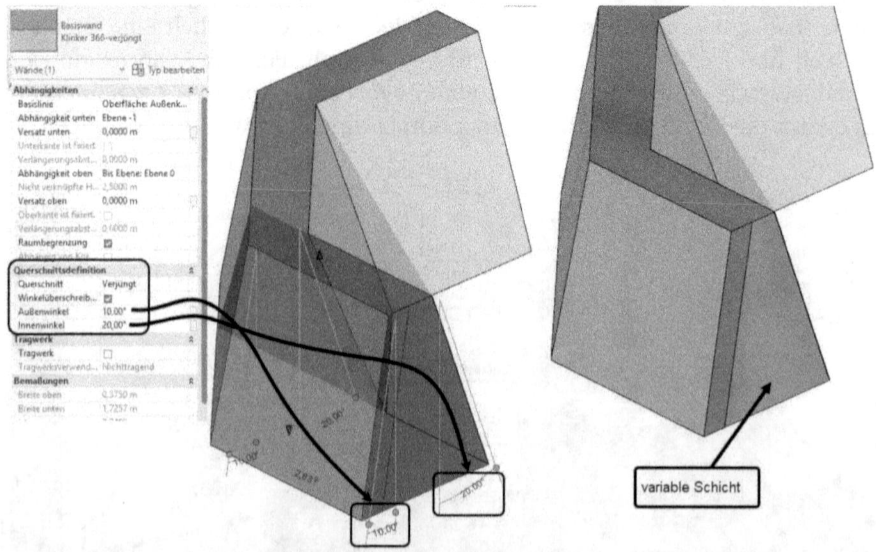

Abb. 3.82: Verjüngte Wand mit Winkeln von 10° bzw. 20°

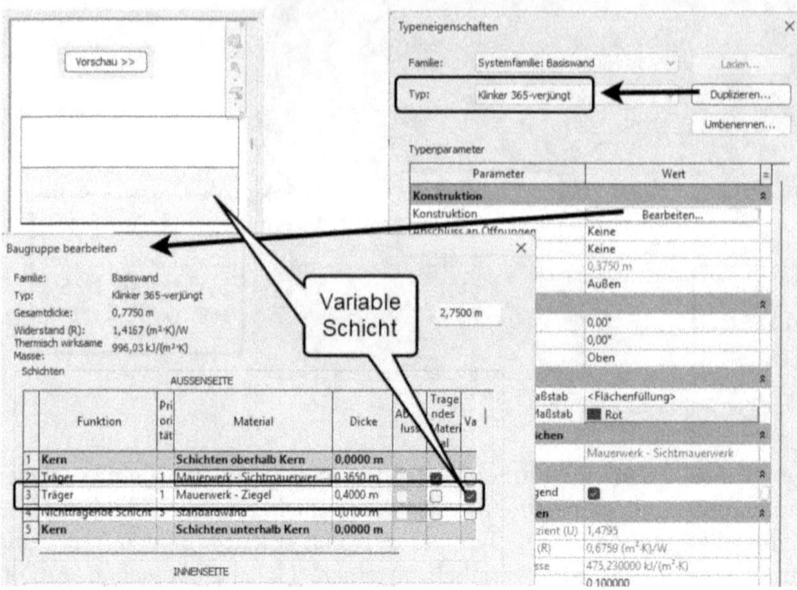

Abb. 3.83: Typ-Einstellungen für verjüngte Wand

3.6 Fenster bearbeiten

3.6.1 Eigenschaften bearbeiten

Da die Fenster im Keller vorerst noch Kopien aus dem Erdgeschoss sind, passen die Abmessungen natürlich nicht zum Keller. Überflüssige Fenster können außerdem gelöscht werden. Es bleiben drei Fenster übrig, für die Sie einen neuen Typ mit den Abmessungen 1260x760 ableiten sollten. Die übrigen Abmessungen sind schnell über die EIGENSCHAFTEN geändert (Abbildung 3.84):

- ABHÄNGIGKEITEN – SCHWELLE/BRÜSTUNG: **1,75**
- alternativ ganz unten unter SONSTIGE – STURZHÖHE: **2,26**

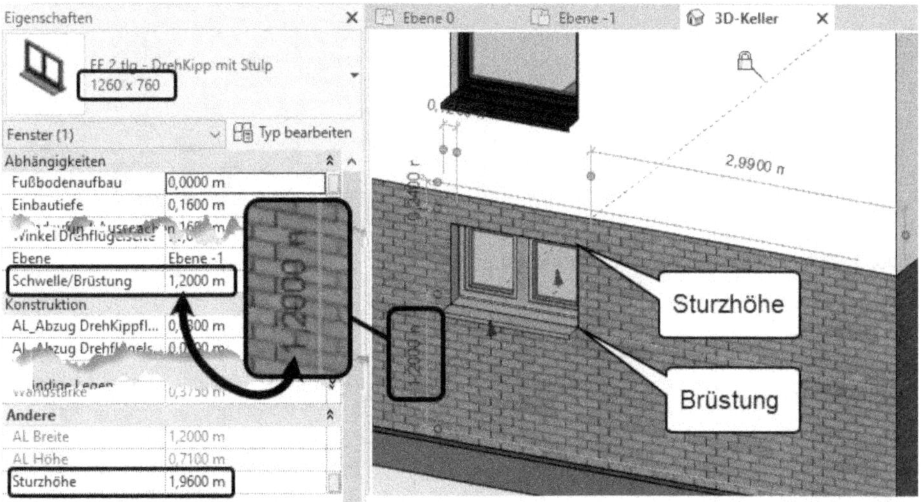

Abb. 3.84: Fenstermaße anpassen

3.6.2 Fenster aus Bibliotheken

In der aktuellen Konstruktion sind standardmäßig nur einige gängige Fenstertypen vorhanden, weitere können Sie sich aus der externen BIM-Bibliothek besorgen. Dazu gehen Sie zu EINFÜGEN|AUS BIBLIOTHEK LADEN und dort zum Werkzeug AUTODESK-FAMILIE LADEN. Hier können Sie unter ARCHITEKTUR – FENSTER aus vielen verschiedenen Unterkategorien die benötigten Typen auswählen und mit LADEN ins aktuelle Projekt einfügen.

Nach dem Laden ist das Fenster in Ihrem Modell verfügbar und kann eingebaut werden. Um Fenstertypen mit anderen Abmessungen zu erhalten, müssten Sie natürlich wieder einen entsprechenden Typ durch DUPLIZIEREN ableiten.

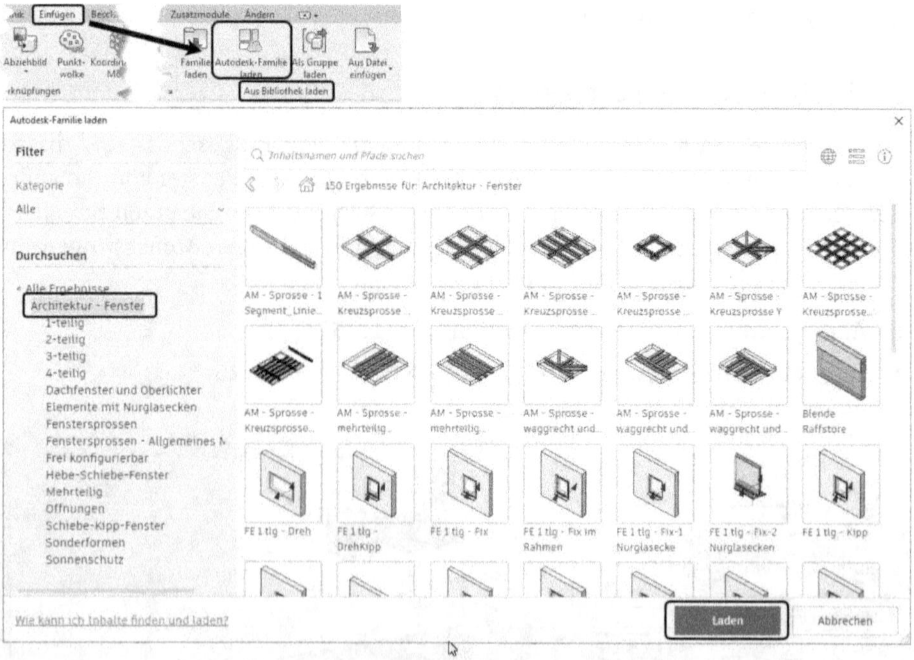

Abb. 3.85: Fenster aus BIM-Bibliothek laden

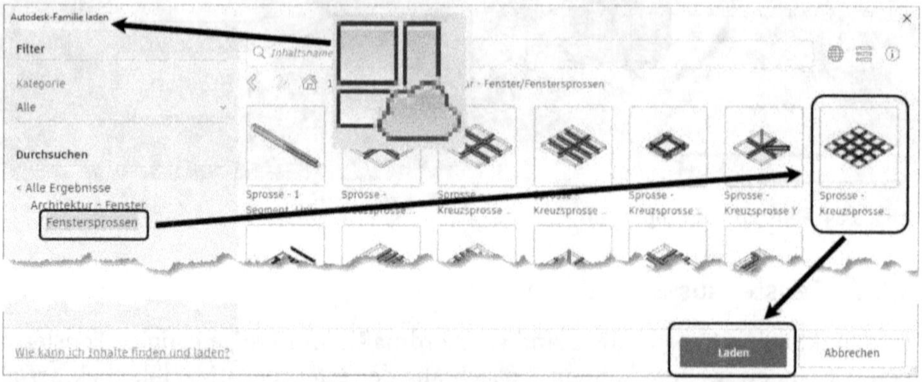

Abb. 3.86: Für Sprossenfenster können auch Sprossenteilungen eingefügt werden.

Für Sprossenfenster sind in der BIM-Bibliothek verschiedene Sprossen-Arrangements in der Unterkategorie FENSTERSPROSSEN vorhanden, die zum Fenster im Modell hinzugefügt werden können. Es gibt dort auch eine Kategorie FENSTERSPROSSEN – ALLGEMEINES MODELL. Letztere können nur mit der Funktion ERSTELLEN|BAUTEIL|BAUTEIL PLATZIEREN positioniert werden.

Während die Fenster üblicherweise in der Grundrissansicht eingefügt werden, ist es nötig, die Sprossen in einer ARBEITSEBENE einzufügen, die in der Fensterscheibe liegt. Dazu sollten Sie zunächst die Sichtbarkeit von Arbeitsebenen allgemein über ANZEIGE aktivieren ❶ und dann die Ebene auf das Fensterglas positionieren ❷. Im Dialogfenster ARBEITSEBENE wählen Sie dazu EBENE AUSWÄHLEN (PK) ❸, dann OK ❹ und klicken danach in einer 3D-Ansicht die Fensterfläche an ❺. Die Arbeitsebene wird zunächst nur in der Größe des Fensters angezeigt, kann aber über die kreisförmigen blauen Griffe für bessere Sichtbarkeit beliebig vergrößert oder verkleinert werden.

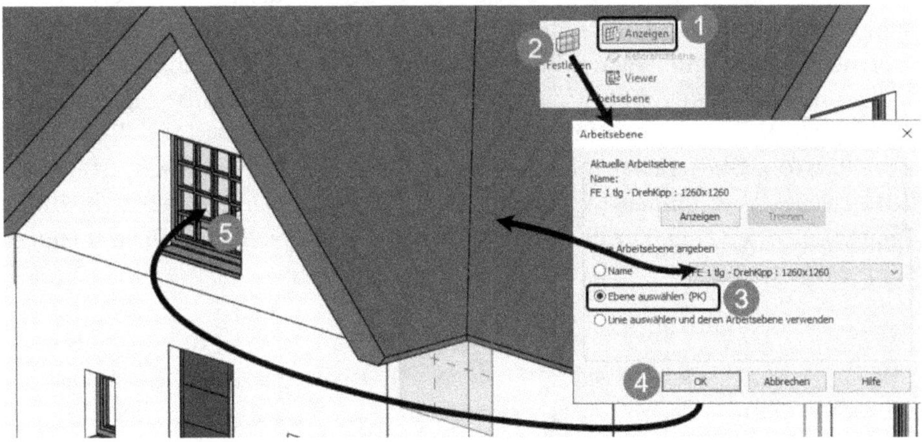

Abb. 3.87: Platzieren von Sprossen am Fenster

In der Arbeitsebene können Sie dann die Sprossen einfügen, ggf. die Größe über die EIGENSCHAFTEN in der Kategorie BEMAẞUNGEN bzgl. BREITE und HÖHE anpassen.

Unter SONDERFORMEN finden Sie bei den Fenstern auch schräge und gebogene Formen (Abbildung 3.88).

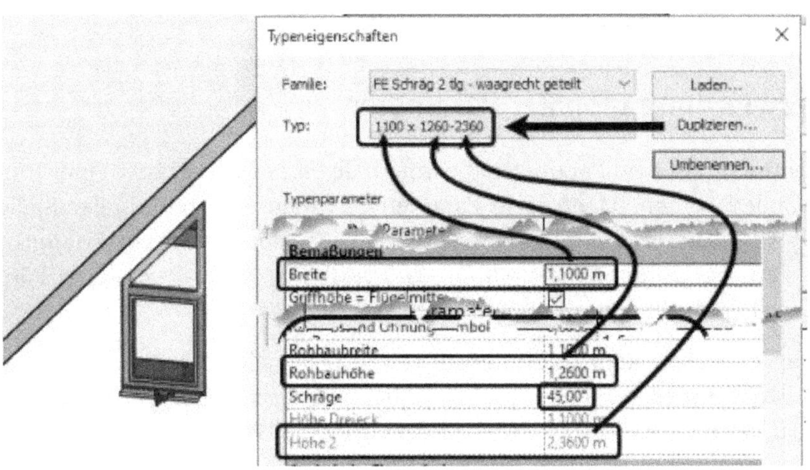

Abb. 3.88: Schräges Fenster mit angepassten Maßen

Die werden hier über Breite und die beiden Höhen klassifiziert. In TYPEIGENSCHAFTEN können Sie aber bei SCHRÄGE den Winkel eingeben und erhalten die zweite Höhe dann berechnet.

3.7 Türen bearbeiten

Da im Keller die Geschosshöhe nur 2,20 m beträgt und die Geschossdecke 20 cm stark ist, bleiben hier als lichte Höhe nur 2 m übrig. Für die Türen müssen deshalb hier neue Typen mit Höhe 1,96 m angelegt werden. Sie können gemäß den Maßen der Abbildung 3.88 leicht positioniert werden. Eine Ausgangstür in der nördlichen Kellerwand kommt neu hinzu. Über EINFÜGEN|AUS BIBLIOTHEK LADEN|AUTODESK-FAMILIE LADEN können Sie unter der Kategorie ARCHITEKTUR – TÜREN viele Typen finden (Abbildung 3.89), die nicht standardmäßig in Ihrem Projekt enthalten sind. Für den Kellereingang wäre vielleicht eine Tür mit Umfassungszarge sinnvoll.

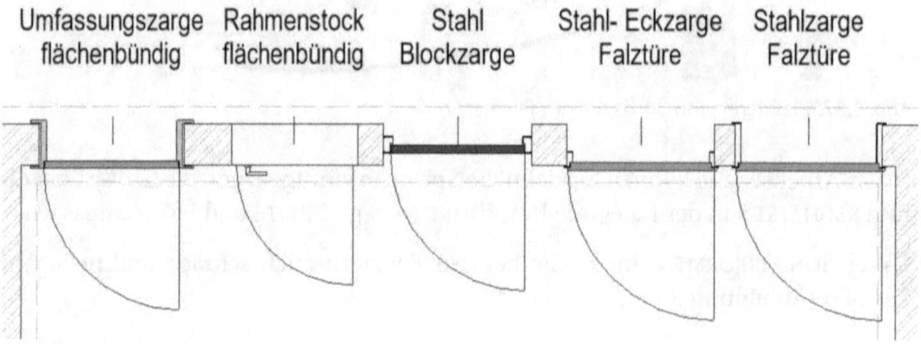

Abb. 3.89: Verschiedene Türtypen

3.8 Verwendung globaler Parameter

Globale Parameter sind Parameter, die innerhalb eines Modells bzw. eines Projekts verwendet werden. Über diese Parameter können Sie an zentraler Stelle bestimmte Werte für das komplette Projekt steuern, beispielsweise die *Brüstungshöhen* der Fenster. Unter VERWALTEN|EINSTELLUNGEN|GLOBALE PARAMETER können Sie diese Parameter verwalten (Abbildung 3.90).

Die globalen Parameter können Sie verwenden, um sie beispielsweise mit Bemaßungen zu verknüpfen (Abbildung 3.91). Markieren Sie die Bemaßung ❶ und wählen Sie unter ÄNDERN|BEMAẞUNGEN in der Gruppe BESCHRIFTUNGSBEMAẞUNG bei <KEINE AUSWAHL> ❷ den gewünschten Parameter ❸ aus. Die verknüpften Maße ❹ können dann später zentral über die Parameterliste auch geändert werden.

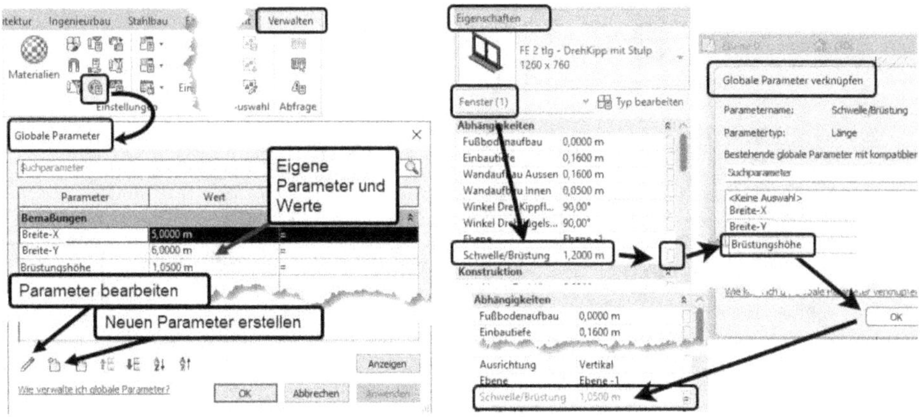

Abb. 3.90: Globale Parameter verwalten und anwenden

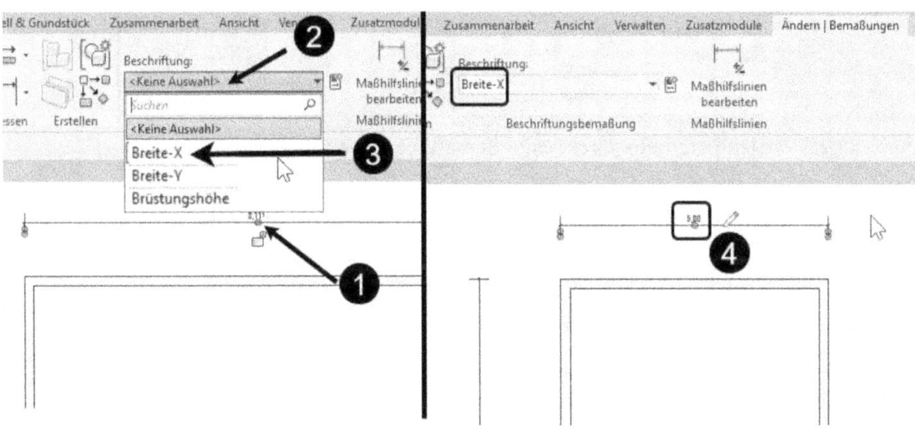

Abb. 3.91: Globalen Parameter für Maße verwenden

Alternativ (Abbildung 3.92) können Sie auch direkt bei markierter Bemaßung ❶ den gewünschten Parameter generieren ❷, ❸, ❹ und dann mit Werten versehen ❺, ❻.

Genauso wie in den EIGENSCHAFTEN, können Sie auch in den Familientypen auf die Parameterliste zugreifen. Beginnen Sie auch hier (Abbildung 3.93) beispielsweise mit der Definition eines Parameters für die **Fensterbreite** ❶. Dann wählen Sie das zu verändernde Fenster ❷, duplizieren es ❸ und geben eine passende Bezeichnung ❹ ein. Unter den Typeigenschaften klicken Sie auch hier ganz rechts bei der **Breite** ❺ in das freie Kästchen ❻ und aktivieren den Parameter **Fensterbreite**.

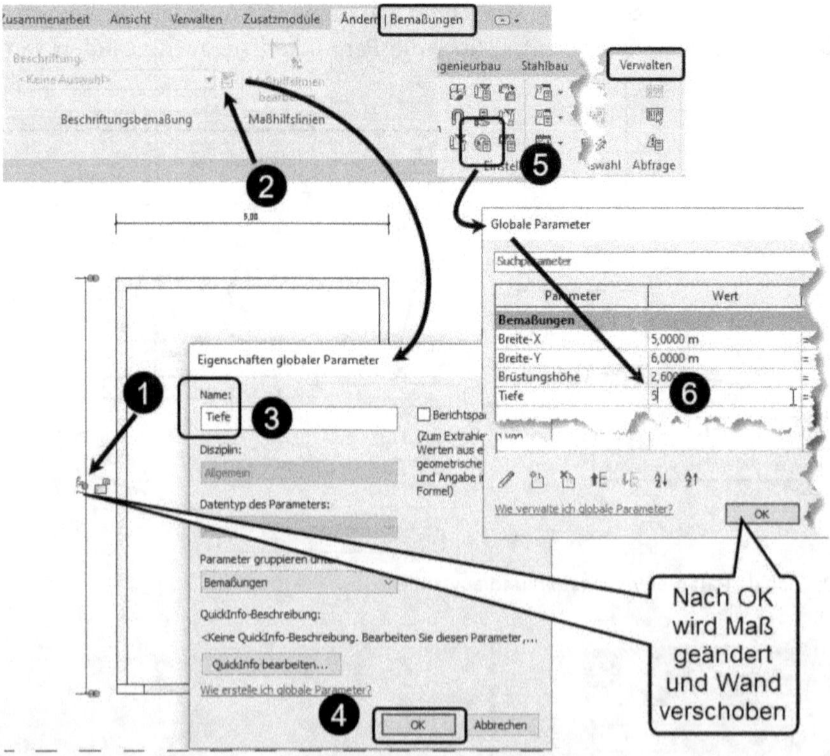

Abb. 3.92: Globalen Parameter direkt einer Bemaßung zuweisen

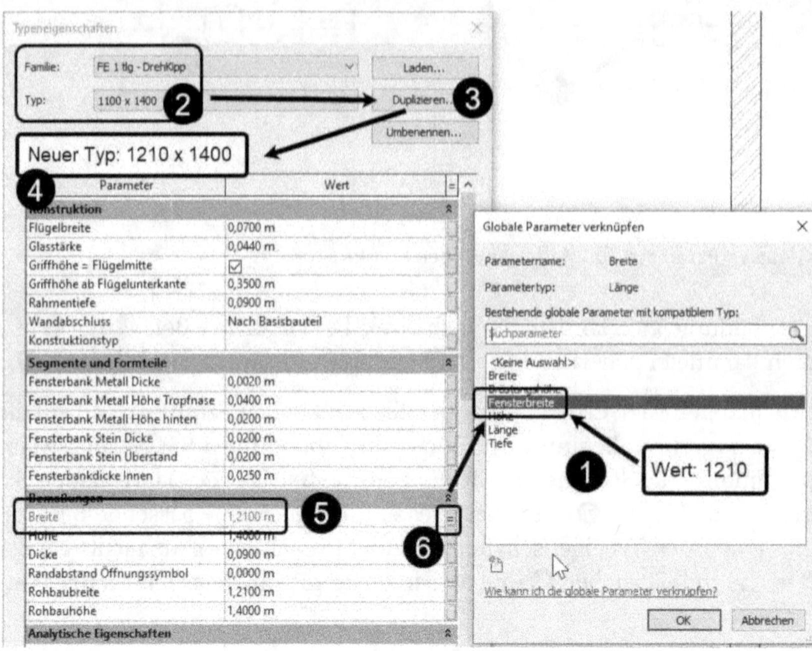

Abb. 3.93: Globalen Parameter in Familientypen verwenden

3.9 Übungsfragen

1. Mit welcher Einstellung in den EIGENSCHAFTEN für eine 3D-Ansicht kann ein dreidimensionaler Ausschnitt erzeugt werden?
2. Welche Funktion haben die Icons rechts unten in der STATUSLEISTE?
3. Wie wird bei der Objektwahl der FENSTER-Modus aktiviert?
4. Mit welchem Werkzeug können Sie unterschiedliche Wandverbindungen an Ecken generieren?
5. Wie klicken Sie die Objekte beim STUTZEN an?
6. Was bewirkt das Werkzeug TRENNEN?
7. Unter welcher Bedingung können Sie Objekte ohne expliziten VERSCHIEBEN-Befehl verschieben?
8. Was macht das Werkzeug MAẞSTAB?
9. Wozu dient das Werkzeug AUSWAHLRAHMEN?
10. Was macht das Werkzeug ELEMENTE VERSCHIEBEN?

Bemaßungen, Höhenkoten, Texte und Beschriftungen

Neben den Zeichenbefehlen und Bearbeitungswerkzeugen spielen die Bemaßungs- und Beschriftungsbefehle eine besonders wichtige Rolle.

4.1 Die Bemaßungsbefehle

Die Bemaßunsgsbefehle werden an verschiedenen Stellen angeboten:

- In der Schnellzugriffsleiste unter ⤢,
- Im Register BESCHRIFTEN und
- Im Register ÄNDERN in der Gruppe MESSEN.

Beim Aufruf eines dieser Befehle wechselt Revit immer ins Register ÄNDERN und zeigt die Befehle rechts in der Erweiterungsgruppe BEMASSUNG an, sowie daneben in einer eigenen Gruppe, die Feineinstellungen, die in den Vorgängerversionen in der OPTIONSLEISTE erschienen.

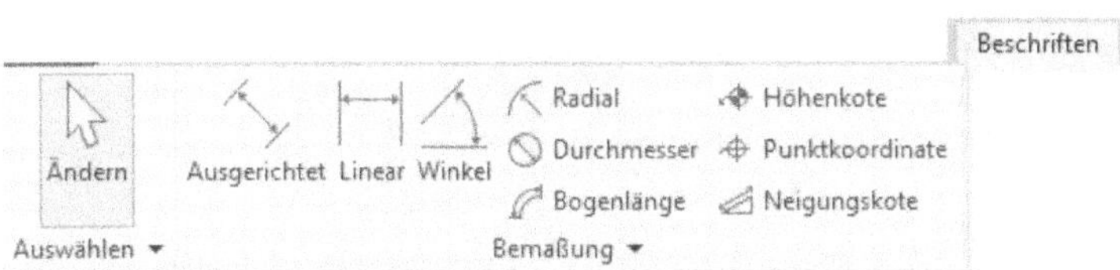

Abb. 4.1: Bemaßungsbefehle im Register BESCHRIFTEN

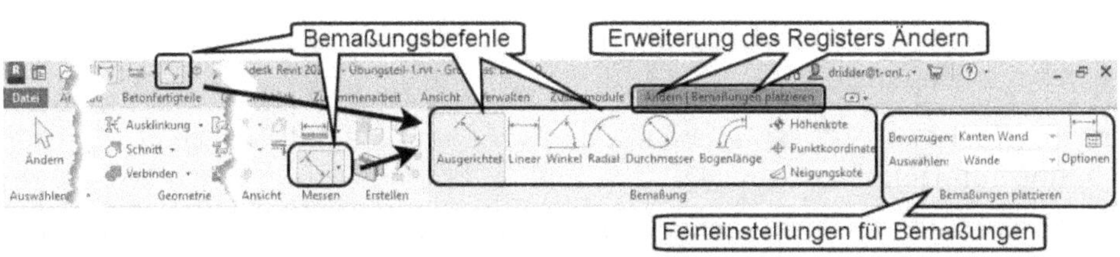

Abb. 4.2: Bemaßungsbefehle und Feineinstellungen

Wie bereits im *vorhergehenden Kapitel* unter der Gruppe ÄNDERN|MESSEN ⤢ erwähnt, ist der wichtigste Bemaßungsbefehl die AUSGERICHTETE BEMASSUNG. Es ist ein universeller Befehl, mit dem *Wände komplett* auch unter Berücksichtigung von

Öffnungen und/oder *Wandverschneidungen* bemaßt werden können. Deshalb ist er auch im SCHNELLZUGRIFF-WERKZEUGKASTEN enthalten.

4.2 Die ausgerichtete Bemaßung

Die AUSGERICHTETE BEMAẞUNG hat zahlreiche Einstellungen in der Erweiterungsgruppe BEMAẞUNGEN PLATZIEREN. Damit ist das der nützlichste Bemaßungsbefehl. Sie können zuerst unter BEVORZUGEN zwischen den zu bemaßenden Kanten wählen:

- ACHSEN WAND
- KANTEN WAND
- ACHSEN TRAGENDE SCHICHT
- KANTEN TRAGENDE SCHICHT

Unter AUSWÄHLEN: können Sie zwischen WÄNDE und REFERENZEN wählen. Bei REFERENZEN wird senkrecht zu den gewählten Kanten eine Bemaßung erstellt. Mit der Option WÄNDE können eine oder mehrere parallele Wände mit allen Details bemaßt werden.

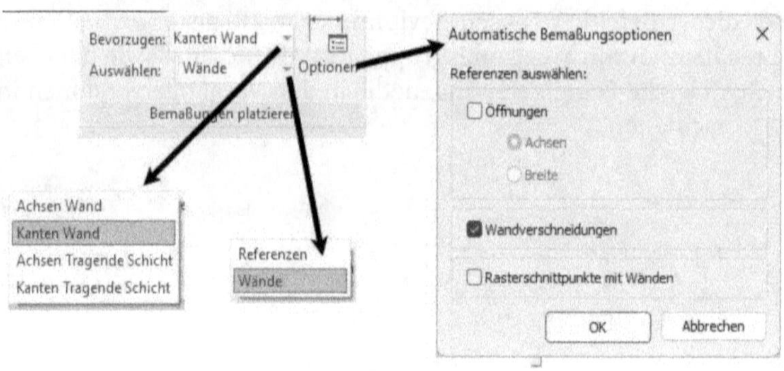

Abb. 4.3: Optionen für AUSGERICHTETE BEMAẞUNG

Für die Option WÄNDE stehen weitere Einstellungen unter der Schaltfläche OPTIONEN zur Verfügung:

- ÖFFNUNGEN – ACHSEN – bemaßt die Wand und die *Mittelachsen* der Fenster- und Türöffnungen.
- ÖFFNUNGEN – BREITE – bemaßt die Wand und die *Breiten* der Fenster und Türöffnungen.
- WANDVERSCHNEIDUNGEN – bemaßt die Wand und die Kanten der damit verbundenen Wände.
- RASTERSCHNITTPUNKTE MIT WÄNDEN – bemaßt die Wand und die Schnittpunkte der Wand mit einem Raster.

4.2.1 Beispiel für ausgerichtete Bemaßung

Als Beispiel wird nun das Erdgeschoss mit der ausgerichteten Bemaßung versehen. Es beginnt mit der obersten Wand und mit den Wandöffnungen.

1. Unter BEVORZUGEN wählen Sie zuerst als zu bemaßende Einzelheit KANTEN WAND oder bei mehrschichtigen Wänden ggf. KANTEN TRAGENDE SCHICHT. Das kann für ein- oder mehrschichtige Wände verwendet werden. Bei einfachen Wänden wie hier würde auch KANTEN WAND reichen, bei mehrschichtigen Wänden wären das die Außenkanten inklusive Dämmung.
2. Unter AUSWÄHLEN können Sie zwischen REFERENZEN und WÄNDE wählen. Bei REFERENZEN wählen Sie jede zu bemaßende Kante einzeln und bemaßen von einer Referenzkante zur zweiten. Bei WÄNDE bemaßen Sie entlang einer oder mehrerer paralleler Wände und die zu bemaßenden Kanten werden automatisch anhand der Konstruktion und der gewählten OPTIONEN ermittelt.
3. Mit der Schaltfläche OPTIONEN sind noch die Wanddetails einzustellen, die in der automatischen Bemaßung berücksichtigt werden sollen.
4. Wenn Tür- und Fensteröffnungen berücksichtigt werden sollen, aktivieren Sie ÖFFNUNGEN. Für die Öffnungen können die ACHSEN oder die BREITE über die Kanten bemaßt werden.
5. Im Beispiel sollen die BREITEN über die Öffnungskanten bemaßt werden.
6. Es können auch die Positionen für die Wandverschneidungen oder für Schnittpunkte mit einem Raster in der Bemaßung erscheinen, aber das wird später in weiteren Maßketten geschehen. Deshalb wird diese Dialogbox mit OK beendet.
7. Nun wird die fragliche *Wand angeklickt* und
8. mit einem weiteren *Klick* die *Position der Maßlinie* festgelegt.
9. Die Bemaßungsfunktion schließen Sie mit zweimal [ESC] ab. Oder Sie geben nur einmal [ESC] ein, um weitere Maßketten zu erstellen.

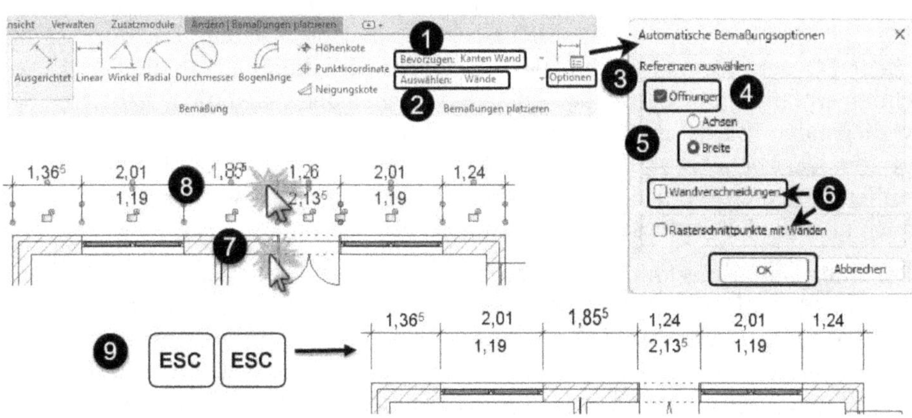

Abb. 4.4: Ausgerichtete Bemaßung einer Wand mit Öffnungen

Vor Drücken der [ESC]-Taste werden die Maße mit kleinen Vorhängeschlössern angezeigt. Die können Sie benutzen, um die Elemente zu *fixieren* (Abbildung 4.5). Damit lassen sich die Fenster dann nicht mehr verschieben. Solange sie nicht fixiert sind, können die Fenster und Türen verschoben werden und die Maße laufen *assoziativ* mit. In der Statusleiste gibt es das Werkzeug ABHÄNGIGKEITEN ANZEIGEN. Damit werden dann abhängige Objekte in Rot markiert angezeigt (Abbildung 4.6).

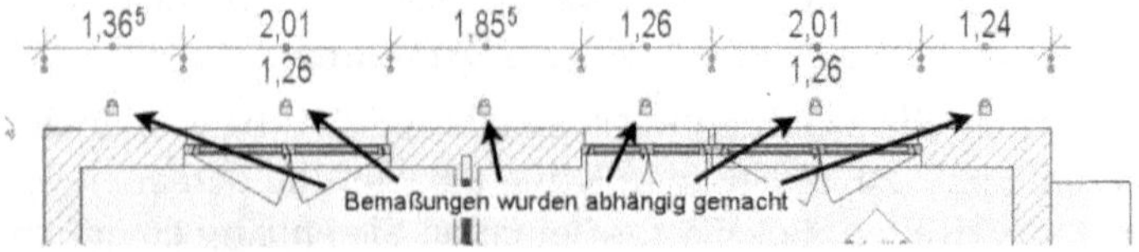

Abb. 4.5: Fixierte Bemaßungen mit geschlossenen Vorhängeschlössern

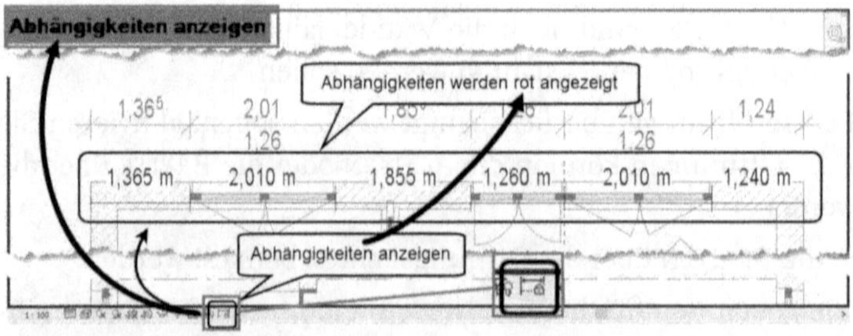

Abb. 4.6: Anzeige abhängiger Elemente

Die Fixierungen der Fenster- und Wandpositionen werden auch angezeigt, wenn ÄNDERN|STEUERELEMENTE|AKTIVIEREN eingeschaltet ist und Sie Wände und Fenster auswählen.

4.2.2 EQ-Bedingung

Oberhalb einer markierten Maßkette erkennen Sie noch ein durchgestrichenes EQ. Das ist die Abkürzung für »EQual«, was »gleich« bedeutet. Das durchgestrichene EQ steht für ungleiche Maße. Mit einem Klick könnte man die Durchstreichung entfernen und damit die Abstände zwischen den Hilfslinien egalisieren. Im vorliegenden Fall würde das nicht komplett funktionieren, weil Fenster- und Türbreiten nicht beliebig variiert werden können. Falls die Fensterbreiten über die Familien-EIGENSCHAFTEN als Elementparameter eingestellt werden, könnten sie auch über die EQ-Bemaßung gesteuert werden.

Bei einer Bemaßung mit der Option ÖFFNUNGEN|ACHSEN lässt sich die Lage der Fenster über die EQ-BEMAßUNG steuern (Abbildung 4.7). Es wurde eine 10 m lange Wand gezeichnet und darin wurden dann vier Fenster beliebig positioniert. In der AUSGERICHTETEN BEMAßUNG wurde EQ aktiviert. Die Beschriftung wird erst wieder sinnvoll, wenn in den Eigenschaften EQ-TEXT aktiviert wird. Damit werden die einzelnen Segmentlängen angezeigt. Eine weitere Option wäre die EQ-FORMEL. Damit wird aber zunächst nur die Gesamtlänge angezeigt.

Die EQ-Formel kann über den Bemaßungstyp noch gestaltet werden. Sie finden sie in den Typeigenschaften ganz untern unter Sonstige. Nach Anklicken von Gesamtlänge können noch Anzahl Segmente und Segmentlänge hinzugefügt werden. Dazwischen können Sie noch das Gleichheitszeichen und das Multiplikationszeichen als Suffixe einbauen, um dann eine brauchbare Formel zu erhalten (Abbildung 4.8).

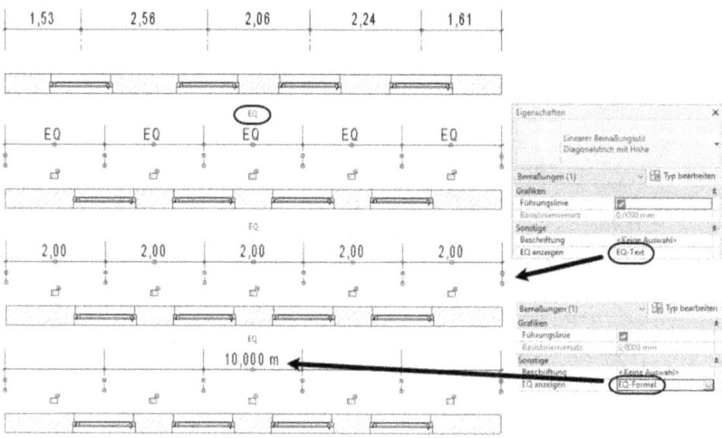

Abb. 4.7: Maßabstände gleichsetzen

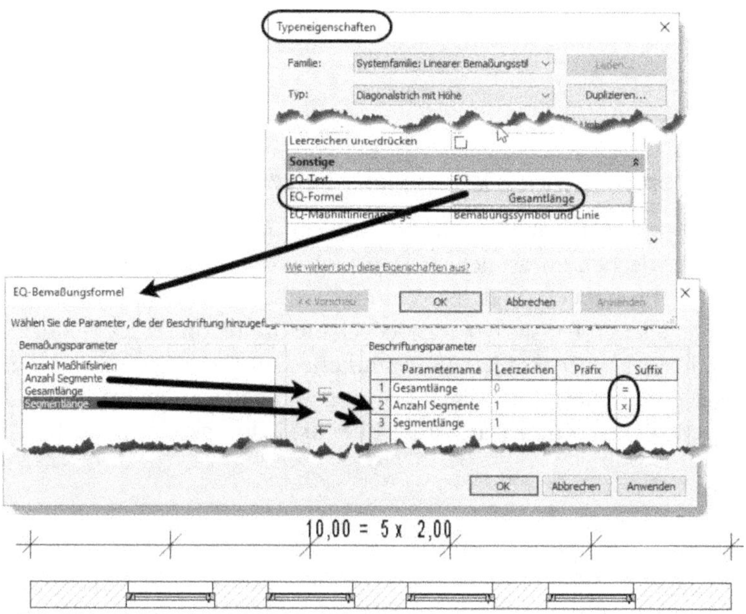

Abb. 4.8: Gestaltung der EQ-Formel

Die Anzahl der Nachkommastellen der EQ-FORMEL wird hier über die PROJEKTEINHEITEN gesteuert. Diese können Sie unter VERWALTEN|EINSTELLUNGEN|PROJEKTEINHEITEN nach Klick auf die LÄNGENEINHEIT (Abbildung 4.9) so einstellen, dass nicht zu viele Nachkommastellen angezeigt werden.

Auch können Sie hier das FORMAT auf METER und ZENTIMETER einstellen, sodass die Maße zwar grundsätzlich in Metern angegeben werden, aber die Werte unter 1 m in Zentimetern. Bei NEIGUNG ist evtl. anstelle der Anzeige in GRAD die Angabe als VERHÄLTNIS, PROZENT oder STICHMAß erwünscht.

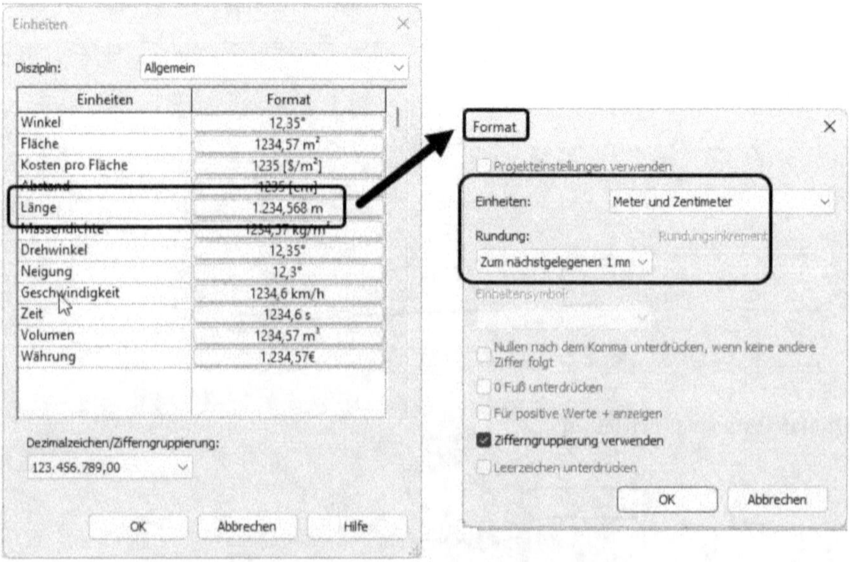

Abb. 4.9: Projekteinheiten einrichten

4.2.3 Fensterbreiten und Wandlängen gleichsetzen

Es ist auch möglich, eine gleichmäßige Anordnung mit identischen Festerbreiten und Wandstücken dazwischen zu erreichen. Dafür ist es allerdings nötig, dass die Fensterbreite ein EXEMPLARPARAMETER ist, der im EIGENSCHAFTEN-MANAGER erscheint. Für die vorgegebenen Fenstertypen ist jedoch die Breite immer als FAMILIENPARAMETER im Typ festgelegt. In Kapitel 15 »Familieneditor« wird gezeigt, wie ein solcher Parameter in einen EXEMPLARPARAMETER umgewandelt werden kann. Damit sind dann auch gleiche Fenster- und Wandbreite über die EQ-Funktion möglich.

4.2.4 Bemaßungsstil

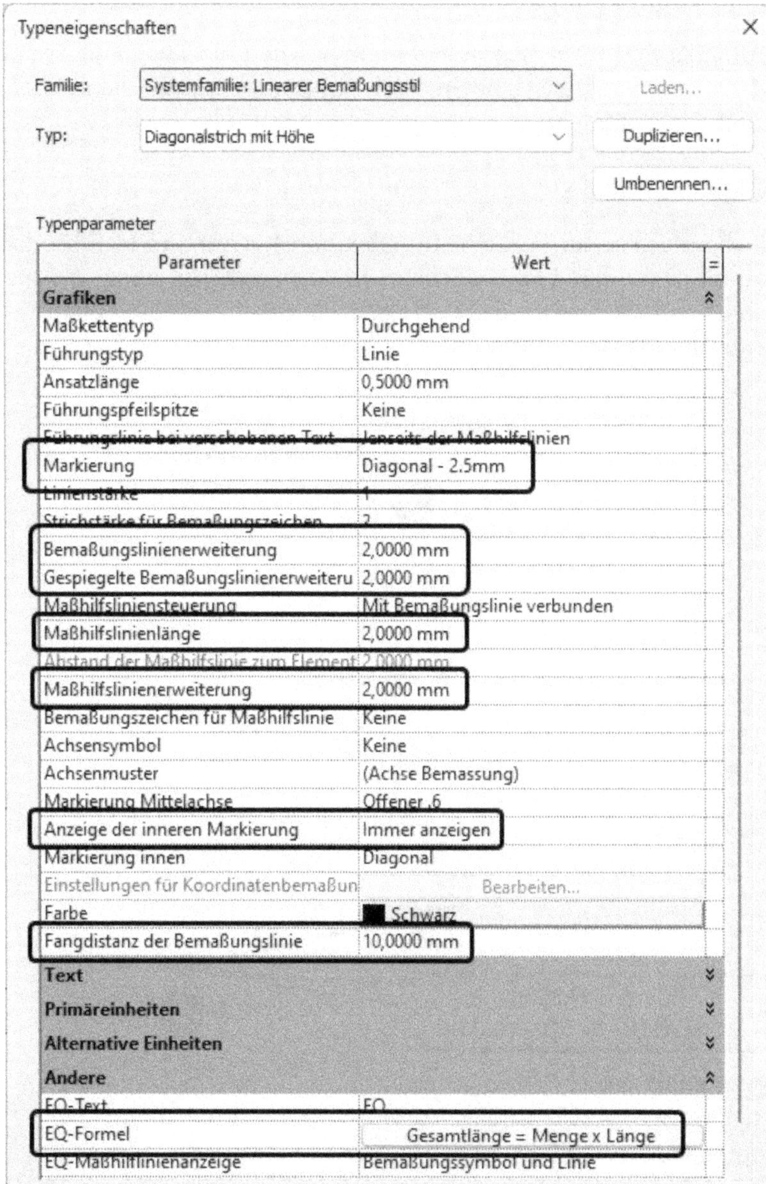

Abb. 4.10: Einstellungen für den Bemaßungsstil

Die Gestaltung des Bemaßungsstils erfolgt über BESCHRIFTEN|BEMAßUNG ▾ |LINEARE BEMAßUNGSTYPEN. Das Maßpfeilsymbol finden Sie unter MARKIERUNG und sollte Diagonal - 2,5 mm betragen. Die BEMAßUNGSLINIENERWEITERUNGEN, MAßHILFSLINIENLÄNGE und MAßHILFSLINIENERWEITERUNG sollten normgemäß

2 mm betragen. Wenn die inneren Maßpfeilsymbole einer Maßkette auch als Schrägstriche erscheinen sollen, wählen Sie unter ANZEIGE DER INNEREN MARKIERUNG die Option IMMER ANZEIGEN.

Die FANGDISTANZ DER BEMAẞUNGSLINIE steuert, in welchen Abständen die zweite und weitere Maßketten automatisch zueinander einrasten, wenn Sie sie mit dem Cursor dynamisch positionieren.

4.2.5 Maßkette bearbeiten

Ein Fehler fällt aber noch in der Maßkette in Abbildung 4.11 auf: Ein Maß hat den Wert *0*. Das kommt daher, dass hier ein Fenster direkt an eine Tür grenzt. Normalerweise wäre noch ein Wandstück dazwischen. Sie müssen in solch einem Fall eine Hilfslinie aus der Maßkette entfernen.

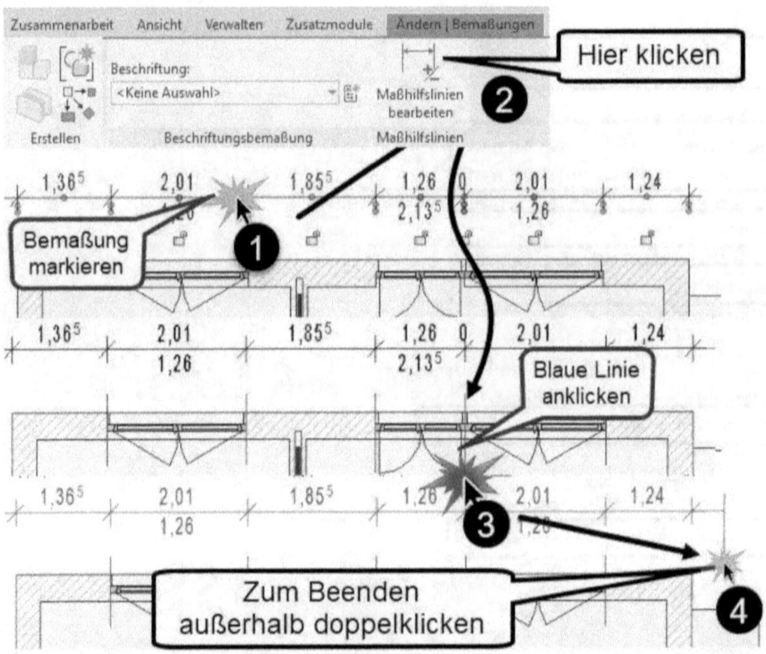

Abb. 4.11: Maßhilfslinie entfernen

1. Dazu markieren Sie die Maßkette und
2. aktivieren in der Multifunktionsleiste MAẞHILFSLINIEN BEARBEITEN. Dieses Werkzeug erlaubt Ihnen, durch Anklicken von Kanten Hilfslinien hinzuzufügen, wenn diese Kante noch nicht bemaßt ist, oder Hilfslinien zu entfernen, falls diese Kante schon bemaßt ist.
3. Klicken Sie also auf die Kante zwischen Tür und Fenster, um das Null-Maß zu entfernen.

4. Um die Bearbeitung der Maßkette *abzuschließen, doppelklicken Sie an einer Stelle* neben der Konstruktion, wo keine Elemente liegen. Sie dürfen auf keinen Fall die Bearbeitung mit ABBRUCH oder [ESC] beenden. Das wirkt hier nicht!

4.2.6 Weitere Maßketten

Die nächste Maßkette soll die Wandverschneidungen enthalten. Hierfür sind nur in der Erweiterungsgruppe BEMASSUNGEN PLATZIEREN unter OPTIONEN die ÖFFNUNGEN aus- und die WANDVERSCHNEIDUNGEN einzuschalten. Dann klicken Sie wieder die Wand an und positionieren die neue Maßlinie. Dabei werden Sie bemerken, dass die Maßkette in einem festen Abstand von der ersten automatisch etwas einrastet. Dieser Abstand entspricht bei maßstäblicher Ausgabe später einem Abstand von 10 mm (Abbildung 4.12).

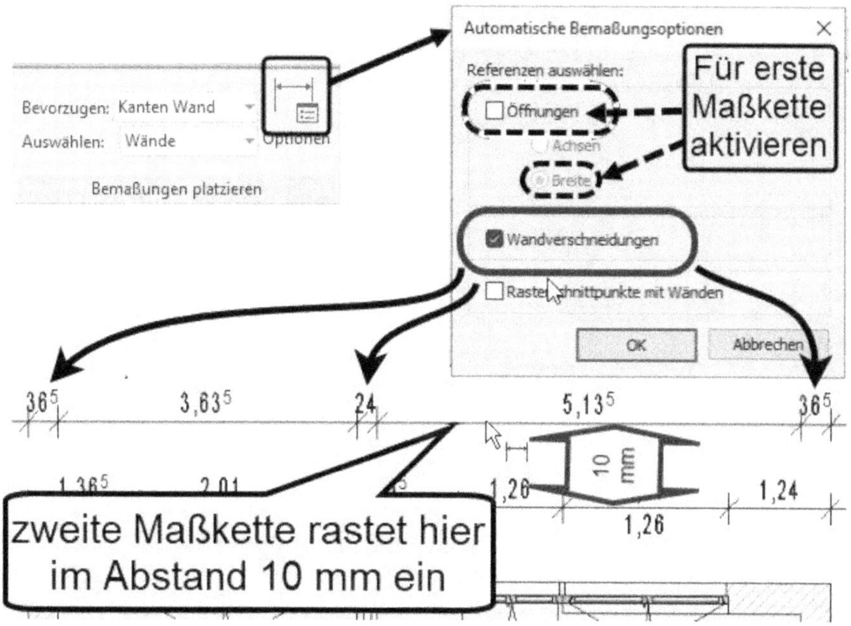

Abb. 4.12: Zweite Maßkette für Wandverschneidungen

Eine dritte und vierte Maßkette enthält wieder für die nächste Innenwand die ÖFFNUNGEN und WANDVERSCHNEIDUNGEN. Sie werden nach obigem Muster erstellt. Für die letzte Maßkette werden sowohl ÖFFNUNGEN als auch WANDVERSCHNEIDUNGEN unter OPTIONEN abgeschaltet, um das Gesamtmaß zu erhalten.

Für die letzte Maßkette gibt es eine zweite Möglichkeit. Sie können in der Erweiterungsgruppe unter AUSWÄHLEN: die Variante REFERENZEN aktivieren, um beliebige Kanten für die Bemaßung direkt zu wählen. Nun klicken Sie die senkrechten Wandkanten an ❶, ❷ und danach die Position für die Maßkette ❸.

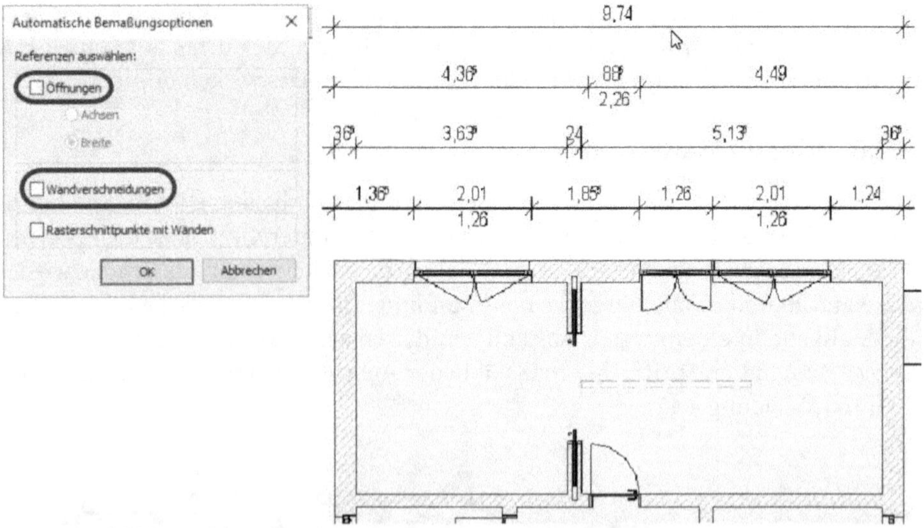

Abb. 4.13: Oberste Maßkette *ohne* ÖFFNUNGEN und *ohne* WANDVERSCHNEIDUNGEN

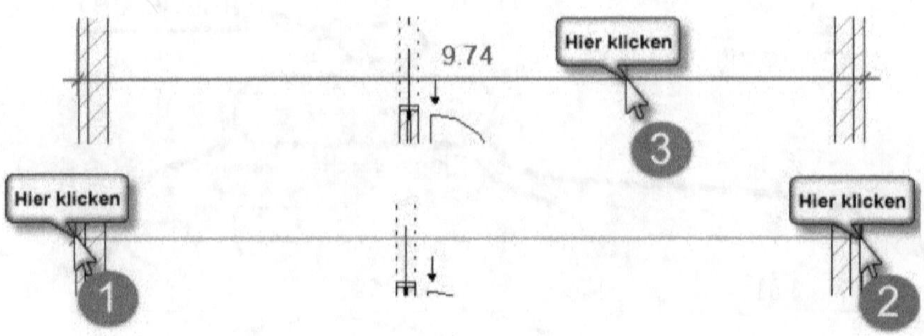

Abb. 4.14: Bemaßung mit AUSWÄHLEN: REFERENZEN

Mit der Option REFERENZEN können nicht nur die Kanten bemaßt werden, die auch von der automatischen Bemaßung erfasst werden, sondern jede Kante. So kann beispielsweise ein einzelnes Fenster noch mit den Maßen für den Fensterrahmen versehen werden (Abbildung 4.15).

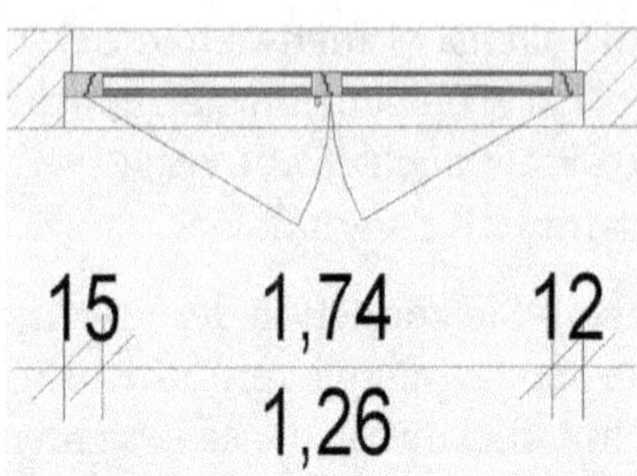

Abb. 4.15: Bemaßung eines Fensterrahmens mit AUSWÄHLEN: *Option* REFERENZEN

Zur Bemaßung schräger Wände kann auch die Option REFERENZEN benutzt werden, nur müssen Sie dann zur Wahl der *Eckpunkte* mit der [Tab]-Taste so lange weiterschalten, bis die Eckpunktpositionen automatisch gewählt werden (Abbildung 4.17).

4.2.7 Bemaßung mit Referenzlinie

Die ausgerichtete Bemaßung kann auch für viele Maße in Schnittansichten verwendet werden, weil dort auch die passenden Endpunkte automatisch vom Objektfang gefangen werden. Im Beispiel aus Abbildung 4.17 können die meisten Maße am Dach direkt mit der ausgerichteten Bemaßung erstellt werden. Nur für die Kniestockhöhe ist es nötig, vorher mit ARCHITEKTUR|ARBEITSEBENE|REFERENZEBENE eine Referenzlinie vom Endpunkt der Wandkante waagerecht herüberzuziehen.

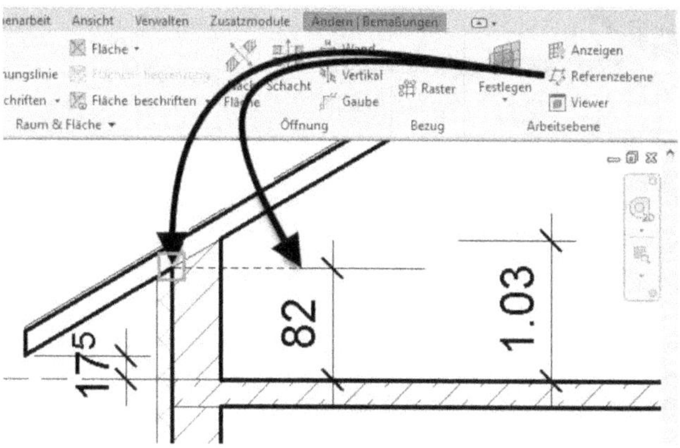

Abb. 4.16: Referenzlinie für die Kniestock-Bemaßung

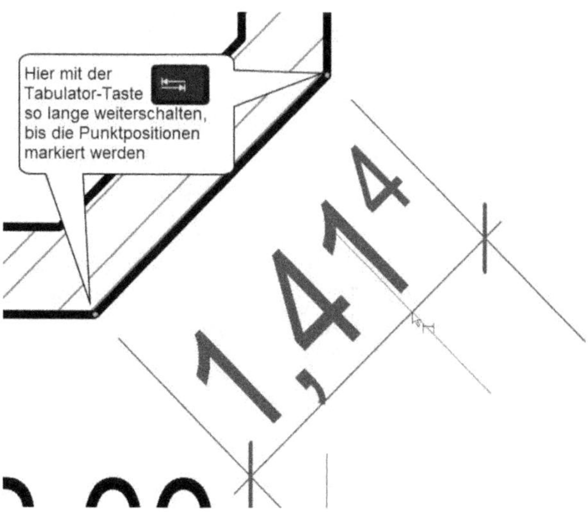

Abb. 4.17: Bemaßung schräger Kanten über Eckpunkte

Die Bemaßungen sollten Sie auf der Geschoss-Ebene beginnen, weil Sie sonst leicht falsch starten, nämlich lotrecht zum schrägen Dach. Dass die Bemaßung für die anderen beiden Bemaßungen oben exakt einrastet, wird leider nicht durch die bekannten großen Objektfangsymbole angedeutet. Das muss man entweder beim Arbeiten dadurch spüren, dass es einen kleinen Ruck beim Ziehen der Bemaßung gibt, oder man zoomt sehr stark und findet dann in der dicken Linienstärke ein kleines Pünktchen. Das ist das Symbol für den exakten Objektfang. Auf dem Bildschirm erscheint es dunkelblau und ist auch nur zu sehen, wenn oben im SCHNELLZUGRIFF-WERKZEUGKASTEN das Werkzeug FEINE LINIEN *abgeschaltet* ist.

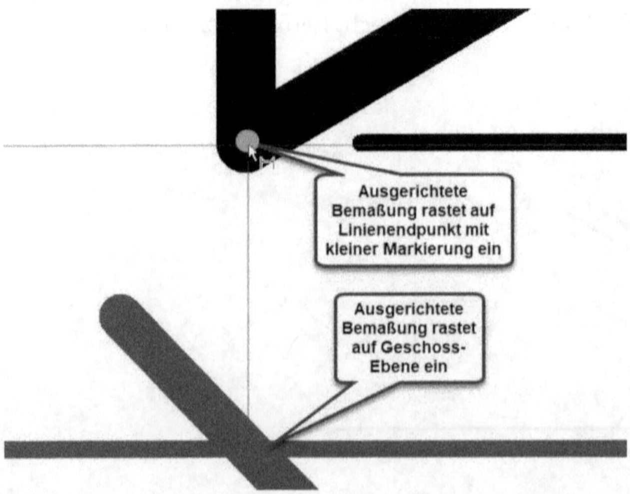

Abb. 4.18: Exakter Punktfang kann sichtbar gemacht werden.

Hinweis

Die REFERENZEBENE: Bei dieser Funktion geben Sie einen Start- und einen Endpunkt ein, wie für eine normale Linie. In Wirklichkeit entsteht aber eine *Ebene*, die dann in mehreren Ansichten sichtbar gemacht werden kann. Die wie eine Linie in der Geschossebene 0 gezeichnete REFERENZEBENE erstreckt sich also senkrecht zur Ebene 0 über das gesamte Projekt und ist dann auch in den übrigen Ebenen und auch den DECKENPLÄNEN sichtbar. Auch eine REFERENZEBENE in einer Ansicht OST kann mit SICHTBARKEIT/GRAFIKEN in der Ansicht WEST sichtbar gemacht werden.

4.3 Die lineare Bemaßung

Mit der linearen Bemaßung können Sie in allen 2D-Ansichten arbeiten. Sie können damit linienartige Elemente, Kanten und auch Punktpositionen anklicken, die temporär als kleine blaue gefüllte Kreise angezeigt werden (Abbildung 4.19). Die LINEARE BEMAẞUNG können Sie wie auch die AUSGERICHTETE BEMAẞUNG mit Option REFERENZ in anderen 2D-Ansichten anwenden (Abbildung 4.20).

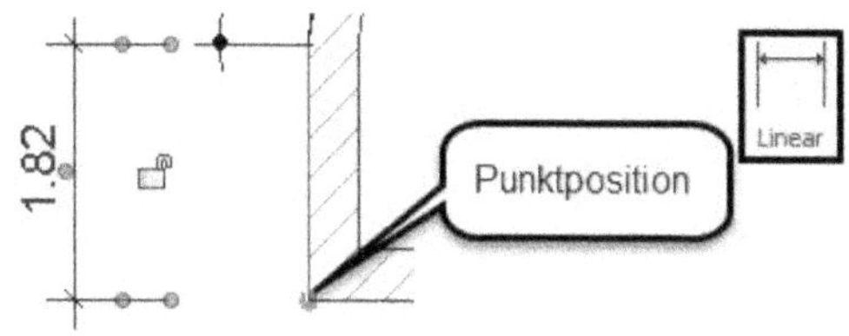

Abb. 4.19: Lineare Bemaßung durch Anklicken von Punktpositionen

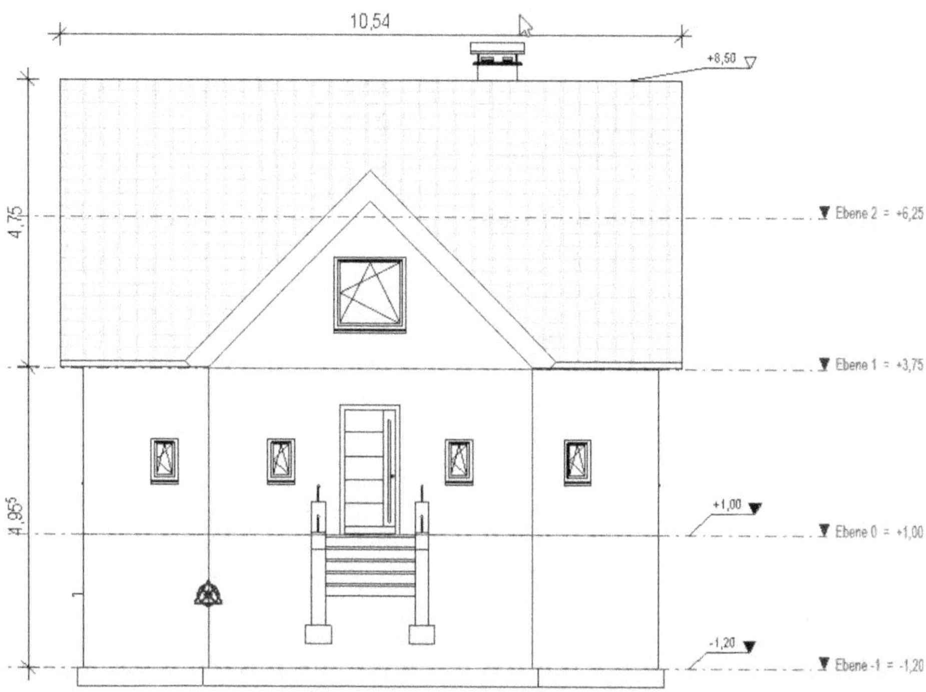

Abb. 4.20: LINEARE BEMAẞUNG in ANSICHT SÜD

4.3.1 Maßtexte ergänzen

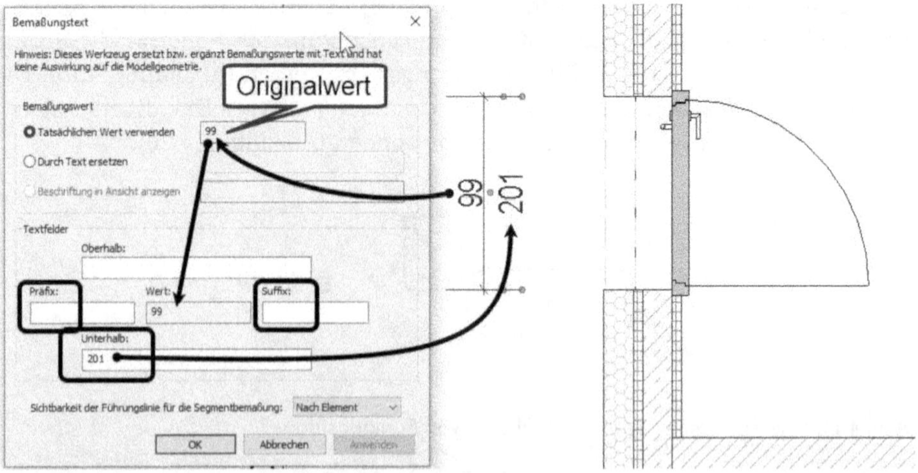

Abb. 4.21: Linearbemaßung durch Türhöhe ergänzt

Jeder Maßtext kann nach Doppelklick noch ergänzt werden. Ein Überschreiben der automatisch ermittelten Maßzahlen ist nicht möglich, aber es können noch Ergänzungen als Präfix oder Suffix davor und dahinter gesetzt sowie Texte oder Zahlen darunter angebracht werden. Das Originalmaß kann auch durch einen reinen Text ersetzt werden, aber nicht durch eine andere Zahl. Ziffern mit Dezimalkomma oder Dezimalpunkt sind beide hier nicht möglich. Mit einer Ergänzung unter dem Maßtext ist es so möglich, ein reines lineares Maß zur Fenster- oder Türbemaßung zu erweitern. Allerdings wäre dann meist noch die Textposition manuell etwas zu korrigieren.

4.4 Winkelbemaßung

Mit der Winkelbemaßung können Sie Winkel zwischen linearen Kanten in 2D-Ansichten erstellen (Abbildung 4.22). Mithilfe von Referenzlinien können Sie die Winkelbemaßung auch für die Dachneigung verwenden (siehe Abschnitt 4.9, »Neigungskote«).

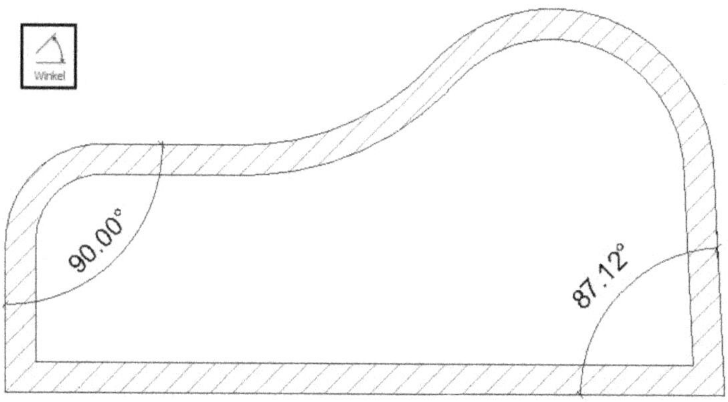

Abb. 4.22: Winkelbemaßungen zwischen linearen Wandkanten

Wenn keine linearen Kanten vorhanden sind, müssen entsprechende Hilfskonstruktionen mit BESCHRIFTEN|DETAIL|DETAILLINIE erstellt werden (Abbildung 4.23). Danach können diese Kanten wieder mit Winkelbemaßungen versehen werden (Abbildung 4.24).

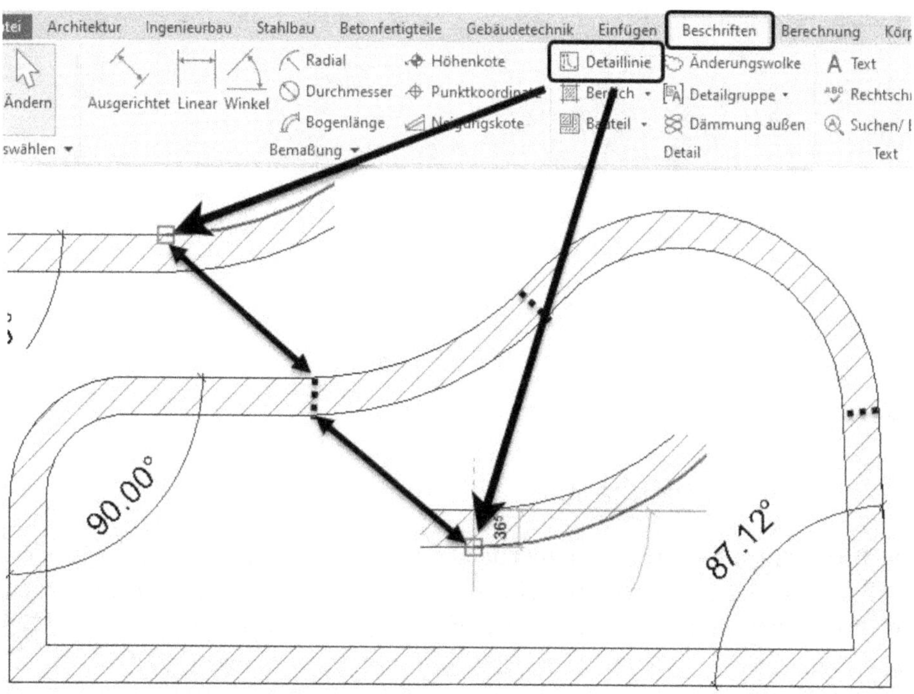

Abb. 4.23: Hilfslinien für Winkelbemaßungen

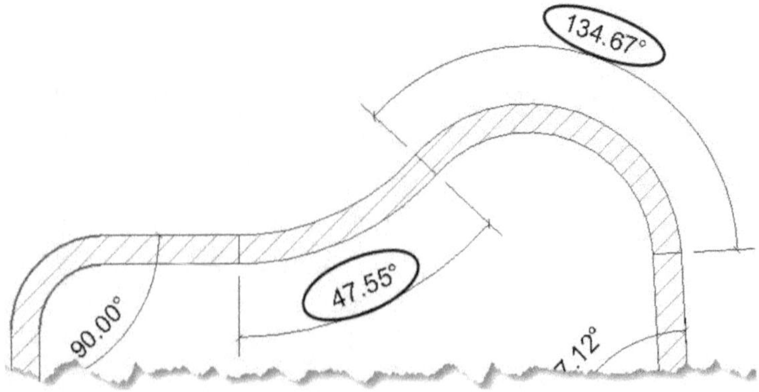

Abb. 4.24: Winkelbemaßungen mit Hilfsgeometrien

4.5 Radius- und Durchmesserbemaßungen

Radius- und Durchmesserbemaßungen können unkompliziert auf radiale Kanten angewendet werden.

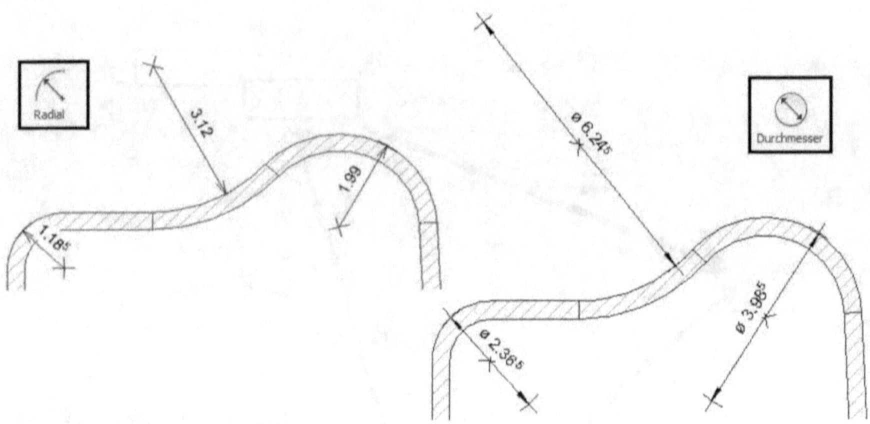

Abb. 4.25: Radius- und Durchmesserbemaßungen

4.6 Bogenlängenbemaßung

Die Bogenlängenbemaßung verlangt nicht nur das Anklicken eines Bogens, sondern auch die Wahl von begrenzenden Linien. Dann ist es bei aufeinanderfolgenden Bögen wie bei der Winkelbemaßung nötig, Hilfslinien zu erstellen (Abbildung 4.26).

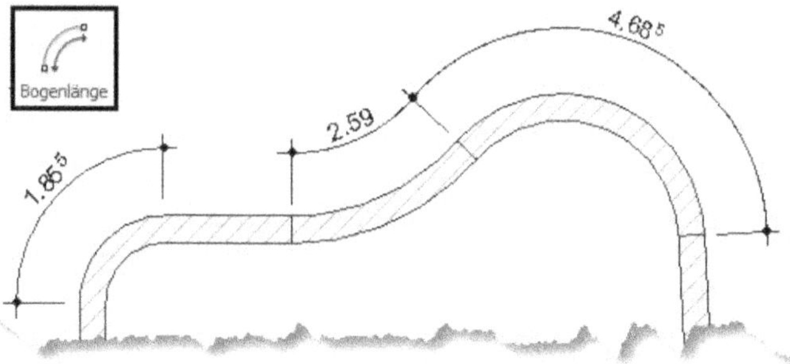

Abb. 4.26: Bogenbemaßungen mit und ohne Hilfsgeometrien

4.7 Höhenkoten

Die HÖHENKOTEN ❶ dienen zum Anzeigen der Höhenlagen von Geschossdecken, Trägern und anderen Kanten. Die Koten können mit oder ohne Führungslinie erstellt werden und die FÜHRUNGSLINIE kann optional einen KNICK besitzen. Beides wird in der Erweiterungsgruppe eingestellt (Abbildung 4.27).

Die Art der FÜHRUNGSLINIE wird in der Typenwahl unter EIGENSCHAFTEN ausgewählt ❷. Die üblichen Typen sind SCHNITT – GEFÜLLT und SCHNITT – LEER für die Oberkanten einer Roh- und Fertigdecke. Für Träger gibt es eine Variante SCHNITT – SEEHÖHE DEU – NN für die absolute Höhe im Projekt.

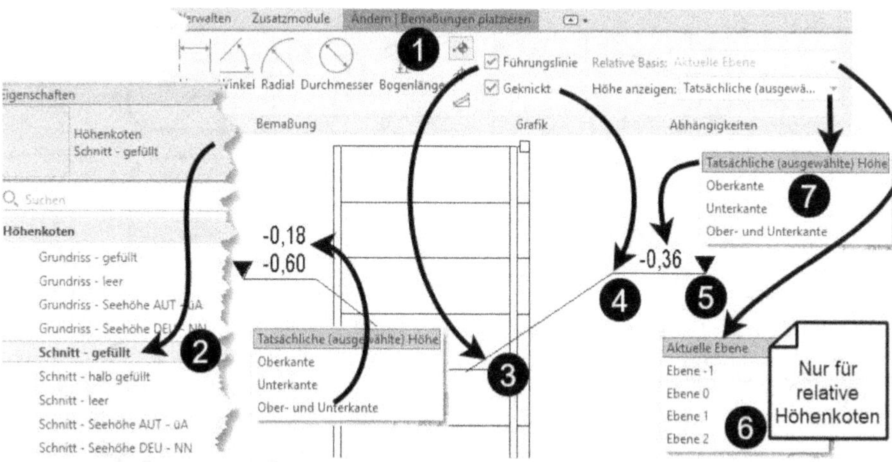

Abb. 4.27: Höhenkoten

Die normale Höhenkote mit Führungslinie wird über drei Klicks erstellt. Zuerst wird das Element angeklickt ❸, dann die Knickposition ❹ und schließlich die Position für Symbol und Maßzahl ❺.

Unter den TYPENEIGENSCHAFTEN können Sie bei den Höhenkoten unter TEXT|URSPRUNG zwischen VERMESSUNGSPUNKT, PROJEKT-BASISPUNKT und RELATIV wählen. Die normale Einstellung wäre PROJEKT-BASISPUNKT, also der Nullpunkt des Projekts. Bei VERMESSUNGSPUNKT wird die absolute Höhe unter Berücksichtigung des aktuellen Standorts aus VERWALTEN|PROJEKTPOSITION|STANDORT verwendet, die auf München mit 519 m voreingestellt ist. Wenn Sie RELATIV wählen, können Sie in der Gruppe ABHÄNGIGKEITEN unter RELATIVE BASIS auswählen ❻, welches Geschoss als Bezugshöhe dienen soll (Abbildung 4.28).

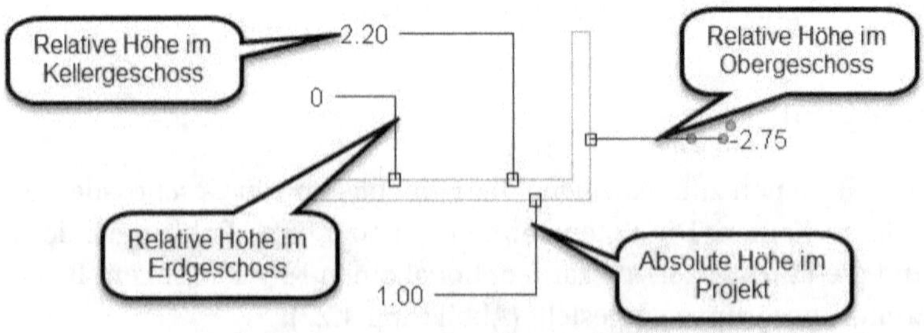

Abb. 4.28: Absolute und relative Höhenangaben für Träger unter dem Erdgeschoss

Für Objekte in der Grundrissansicht können Sie unter HÖHENWERTE ANZEIGEN ❼ noch zwischen Ober- und Unterkante wählen (Abbildung 4.27).

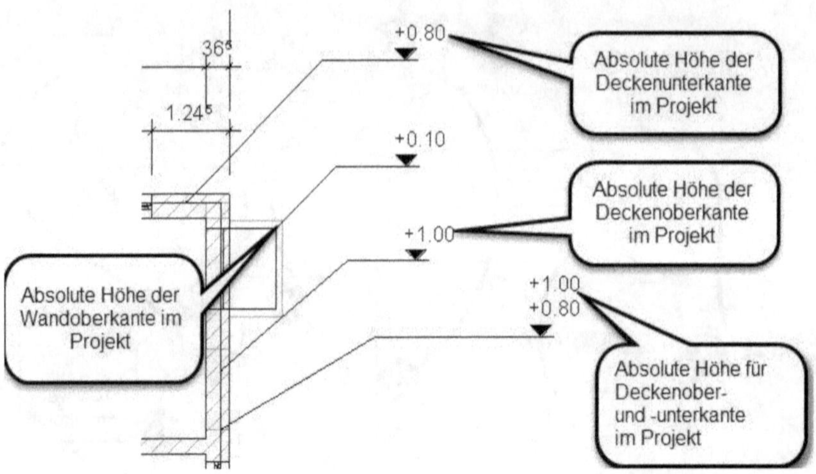

Abb. 4.29: Absolute Höhenkoten für Ober- und Unterkanten

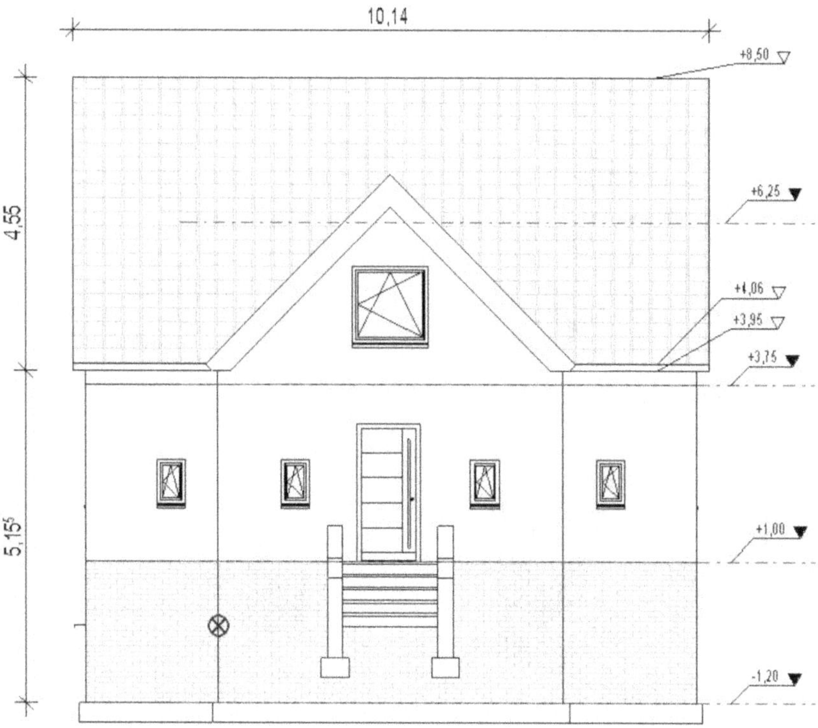

Abb. 4.30: Verschiedene Höhenkoten in der ANSICHT SÜD

4.8 Punktkoordinate

Mit PUNKTKOORDINATE können Sie sich die Koordinaten eines Punkts in der Draufsicht anzeigen lassen. Der Typ nennt sich allerdings HÖHENKOORDINATE. Dabei wird der Abstand des Punkts vom PROJEKT-BASISPUNKT in x- und y-Richtung mit Angabe der Himmelsrichtungen oder der x- und y-Koordinaten angezeigt. Die Höhe kann zusätzlich je nach gewähltem Typ angezeigt werden (Abbildung 4.31).

Punktkoordinaten sind auch in einer 3D-Ansicht oder Seitenansicht mit Höhenangabe möglich (Abbildung 4.32).

Falls bei der Z-Koordinate anstelle des Werts nur ein Fragezeichen angezeigt wird, hat das gewählte Bezugsobjekt keine eindeutige Z-Koordinate wie beispielsweise eine zur Ansicht senkrechte Wandkante. Hier müssten Sie dann mit der [Tab]-Taste zu einem anderen Bezugsobjekt weiterblättern.

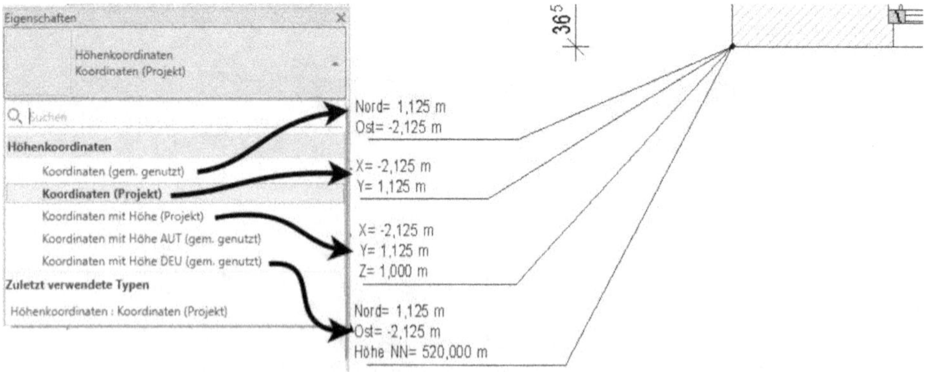

Abb. 4.31: Punktkoordinaten mit verschiedenen Varianten

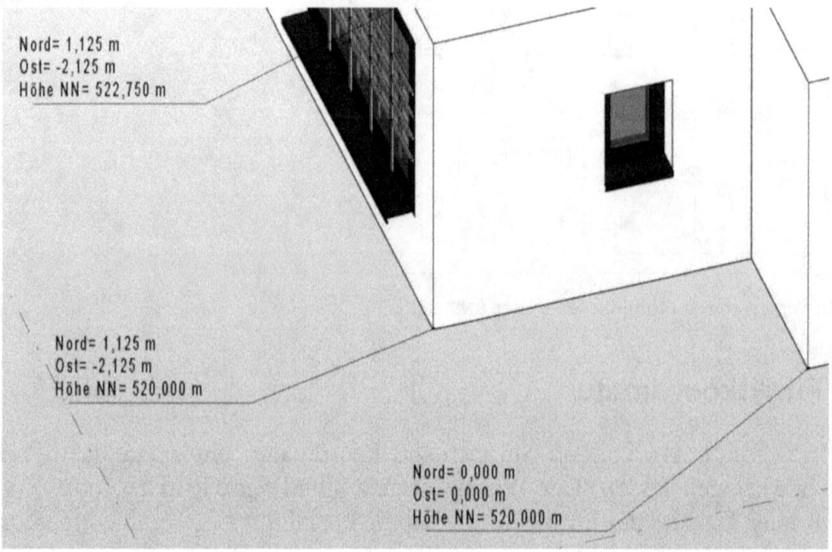

Abb. 4.32: Punktkoordinaten mit Höhenangabe

4.9 Neigungskote

Dachneigungen können Sie mit dem Werkzeug NEIGUNGSKOTE bemaßen. Unter GRAFIK|NEIGUNGSDARSTELLUNG werden dafür zwei Varianten angeboten: PFEIL (Vorgabe) und DREIECK. Das Werkzeug ist sinnvoll in den 3D-, Außen- oder Schnittansichten zu gebrauchen. Standardmäßig wird der Winkel in Grad am Pfeil angegeben. Über Auswahl eines anderen Typs können Sie auf prozentuale Anzeige oder beides umschalten. Die Anzeige in Stichmaß ist auch möglich, wenn Sie in den TYPENPARAMETERN unter EINHEITENFORMAT die PROJEKTEINHEITEN deaktivieren und das Format dann auf STICHMAß umstellen (Abbildung 4.33).

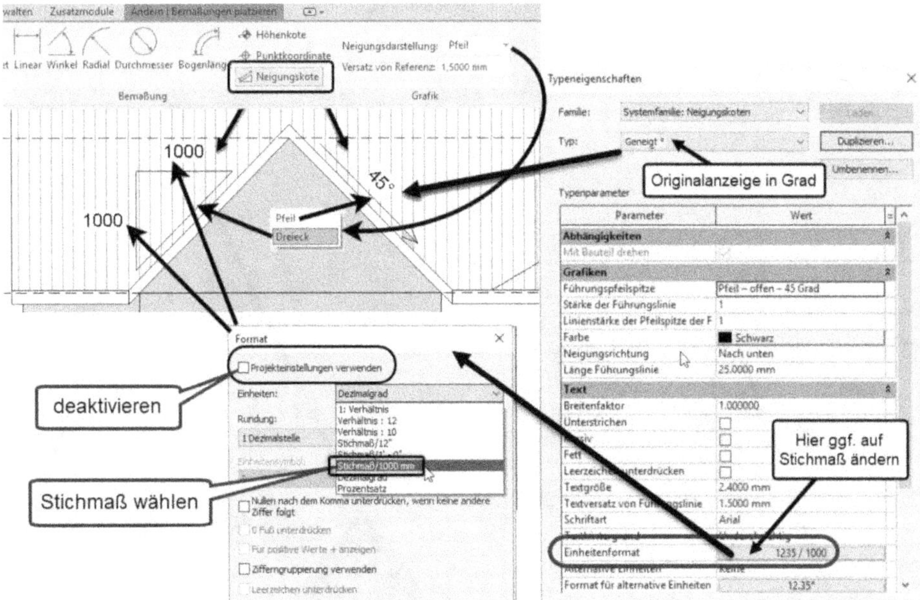

Abb. 4.33: Varianten für Neigungskoten (GRAD/STICHMAß)

Eine *Dachneigung* kann auch *als Winkel* bemaßt werden. Meist fehlt aber dafür eine waagerechte Bezugskante. Sie können dafür die *Referenzebene* verwenden. Den Befehl finden Sie unter ARCHITEKTUR|ARBEITSEBENE|REFERENZEBENE. Wählen Sie als ersten Punkt per Objektfang die Position am Dachfirst und danach eine Position in horizontaler Richtung daneben. Nun können Sie zwischen Referenzebene und Dachkante den Winkel normal bemaßen.

Um die *Nachkommastellen* einzustellen, müssen Sie unter EINHEITENFORMAT rechts die Formatierung ändern. Vorgewählt ist PROJEKTEINSTELLUNGEN VERWENDEN. Nehmen Sie dort das *Häkchen heraus* und stellen Sie dann unter RUNDUNG beispielsweise 0 DEZIMALSTELLEN ein und unter EINHEITENFORMAT das *Gradsymbol.*

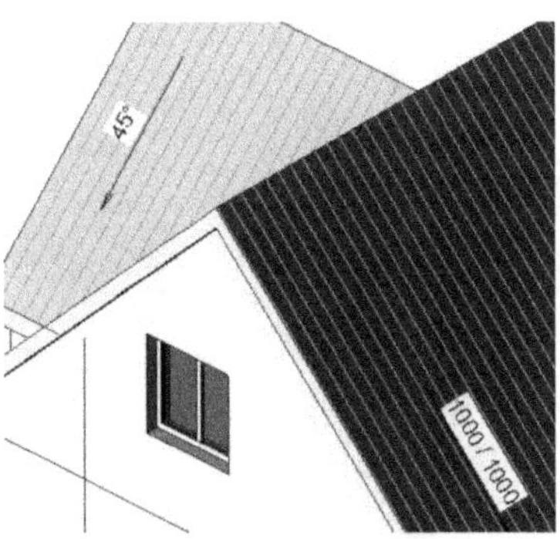

Abb. 4.34: Neigungskoten für Dachflächen in einer 3D-Ansicht

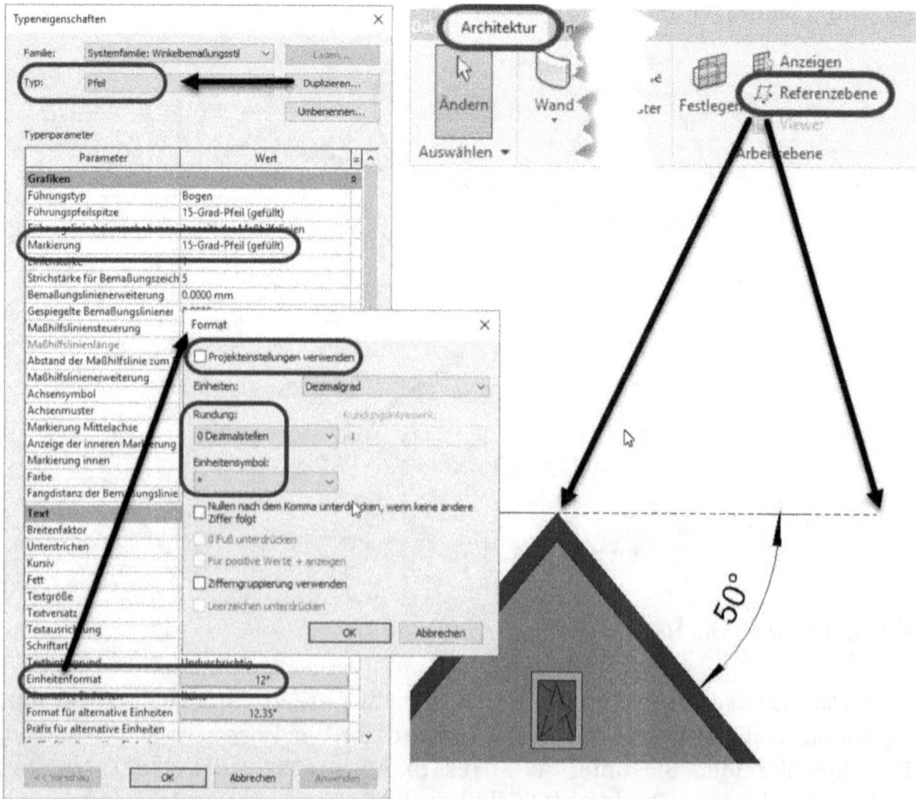

Abb. 4.35: Neigung als Winkel bemaßen

4.10 Text und Hinweistext

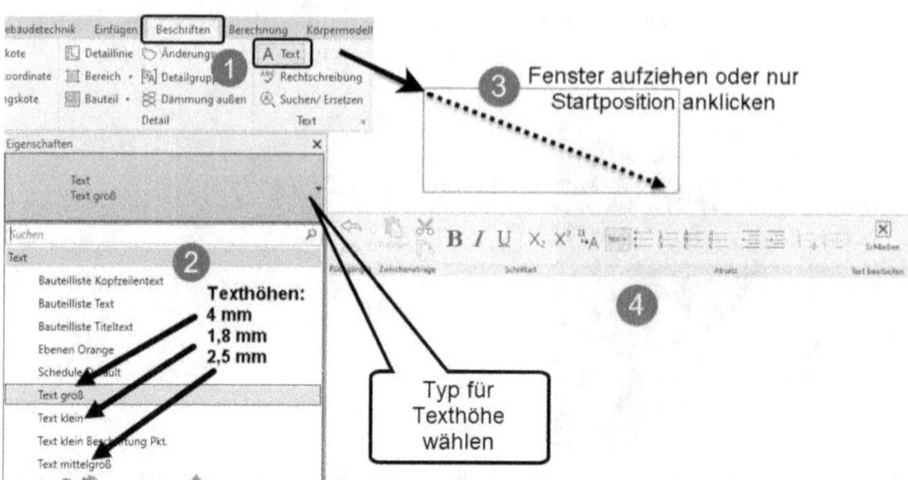

Abb. 4.36: TEXT-Werkzeug

Mit dem TEXT-Werkzeug können Sie einfache Texte und Hinweistexte schreiben. Klicken Sie auf das Werkzeug ❶, wählen Sie dann den Schrift-Typ ❷, ziehen Sie mit gedrückter Maustaste eine Textbox auf ❸, aktivieren Sie ggf. noch eine Formatierung ❹ und schreiben Sie. Zum Beenden klicken Sie rechts auf das X zum SCHLIEßEN.

Zum nachträglichen Bearbeiten eines Textes stehen Werkzeuge zum Schieben und Drehen des markierten Textes sowie verschiedene Führungslinien und Ausrichtungen zur Verfügung (Abbildung 4.37).

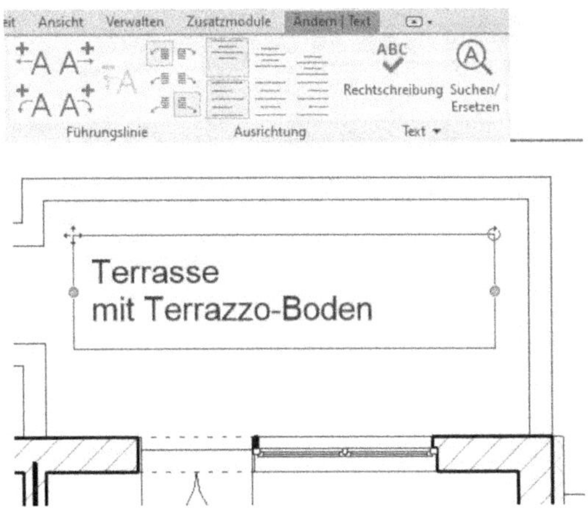

Abb. 4.37: Text bearbeiten

4.11 Bauteile beschriften

4.11.1 Automatische Element-Beschriftungen

Mehrere Elemente wie Fenster, Türen o.Ä. lassen sich über BESCHRIFTEN|BESCHRIFTUNG|ALLE BESCHRIFTEN automatisch beschriften. Im Beispiel wurden für die Fenster die **Kennzeichen** gewählt. Das ist die *Nummer* in der FENSTER-BAUTEILLISTE. Zusätzlich kann auch eine FÜHRUNGSLINIE sowie deren LÄNGE und AUSRICHTUNG gewählt werden. Es können aber auch andere Elementdaten wie Fensterhöhe und -breite bei der Beschriftung verwendet werden. Die Nummern hier können nach zweimaligem Anklicken auch geändert werden. Die Nummerierung in der Bauteilliste wird dann Ihren Änderungen entsprechend angepasst.

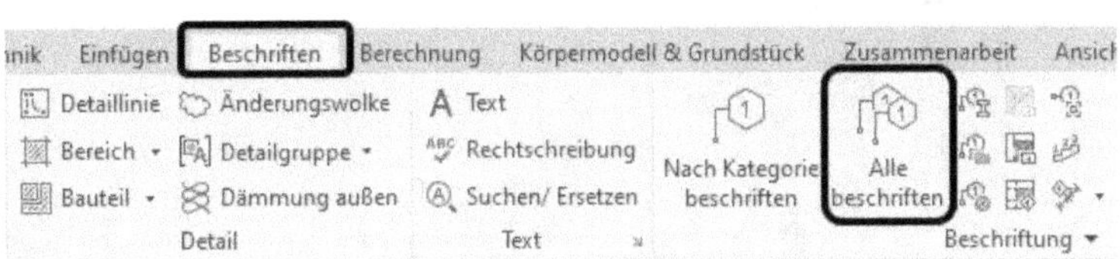

Abb. 4.38: Automatisches Beschriften mehrerer Elemente

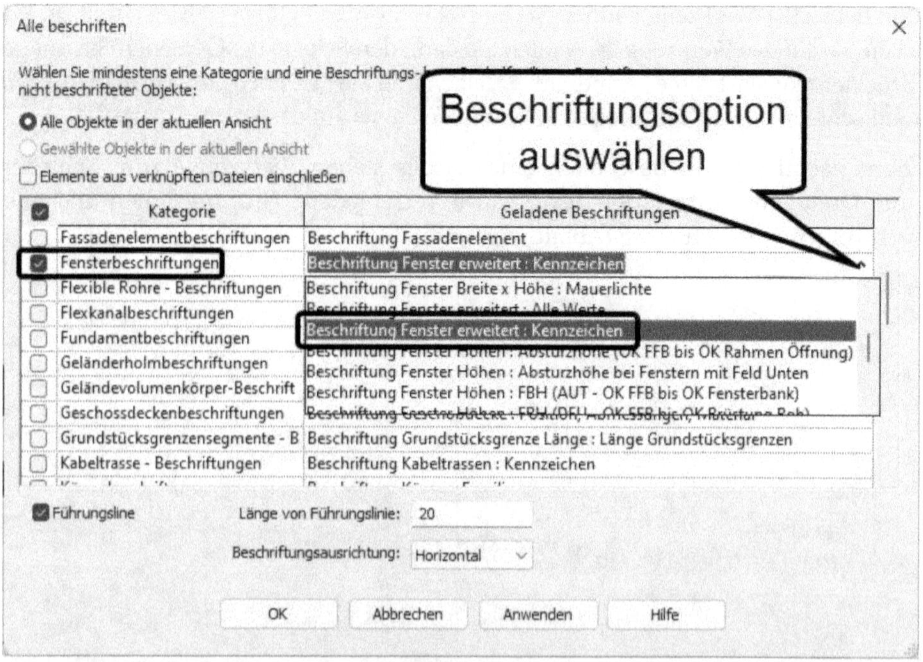

Abb. 4.39: Mehrere Elemente (hier Fenster) mit Nummer aus der Fensterliste beschriften

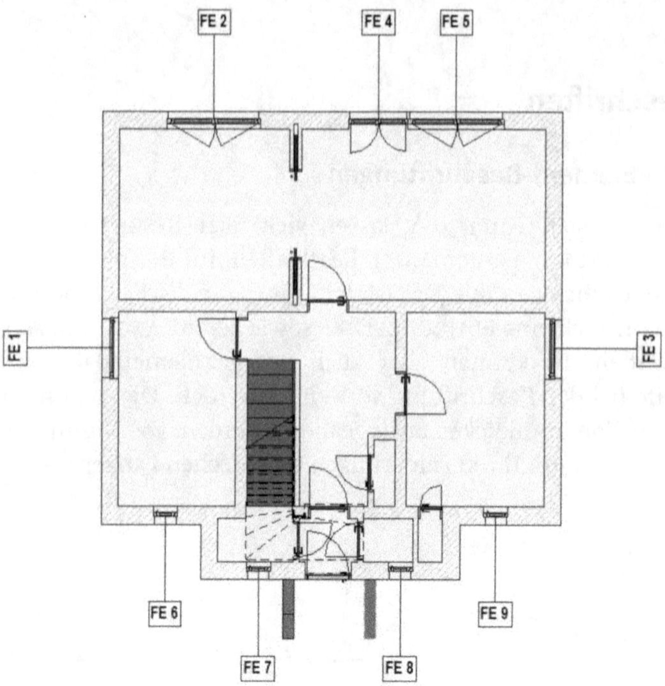

Abb. 4.40: Eingetragene Nummern der Fensterliste

4.11.2 Element-Bauelement

Mit dieser Funktion können Sie die *Bauelementdaten* eintragen lassen, die unter TYP|ID-DATEN|BAUELEMENT vorhanden sind (Abbildung 4.41).

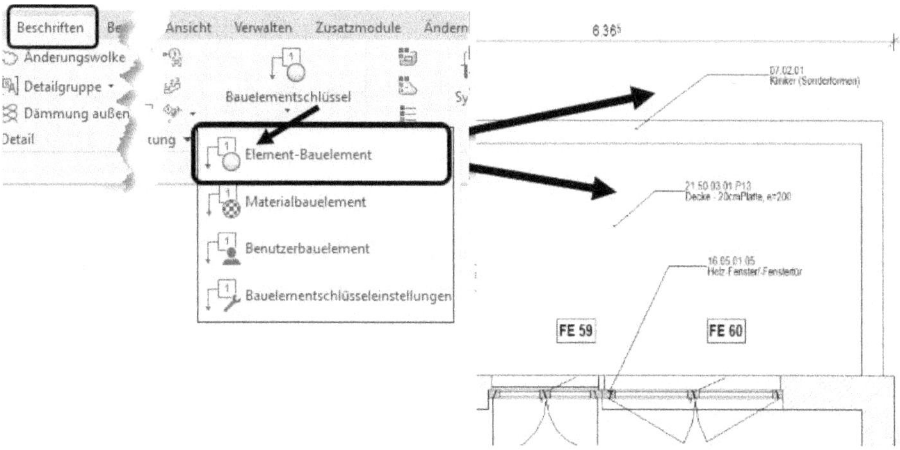

Abb. 4.41: Bauelement-Bezeichnung

Falls für ein Bauelement dort noch keine Daten eingetragen sind, erscheint ein Fragezeichen und danach ein Dialogfenster zur Auswahl der Bauelementnummer (Abbildung 4.42).

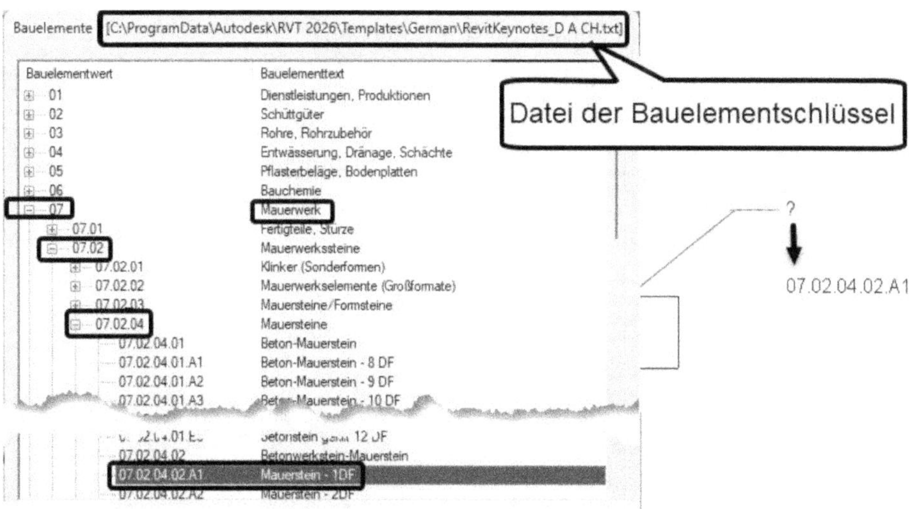

Abb. 4.42: Bauelementdaten zu Wand-Objekt hinzufügen

4.11.3 Material-Bauelement

Mit dieser Funktion können Sie die Bauelementdaten für Elemente mit Schichtaufbau eintragen lassen, die unter TYP|ID-DATEN|KONSTRUKTION je nach Schicht eingetragen sind. Auch hier können Sie fehlende Informationen aus der Bauelementliste ergänzen.

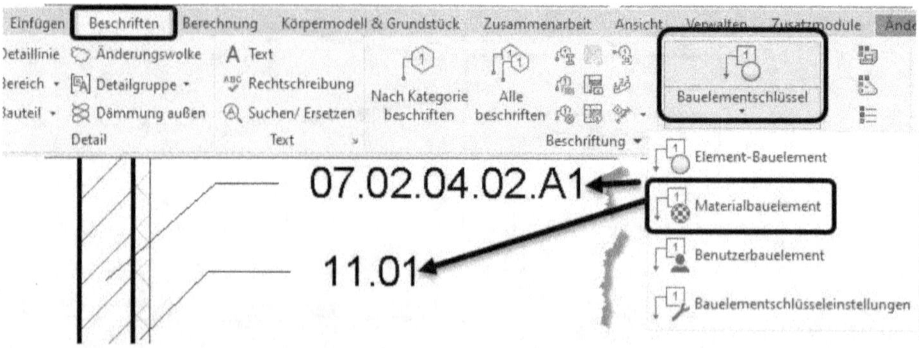

Abb. 4.43: Material-Bauelement-Beschriftung für individuelle Schichten bei einer Wand mit Dämmung

4.12 Übungsfragen

1. Welches ist die Standard-Bemaßung für komplette Wände?
2. Wie gehen Sie beim Ändern einer Maßkette vor?
3. Beschreiben Sie die Höhenkote für Rohfußböden.
4. Welche Optionen gibt es bei der Neigungskote?
5. Mit welcher Funktion wird die geografische Lage eingegeben?
6. Was ist der Unterschied zwischen den Beschriftungen ELEMENT-BAUELEMENT und MATERIAL-BAUELEMENT?

Gelände, Höhenausrichtung, Nord-Richtung

Für eine realistische Darstellung des Modells sollte auch die Umgebung des Bauwerks wiedergegeben werden. Dazu kann das Gelände modelliert werden.

5.1 Gelände

Zum Modellieren von Gelände werden spezielle Gelände-Volumenkörper erzeugt. Im Gegensatz zu normalen Körpern in Revit bleiben die Gelände *auch ohne* die Option KÖRPERFORM UND GESCHOSSDECKEN ANZEIGEN sichtbar. Geländekörper werden im Register KÖRPER & GRUNDSTÜCK mit vier verschiedenen Verfahren (Abbildung 5.1) erstellt:

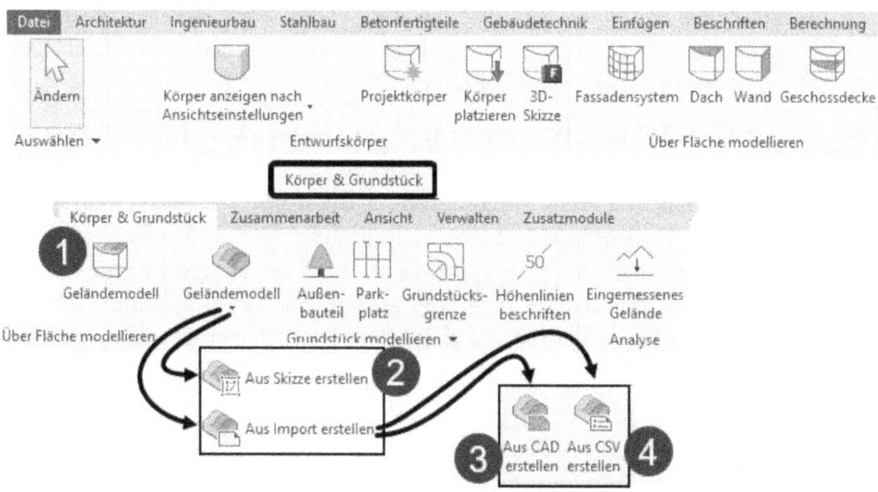

Abb. 5.1: Geländefunktionen

1. ÜBER FLÄCHEN MODELLIEREN|GELÄNDEMODELL – Hierzu markieren Sie die Fläche eines vorhandenen Volumenkörpers (siehe Abschnitt »11.1 Volumenkörper erstellen«). Daraus entsteht durch Versatz nach unten ein Volumenkörper mit den Eigenschaften eines Geländes, das durch mehrere Schichten verschiedener Geländematerialien charakterisiert wird.

2. GRUNDSTÜCK MODELLIEREN|GELÄNDEMODELL|AUS SKIZZE ERSTELLEN – Für das skizzierte Gelände wird zunächst der Umriss als geschlossener Kurvenzug aus einer oder mehreren geschlossenen Kurven erzeugt. Das ergibt standardmäßig eine ebene Scheibe von der aktuellen Geschossebene bis drei Meter darunter. Nachträglich können die Kanten und Eckpunkte vom ursprünglichen Umriss über Bearbeitungsfunktionen in der Höhe variiert werden. Ergänzend dazu können auch einzelne Punkte innerhalb der Geländekontur mit variabler Geländehöhe eingegeben werden, um die Oberfläche zu modellieren.
3. GRUNDSTÜCK MODELLIEREN|GELÄNDEMODELL|AUS IMPORT ERSTELLEN|AUS CAD ERSTELLEN – Aus importierten Objekten wie beispielsweise Höhenprofilen aus AutoCAD-Polylinien oder -Splinekurven wird punktweise eine Geländeoberfläche zuzüglich eines darunter liegenden Geländekörpers generiert.
4. GRUNDSTÜCK MODELLIEREN| GELÄNDEMODELL|AUS IMPORT ERSTELLEN|AUS CSV ERSTELLEN – Aus einer Datei mit Geländepunkten werden die Geländeoberfläche und der darunter liegende Geländekörper erzeugt. Die Geländepunkte sind in einzelnen Zeilen mit den durch Komma getrennten Zahlen (CSV = comma separated values) für die x-, y- und z-Koordinatenwerte dargestellt.

5.1.1 Gelände aus Skizze

Bevor Sie ein Gelände skizzieren, sollten Sie vielleicht die passende Ebene aktivieren. Im folgenden Beispiel soll sich das Gelände von `0 m` abwärts erstrecken. Die richtige Ebene dafür wäre die EBENE 0. Sie könnten als Geschossebene auch LAGEPLAN wählen, der eine Ansicht von oben bietet.

Nach Aufruf des GELÄNDE-Werkzeugs und der Drop-down-Funktion unter AUS SKIZZE ERSTELLEN werden Sie zum Skizzieren der äußeren Kontur aufgefordert. Die Skizze muss aus einer einzelnen oder mehreren geschlossenen Konturen bestehen, deren Umgrenzungen sich nicht überschneiden dürfen. Wenn eine Kontur komplett innerhalb einer anderen liegt, wird die innere Kontur als Ausschnitt behandelt und das daraus entstehende Volumen vom äußeren Volumen abgezogen. Wenn mehrere Konturen nebeneinander liegen, führt das zu mehreren miteinander verbundenen Volumenkörpern.

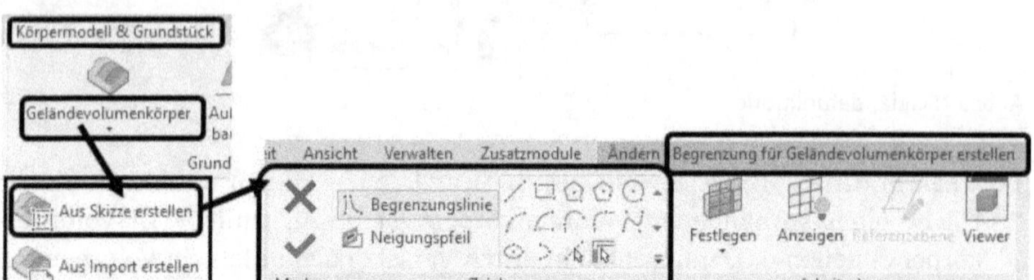

Abb. 5.2: Skizzierfunktionen für den Geländeumriss

Nach BEARBEITUNGSMODUS BEENDEN ✔ erhalten Sie mit vorgegebenen EIGENSCHAFTEN eine Geländescheibe der DICKE 3 m (Abbildung 5.3). Über EIGENSCHAFTEN können verschiedene Schichtaufbauten gewählt werden. Im vorliegenden Fall liegt die TRAGFÄHIGE SCHICHT bei -2 m. Sichtbar wird der Schichtaufbau, wenn Sie in den EIGENSCHAFTEN der Ansicht einen 3D-SCHNITTBEREICH aktivieren und damit das Gelände schneiden.

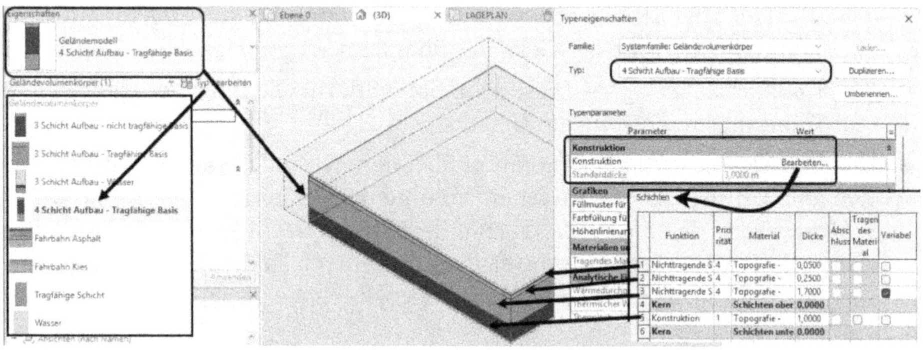

Abb. 5.3: Gelände mit Dicke 3 m und Schichten über 3D-SCHNITTBEREICH sichtbar gemacht

5.1.2 Gelände bearbeiten

Sie können nach Anklicken das Gelände noch weiter modifizieren (Abbildung 5.4):

- SKIZZE BEARBEITEN – Das Gelände kann hiermit im Umriss geändert oder durch weitere geschlossene Konturen ergänzt werden. Überlappungen, auch teilweise, dürfen dabei nicht entstehen.
- UNTERELEMENTE ÄNDERN – Hiermit können Sie die Höhenlage von Punktpositionen oder Kanten und Trennungslinien verändern. In der 3D-Ansicht erscheinen nach Anklicken kleine blaue Höhenpfeile zum dynamischen Bearbeiten.
- PUNKT HINZUFÜGEN – Einzelne Geländepunkte lassen sich hiermit durch Anklicken einer Position hinzufügen. Dabei gibt es in der Erweiterungsgruppe HÖHE ÄNDERN zwei Methoden:
  - Wenn Sie das Werkzeug XYZ FANGEN aktiviert haben, können Sie in der Zeile darüber unter VERSATZ VON OBJEKTFANG den Höhenabstand eingeben.
  - Wenn Sie das nicht aktiviert haben, berechnet sich die Höhe des Punkts dem Wert unter HÖHE, der zu der unter BASISHÖHE gewählten Bezugshöhe dazugerechnet wird. Als BASISHÖHE können gewählt werden: OBERE EBENE (nächstes Geschoss) AKTUELLE EBENE, PROJEKT-BASISPUNKT, VERMESSUNGSPUNKT oder INTERNER URSPRUNG (nicht verschiebbarer Nullpunkt, mit dem das Projekt startet).

- TRENNUNGSLINIE HINZUFÜGEN – Diese Funktion erlaubt es, innerhalb der Kontur eine *Knicklinie* zwischen zwei Punktpositionen zu definieren. Beispiel: Wenn die Eckpunkte eines viereckigen Geländes beliebige unterschiedliche Höhen haben, entsteht in Innern eine gewölbte Geländeoberfläche. Fügt man nun zwischen zwei diagonalen Eckpunkten eine Trennungslinie hinzu, dann vereinfacht sich die Oberfläche zu zwei ebenen Dreiecken.
- TRAGENDE BAUTEILE WÄHLEN – Hiermit wird das Gelände an einen vorhandenen Träger angepasst. Dabei wird eine Trennungslinie hinzugefügt, die um die ursprüngliche Höhe des Geländes über dem Träger liegt.
- FORM ZURÜCKSETZEN – Diese Funktion entfernt alle hinzugefügten Punkte und Trennungslinien von dem Gelände.
- UNTERTEILEN – Die Funktion fügt über dem Gelände eine neue Schicht mit eigenem Umriss als verbundenen Volumenkörper hinzu. Die Stärke dieser Schicht wird in den EIGENSCHAFTEN unter HÖHE UNTERTEILEN festgelegt. Diese neue Schicht schmiegt sich an das vorhandene Gelände an und übernimmt auch Ausschnitte, die mit der Funktion ÄNDERN|SCHNITT dem Originalgelände hinzugefügt wurden.
- GELÄNDEVOLUMENKÖRPER VEREINFACHEN – Die Funktion reduziert die Anzahl der Geländepunkte. Sie geben dabei die Anzahl der zu behaltenden Punkte in Prozent an. Für die Revit-internen Geländeberechnungen reduziert sich dadurch natürlich die Rechenzeit. Andererseits sollten Sie aber darauf achten, dass dadurch das Gelände nicht zu sehr vereinfacht wird und keine notwendigen Details verloren gehen.
- AUSHEBEN / AUSHUB ENTFERNEN – Die Funktion AUSHEBEN entfernt aus einem Geländekörper das Volumen, das oberhalb der Oberkante einer Decke, eines Dachs, einer Fundamentplatte oder eines anderen überlagerten Geländes liegt. Damit können also Geländeteile oberhalb der oberen Begrenzungsfläche dieser Elemente abgetragen werden. Zuerst wählen Sie das Gelände, von dem Sie etwas abtragen wollen, als Zweites dann die Decke, das Dach, die Fundamentplatte oder ein anderes Gelände, das mit dem ersten überlappt. Mit AUSHUB ENTFERNEN können Sie für jedes einzelne Element die Wirkung des Aushubs wieder zurücknehmen. Wie das Volumen anderer Elemente aus dem Gelände entfernt wird, zeigt der übernächste Abschnitt.

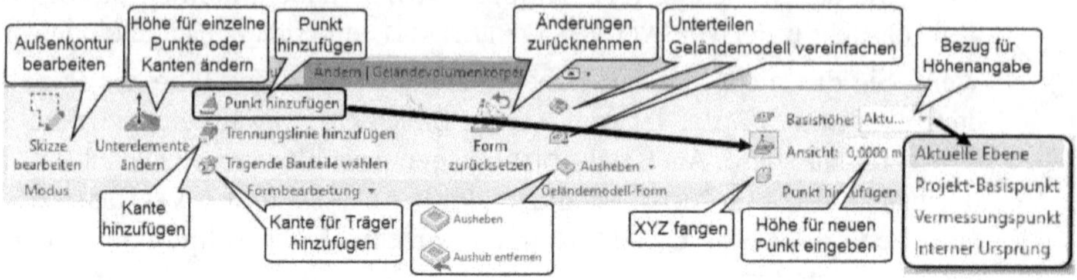

Abb. 5.4: Gelände modifizieren

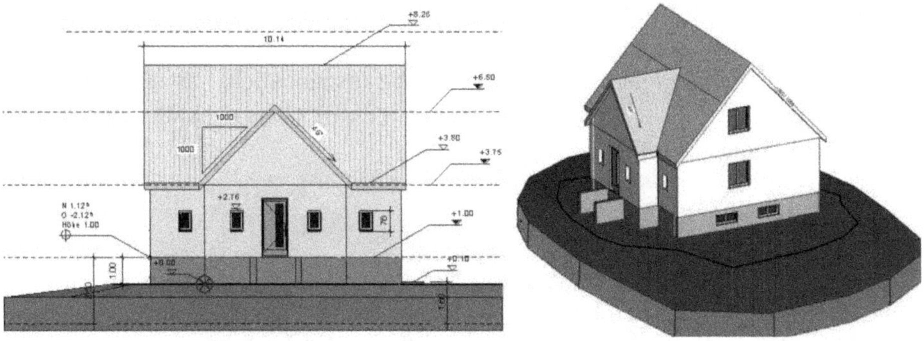

Abb. 5.5: Hausmodell mit Gelände

5.1.3 Höhenlinien

Zur Beschriftung von Höhenlinien aktivieren Sie KÖRPER & GRUNDSTÜCK|GRUNDSTÜCK-MODELLIEREN|HÖHENLINIEN BESCHRIFTEN und ziehen mit zwei Klicks eine gedachte Linie über die zu bemaßenden Höhenlinien, am besten in der Ansicht LAGEPLAN. Vorgabemäßig werden die *primären Höhenlinien* jeden Meter und die *sekundären Höhenlinien* alle 50 cm beschriftet. Über die Typeigenschaften im Eigenschaften-Manager können Sie über die Option NUR PRIMÄRE HÖHENLINIEN die Anzeige auf die *primären Höhenlinien* reduzieren.

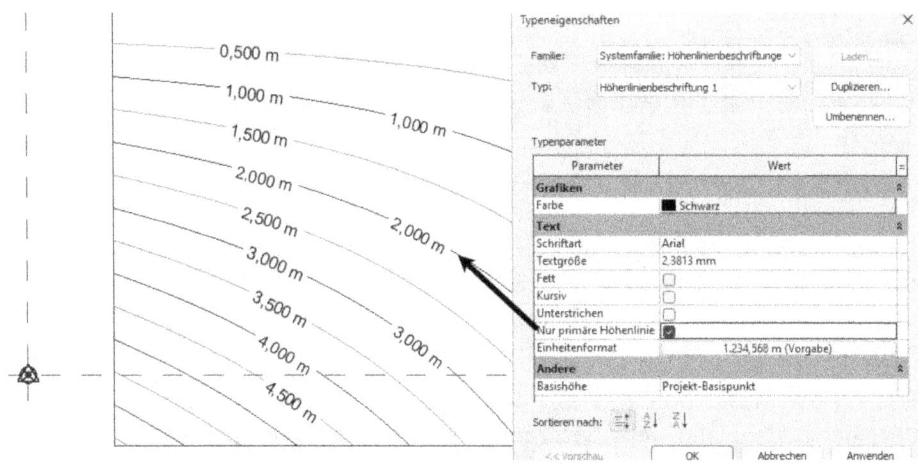

Abb. 5.6: Einrichtung der Höhenlinien und Beschriftung

5.1.4 Gelände-Ausschnitte

Objekte wie Wände, Fundamente und Bodenplatten können aus dem Gelände mit der Funktion ÄNDERN|SCHNITT|GEOMETRIE AUSSCHNEIDEN ausgespart werden. Dabei ist zuerst das Gelände zu wählen, danach die Wand, das Fundament oder die Geschossdecke (Abbildung 5.7). Wenn mehrere Objekte aus dem Gelände ausgeschnitten werden sollen, aktivieren Sie in der Optionsleiste MEHRFACHSCHNITT und können dann nach dem Gelände gleich alle auszuschneidenden Objekte wählen. Um den Effekt zu sehen, können Sie auch einfach das Gelände isolieren (siehe Abbildung 5.7 unten).

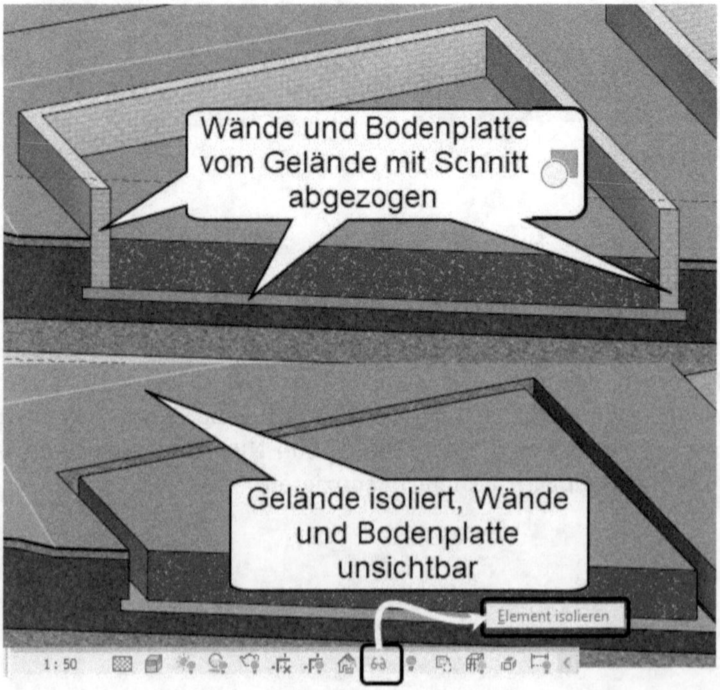

Abb. 5.7: Ausschneiden von Wänden und Geschossdecken aus dem Gelände

Im vorletzten Abschnitt wurde gezeigt, wie man das Gelände oberhalb einer Bodenplatte mit AUSHEBEN ausschneiden kann. Das wäre brauchbar, wenn die Bodenplatte nicht über die Außenwände überkragt. Denn so hätten Sie dann zwischen Außenrand der Bodenplatte und Wandkante außen einen Luftspalt.

Um für den Keller nun aber nur den Innenbereich zwischen den Wänden und über der Bodenplatte freizubekommen, müssen Sie einen passenden Volumenkörper erstellen und dann ebenfalls mit der Schnitt-Funktion vom Gelände abziehen.

- Dazu gehen Sie zunächst in die Ansicht der Geschossebene, für den Keller also `Ebene -1`.
- Rufen Sie dann im Register KÖRPER & GRUNDSTÜCK die Funktion PROJEKTKÖRPER auf. Eine eventuelle Meldung über die Körpersichtbarkeit quittieren Sie mit SCHLIEẞEN. Dann geben Sie dem Körper einen beliebigen Namen.

- Mit den Zeichenbefehlen zeichnen Sie nun am besten die Außenkonturen der Wände nach und achten darauf, dass eine geschlossene Kontur ohne Überlappungen entsteht. Das Zeichnen beenden Sie mit einmal (Esc) oder ABBRUCH.
- Aktivieren Sie dann die entstandene Kontur und wählen Sie FORM|FORM. ERSTELLEN|VOLUMENKÖRPER. Dadurch wird dann ein Extrusionskörper mit vorgabemäßig 7 m Höhe erzeugt. Wenn Sie an dieser Stelle zur 3D-Ansicht wechseln, werden Sie auch die Höhenanzeige sehen und könnten sie per Cursor oder durch Überschreiben ändern. Für das Aushöhlen des Geländes wird normalerweise aber die gegebene Höhe reichen.
- Beenden Sie mit KÖRPER FERTIGSTELLEN.
- Mit ÄNDERN|SCHNITT|GEOMETRIE AUSSCHNEIDEN wählen Sie nun das Gelände und danach den Volumenkörper, um das Volumen auszuräumen.
- Nun wäre noch der Volumenkörper unsichtbar zu machen. Dazu können Sie erstens umschalten auf KÖRPER & GRUNDSTÜCK|ENTWURFSKÖRPER|KÖRPER ANZEIGEN NACH ANSICHTSEINSTELLUNGEN, und falls dies nicht ausreicht, noch unter ANSICHT|GRAFIK|SICHTBARKEIT/GRAFIKEN die Körperanzeige in dieser Ansicht generell deaktivieren. Alternativ können Sie den Volumenkörper auch über das Kontextmenü (nach Rechtsklick) mit IN ANSICHT AUSBLENDEN|ELEMENTE unsichtbar machen.

5.1.5 Baugrube

Um eine Baugrube mit schrägen Wänden zu simulieren, können Sie den Volumenkörper markieren und mit der Funktion ÄNDERN|KÖRPER|PROJEKTELEMENT BEARBEITEN umgestalten (Abbildung 5.8).

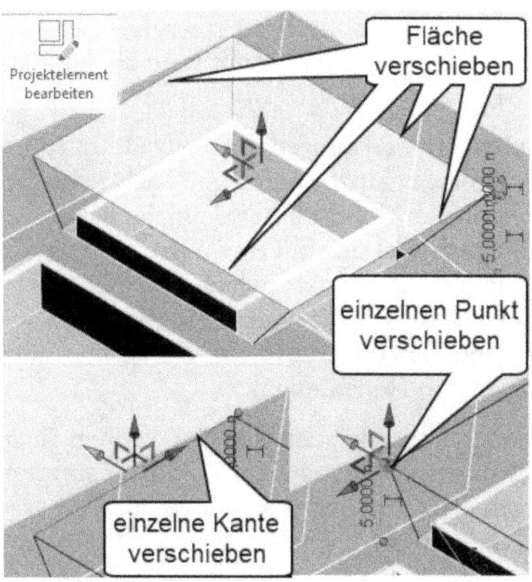

Abb. 5.8: Durch Neigen der Wandflächen wird ein Volumenkörper für die Baugrube modifiziert

Je nachdem, welches Element Sie dann anklicken, können Sie

- eine komplette Körperfläche in die drei angezeigten Richtungen verschieben,
- eine Kante entsprechend verschieben oder
- einen Eckpunkt transformieren.

Dabei bleiben die Verbindungen zu den übrigen Elementen natürlich erhalten und der Körper wird nicht zerrissen, sondern deformiert. Um die geneigten Grubenwände zu erhalten, eignet sich am besten das Verschieben der oberen Außenkanten des Körpers.

5.1.6 Weitere Geländewerkzeuge

Im Geländewerkzeug gibt es neben AUS SKIZZE ERSTELLEN auch die Funktion AUS IMPORT ERSTELLEN. Sie hat zwei Varianten:

- AUS CAD ERSTELLEN – Diese Funktion setzt voraus, dass Sie *zuvor Höhenlinien* aus anderen CAD-Zeichnungen mit Formaten wie `.dwg`, `.dxf`, `.axm`, `.sat`, `.dgn`, `.obj`, `.3dm`, `.stl`, `.skp` oder STEP-Dateien über die Funktion EINFÜGEN|CAD IMPORTIEREN importiert haben. Solche importierten Dateien werden über den Projektnullpunkt referenziert. Im AutoCAD können Sie solche Höhenlinien mit Splinekurven oder mit dem Befehl SKIZZE und Typ POLYLINIE erstellen. Die Höhenlage dieser Kurven lässt sich über die ERHEBUNG im EIGENSCHAFTEN-MANAGER dort einstellen.
- AUS CSV ERSTELLEN – Es können Punktedateien mit den Endungen `.csv` oder `.txt` eingelesen werden. Beides sind Formate, die x-y-z-Koordinaten für jeden Punkt verwenden, die durch Kommata getrennt sind. Jede Zeile steht für einen Punkt, der also über drei Zahlen spezifiziert wird. Die Punkte wären in Gauß-Krüger-Koordinaten zuzüglich der Höhe einzugeben. Als Beispiel seien die Gauß-Krüger-Koordinaten für meinen Wohnort Germering gegeben: 4453937,5333242. Die Höhe beträgt hier 517 Meter. Damit wäre die korrekte Punkteingabe: 4453937,5333242, 517.

Nach Anklicken eines Geländevolumenkörpers kann er mit ÄNDERN|GELÄNDEVOLUMENKÖRPER auch um weitere Punkte ergänzt werden und auch weiter bearbeitet werden. Zum Glätten der Höhenlinien gibt es dort die Funktion GELÄNDEVOLUMENKÖRPER VEREINFACHEN. Diese meldet sich mit einem Dialogfenster, in dem Sie angeben können, auf wie viel Prozent die Punkte reduziert werden sollen. Die Vorgabe ist 80 %. Mit weniger Geländepunkten kann dem Programm die Rechenarbeit bei der Behandlung der Geländefunktionen wesentlich erleichtert werden. Sie erkennen das dann auch an glatteren Höhenlinien.

Da es im Gelände auch tragende und nichttragende Schichten gibt, können Sie *in Schnittansichten* die Darstellung von Wänden an der tragenden Schicht begrenzen. Dazu müssen Sie nur in dieser Ansicht die Wand und das Gelände mit ÄNDERN|GEOMETRIE|VERBINDEN anklicken. Ggf. müssen Sie VERBINDUNGSREIHENFOLGE ÄNDERN danach wählen.

5.2 Geografische Position

Unter VERWALTEN|PROJEKTPOSITION|STANDORT können Sie die geografische Position für Ihr Projekt auswählen. Sie benötigen dazu eine Internet-Verbindung. Sie können sich in der Grafik des Dialogfelds auf Ihren Standort zoomen und mit OK die Position übernehmen.

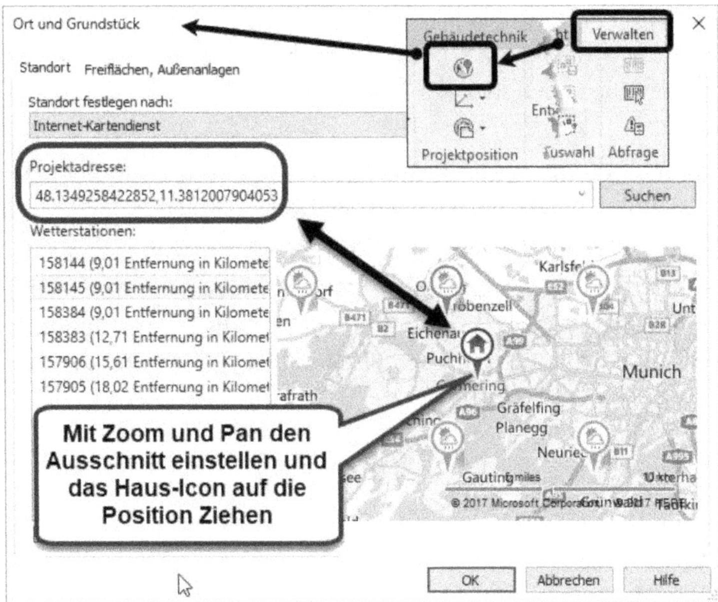

Abb. 5.9: Standortbestimmung

Falls kein Internet verfügbar ist, können Sie auf eine Städteliste zugreifen.

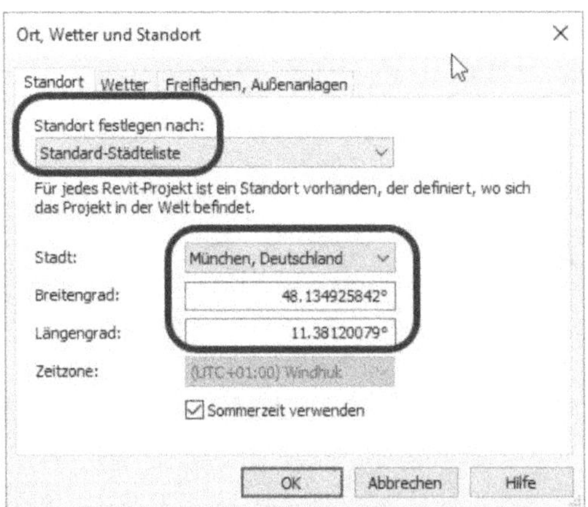

Abb. 5.10: Standortbestimmung über Städteliste

Wenn der gewünschte Standort in der Liste nicht zu finden ist, überschreiben Sie einfach BREITENGRAD und LÄNGENGRAD. Anstelle der Stadt erscheint dann BENUTZERDEFINIERT. Diese Daten sind für die spätere Berechnung von Sonnenstand und Schattenwurf sowie für Energieberechnungen nötig.

5.3 Projekt auf echte Höhe verschieben

Die beiden charakteristischen Positionen eines Projekts sind der VERMESSUNGSPUNKT und der PROJEKT-BASISPUNKT ⊗, die vorgabemäßig zusammenfallen. Ihre Sichtbarkeit müssen Sie in den meisten Ansichten erst aktivieren, ausgenommen dem LAGEPLAN.

Diese Positionen können Sie mit ANSICHT|SICHBARKEIT/GRAFIKEN unter den Modellkategorien GRUNDSTÜCK|PROJEKTBASISPUNKT bzw. ...|VERMESSUNGSPUNKT aktivieren. Dort gibt es noch die Option ...|Interner Ursprung zur Anzeige der Achsrichtungen .

Der INTERNE URSPRUNG ist praktisch ein absoluter unverschiebbarer Nullpunkt des Projekts. Mit diesem fallen zu Beginn der VERMESSUNGSPUNKT und der PROJEKT-BASISPUNKT zusammen.

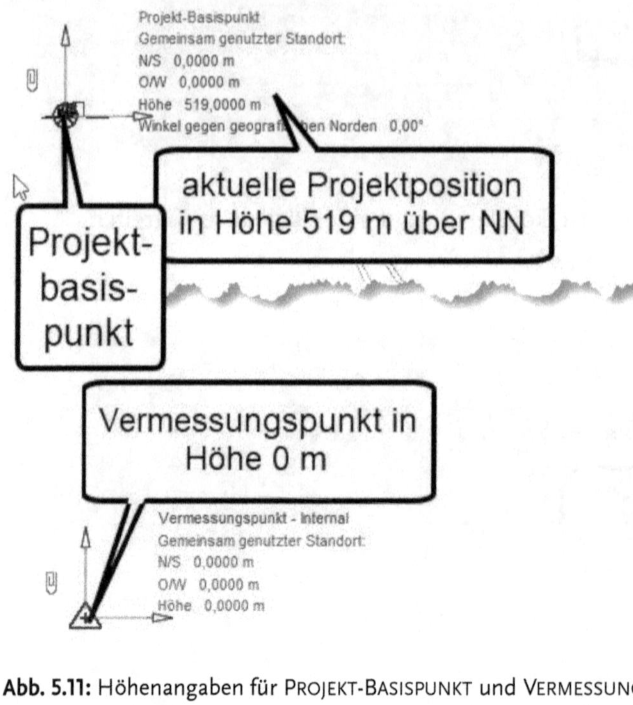

Abb. 5.11: Höhenangaben für PROJEKT-BASISPUNKT und VERMESSUNGSPUNKT

Der Vermessungspunkt kann aber nach Markieren durch Änderung der angezeigten Koordinaten in der Höhe und in der Ebene verschoben werden. Notfalls muss dazu die angezeigte Büroklammer deaktiviert werden.

Der Vermessungspunkt bildet seinerseits den Bezugspunkt zur Festlegung des Projekt-Basispunkts ⊗, der ein charakteristischer Punkt Ihrer Konstruktion sein sollte. Auch dieser Punkt kann nach Anklicken in seinen Koordinaten geändert werden. Typischerweise ist der Vermessungspunkt eine vermessene Position Ihres Baugrundstücks, während der Projekt-Basispunkt ⊗ eine definierte Ecke Ihres Hauses darstellt. Relativ zu diesem Projekt-Basispunkt werden dann die Geschosshöhen festgelegt.

Zum Verschieben des Projekts inklusive Projekt-Basispunkt ⊗ gibt es das Werkzeug Verwalten|Projektposition|Position|Projekt neu positionieren. Die Funktion verlangt einen *Basispunkt* (Bezugspunkt) und einen *Abstand* in einer orthogonalen Richtung. Die Richtung geben Sie mit dem Cursor vor, während Sie den Abstand über eine Punktposition oder einen Wert eingeben.

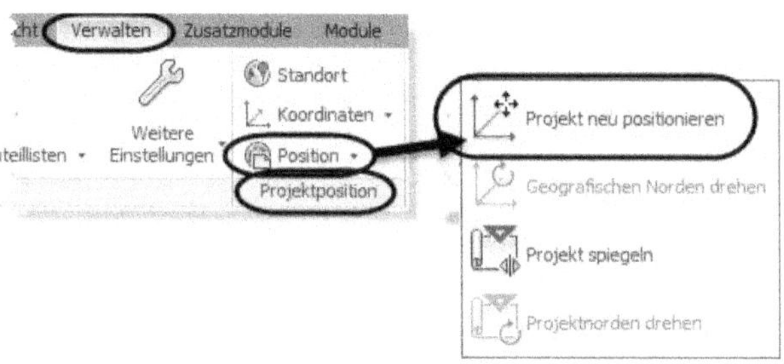

Abb. 5.12: Projekthöhe verschieben

Wenn Sie das Projekt in einer Seitenansicht darstellen, können Sie beide Punkte anklicken und die damit verbundenen Höhen sehen. Zum Anpassen der Höhe Ihres Projekts müssen Sie eigentlich nur das ganze Projekt praktisch in einer Seitenansicht wie Nord, Süd, Ost oder West mit Verwalten|Projektposition|Position|Projekt neu positionieren auf eine neue Höhe verschieben (Abbildung 5.13).

Bei der Höhenverschiebung geht der Projekt-Basispunkt ⊗ mit, und der Vermessungspunkt bleibt auf der alten Höhe liegen.

Um die *echten Höhen* in einer Seitenansicht angezeigt zu bekommen, markieren Sie eine Ebenenbeschriftung und ändern unter Eigenschaften bei den Typeigenschaften den Bezugspunkt für Basishöhe von Projekt-Basispunkt ⊗ – das ist der *Projekt-Nullpunkt* – auf Vermessungspunkt – den echten Nullpunkt. Danach werden die Ebenen-Höhen absolut über NN angezeigt.

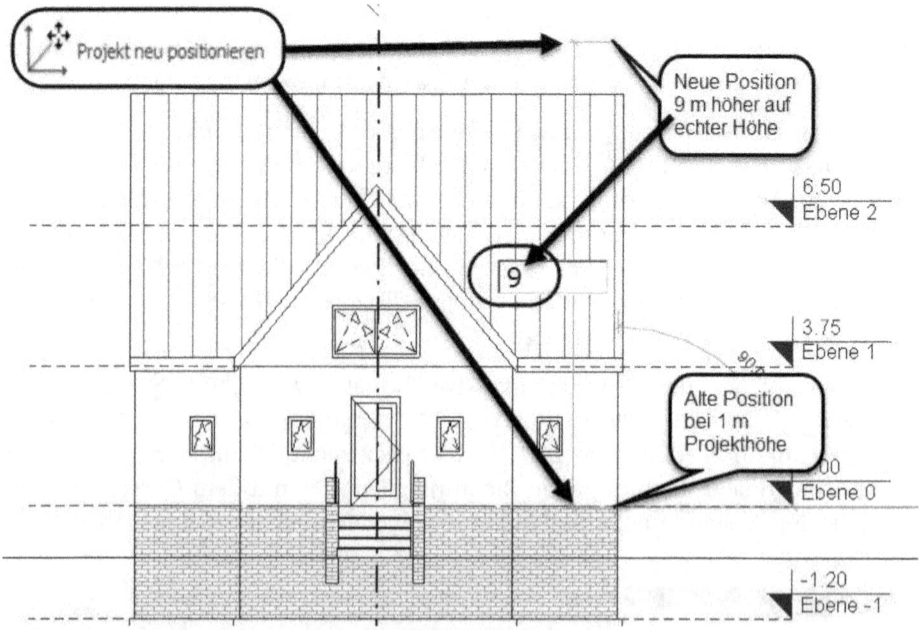

Abb. 5.13: Positionierung des Projekts auf andere Höhe

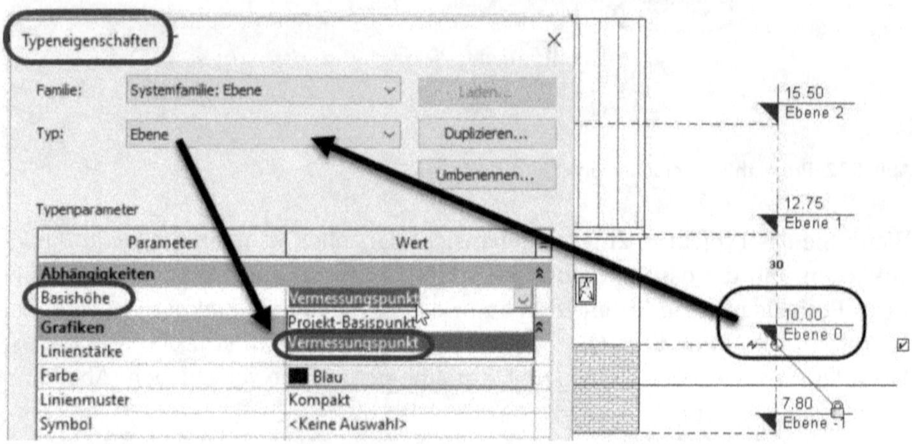

Abb. 5.14: Höhenanzeige umstellen auf echte Höhen

5.4 Ausrichten nach der Himmelsrichtung

5.4.1 Nordpfeil

Das Nordpfeil-Symbol darf natürlich in keiner Architektur-Zeichnung fehlen. Das Symbol ist nicht unter den Familienteilen des Projekts vorhanden. Sie müssten es sich über EINFÜGEN|AUS BIBLIOTHEK LADEN|AUTODESK-FAMILIE LADEN aus der

BIM-Cloud besorgen. Sie finden dort verschiedene Nordpfeile in der Familienbibliothek Alle Ergebnisse|Beschriften – Symbol| Beschriften – Symbol-Nordpfeile. Nach dem Laden des Symbols können Sie es mit Beschriften|Symbol| Symbol platzieren, ggf. nach Auswahl unter Eigenschaften.

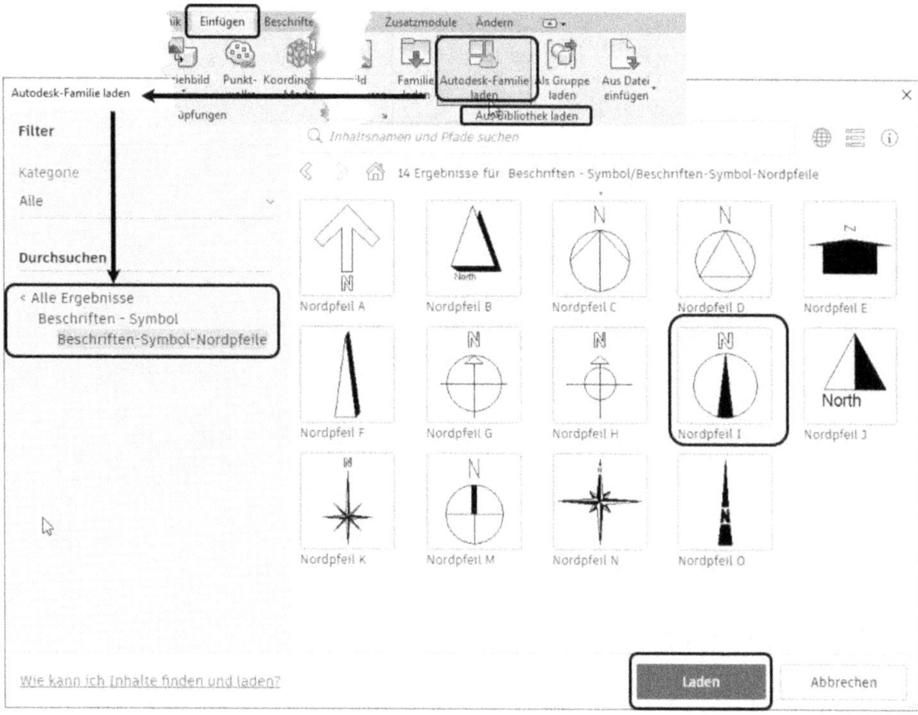

Abb. 5.15: Nordpfeil-Symbol

Nach dem Platzieren müssen Sie den Nordpfeil natürlich in die gewünschte Richtung drehen (Abbildung 5.16):

1. Markieren Sie den Nordpfeil.
2. Wählen Sie Ändern|Ändern|Drehen.
3. Klicken Sie mit passendem Objektfang auf den gewünschten Drehpunkt.
4. Wählen Sie davon ausgehend die Startrichtung der Drehung.
5. Wählen Sie dann davon ausgehend die neue Richtung per Cursor aus.

Alternativ können Sie nach dem Befehlsaufruf auch in der Gruppe Ändern|Drehen mit Platzieren den Drehpunkt wählen oder mit Mitte den Schwerpunkt des Symbols übernehmen und dann unter Winkel den Drehwinkel eintragen.

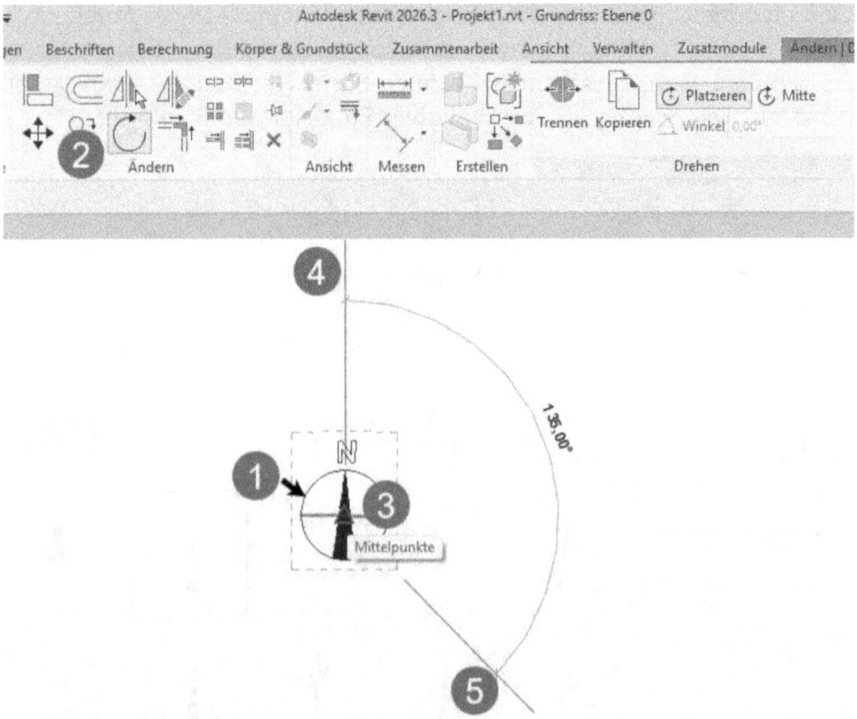

Abb. 5.16: Nordpfeil drehen

5.4.2 Ansicht auf Nordrichtung drehen

Man unterscheidet im Projekt die *Projekt-Nord-Richtung* und die *geografische Nord-Richtung*. Die *Projekt-Nord-Richtung* wird üblicherweise so gelegt, dass sich die wichtigsten Wände nach den Himmelsrichtungen orientieren. Die *geografische Nord-Richtung* entspricht dann der realen Ausrichtung des Projekts auf dem Grundstück, und die wird oft durch äußere Bedingungen wie beispielsweise dem Schnitt des Grundstücks bestimmt. Mit dem Werkzeug VERWALTEN|PROJEKTPOSITION|POSITION|GEOGRAFISCHEN NORDEN DREHEN können Sie jede Ansicht von der Projekt-Nord-Richtung in die geografische Nord-Richtung drehen. Diese Einstellung wirkt immer auf die einzelne Ansicht. Dazu müssen Sie dann die aktuelle Grundrissansicht zuerst in den EIGENSCHAFTEN unter AUSRICHTUNG auf GEOGRAFISCHER NORDEN umstellen ❶ (Abbildung 5.17). Erst jetzt können Sie die Ansicht drehen ❷ ❸. Es reicht dann, wenn Sie die Drehrichtung und Winkel in der Optionsleiste eingeben ❹ und den Befehl beenden.

Alternativ können Sie den Drehwinkel nach Anklicken eines Drehpunkts auch über Start- ❺ und Endwinkel ❻ grafisch abgreifen.

Jeden weiteren Grundriss können Sie nun nach dieser Ausrichtung immer bzgl. PROJEKTNORDEN oder GEOGRAFISCHEM NORDEN anzeigen lassen, indem Sie die AUSRICHTUNG unter EIGENSCHAFTEN entsprechend anpassen.

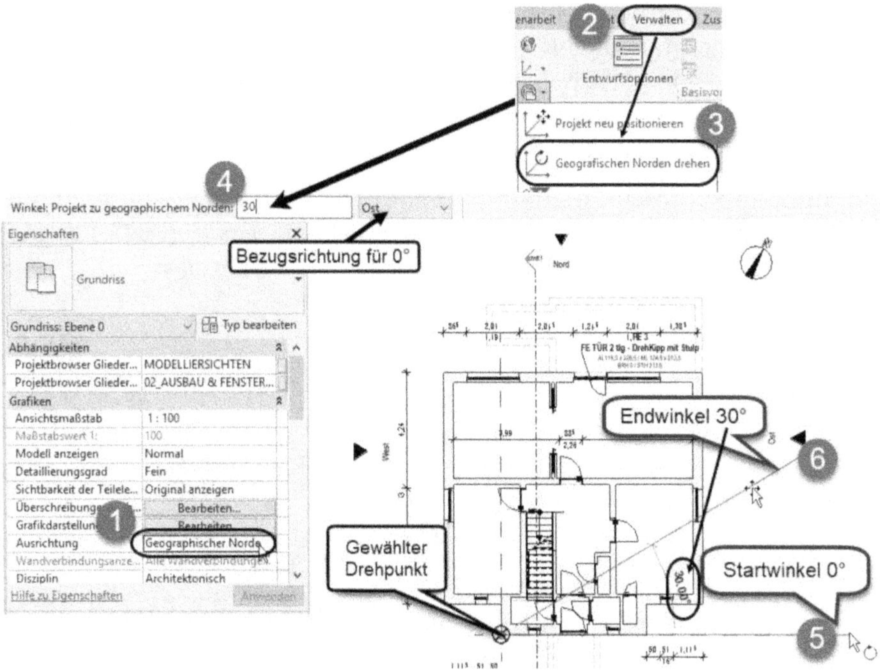

Abb. 5.17: Projekt auf geografische Nord-Richtung einstellen

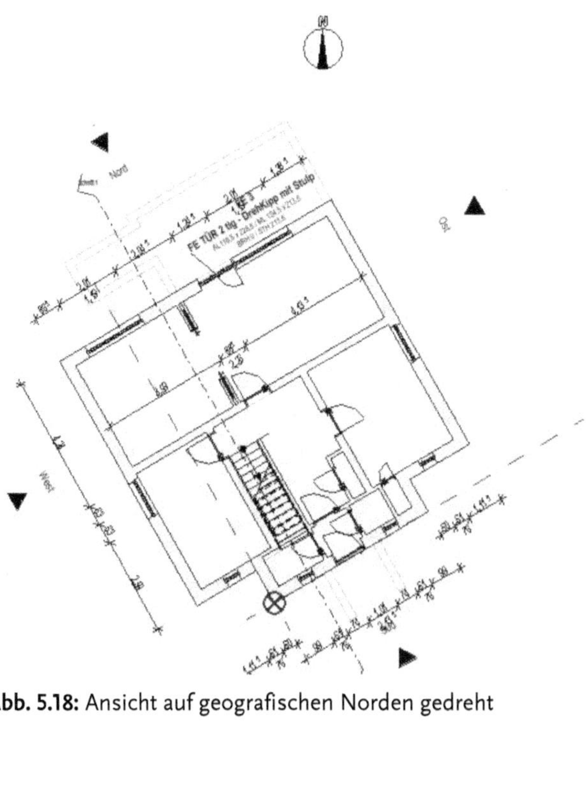

Abb. 5.18: Ansicht auf geografischen Norden gedreht

In der so gedrehten Ansicht gelten die Richtungen für waagerecht und senkrecht nun relativ zum geografischen Norden. Bei der Anzeige von PUNKTKOORDINATEN im Grundriss können Sie wählen, ob sie bzgl. VERMESSUNGSPUNKT angegeben werden sollen. Das resultiert dann in den *geografischen Koordinatenwerten*. Bei Bezug auf PROJEKT-BASISPUNKT werden die Koordinaten bzgl. der *Projekt-Nord-Richtung* angezeigt.

In der {3D}-ANSICHT wird die geografische Nordrichtung verwendet. Das ist auch sinnvoll, weil Sie dann dort die SONNENSIMULATION erstellen wollen.

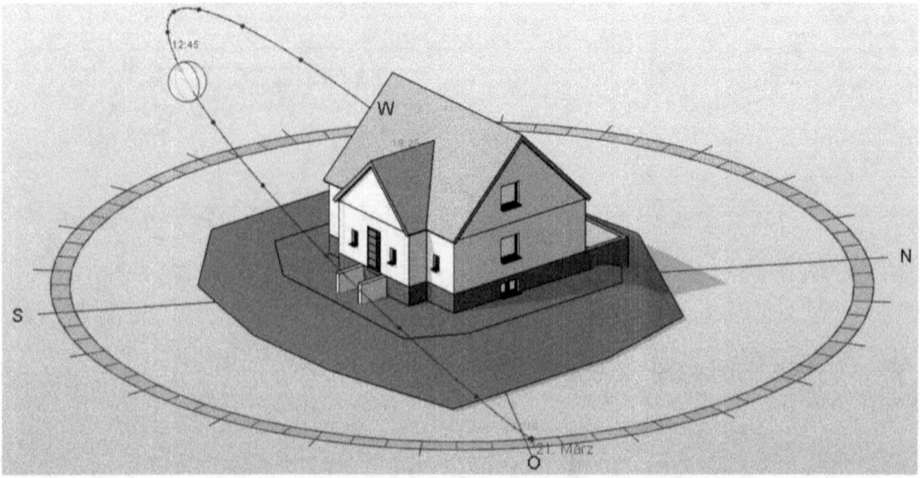

Abb. 5.19: Ansicht [3D] mit Sonnensimulation und geografischer Nordrichtung

Projektnorden drehen

Es gibt unter den Verwaltungsfunktionen auch die ähnlich wie oben klingende OPTION PROJEKTNORDEN DREHEN. Diese Funktion ist dafür gedacht, das gesamte Projekt aus Gründen der einfacheren Koordinateneingabe um feste Winkel zu drehen (Abbildung 5.20). Normalerweise dreht man um volle Winkel von Vielfachen von 90°. Es kann aber auch sein, dass Sie Gebäudeteile haben, die gegeneinander verdreht sind. Dann kann es sinnvoll sein, um einen Winkel zu drehen, den Sie beispielsweise von einer Wandkante abgreifen können. Hierbei wird dann auch die Richtung HORIZONTAL entsprechend verdreht (Abbildung 5.21).

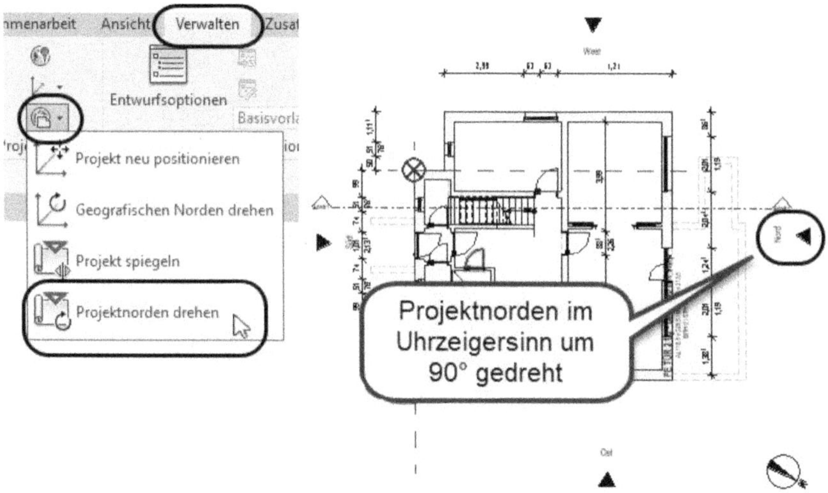

Abb. 5.20: Projektnorden im Uhrzeigersinn um 90°gedreht

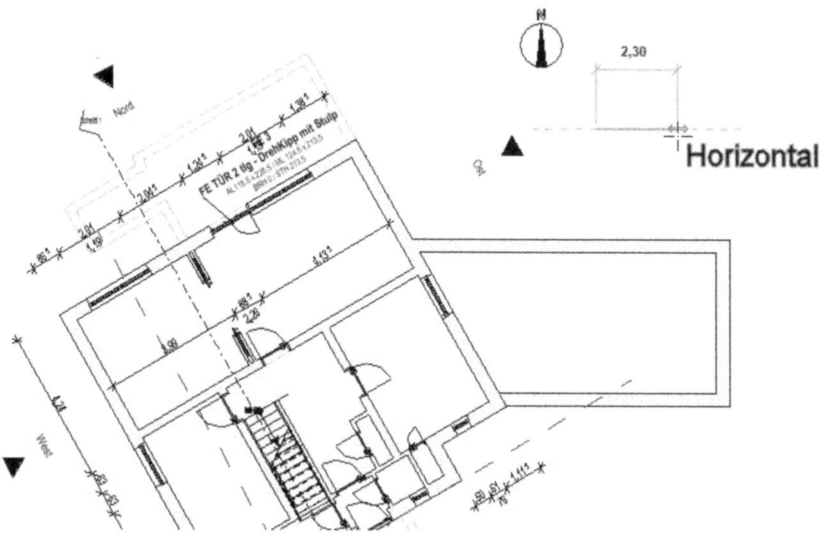

Abb. 5.21: Projektnorden passend zur Nordrichtung des Anbaus gedreht

5.5 Übungsfragen

1. Was ist der Unterschied zwischen PROJEKT-BASISPUNKT und VERMESSUNGSPUNKT?
2. Wie wird eine Ansicht nach der echten Nord-Richtung ausgerichtet?

Kapitel 6

Ansichten, Pläne und Plot

Revit startet seine Modelle bei Verwendung der Vorlage BIM ARCHITEKTUR UND INGENIEURBAU (VEREINFACHT) mit den in der Architektur üblichen Ebenen für die Geschossansichten, den komplementären Ebenen für Deckenansichten, einer 3D-Ansicht und den Außenansichten für die Standard-Richtungen Nord, Süd, Ost und West. Daneben können Sie aber beliebige eigene Ansichten gestalten.

6.1 Ansichten

Revit zeigt im PROJEKTBROWSER standardmäßig folgende Ansichten an:

- TRAGWERKSPLÄNE – zeigen jeweils einen BEWEHRUNGSPLAN und einen SCHALPLAN pro Geschoss an.
- GRUNDRISSE – mit den Grundrissen der vorgegebenen Ebenen EBENE -1, EBENE 0, EBENE 1 und EBENE 2. Die Ansichten der Grundrisse werden mit einer Schnittebene bei 1,20 m erstellt. Außerdem liegt hier auch die Ansicht LAGEPLAN mit einer generellen Ansicht des Modells von oben. Darin werden auch der PROJEKT-BASISPUNKT ⊗ und der VERMESSUNGSPUNKT △ angezeigt. In den anderen Grundrissen sind diese Punkte verborgen und können mit VERDECKTE ELEMENTE ANZEIGEN (STATUSLEISTE unten links) ANSICHT|GRAFIK|SICHTBARKEIT/GRAFIKEN sichtbar gemacht werden. In allen Grundrissen und auch in den Deckenplänen sind zwei Referenzebenen in x- und y-Richtung gestrichelt sichtbar, deren Schnittpunkt dem PROJEKT-BASISPUNKT entspricht.
- DECKENPLÄNE – zeigen die Querschnitte der Geschosse in Höhe der Decke an. Sie werden für die Gestaltung der Decken und Aufhängung der Beleuchtungskörper verwendet.
- 3D-ANSICHTEN – Hier wird zunächst eine 3D-Ansicht {3D} des gesamten Modells und eine Ansicht 3D-BERECHNUNGSMODELL angezeigt. Diese 3D-Ansichten können beliebig geschwenkt werden. Die Ansicht 3D-BERECHNUNGSMODELL zeigt die im Register BERECHNUNG definierbaren tragenden Strukturen des Bauwerks farbig schattiert an, der Rest wird als Drahtmodell dargestellt. Weitere Ansichten können hier mit dem KAMERA-Werkzeug erstellt werden und in orthogonaler oder perspektivischer Projektion gezeigt werden.
- ANSICHTEN – zeigt vorgabemäßig die vier *Außenansichten* NORD, OST, SÜD und WEST an. In diesen Ansichten werden die Geschosse mit ihren Höhen ange-

zeigt, und hier können auch weitere Geschosse durch Kopieren oder Vervielfältigen der Geschossebenen erstellt werden. Weitere Außenansichten mit beliebiger Ausrichtung werden mit ANSICHT|ERSTELLEN|ANSICHT erstellt.

Weitere Ansichten wie SCHNITTE, DETAILANSICHTEN oder Kamera-Ansichten mit perspektivischer Anzeige entstehen erst durch entsprechende Werkzeuge und werden dann automatisch im Browser eingebaut.

6.1.1 Die Grundrisse

Schnittebene

Die Grundrisse zeigen einen horizontalen Schnitt durch das aktuelle Geschoss in der Höhe von 1,20 m. Diese SCHNITTEBENE wird unter den EIGENSCHAFTEN bei ANSICHTSBEREICH eingestellt. Die Höhe von 1,20 m ist so gewählt, dass normale Fenster geschnitten dargestellt werden. Im Kellergeschoss EBENE -1 beispielsweise liegen die Fenster höher, und deshalb muss dort die SCHNITTEBENE höher gesetzt werden.

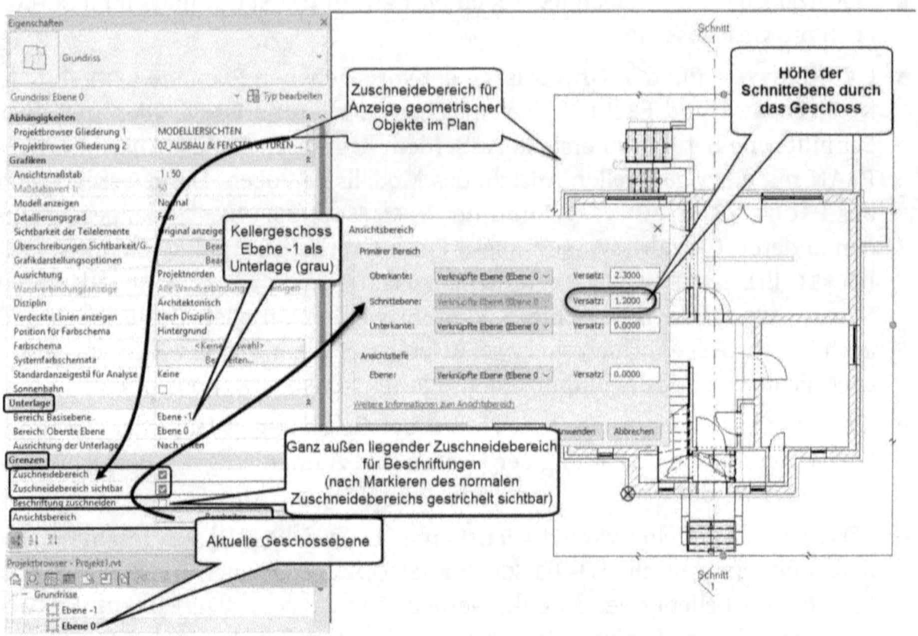

Abb. 6.1: Eigenschaften der Grundrisse

In jeder zweidimensionalen Geschossansicht können ein oder mehrere andere Geschosse als UNTERLAGE in Grau angezeigt werden. Das wird unter EIGENSCHAFTEN|UNTERLAGE eingestellt. Damit können dann Wände aus anderen Geschossebenen im aktuellen Geschoss leicht nachgezeichnet werden.

Variable Schnitthöhen

Manchmal ist es nötig, die Schnittebene für einzelne Elemente auf eine besondere Höhe zu legen. Von den drei Fenstern in Abbildung 6.2 würde bei der normalen Schnitthöhe nur das mittlere im Grundriss vollständig dargestellt werden. Das vordere Fenster liegt zu hoch, das hintere zu tief für die normale Schnitthöhe. Mit dem Werkzeug ANSICHT|ERSTELLEN|DRAUFSICHTEN ▾ PLANBEREICH ❶,❷ können Sie eine geschlossene Region definieren ❸,❹, innerhalb der eine andere Schnitthöhe eingestellt werden kann. Die fertige Kontur markieren Sie und wählen in den EIGENSCHAFTEN die Option ANSICHTSBEREICH ❺, um die neue Schnitthöhe ❻ anzugeben. Im Beispiel wurde der Schnittbereich für das vordere Fenster auf **`2,20 m`** und für das hintere auf **`0,5 m`** ❼, ❽ gesetzt.

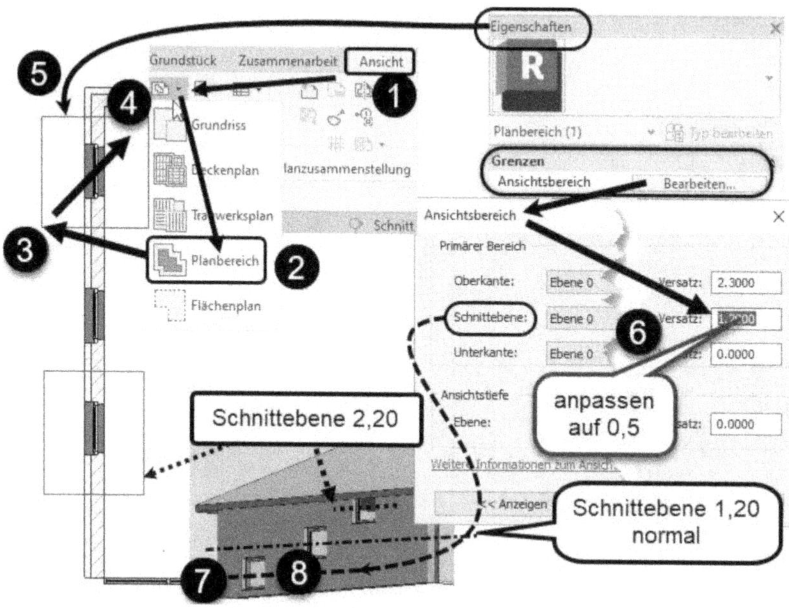

Abb. 6.2: Planbereiche mit verschiedenen Schnittebenen

Zuschneidebereich und Beschriftung zuschneiden

Für den späteren Import in die Pläne zur Plotausgabe können Sie einen ZUSCHNEIDEBEREICH in der STATUSLEISTE mit aktivieren und mit die Bereichsgrenzen sichtbar machen (siehe Abbildung 6.1). Der ZUSCHNEIDEBEREICH kann nach Markieren über kreisförmige Griffe verschoben werden. Die Darstellung der *Architektur-Elemente* wird außerhalb des ZUSCHNEIDEBEREICHS unterdrückt. Davon sind allerdings Bemaßungen und Beschriftungen *nicht* betroffen. Dafür kann eine *weitere* Begrenzung unter EIGENSCHAFTEN|GRENZEN|BESCHRIFTUNG ZUSCHNEIDEN aktiviert werden. Diese begrenzt dann die Anzeige der Beschriftungen und Bemaßungen. Auch dieser Bereich kann manuell angepasst werden.

6.1.2 Die Deckenpläne

In der Kategorie DECKENPLÄNE werden mit ARCHITEKTUR|ERSTELLEN|DECKE für die Räume BASISDECKEN oder DECKENSYSTEME erstellt. Eine BASISDECKE ist nur ein logisches Element, das eine Ebene an der Unterseite der oberen GESCHOSSDECKE bietet, an der Sie Beleuchtungskörper platzieren können (siehe Abschnitt 8.2 »Decken und Lampen«). Sie hat keine Dicke und sollte mit der Höhe auf die Unterkante der Geschossdecke abgestimmt werden. Ein DECKENSYSTEM ist vorgabemäßig eine *abgehängte Decke* mit einer Rigipsplatte. Beide Deckenarten gibt es mit angezeigten Rasterweiten zwischen **25 cm** und **1 m**. Um die Decken besser in der Draufsicht zu erkennen, könnten Sie unter ANSICHT|GRAFIK|SICHTBARKEIT/GRAFIKEN die Muster mit intensiveren Farben versehen. Abbildung 6.3 zeigt einen Deckenplan mit eingefügter Decke und Lampen. Näheres dazu finden Sie unter Abschnitt 8.2 »Decken und Lampen«.

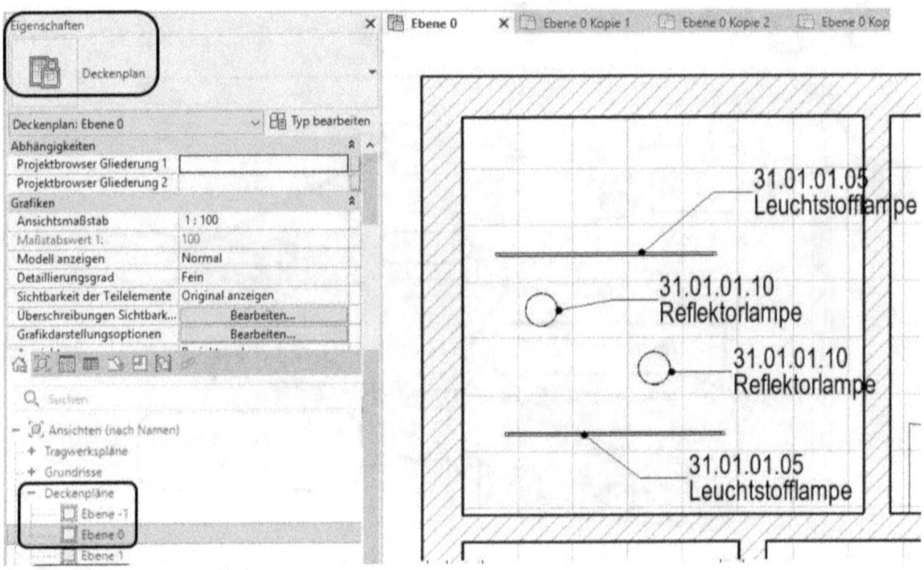

Abb. 6.3: Deckenplan mit Lampen

6.1.3 3D-Ansichten

Standardmäßig gibt es in Revit zwei 3D-ANSICHTEN mit den Namen {3D} und 3D-BERECHNUNGSMODELL. Über den VIEWCUBE kann die *Ansichtsrichtung* gewählt werden. Durch Anklicken der *Würfelflächen* wählen Sie *orthogonale Ansichten*, über die *Kanten* können Sie das Modell *von schräg oben* betrachten, und über die *Ecken* lassen sich die *Iso-Ansichten* erreichen. Alternativ können Sie ein Modell auch durch Mausbewegung bei gedrückter `Shift`-Taste und gedrücktem Mausrad ganz individuell schwenken.

Interessanter aber ist es, 3D-Ansichten einzelner Geschosse zu erstellen. Das wurde bereits in Abschnitt 3.1 »3D-Ansicht für einzelne Geschosse erstellen« und Abschnitt 3.2 »3D-Ansicht für ein Geschoss über View Cube« gezeigt.

Abb. 6.4: Standard-3D-Ansicht {3D}

Eine weitere schnelle und elegante Methode für 3D-Ansichten einzelner Geschosse bietet das Werkzeug ÄNDERN|ANSICHT|AUSWAHLRAHMEN. Wählen Sie dazu in einer neu angelegten 3D-Ansicht mit den drei Aktionen Zeigen (d.h. eine Wand nur mit dem Cursor berühren) – Tab (Taste nur einmal drücken) – Klick (nun eine Außenwand anklicken) die Außenwände des gewünschten Stockwerks und dann die Funktion AUSWAHLRAHMEN.

3D-Geschossansichten über Element-Sichtbarkeit steuern

Eine zweite Methode zur Erzeugung von 3D-Geschossansichten besteht darin, wieder für jedes Geschoss eine neue 3D-Ansicht anzulegen und darin dann die Elemente einfach auszublenden, die nicht benötigt werden. Mit dieser Methode können auch einzelne Elemente wie die Geschossdecken noch nachträglich einzeln markiert und unsichtbar gemacht werden.

Umgekehrt können auch nachträglich noch Elemente wieder sichtbar gemacht werden, die zu viel ausgeblendet wurden. Aktivieren Sie dazu in der Statusleiste VERDECKTE ELEMENTE ANZEIGEN. Nun werden die bisher ausgeblendeten Elemente intensiv rot angezeigt. Die können Sie markieren und wieder anzeigen lassen (Abbildung 6.6). Dadurch können relativ einfach auch geschossübergreifende Elemente individuell angezeigt werden.

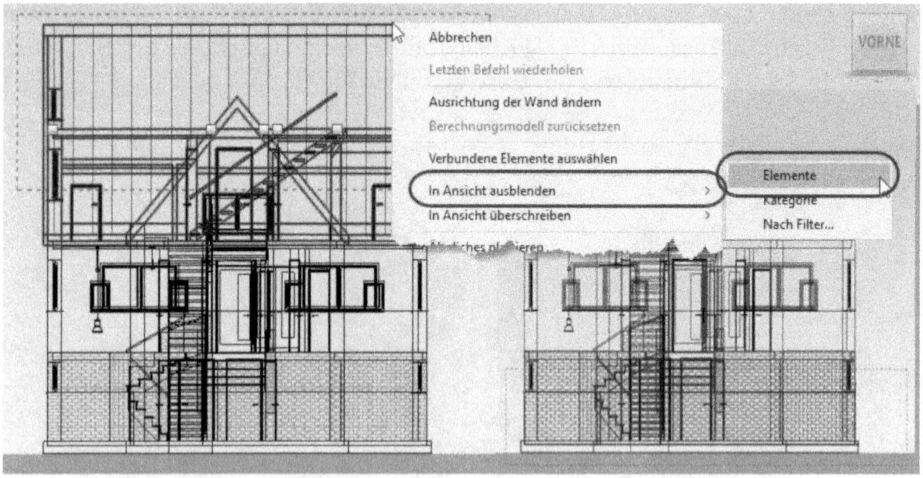

Abb. 6.5: Ausblenden der Elemente der anderen Geschosse

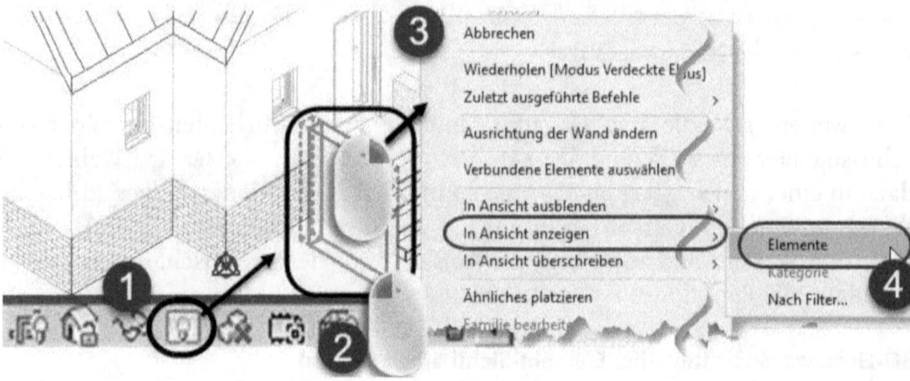

Abb. 6.6: Ausgeblendete Elemente wieder sichtbar machen

Abb. 6.7: 3D-Ansicht fürs Erdgeschoss mit individuell ein-/ausgeblendeten Elementen

6.1.4 Außenansichten

Im Projektbrowser liegen vier vorgegebene Außenansichten SÜD, NORD, OST und WEST in der Kategorie ANSICHTEN. Diese Ansichten werden durch die vier vorinstallierten Ansichtswerkzeuge erzeugt, die in den Grundrissen zu sehen sind (Abbildung 6.8). Sie umfassen einen Bereich von ca. 50 m horizontal und vertikal und enthalten den PROJEKT-BASISPUNKT ⊗ in der Ecke links unten. Sie sollten diese Werkzeuge nicht löschen, weil sonst parallel dazu auch die Ansichten im Browser gelöscht werden.

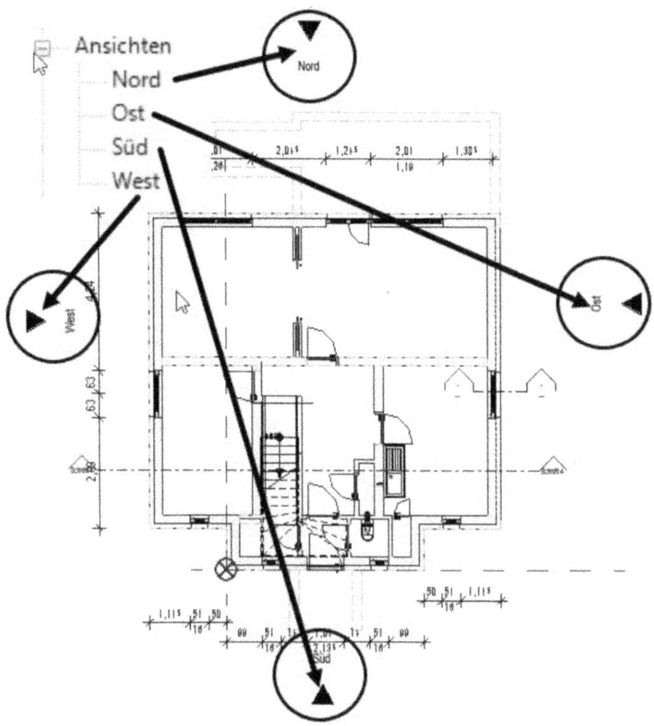

Abb. 6.8: Standard-Außenansichten und Browserstruktur

Weitere eigene Ansichten erstellen Sie mit dem Werkzeug aus dem Register ANSICHT in der Gruppe ERSTELLEN (Abbildung 6.9).

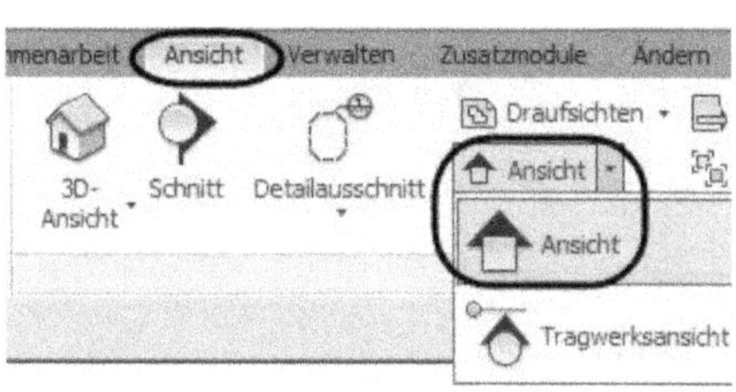

Abb. 6.9: Ansichtswerkzeug

Sie positionieren das Werkzeug in einer Grundrissansicht an der gewünschten Position. Nach Markieren des Werkzeugs können Sie über die Griffe bis zu vier Ansichten dafür aktivieren (Abbildung 6.10). Die Ansichten erhalten automatisch Namen, die Sie anpassen können. Um in eine der Ansichten zu wechseln, können Sie statt auf den Browser einfach auf das gewünschte Ansichts-Dreieck doppelklicken.

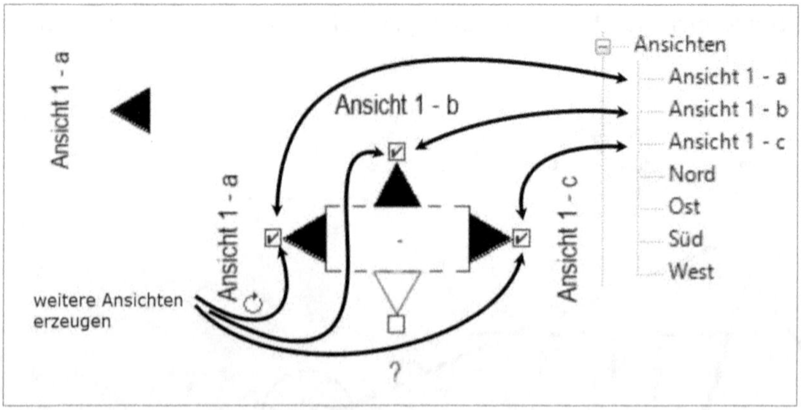

Abb. 6.10: Weitere Ansichten erzeugen

Mit dem Ansichts-Icon sind noch zwei *Schnittebenen* verknüpft, eine vordere und eine hintere. Die Ebenen werden angezeigt, wenn Sie das *Dreieckssymbol* markieren. Dann können Sie für eine normale Ansicht die vordere vor die Konstruktion legen und die hintere schwach gestrichelte hinter die Konstruktion. Sie können auch die Länge der vorderen Ebene verändern, wenn die Ansicht nur ein Teilbild zeigen soll. Die vordere Schnittebene können Sie auch anklicken und mit der Funktion SEGMENT TEILEN unterteilen und eines der beiden Teilstücke beispielsweise in die Konstruktion hineinschieben (Abbildung 6.11).

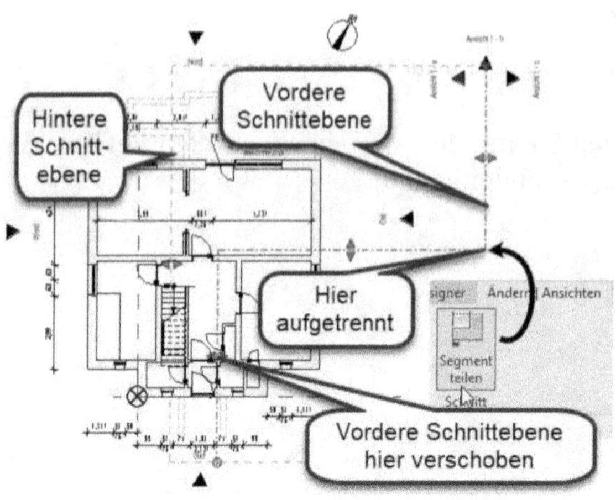

Abb. 6.11: Ansichtsebene für Teilschnitt gestaltet

So entsteht ein Teilschnitt (Abbildung 6.12). Da hier die hintere Ebene auch in der Konstruktion liegt, wird die Wand mit Tür hinter der Treppe ausgeblendet.

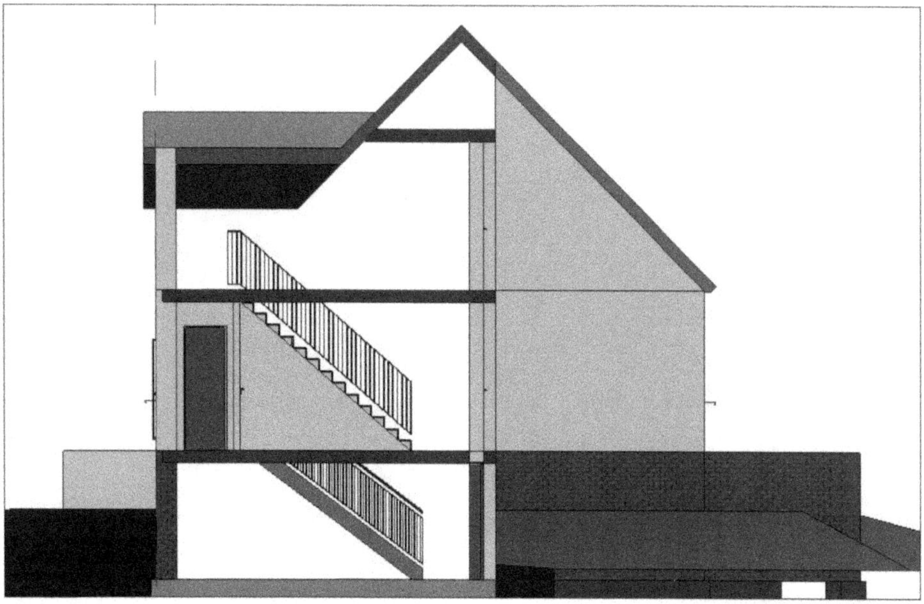

Abb. 6.12: Ergebnis der umgestalteten Ansicht

Um eine Ansicht dynamisch zu drehen, müssen Sie nur das Ansichts-Icon anklicken ❶ und dann das Dreh-Symbol mit gedrückter Maustaste schwenken ❷. Es rastet dann auch bei den 90°-Positionen ein.

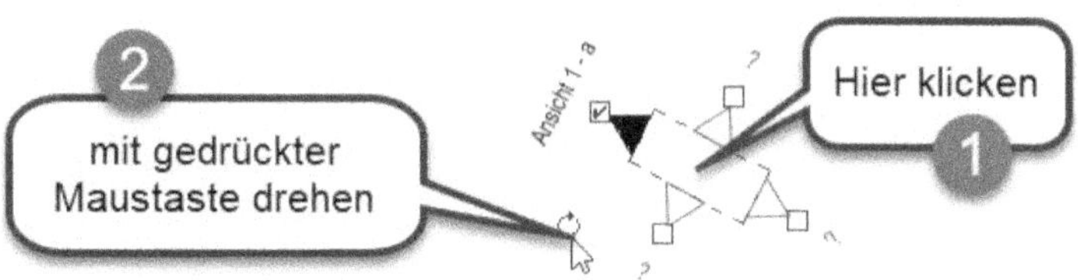

Abb. 6.13: Ansicht dynamisch drehen

Mit ÄNDERN|ÄNDERN|DREHEN kann das Ansichtswerkzeug auch um beliebige wohldefinierte Winkel gedreht werden (Abbildung 6.14). Achten Sie darauf, dass Sie das Werkzeug mit der Kreuzen-Wahl wählen, damit alle zugehörigen Teile mitgewählt sind. Über weitere Griffe am Ansichtssymbol können die Breite und Tiefe für die Anzeige eingestellt werden (Abbildung 6.15).

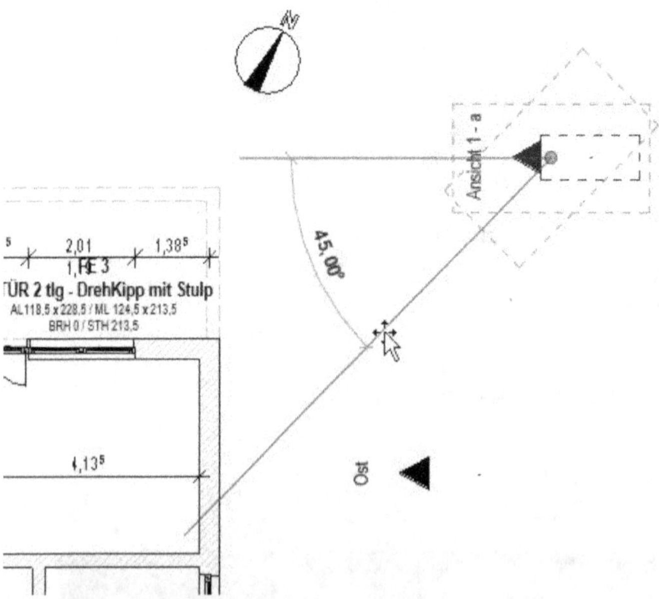

Abb. 6.14: Ansicht mit Werkzeug ÄNDERN|DREHEN drehen

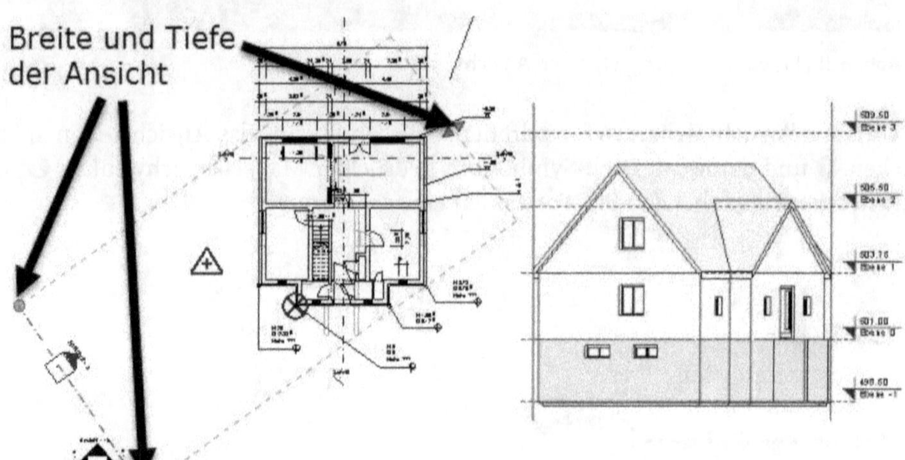

Abb. 6.15: Breite und Tiefe der Ansicht einstellen

Eine solche Ansicht kann mit etwas mehr Realismus versehen werden, indem eine TIEFENABSCHWÄCHUNG aktiviert wird. In den EIGENSCHAFTEN finden Sie Einstellmöglichkeiten unter GRAFIKDARSTELLUNGSOPTIONEN für die TIEFENABSCHWÄCHUNG.

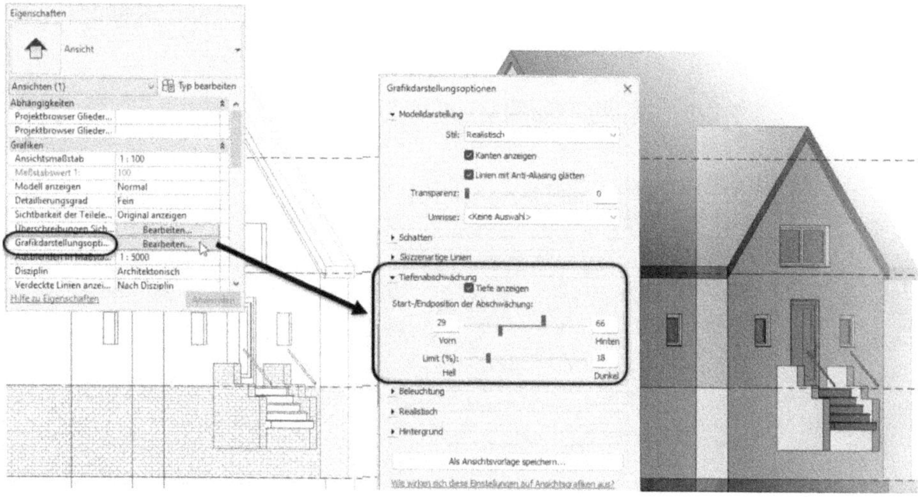

Abb. 6.16: Ansichten mit aktivierter Tiefenabschwächung

6.1.5 Innenansichten

Mit demselben Ansichtswerkzeug können auch Innenansichten generiert werden (Abbildung 6.17). Sie müssen nur alle vier Richtungen des Ansichts-Icons aktivieren.

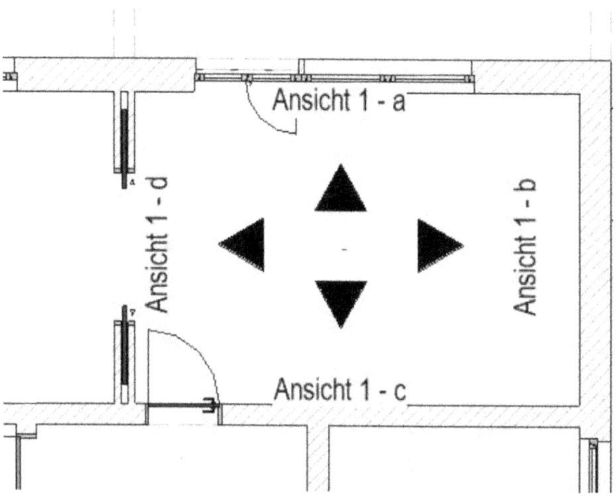

Abb. 6.17: Innenansichten in vier Richtungen (oben)

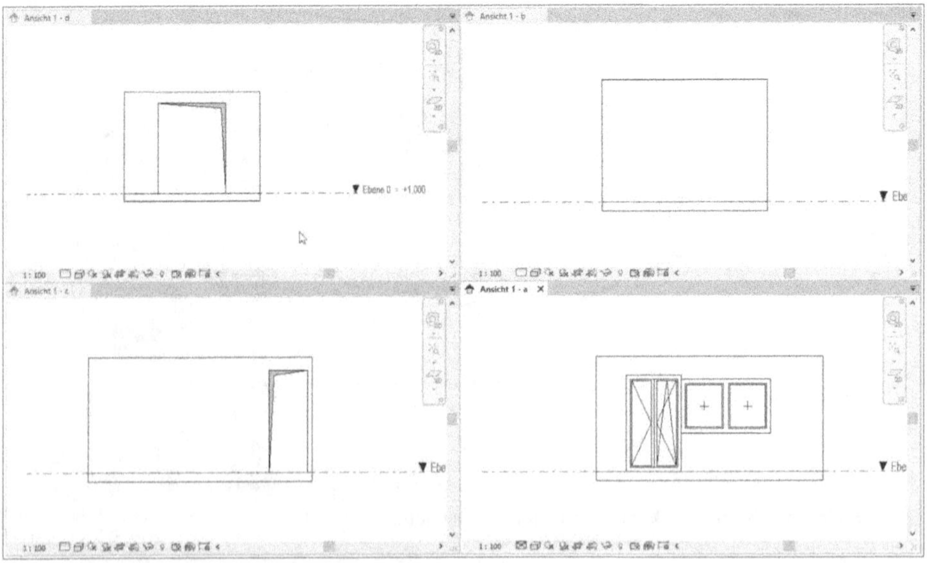

Abb. 6.18: Die zugehörigen vier Innenansichten

6.1.6 Schnittansicht

Schnittansichten werden mit ANSICHT|ERSTELLEN|SCHNITT erstellt oder über das Werkzeug im SCHNELLZUGRIFF-WERKZEUGKASTEN. Sie werden zunächst über zwei Positionen als geradliniger Schnitt und über eine weitere Position für die Schnitt-Tiefe erzeugt. Nach Markieren kann aber das Bearbeitungswerkzeug SEGMENT TEILEN verwendet werden, um die Schnittlinie mit einer Art Messer an einer Stelle zu unterbrechen und dann das Teilsegment diesseits oder jenseits der Trennstelle mit demselben Werkzeug zu verschieben (Abbildung 6.19).

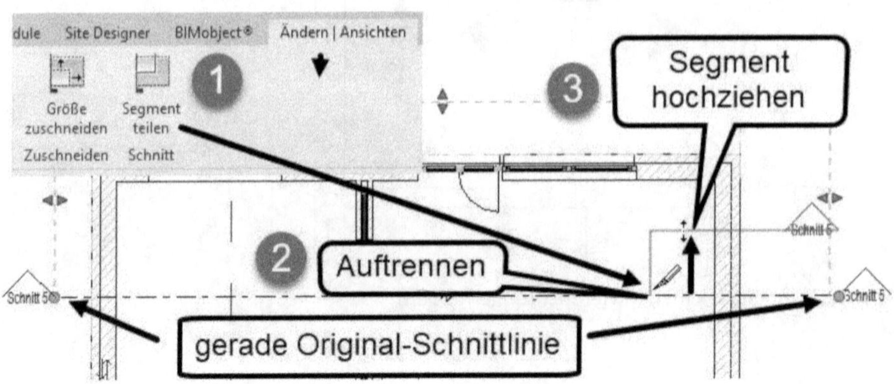

Abb. 6.19: Schnittansicht erstellen und mit Knick versehen

6.2 Planerstellung

Für die Ausgabe mit dem Plotter kann jede Ansicht des Projektbrowsers in einen Plan gezogen werden. Im Browser-Knoten PLÄNE sind bereits diverse Pläne für verschiedene Zielsetzungen vordefiniert.

Abb. 6.20: Vordefinierte Pläne

Neue eigene Pläne können nach Rechtsklick auf den Knoten PLÄNE im Projektbrowser und Auswahl NEUER PLAN in beliebigen Formaten von A4 bis A0 erstellt werden (Abbildung 6.21). Es gibt dort drei Arten von PLANVORLAGEN:

- PLANKOPF AUSFÜHRUNG – Der Plankopf enthält eine Revisionsliste.
- PLANKOPF GENEHMIGUNG – Der Plankopf enthält ein Behördenfeld für die Genehmigung.
- PLANKOPF MIT SCHRIFTFELD – Der Plankopf enthält ein normales Schriftfeld ohne spezielle Zusätze.

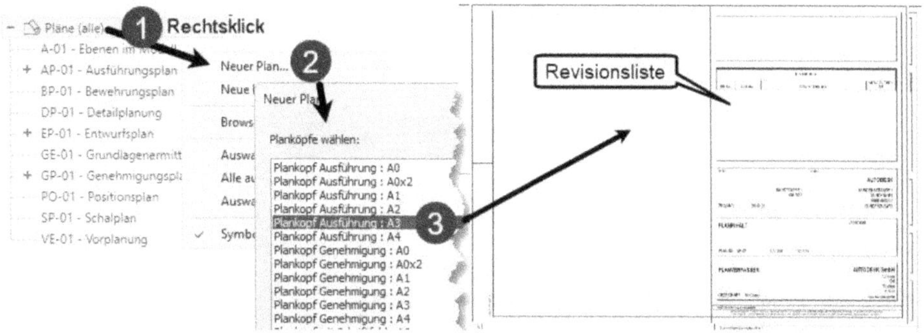

Abb. 6.21: Neuen Plan mit wählbarem Format erstellen

Die einzelnen Ansichten können nun per Drag&Drop in die Pläne gezogen werden (Abbildung 6.22). Damit in den Ansichten auf dem Plan nur der beabsichtigte

Ausschnitt der Zeichnung und beispielsweise nicht noch die vier Ansichtswerkzeuge sichtbar sind, sollten Sie in der ursprünglichen Ansicht den Zuschneiderahmen aktivieren. Sie müssen dazu nicht im Browser nach oben direkt in die Geschossansicht gehen, sondern können gleich unterhalb des aktuellen Plans den Link zur Geschossansicht doppelklicken.

Zum Aktivieren des Zuschneiderahmens der Ansicht gibt es zwei Werkzeuge in der Ansichtsleiste (Abbildung 6.23). Das linke Werkzeug bewirkt, dass die Sichtbarkeit von Geometrien außerhalb des Rahmens unterdrückt wird. Das rechte Werkzeug macht diesen Rahmen sichtbar. Wenn Sie die Werkzeuge zum ersten Mal benutzen, wird der Rahmen so groß eingestellt sein, dass er außerhalb der vier Ansichtswerkzeuge liegt. Sie müssen ggf. zoomen, um ihn zu finden. Anhand der blauen Kringel im Begrenzungsrahmen können Sie diesen Rahmen an die Konstruktion anpassen. Er wirkt nur auf geometrische Elemente, nicht auf Bemaßung und Beschriftung. Ein zweiter etwas größerer Rahmen kann die Anzeige von Bemaßungen und Beschriftungen begrenzen. Er kann in den EIGENSCHAFTEN unter GRENZEN|BESCHRIFTUNG ZUSCHNEIDEN aktiviert werden und wird dann gestrichelt angezeigt.

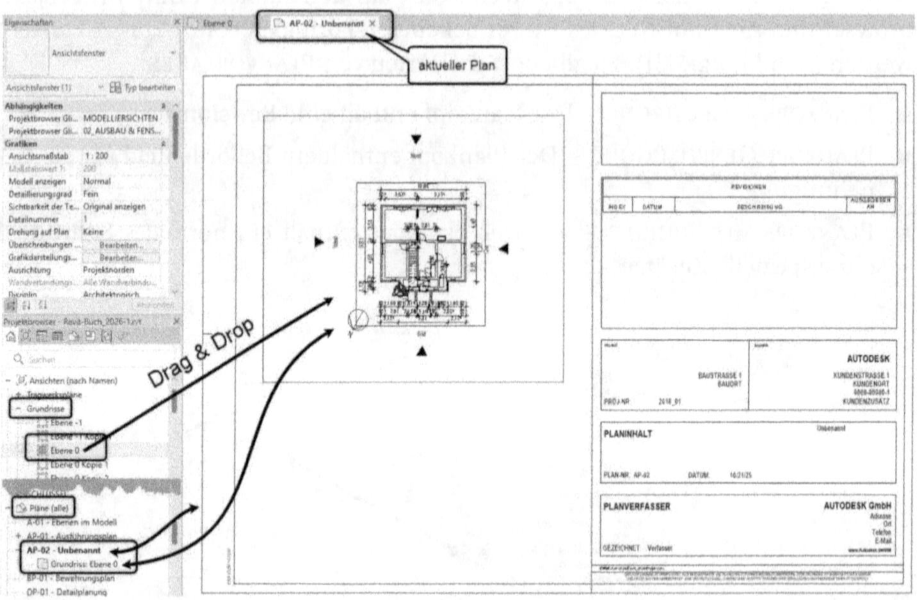

Abb. 6.22: Ansicht per Drag&Drop in einen Plan einfügen

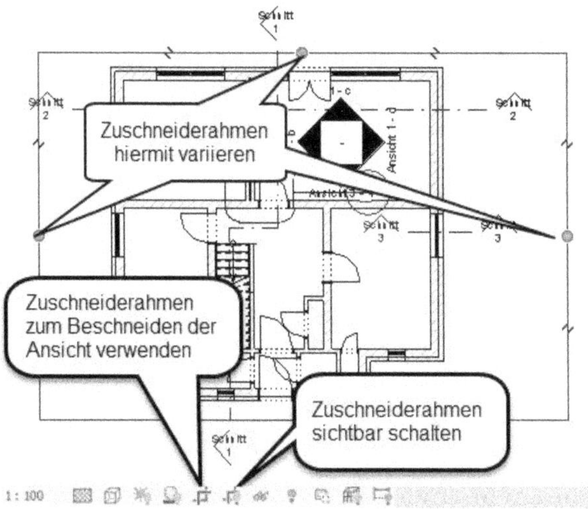

Abb. 6.23: Zuschneiderahmen für Ansicht aktiv und sichtbar

Die Eintragungen für das Schriftfeld im Planrahmen werden aus den Projektinformationen generiert. Sie finden diese unter VERWALTEN|EINSTELLUNGEN|PROJEKTINFORMATIONEN (Abbildung 6.24). Aus der Bezeichnung des Plans im PROJEKTBROWSER werden der Name und die Plannummer entnommen. Dazu sollten Sie die Bezeichnung durch Umbenennen entsprechend ändern (Abbildung 6.25).

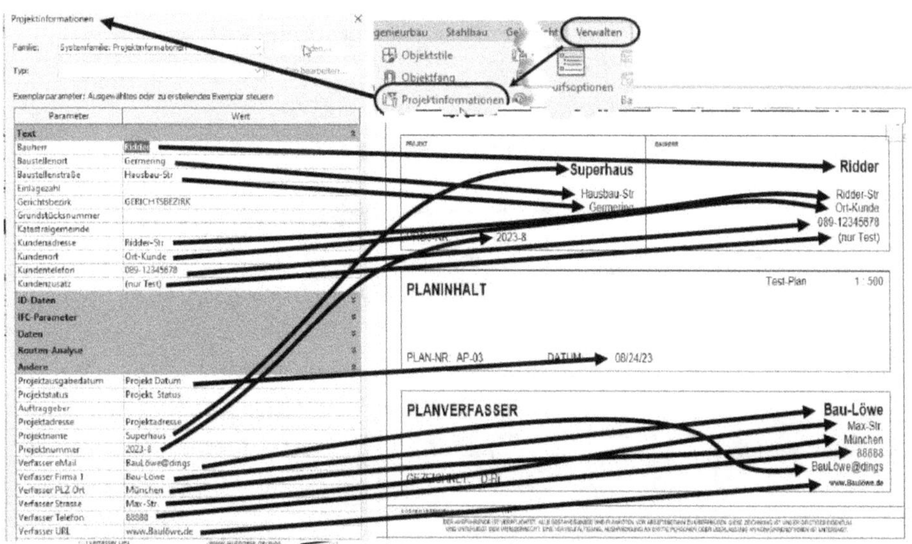

Abb. 6.24: Projektinformationen für das Schriftfeld

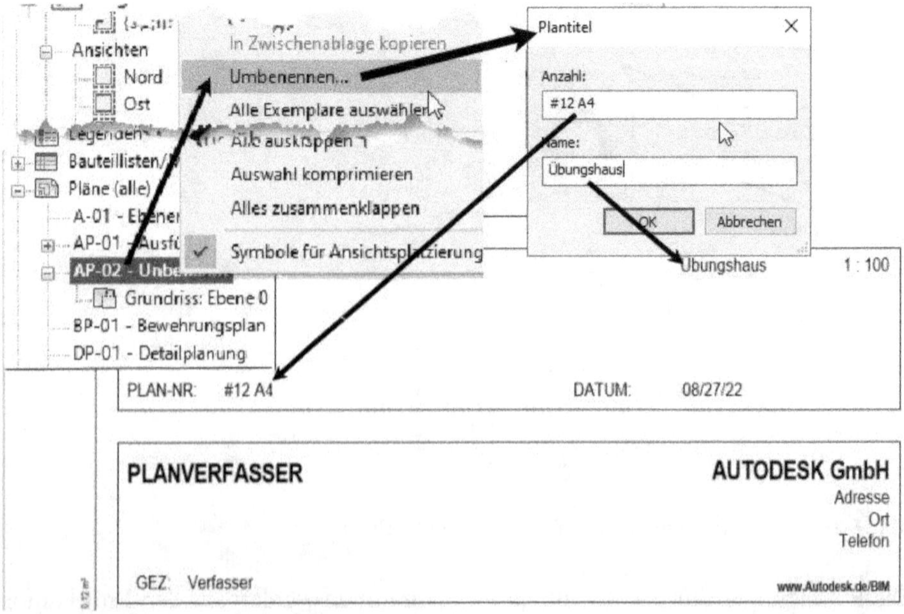

Abb. 6.25: Plannummer und Name

6.3 Plan mit Änderungsliste

Wenn Sie einen Plan mit Änderungsliste erstellen wollen, müssen Sie eine Planvorlage vom Typ AUSFÜHRUNG wählen, wie oben geschehen.

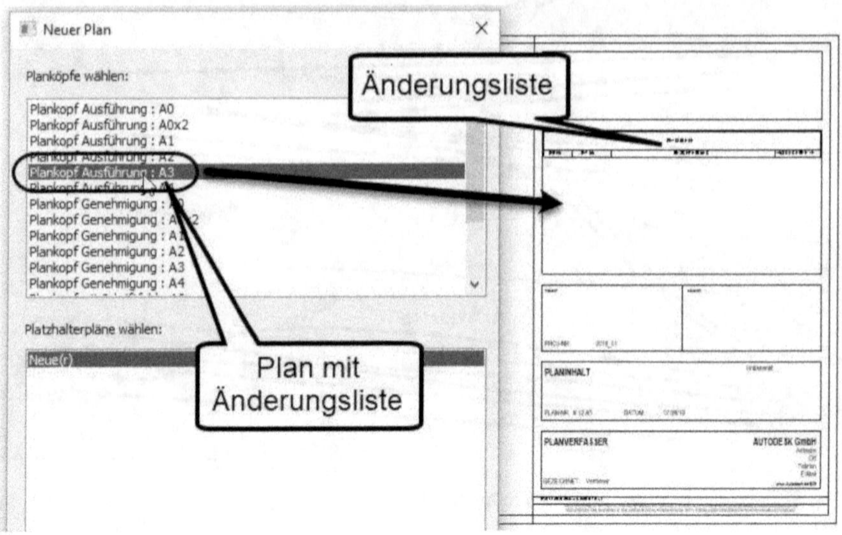

Abb. 6.26: A3-Plan mit Änderungsliste starten

Mit dem Werkzeug ANSICHT|PLANZUSAMMENSTELLUNG|PLANAUSGABE/ÄNDERUNGEN erstellen Sie die Liste der Änderungen für Ihr Projekt und fügen die gewünschten Änderungen mit Datum und Beschriftung hinzu.

Abb. 6.27: Erstellen der Änderungsliste

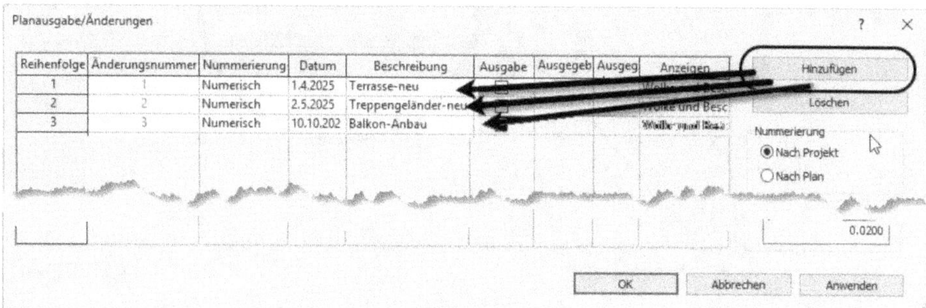

Abb. 6.28: Änderungsliste, drei Eintragungen hinzugefügt

Wenn die Änderungsliste die nötigen Eintragungen enthält, können Sie in der Ansicht die dazu passenden Revisionswolken erstellen. Der Befehl liegt unter BESCHRIFTEN|DETAIL|ÄNDERUNGSWOLKE.

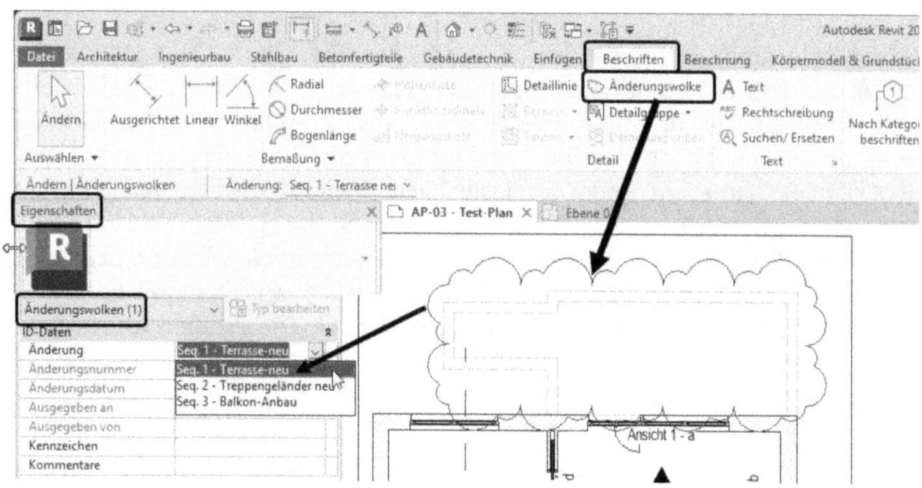

Abb. 6.29: Revisionswolke erstellen

Zuerst sollten Sie dann im EIGENSCHAFTEN-MANAGER in der Zeile ÄNDERUNG die zugehörige Änderungsbeschriftung auswählen und danach mit dem Zeichenwerkzeug RECHTECK die Revisionswolke erstellen und mit ✓ beenden.

Sobald die Revisionswolke fertig ist, erscheint auch automatisch die zugehörige Eintragung in der Änderungsliste des Plans.

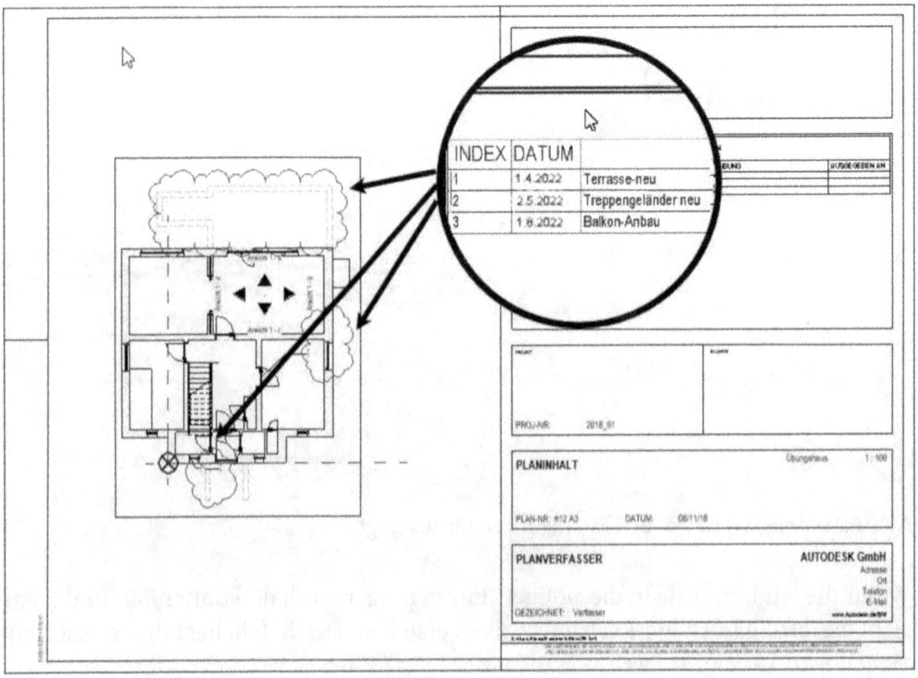

Abb. 6.30: Automatisch aktualisierte Änderungsliste im Plan

Die Beschriftung der Revisionswolke erreichen Sie mit NACH KATEGORIE BESCHRIFTEN ❷ aus dem Register BESCHRIFTEN, Gruppe BESCHRIFTUNG ❶. Hierbei sollten Sie zunächst in Multifunktions-Erweiterungsgruppen die Art der Beschriftung auswählen ❸. Zu beachten ist hier, dass Sie die Kategorie ÄNDERUNGSWOLKEN erst ganz am Ende der Liste nach dem Buchstaben »Z« finden ❹ (amerikanische Sortierung für Umlaute). In der Spalte GELADENE BESCHRIFTUNGEN ❺ wählen Sie aus, wie detailliert die Angaben werden sollen ❻. Schließlich klicken Sie die Revisionswolke zum Platzieren der Beschriftung an ❼. Das gewählte Beschriftungssymbol wird dann generiert ❽. Die Position und Ausrichtung der Beschriftung kann nachträglich durch die Werkzeuge am markierten Objekt noch verändert werden.

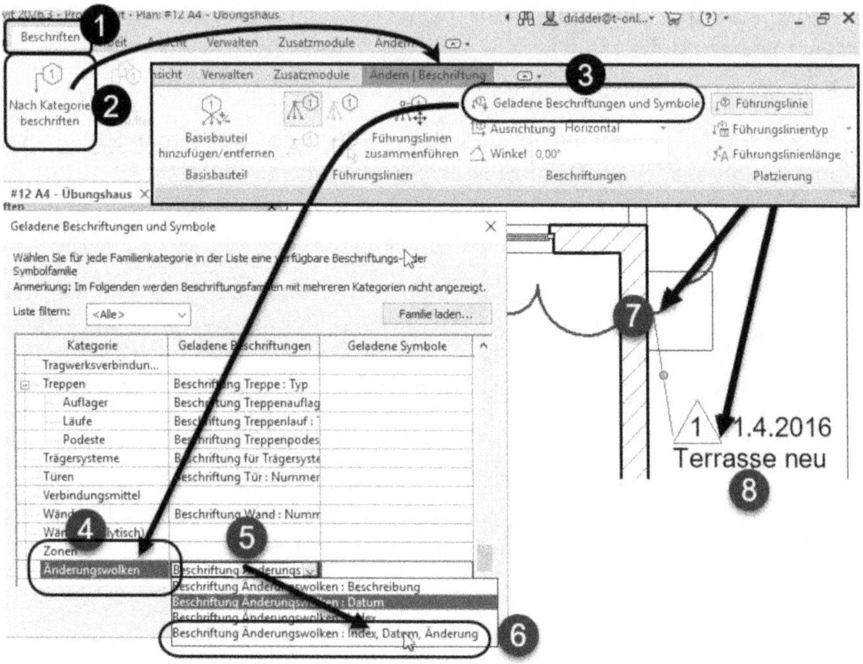

Abb. 6.31: Änderungswolke beschriften

6.4 Detailansichten und Detaillierung

Es gibt zwei Arten von Detailansichten:

- den waagerecht orientierten DETAILAUSSCHNITT und
- die vertikale DETAILANSICHT.

6.4.1 Detailausschnitt

Einen Detailausschnitt erzeugen Sie mit den Werkzeugen ANSICHT|ERSTELLEN|DETAILAUSSCHNITT|▾ RECHTECK als rechteckigen oder ANSICHT|...|▾ SKIZZE als beliebig skizzierten Ausschnitt (Abbildung 6.33). Das DETAILAUSSCHNITT-Werkzeug erzeugt eine *Markierung* des Ausschnitts in der Ursprungszeichnung und eine *neue Ansicht* im Browser. Für den skizzierten Detailausschnitt können Sie zunächst mit den üblichen Zeichenwerkzeugen eine geschlossene Kontur zeichnen und dann die Bearbeitung beenden. Entsprechend wird die Markierung in der Ursprungszeichnung erzeugt.

Zum Definieren eines Detailausschnitts ist immer eine Ursprungszeichnung nötig. Diese wird auch in den EIGENSCHAFTEN unter GRENZEN|ÜBERGEORDNETE ANSICHT eingetragen. Wenn nun aber die übergeordnete Ansicht gelöscht wird, bietet Revit zwei Möglichkeiten an:

- Sie können die Detailausschnittsansicht von der übergeordneten Ansicht unabhängig machen oder
- Sie können sie mit dieser zusammen löschen.

Sie können einen Ausschnitt auch schon bei der Definition von Anfang an als Ansichts-unabhängig festlegen. Dazu müssen Sie bei den EIGENSCHAFTEN nur unter GRENZEN|ÜBERGEORDNETE ANSICHT anstelle der automatisch eingetragenen Ursprungsansicht die Option <KEINE AUSWAHL> aktivieren.

Für die Darstellung der Ausschnitte gibt es noch eine weitere interessante Option. Vorgabemäßig wird in den EIGENSCHAFTEN für die Sichtbarkeit unter GRAFIKEN|DARSTELLEN die Option NUR ÜBERGEORDNETE ANSICHT aktiviert. Wenn Sie die Ausschnittsmarkierung aber beispielsweise auch in Duplikaten dieser Ansicht sehen wollen, dann schalten Sie hier auf ÜBERSCHNEIDENDE ANSICHTEN um.

An den Detailausschnitten hängt zunächst ein unbeschrifteter Marker, der später nach Einfügen des Detailausschnitts in einen Plan automatisch mit der PLANNUMMER und der ZEICHNUNGSNUMMER im Plan beschriftet wird.

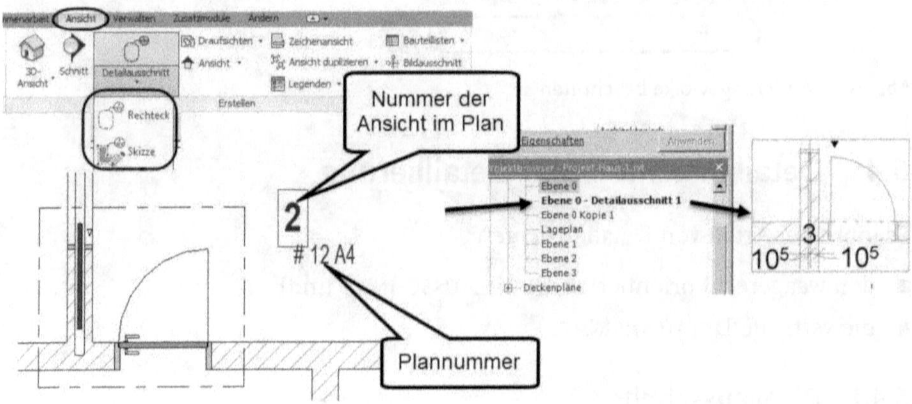

Abb. 6.32: Erstellen eines rechteckigen Detailausschnitts und neue Detailansicht im Browser

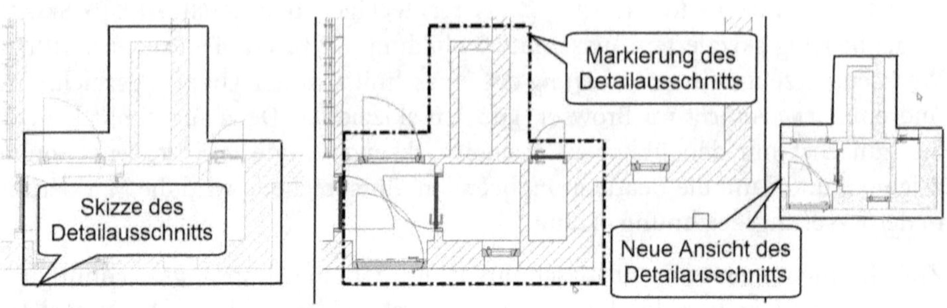

Abb. 6.33: Skizzierter Detailausschnitt

6.4.2 Detailansicht

Für die Detailansicht erzeugen Sie zuerst einen normalen Schnitt mit der beabsichtigten Breite und Tiefe an der Detailposition. Dann aktivieren Sie diese neue Schnittansicht und gehen in die EIGENSCHAFTEN auf TYP BEARBEITEN. Dort ändern Sie unter FAMILIE die aktuelle Eintragung SYSTEMFAMILIE: SCHNITT in SYSTEMFAMILIE: DETAILANSICHT. Darunter können Sie auch den TYP ändern von DATEI NAME in DATEI NAME UND PLANNUMMER. Damit wird beim ersten Mal die neue Kategorie DETAILANSICHT im PROJEKTBROWSER erstellt und die hiermit erzeugte Schnittansicht dorthin übertragen. Durch die Typänderung werden auch hier die Nummer des Plans und die Nummer der Ansicht eingetragen, sobald Sie die Detailansicht in einen Plan hineinziehen.

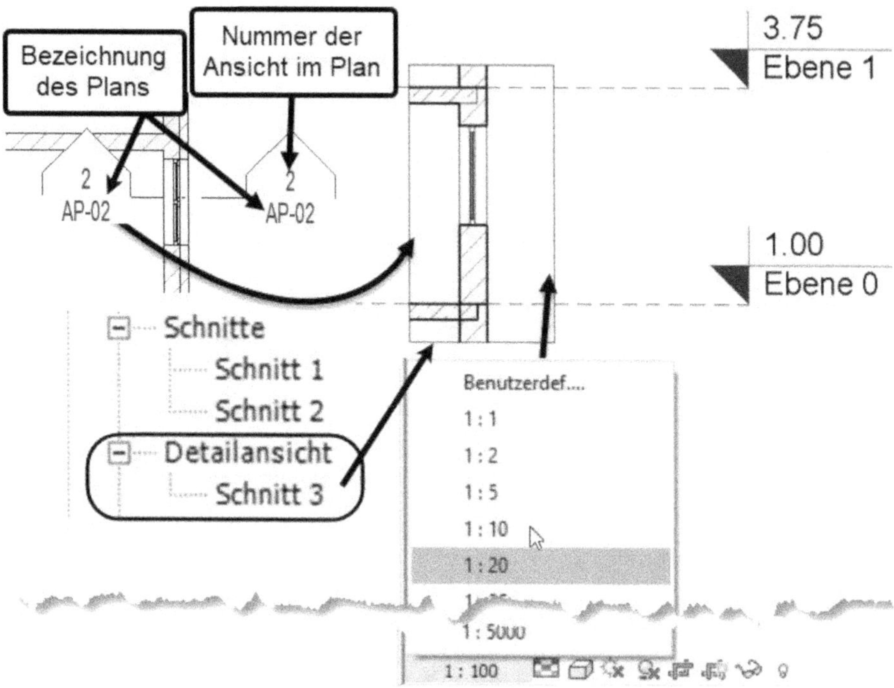

Abb. 6.34: Vertikaler Detailschnitt

Detailelemente hinzufügen

Im Detailausschnitt und in der DETAILANSICHT können Sie dann mit den Funktionen aus der Gruppe BESCHRIFTEN|DETAIL eigene 2D-Detailelemente anbringen (Abbildung 6.35). Damit können Sie im Detail Dinge einzeichnen, die im 3D-Modell zu aufwendig zu konstruieren wären. Weitere Detailelemente finden Sie hier unter BAUTEIL▾|DETAILBAUTEIL (Abbildung 6.35) und weitere müssten Sie sich mit EINFÜGEN|AUS BIBLIOTHEK LADEN|AUTODESK-FAMILIE LADEN aus der BIM-Bibliothek erst zu Ihren projektspezifischen Familien hinzuladen (Abbildung 6.36). Einen speziellen Mauerziegel finden Sie dann z.B. unter ALLE ERGEBNISSE|BESCHRIFTEN – DETAILBAUTEIL|DETAILELEMENTE|MAUERWERK|SCHNITT-MAUERZIEGEL (DE). Unter EIGENSCHAFTEN können Sie dann noch die spezielle Größe auswählen (Abbildung 6.36).

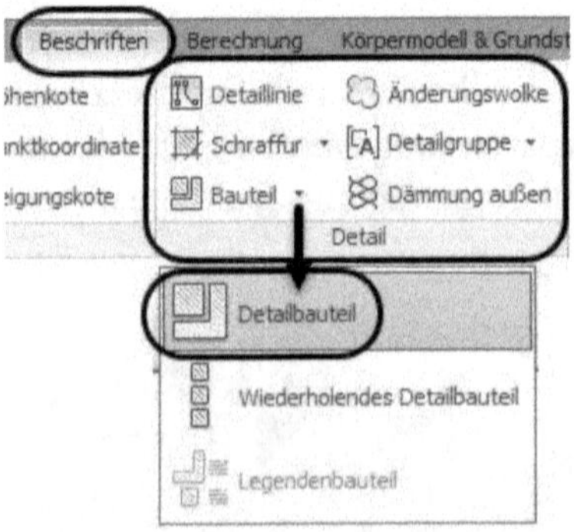

Abb. 6.35: Werkzeuge für Detailelemente

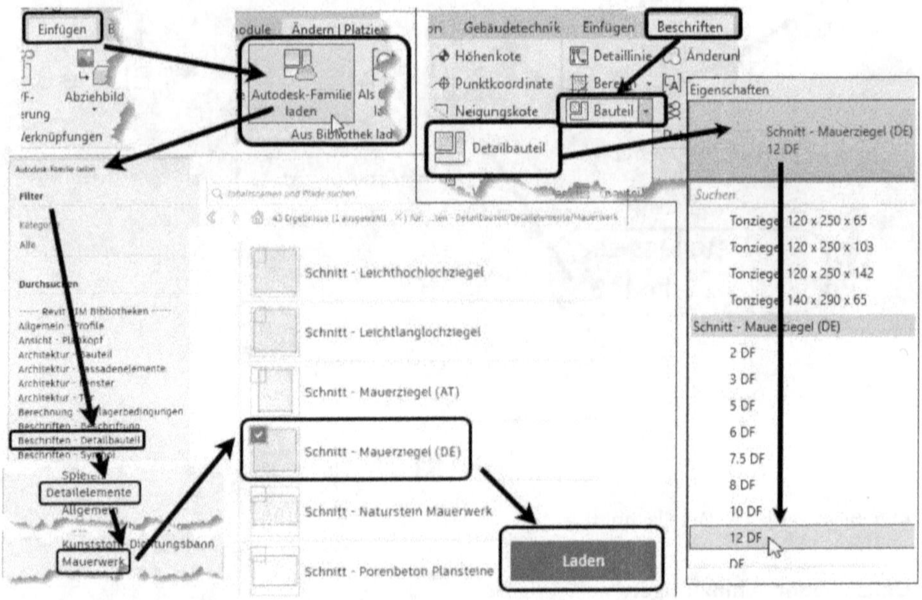

Abb. 6.36: Detailelement laden und verwenden

Wiederholende Detailbauteile

Für Darstellungen von Ziegelsteinen etc. werden oft wiederholende Bauteile benötigt. Dafür wählen Sie BESCHRIFTEN|DETAIL|BAUTEIL ▾ |WIEDERHOLENDES DETAILBAUTEIL. Dann gehen Sie in die EIGENSCHAFTEN, wählen TYP BEARBEITEN, duplizieren den Typ mit einem passenden Namen und stellen dort unter DETAIL das gewünschte zu wiederholende Detailbauteil ein. Es muss natürlich *vorher als normales Detailbauteil geladen* worden sein. In der Detailansicht klicken Sie nun auf den Startpunkt für das Bauteil und ziehen dann in die Richtung, in der das Teil vervielfältigt werden soll (Abbildung 6.37).

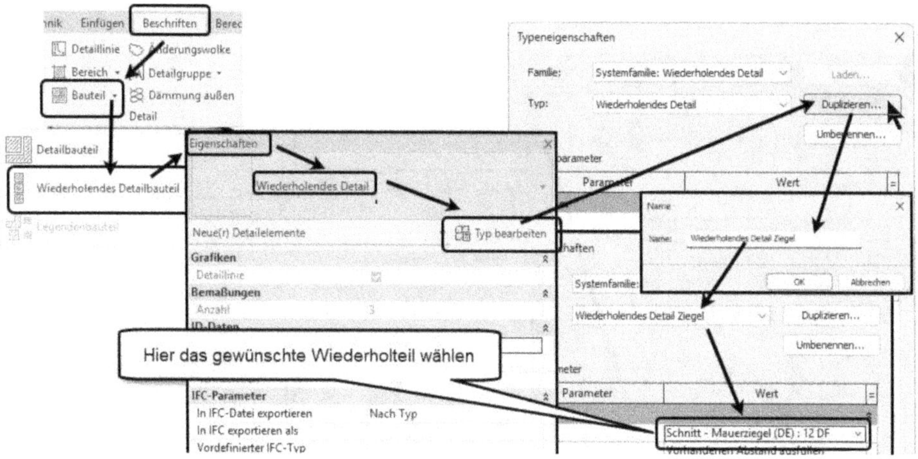

Abb. 6.37: Wiederholendes Detailbauteil definieren über TYP

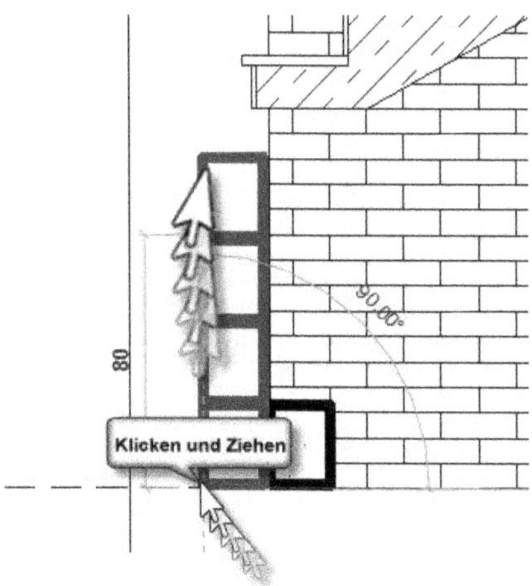

Abb. 6.38: Einfügen des Wiederhol-Bauteils

6.5 Plot

Vor dem Plotten des Plans können Sie im Menü DATEI|DRUCKEN|DRUCKEREINRICHTUNG aktivieren, um den Plotter einzurichten. Vorher sollte allerdings der gewünschte Plotter unter Windows als STANDARD aktiviert sein. Wählen Sie hier dann das *Papierformat*, die *Ausrichtung* (*horizontal/vertikal*) und vor allem für die maßstäblich korrekte Ausgabe den ZOOMFAKTOR **100%** (Abbildung 6.39).

Mit dem Plotbefehl DATEI|DRUCKEN ▸ |DRUCKEN können Sie entweder die aktuelle Ansicht plotten oder unter AUSWÄHLEN die Planansicht(en) auswählen (Abbildung 6.40). Sie können hier auch mehrere Ansichten auswählen und diese Auswahl auf Anfrage als Plansatz für wiederholtes Plotten speichern.

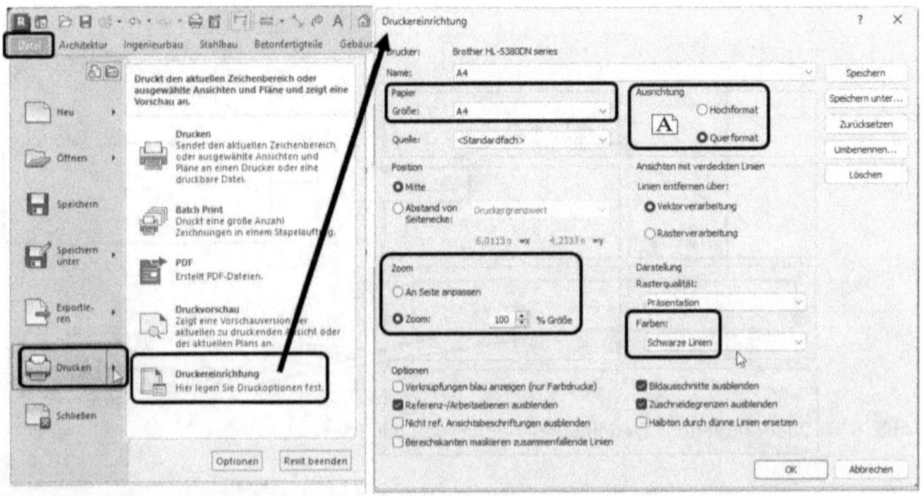

Abb. 6.39: Plotter einstellen

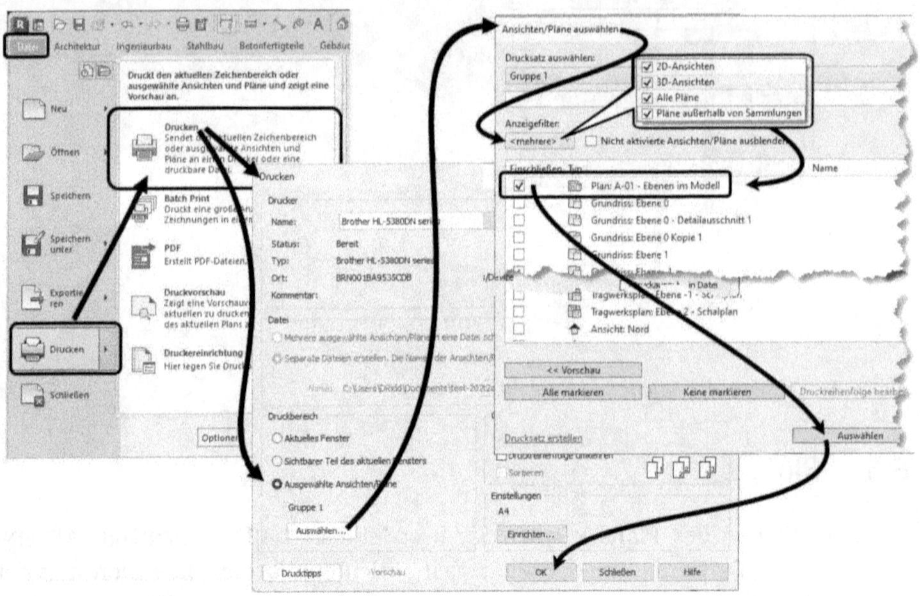

Abb. 6.40: Plotausgabe mit Auswahl der Ansicht

6.6 Übungsfragen

1. Wo liegt die normale Schnitthöhe in den Grundrissen?
2. Wo ist sie definiert?
3. Welche Bedeutung hat der ZUSCHNEIDEBEREICH eines Grundrisses?
4. Wozu braucht man Deckenpläne?
5. Was generiert man mit 3D-SCHNITTBEREICH?
6. Womit erstellen Sie eigene Ansichten?
7. Wie wird ein SCHNITT mit Knick erstellt?
8. Was ist der Unterschied zwischen DETAILAUSSCHNITT und DETAILSCHNITT?
9. Wie erzeugen Sie einen neuen Plan für den Plot?

Kapitel 7

Konstruktionshilfen

Bisher konnten die Konstruktionen direkt mit den architektonischen Elementen wie Wände, Fenster, Türen etc. erstellt werden. Manchmal ist es aber nötig, zuerst mit Hilfsgeometrien die Grundlagen für eine erfolgreiche Konstruktion zu legen. Deshalb werden hier folgende Konstruktionshilfsmittel vorgestellt:

- MODELLLINIEN dienen als Hilfslinien, Hilfskreisbögen oder elliptische Hilfsbögen für kompliziertere Konstruktionsaufgaben.
- RASTERLINIEN können einerseits durch ihre Ausdehnung senkrecht zur aktuellen Konstruktionsebene die Konstruktion in der Ebene und senkrecht dazu unterstützen, andererseits liefern die Schnittpunkte gleichmäßig angeordneter Rasterlinien eine Unterstützung beim Anordnen von Elementen wie Säulen.
- ARBEITSEBENEN bieten die Möglichkeit, eine beliebig im dreidimensionalen Raum liegende Ebene als Grundlage für weitere Konstruktionen zu schaffen.
- REFERENZEBENEN können in einer beliebigen zweidimensionalen Ansicht als Hilfslinie mit beliebiger Richtung erstellt werden, besitzen aber auch eine Ausdehnung senkrecht zu der aktuellen Zeichenebene. Sie werden in anderen Ansichten angezeigt, sofern diese Ansichten senkrecht oder orthogonal zur ursprünglichen Ansicht stehen.

7.1 Modelllinien

Manche Konstruktionen sind einfacher zu erstellen, wenn man sie mit einfachen Linien, Bögen, Kreisen oder Splinekurven vorzeichnet und dann nachträglich eine Wand oder Geschossdecke dazu passend erstellt. Für solche Fälle gibt es die MODELLLINIEN. Der Begriff *Linie* darf hier nicht zu eng gesehen werden, eigentlich müsste es *Modellkurven* heißen.

Mit den Modelllinien lassen sich leicht Hilfskonstruktionen erstellen. Sie können zur Darstellung verschiedene LINIENSTILE verwenden. Voreingestellt ist der Stil 2 AUSGEZOGEN SCHWARZ. Weitere Stil-Optionen zeigt Abbildung 7.1.

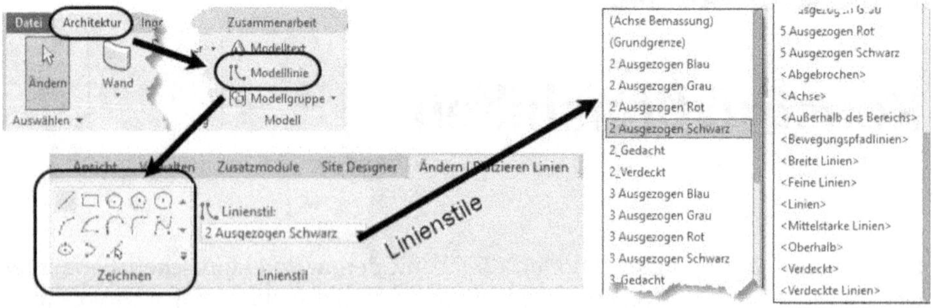

Abb. 7.1: Modelllinien

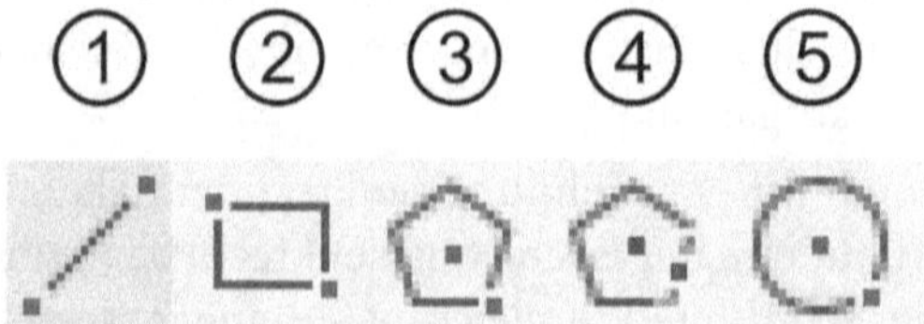

Abb. 7.2: Kurvenformen für Modelllinien (1.Zeile)

Es gibt dreizehn Varianten für das Erstellen von Modelllinien:

1. LINIE – verlangt zwei Punktpositionen für eine Linie. In der OPTIONSLEISTE kann wie bei den meisten Werkzeugen hier die Option KETTE aktiviert werden, um aneinander anschließende Liniensegmente punktweise zu erstellen. Mit der zusätzlichen Option RADIUS wird ein Linienzug erstellt, der mit dem dort angegebenen Radius verrundet ist.
2. RECHTECK – Über zwei diagonale Positionen wird das Rechteck erstellt. Mit der zusätzlichen Option RADIUS wird ein automatisch verrundetes Rechteck erstellt. Die Option VERSATZ erlaubt, ein zu den Punktpositionen mit dem definierten Abstand versetztes Rechteck zu zeichnen.
3. POLYGON INNEN – Hiermit wird ein regelmäßiges Vieleck über den Mittelpunkt und den Radius für den *Umkreis* erstellt. Der *Umkreis* ist der gedachte Kreis durch die *Eckpunkte*. Verglichen mit dem nächsten Werkzeug POLYGON INNEN würde dieses Polygon hier *bei gleichem Radius innen* liegen. Die Vorgabe für die Anzahl Seiten beträgt in der OPTIONSLEISTE **6** und wäre dort anzupassen.
4. POLYGON AUSSEN – Dieses regelmäßige Vieleck wird über den Radius für den *Inkreis* erstellt. Der Inkreis ist der gedachte Kreis durch die *Seitenmitten*. Verglichen mit dem obigen Werkzeug, liegt dieses bei gleichem Radius außen.

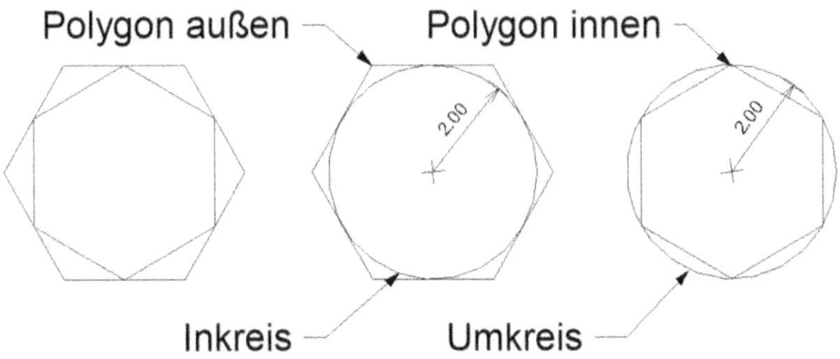

Abb. 7.3: Polygonformen

5. KREIS – Der Kreis wird einfach über Mittelpunkt und Radius erstellt.

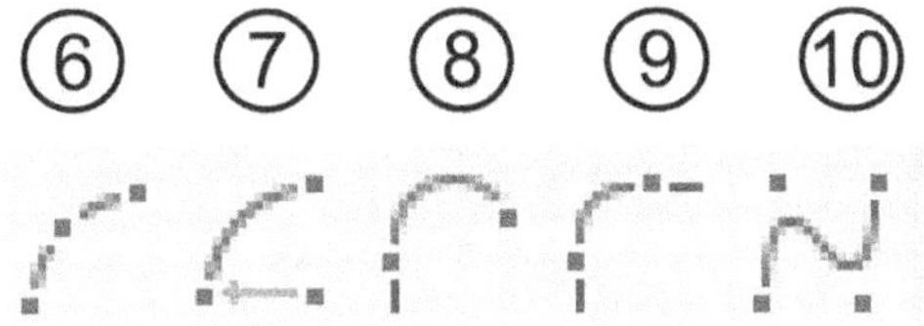

Abb. 7.4: Zeichenbefehle (2. Zeile)

6. ANFANG-ENDE-RADIUS-BOGEN – Wie angedeutet werden der Reihenfolge nach für diesen Bogen erst Startpunkt, dann Endpunkt und schließlich der Radius oder ein weiterer Punkt auf dem Bogen eingegeben.
7. BOGEN DURCH MITTEL- UND ENDPUNKTE – In diesem Fall wird zuerst der Mittelpunkt des Bogens bestimmt und dann Start- und Endpunkt. Der Endpunkt definiert dabei den Öffnungswinkel des Bogens. Bei grafischer Eingabe des Endpunkts sind maximal nur 180° für den Bogen möglich. Anstelle des Endpunkts können Sie aber auch den Öffnungswinkel beliebig überschreiben und damit Bögen über 180° erreichen.
8. TANGENTENBOGEN ENDE – Dieses Werkzeug erstellt einen Bogen, der tangential an einen gewählten Endpunkt anschließt. Weil dadurch bereits zwei Bestimmungsstücke für den Bogen, nämlich Startpunkt und Starttangente, gegeben sind, wird zum Abschluss nur noch ein Endpunkt zur vollständigen Bestimmung des Bogens benötigt. Wenn Sie hier die Option KETTE aktivieren, können Sie leicht Wellblechformen konstruieren.
9. ABRUNDUNGSBOGEN – Zwischen zwei Linien, zwei Bögen sowie Linie und Bogen kann eine Abrundung konstruiert werden. Die Positionen für den Berührpunkt müssen nicht exakt vorgegeben werden, sondern werden berechnet. Dabei werden zu lange Enden der Kurven gestutzt und zu kurze Enden

gedehnt. Mit Vollkreisen klappt es nicht immer. Der Radius kann vorher in der Optionsleiste vorgegeben werden oder nachträglich in der temporären Bemaßung des Elements geändert werden.

10. SPLINE – Der Spline wird über die Positionen eines Stützpunktpolygons erzeugt. Die Splinekurve ist eine glättende Interpolation zu diesen Punkten. Je weniger Punkte vorgegeben werden, desto glatter und eleganter wirkt die Form. Die Punkte werden hier STEUERELEMENTE genannt. Der fertige Spline kann noch nachbearbeitet werden, indem Sie die STEUERELEMENTE verschieben oder weitere hinzufügen oder einige entfernen.

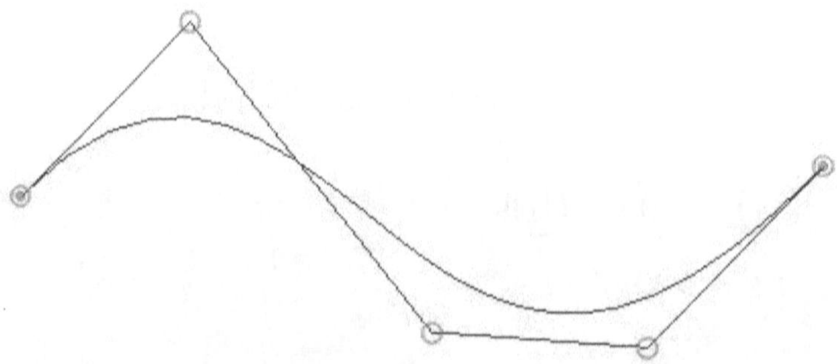

Abb. 7.5: SPLINE mit STEUERELEMENTEN

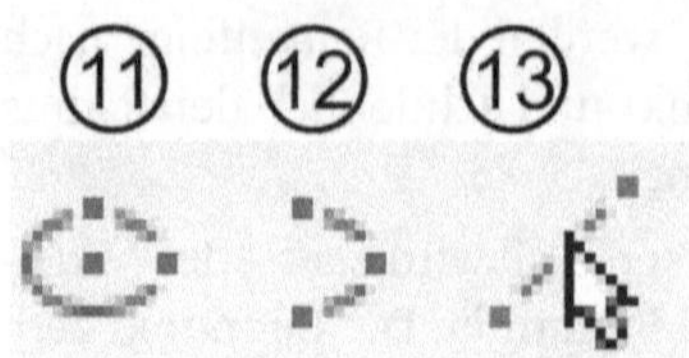

Abb. 7.6: Zeichenbefehle (3. Zeile)

11. ELLIPSE – Die ELLIPSE wird über den Mittelpunkt, den ersten Achsenendpunkt und den zweiten Achsenabstand definiert.
12. TEILELLIPSE – Eine TEILELLIPSE ist eine halbe Ellipse. Kleinere Ellipsensegmente können nur durch Anwendung des Werkzeugs ÄNDERN|ÄNDERN|ELEMENT TEILEN erzeugt werden.
13. LINIEN AUSWÄHLEN – Dieses grün gekennzeichnete Werkzeug ist besonders nützlich, weil damit jede beliebige Kante eines vorhandenen Elements, egal ob gerade oder gebogen, zur Erzeugung einer Modelllinie genutzt werden kann. Auch hier ist das Wort *Linie* nicht wörtlich zu nehmen, sondern als *beliebige Kurve* zu verstehen.

Eine Modelllinie ist auch in anderen Geschossen sichtbar, sofern das Geschoss mit der Modelllinie als *Unterlage* dort aktiviert ist. Sie können aber die Modelllinie auch in eine *Detaillinie* konvertieren (Abbildung 7.7), die dann *nur noch in der aktuellen Geschossebene sichtbar*ist, in der sie konvertiert wurde.

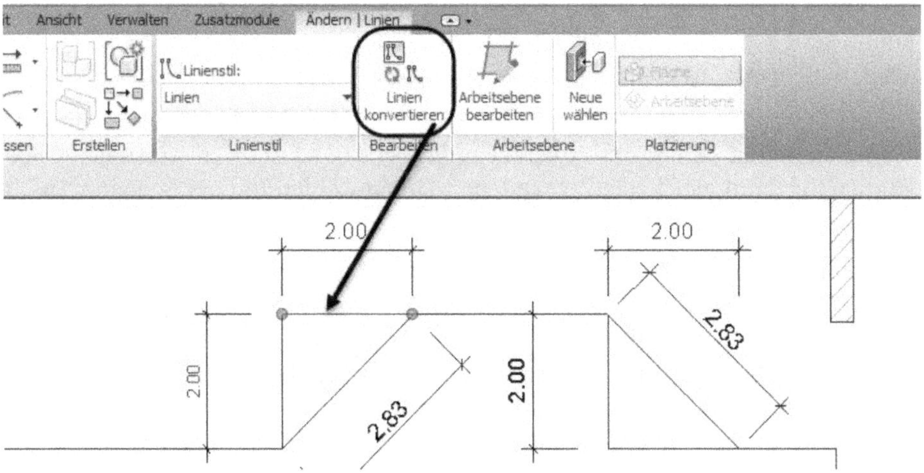

Abb. 7.7: Modelllinie wird zur Detaillinie konvertiert und ist in anderen Ebenen unsichtbar.

7.1.1 Beispiel für Hilfskonstruktion

Ein typisches Beispiel für die Benutzung von Modelllinien zeigt Abbildung 7.8.

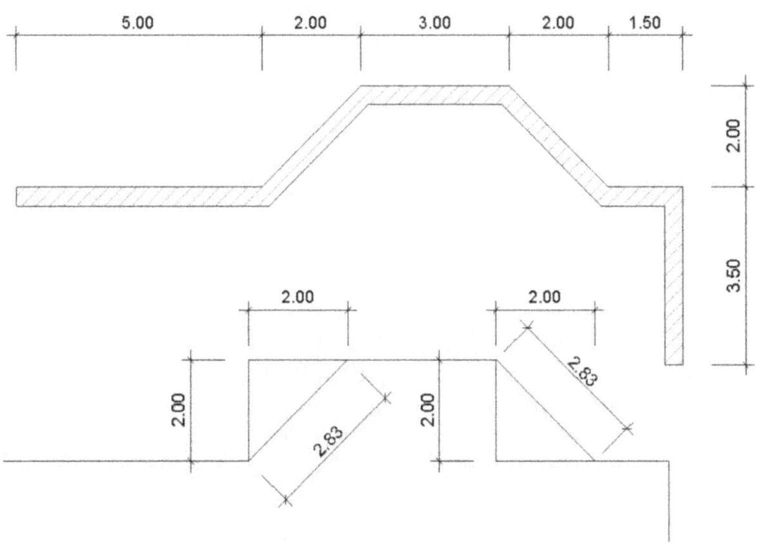

Abb. 7.8: Hilfskonstruktion für schräge Wände

Wenn Sie die schrägen Wandpartien direkt im Wandbefehl zeichnen wollen, könnten Sie zwar den Winkel durch Einrasten unter 45° gut abgreifen. Schwieriger wäre die Länge der schrägen Wand. Hier müssten Sie eine Formel eingeben, denn die Länge beträgt 2 m multipliziert mit der Quadratwurzel aus 2. Als Formel könnten Sie schreiben **=2*sqrt(2)**. Viel einfacher ist es dagegen, wie darunter gezeigt die Dreiecke mit den Seiten 2 m zu zeichnen und dann die Diagonalen.

Nach Löschen der 2-m-Hilfslinien können Sie dann die Wandkontur mit dem Wandbefehl und dem grünen Werkzeug LINIEN AUSWÄHLEN erzeugen. Dabei können Sie dann gleich alle verbundenen Linien wählen mit der Sequenz Anfahren – Tab – Klick.

Sie können natürlich hier die schrägen Linien auch elegant über *Winkel* und *Länge* direkt konstruieren, indem Sie den Winkel per Cursor dynamisch bei **45°** einrasten lassen und dann für die Länge die nötige Formel **=2*sqrt(2)** eintippen. Allerdings dürfen Sie die Formel nicht mit dem Gleichheitszeichen beginnen, weil die Eingabe von Umschalt**+0** für = dann das Umschalten in den orthogonalen Modus bewirkt, ohne dass Sie etwas eintippen können. Tippen Sie also die Formal zunächst ohne = ein und gehen Sie mit der Pfeiltaste nachträglich nach links, um = davor zu setzen.

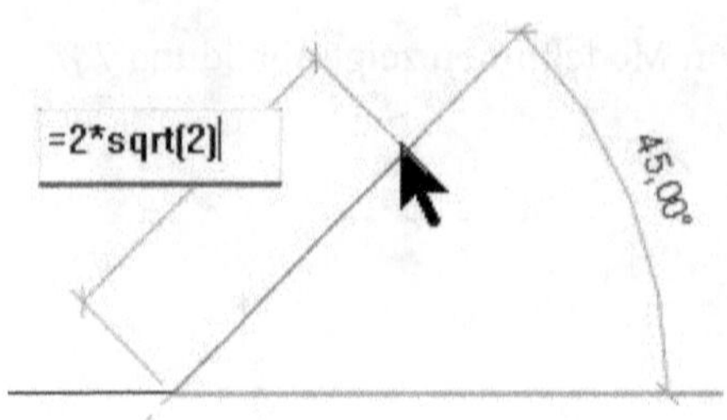

Abb. 7.9: Schräge Linie mit Formeleingabe

7.2 Raster

Die Rasterfunktion dient zum Erstellen von Rasterlinien, die in *Draufsicht und in einer dazu senkrechten Ansichtsebene* sichtbar sind. Sie stellen *eigentlich Ebenen* dar (Abbildung 7.10).

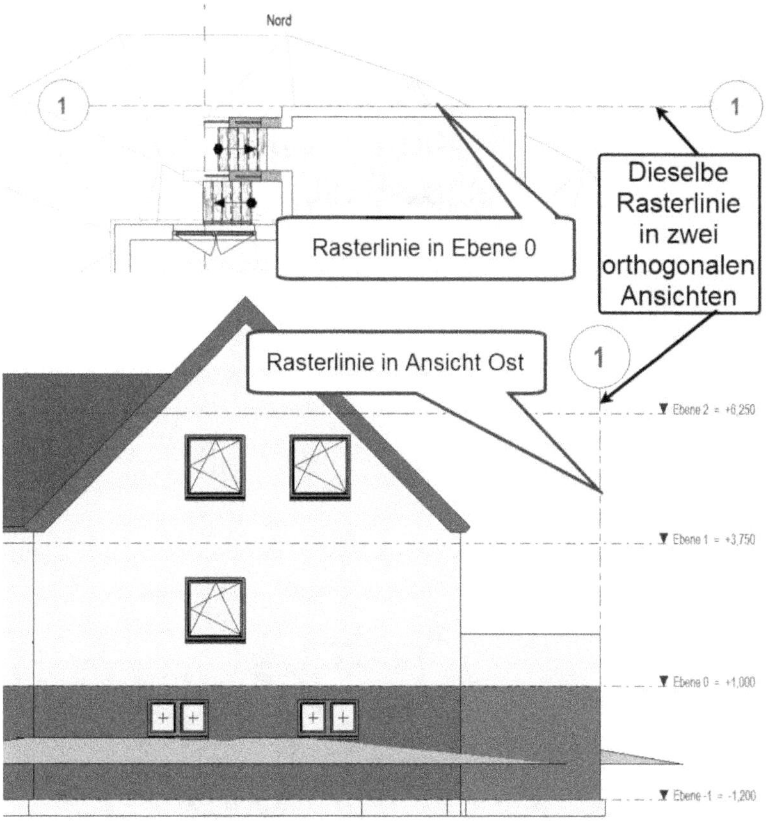

Abb. 7.10: Rasterlinie Nr. 1 im GRUNDRISS und in der ANSICHT OST

Die Schnittpunkte von Rasterlinien können als Fangpositionen dienen. Sie werden hauptsächlich zum Positionieren von Stützen benutzt (siehe Kapitel 9, »Tragwerke«). Auch als Grundlage für Umrisse von Konstruktionen und zum Ausrichten der übrigen Geometrie sind sie sehr nützlich. Rasterlinien können auch als Bögen und offene Polygonzüge gezeichnet werden (Abbildung 7.11). Die Rasterlinie vom Typ MEHRERE SEGMENTE wird über BEARBEITUNG BEENDEN abgeschlossen.

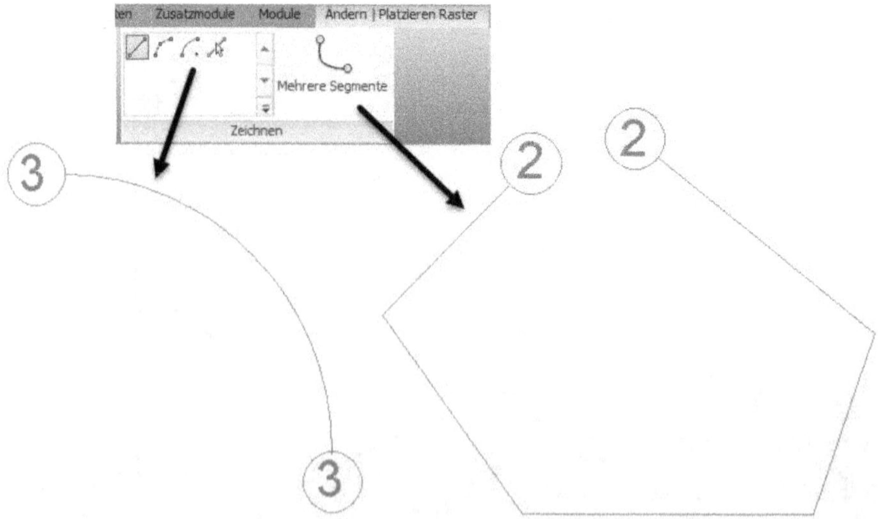

Abb. 7.11: Bogen und Linienzug als Rasterlinien

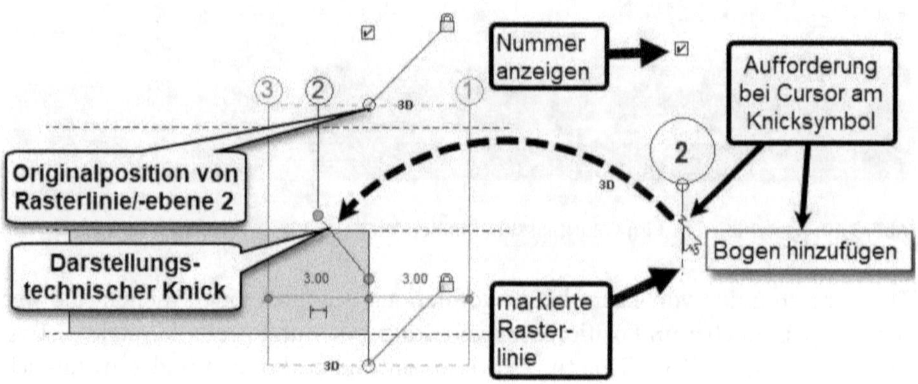

Abb. 7.12: Darstellungstechnischer Knick (*Bogen* genannt) in einer Rasterlinie

In der Darstellung können Rasterlinien mit einem Knick (im Dialog *Bogen* genannt) für die Beschriftung versehen werden, wenn es nötig ist. Dieser Knick (im Dialog *Bogen*) wirkt sich aber nicht auf die Lage der mit der Rasterlinie verbundenen Ebene aus. Die Rasterlinie 2 in Abbildung 7.12 hat auch nach dem Knick hier in der Ansicht SÜD in den drei angedeuteten Geschossen überall einen Abstand von 3 m zu den anderen beiden Rasterlinien. Den Knick können Sie nach Markieren der Rasterlinie über Klick auf das Unterbrechungssymbol ⸸ erzeugen. Wenn Sie den versetzten Punkt wieder fluchtend zur restlichen Linie bewegen, kann er auch wieder einrasten und der Knick verschwindet.

Eine nützliche Anwendung von Rasterlinien und -bögen ist die automatische Positionierung von Stützen auf den Rasterschnittpunkten (siehe Abschnitt 9.1.2 »Raster für Stützen«).

7.3 Arbeitsebenen

Bei mehreren Zeichenaktionen wird oft eine Arbeitsebene benötigt. Wenn Sie in ein Geschoss (EBENE XX) wechseln, wird die aktuelle Arbeitsebene immer auf die Grundebene des Geschosses mit Höhe null eingestellt. Mit ARBEITSEBENE|ANZEIGEN wird die Arbeitsebene sichtbar gemacht.

7.3.1 Arbeitsebenen erstellen

Mit ARBEITSEBENE|FESTLEGEN können Sie die Arbeitsebene individuell festlegen und damit auch an beliebigen ebenen Flächen Ihrer Konstruktion ausrichten. Das wird insbesondere benötigt, wenn Sie auf senkrecht stehenden oder schrägen Flächen der Konstruktion beispielsweise Öffnungen einzeichnen müssen. Die Funktion bietet zwei Vorgehensweisen:

- ARBEITSEBENE FESTLEGEN – bietet ein Dialogfenster mit drei Methoden:
  - NAME – die Arbeitsebene wird nach einem *benannten Element* wie einer Geschossebene, einer Referenzebene o.Ä. ausgerichtet,
  - EBENE AUSWÄHLEN – bei dieser Option beenden Sie zunächst das Dialogfeld mit OKund wählen dann ein *ebenes Objekt* im Zeichenfenster oder im Browser aus,
  - LINIE AUSWÄHLEN – hier können Sie eine *ebene Kurve* wählen wie beispielsweise einen Bogen, dessen Zeichenebene dann zur Arbeitsebene wird – fast im gesamten Programm steht *Linie* immer für *ebene Kurve*.
- EBENE AUSWÄHLEN – hiermit wählen Sie einfach ein *ebenes Objekt* im Zeichenfenster oder im Browser für die Arbeitsebene aus.

Wenn EBENE AUSWÄHLEN einmal nicht zur Verfügung steht, wählen Sie ARBEITSEBENE FESTLEGEN, aktivieren im Dialogfenster EBENE AUSWÄHLEN ❶, dann OK ❷ und klicken *dann erst die ebene Fläche* nahe am Rand an ❸. Die Arbeitsebene wird etwas größer als die Originalfläche erzeugt. Zum Vergrößern finden Sie nach Anklicken im Rand der Arbeitsfläche kleine blaue Kreise, an denen Sie die Begrenzungskanten verschieben können ❹ (Abbildung 7.15).

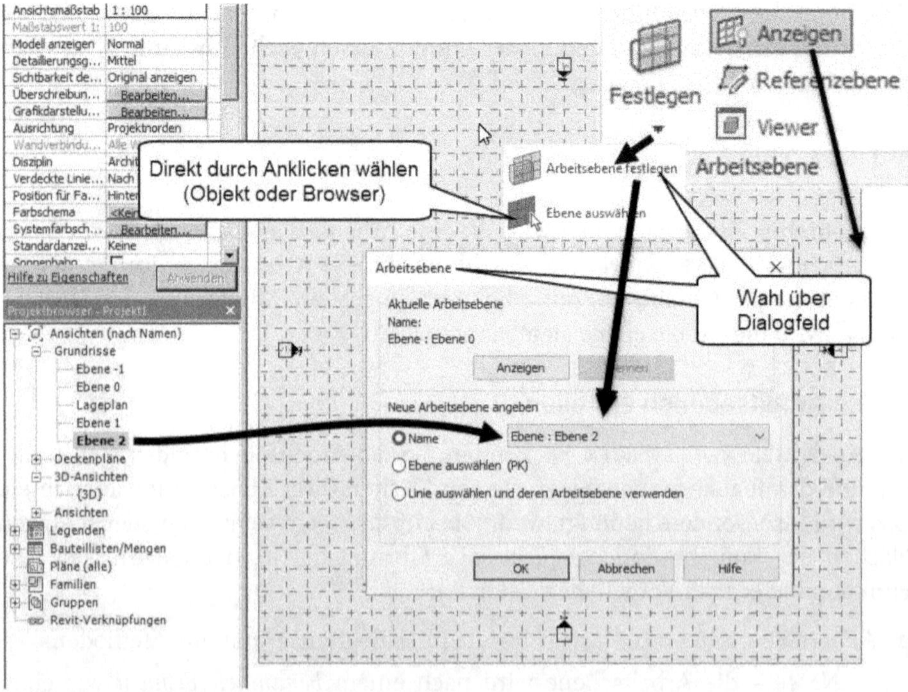

Abb. 7.13: Arbeitsebenenanzeige eingeschaltet, aktuelle Ebene 2 als Vorgabe

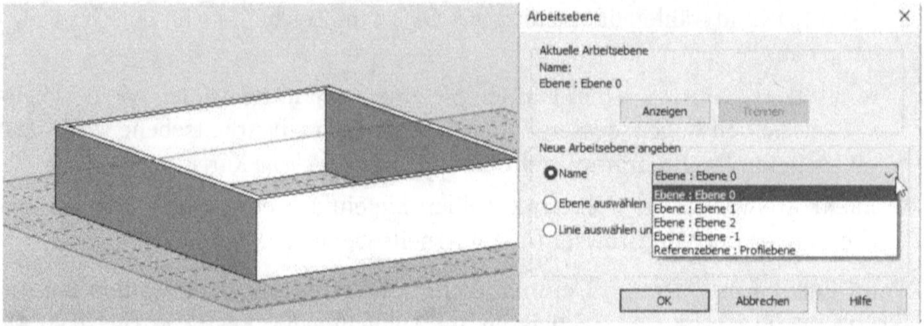

Abb. 7.14: Vorgegebene Arbeitsebenen

Die ARBEITSEBENEN werden mit einem Raster angezeigt, das in den EIGENSCHAFTEN eingestellt werden kann. Allerdings fehlt die Rasteranzeige bei den Bildstilen TEXTUREN und REALISTISCH. Wenn in der Ansicht {3D} das Raster manchmal nicht angezeigt wird, hilft es, wenn Sie in den EIGENSCHAFTEN einen neuen Abstand eingeben.

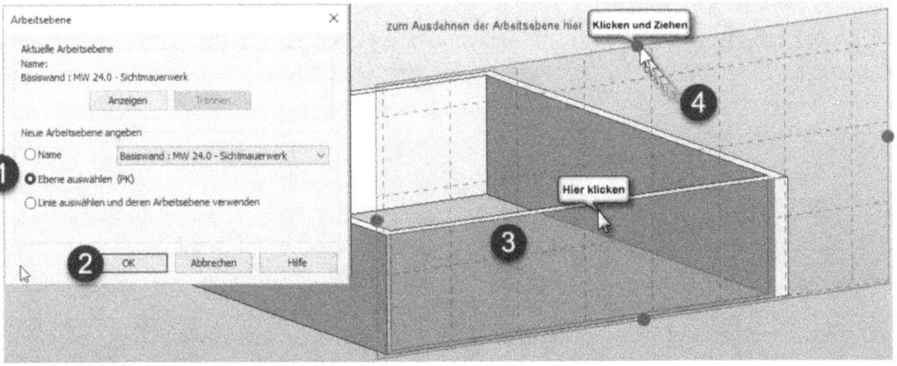

Abb. 7.15: Arbeitsebenen auf einer Wand positionieren

7.3.2 Arbeitsebene ausrichten

Eine Arbeitsebene enthält ein regelmäßiges Raster mit vorgabemäßig 1-m-Abständen. In den EIGENSCHAFTEN können Sie diesen Abstand beliebig einstellen.

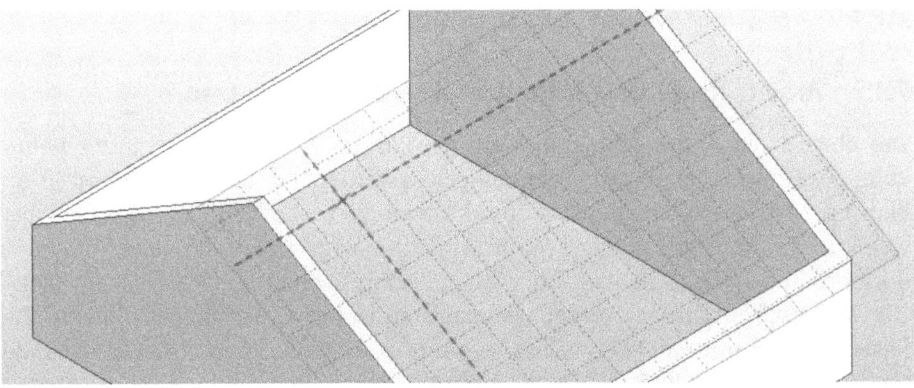

Abb. 7.16: Objektfang am Schnittpunkt von Rasterlinien einer Arbeitsebene

In den Zeichenfunktionen können die Schnittpunkte der Rasterlinien mit Objektfang benutzt werden. Deshalb ist es auch interessant, das Arbeitsebenenraster an Konstruktionselementen fluchtend auszurichten. Im Beispiel wurde eine an der Dachebene positionierte Arbeitsebene mit AUSRICHTEN ❶ an den Wandkanten ❷ in beiden Richtungen ❸ ausgerichtet. Die erste Ausrichtung an der Wandkante ❹ erfolgt einfach nach Anklicken von Kante und Rasterlinie. Die zweite Ausrichtung ❺ an der Firstkante ist erst nach mehrfachem Anklicken mit der [Tab]-Taste möglich.

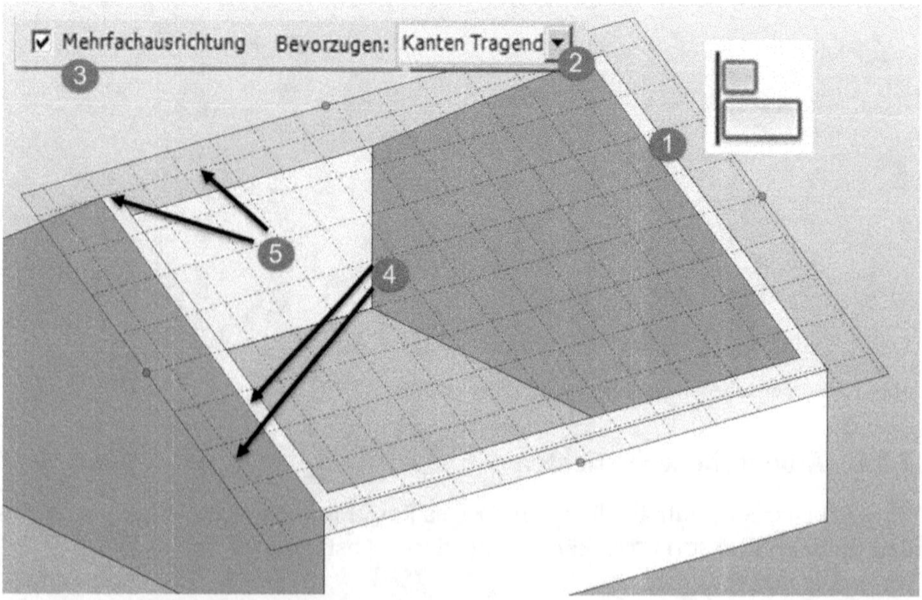

Abb. 7.17: Arbeitsebenenraster an Wandkanten ausgerichtet

7.3.3 Arbeitsebenenraster für Wandkonstruktion nutzen

Das obige Beispiel der schrägen Wand (Abbildung 7.8) kann auch unter Benutzung des Arbeitsebenenrasters schnell gelöst werden. Die Arbeitsebene ist in Abbildung 7.18 bereits auf den Startpunkt der linken schrägen Wand verschoben worden. Für die rechte schräge Wand wird sie nochmals auf die neue Wandposition verschoben. Die Arbeitsebene wählen Sie am Ebenenrand zum VERSCHIEBEN. Die Rasterschnittpunkte werden standardmäßig per Objektfang gefangen. Die Rasterweite ist mit 2 m vorgegeben, was hier günstig ist, kann aber für alle anderen Fälle leicht über EIGENSCHAFTEN umgestellt werden.

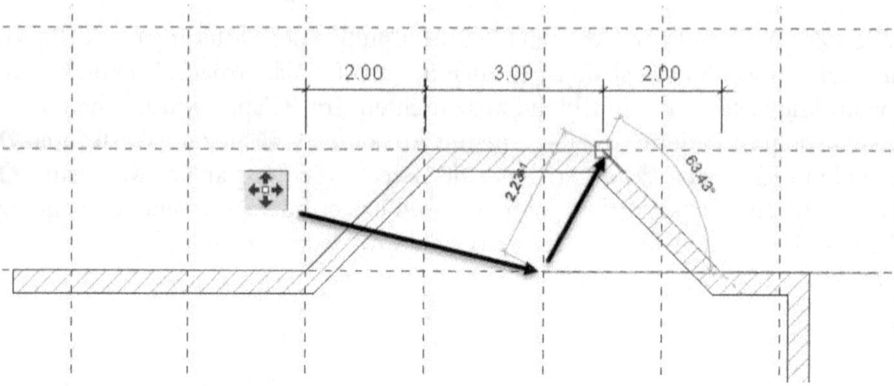

Abb. 7.18: Arbeitsebene verschieben

7.4 Referenzebenen

Eine REFERENZEBENEist eine Ebene, die senkrecht zu einer ebenen 2D-Ansicht über zwei Punktpositionen erstellt wird, aber im Unterschied zur RASTERLINIE kann sie in jeder ebenen 2D-Ansicht senkrecht, waagerecht oder schräg liegen. Angezeigt wird die REFERENZEBENE nur in Ansichten, zu denen sie senkrecht steht. Eine Referenzebene kann nach Anklicken auch einen Namen erhalten.

Zum Unterschied: Die RASTERLINIE kann in einer Seitenansicht nur senkrecht zu den Geschossebenen erstellt werden, nur in der Draufsicht in beliebiger Richtung.

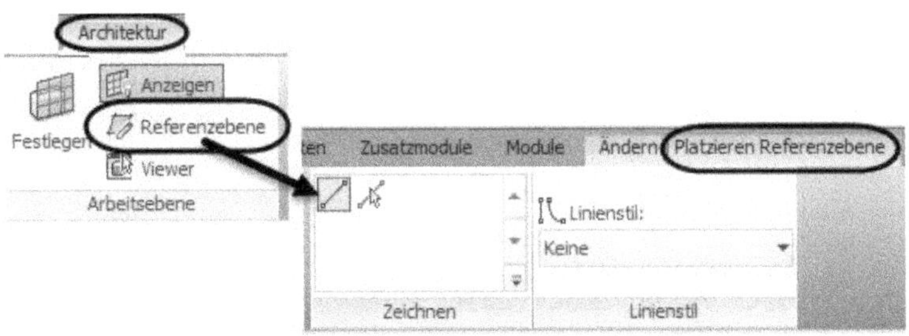

Abb. 7.19: Referenzebene erstellen

Die REFERENZEBENE wird zum Ausrichten von Geometrien in verschiedenen Ansichten verwendet. Im Beispiel ist eine Referenzebene gezeigt, die für die Höhenbestimmung des Gaubendachs verwendet wurde (siehe Kapitel 10, »Dachformen«). Damit wurde die Lage des Gaubendachs an die Lage des seitlichen Fensters angepasst. In der Konstruktion können dann Schnittpunkte zwischen einer waagerechten Referenzebene und senkrechten Rasterlinien mit Objektfang verwendet werden.

Oft werden auch Referenzebenen als Hilfsgeometrien für Bemaßungen verwendet, weil Bemaßungen nicht an allen gewünschten Punktpositionen einrasten, Referenzebenen dagegen an sehr vielen Positionen einrasten können.

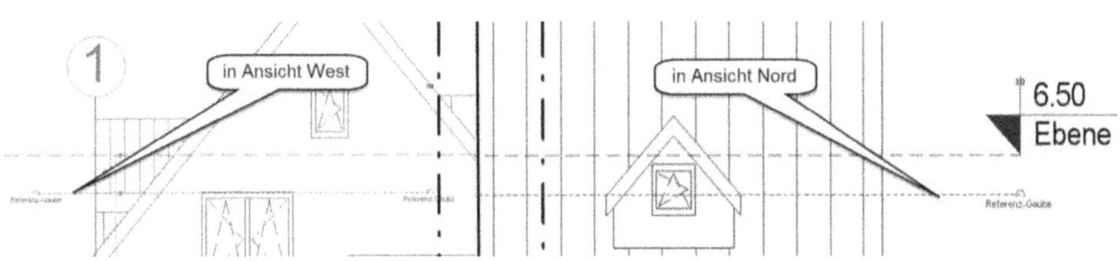

Abb. 7.20: Referenzebene für Gaubendach

7.5 Übungsfragen

1. Wozu nutzen Sie typischerweise Modelllinien?
2. Nennen Sie eine typische Anwendung für Rasterlinien.
3. Ist die Rasterlinie immer eine Linie?
4. Wozu brauchen Sie Arbeitsebenen?
5. Wie läuft der Dialog zum Wählen einer vorhandenen Fläche als Arbeitsebene?
6. Wie können Sie eine Arbeitsebene exakt positionieren?
7. Was ist der Unterschied zwischen Referenzebene und Rasterlinie?

Weiteres zu Wänden, Decken, Fußböden und Treppen

8.1 Wände

8.1.1 Wände am Dach beschneiden

Die Wände im Obergeschoss eines Hauses sind oft sowohl durch das Dach als auch durch die Decke des Dachbodens begrenzt. Im Prinzip können Sie die Oberkante einer Wand nur an *einem* Objekt fixieren (Abbildung 8.1 links). Wenn sich Dach und Decke nicht berühren, kann die Wand auch an mehreren Elementen fixiert werden, also hier an der Decke und am Dach gleichzeitig (Wand an Dach und Decke fixieren rechts oben). Daraus folgt, dass man die Unterseite der Decke genau an der Schnittkante mit dem Dach begrenzen muss, um die Wand an beiden zu fixieren. Dazu konstruieren Sie eine Modellinie auf einer Arbeitsebene an der Deckenunterseite und begrenzen die Decke auf diese Kante (Abbildung 8.1 unten rechts).

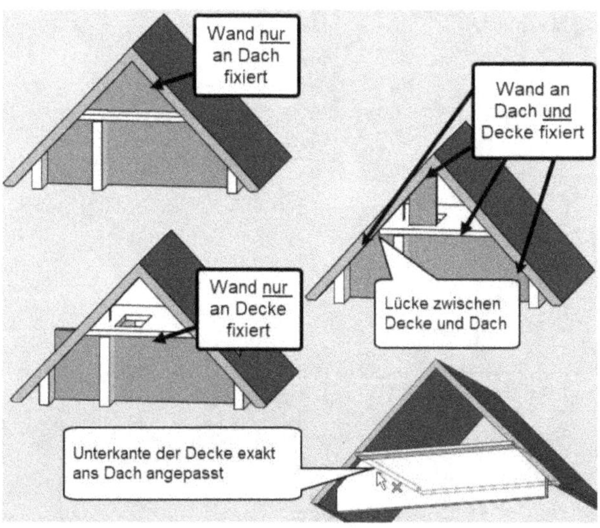

Abb. 8.1: Wand an Dach und Decke fixieren

Alternativ (Abbildung 8.2) können Sie auch mit BEGRENZUNG BEARBEITEN den Deckenumriss ❶ anpassen. Mit EINZELNES ELEMENT STUTZEN/DEHNEN können Sie zuerst die Unterseite des Dachs wählen ❷ und dann eine Deckenkante zum Stutzen wählen ❸. Das wiederholen Sie an allen vier Ecken ❹. Nachdem die vier Ecken derart angepasst sind ❺, löschen Sie die alten Kanten und zeichnen neue Kanten durch die neuen Endpunkte ❻, ❼, Nun können Sie die Innenwand sowohl am Dach als auch an der Decke fixieren ❽.

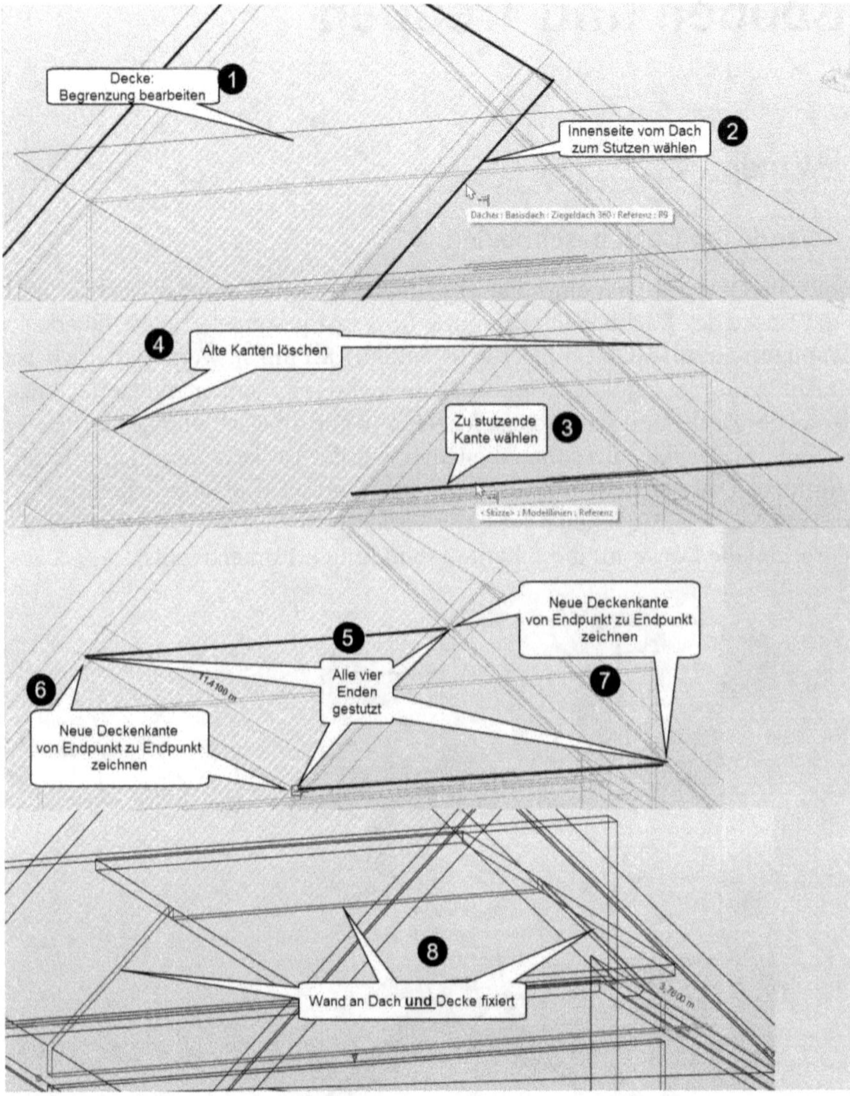

Abb. 8.2: Stutzen der Deckenkanten

Wenn es beim Fixieren Schwierigkeiten gibt, müssen Sie das Profil bearbeiten. In der Profilbearbeitung können Sie leicht die Dachkanten mit dem grünen Werkzeug LINIEN AUSWÄHLEN anklicken. Sie werden dann in die Profilebene der Wand projiziert (Abbildung 8.3).

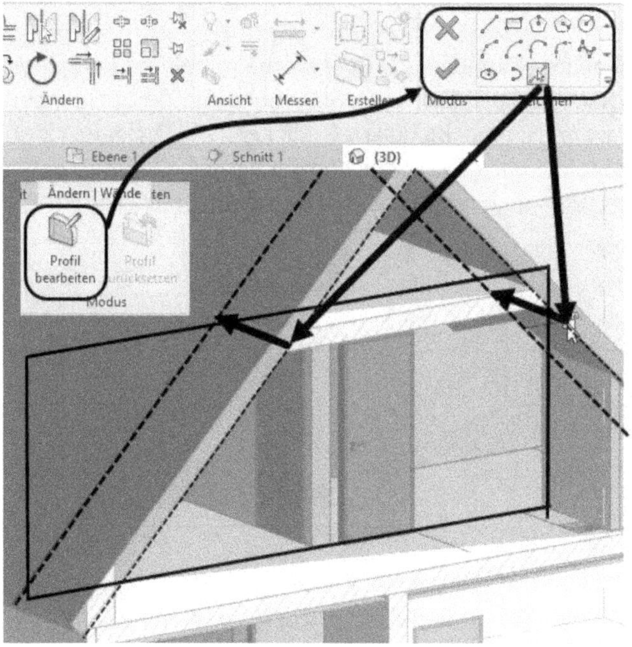

Abb. 8.3: Kanten für Wandprofil werden projiziert.

Im nächsten Schritt müssen Sie nur die neuen Kanten und die Originalwandkanten mit STUTZEN/DEHNEN FÜR ECKE aufeinander zuschneiden (Abbildung 8.4).

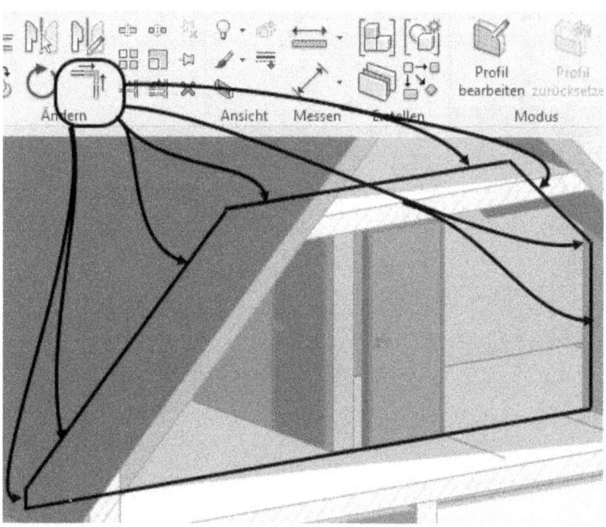

Abb. 8.4: Ergebnis nach Stutzen des Wandprofils

8.1.2 Schichtaufbau

Revit verfügt neben den einfachen Wänden auch über solche mit einem komplexen Schichtaufbau. Unter EIGENSCHAFTEN|TYP BEARBEITEN finden Sie den Schichtaufbau unter KONSTRUKTION, wenn Sie auf BEARBEITEN klicken. Im Dialogfeld BAUGRUPPE BEARBEITEN finden Sie die einzelnen Schichten in der Tabelle und können mit der Schaltfläche VORSCHAU>> auch eine grafische Darstellung einschalten.

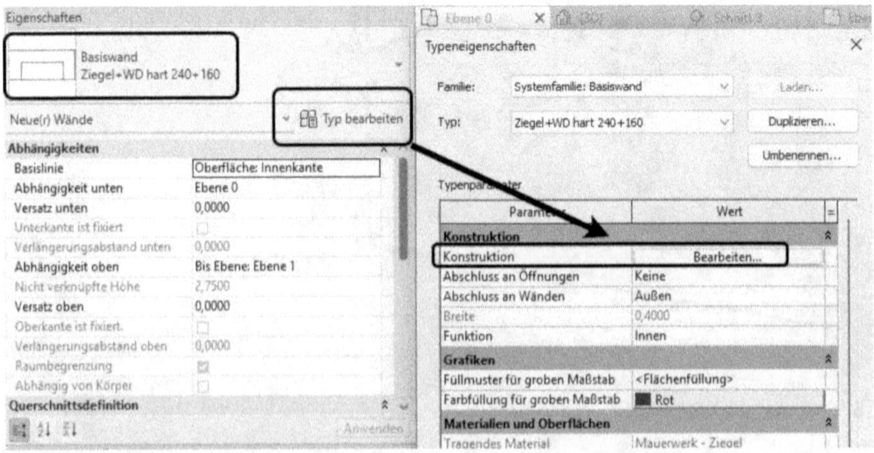

Abb. 8.5: Wand mit Schichtaufbau

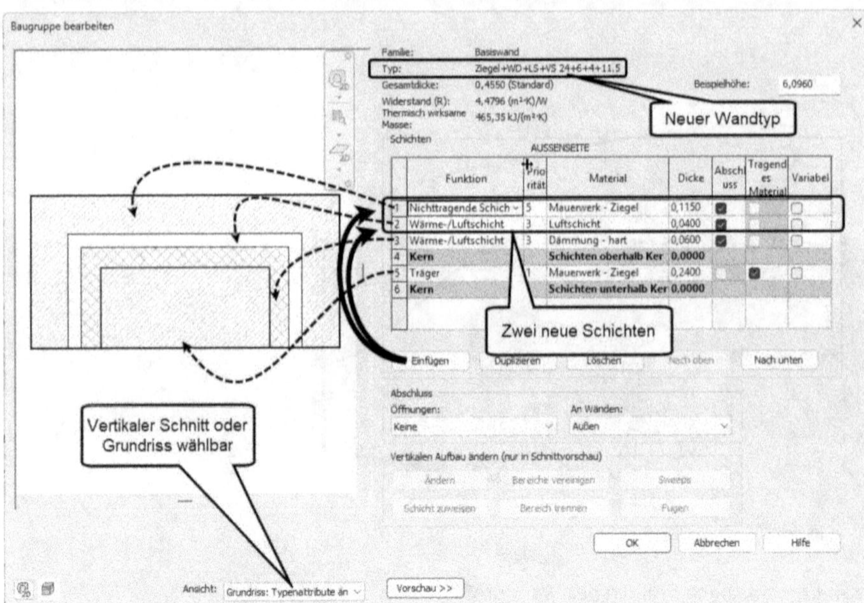

Abb. 8.6: Wandschichten erweitert

Eine Schicht ist als *Kern* gekennzeichnet, das ist die Schicht, die Sie als tragende Schicht später einfügen.

Bei diesen komplexen Wänden gibt es zur Positionierung sechs verschiedene Möglichkeiten:

- WANDACHSE – beschreibt die Mittellinie der gesamten Wand.
- KERNACHSE – ist die Mittellinie nur des gekennzeichneten Kernbereichs.
- OBERFLÄCHE AUßENKANTE – ist die Außenkante aller nichttragenden Schichten vor dem Kernbereich.
- OBERFLÄCHE INNENKANTE – ist die Innenkante aller nichttragenden Schichten unter dem Kernbereich (im obigen Beispiel sind dort keine nichttragenden Schichten vorhanden, deshalb fällt diese Kante hier zusammen mit der tragenden Schicht Innenkante).
- KERNSCHICHT: AUßENKANTE – ist die Außenkante des Kernbereichs.
- KERNSCHICHT: INNENKANTE – ist die Innenkante des Kernbereichs.

Wände nachträglich isolieren

Die Außenwände im Demo-Haus sollen nun nachträglich isoliert werden. Dazu muss zunächst ein neuer Wandtyp erstellt werden. Im Beispiel wird mit einem vorhandenen Wandtyp **`Ziegel+WD hart 300+160`** begonnen.

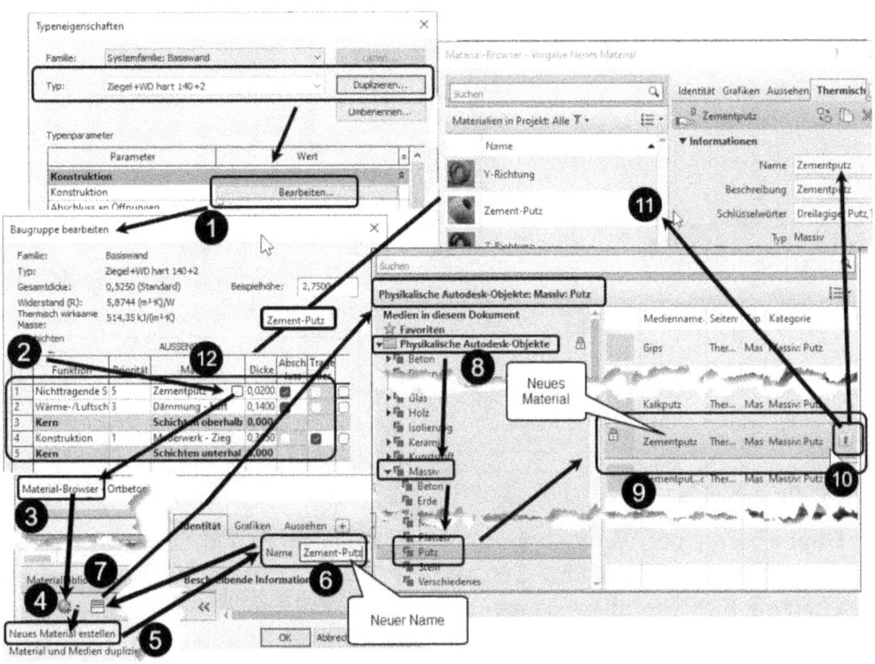

Abb. 8.7: Wandtyp mit Isolation und Putz (mit Reihenfolge der Klicks)

Er wird dupliziert als **Ziegel+WD hart 140+2** mit geänderten Schichtdicken und einer zusätzlichen Putzschicht. Die Prozedur zum Ändern der Schichten und zum Hinzufügen der Zementputzschicht zeigt Abbildung 8.7. Da die Wandstärke der Basiswand die gleiche ist, kann dieser Wandtyp gleich nach Auswahl aller Außenwände angewendet werden, ohne dass sich Verschiebungen für die Innenwände ergeben. Das Ergebnis zeigt Abbildung 8.8.

Wichtig für diese Änderung ist, dass die Kernschicht mit der Basislinie und Schichtdicke **0,365 m** dieselbe geblieben ist, weil sich sonst gegebenenfalls die Lage dieser Wandschicht verschoben hätte und dann die Anschlüsse der Innenwände nicht mehr passen würden.

Wenn Sie diese Änderung für die Stockwerke durchführen, können Sie auch die Geschossdecken anpassen, indem Sie die Außenkanten nicht mehr um eine Ziegelbreite nach innen versetzt halten, sondern diese bis zur Basislinie, also bis zur Außenkante der tragenden Wand, verschieben. Beim Erstellen neuer Decken für diese isolierten Wände können Sie dann über das Wandwerkzeug *ohne Versatz direkt die Wandbasislinie* als Begrenzung wählen.

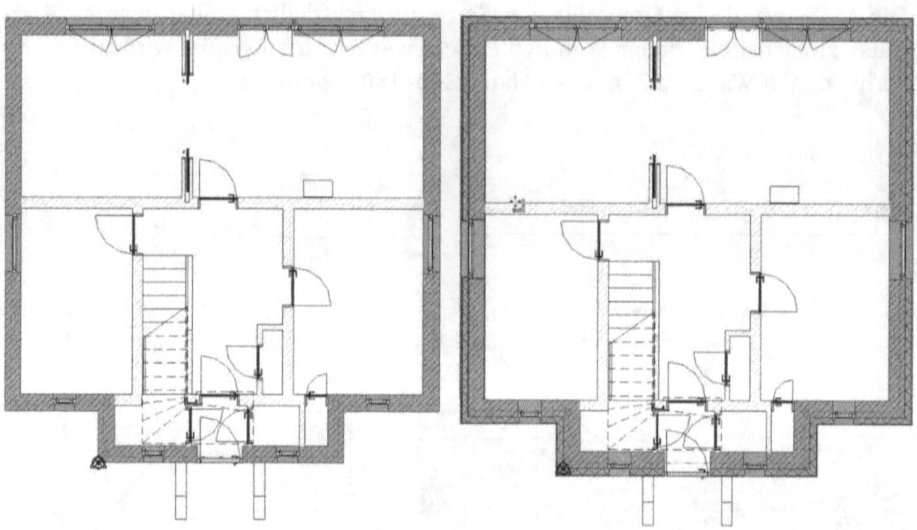

Abb. 8.8: Erdgeschoss ohne und mit Isolation

Geschichtete Wand

Beim Duplizieren einer Wand können Sie auch *die Familie ändern* zur SYSTEMFAMILIE: GESCHICHTETE WAND. Eine GESCHICHTETE WAND sollte eigentlich »Gestufte Wand« heißen. Sie kann übereinander gestuft aus zwei oder mehr Wandtypen zusammengesetzt sein. Jeder dieser Typen kann seinerseits ein einfacher Wandtyp sein oder einen Schichtaufbau besitzen.

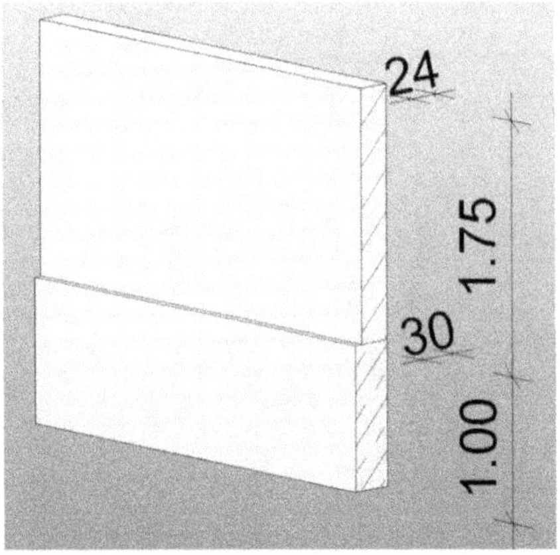

Abb. 8.9: Geschichtete Wand mit zwei Stufen

Im Wandtyp werden unter KONSTRUKTION|BEARBEITEN die Höhen der einzelnen Wandstufen bei HÖHE eingegeben und der der horizontale Versatz gegeneinander unter VERSATZ (Abbildung 8.10).

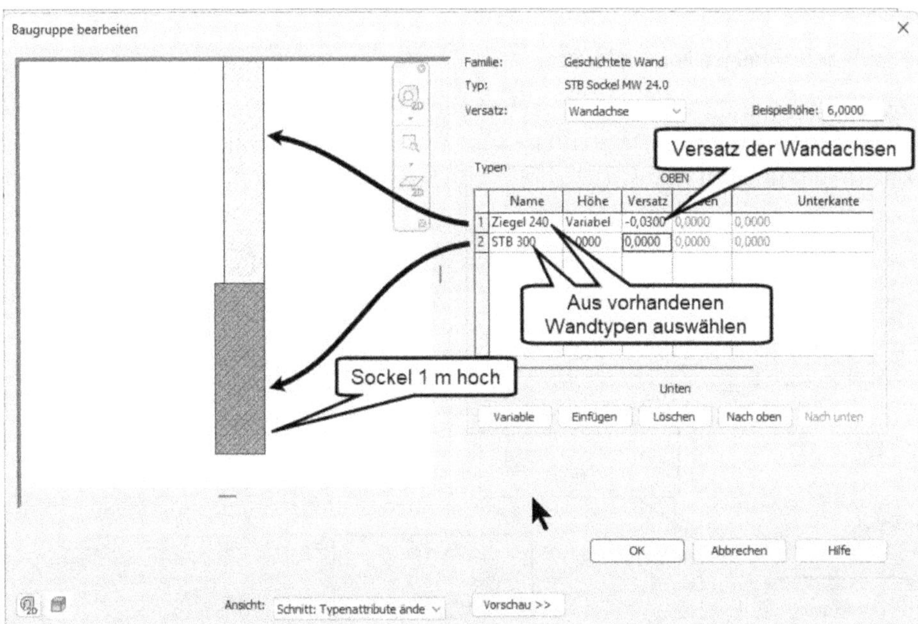

Abb. 8.10: Stufenaufbau der Wand mit 1-m-Betonsockel und darüber 24er-Mauerwerk

Abbildung 8.11 zeigt eine Wand, die sowohl aus mehreren Stufen besteht, wobei die beiden oberen Stufen noch jeweils Wandtypen mit Schichtaufbau sind.

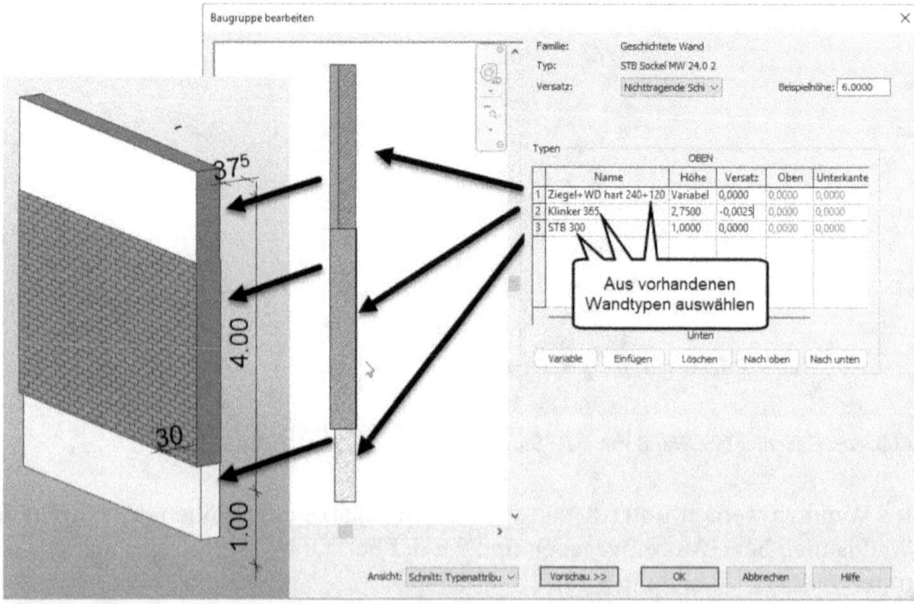

Abb. 8.11: Wand mit Stufenaufbau und Schichtstruktur

Wände schichtweise kombinieren

Sie können eine Wand auch nachträglich durch zusätzliche parallele Wände schichtweise ergänzen. Dazu müssen Sie nur die nächste Wand parallel zur ersten zeichnen und dann mit ÄNDERN|VERBINDEN kombinieren.

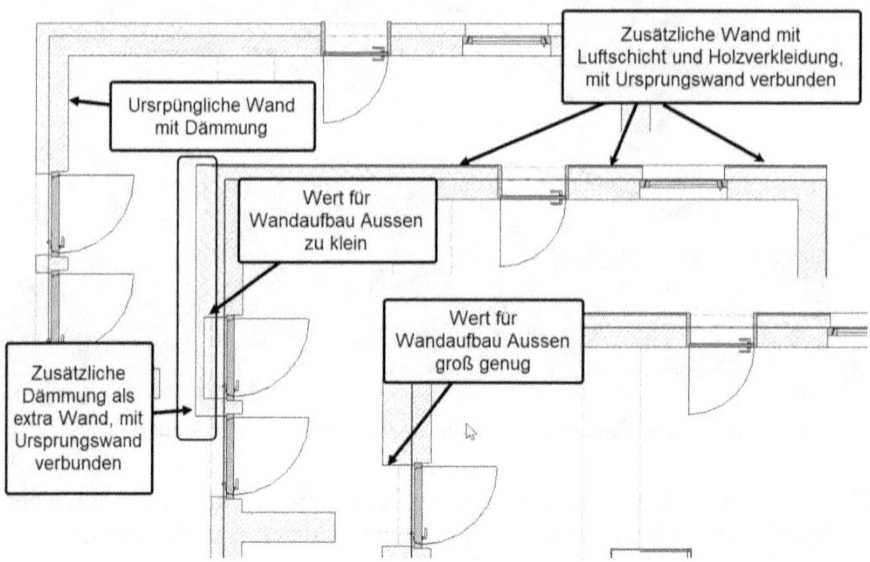

Abb. 8.12: Wände durch zusätzliche Wandelemente mit VERBINDEN kombiniert

Bereits in der ursprünglichen Wand vorhandene Öffnungen für Fenster und Türen werden in die neue verbundene Wand übernommen, wenn die Parameter WANDAUFBAU AUSSEN bzw. WANDAUFBAU INNEN groß genug eingestellt sind. Diese beiden Parameter unter EIGENSCHAFTEN|ABHÄNGIGKEITEN der betreffenden Öffnung geben an, wie weit sich der Wandausschnitt auf weitere verbundene parallele Wände durchdrückt. Wenn der Wert für WANDAUFBAU AUSSEN nicht groß genug ist, bleibt ein Teil der Wandschicht dann stehen (s. Beispiel in Abbildung 8.16).

Wandschichten innen hinzufügen

Es gibt für NICHTTRAGENDE WÄNDE eine spezielle Option, mit der solche Schichten auf der *Innenseite* von Räumen hinzugefügt werden können (Abbildung 8.13):

- NACH RAUM PLATZIEREN - fügt in einem geschlossenen Raum eine Innenschicht nach einem Klick in den Raum automatisch hinzu,
- NACH SEGMENT PLATZIEREN – fügt eine weitere Schicht hinzu, wenn Sie ein Wandsegment anklicken

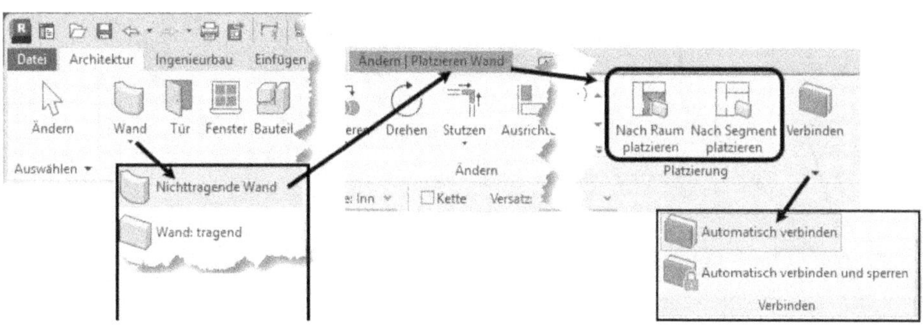

Abb. 8.13: NICHTTRAGENDE WAND innen hinzufügen

Um die neue Schicht mit der Wand zu verbinden, aktivieren Sie vor der Aktion noch eine der Zusatzoptionen:

- AUTOMATISCH VERBINDEN – verbindet die neue Schicht mit der Originalwand und übernimmt auch deren Wandöffnungen für Fenster und Türen, sofern deren WANDAUFBAU INNEN (in den EIGENSCHAFTEN) groß genug ist, um die neue Schicht zu durchdringen,
- AUTOMATISCH VERBINDEN UND SPERREN – fixiert die neue Schicht zusätzlich, sodass Sie beim Verschieben der Originalwand mitbewegt wird.

Sie können natürlich die Wandschichten auch nachträglich manuell mit ÄNDERN| GEOMETRIE|VERBINDEN zusammenführen.

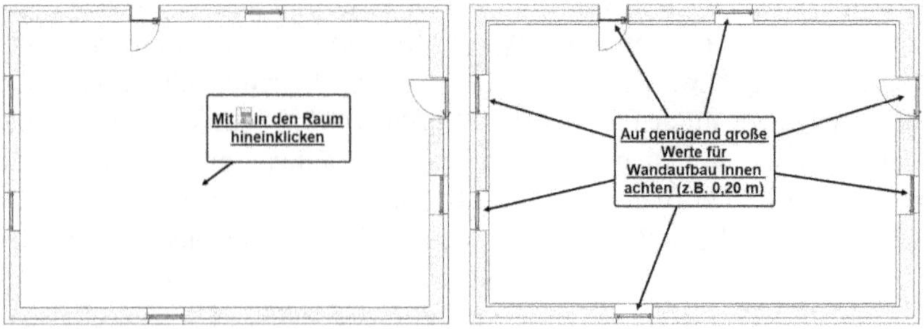

Abb. 8.14: Hinzugefügte Wandschicht innen

8.1.3 Teilelemente erstellen

Die Funktion TEILELEMENTE ERSTELLEN ist nicht nur auf Wände anwendbar, sondern beispielsweise auch auf Decken. Sie können mit dieser Funktion Schichtaufbauten von Elementen zerlegen und einzelne Schichten mit TEILELEMENTE AUSSCHLIEẞEN unsichtbar machen (Abbildung 8.15 linkes Beispiel).

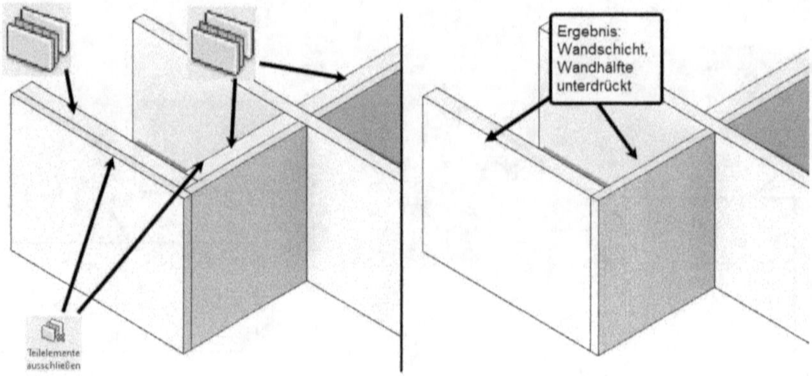

Abb. 8.15: Teilelemente erstellen und unterdrücken

Ebenfalls ist es möglich, Segmente von Elementen an Verbindungspunkten zu trennen und dann einzelne Segmente ebenfalls unsichtbar zu machen (Abbildung 8.15 rechtes Beispiel).

8.1.4 Fassadenwände

Als Wandtyp können Sie auch Fassade wählen. Das ist die dritte mögliche Wand-Systemfamilie. Es gibt im Wesentlichen einen einzigen Fassadentyp mit einem Raster der Größe 1,00 x 2,10 m.

Für andere Abmessungen können Sie natürlich weitere Typen erstellen. Im Beispiel wurde einfach eine normale Wand in den Fassadentyp umgewandelt. Damit die Fassade symmetrisch wird, wurde in den EIGENSCHAFTEN die Ausrichtung MITTE gewählt.

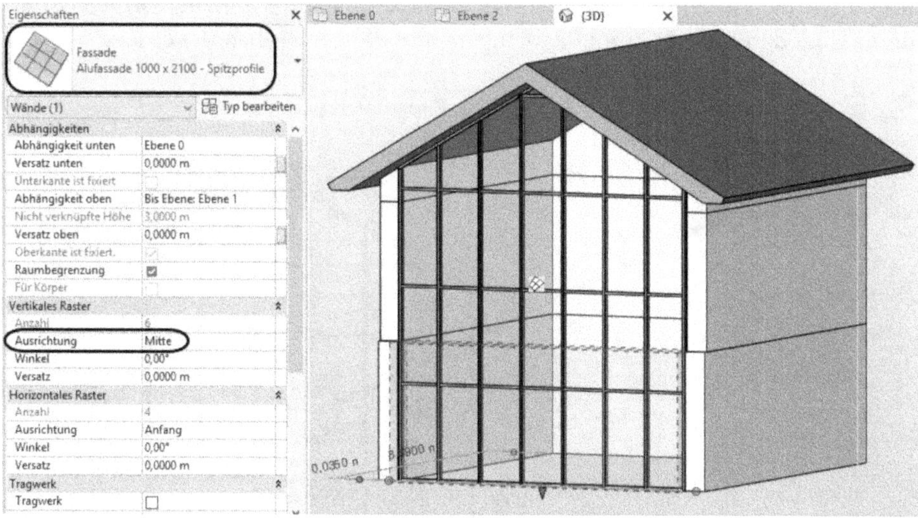

Abb. 8.16: Wand in Fassade umgewandelt und auf Mitte positioniert

Für weitere Anpassungen müssten Sie den Typ ändern. Damit die Fassadensegmente die gleiche Größe erhalten, wurde im TYP für VERTIKALES RASTER|LAYOUT die Option FESTGELEGTE ANZAHL ausgewählt (Abbildung 8.17).

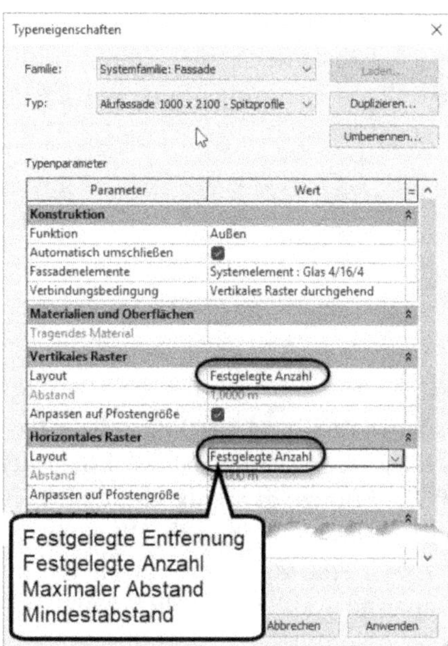

Abb. 8.17: Fassade mit gleichmäßigen horizontalen Pfostenabständen

Sie können auch das der Fassade zugrunde liegende Raster ändern, wenn Sie nach Markieren der Fassade auf das kleine Flächensymbol klicken (Abbildung 8.18). In den EIGENSCHAFTEN können Sie dann die WINKEL für die beiden Rasterrichtungen und auch die AUSRICHTUNG (MITTE-ANFANG-ENDE) und den VERSATZ dazu ändern. Über den WINKEL können auch geneigte Pfosten realisiert werden.

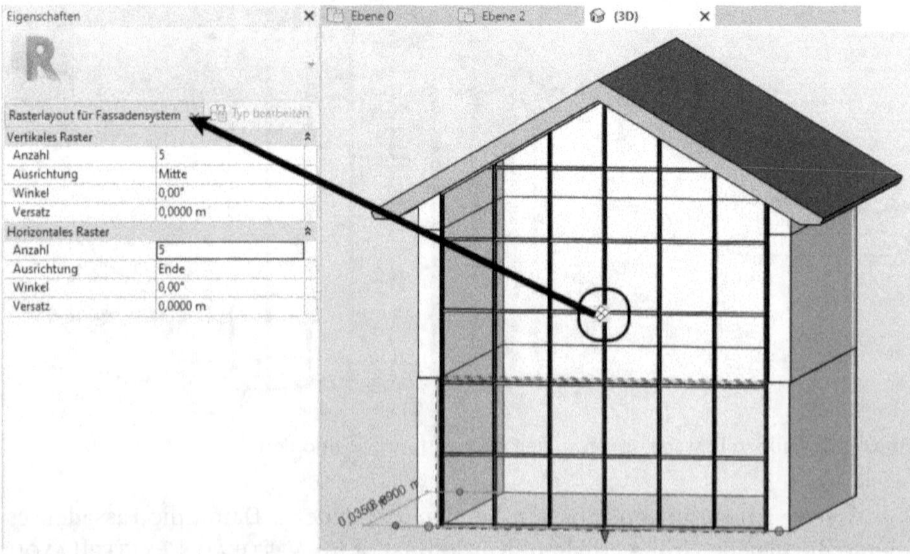

Abb. 8.18: Bearbeitung des Rasterlayouts

Fassadenelemente bearbeiten

Durch Anklicken und Durchblättern mit der [Tab]-Taste können Sie Pfosten und ganze Rasterlinien wählen, nach Lösen des jeweiligen Fixierungs-Pins wählbar machen und verschieben (über Bemaßungen) oder löschen.

> **Tipp: Fixierte Elemente wählen**
>
> Die Elemente von Fassaden sind fixiert. Damit Sie sie wählen können, muss rechts unten in der Statusleiste die Option FIXIERTE ELEMENTE WÄHLEN aktiviert sein.

Im Beispiel soll ein senkrechter Pfosten gelöscht werden und das vergrößerte Rasterelement dann durch ein Türelement ersetzt werden. Zunächst wird also der Pfosten markiert (Abbildung 8.19 ganz oben). Der Pin zeigt an, dass er fixiert ist. Mit einem Klick auf den Pin wird die Fixierung gelöst und dann der Pfosten mit [Entf] gelöscht. Nach dem Löschen des Pfostens wird die dahinter liegende Rasterlinie sichtbar. Die klicken Sie als Nächstes an und wählen das Werkzeug SEGMENTE HINZUFÜGEN/ENTFERNEN, um nicht die komplette Rasterlinie, sondern nur ein Segment davon zu löschen.

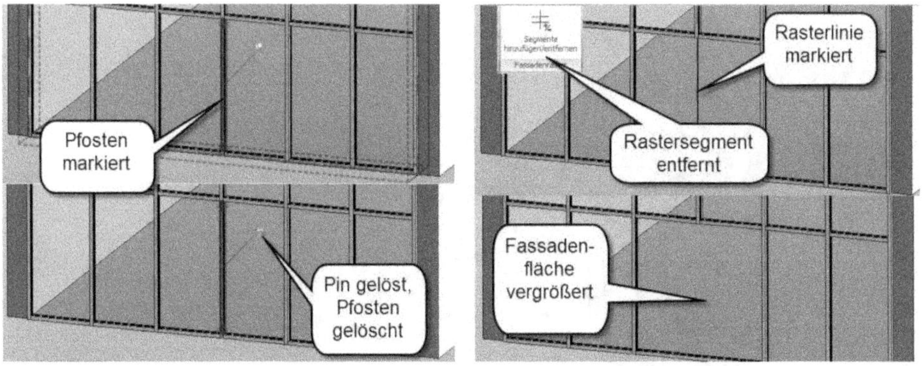

Abb. 8.19: Entfernen von Pfosten

Damit ist nun dieses Rastersegment groß genug, um nach Markieren der Verglasung diese über EIGENSCHAFTEN gegen ein Türelement auszutauschen.

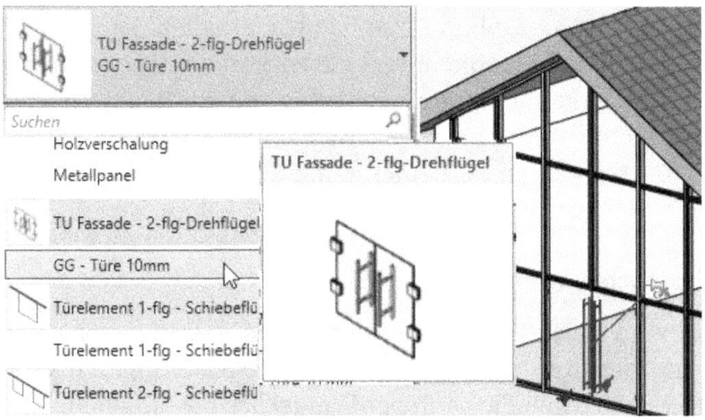

Abb. 8.20: Fassadenelement durch Tür ersetzen

Weitere Elemente für die Fassadenwand können Sie in der Multifunktionsleiste EINFÜGEN mit AUS BIBLIOTHEK LADEN|AUTODESK-FAMILIE LADEN aus ALLE WÄHLEN| ARCHITEKTUR – TÜR|FASSADENELEMENTE holen. In Abbildung 8.21 wurden vier Fassadenelemente nach Entfernen der Pfosten und Rastersegmente durch eine Drehtür aus der Bibliothek ersetzt.

Tipp

Bei der Bearbeitung von Rastern können Sie einzelne Elemente anklicken und dann mit der Tab-Taste durchblättern, um nach den Pfosten die Rasterlinie oder das Rasterelement zu erreichen.

Abb. 8.21: Drehtür aus Bibliothek

Fassadenrasterlinien vom Typ lösen

Sie können Fassadenraster auch über eine Änderung im Typ von der Fassade lösen. Wenn Sie im Typ bei LAYOUT die Option KEINE wählen, erhalten Sie zunächst eine Warnung, dass nun die Rasterlinien nicht mehr assoziiert sind. Hier klicken Sie auf OK, und die Rasterlinien können nun unabhängig von der Wand verschoben und gelöscht werden. Achten Sie darauf, dass Sie auch hier wieder vor der Änderung am Typ durch DUPLIZIEREN einen neuen, entsprechend benannten Typ generieren.

Neue und verschobene Fassadenrasterlinien

Eine Fassadenrasterlinie wird nach Markieren eines Pfostens und zweifachem Drücken der [Tab]-Taste gestrichelt markiert. Um neue eigene Rasterlinien ins vorhandene Raster einzufügen, aktivieren Sie dann per Rechtsklick die Funktion ÄHNLICHES PLATZIEREN und zeigen die gewünschte Position mit der Maus. Die angezeigten Maße für die neue Position können Sie auch nachträglich einfach anklicken und auf die gewünschten Werte umstellen.

Um eine Rasterlinie zu verschieben, müssen Sie dann wieder die Fixierung mit einem Klick auf das Pin-Symbol lösen.

Fassaden beschriften

Sie können eine Fassade mit NACH KATEGORIE BESCHRIFTEN bearbeiten, sollten aber die Beschriftung mit dem Familieneditor neu gestalten (siehe Kapitel 15 »Familieneditor«). Die Beschriftung für einzelne Glasteile ist vorhanden und brauchbar. Für Fassadenpfosten müssten Sie sich die Beschriftung erst aus den BIM-Bibliotheken laden. Auch hier wäre es sinnvoll, wenn Sie die Beschriftung nach Doppelklick mit dem FAMILIENEDITOR bearbeiten und den Text TYPENMARKIERUNG durch TYPNAME ersetzen (Abbildung 8.20).

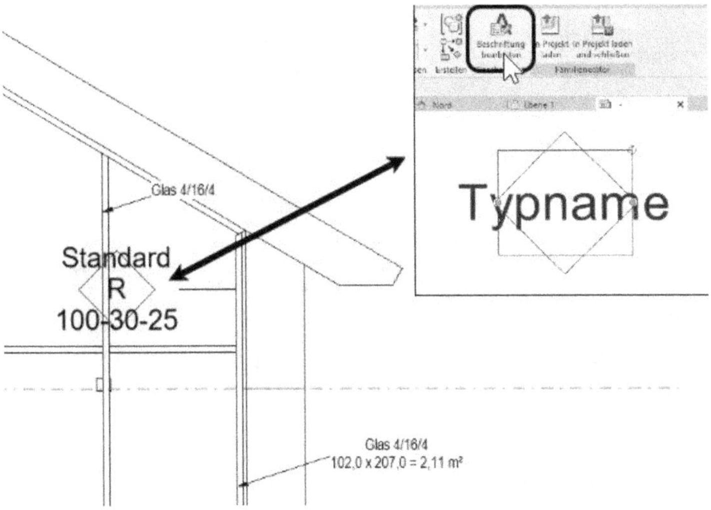

Abb. 8.22: Fassade mit Beschriftung, teilweise im Familieneditor optimiert

8.1.5 Abziehbilder

Wände können mit Abziehbildern versehen werden. Damit kann ein Bild sozusagen als Plakat auf eine Wand geklebt werden. Das Werkzeug liegt bei EINFÜGEN|VERKNÜPFUNGEN|ABZIEHBILD. Hier können Sie ein neues ABZIEHBILD mit einem Namen versehen und dann das Bild aussuchen. Im Beispiel wurde ein Windows-Landschaftsbild gewählt. Es kann nun auf einer Wand in einer 3D-Ansicht positioniert werden. Über die Griffe kann es leicht skaliert werden. Sichtbar wird das Abziehbild erst im BILDSTIL REALISTISCH.

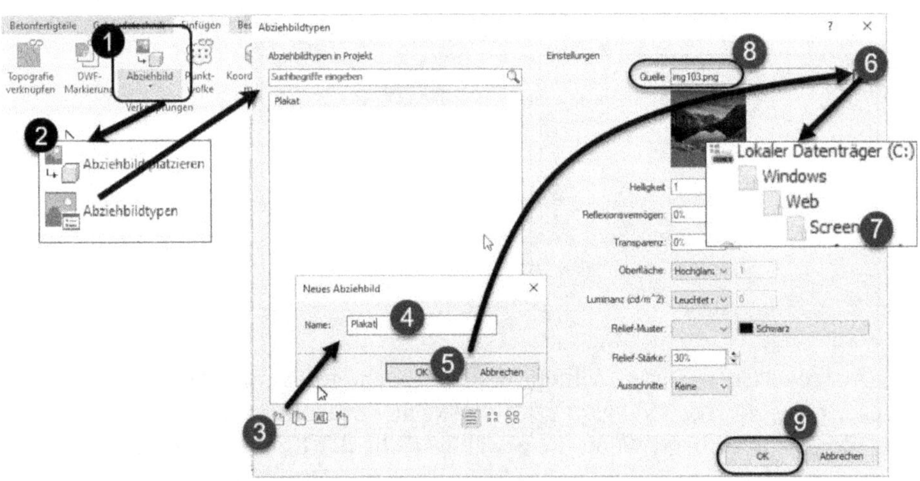

Abb. 8.23: Abziehbild aussuchen

Abb. 8.24: Abziehbild positioniert

8.2 Decken und Lampen

Wenn Sie Decken erstellen wollen, um Lampen daran aufzuhängen, dann sind die Deckenpläne nützlich. Hier können Sie mit dem DECKE-Werkzeug automatisch oder durch Skizzieren einen geschlossenen Deckenumriss für jeden Raum zeichnen (Abbildung 8.25).

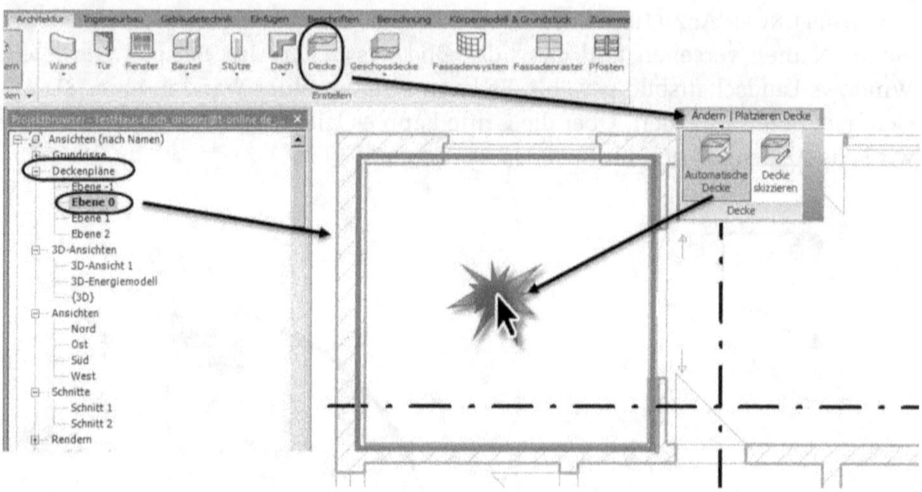

Abb. 8.25: Decke erstellen

Bei AUTOMATISCHE DECKE sollten Sie darauf achten, dass in EIGENSCHAFTEN die Deckenhöhe bei HÖHENVERSATZ VON EBENE an der Unterkante der oberen Rohdecke oder darunter liegt. Wenn die gewählte Höhe der Decke – unter Berücksichtigung der Fixierung an Geschossdecken – über den Wandhöhen liegt, werden die betreffenden Wände durch die Automatik ignoriert. Hier wurde die vorgegebene

Höhe von 2,60 m auf 2,55 m in den EIGENSCHAFTEN geändert, damit die Decke nicht innerhalb der Geschossdecke, sondern darunter liegt. Die Geschossdecke beginnt im Beispiel bei (2,75-0,20) m Höhe.

Standardmäßig wird die DECKE im DECKENPLAN gerastert angezeigt. In den GRUNDRISS-Ansichten ist sie *nicht* zu sehen! Der vorgegebene Deckentyp ist eine BASISDECKE mit einem Raster von **250x250** bis **1000x1000**. Dieser Typ hat keine physische Ausdehnung und sollte auf die Unterkante der Geschossdecke positioniert sein. Sie können nun diese Decken benutzen, um Lampen in der Deckenansicht MIT ARCHITEKTUR|BAUTEIL|BAUTEIL PLATZIEREN anzuhängen (Abbildung 8.27). Die Leuchten finden Sie wieder in den BIM-Bibliotheken in der Autodesk-Cloud übers Register EINFÜGEN (Abbildung 8.26).

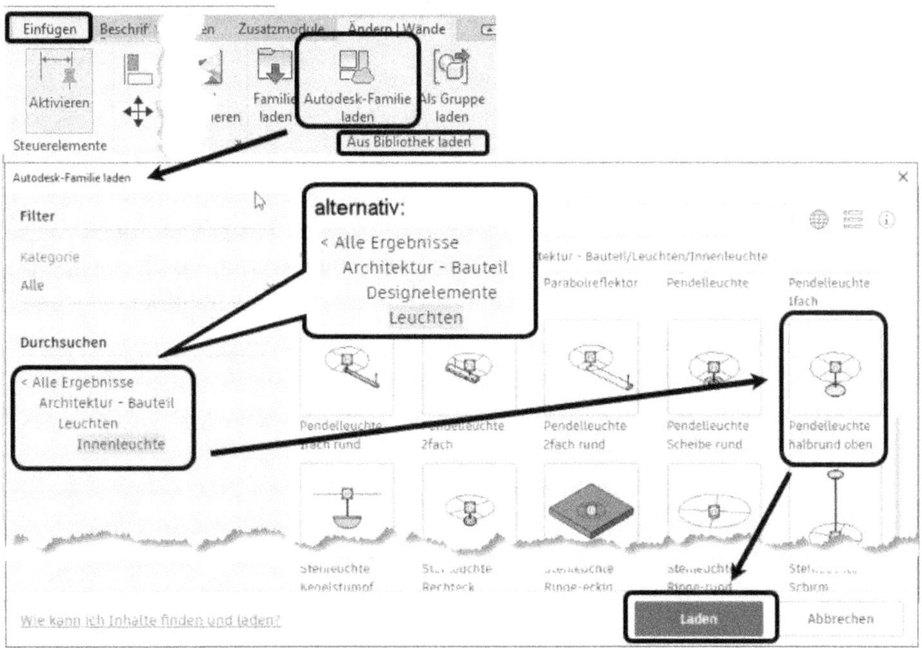

Abb. 8.26: Leuchten aus Bibliothek hinzufügen

Es gibt noch einen zweiten Deckentyp unter DECKENSYSTEM: GIPSKARTON – 15 – RASTER 250 X 250 u.Ä. Diese Decke ist dann in der Seitenansicht nicht nur eine Linie, sondern hat eine Höhenausdehnung von 1,5 cm. Das entspricht einer abgehängten Decke, die etwas unter der Geschossdecke angelegt wird. Weitere Deckentypen können Sie natürlich frei gestalten.

Alternativ können Sie die Deckenleuchten auch in einer 3D-Ansicht an die Geschossdecke hängen, wenn Sie diese mit der Leuchte von unten anklicken. Weil dabei kein Raster zur Verfügung steht, wird die exakte Positionierung dann erst nachträglich in der Draufsicht möglich.

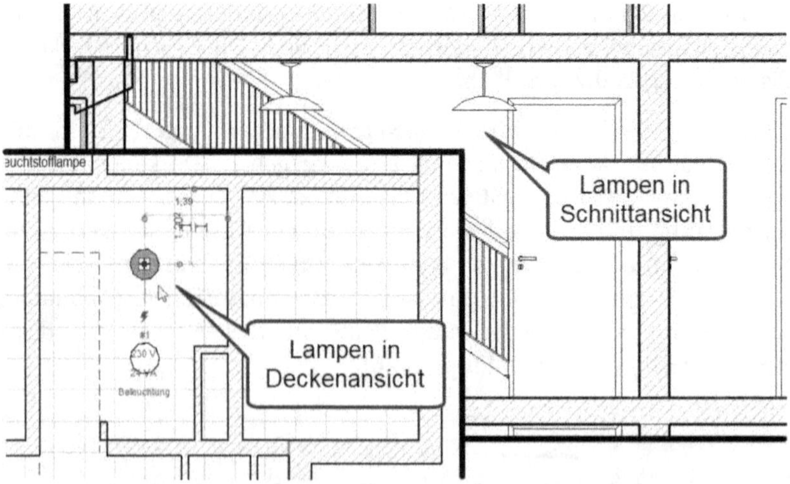

Abb. 8.27: Ansichten mit Deckenleuchten

8.3 Fertig-Fußböden

Fertig-Fußböden sind nichttragende Geschossdecken. Es werden zahlreiche vorbereitete Fußböden angeboten. Weitere Typen müssten Sie sich durch neue Typen mit ausgetauschten Materialien und ggf. auch anderem Schichtaufbau erstellen.

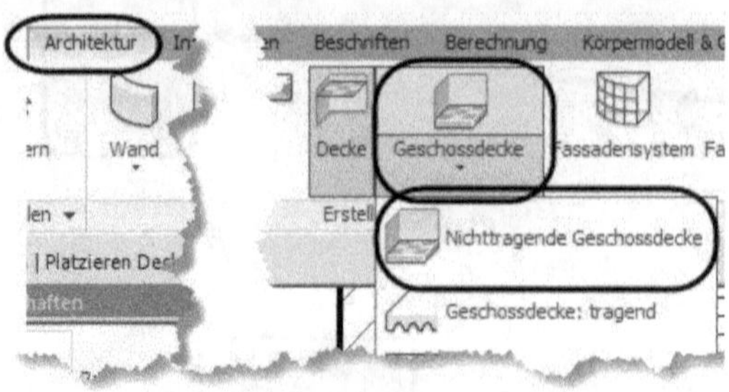

Abb. 8.28: Fußböden sind nichttragende Geschossdecken.

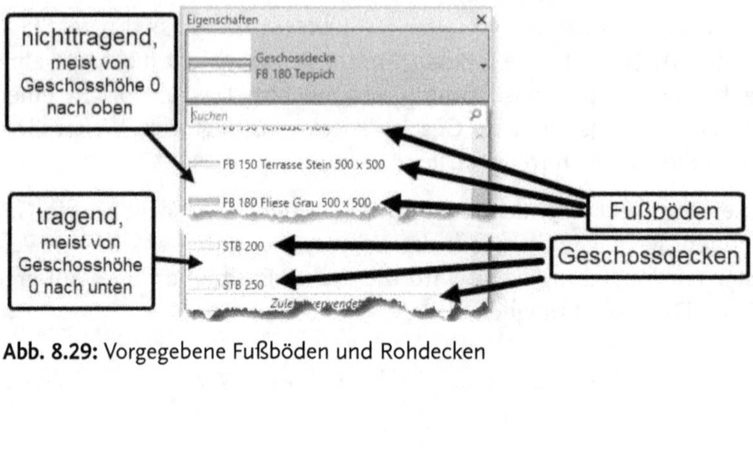

Abb. 8.29: Vorgegebene Fußböden und Rohdecken

Für die Küche sollte ein Terrazzo-Boden erstellt werden. Als Ausgangsmaterial wurde FB 180 FLIESE GRAU 500 X 500 verwendet. Der Schichtaufbau eines Fußbodens ist im TYP unter KONSTRUKTION:BEARBEITEN zu erreichen (Abbildung 8.30). Das Beispiel zeigt einen Fliesenboden mit einem mehrschichtigen Aufbau.

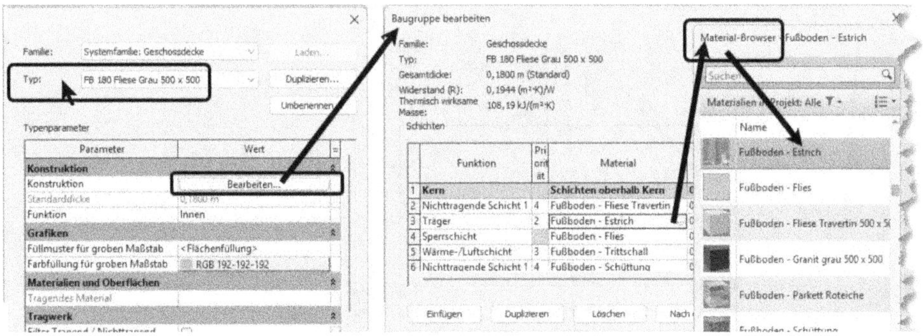

Abb. 8.30: Schichtaufbau eines Fußbodens

Bevor Sie das Material ändern, sollten Sie allerdings mit DUPLIZIEREN einen neuen TYP erstellen, hier FB 100 Terrazzo. Bei nicht benötigten Schichten (z.B. 2 und 6) können Sie in der Nummernspalte mit dem Pfeil-Cursor klicken und LÖSCHEN wählen. Das Material für eine Schicht können Sie ändern, indem Sie hinter der Materialbezeichnung auf die drei Pünktchen klicken. Damit wird der MATERIAL-BROWSER aktiviert, in dem Sie sich vorhandene Materialien aussuchen, aber auch eigene erstellen können.

Im Materialbrowser können Sie sich das Fußbodenmaterial aus verschiedenen Bibliotheken besorgen:

1. **Fußboden - Terrasse Holz** ist das aktuelle Material der Schicht.
2. Mit Klick aktivieren Sie den OBJEKT-BROWSER, um ein neues Material zu suchen.
3. Wählen Sie PHYSIKALISCHE AUTODESK-OBJEKTE aus.
4. Suchen Sie das Material BODEN|STEIN|TERRAZZO.
5. Markieren Sie das Material und
6. laden Sie es mit
7. ins Projekt.
8. Im Register IDENTITÄT ändern Sie den Namen des aktuellen Materials auf **Terrazzo.**
9. Mit Doppelklick ordnen Sie es der aktuellen Schicht zu.

Während die Rohdecken in den Geschossebenen auf Höhe 0.00 mit der Oberkante liegen, müssen die Fertigfußböden um die Bodenstärke, hier also 10 cm, dazu versetzt erstellt werden. Sie werden meist durch die Wandinnenkanten bzw. die Türöffnungen begrenzt. Beim Konstruieren der Fußböden erscheint die Frage: »Sollen Wände, die sich bis zur Geschossdecke an dieser Ebene erstrecken, an der

Unterkante der Geschossdecke fixiert werden?« Dieses Fixieren von Wänden macht nur bei den Rohdecken für die Innenwände einen Sinn, aber nicht für die Fußböden.

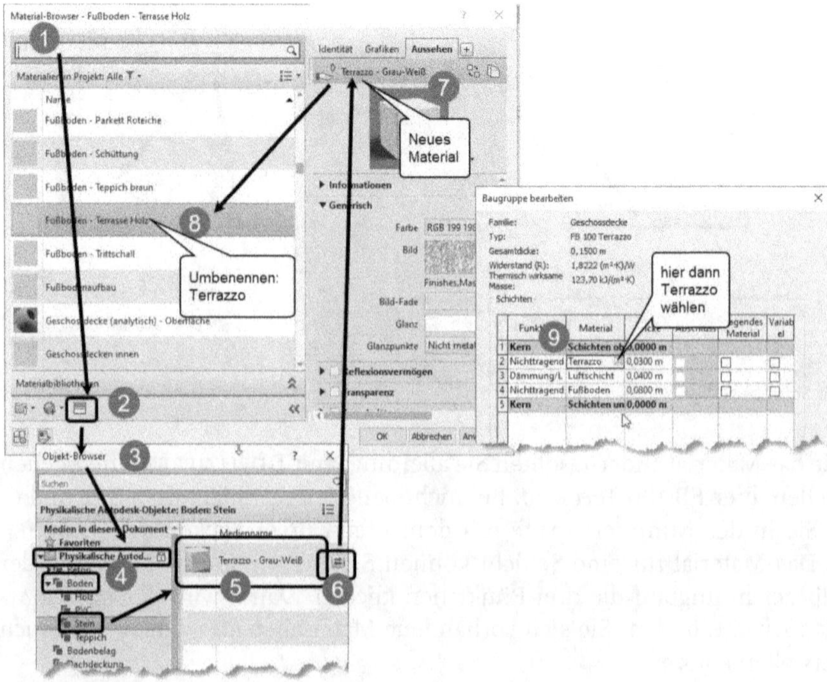

Abb. 8.31: Materialbrowser für neuen Fußbodenbelag verwenden

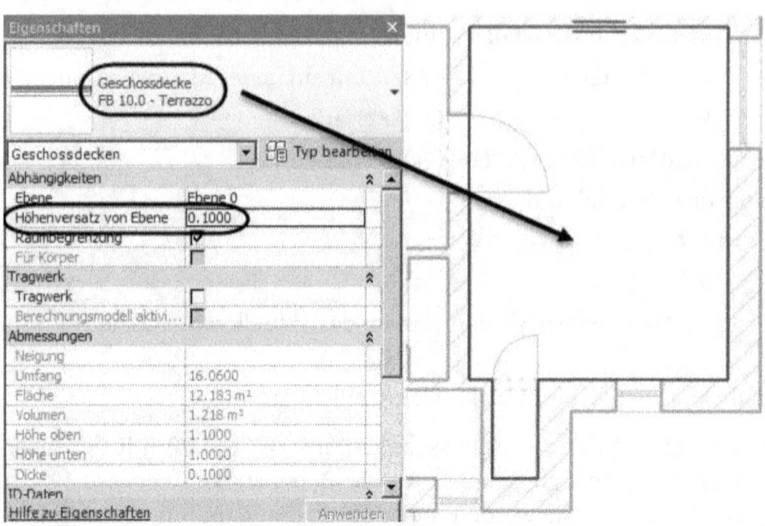

Abb. 8.32: Terrazzo-Fußboden für die Küche erstellt

Sie können auch einen Fußboden für mehrere Räume über Wände hinweg erstellen. Beim Beenden des Befehls werden Sie zwar gefragt, ob der Fußboden mit der Wand verbunden werden soll, aber eine Nachprüfung ist zu empfehlen (Abbildung 8.33).

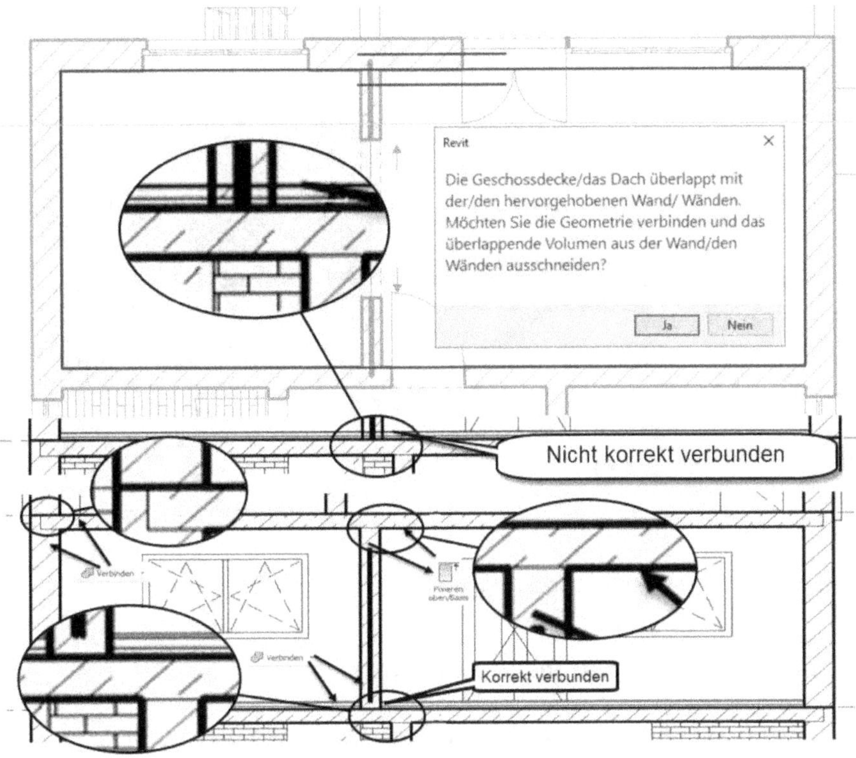

Abb. 8.33: Verbinden und Fixieren bei Decken

Aber wenn Sie explizit das Werkzeug VERBINDEN aufrufen und Fußboden und Wand anklicken, wird der Fußboden hier unterbrochen und die Wand bis zur Betondecke hinuntergezogen.

VERBINDEN richtet sich dabei nach den Prioritäten der einzelnen Materialien. In Abbildung 8.30 sind die Prioritäten der einzelnen Schichten sichtbar. Nichttragende Schichten haben hohe Nummern wie 4 oder 5 und damit geringe Priorität. Tragende Schichten oder Wände und Betondecken haben dagegen kleine Nummern und damit höchste Priorität. Die Schichten mit hoher Priorität setzen sich beim VERBINDEN gegen die niedrigen Prioritäten durch. In der Schnittansicht werden Kanten zwischen verschiedenen Materialien dünn angezeigt, zwischen gleichen Materialien verschwinden sie sogar.

8.4 Anpassen von Türen und Treppen

Die Türen in Revit haben standardmäßig einen unteren Abstand für den Fußbodenaufbau von 18 cm. Die Schwellenhöhe ist mit 0 cm vorgegeben und sollte ebenfalls an den Fußbodenaufbau angepasst werden. Bei anderen Fußbodenhöhen müssen die Türen entsprechend angepasst werden. Ebenso müssen VERSATZ UNTEN und VERSATZ OBEN bei Treppen an den jeweiligen Fußbodenaufbau angepasst werden.

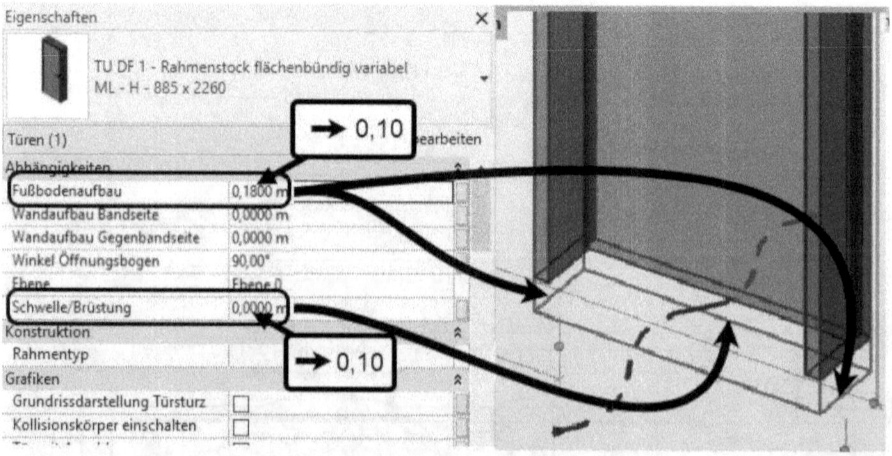

Abb. 8.34: Aussparung in Tür für Fußbodenaufbau

8.5 Geschossebenen vervielfältigen

8.5.1 Geschossebene einzeln hinzufügen

Um ein einzelnes Geschoss hinzuzufügen, können Sie die allgemeine Methode benutzen, mit der Sie weitere Elemente hinzufügen können: ÄHNLICHES HINZUFÜGEN.

- Markieren Sie ein vorhandenes Geschoss in einer der *Außenansichten* NORD, SÜD, OST oder WEST.
- Im Kontextmenü (nach Rechtsklick) wählen Sie ÄHNLICHES HINZUFÜGEN oder aktivieren Sie ARCHITEKTUR|BEZUG|EBENE.
- Zum Positionieren des neuen Geschosses fahren Sie auf die Startposition der neuen Geschosslinie auf der linken Seite in einem entsprechenden Abstand über dem letzten Geschoss und tippen gleich die Geschosshöhe ein.
- Den zweiten Punkt der Geschosslinie geben Sie auf der rechten Seite über dem letzten Geschoss an.
- Klicken Sie ggf. noch auf den Namen, um das neue Geschoss umzubenennen.

8.5.2 Mehrere Geschossebenen mit Reihe-Funktion hinzufügen

Das obige Verfahren ist natürlich nicht brauchbar, wenn Sie eine größere Anzahl Geschosse hinzufügen wollen. Hier hilft der ÄNDERN-Befehl REIHE:

1. Markieren Sie das bisher oberste Geschoss in einer der Außenansichten.
2. Aktivieren Sie ÄNDERN|REIHE.
3. In der Erweiterungsgruppe ÄNDERN|REIHE können Sie mehrere Vorgaben für den Befehl einstellen:
4. Im ersten Icon können Sie zwischen *linearer und kreisförmiger Anordnung* wählen.
5. GRUPPIEREN UND ANORDNEN bedeutet, dass die neuen Geschosse als eine Gruppierung gespeichert werden und Sie jederzeit nachträglich die Anzahl noch ändern können. Dazu genügt es dann, das letzte Element anzuklicken und die Anzahl zu ändern.
6. Bei ANZAHL geben Sie die gewünschte Zahl der Geschosse (inklusive dem aktuellen) an.
7. VERSCHIEBEN NACH ZWEITE bedeutet, dass Sie den Geschossabstand zum *nächsten* Geschoss angeben wollen.

   LETZTE bedeutet, dass Sie den Gesamt-Geschossabstand zum *obersten* Geschoss angeben wollen.
8. BESCHRÄNKEN schränkt die Richtung auf horizontal oder vertikal ein und wird verwendet, damit Sie keine schiefe Anordnung erhalten

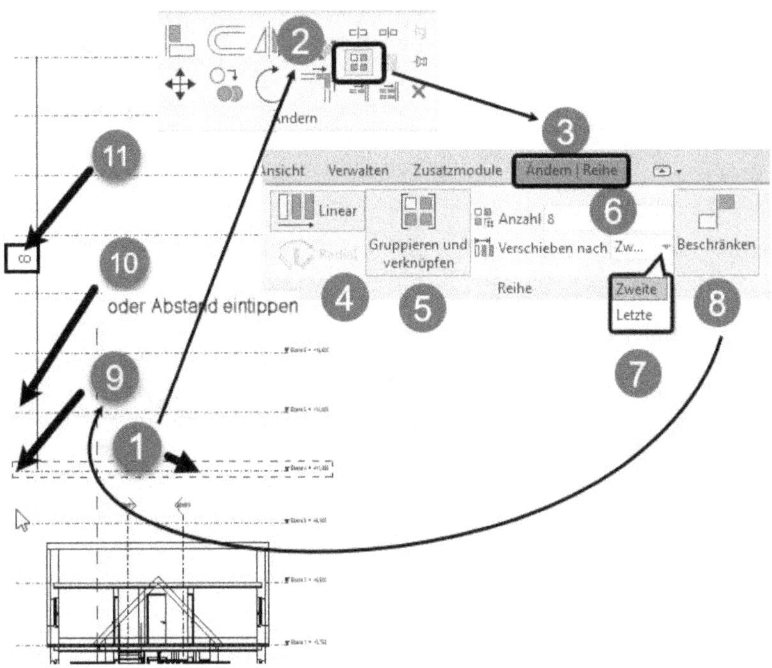

Abb. 8.35: Geschosse mit Reihe vervielfältigen

9. Dann klicken Sie als Startpunkt das linke Ende des letzten Geschosses an.
10. Danach klicken Sie darüber im gewünschten Geschossabstand den Startpunkt für das nächste Geschoss an. Hier können Sie auch den angezeigten Abstand per Tastatureingabe präzisieren.
11. Dann erscheint ein Eingabefeld für die Geschoss-Anzahl, falls Sie noch etwas ändern wollen.

8.6 Treppen

Die Treppenfunktion bietet drei Optionen für Treppenteile an:

- Erstellen einer kompletten Treppe, eines Podests oder einzelner Wangen.

Üblicherweise werden die Treppen komplett erstellt, wobei Podeste an Unterbrechungen des Treppenlaufs automatisch entstehen.

8.6.1 Erstellen einer kompletten Treppe

Zum Erstellen kompletter Treppen gibt es zwei verschiedene Vorgehensweisen (Abbildung 8.36):

1. den Lauf aus fertigen Formen zusammensetzen:
   - Gerade
   - Spirale in ganzen Schritten
   - Spirale durch Mittel- und Endpunkte
   - L-Form-Wendelstufe
   - U-Form-Wendelstufe

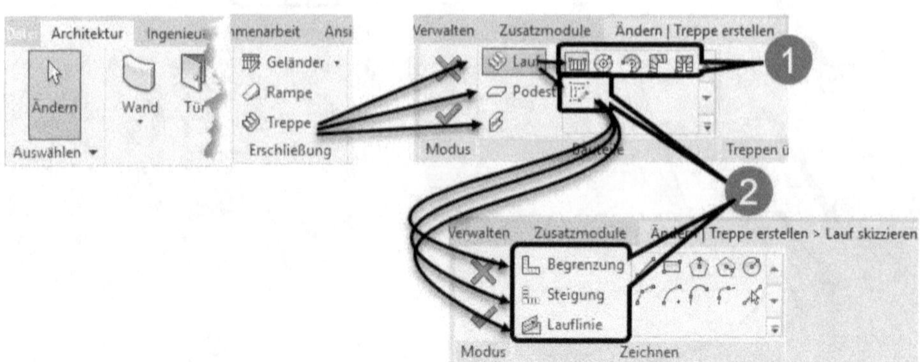

Abb. 8.36: Treppenfunktionen

2. den LAUF nach SKIZZE über
   - BEGRENZUNG – sprich Wangenverlauf rechts und links,
   - STEIGUNG – die Stufenlagen und die
   - LAUFLINIE bestimmen.

8.6.2 Treppe nach Bauteil

Für den LAUF aus fertigen Bauteilen gibt es fünf vorgegebene Formen:

- GERADE – Hiermit wird eine geradläufige Treppe aus einem Stück oder mehreren geraden Stücken mit automatischem Podest erstellt.
- SPIRALE IN GANZEN SCHRITTEN – Hiermit wird eine Wendeltreppe erstellt, die auch über mehrere Geschosse fortgesetzt werden und mehrere Windungen haben kann. Diese Treppe wäre für Türme geeignet.
- SPIRALE DURCH MITTEL- UND ENDPUNKTE – Hiermit wird eine Wendeltreppe erstellt, die nach beliebiger Stufenzahl unterbrochen werden kann und dann automatisch Podeste erhält.
- L-FORM-WENDELSTUFE – Diese Treppe hat L-Form mit verzogenen Stufen.
- U-FORM-WENDELSTUFE – Dies generiert eine U-förmige Treppe mit verzogenen Stufen.

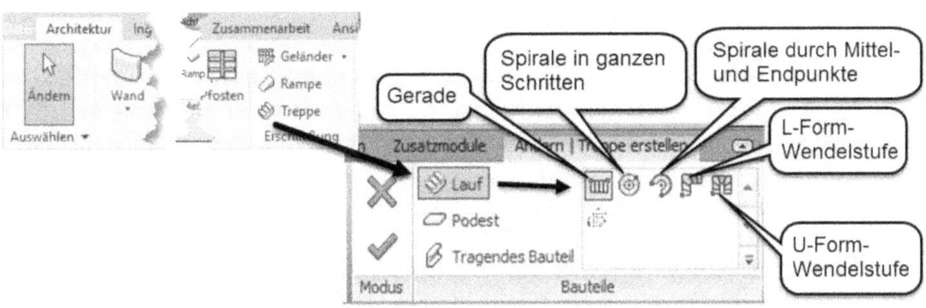

Abb. 8.37: Treppen nach vorgegebenen Formen

Treppenform: Gerade

Die gerade Treppe kann aus einem oder mehreren Segmenten bestehen. Sie wird nach der Geschosshöhe und den im Typ festgelegten Treppeneinstellungen automatisch mit der der in den EIGENSCHAFTEN eingestellten *Stufenzahl* (GEWÜNSCHTE ANZAHL STEIGUNGEN) erstellt. Sie wählen in der Optionsleiste aus, auf welcher Seite Sie die Basislinie für den Lauf wählen und welche Laufbreite erwünscht ist. Nach Eingabe des Startpunkts geben Sie in der gewünschten Richtung den Endpunkt für die Treppe an (Abbildung 8.38).

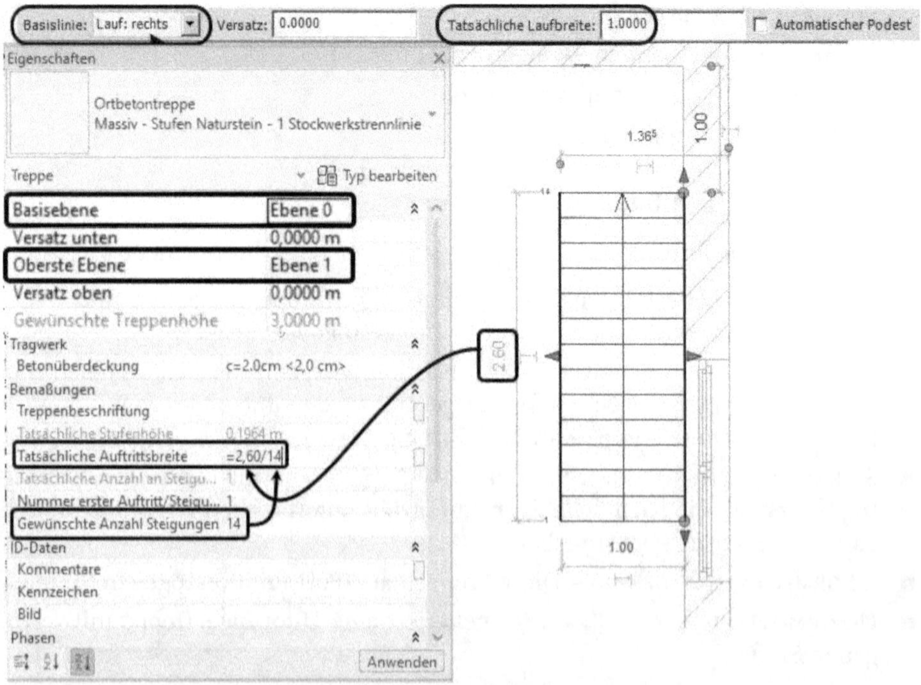

Abb. 8.38: Eigenschaften und Punkte für gerade Treppe

Es werden so viele Stufen erzeugt, wie unter GEWÜNSCHTE ANZAHL STEIGUNGEN eingetragen (Abbildung 8.39). Im Typ ist über die Parameter die MAXIMALE STUFENHÖHE festgelegt und die MINDESTAUFTRITTSBREITE mit 20 cm. Bei zu geringer Stufenzahl wird dennoch eine Treppe erstellt, allerdings erhalten Sie eine Warnung, dass die MAXIMALE STUFENHÖHE dabei überschritten wird.

Die Werte von Auftrittsbreite und Stufenhöhe sind über die Treppenregel verknüpft, die Sie im Typ unter BERECHNUNGSREGELN: BEARBEITEN finden: **2 x Steigung + 1 x Auftrittsbreite = 0.635**. Für das SCHRITTMAß von 0.635 gelten die *Grenzen* von **0.615** und **0.650**. Bei schwierigen Treppensituationen können Sie durch Variieren dieser Grenzen und Anpassen von MAXIMALER STUFENHÖHE und MINDESTAUFTRITTSBREITE vielleicht einer Lösung näherkommen.

Wenn Sie einen Endpunkt der Treppe vor Erreichen der berechneten Treppenlänge eingeben, können Sie die Treppe nach einer Unterbrechung fortsetzen, falls Sie in der Optionsleiste AUTOMATISCHER PODEST (Abbildung 8.38 rechts oben) aktiviert haben. Die Unterbrechungsstelle wird dann automatisch durch ein Podest überbrückt (Abbildung 8.40 rechts). Sowohl für Treppen als auch für die Geländer können Sie verschiedene Typen wählen (Abbildung 8.41).

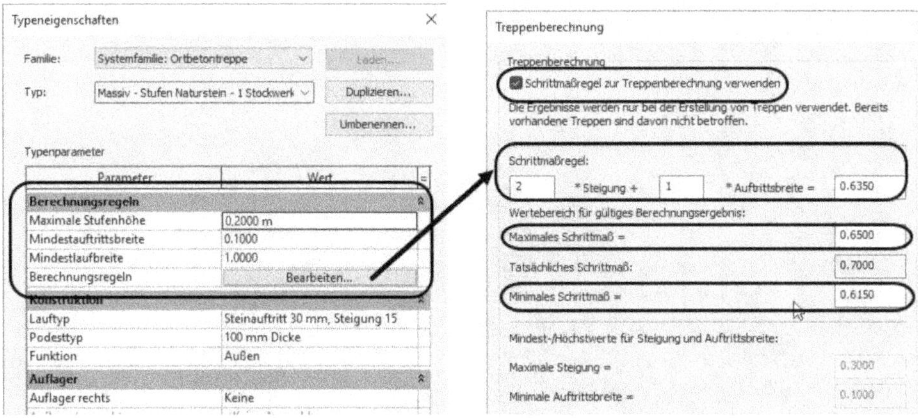

Abb. 8.39: Treppenparameter und Treppenregel

Wenn Sie AUTOMATISCHER PODEST nicht aktiviert haben, können Sie bei einer geraden Treppe mit Unterbrechung das Werkzeug PODEST benutzen, um das Übergangspodest individuell zu gestalten. Im PODEST-Werkzeug gibt es zwei Methoden. Mit ZWEI LÄUFE WÄHLEN wird ein normales Podest eingebaut wie bei der automatischen Option.

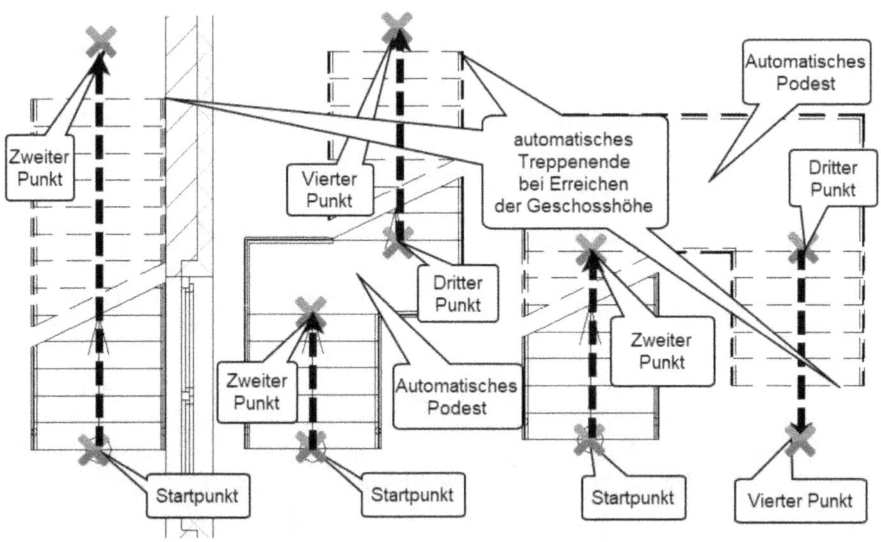

Abb. 8.40: Gerade Treppe, links ohne Unterbrechung, rechts mit Unterbrechung und Podest

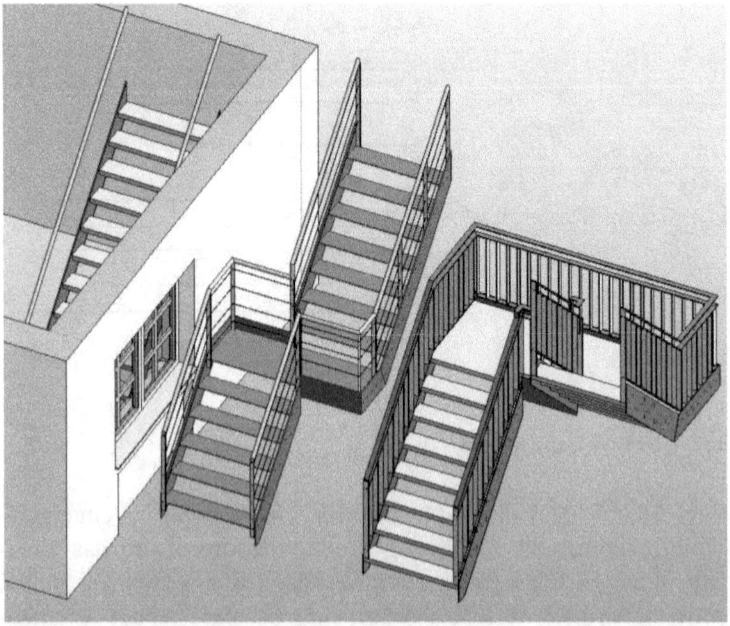

Abb. 8.41: Gerade Treppe mit verschiedenen Typen und Geländern

Mit Podest über Skizze können Sie das Podest völlig frei gestalten. Das fertige Podest sollten Sie dann noch in die passende Höhe ziehen, am besten in der 3D-Ansicht. Eventuell muss das Podest noch von unnötigen Wangen befreit werden. Während das Programm beim Treppenlauf weiß, wo die Wangen hingehören, kann es das bei Podesten nicht immer automatisch folgern.

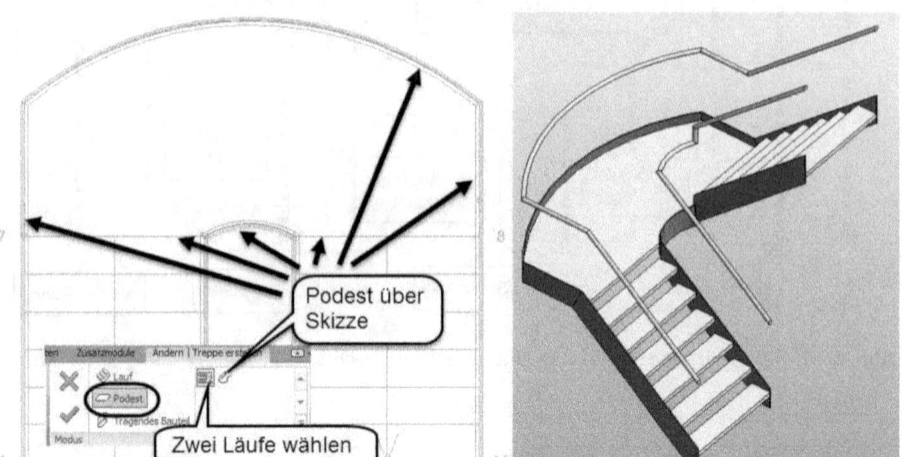

Abb. 8.42: Unterbrochene gerade Treppe mit skizziertem Podest

Spirale in ganzen Schritten

Für diese Wendeltreppe geben Sie den Mittelpunkt an und die Startposition. Das Treppenende bestimmt sich automatisch aus der Geschosshöhe, der Anzahl Stufen und der Treppenregel.

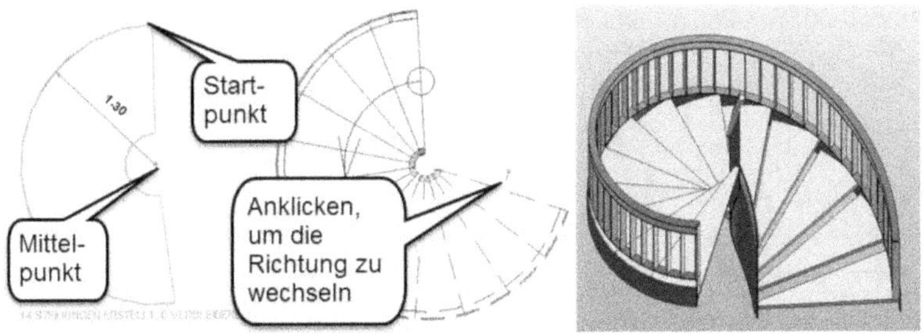

Abb. 8.43: Einfache Wendeltreppe

Spirale durch Mittel- und Endpunkte

Mit Spirale durch Mittel- und Endpunkte können Sie eine Treppe über den Mittelpunkt und Start- und Endpunkte konstruieren. Hiermit ist es auch möglich, ein automatisches Podest einzubauen, wenn ein erster Endpunkt noch vor dem Treppenende gewählt wird. Die Wendeltreppe mit rundem Podest entsteht dann über 6 Punkte:

1. Position für Mittelpunkt,
2. Startpunkt der Treppe,
3. Endpunkt für ersten Treppenlauf,
4. Mittelpunkt für zweiten Treppenlauf identisch mit erstem,
5. Startpunkt vom zweiten Lauf auf radialer Verlängerung des ersten Laufs,
6. Endpunkt des zweiten Laufs identisch mit Länge der Treppe im aktuellen Stockwerk.

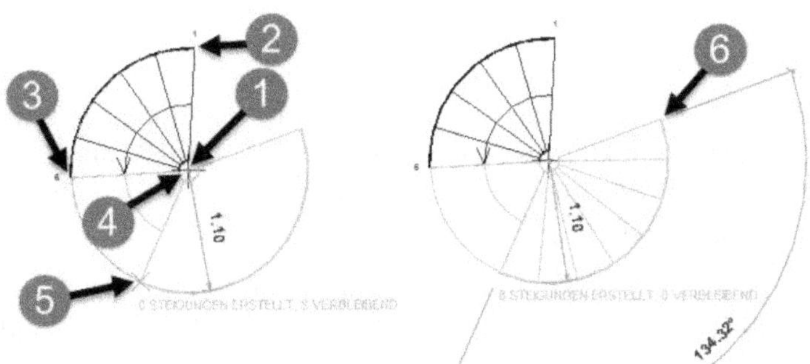

Abb. 8.44: Wendeltreppe mit Podest

Diese Treppe kann genauso verlängert werden wie beim obigen Beispiel.

L-Form-Wendelstufe

Die L-förmig gewendelte Treppe rastet beim Positionieren automatisch an vorhandenen Wandkanten ein. Für andere Lagen kann in der Optionsleiste noch VORSCHAU SPIEGELN für eine gespiegelte Version aktiviert werden. Für andere Lagen müssen Sie nach dem Positionieren die Werkzeuge DREHEN und AUSRICHTEN verwenden.

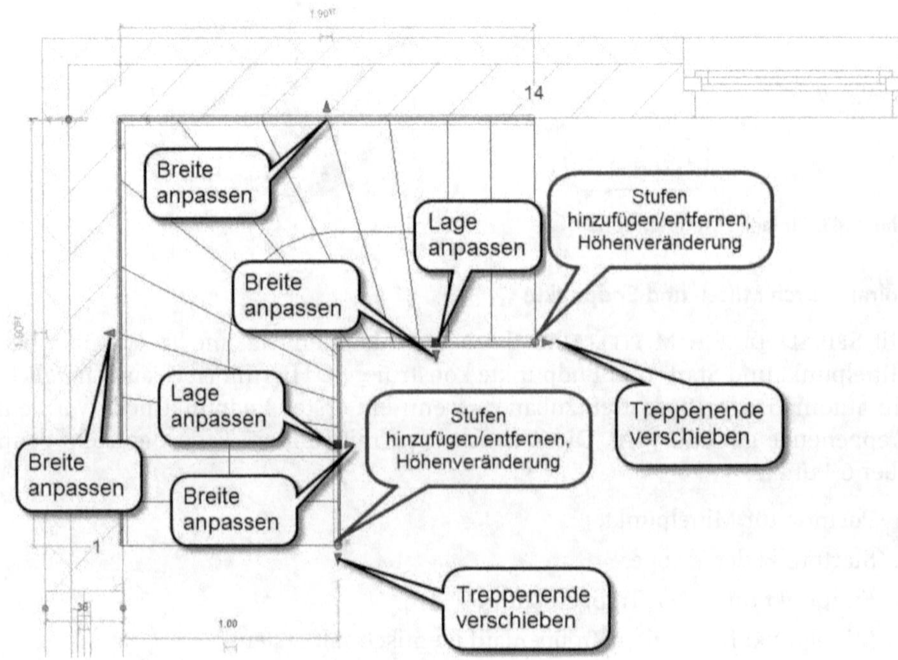

Abb. 8.45: Bearbeitungspositionen bei der L-förmigen Treppe

Nachdem die Treppe eingefügt ist, können Sie nach Markieren mit der Funktion TREPPE ÄNDERN noch Modifikationen mit folgenden Griffen vornehmen:

- Der *Pfeilgriff in Laufrichtung* ermöglicht das Verlängern oder Verkürzen eines Laufs, wobei die Gesamtlänge erhalten bleibt. Wegen der verzogenen Struktur der Treppe sind diese Änderungen aber unter Einhaltung der Treppeneigenschaften oft nur in kleinen Schritten möglich. Eventuell kann man größere Flexibilität durch großzügigere Grenzen für Treppenregel, Auftrittsbreite und Stufenhöhe erreichen.
- Der *Kreisgriff* verlängert oder verkürzt einen Treppenlauf durch Hinzufügen oder Entfernen einzelner Stufen. Dadurch ändert sich die Stufenzahl und geht ggf. über das aktuelle Stockwerk hinaus. Diese Griffe sollte man beim Anpassen der Treppe eher vermeiden.

- Der *Quadratgriff* verschiebt einen Treppenlauf insgesamt senkrecht zur Lauflinie. Da der Lauf über die EIGENSCHAFTEN auf die rechte oder linke Kante gelegt werden kann, können Sie mit den Quadratgriffen die Treppe bequem positionieren, falls das automatische Einrasten an bestehenden Kanten nicht funktioniert.

▾ ▴ Die *seitlichen Pfeilgriffe* verändern die Laufbreite. Hierbei ist zu beachten, dass im Typ eine minimale Breite von 1 m vorgegeben ist. Größere Flexibilität erreicht man auch hier durch eine Änderung des Vorgabewerts.

▾ ▴ Die *Pfeilgriffe in Laufrichtung an den Enden* verändern die Lauflängen. Die Veränderungen in diesen Richtungen sind nur begrenzt möglich, weil sonst die Verziehung der Stufen in der Ecke nicht mehr klappt.

In den EIGENSCHAFTEN kann UNTER PARALLELE STUFEN AM ANFANG/ ...ENDE auch die Anzahl der nicht verzogenen Stufen variiert werden. Dadurch erhält die Treppe evtl. auch mehr Flexibilität.

U-Form-Wendelstufe

Auch die U-förmig gewendelte Treppe rastet an vorhandenen Kanten beim Positionieren ein. Die Option VORSCHAU SPIEGELN steht in der OPTIONSLEISTE zur Verfügung und mit DREHEN und AUSRICHTEN können Sie diese Treppe in jede gewünschte Position bringen.

Die Griffe haben wieder dieselben Funktionen wie bei der L-förmigen Treppe. Wenn Sie einen Lauf der Treppe in die Länge ziehen, wird hier der gegenüberliegende Lauf verkürzt, und wenn beide gleich lang sind, rasten die Längen an dieser Position ein (Abbildung 8.46 rechts).

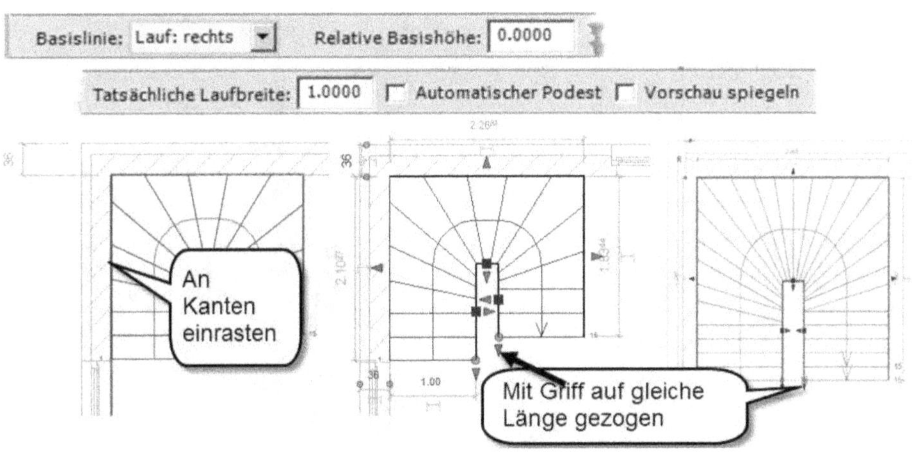

Abb. 8.46: U-Treppe einfügen und modifizieren

8.6.3 Treppe nach Skizze über Begrenzung und Steigung (und Lauflinie)

Die ultimative Freiheit in der Gestaltung der Treppe bietet die Option SKIZZE ERSTELLEN mit der Möglichkeit, eine Treppe über beliebig gestaltete *Wangen* – als BEGRENZUNG bezeichnet – und frei gestaltete *Stufen* – als STEIGUNGEN bezeichnet – zu erstellen. Auch die LAUFLINIE kann hier mit eingezeichnet werden.

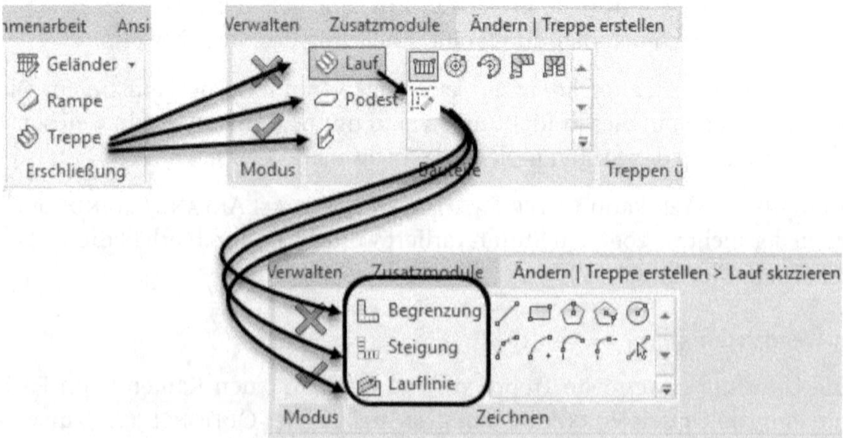

Abb. 8.47: Treppen über Wangen und Stufen

Die sehr fantasievolle Treppe in Abbildung 8.48 wurde aus Wangen erstellt, die aus mehreren Bögen zusammengesetzt sind, und aus Stufen, die teils Linien, teils Bögen und im unteren Bereich sogar Kurvenzüge aus mehreren Bögen sind.

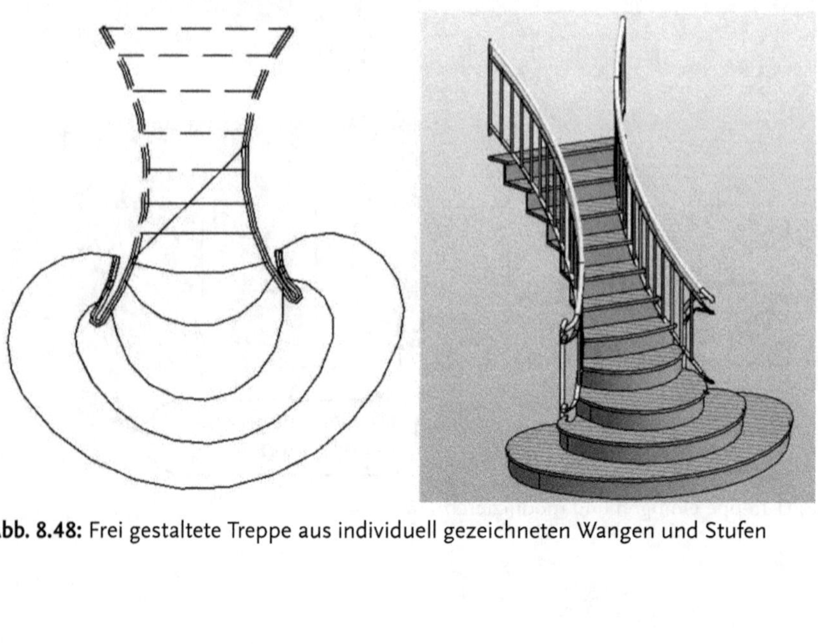

Abb. 8.48: Frei gestaltete Treppe aus individuell gezeichneten Wangen und Stufen

Das Vorgehen zur Erzeugung einer solchen Treppe sieht derart aus, dass nach Zeichnen einer zweidimensionalen Draufsicht

- zunächst die Option BEGRENZUNG aktiviert wird und dann alle Kurven einer Wange in fortlaufender Richtung gewählt oder gezeichnet werden. Danach wird diese erste Wahl mit [ESC] beendet, und dann werden analog die Kurven für die zweite Wange gewählt oder gezeichnet und wieder mit [ESC] beendet.
- Dann wählen oder zeichnen Sie in der gleichen Art die Segmente der LAUFLINIE und beenden mit [ESC].

Die Anzahl der Stufen sollten Sie gemäß den Einstellungen für eine Standard-Treppe vorgeben. Die einzelnen Stufen dürfen nicht über die Wangen hinausgehen, sie dürfen aber kürzer sein. Die komplexen Stufen am unteren Ende des Beispiels sollten auch nicht über die Wangen hinausgehen und exakt zueinanderpassen. In der Beispielkonstruktion wurden die Abstände der Stufen nicht exakt gleich gehalten, weil es nur die Möglichkeiten der Treppenkonstruktion ausloten sollte. Damit die Treppe gangbar wird, sollten Sie natürlich die klassischen Konstruktionsregeln und Algorithmen für die Treppenkonstruktion einhalten.

8.6.4 Standard-Treppe umbauen

Nicht immer sind die vorgegebenen Treppenformen zweckgemäß brauchbar. Dann können Sie Modifikationen vornehmen, indem Sie eine Standard-Treppe in eine skizzenbasierte Treppe umbauen. Im Beispielhaus wurde eine gerade Treppe vom Erdgeschoss zum Obergeschoss eingebaut. Diese soll nun in eine gewendelte Treppe umgewandelt werden.

Zuerst markieren Sie die Treppe und wählen TREPPE BEARBEITEN. Dann markieren Sie sie erneut und wählen KONVERTIEREN zum Umwandeln in eine skizzenbasierte Treppe. In diesem Zustand werden die Wangen – im Programm BEGRENZUNG – in Grün angezeigt, die LAUFLINIE in Blau und die Stufen – im Programm STEIGUNGEN – in Schwarz.

- Für die neue Form wurde die gesamte Treppe zunächst verschoben (Abbildung 8.49 links).
- Dann wurde die innere Wange durch Verschieben des Endpunkts verkürzt (punktierte Kontur).
- Als Nächstes wurden die Wangen verlängert (durchgezogene Linien). Dabei ist darauf zu achten, dass in der Multifunktionsleiste parallel auch der Typ BEGRENZUNG aktiviert ist.
- Danach wurde in der Multifunktionsleiste der Typ LAUFLINIE aktiviert und die LAUFLINIE um ein gerades Stück verlängert sowie um einen tangentialen Bogen ergänzt (dünne Strich-punktierte Geometrie).
- Schließlich wurden die Stufen (in der Multifunktionsleiste STEIGUNGEN) über die Endpunktpositionen in die neuen Lagen gebracht (dicke gestrichelte Linien).

- Am Schluss wählen Sie einmal BEARBEITUNGSMODUS BEENDEN für die Skizzenbearbeitung und noch einmal BEARBEITUNGSMODUS BEENDEN für die Treppenänderung.

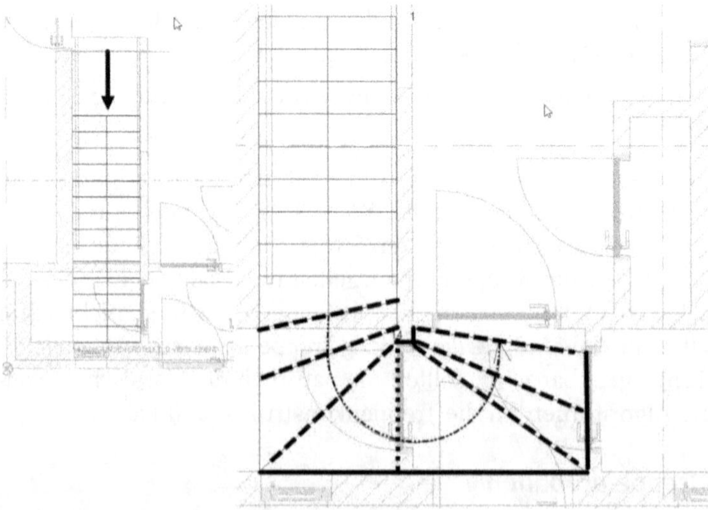

Abb. 8.49: Umbau der Treppe

Nach diesen Änderungen an der Treppe selbst sind noch Anpassungen der Umgebung nötig. Die Skizze der Decke muss um ein passendes Treppenloch ergänzt werden. Darunterliegende Wände im Erdgeschoss müssen in der Höhe angepasst werden. Nicht mehr benötigte Wände im Obergeschoss müssen entfernt werden.

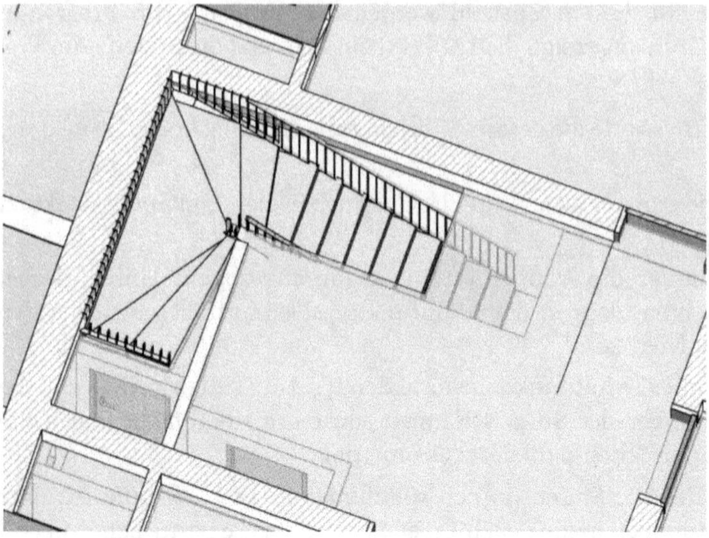

Abb. 8.50: Geänderte Treppe, Geschossdecke erscheint nach Markieren transparent.

8.6.5 Treppen für mehrere Geschosse vervielfachen

Markieren Sie in einer der Ansichten NORD, SÜD, OST oder WEST die Treppe und aktivieren Sie in der Multifunktionsleiste die Funktion MEHRGESCHOSSIGE TREPPEN|EBENEN WÄHLEN . Der Befehl sorgt notfalls dafür, dass Sie in eine Ansicht wechseln, in der die Stockwerksebenen sichtbar und wählbar sind. Dann klicken Sie weitere Stockwerksebenen an oder wählen mehrere Ebenen mit der Kreuzen-Wahl und beenden die Aktion mit einem Klick auf das grüne Häkchen. Die Treppe wird dadurch auf die gewählten Stockwerke vervielfältigt. Die einzelnen Treppen werden in einem Bearbeitungsbereich zusammengefasst. Sie können dabei auch Stockwerke überspringen, um eine Treppe durchlaufend über mehrere Geschosse zu führen. Auch nachträglich können Geschossebenen hier entfernt werden.

8.7 Geländer

Bei der Treppenkonstruktion werden automatisch immer beidseitig die Geländer erzeugt. Vorgabemäßig ist es der Typ VERTIKALE STÄBE. Sie können aber noch andere Geländertypen wählen, wie Holzgeländer oder weitere Metallgeländer mit horizontaler oder vertikaler Unterteilung.

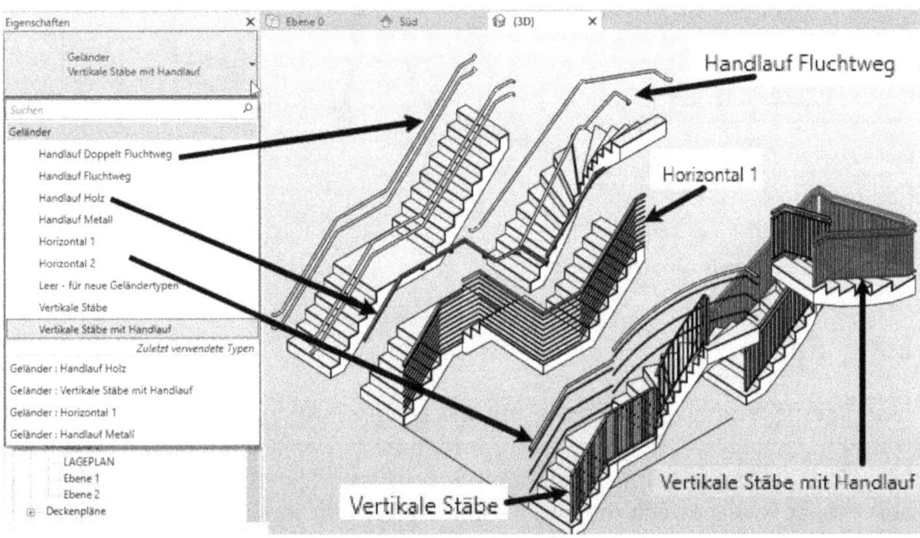

Abb. 8.51: Geländertypen

Geländer können einzeln von Treppen gelöscht und einzeln im Typ geändert werden. Neue Geländer können mit AUF BASISBAUTEIL PLATZIEREN nur paarweise zu Treppen hinzugefügt werden. Um ein einzelnes Geländer zu einer Treppe hinzuzufügen, muss nach dem Hinzufügen eins der Geländer gelöscht werden.

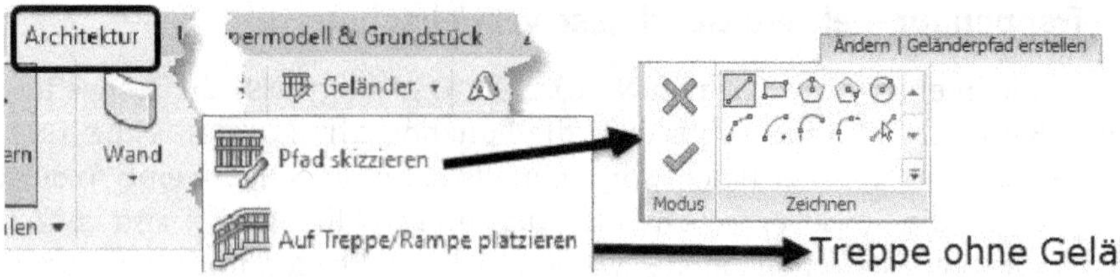

Abb. 8.52: Geländerkonstruktionen

Mit der Funktion PFAD SKIZZIEREN kann ein Geländer in der Ebene erstellt werden, basierend auf Kanten oder Modelllinien. Im Beispiel wurde ein Geländer passend zur Deckenkante mit der Funktion LINIE AUSWÄHLEN generiert.

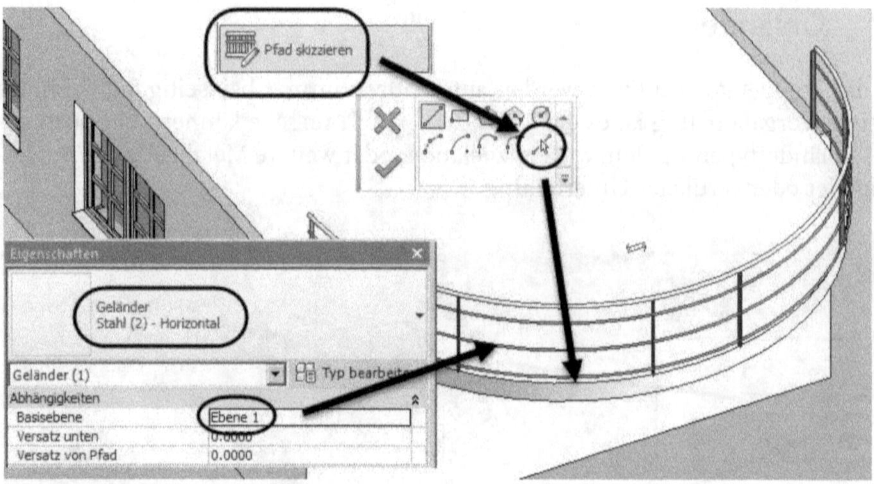

Abb. 8.53: Geländer an Deckenkante erzeugt

8.8 Rampen

Eine Rampe wird standardmäßig mit 6% Neigung und einer maximalen Länge von 10 m erstellt. Es gibt aber weitere vordefinierte Typen mit Steigungen von 2% bis 18%. Die Rampe kann geradlinig oder gebogen erstellt werden. Ähnlich wie eine Treppe wird sie auch mit zwei Geländern erstellt, vorgabemäßig mit dem Typ VERTIKALE STÄBE. Die normale Rampe ist massiv mit der FORM KOMPAKT im Typ eingestellt. Mit der FORM STARK kann aber die DICKE der Rampe auf beliebige Werte gesetzt werden.

Eine Auffahrtrampe für ein Parkhaus zeigt Abbildung 8.55. Als Steigung wurde im Typ 10% gewählt und die FORM **Stark** mit DICKE **30 cm**. Das ergibt dann die gezeigte freischwebende Rampe. Die BREITE wurde in den EIGENSCHAFTEN auf eine Fahrbahnbreite von **2,50 m** gesetzt.

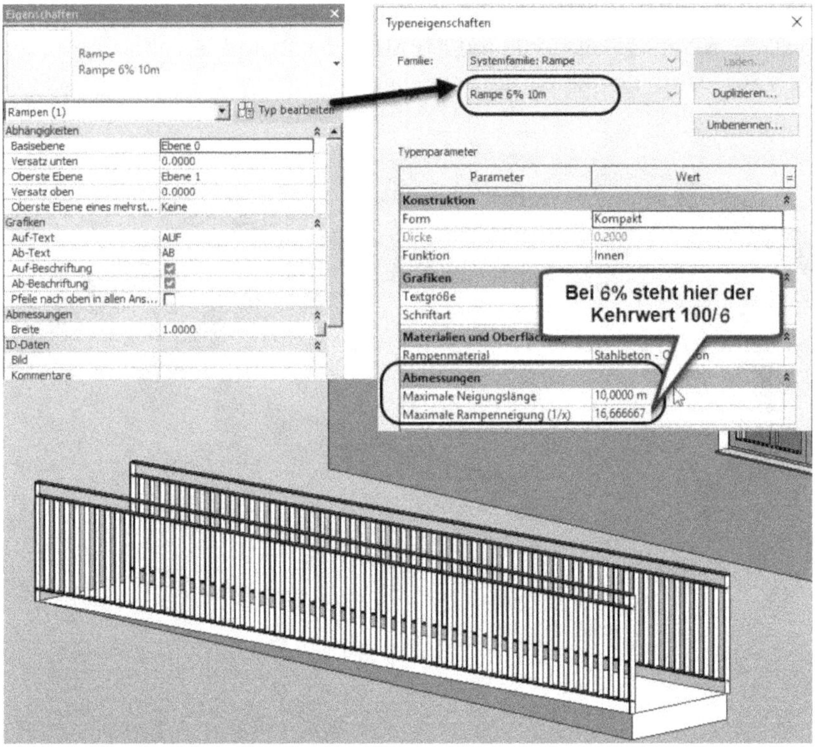

Abb. 8.54: Rampe mit 6% Neigung

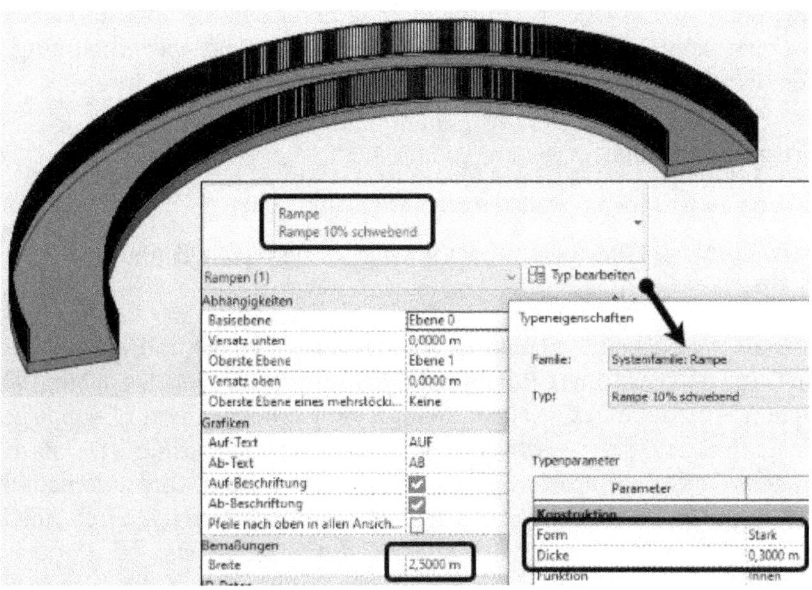

Abb. 8.55: Auffahrtrampe

Rampen können auch mit Neigungskoten bemaßt werden. Bei der gebogenen Rampe muss die Neigungskote exakt auf der Mitte der Rampe angebracht werden (Abbildung 8.56), damit der Winkel korrekt abgenommen wird.

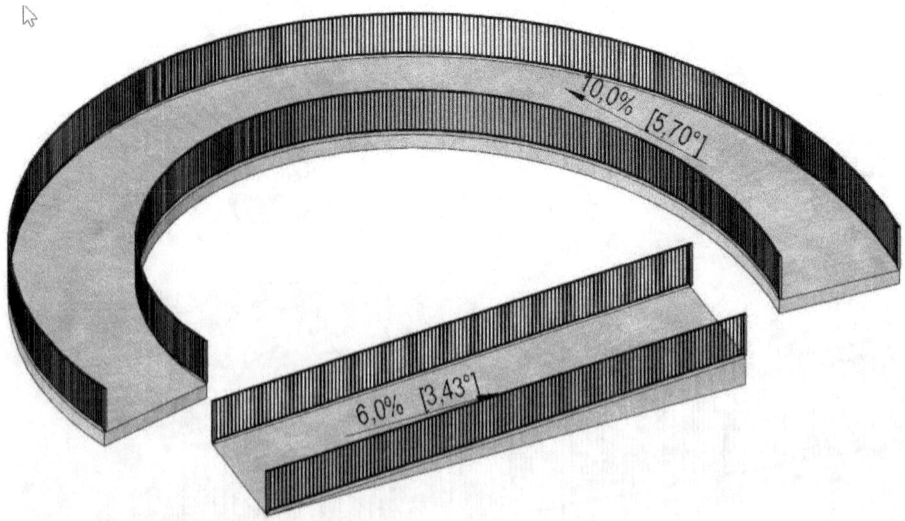

Abb. 8.56: Rampen mit Neigungskoten

8.9 Gruppen verwenden

Mehrere Elemente, die in einer bestimmten Zusammenstellung öfter im Projekt benötigt werden, können als Gruppen zusammengefasst und wiederholt eingefügt werden. Es ist auch möglich, Gruppen in andere Projekte zu übertragen.

8.9.1 Gruppen erstellen

Zum Erstellen von Gruppen gibt es zwei Möglichkeiten:

- ARCHITEKTUR|MODELL|MODELLGRUPPE ▾ |GRUPPE ERSTELLEN ❶ und
- ÄNDERN|ERSTELLEN|GRUPPE ERSTELLEN.

Im ersten Dialogfeld geben Sie einen passenden *Namen* ein ❷ und wählen zwischen dem GRUPPENTYP MODELL (für 3D) und DETAIL (für 2D-Detailansichten) ❸. Mit der Option HINZUFÜGEN ❹ wählen Sie nun die Elemente, die zur Gruppe gehören sollen. Mit FERTIG STELLEN ❺ beenden Sie die Gruppenerstellung. Der Basispunkt, mit dem die Gruppe später auch eingefügt werden kann, wird automatisch auf den Schwerpunkt der Konstruktion gelegt. Er kann aber jederzeit durch Anklicken einer eingefügten Gruppe auf eine andere Position gelegt werden. Dafür ist nur das dort angezeigte Achsensystem mit seinem Nullpunkt auf die neue Position zu ziehen.

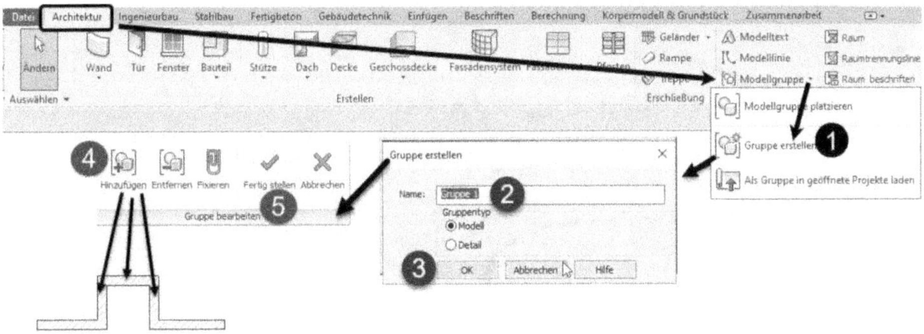

Abb. 8.57: Erstellen einer Modellgruppe

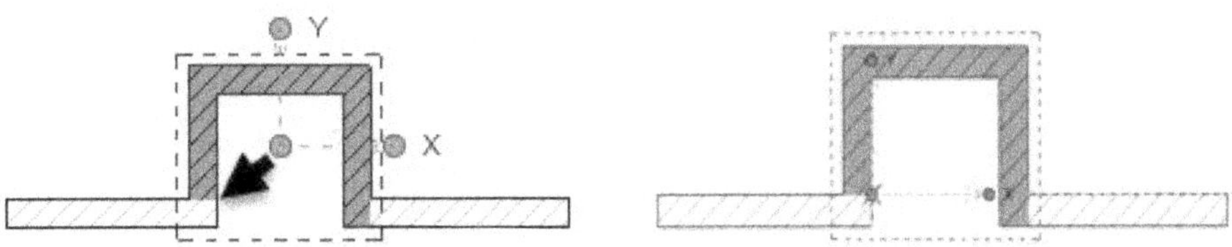

Abb. 8.58: Basispunkt wird vom Schwerpunkt durch Ziehen auf einen Eckpunkt gelegt.

8.9.2 Gruppen einfügen

Mit ARCHITEKTUR|MODELL|MODELLGRUPPE ▾ |MODELLGRUPPE PLATZIEREN wird eine Gruppe eingefügt. Sie wird zunächst so positioniert, wie sie definiert ist. Danach kann sie wie jedes Objekt nachträglich noch gedreht werden.

ARCHITEKTUR|MODELL|MODELLGRUPPE ▾ |ALS GRUPPE IN GEÖFFNETE PROJEKTE LADEN dient dazu, das aktuelle Projekt einschließlich der Gruppen in ein anderes parallel geöffnetes Projekt zu laden. Falls Sie in dem anderen Projekt nur eine bestimmte Gruppe brauchen, könnten Sie dort die nicht benötigten Gruppen und das geladene aktuelle Projekt aus dem Projektbrowser wieder entfernen.

8.9.3 Gruppen bearbeiten

Eine Gruppe kann jederzeit markiert und zur Bearbeitung ausgewählt werden. Es gibt drei Bearbeitungsoptionen:

- GRUPPE BEARBEITEN – Hiermit werden neue Elemente zur Gruppe hinzugefügt oder Gruppenelemente entfernt. Mit FIXIEREN können Detailgruppen hinzugefügt werden. Mit FERTIG STELLEN werden die Änderungen dann für alle eingefügten Gruppen wirksam.

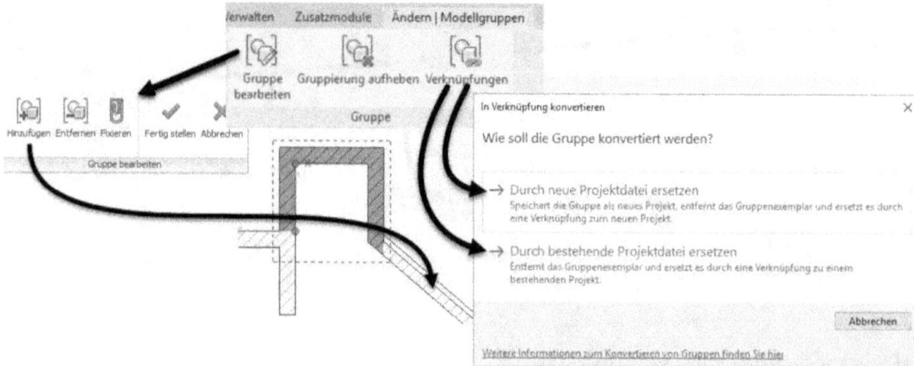

Abb. 8.59: Gruppe bearbeiten

- GRUPPIERUNG AUFHEBEN – löst die markierte Gruppierung auf, aber ohne Wirkung auf andere Gruppierungen.
- VERKNÜPFEN – hat zwei Optionen: Einerseits kann die *Gruppe* in ein *eigenes neues Projekt* exportiert werden und alle zugehörigen Gruppen durch Verknüpfungen zu diesem Projekt ersetzt werden. Andererseits kann die Gruppe durch eine Verknüpfung zu einem externen Projekt ersetzt werden.

8.10 Übungsfragen

1. Welche Priorität haben tragende Schichten bei den Wänden?
2. Wie können Sie die Fassade einer Hausfront symmetrisch gestalten?
3. Wo stellen Sie die Rastergröße ein?
4. Was definiert das RASTERLAYOUT?
5. Welcher Bildstil ist nötig, um ABZIEHBILDER sichtbar zu machen?
6. Was wird benötigt, um Lampen im Haus zu positionieren?
7. Welche Elemente müssen an die jeweiligen Fußbodenhöhen angepasst werden?
8. Welches ist der einfachste Treppentyp?
9. Welches ist der flexibelste Treppentyp?
10. Wie erzeugen Sie die Treppe für ein mehrgeschossiges Haus?

Kapitel 9

Tragwerke

9.1 Stützen

9.1.1 Stützenarten

Bei den Stützen gibt es nichttragende Stützen, die eine Art Zierfunktion erfüllen wie beispielsweise griechische Säulen, und tragende Stützen, die echte statisch tragende Funktionen erfüllen. Im Register ARCHITEKTUR sind beide Werkzeuge zu finden, im Register INGENIEURBAU nur die tragenden Stützen.

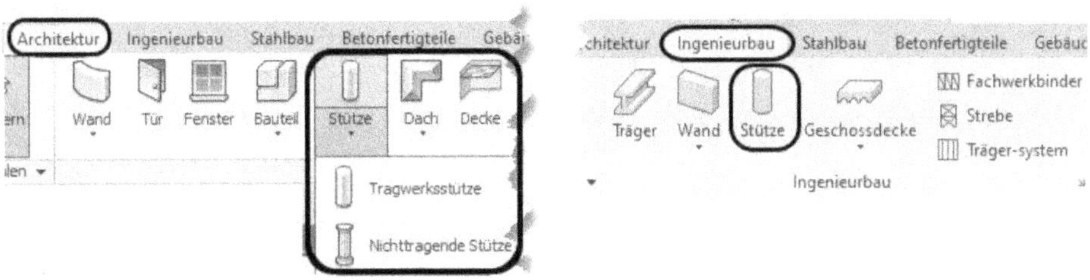

Abb. 9.1: Stützen-Arten

Zum Platzieren gibt es verschiedene Werkzeuge.

Den Modus FAMILIE LADEN brauchen Sie nicht nur zum Laden verschiedener tragender Stützen aus diversen Materialien und mit verschiedenen Abmessungen, sondern auch zum Laden von nichttragenden Stützen, wo Sie einige griechische Säulen finden.

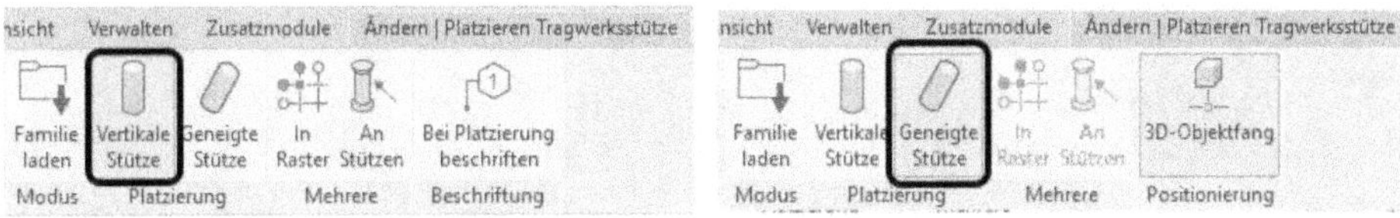

Abb. 9.2: STÜTZEN-Werkzeuge für vertikale und geneigte Stützen

Im Projekt bereits vorhanden sind Stahlprofilstützen, rechteckige Holzstützen und mehrere quadratische und runde Betonstützen. Viele andere Metall-, Holz- und Betonstützen finden Sie in der BIM-Bibliothek über EINFÜGEN|AUS BIBLIOTHEK LADEN|AUTODESK-FAMILIE LADEN unter INGENIEURBAU – STÜTZE (Abbildung 9.4).

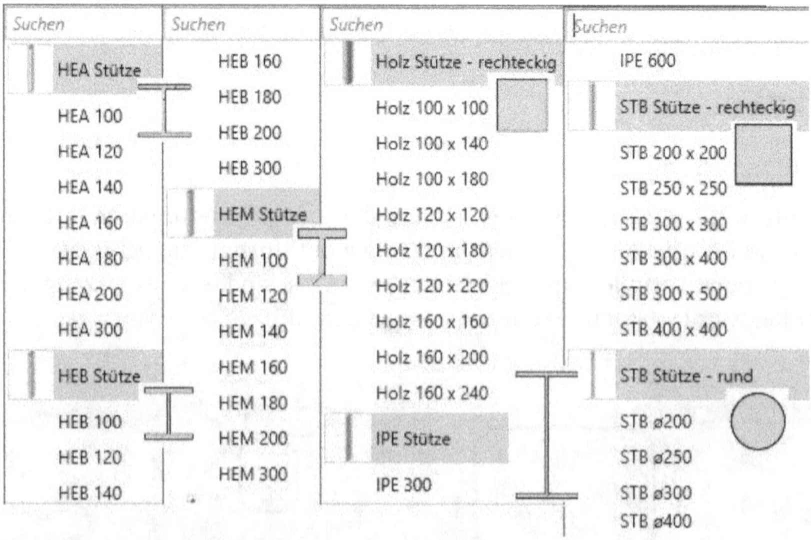

Abb. 9.3: Im Projekt vorhandene Stützen

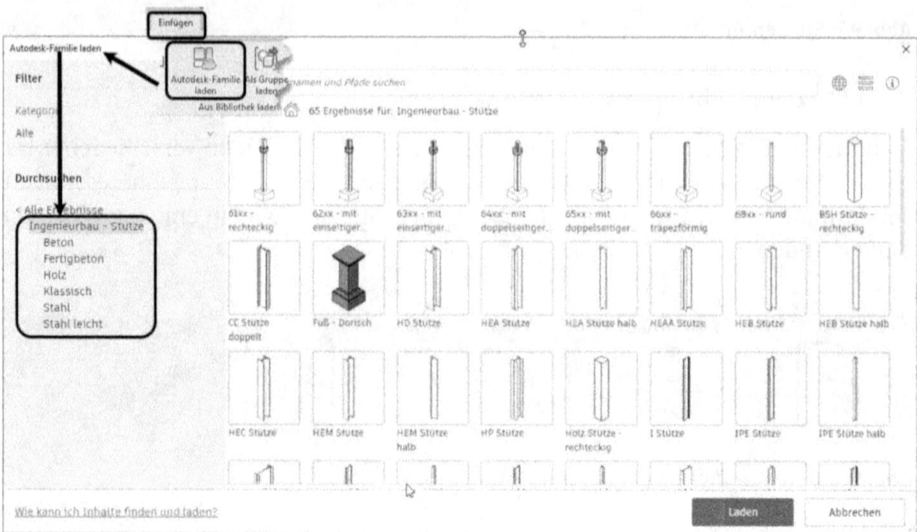

Abb. 9.4: Stützen aus der Bibliothek

Wenn Sie die Funktion STÜTZE bzw. TRAGWERKSSTÜTZE aktivieren, gibt es die Optionen VERTIKALE STÜTZE und GENEIGTE STÜTZE. Die VERTIKALE STÜTZE dient zum Positionieren einer normalen Stütze auf der aktuellen Geschossebene und ist von dort aus nach Vorgabe nach unten gerichtet. In den Optionen können Sie diese Einstellungen natürlich auch umstellen. Stellen Sie also von Option TIEFE auf HÖHE um. Normalerweise werden Sie die Höhe wie bei Wänden von der aktuellen Ebene bis zur nächsten erstrecken.

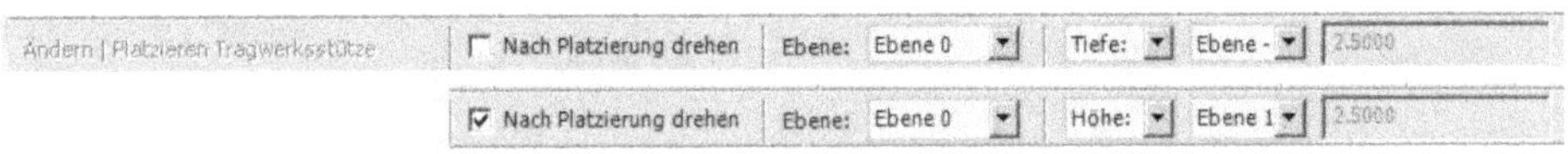

Abb. 9.5: Optionen-Einstellungen für vertikale Stützen nach oben

Die GENEIGTE STÜTZE verlangt zwei Punktpositionen, für das untere und das obere Ende.

9.1.2 Raster für Stützen

Um Stützen in regelmäßigen Abständen aufzustellen, ist es sinnvoll, Rasterlinien zu zeichnen. Es gibt nämlich eine Funktion, mit der dann Stützen automatisch an gewählten Rasterschnittpunkten erstellt werden.

Die Rasterfunktion liegt unter ARCHITEKTUR|BEZUG|RASTER bzw. INGENIEURBAU|BEZUG|RASTER und zeichnet lineare oder bogenförmige Rasterkurven.

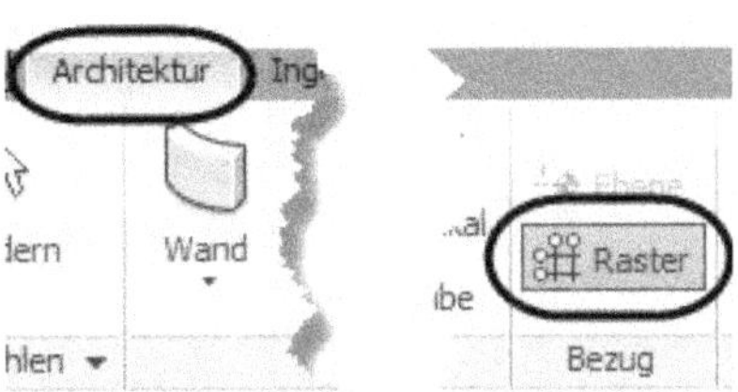

Abb. 9.6: Rasterfunktion

Um das in Abbildung 9.7 gezeigte lineare Raster zu zeichnen, erstellen Sie die erste Rasterlinie horizontal mit dem LINIE-Werkzeug und dann mit dem grünen Werkzeug LINIE AUSWÄHLEN und VERSATZ **3** in der OPTIONSLEISTE die nächsten fünf Linien. Damit sie mit *Versatz nach oben* erstellt werden, müssen Sie die Ausgangslinie immer etwas *von oben her* anklicken. Genauso entstehen die vertikalen Rasterlinien, die erste mit LINIE-Werkzeug, alle weiteren mit LINIE AUSWÄHLEN und VERSATZ **3**.

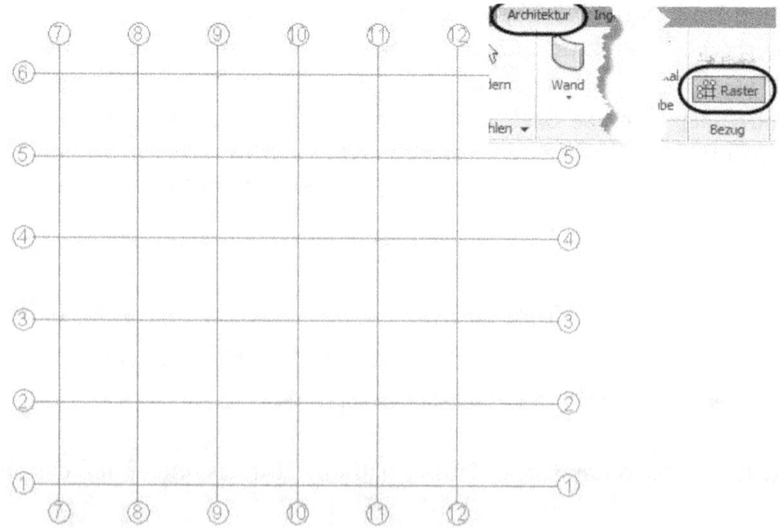

Abb. 9.7: Rasterlinien

Auch gebogene Rasterlinien können mit dem Werkzeug BOGEN DURCH MITTEL- UND ENDPUNKTE gezeichnet werden. Die Reihenfolge für den Halbkreis wäre zuerst der Mittelpunkt ❶, dann der Startpunkt ❷ und schließlich der Endpunkt ❸ etwas rechts von der exakten 180°-Position, damit Sie den rechten Halbkreis bekommen (Abbildung 9.8). Ein zweiter Rasterbogen kann dann mit Versatz erzeugt werden. Obwohl das Werkzeug LINIEN AUSWÄHLEN heißt, können damit beliebige Kurven gewählt und mit Versatz nachgezeichnet werden. Das Wort *Linie* ist hier immer als *Kurve* zu deuten.

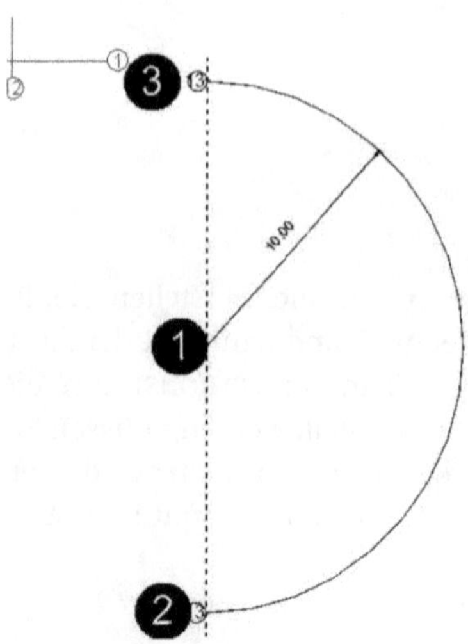

Abb. 9.8: Raster-Bogen

Nun sollen dieser Bogenkonstruktion noch einige zentrierte Linien hinzugefügt werden. Für die erste zentrierte Linie ist es am günstigsten, per Rechtsklick den OBJEKTFANG direkt auf ZENTRUM umzustellen und dann einfach einen Bogen anzuklicken. Die Endpunktposition kann nach Einrasten bei diskreten Winkelpositionen ohne weitere Eingabe grafisch bestimmt werden. Alle weiteren zentrierten Linien können auch durch Einrasten am ENDPUNKT der ersten Linie positioniert werden.

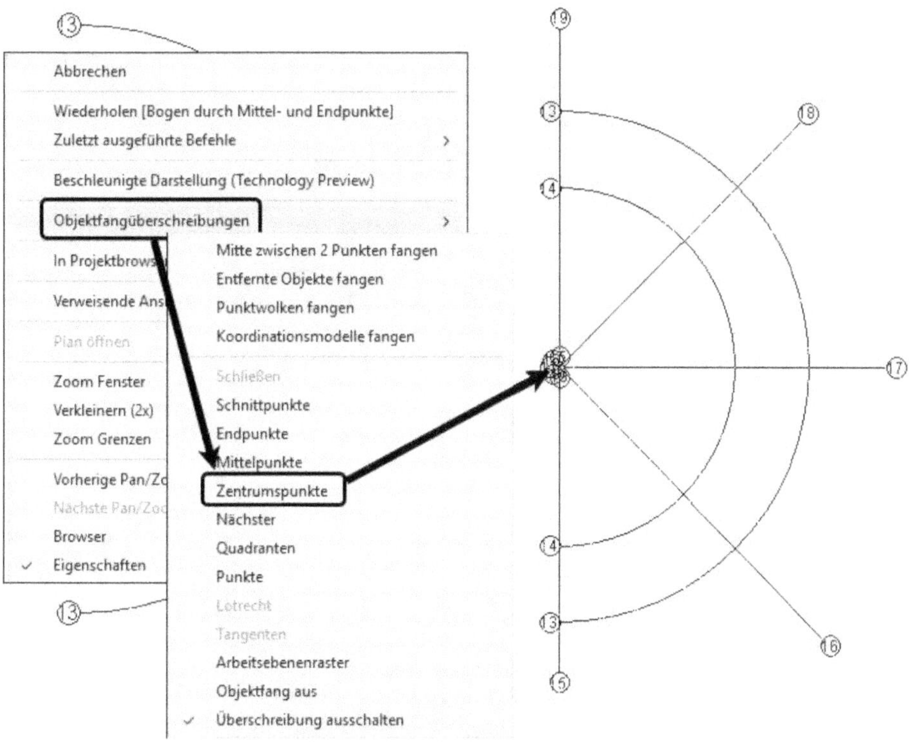

Abb. 9.9: Rasterlinien mit Objektfang durch das Zentrum des Bogens

Es gibt eine besonders schnelle Methode, Stützen ❶ auf die Schnittpunkte dieser Rasterlinien zu positionieren. Dazu wählen Sie die Funktion IN RASTER ❸ (Abbildung 9.10). Mit der Kreuzen-Objektwahl ❹, ❺ müssen Sie alle Rasterlinien wählen, an deren Schnittpunkten dann die Stützen gesetzt werden sollen. Wenn Sie sich in EBENE 0 befinden und dort die Stützen haben möchten, muss in den Optionen **Höhe** aktiviert sein und **Ebene 1** ❷. Dann laufen die Stützen von EBENE 0 bis EBENE 1. Die Vorgabe sieht TIEFE und EBENE -1 vor. Dann würden die Stützen unter der EBENE 0 liegen und bis zum Kellerboden reichen. Damit wären sie normalerweise in EBENE 0 unsichtbar.

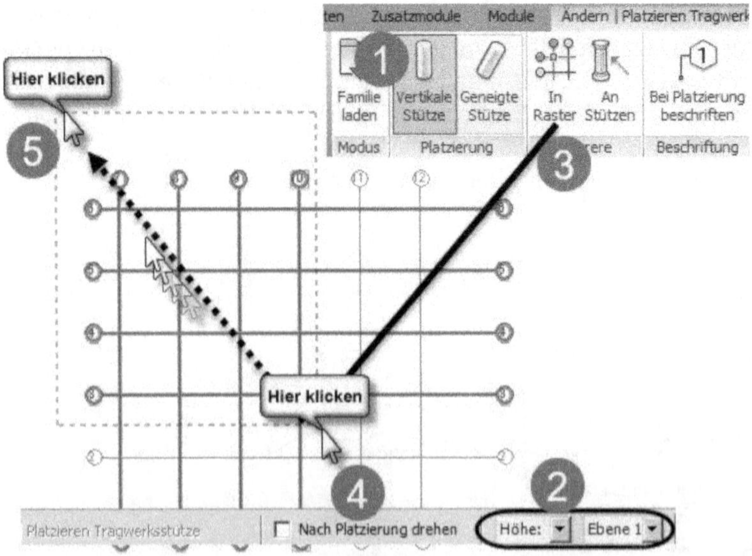

Abb. 9.10: Stützen am Raster positionieren

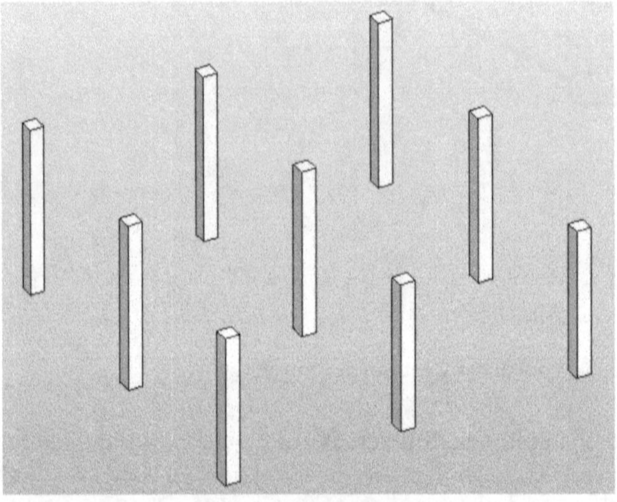

Abb. 9.11: An Rasterschnittpunkten positionierte Stützen

9.1.3 Nichttragende Stützen

Nichttragende Stützen sind nicht von vornherein im Projekt enthalten und müssen erst als Familien geladen werden. Abbildung 9.12 Bibliothek für nichttragende klassische Stützen zeigt den Pfad über EINFÜGEN|AUS BIBLIOTHEK LADEN|AUTODESK-FAMILIE LADEN zu den KLASSISCHEN STÜTZEN, wo Sie einige griechische Säulen finden.

Abb. 9.12: Bibliothek für nichttragende klassische Stützen

Im Beispiel sollen einige korinthische Stützen auf dem Bogen-Raster platziert werden. Die automatische Positionierung ist leider für *nichttragende Stützen nicht* möglich. Deshalb ist es in diesem Fall wichtig, dass die Stützen mit der Option NACH PLATZIERUNG DREHEN manuell auf die Rasterstützpunkte positioniert werden (Abbildung 9.13).

Tipp

Die Stützen richten sich bei diesem radialen Raster automatisch radial aus, wenn das Werkzeug IN RASTER verwendet wird.

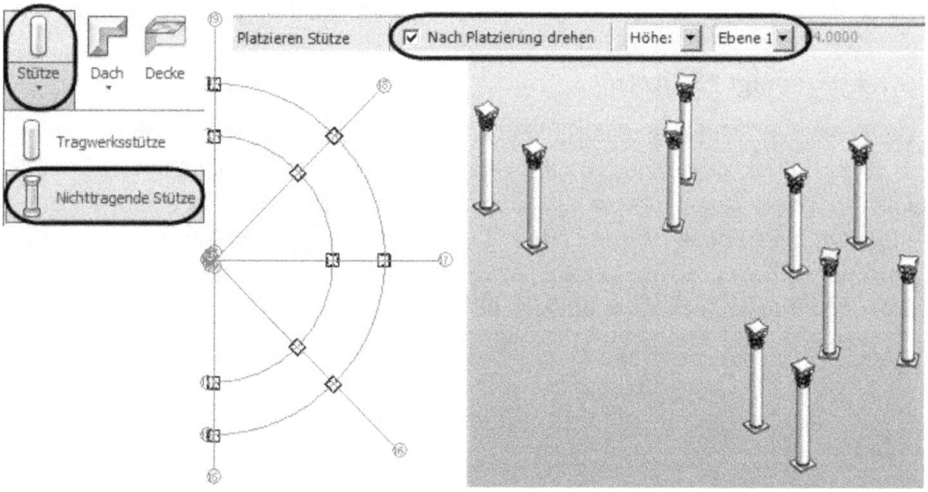

Abb. 9.13: Platzierte klassische Stützen

Die nichttragenden Stützen können nachträglich durch TRAGENDE STÜTZEN verstärkt werden. Dazu gibt es die Funktion PLATZIEREN TRAGWERKSSTÜTZE|AN STÜTZEN. Sie können hier die Stützen einzeln anklicken, nach der ersten mit [Strg] und Klick hinzuwählen, oder alternativ mit Kreuzen-Wahl.

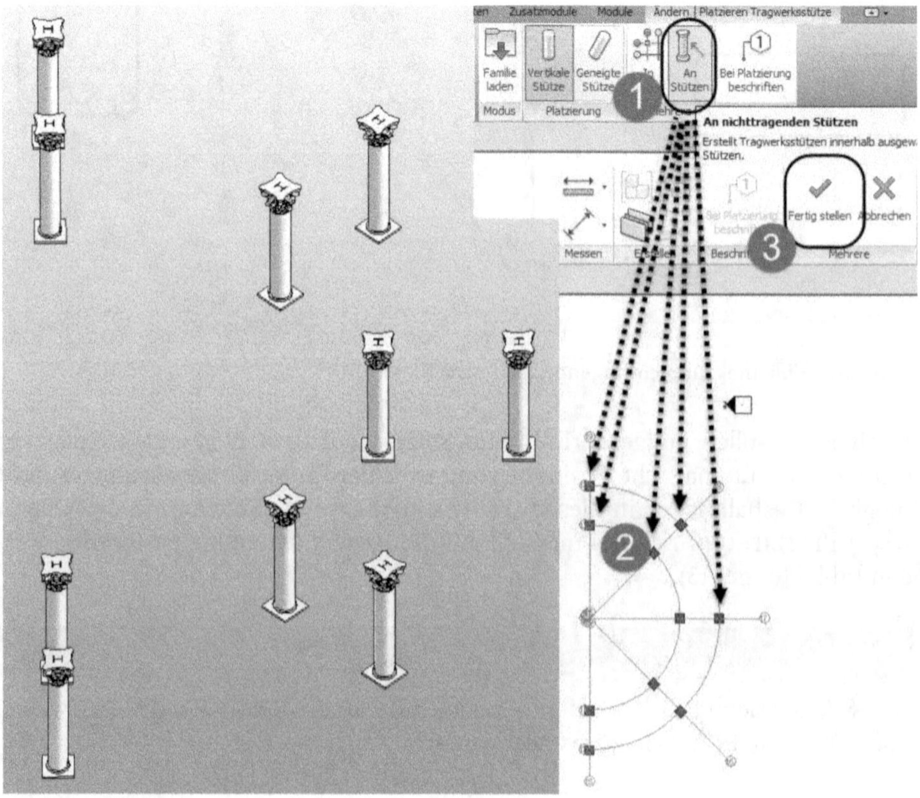

Abb. 9.14: Tragende Stützen an den nichttragenden positionieren

9.1.4 Geneigte Stützen

Bei geneigten Stützen geben Sie einen Punkt für das untere Ende ein und einen zweiten für das obere Ende. Die Höhen der beiden Enden geben Sie vorher in der OPTIONSLEISTE unter ERSTER KLICK und ZWEITER KLICK ein. Im Beispiel wurden die Höhen als **Ebene 0** und **Ebene 1** jeweils mit Versatz **0.0** gewählt. Als Konstruktionshilfe wurde die ARBEITSEBENE für **Ebene 0** aktiviert und über die EIGENSCHAFTEN mit ABSTAND **1** m eingestellt.

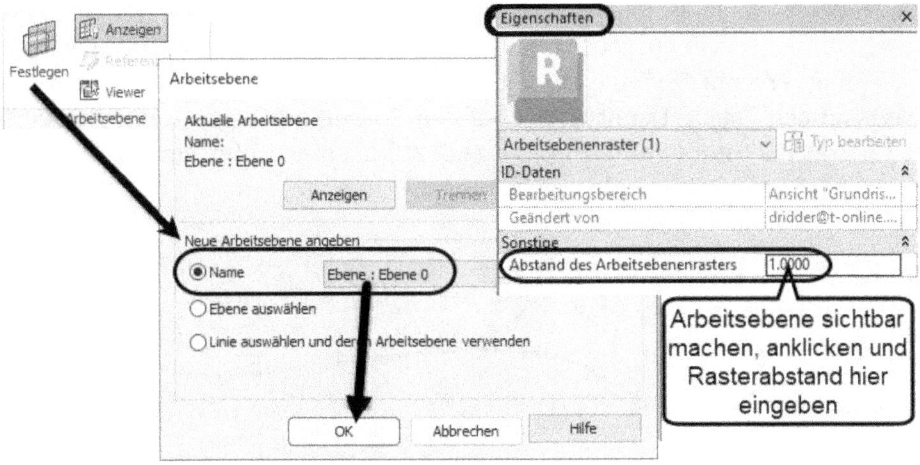

Abb. 9.15: Arbeitsebene mit Raster-Abstand 1.00 aktiviert

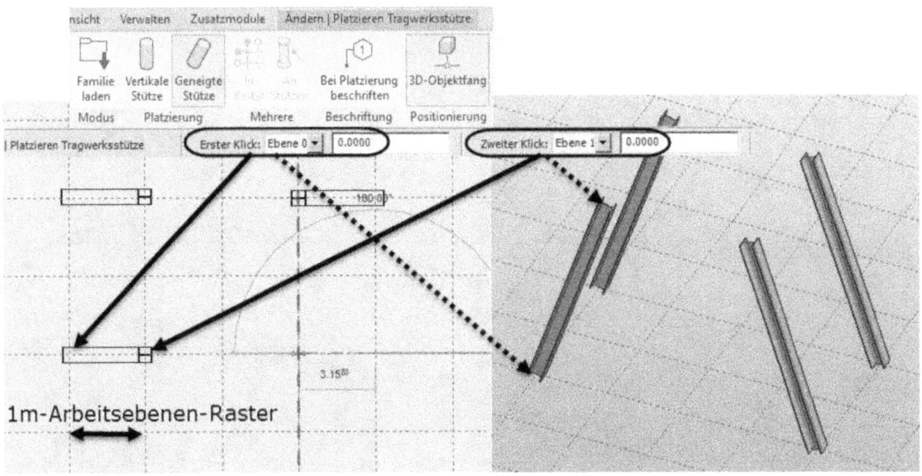

Abb. 9.16: Geneigte Stützen mit Raster erstellen

9.2 Träger

Träger können Sie über INGENIEURBAU|INGENIEURBAU|TRÄGER einfügen. Als Träger-Typen sind die bereits von Stützen bekannten vorhanden. Um auf die bereits vorhandenen Stützen nun Träger aufzusetzen, müssen Sie in der Erweiterungsgruppe unter POSITIONIERUNG den 3D-OBJEKTFANG aktivieren und können dann die Träger auf die Endpunkte der Stützen positionieren.

Beachten Sie die Einstellungen unter EIGENSCHAFTEN. Mit Z-AUSRICHTUNG: **Unten** und Z-VERSATZWERT: **0.0000** liegt der Träger dann auf den Stützenenden auf. Allerdings erkennt Revit die Verbindung mit den Stützen an beiden Enden und verkürzt den Träger. Damit er voll auf den Stützen aufliegt, müssen ANFANGSFUGENVERKÜRZUNG und ENDFUGENVERKÜRZUNG auf den Wert der Stützenbreite, hier **-0.25**, eingestellt werden (Abbildung 9.17 unten).

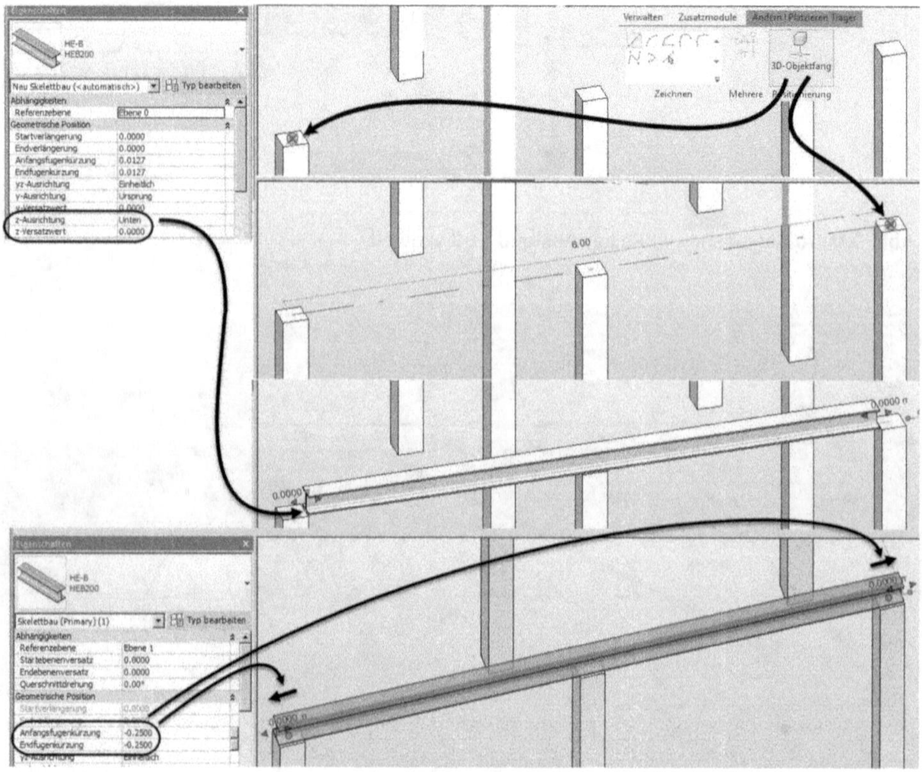

Abb. 9.17: Träger positionieren

Wenn Sie die Querträger einfügen, dann können Sie diese mit Ausklinkungen versehen: ÄNDERN|GEOMETRIE|AUSKLINKUNG|AUSKLINKUNG ANWENDEN (Abbildung 9.18). Dazu können Sie die Querträger zunächst einfach mit den Griffen bis zur Mitte des anderen Trägers verlängern und dann die Ausklinkungs-Funktion ausführen. Zuerst wird der Träger gewählt, der die Ausklinkung erhält ❶, und dann der formgebende Träger ❷.

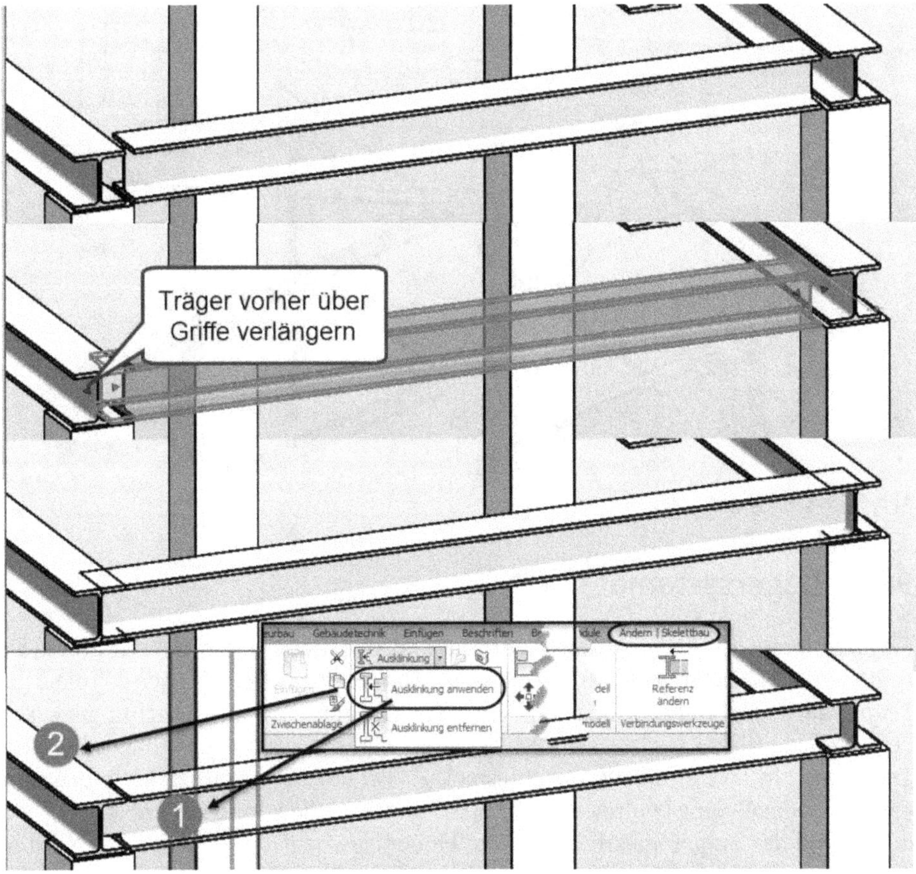

Abb. 9.18: Querträger mit Ausklinkung versehen

Alternativ ist es auch möglich, Träger mit *Gehrung* zu versehen. Das Werkzeug funktioniert aber nur, wenn die Träger gleiche Positionsdaten haben bzgl. OBEN/UNTEN und Höhenversatz. Die Gehrungsfunktion finden Sie unter ÄNDERN|GEOMETRIE|TRÄGER-/STÜTZEN-VERBINDUNGEN. Dadurch werden an möglichen Positionen für Gehrungen kleine blaue Pfeile sichtbar gemacht. Durch Anklicken werden die Pfeile einzeln oder beide umgedreht und – wenn möglich – wird die Gehrung erzeugt. Wenn nach keine blauen Pfeile erscheinen, liegen evtl. die Trägerenden zu weit auseinander. Dann sollten Sie die Ecken vorher mit STUTZEN/DEHNEN FÜR ECKE aufeinander stutzen bzw. dehnen. Die Gehrung funktioniert allerdings nicht, wenn unter den Trägern noch Stützen fixiert sind.

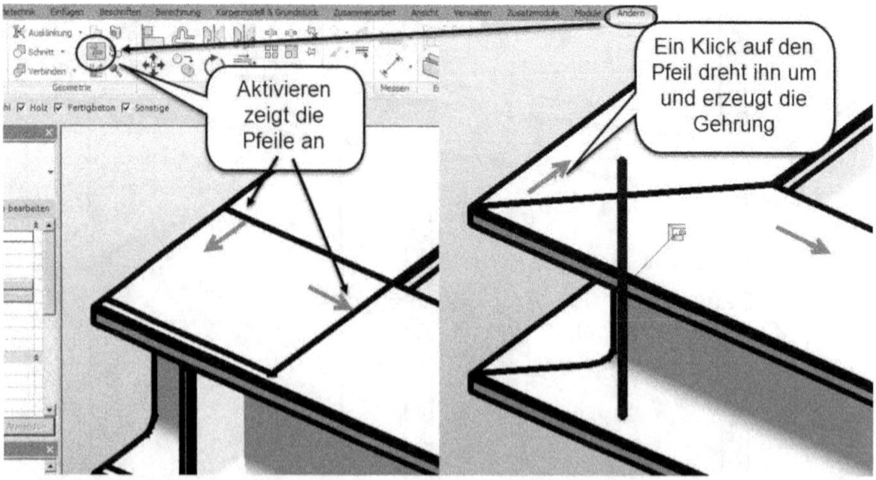

Abb. 9.19: Gehrungen erzeugen

9.3 Trägersysteme

Trägersysteme sind regelmäßige Anordnungen von Trägern. Sie werden durch die begrenzenden Träger oder Kanten definiert. Der erste gewählte Träger definiert die *Laufrichtung* der Träger. Alternativ kann die Laufrichtung auch nachträglich mit dem Werkzeug TRÄGERAUSRICHTUNG geändert werden. Der Typ der anzuordnenden Träger wird in den EIGENSCHAFTEN festgelegt. Vorgabe ist immer der letztbenutzte Träger, für das Beispiel wurde **HE-B:HEB200** gewählt. Sie können die Abstände oder die Anzahl der Träger spezifizieren. Die Höhenlage bzgl. der Arbeitsebene wird in den EIGENSCHAFTEN durch HÖHE VON EBENE festgelegt. Die erzeugten Träger können Sie auch wieder mit Ausklinkungen versehen.

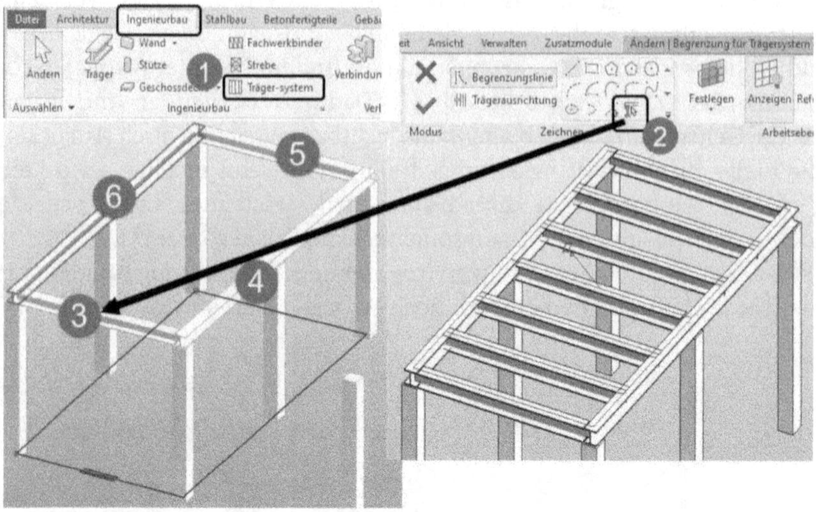

Abb. 9.20: Trägersystem mit fünf Trägern

Trägersysteme können auch für Dachstühle genutzt werden, die dann auf schrägen Arbeitsebenen passend zu den Dachflächen erzeugt werden. Trägersysteme können auch Aussparungen enthalten, die Sie einfach durch weitere innere Konturen definieren können.

Abb. 9.21: Kontur für Dach-Trägersystem mit Gaubenausschnitt

Abb. 9.22: Trägersystem für Dach mit Gaubenausschnitt

9.4 Streben

STREBEN sind die Verbindungselemente zwischen Stützen und Trägern. Sie können mit dem STREBE-Werkzeug und der Option 3D-OBJEKTFANG die ENDPUNKTE oder MITTELPUNKT der Führungslinien in STÜTZEN und TRÄGERN wählen. Die Streben sind dann aber noch nicht richtig mit den anderen Elementen verbunden. Dazu verlängern Sie sie am besten über die Pfeilgriffe bis zu den runden Punkten an den Enden. Dadurch gibt es zunächst einen Überlapp. Der wird dann mit dem Werkzeug AUSKLINKUNG beseitigt, wie schon bei den Trägern erläutert.

Für kompliziertere Verstrebungen empfiehlt es sich, eine Vorkonstruktion mit Modelllinien zu erstellen oder eine Arbeitsebene einzurichten und den Rasterebenen-Objektfang zu verwenden.

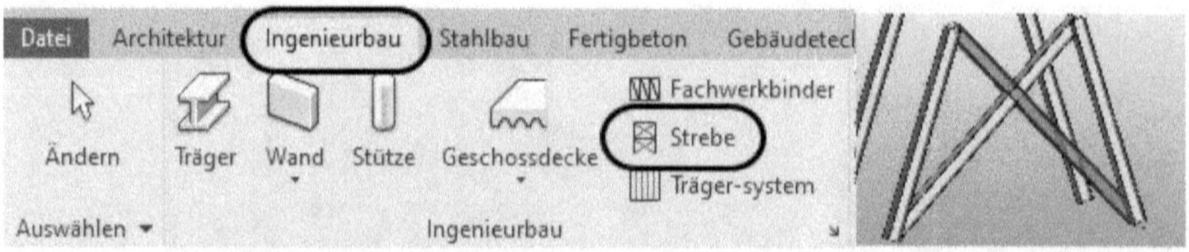

Abb. 9.23: Geneigte Stützen mit Streben, verlängert und ausgeklinkt

9.5 Stahlbau-Funktionen

Um eine Stahlbaukonstruktion komplett mit passenden Verbindungen zu erstellen, brauchen Sie die Möglichkeiten des STAHLBAU-Registers.

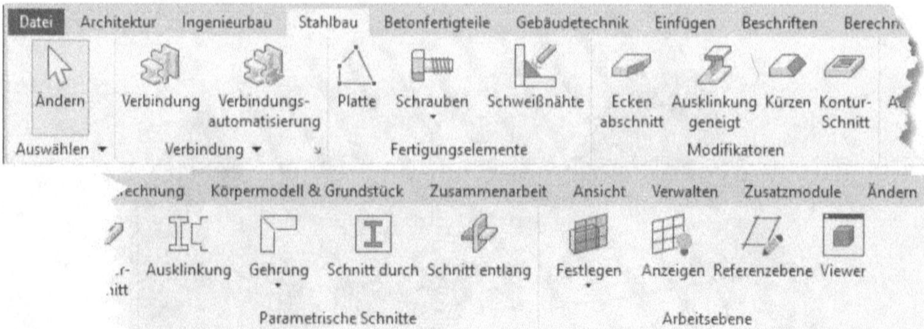

Abb. 9.24: Register STAHLBAU

Im Register STAHLBAU finden sich folgende Gruppen:

- VERBINDUNG – Funktionen zum Laden und Platzieren der Verbindungselemente,

- FERTIGUNGSELEMENTE – Zusatzelemente wie PLATTEN, SCHRAUBEN und SCHWEIßNÄHTE,
- MODIFIKATOREN – Schnittelemente für Träger und Stützen wie ECKENABSCHNITT, GENEIGTE (d.h. eckige) AUSKLINKUNG, KÜRZUNG und KONTURAUSSCHNITT,
- PARAMETRISCHE SCHNITTE – direkte automatische Schnitte zwischen Stützen und Trägern wie AUSKLINKUNG, GEHRUNG, SCHNITT DURCH und SCHNITT ENTLANG.
- ARBEITSEBENE – Funktionen zur Gestaltung von ARBEITSEBENE und REFERENZEBENE wie in anderen Registern auch.

9.5.1 Verbindungen erstellen und ändern

Bevor Sie VERBINDUNGEN erstellen, müssen Sie die benötigten Verbindungselemente laden und deren Sichtbarkeit aktivieren. Für die Sichtbarkeit ist wieder die Funktion ANSICHT|GRAFIK|SICHTBARKEIT/GRAFIKEN zuständig (Abbildung 9.25). Unter den MODELLKATEGORIEN finden Sie die TRAGWERKSVERBINDUNGEN mit allen Varianten.

Vorgabemäßig sind noch keine Verbindungselemente geladen. Eine große Anzahl für die verschiedenen Verbindungsarten steht zur Verfügung. Zum Laden verwenden Sie STAHLBAU|VERBINDUNG↘ und wählen dann die Verbindungsart(en) ❶ und die benötigten Elemente ❷ aus und fügen sie mit HINZUFÜGEN → ❸ dem aktuellen Projekt hinzu (Abbildung 9.26).

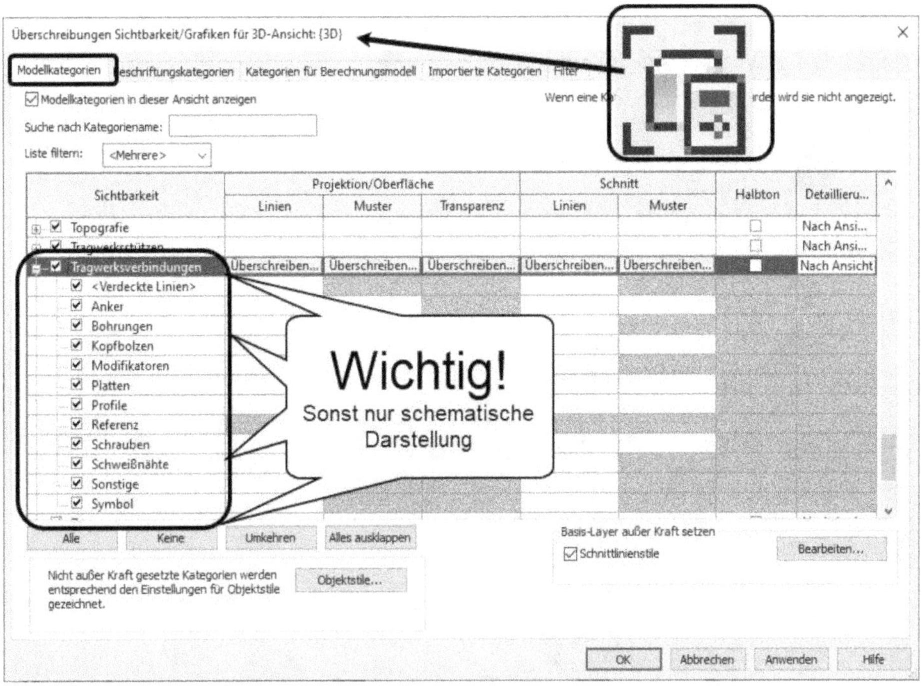

Abb. 9.25: Stahlbau-Verbindungen sichtbar machen

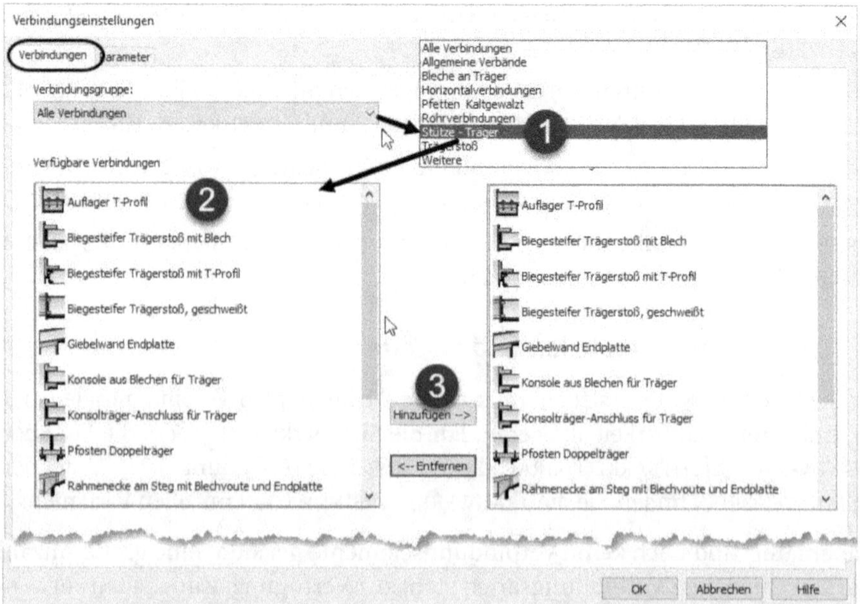

Abb. 9.26: Verbindungen laden

Als Beispiel für eine Verbindung soll die einfache Stützen-Träger-Konstruktion in Abbildung 9.28 dienen. Zum Erstellen der Verbindung (Abbildung 9.27) aktivieren Sie zunächst STAHLBAU|VERBINDUNG ❶ und suchen dann unter EIGENSCHAFTEN ❷ den gewünschten Verbindungstyp aus ❸.

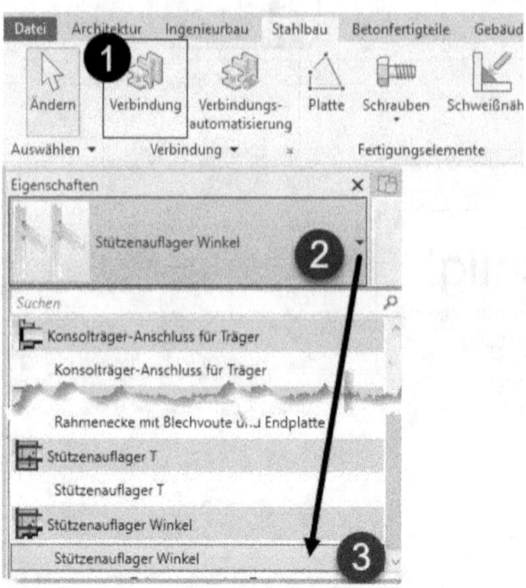

Abb. 9.27: Verbindung für Stahlbau wählen

Dann wählen Sie die mit der Verbindung zu versehenen Elemente (Abbildung 9.28) mit einer Kreuzen-Box (von rechts nach links aufziehen!) aus ❶, ❷ und beenden mit Rechtsklick die Auswahl ❸. Danach erscheint die konfigurierte Verbindung ❹.

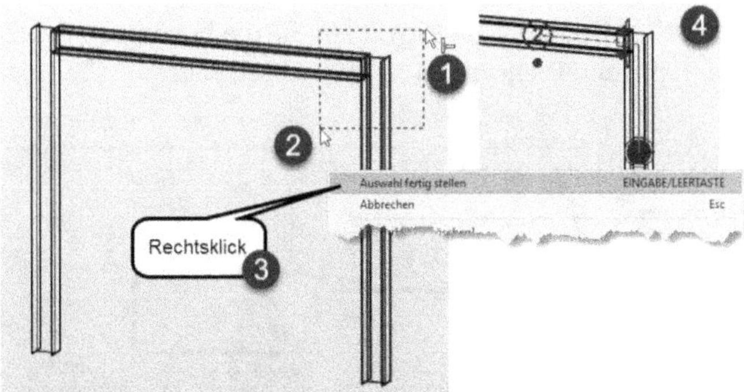

Abb. 9.28: Verbindung erstellen

Wenn die Abmessungen der Verbindung noch im Detail angepasst werden müssen, dann aktivieren Sie zuerst in EIGENSCHAFTEN die Option TRAGWERK|EXEMPLAR ÜBERSCHREIBEN und wählen dann in der Multifunktionsleiste TRAGWERKSVERBINDUNGEN|VERBINDUNG|PARAMETER ÄNDERN und tragen neue Abmessungen ein (Abbildung 9.29).

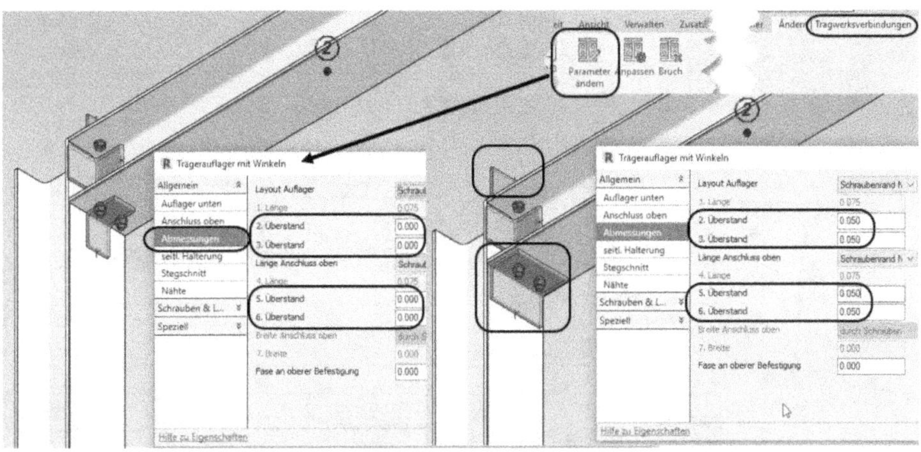

Abb. 9.29: Verbindungs-Parameter erstellen

Wenn Sie die Verbindung mit den geänderten Parametern mehrfach brauchen, können Sie mit TRAGWERKSVERBINDUNGEN|ANPASSEN eine neue Verbindung erstellen. Sie werden zuerst nach einem neuen Namen gefragt. Dann können Sie Elemente hinzufügen oder entfernen. Nach einem [Enter] können Sie die Originalelemente anklicken und für diese wieder TRAGWERKSVERBINDUNGEN|PARAMETER ÄNDERN wählen und dann die Bearbeitung mit FERTIG STELLEN beenden.

9.5.2 Listen für Verbindungselemente

Im Browser gibt es keine fertige Liste der Tragwerksverbindungen. Sie können aber mit Rechtsklick auf BAUTEILLISTEN/MENGEN leicht eine eigene Liste erstellen. Sobald die Liste erstellt ist, können Sie in EIGENSCHAFTEN den Eintrag FELDER wählen und sie detailliert gestalten. Unter VERFÜGBARE FELDER wählen Sie die benötigten Felder aus und schieben sie mit dem grünen Pfeilsymbol in die rechte Spalte.

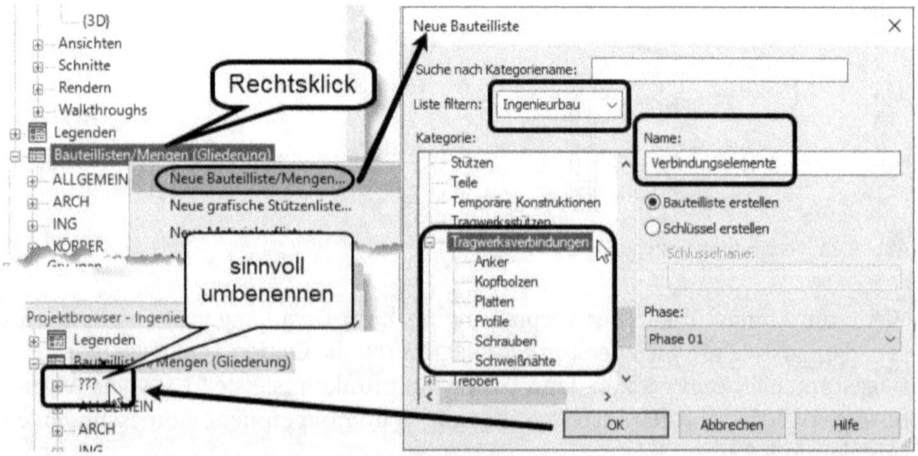

Abb. 9.30: Liste für Tragwerksverbindungen erstellen

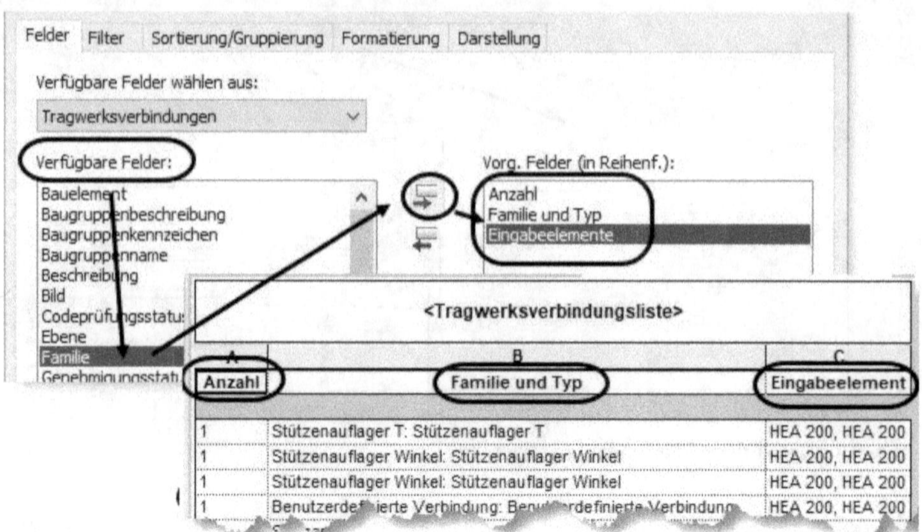

Abb. 9.31: Verbindungsliste fertig gestaltet

Die neue Liste erscheint im BROWSER unter BAUTEILLISTEN/MENGEN zunächst in einer unbekannten Kategorie namens ???. Ändern Sie gleich die Zuordnung oben unter EIGENSCHAFTEN im Bereich ABHÄNGIGKEITEN und wählen Sie bei PROJEKT-BROWSER GLIEDERUNG 1 die Kategorie ING. Damit wird diese Liste dem Listen-Bereich ING im BROWSER zugeordnet.

9.5.3 Fertigungselemente und Modifikationen

Eine Übersicht über die FERTIGUNGSELEMENTE und MODIFIKATOREN zeigt Abbildung 9.32.

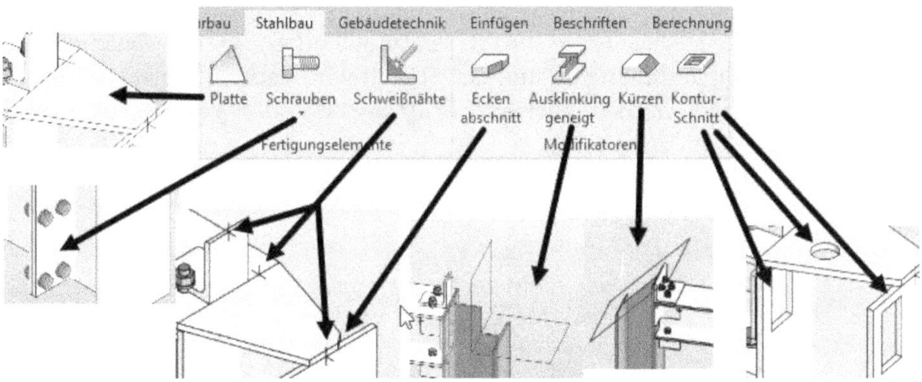

Abb. 9.32: Anwendung von Fertigungselementen und Modifikatoren

Mit PLATTE können Sie Stahlplatten beliebiger Form in der aktuellen Arbeitsebene gestalten.

Unter SCHRAUBEN finden Sie SCHRAUBEN, ANKER, BOHRUNGEN und KOPFBOLZEN. Für all diese Elemente zeichnen Sie zunächst ein Rechteck oder einen Kreis für die Anordnung. Abmessungen und die Anzahl der Elemente lassen sich dann über EIGENSCHAFTEN noch präzisieren. Diese Elemente lassen sich aber nur erzeugen, wenn die Bedingungen passen. So können Sie SCHRAUBEN nur platzieren, wenn es wirklich etwas zusammenzuschrauben gibt wie beispielsweise zwei Stützen. ANKER lassen sich nur erzeugen, wenn auch ein Betonträger da ist, an den ein Metallteil anzuschrauben geht.

Bei SCHWEIßNÄHTE sollten Sie die zu verbindenden Flächen mit Kreuzen wählen (Box von rechts nach links) und danach die gemeinsame Kante anklicken.

Bei den MODIFIKATOREN ist ECKENABSCHNITT nur auf PLATTEN anwendbar. Es wird eine Fase, Rundung oder invertierte Rundung erzeugt, deren Form und Größe über die Eigenschaften bestimmt wird. Ein MODIFIKATOR ist dann immer als *Unterobjekt der Stütze oder des Trägers* wählbar, das heißt, nach Markieren von Stütze oder Träger fahren Sie auf den Modifikator und drücken dann kurz die [Tab]-Taste. Nun können Sie den Modifikator löschen oder über EIGENSCHAFTEN verändern.

Die Modifikatoren AUSKLINKUNG GENEIGT und KÜRZEN erzeugen bei Stützen und Trägern entsprechende Schnittebenen zur Erzeugung der Geometrie. Alle Maße und auch die Winkel sind wieder über EIGENSCHAFTEN zu ändern.

Der Modifikator KONTURSCHNITT erzeugt in der gewählten Fläche von Platte, Stütze oder Träger aus einer geschlossenen Kontur einen *Durchbruch*. Kanten davon dürfen auch mit den Außenkonturen des Elements zusammenfallen.

9.5.4 Parametrische Schnitte

Beispiele für PARAMETRISCHE SCHNITTE zeigt Abbildung 9.33. Sie wählen jeweils die beiden beteiligten Elemente und der Schnitt wird dann automatisch erstellt. Die Schnitte können nach Anklicken über PARAMETER ÄNDERN auch später noch variiert werden (Abbildung 9.34).

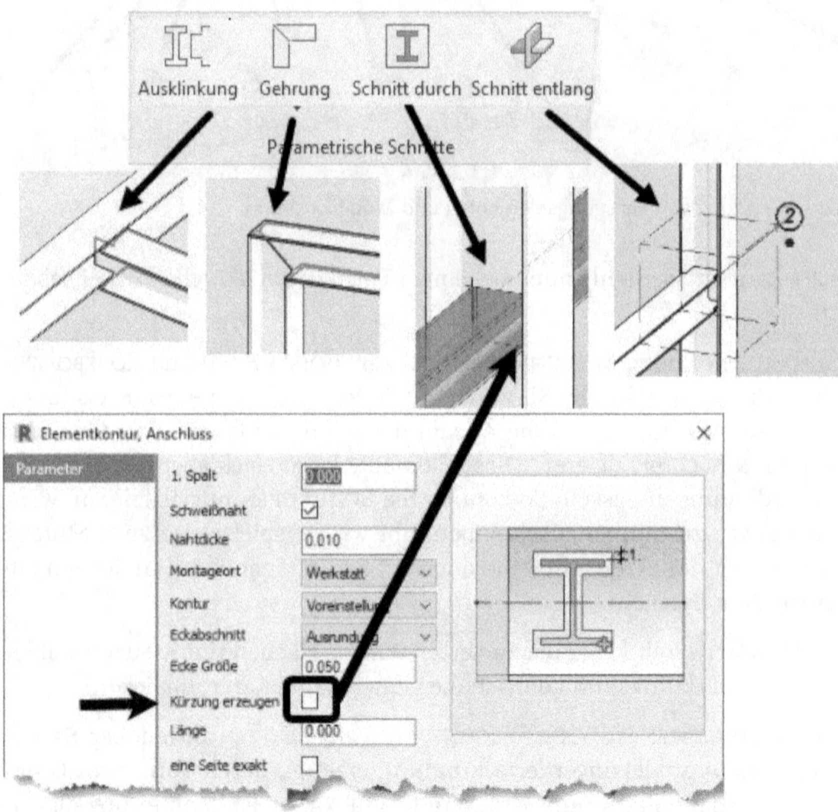

Abb. 9.33: Verschiedene PARAMETRISCHE SCHNITTE

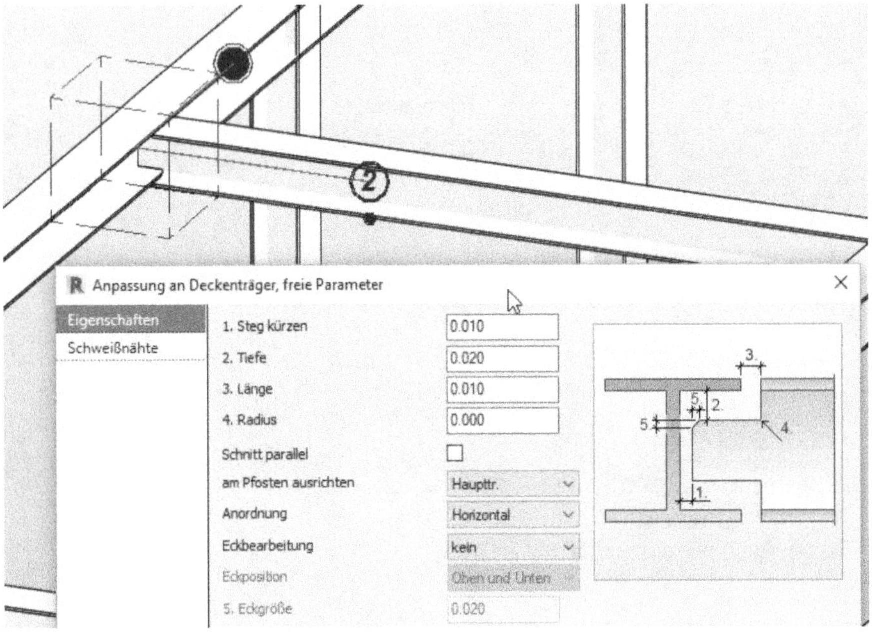

Abb. 9.34: Parameterliste für Ausklinkung

9.6 Übungsfragen

1. Welche Bedeutung haben die Stützenarten?
2. Was müssen Sie beim Positionieren von Stützen beachten?
3. Welche Eingaben verlangt die geneigte Stütze?
4. Welcher Objektfang wird bei Trägern empfohlen?
5. Mit welchen Einstellungen können Sie Träger verlängern?
6. Was ist die Voraussetzung für das Erzeugen von Gehrungen zwischen Trägern?
7. Was bedeutet ANZAHL bei Trägersystemen?
8. Was benötigen Sie für ein Trägersystem für Dachbalken?
9. Was müssen Sie bei Dachbalken an der Gaube berücksichtigen?
10. Wie werden Streben angepasst?

Dachformen

Für Dächer gibt es eine große Zahl an Formvarianten, für die Revit unterschiedliche Konstruktionsweisen zur Verfügung stellt. Prinzipiell gibt es vier Vorgehensweisen:

- DACH ÜBER GRUNDFLÄCHE
  - mit anzugebenden NEIGUNGEN für jede Dachkante

    Für jede Dachkante können Sie einen *Neigungswinkel* angeben, der von negativen Werten – Schmetterlingsdach – über null – Flachdach – bis zu positiven Werten variieren kann (Pult-, Sattel-, Walmdach)
  - mit einem NEIGUNGSPFEIL pro Flächensegment

    Für einzelne Dachflächen kann eine Neigungsrichtung mit Winkel oder Start- und Endhöhe angegeben werden, um sehr komplexe Dachformen zu realisieren.
- DACH ÜBER EXTRUSION

  Ein Dach wird über einen Querschnitt definiert, der in horizontaler Richtung extrudiert wird.
- DACH ÜBER FLÄCHE eines Volumenkörpers

  Ein fast beliebig geformter Volumenkörper kann zur Definition der Gebäudeform verwendet werden. Die Fläche, die das Dach beschreibt, wird dann mit diesem Werkzeug angeklickt. Dadurch entstehen komplexe und auch frei geformte Dachkonstruktionen.

Neben den verschiedenen Konstruktionsmethoden für verschiedene Dachformen gibt es unter ARCHITEKTUR|ERSTELLEN|DACH noch verschiedene Dachelemente wie DACH: UNTERSICHT, DACH: TRAUFE (die *Traufkanten*) und DACH: DACHRINNE (Abbildung 10.1).

Nach der Konstruktion des Dachs können Sie die Wände natürlich automatisch an das Dach anpassen. Dazu wählen Sie die umlaufenden Außenwände, indem Sie eine Wand mit dem Cursor berühren (nicht klicken!), dann die Tab-Taste drücken (nur *einmal* und wieder loslassen) und dann erst klicken. Danach wählen Sie das Werkzeug FIXIEREN, wählen in der Unterauswahl die Einstellung OBERKANTE FIXIEREN und klicken dann das Dach an. Automatisch werden die Wände bis ans Dach hochgezogen.

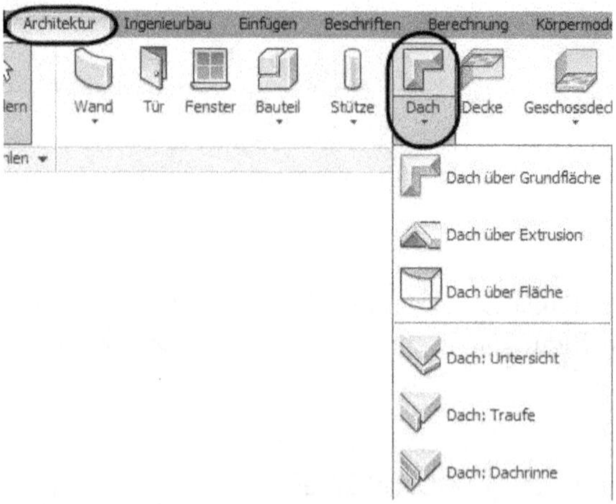

Abb. 10.1: Dachfunktionen

10.1 Verschiedene Dachformen

Die Standarddachform ist als *Walmdach* vorgegeben. Im einfachsten Fall wählen Sie die Außenwände des Gebäudes. In der Optionsleiste ist für alle Wände bzw. Kanten die Option BESTIMMT NEIGUNG aktiviert. Der DACHÜBERSTAND über die Wände nach außen ist mit **1 m** vorgegeben. Im EIGENSCHAFTEN-MANAGER lässt sich die *Kniestockhöhe* im aktuellen Stockwerk unter ABHÄNGIGKEITEN|BASISVERSATZ VON EBENE eingeben. Diese Höhe gilt für die Außenkante der Wand, wenn unter KONSTRUKTION|SPARREN ODER FACHWERKBINDER die Option FACHWERKBINDER aktiv ist. Bei der Option SPARREN gilt sie für die Innenkante (Abbildung 10.4). Die NEIGUNG finden Sie weiter unten, die Vorgabe ist **30°**.

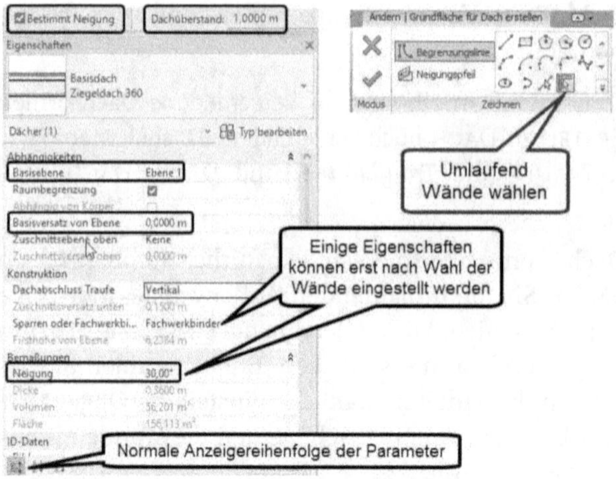

Abb. 10.2: Eingaben für Standard-Dächer und Zeichenwerkzeug

Die gewählte Kontur für ein Dach muss eine *geschlossene Kontur* sein. Während der Erstellung wird die Kontur mit den *dreieckigen Neigungssymbolen* für jede Kante angezeigt. Über das *Doppelpfeilsymbol* kann eine falsche Ausrichtung einer Dachkante umgekehrt werden. Die Dachfunktion verlassen Sie über das grüne Häkchen.

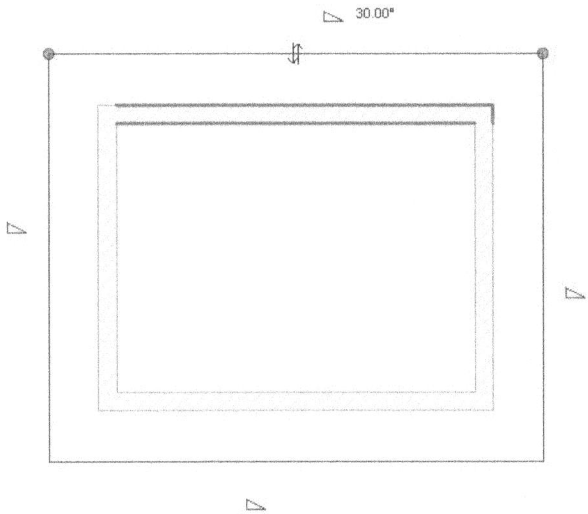

Abb. 10.3: Standarddach über rechteckigem Grundriss zeichnen

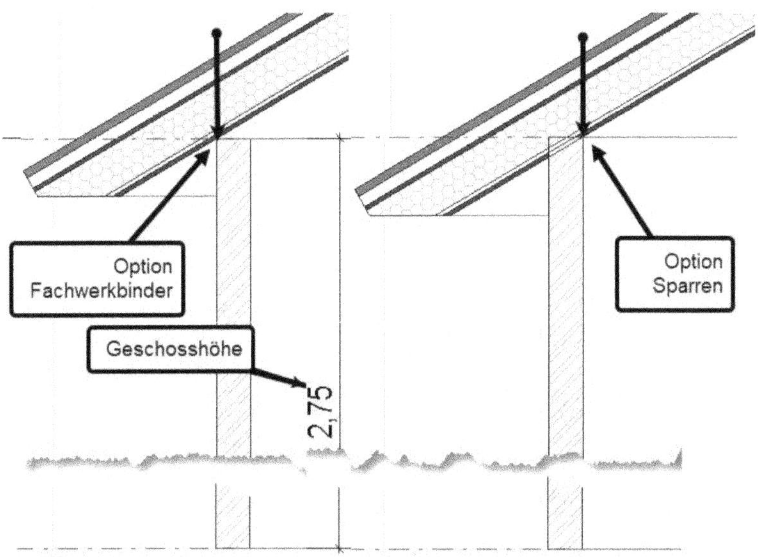

Abb. 10.4: Tragwerkstyp SPARREN oder FACHWERKBINDER

10.1.1 Walmdachformen

Normales Walmdach

Ein normales Walmdach entsteht, wie oben beschrieben, wenn jede Kante die Neigung bestimmt (Abbildung 10.5).

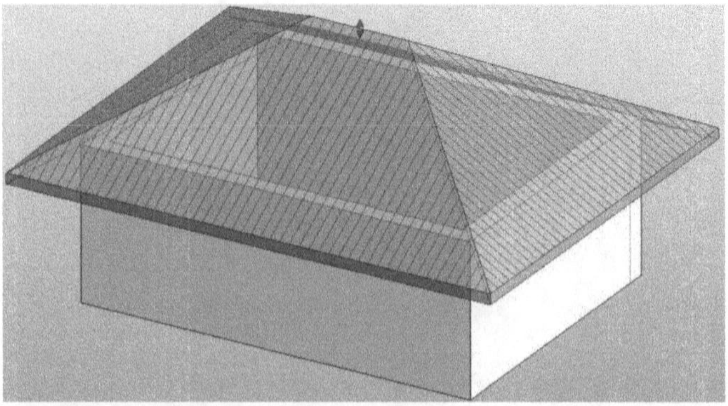

Abb. 10.5: Walmdach

Ein Walmdach kann für komplexe Gebäudeumrisse erstellt werden, die auch gebogene Wände enthalten (Abbildung 10.6). Die gebogenen Partien eines Daches können unter ÄNDERN|GRUNDFLÄCHE BEARBEITEN nachträglich in den EIGENSCHAFTEN der einzelnen Randkurven segmentiert werden (Abbildung 10.7).

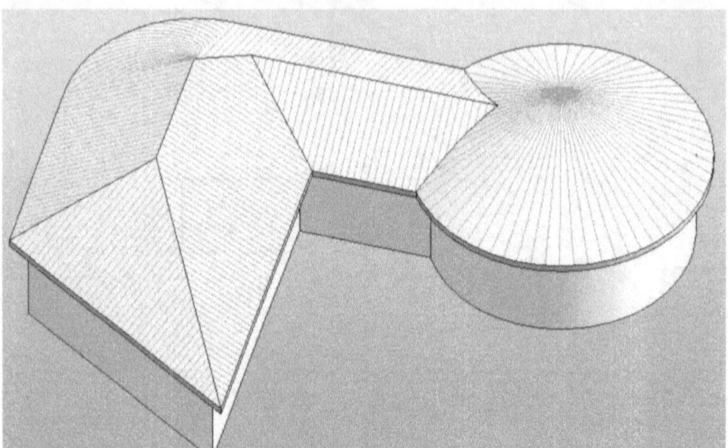

Abb. 10.6: Walmdach über komplexem Wandumriss

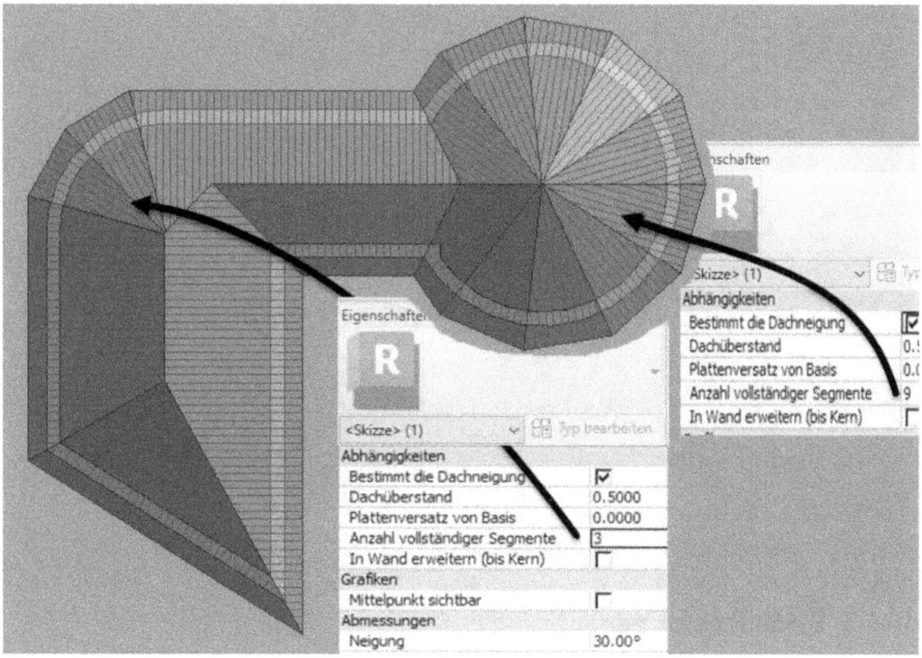

Abb. 10.7: Runde Kanten können segmentiert werden.

Krüppelwalmdach

Ein Krüppelwalmdach entsteht dadurch, dass Sie unter ÄNDERN|GRUNDFLÄCHE BEARBEITEN für die Giebelwand die Dachkante einzeln aktivieren und dort unter PLATTENVERSATZ VON BASIS einen zusätzlichen Versatz angeben, der relativ zum Kniestock (= BASISVERSATZ VON EBENE) zählt (Abbildung 10.9).

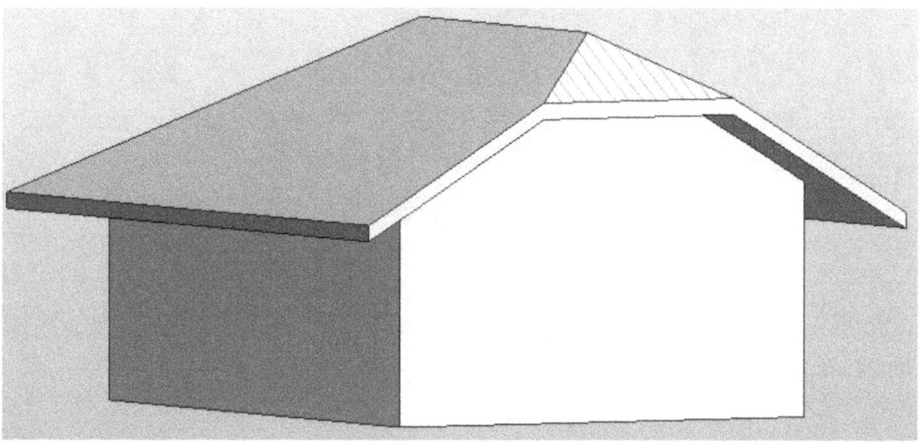

Abb. 10.8: Krüppelwalmdach

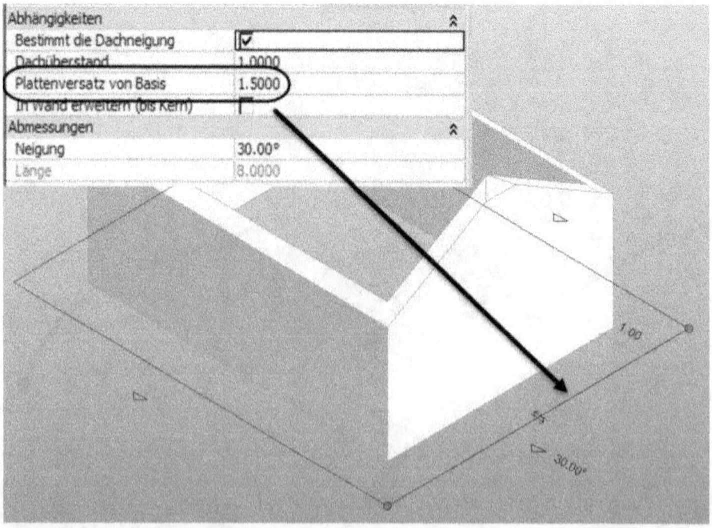

Abb. 10.9: Giebelkante erhält einen höheren Versatz.

10.1.2 Satteldachformen

Normales Satteldach

Ein Satteldach entsteht ähnlich wie das Walmdach, allerdings mit dem Unterschied, dass hier nur zwei gegenüberliegende Kanten die Neigung bestimmen, die anderen beiden nicht (Abbildung 10.10).

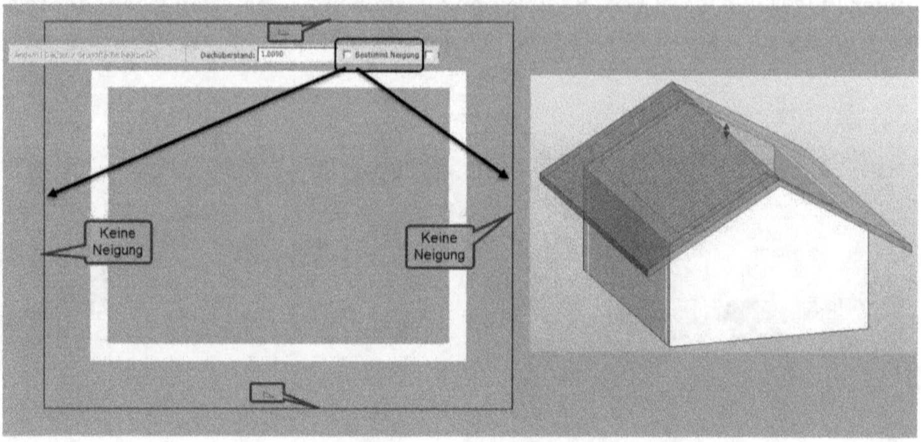

Abb. 10.10: Satteldach: keine Dachneigung an den Giebeln

Fußwalmdach

Das seltene Fußwalmdach (Abbildung 10.11) kann nur über zwei einzelne Dächer erstellt werden. Der äußere Kranz der Dachkonstruktion ist ein Walmdach mit einem symmetrischen Ausschnitt (Abbildung 10.12 links). Dafür müssen Sie den Umriss für das Walmdach nur mit Versatz parallel versetzen. Diese Kanten dürfen aber die Neigung nicht bestimmen.

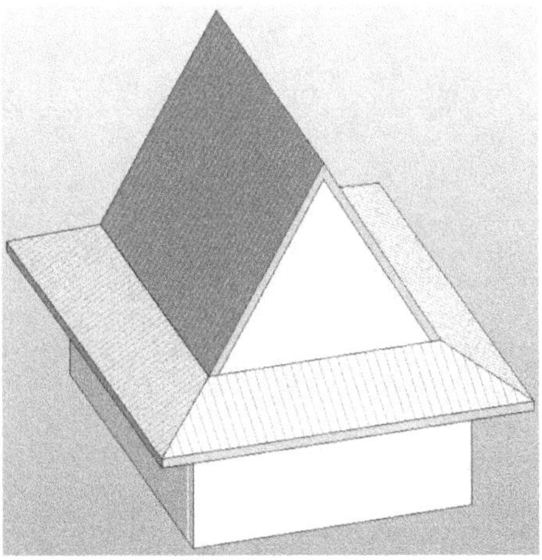

Abb. 10.11: Fußwalmdach

In diese Öffnung im Walmdach wird nun passend ein Satteldach mit stärkerer Neigung hineingesetzt, das natürlich auch von der Höhe her angepasst werden muss. Das Satteldach entsteht dadurch, dass nur zwei Kanten die Neigung bestimmen.

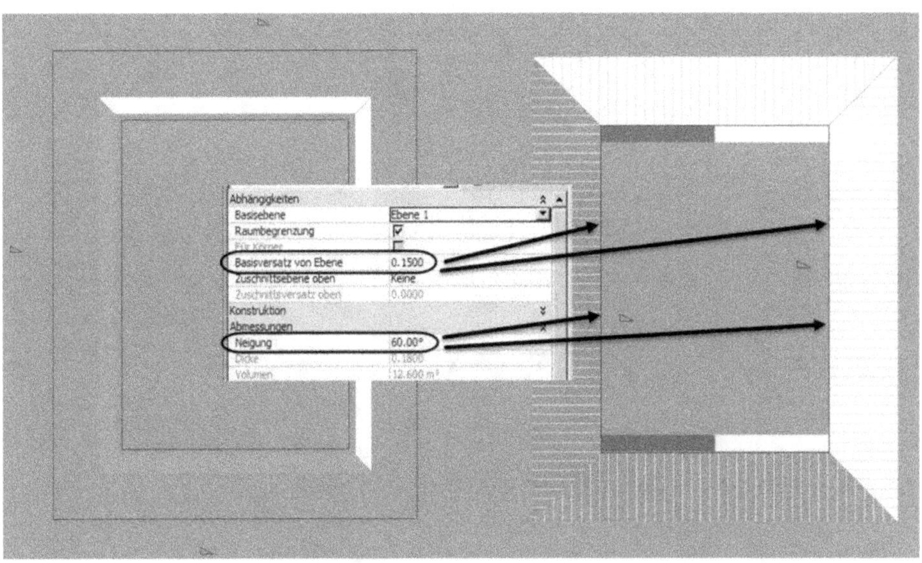

Abb. 10.12: Konstruktion fürs Fußwalmdach

Schleppdach

Das Schleppdach (Abbildung 10.13) ist sozusagen ein erweitertes Satteldach. Die Wandkontur zeigt hier einen Erker, der vom Dach überzogen wird. Die Dachneigung wird von den Kanten bestimmt, die sich am Erker anschließen und ihr gegenüberliegen (Abbildung 10.14).

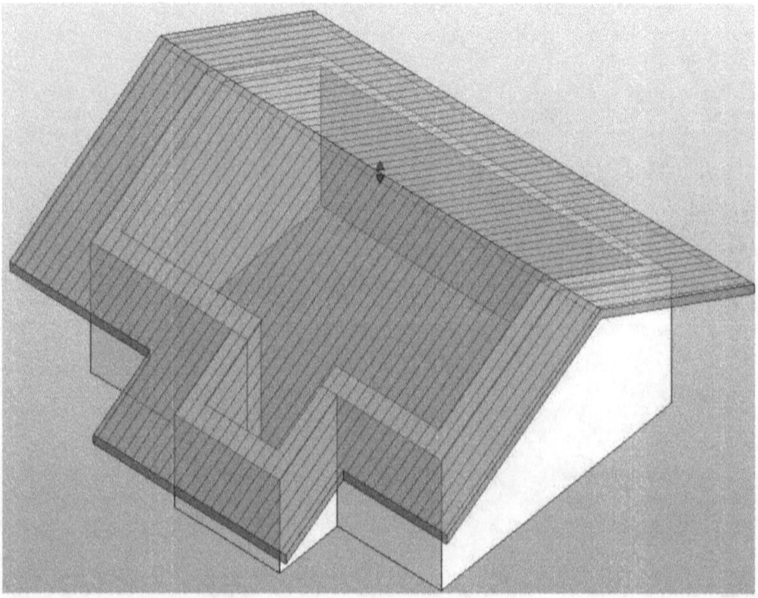

Abb. 10.13: Schleppdach

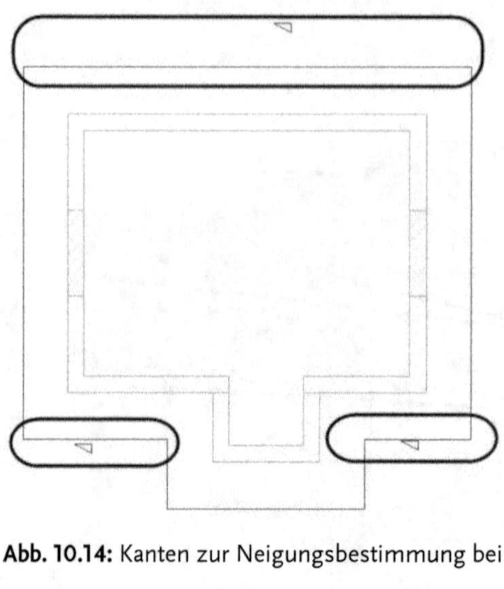

Abb. 10.14: Kanten zur Neigungsbestimmung beim Schleppdach

Pultdach

Das Pultdach (Abbildung 10.15) wird als Dach mit nur *einer* neigungsbestimmenden Kante erstellt.

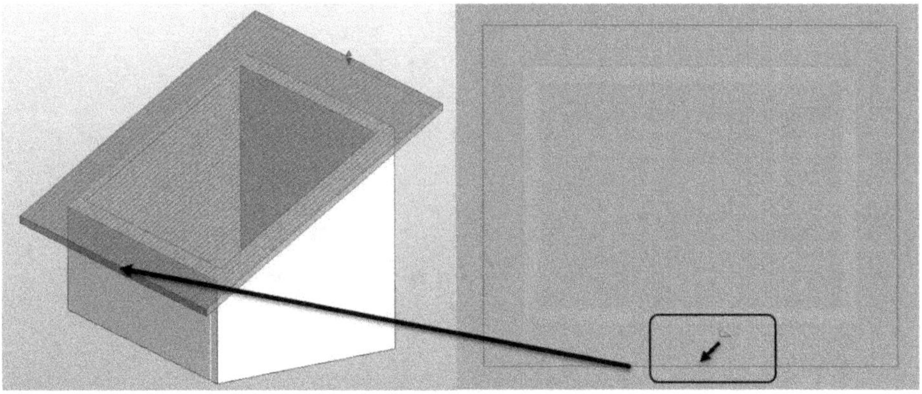

Abb. 10.15: Pultdach: Neigung an einer Kante beim Pultdach

Laternendach

Die Laternendach-Konstruktion (Abbildung 10.16) muss wie das Fußwalmdach aus drei Dächern zusammengesetzt werden. Zuerst konstruieren Sie ein Seitendach als Pultdach mit Neigung nur an der äußeren Kante (Abbildung 10.17). Dieses Dach können Sie dann auf die andere Seite mit SPIEGELN – ACHSE ZEICHNEN spiegeln. Die Achse definieren Sie über die Mittelpunkte der Seitenwände. Danach zeichnen Sie ein Satteldach für die verbleibende Öffnung mit entsprechend erhöhtem Kniestock (VERSATZ VON DACHBASIS) (Abbildung 10.18).

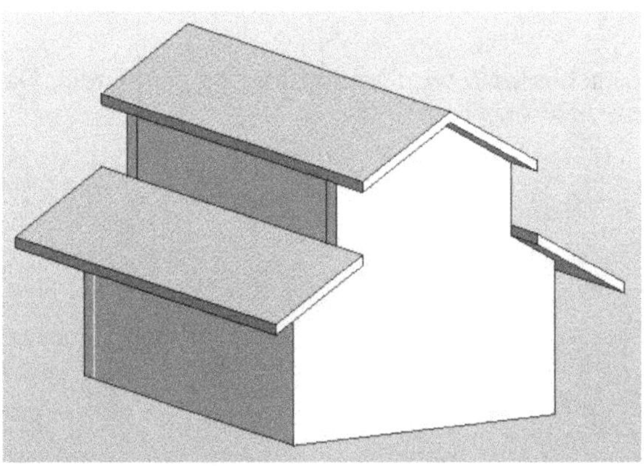

Abb. 10.16: Laternendach

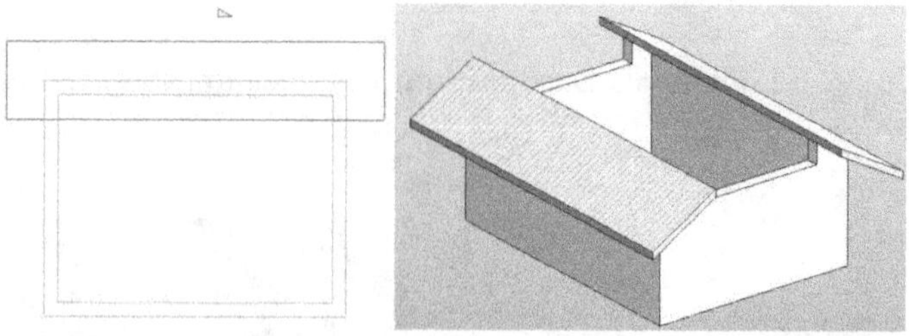

Abb. 10.17: Einzeldach wird gespiegelt.

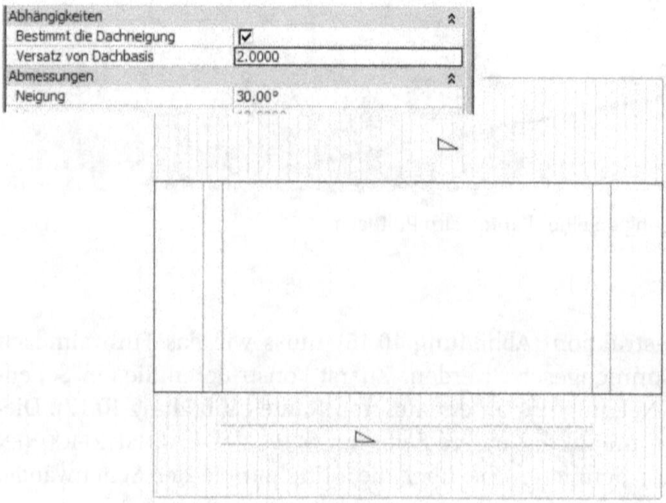

Abb. 10.18: Oberes Satteldach liegt 2 m höher.

Flachdach

Beim Flachdach (Abbildung 10.19) schließlich wird keine Neigung verwendet. Dadurch liegt es völlig eben.

Abb. 10.19: Flachdach

10.1.3 Dächer mit Neigungspfeil

Es gibt Dachformen, bei denen die Neigung als einfacher Winkel an der Kante schlecht zu definieren ist. Hier wird das Werkzeug NEIGUNGSPFEIL eingesetzt. Der Neigungspfeil hat eine *Richtung in der Draufsicht* und er hat eine *Start-* und *Endhöhe* oder einen *Neigungswinkel*, die Sie frei eingeben können.

Zeltdach

Das Zeltdach wird über den Umriss und vier Neigungspfeile definiert, die bis zur gemeinsamen Dachspitze laufen. Die Endhöhe für die Neigungspfeile ist dann die Dachhöhe an dieser Spitze. Mit einer Hilfskonstruktion müssen Sie vorher die Position der Dachspitze festlegen.

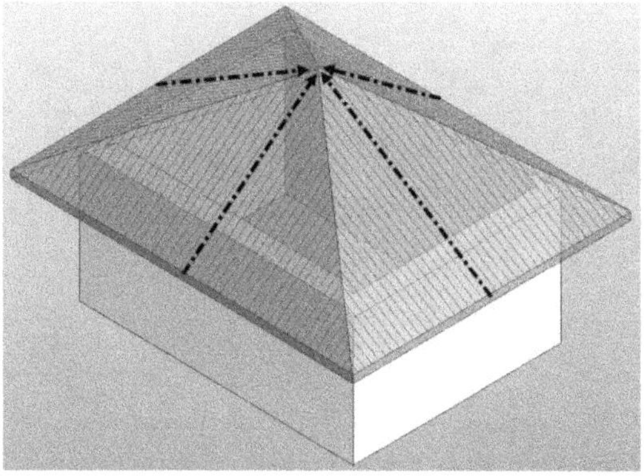

Abb. 10.20: Zeltdach

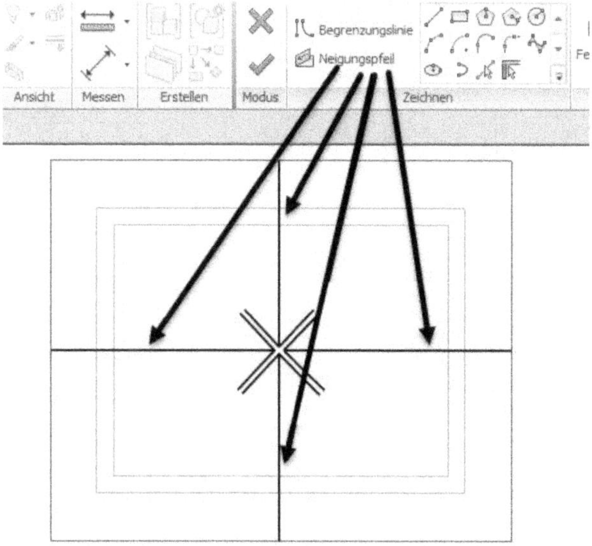

Abb. 10.21: Zeltdach über 4 Neigungspfeile bis zum Mittelpunkt

Zwerchdach

Das Zwerchdach ist eigentlich ein Satteldach, bei dem sich aus einer Dachkante heraus ein Giebel erhebt. Dafür ist es nötig, dass die Kante, die den zusätzlichen Giebel bekommen soll, in vier Teile unterteilt wird. Die äußeren Teile bilden mit der gegenüberliegenden Dachkante zusammen das Satteldach und bestimmen alle drei dessen Neigung. Die inneren zwei Teile der Kante bestimmen keine Neigung, aber sie erhalten überlagert einen Neigungspfeil mit der entsprechenden Endhöhe. Dabei ist zu beachten, dass die Endhöhe *unter* der Firsthöhe des Satteldachs liegen muss, weil es sonst geometrisch nicht möglich ist.

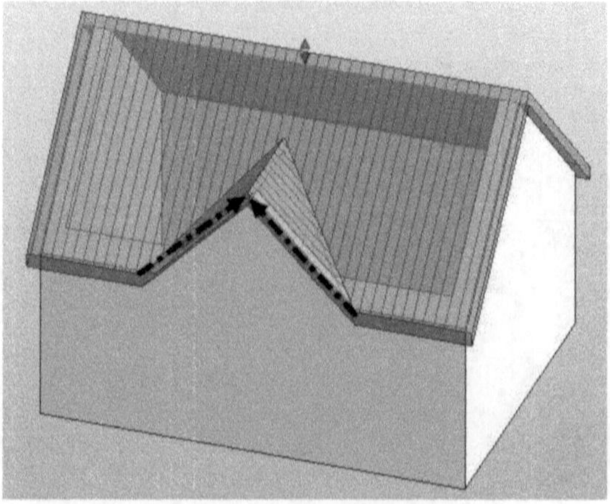

Abb. 10.22: Zwerchdach mit kleinem Giebel

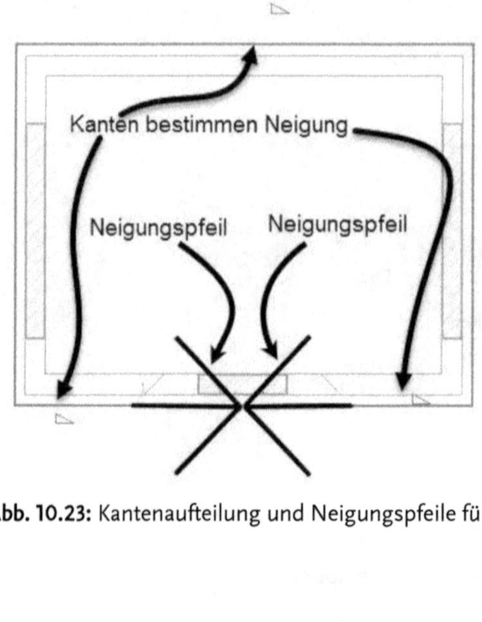

Abb. 10.23: Kantenaufteilung und Neigungspfeile für Zwerchdach

Rhombendach

Das *Rhombendach* eines Turms kann leicht mit vier Neigungspfeilen und einer Dachkontur aus acht Linien jeweils von der Ecke bis zur Seitenmitte dargestellt werden.

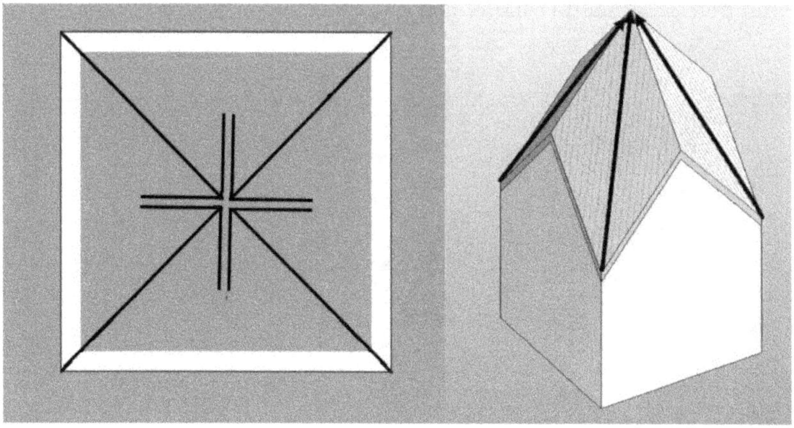

Abb. 10.24: Rhombendach mit Neigungspfeilen erzeugen

Faltdach

Auch das *Faltdach* für einen Turm lässt sich über Neigungspfeile darstellen (Abbildung 10.25). Allerdings ist die Methode geometrisch etwas unbefriedigend. Die Dachkanten wurden hier jeweils vom Eckpunkt zur Seitenmitte gezogen. Die Neigungspfeile wurden an den Mittelpunkten der Halbseiten begonnen und bis zum Mittelpunkt des Quadrats gezogen.

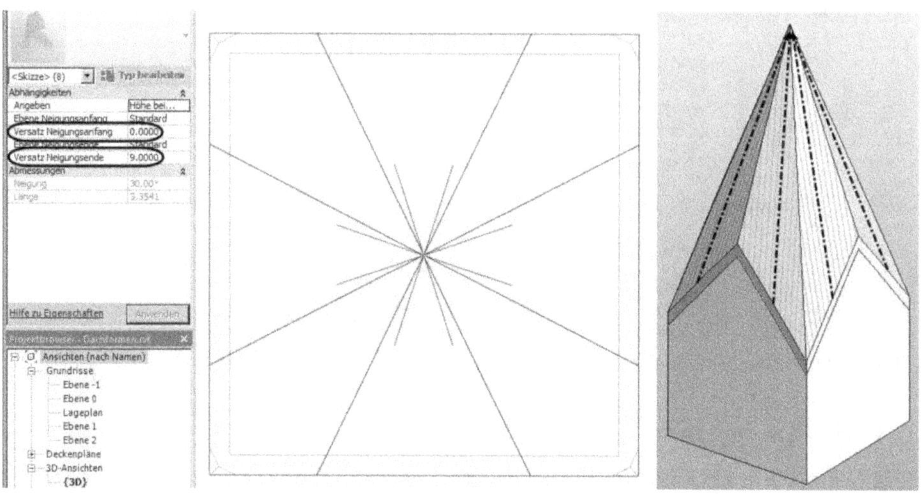

Abb. 10.25: Faltdach über Neigungspfeile definiert

Mansarddach

Ein Mansarddach kann konstruiert werden, indem man die Dachkante der Giebelseite halbiert und jede Hälfte wieder unterteilt. Damit besteht jede Giebelseite aus 4 Linienstücken. Auf einer Giebelseite werden auf die Teile der Dachkante die Neigungspfeile mit den passenden Höhenangaben gesetzt.

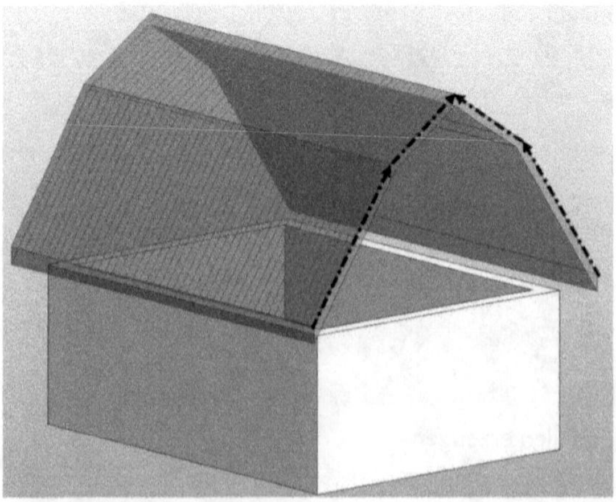

Abb. 10.26: Mansarddach

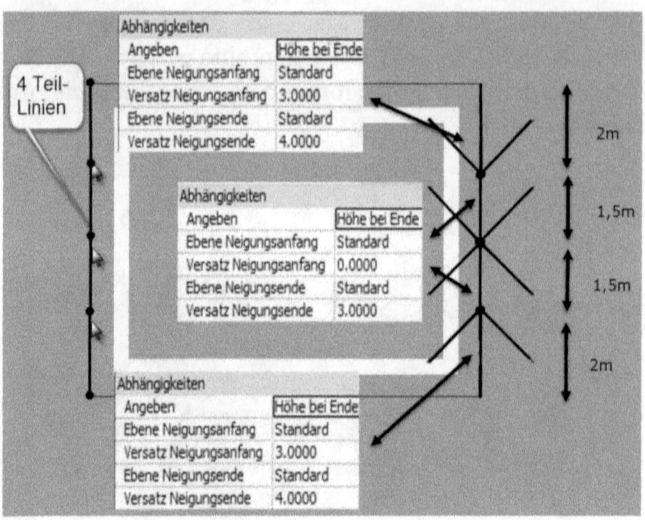

Abb. 10.27: Mansarddach über Neigungspfeile definiert

Das Schmetterlingsdach

Das *Schmetterlingsdach* (Abbildung 10.34) ist praktisch ein *Satteldach* mit negativen Neigungswinkeln. Negative Winkel lässt Revit für die Dachneigung zu, wenn sie entweder unter GRUNDFLÄCHE BEARBEITEN an den einzelnen Kanten eingegeben werden, oder in den EIGENSCHAFTEN des gesamten Dachs eingegeben werden. Es kann aber auch einfach als Dach über Extrusion erstellt werden.

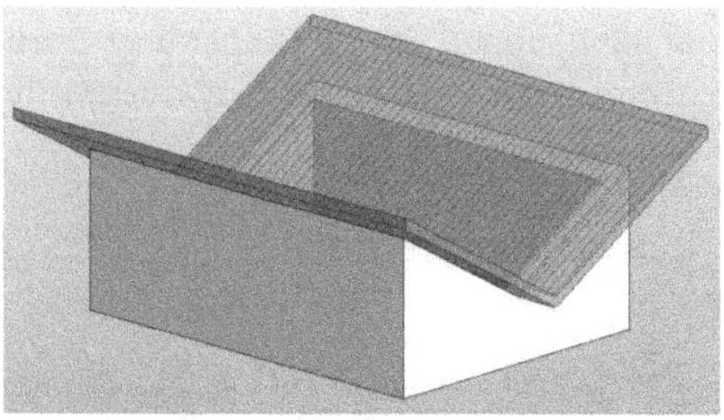

Abb. 10.28: Schmetterlingsdach

10.2 Dächer über Extrusion

Bei Dächern, die über eine Extrusion erzeugt werden, geben Sie zuerst eine Geometrie für den *Querschnitt* des Dachs an. Dieser Querschnitt wird dann in DACH ÜBER EXTRUSION verwendet und in die Tiefe gezogen – extrudiert. Um aber den Querschnitt des Dachs entwerfen zu können, müssen Sie in eine *andere Konstruktionsebene* als die normale Zeichenebene für Grundrisse wechseln. Dazu benutzen Sie die Funktion ARBEITSEBENE FESTLEGEN aus den Registern ARCHITEKTUR oder INGENIEURBAU aus der Gruppe ARBEITSEBENE. Damit Sie die Arbeitsebene auch als transparente blaue Fläche sehen können, empfiehlt es sich zunächst, mit ARBEITSEBENE ANZEIGEN die Sichtbarkeit zu aktivieren.

Um die Arbeitsebene auf eine Hauswand zu legen, benutzen Sie am einfachsten ARCHITEKTUR|ARBEITSEBENE|FESTLEGEN ▾ EBENE AUSWÄHLEN und klicken auf die gewünschte Hauswand (Abbildung 10.29).

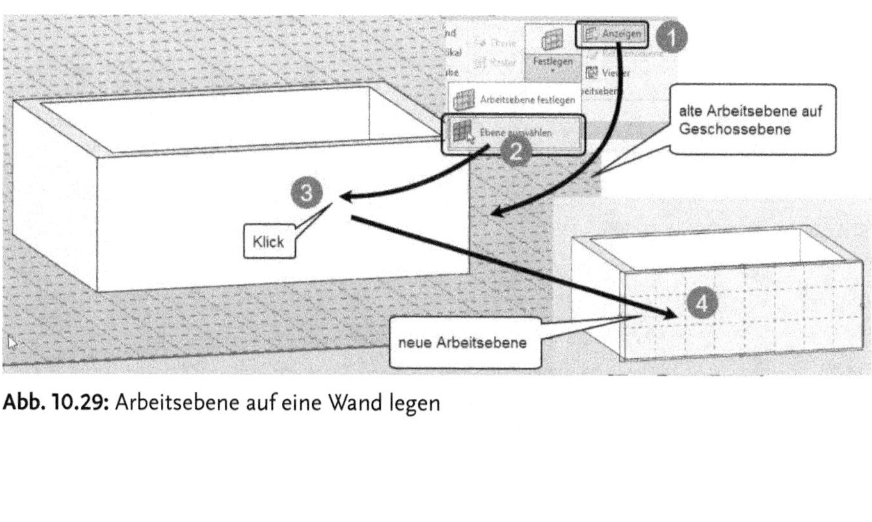

Abb. 10.29: Arbeitsebene auf eine Wand legen

Die Arbeitsebene besitzt ein Raster, das Sie ganz einfach mit dem Befehl ÄNDERN|AUSRICHTEN an einer Hauswand fluchtend ausrichten können. Im EIGENSCHAFTEN-MANAGER können Sie zudem die Rasterweite ändern (Abbildung 10.30). Unter den BILDSTILEN TEXTUREN und REALISTISCH wird das Raster aber nicht angezeigt.

Auf dieser Arbeitsebene lassen sich nun die Konturen für die Dächer über Extrusion bequem erstellen. Sie können die Arbeitsebene über die runden blauen Griffe an den Seiten in der Größe bequem anpassen.

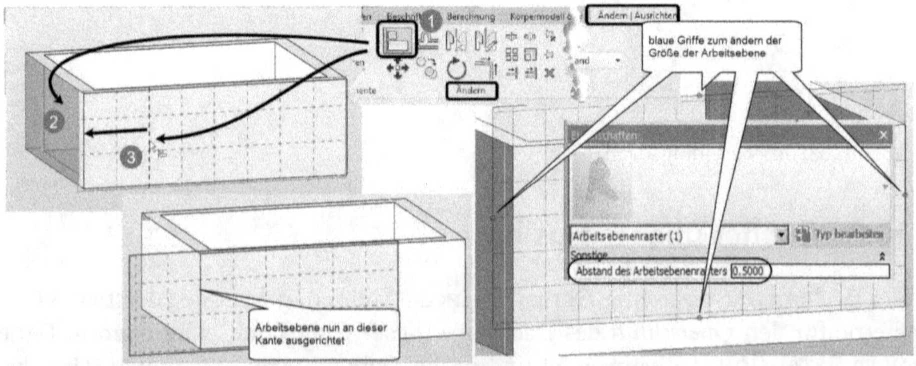

Abb. 10.30: Arbeitsebene ausrichten und Raster ändern

Mansarddach

Das oben schon vorgestellte Mansarddach lässt sich nicht nur mit der Methode der Neigungspfeile, sondern vielleicht noch einfacher als DACH ÜBER EXTRUSION erstellen (Abbildung 10.31).

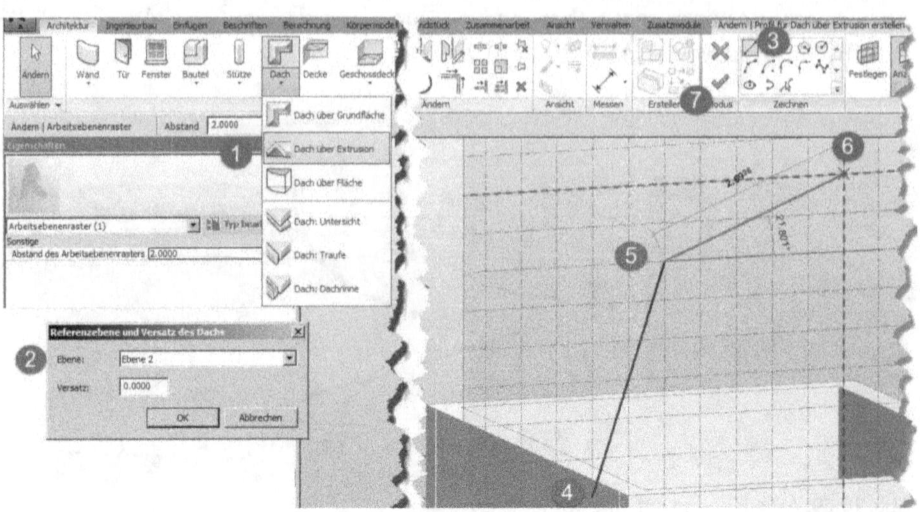

Abb. 10.31: Mansarddach als DACH ÜBER EXTRUSION

Nach Aufruf des Werkzeugs ❶ müssen Sie noch angeben, zu welchem Geschoss bzw. welcher Ebene ❷ das neue Dach gehören soll. Dann können Sie aus den angebotenen Zeichenwerkzeugen ❸ das geeignete aussuchen. Nach Konstruktion der Kontur, meist über die Rasterpunkte der Arbeitsebene ❹, ❺ etc., wird die Konstruktion mit BEENDEN ✓ ❼ abgeschlossen.

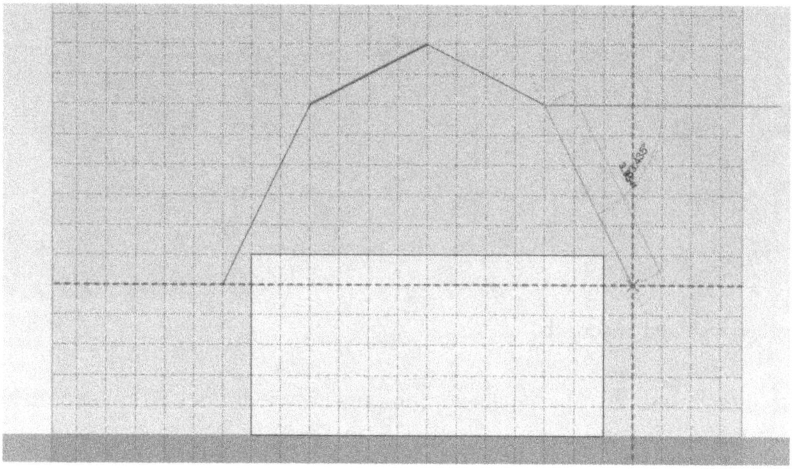

Abb. 10.32: Fertige Kontur für das Mansarddach

Das so beendete Mansarddach wird zuerst nicht von den Abmessungen her passen. Das Dach beginnt an der Arbeitsebene und streckt sich von dort bis zu der Stelle, wo die hinterste Wand innerhalb des gesamten Modells liegt. Da im aktuellen Fall auch noch ein Nebengebäude vorhanden war, wurde das Dach also viel zu lang erzeugt (Extrusion fertigstellen). Die Anpassungen nehmen Sie dann über den EIGENSCHAFTEN-MANAGER vor. Aktuell wurde der EXTRUSIONSBEGINN mit **0.5** einen halben Meter vor die Arbeitsebene verlegt und das EXTRUSIONSENDE auf **-8.5** Meter hinter der Arbeitsebene.

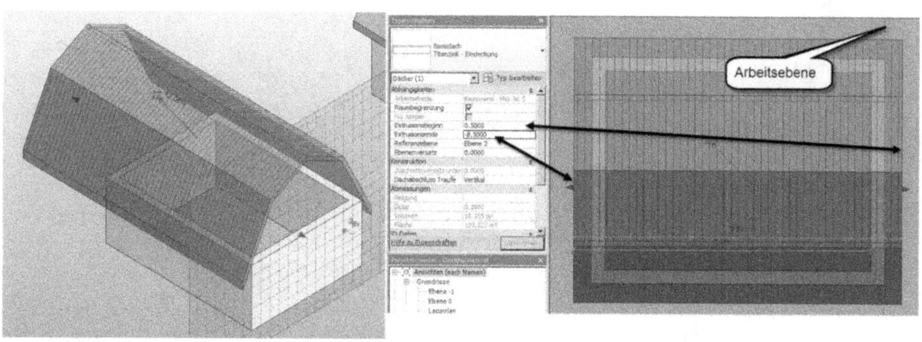

Abb. 10.33: Extrusion fertigstellen

Grabendach, Sheddach, Tonnendach, Bogendach, Zollingerdach

Diese Dachformen werden alle durch spezielle Konturen als DACH ÜBER EXTRUSION erstellt.

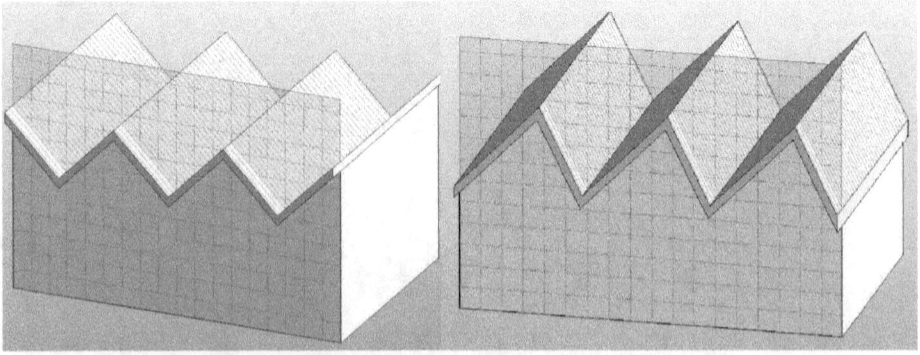

Abb. 10.34: Grabendach und Sheddach

Für das *Grabendach* und das *Sheddach* empfehlen sich wieder das Arbeitsebenenraster und das LINIE-Werkzeug.

Das *Tonnendach* entsteht über den BOGEN DURCH MITTEL- UND ENDPUNKTE. Sie beginnen mit dem Bogen-Mittelpunkt und wählen dann die Positionen für Start- und Endpunkt.

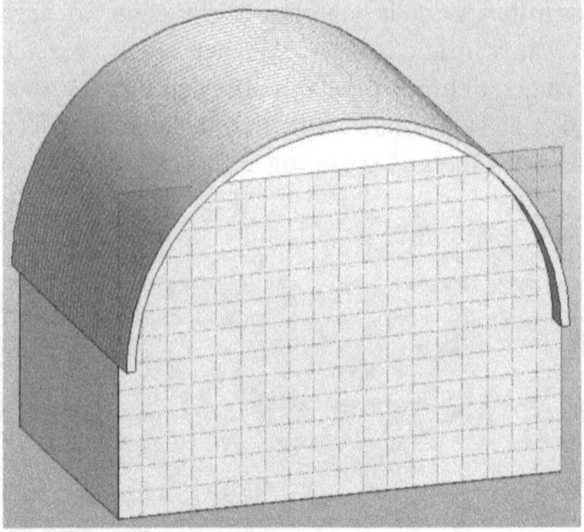

Abb. 10.35: Tonnendach

Das *Zollingerdach* lässt sich einfach über das Werkzeug ANFANG-ENDE-RADIUS-BOGEN konstruieren. Der erste Punkt ist der Startpunkt des Bogens, der zweite der Endpunkt und der dritte Punkt definiert über seine Lage den Radius. Ebenso lässt sich das *Bogendach* konstruieren.

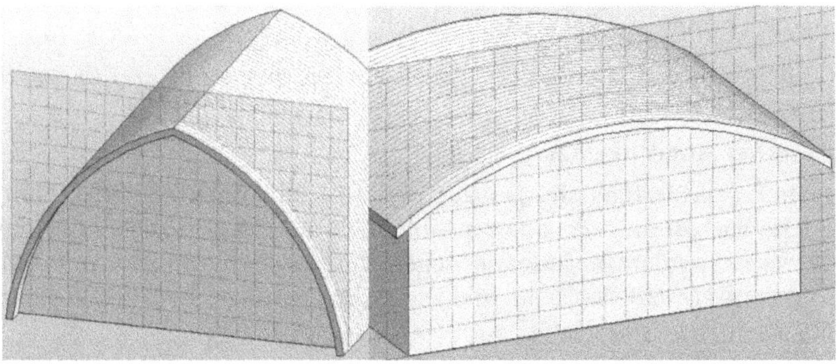

Abb. 10.36: Zollingerdach und Bogendach

10.3 Sonderformen

Es gibt noch eine dritte Art, Dächer zu erstellen: DACH ÜBER FLÄCHE. Dabei wird ein Dach passend zu einer *Oberfläche eines Volumenkörpers* erstellt. Bei Volumenkörpern gibt es viele Gestaltungsmöglichkeiten. Sie können Volumenkörper aus der BIM-Bibliothek laden oder selbst aus Konturen modellieren. Ein einfaches Beispiel dafür ist das Kegeldach. Einfache Körper können aus der BIM-Bibliothek geladen werden. Das Projekt enthält vorgabemäßig noch keine Volumenkörper. Gehen Sie also auf EINFÜGEN|AUS BIBLIOTHEK LADEN|AUTODESK-FAMILIE LADEN, um die benötigten Volumenkörper aus ALLE ERGEBNISSE|KÖRPERMODELL UND GRUNDSTÜCK – KÖRPER (Abbildung 10.37) ins Projekt zu laden.

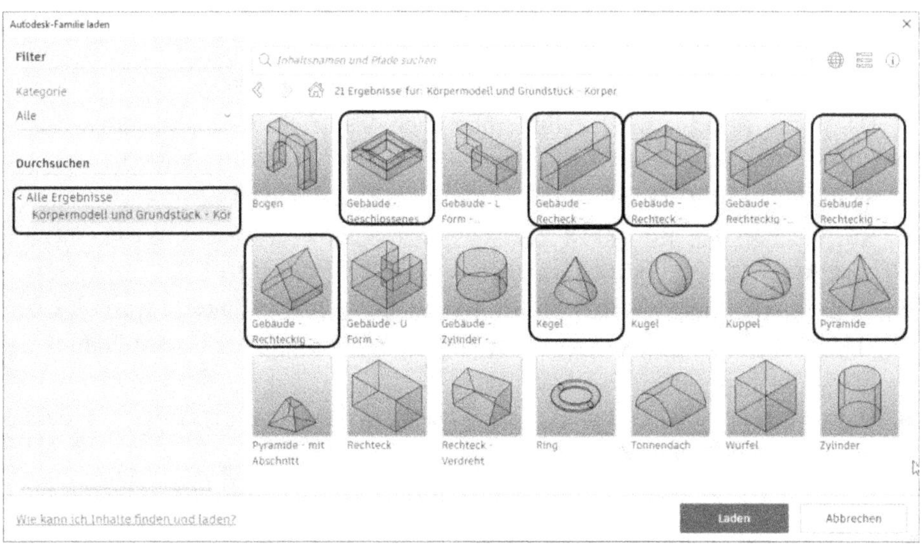

Abb. 10.37: Körper-Familien mit nützlichen Dachformen

10.3.1 Kegeldach

Am Beispiel eines Turms mit Kegeldach soll nun die Dacherstellung über Volumenkörper demonstriert werden. Der Turm besteht aus zwei Körpern, dem Zylinder für das Bauwerk und dem Kegel für das Dach.

- Zum Erstellen von Volumenkörpern wechseln Sie ins Register KÖRPER & GRUNDSTÜCK.
- Hier gibt es zwei Möglichkeiten:
  - Wenn Ihnen die fertigen Körper aus der BIM-Bibliothek genügen, dann wählen Sie nach dem Laden aus der Bibliothek KÖRPER PLATZIEREN und setzen einen Standard-Körper wie Kegel, Kuppel oder Ähnliche mit AUF ARBEITSEBENE PLATZIEREN ab und legen mit DACH ÜBER FLÄCHE eine Dachfläche auf die Oberfläche.
  - Wenn Sie einen Volumenkörper selbst konstruieren oder aus mehreren Standard-Körpern zusammensetzen wollen, dann wählen Sie PROJEKTKÖRPER und gestalten die Form selbst. Im Folgenden wird diese Variante geschildert.
- Wählen Sie unter KÖRPER UND GRUNDSTÜCK das Werkzeug ENTWURFSKÖRPER|PROJEKTKÖRPER und geben Sie einen *Namen* für den neuen Projektkörper ein. Wenn Sie bisher noch keine Volumenkörper verwendet haben, werden Sie in einem Dialogfenster informiert, dass nun die *Sichtbarkeit für Volumenkörper* aktiviert wird.
- Aktivieren Sie im Register ERSTELLEN das Werkzeug MODELL|BAUTEIL und wählen Sie den aus der BIM-Bibliothek geladenen Körper Zylinder.
- Damit der Volumenkörper auf der aktuellen Geschossebene platziert wird, aktivieren Sie AUF ARBEITSEBENE PLATZIEREN , möglichst mit angezeigter Oberfläche . Beim Platzieren werden automatisch Referenzmaße zu den nächstliegenden Elementen Ihres Modells verwendet.
- Mit ERSTELLEN|BAUTEIL können Sie danach den nächsten Volumenkörper, den Kegel fürs Dach wählen. Damit der Kegel auf der oberen Kreisfläche des Zylinders positioniert wird, sollte nun AUF FLÄCHE PLATZIEREN aktiviert sein.
- Damit der Kegel auf der Zylinderoberfläche zentriert wird, aktivieren Sie per Rechtsklick OBJEKTFANGÜBERSCHREIBUNGEN und ZENTRUMSPUNKTE.
- Sie beenden nun die Erstellung des Körpers mit KÖRPER FERTIG STELLEN .
- Nun wählen Sie KÖRPER & GRUNDSTÜCK|ÜBER FLÄCHE MODELLIEREN|DACH oder ARCHITEKTUR|ERSTELLEN|DACH ▾ |DACH ÜBER FLÄCHE .
- In der kontextspezifischen Multifunktionsleiste DACH ÜBER FLÄCHE PLATZIEREN ist MEHRERE WÄHLEN aktiv, und Sie klicken nun die beiden Hälften der Kegeloberfläche an.
- Dann beenden Sie die Erstellung des Dachs mit DACH ERSTELLEN in derselben Multifunktionsleiste.

Wichtig: Überlagerte Flächendarstellung

Die Körperkonstruktionen sind in Revit nur Hilfsmittel, um auf deren Flächen dann Dachelemente, Wände, Fassaden und etwas indirekt auch Geschossdecken zu erzeugen. Am Ende der Konstruktion wird deshalb die Sichtbarkeit der Körper selbst abgeschaltet. Das sollten Sie auch dann im Register KÖRPER & GRUNDSTÜCK mit dem Werkzeug KÖRPER ANZEIGEN NACH ANSICHTSEINSTELLUNGEN tun. Ansonsten hätten Sie eine unschön überlagerte Anzeige der Körperfläche mit der Dachfläche o.Ä. zugleich.

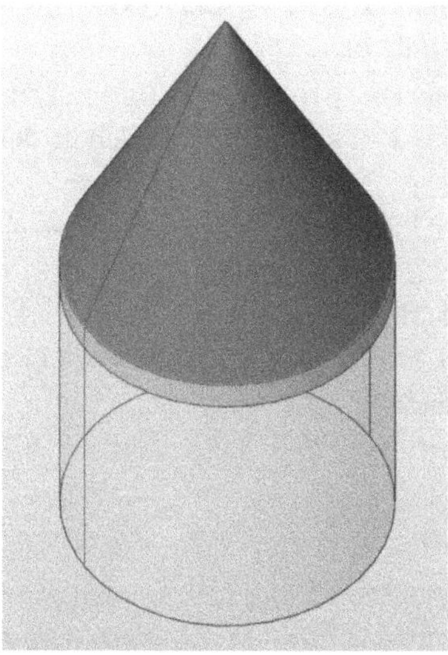

Abb. 10.38: Kegeldach über Volumenkörper erstellt

10.3.2 Weitere Rotationssymmetrische Dächer

Um ein beliebiges rotationssymmetrisches Dach zu konstruieren, brauchen Sie ebenfalls das Register KÖRPER & GRUNDSTÜCK. Dort können Sie die *geschlossene Kontur* und eine *Linie* als *Rotationsachse* erstellen. Aus beidem wird durch KÖRPER ERSTELLEN automatisch ein Rotationskörper entstehen.

- Wechseln Sie ins Register KÖRPER & GRUNDSTÜCK.
- Wählen Sie das Werkzeug ENTWURFSKÖRPER|PROJEKTKÖRPER und geben Sie einen *Namen* für den neuen Projektkörper ein. Sie werden wieder in einem Dialogfenster informiert, dass nun die Sichtbarkeit für Volumenkörper aktiviert wird.
- Legen Sie mit ARBEITSEBENE FESTLEGEN zum Zeichnen des Querschnitts eine senkrechte Arbeitsebene fest, die sich beispielsweise durch Anklicken an einer vorhandenen Wand ❶ orientiert (Abbildung 10.39). Wenn keine Wand zur Verfügung steht, können Sie auch in der temporären Gruppe EBENENAUSWAHL

unter ARBEITSEBENE AUSWÄHLEN die REFERENZEBENE X-URSPRUNG oder REFERENZEBENE Y-URSPRUNG wählen. Das sind Ebenen, die durch den PROJEKTURSPRUNG laufen und sich in y-z-Richtung bzw. x-z-Richtung erstrecken.

- Nun verwenden Sie die Zeichenwerkzeuge wie Linie und verschiedene Bogenformen, um den Querschnitt als geschlossene Kontur zu definieren ❷.
- Zusätzlich zeichnen Sie eine einzelne Linie als Rotationsachse ❸.
- Wählen Sie nun mit einem Klick die Kontur und mit Strg+Klick die Achse ❹, und aktivieren Sie FORM ERSTELLEN |VOLUMENKÖRPER ❺.
- Sie beenden nun die Erstellung des Körpers mit KÖRPER FERTIG STELLEN ❻.
- Nun wählen Sie KÖRPER & GRUNDSTÜCK|ÜBER FLÄCHE MODELLIEREN|DACH oder ARCHITEKTUR|ERSTELLEN|DACH ▾ |DACH ÜBER FLÄCHE.
- In der kontextspezifischen Multifunktionsleiste DACH ÜBER FLÄCHE PLATZIEREN ist MEHRERE WÄHLEN aktiv, und Sie klicken nun alle Teilflächen des Volumenkörpers an, hier also sechs Flächen.
- Dann beenden Sie die Erstellung des Dachs mit DACH ERSTELLEN in derselben Multifunktionsleiste. Vergessen Sie nicht, unter KÖRPER & GRUNDSTÜCK das Werkzeug KÖRPER ANZEIGEN NACH ANSICHTSEINSTELLUNGEN zu aktivieren bzw. KÖRPERFORM UND GESCHOSSDECKEN ANZEIGEN zu deaktivieren, um den Körper unterm Dach unsichtbar zu machen.

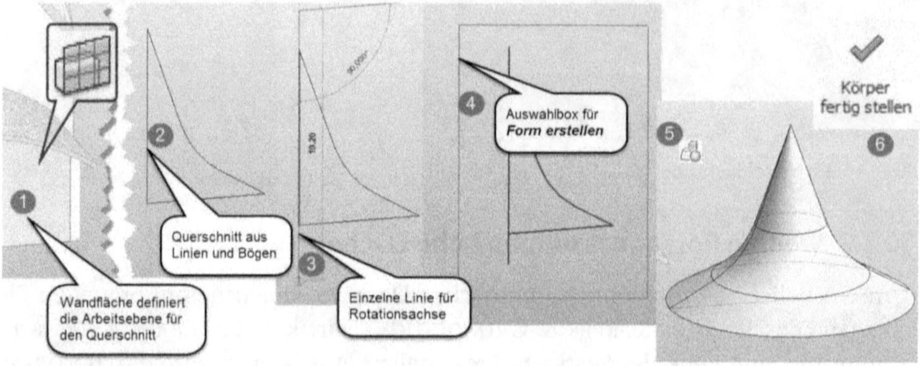

Abb. 10.39: Rotationssymmetrisches Dach

10.3.3 Turmhelme

Für komplexere Dachformen, insbesondere die verschiedenen Turmhelme wäre es nötig, zunächst die dazu benötigten Volumenkörper zu erstellen und dann deren Flächen in Dächer umzuwandeln. Hierbei werden allerdings nur solche Oberflächen berücksichtigt, deren Flächennormale überall nach oben ausgerichtet ist. Die barocken Zwiebeltürme sind auch damit als Dach nicht zu erstellen. Man kann aus Körperflächen, die teilweise nach unten geneigt sind, nur Wände erstellen. Dachflächen, die teilweise nach unten ausgerichtet sind, können nicht realisiert werden.

Abb. 10.40: Komplexe Dachformen für Turmhelme

Zu diesen komplexen Dachformen zählen Zwiebelhelm, Welsche Haube, Glockendach, facettiertes Kuppeldach.

10.4 Dachgauben

Ausgangspunkt der Dachgauben ist das Dach über Extrusion. Die Gaube soll auf der Nordseite des Dachs erstellt werden. Um eine Bezugsebene für das Gaubendach bzgl. der Höhe zu haben, wird in einem ersten Schritt in der ANSICHT WEST mit ARCHITEKTUR|ARBEITSEBENE|REFERENZEBENE eine REFERENZEBENE erstellt. Die Referenzebene ist dann in allen ANSICHTEN NORD, SÜD, OST und WEST zu sehen. Sie wird hier über die Bemaßung auf 50 cm unter der Geschosshöhe der EBENE 2 erstellt.

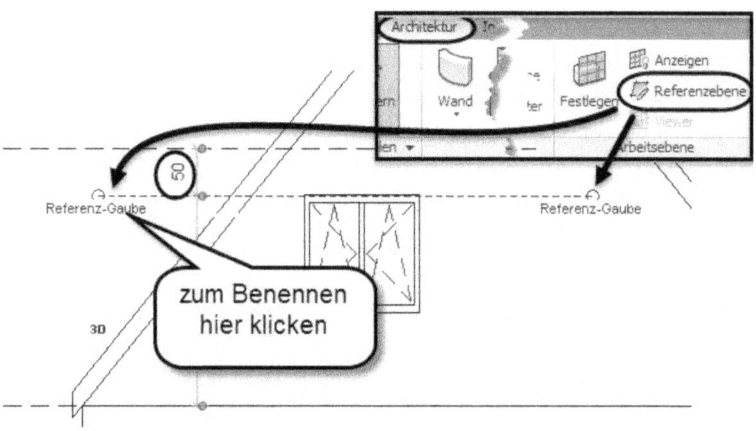

Abb. 10.41: Referenzebene erstellen

Im nächsten Schritt wird eine RASTERLINIE für die Vorderkante der Gaube erstellt (Abbildung 10.42). Der Abstand von der Nordwand-Außenkante wird über das Maß auf 1 m eingestellt. Die RASTERLINIE entspricht eigentlich einer Fläche. Sie dehnt sich nicht nur in der aktuellen Ebene in der Höhe aus, sondern auch lotrecht zur Ansichtsebene in der Tiefe. Deshalb kann sie benutzt werden, um eine Arbeitsebene für die Gaubenvorderkante zu erstellen.

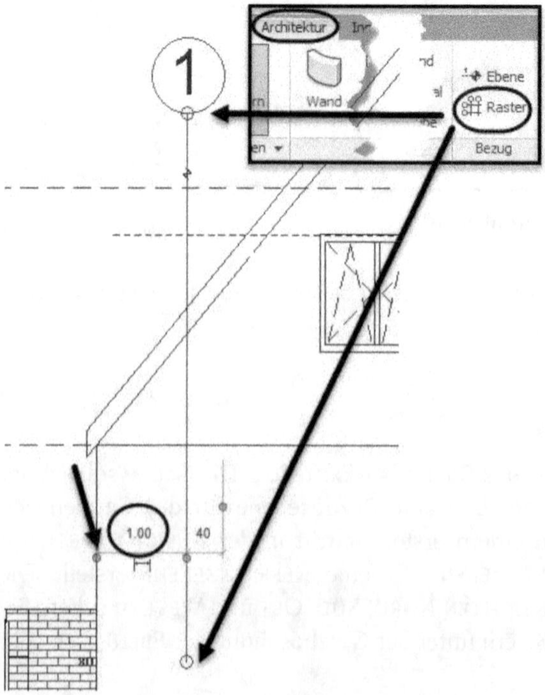

Abb. 10.42: Rasterlinie für die Vorderkante der Gaube

Im Werkzeug ARBEITSEBENE kann nun diese RASTERLINIE mit EBENE AUSWÄHLEN angeklickt werden. Bei der Erzeugung erkennt Revit, dass diese Ebene senkrecht zur aktuellen Ansicht steht, und bietet einen Schwenk in die Ansicht NORD o.Ä. an. Das wird nun mit ANSICHT ÖFFNEN akzeptiert.

In der Ansicht NORD können Sie die Arbeitsebene sehen, nachdem Sie die Sichtbarkeit aktiviert haben. Da sie 1 m hinter der Wand liegt, durchbricht sie sichtbar die Dachfläche. Auch die Referenzebene ist hier sichtbar. Die ARBEITSEBENE wurde über EIGENSCHAFTEN auf ein 1-m-Raster eingestellt. Außerdem wurde sie mit dem Werkzeug AUSRICHTEN mit der rechten Wandkante und mit der EBENE 1 fluchtend ausgerichtet.

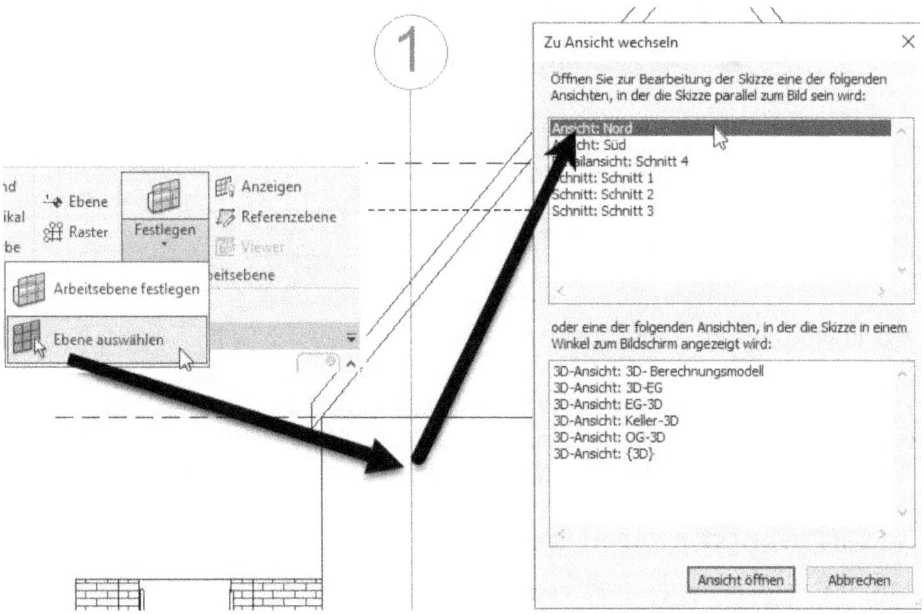

Abb. 10.43: Arbeitsebene auf die Rasterlinie legen

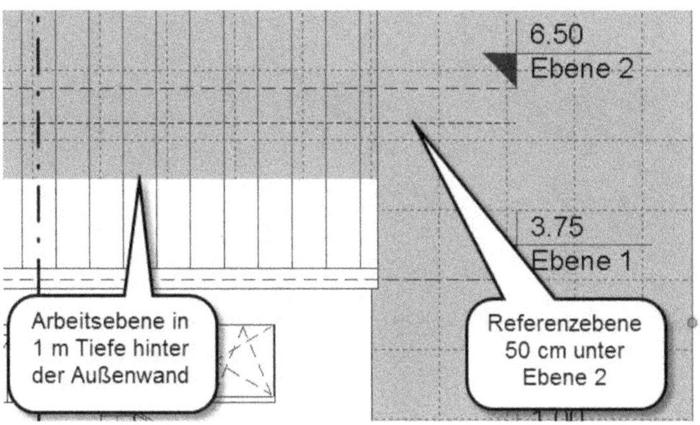

Abb. 10.44: Arbeitsebene und Referenzebene

Nun kann mit ARCHITEKTUR|ERSTELLEN|DACH ▾ |DACH ÜBER EXTRUSION die obere Kante für das Gaubendach gezeichnet werden. Das Dach soll 2 m von der Außenwand entfernt beginnen und 2 m breit sein. Der Startpunkt wäre also der Schnittpunkt zwischen REFERENZEBENE und der 2-m-Rasterlinie auf der ARBEITSEBENE. Die erste Kante wird durch Einrasten auf 45° bestimmt und der Endpunkt liegt dann auf der 3-m-Rasterlinie. Symmetrisch geht es mit der zweiten Linie weiter. Nach Beenden des DACH-Werkzeugs werden Sie feststellen, dass das Gaubendach zunächst sehr lang ist und Ihre komplette Zeichnung durchdringt.

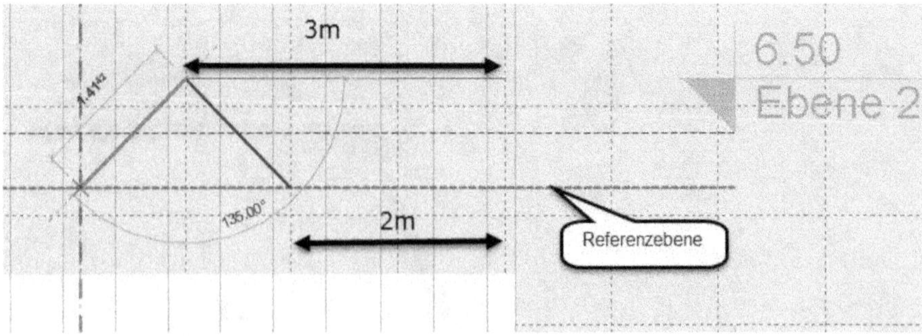

Abb. 10.45: Kante für Dach über Extrusion

Das Extrusionsdach müssen Sie nun mit dem Griff am hinteren Ende so weit verkleinern, dass es das Hauptdach nicht mehr berührt. Dann rufen Sie ÄNDERN|GEOMETRIE|DACH VERBINDEN auf und klicken zuerst die hintere Kante des Gaubendachs ❶ an und danach eine Kante des Hauptdachs ❷. Danach passt das Gaubendach exakt zum Hauptdach.

Zeichnen Sie nun die Gaubenwände wie hier mit VERSATZ **-0.1** nach innen. Im Beispiel wurde eine 24er-Wand mit Dämmung verwendet und die Option KETTE aktiviert.

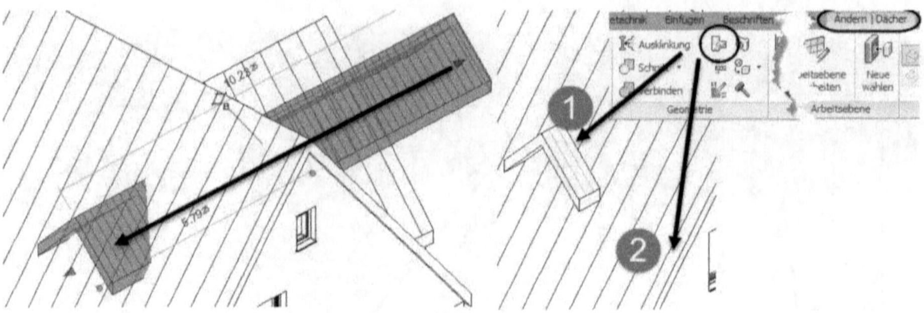

Abb. 10.46: Gaubendach zurückziehen und dann mit dem Haupt-Dach verbinden

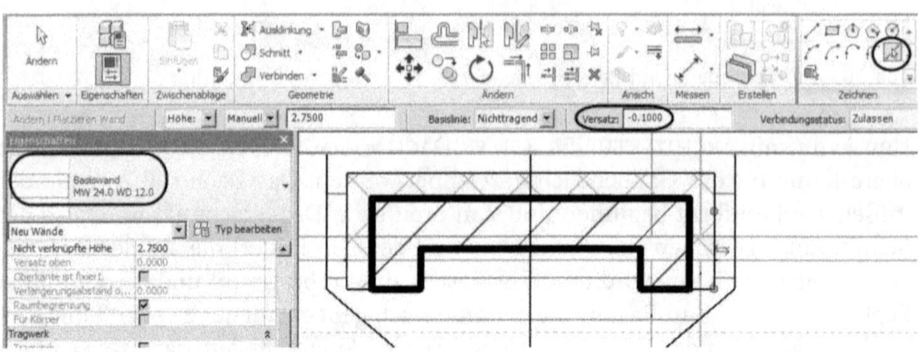

Abb. 10.47: Wände als Kette mit Versatz -0.1

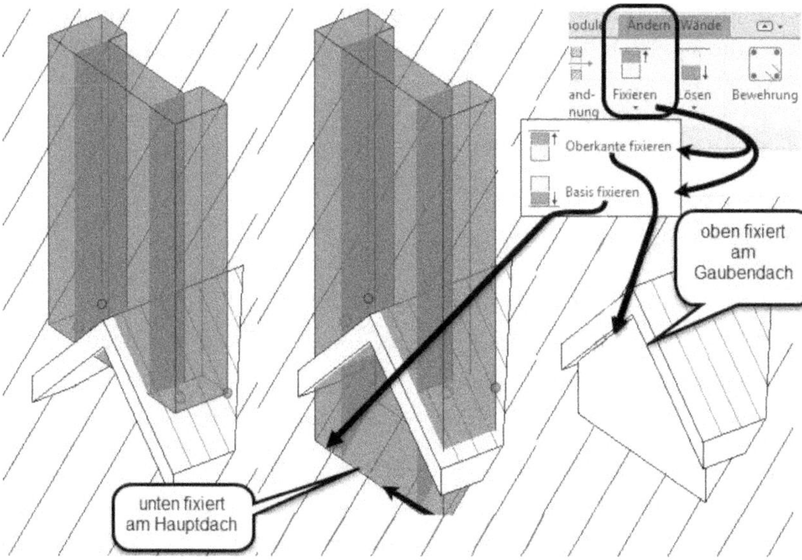

Abb. 10.48: Gaubenwände werden oben und unten an den Dächern fixiert.

Die erzeugten Wände können nun zusammen an den Dächern unten und oben fixiert werden. Beim Fixieren der Unterkante unbedingt zur Option UNTERKANTE FIXIEREN verzweigen! Zur vollständigen Gaube fehlt nur noch der Durchbruch im Hauptdach. Dazu ist es sinnvoll, die beiden Dächer und die drei Gaubenwände mit zu isolieren und ins Drahtmodell zu schalten.

Im Drahtmodell aktivieren Sie nun das Werkzeug ARCHITEKTUR|ÖFFNUNG|GAUBE. Als Erstes markieren Sie das Hauptdach und danach die Wandkanten und die inneren Gaubendachkanten, die den Gaubendurchbruch definieren (Abbildung 10.49).

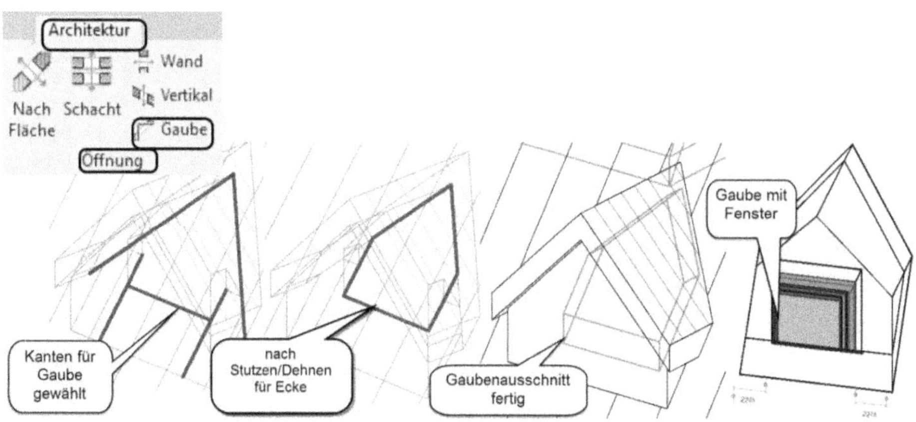

Abb. 10.49: Erzeugung des Gaubendurchbruchs

Da die Kanten noch Lücken und Überschneidungen in der Kontur aufweisen, sollten die Ecken mit dem Befehl STUTZEN/DEHNEN FÜR ECKE gesäubert werden. Diese Konturbearbeitung ist evtl. nicht unbedingt nötig, wenn die Lücken oder Linienverlängerungen nicht zu extrem sind. Dann können Sie das GAUBE-Werkzeug beenden und erhalten den gewünschten Ausschnitt im Dach.

10.5 Übungsfragen

1. Welche konstruktiven Varianten gibt es für Dächer?
2. Wie können Sie beim DACH ÜBER GRUNDFLÄCHE die Neigung festlegen?
3. Was geben Sie beim Neigungspfeil an?
4. Was ist die Voraussetzung für das DACH ÜBER EXTRUSION?
5. Was ist die Voraussetzung für das DACH ÜBER FLÄCHE?
6. Was ist die Einschränkung bei Dächern?
7. Wie erstellt man normalerweise das Dach einer GAUBE?
8. Wie läuft DACH VERBINDEN ab?
9. Welche Fixierung ist bei Gaubenwänden üblicherweise nötig?

Kapitel 11

Konzeptionelles Design

Unter konzeptionellem Design versteht man eine Vorgehensweise, bei der nicht wie traditionell einzelne Wände gezeichnet und deren Lage konzipiert werden, sondern zuerst die dreidimensionale Gebäudeform als Volumenkörper entworfen und modelliert wird. Diese Volumenkörperform dient dann als Basis zum Positionieren von Wänden, Fassaden, Dächern und Geschossdecken. Sobald dies erledigt ist, wird der ursprüngliche Volumenkörper nicht mehr benötigt und kann unsichtbar geschaltet werden, was vorgabemäßig auch die Voreinstellung für Volumenkörper ist.

11.1 Volumenkörper erstellen

Die Erstellung von Volumenkörpern geschieht im Register KÖRPER & GRUNDSTÜCK ❶. Sobald Sie dort das Werkzeug PROJEKTKÖRPER ❷ aktivieren, erscheint eine Meldung ❸, dass von nun an die Sichtbarkeit von Volumenkörpern ❹ entgegen der Vorgabe aktiviert wird. Danach können Sie einen Namen ❺ für den Projektkörper vergeben und mit OK ❻ an die Erstellung des Körpers gehen.

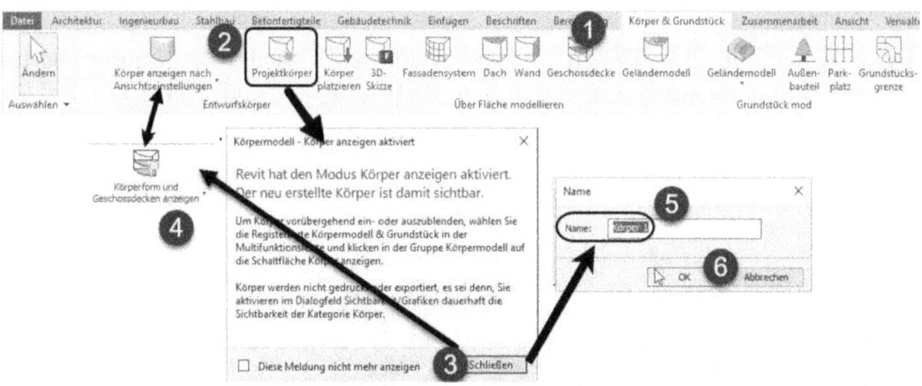

Abb. 11.1: Projektkörper erstellen

Die meisten Projektkörper entstehen durch Extrusion eines Profils. Dazu müssen Sie nur im Grundriss mit den Zeichenwerkzeugen eine *geschlossene Kontur* zeichnen. Sobald Sie die Kontur anklicken, erscheint das Werkzeug FORM ERSTELLEN. Im Flyout wählen Sie VOLUMENKÖRPER und können dann die Höhe eingeben oder am gezeigten Koordinatendreibein nach Markieren des blauen Pfeils für die z-Achse in die Höhe ziehen. Die Flyout-Option ABZUGSKÖRPERFORM erlaubt es, weitere Volumenkörper vom aktuellen abzuziehen. Dazu muss aber erst ein normaler Volumenkörper existieren, von dem ein weiterer abgezogen werden kann.

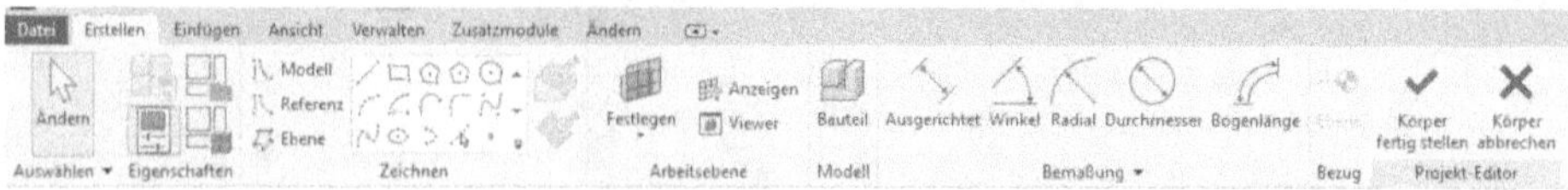

Abb. 11.2: Register ERSTELLEN für Volumenkörper

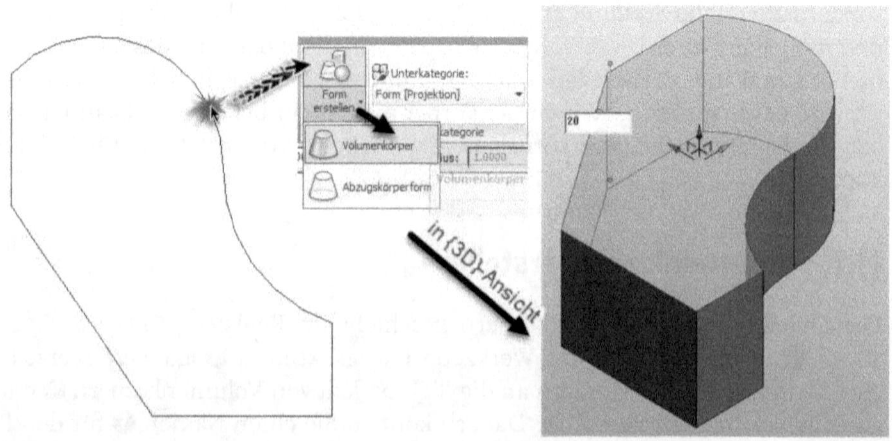

Abb. 11.3: Körper durch Extrusion

Der Volumenkörper kann nun noch modelliert werden. Nach Anklicken von Eckpunkten, Kanten oder Flächen erscheinen dort dann wieder Richtungspfeile für die möglichen Deformationsrichtungen. Auf diese Art und Weise können Sie schräg stehende Wände und Dachflächen erzeugen.

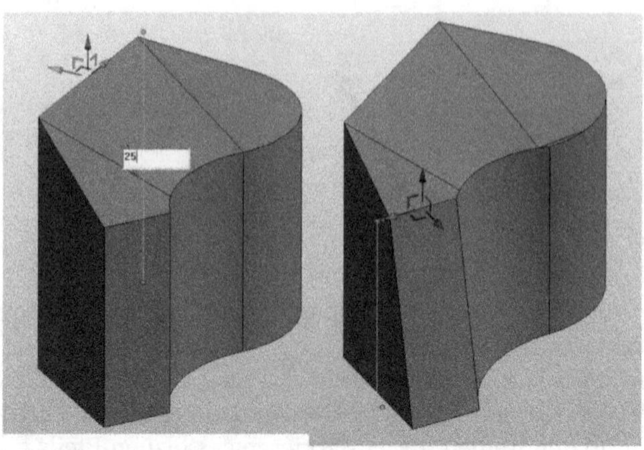

Abb. 11.4: Extrusion einzelner Flächen und Kanten

Bevor Sie die Volumenkörper-Erstellung mit KÖRPER FERTIG STELLEN abschließen, können Sie noch weitere VOLUMEN oder ABZUGSKÖRPER erzeugen, die dann abschließend automatisch mit dem Volumen kombiniert werden.

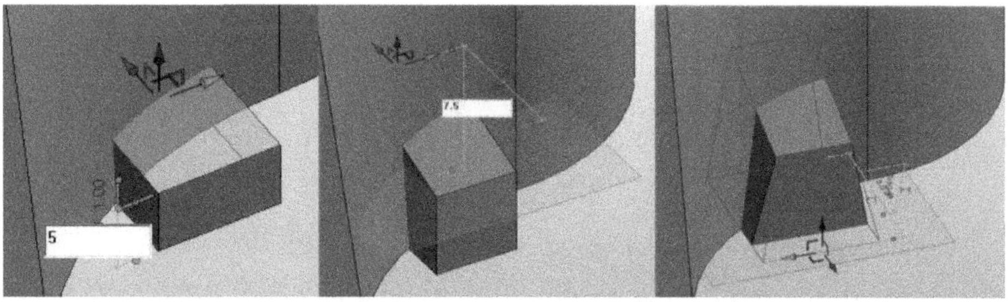

Abb. 11.5: Empfangshalle für das Gebäude zeichnen, extrudieren und Flächen neigen

Alternativ können Sie auch die Volumenkörper einzeln erstellen und mit VERBINDEN (Abbildung 11.6) miteinander kombinieren.

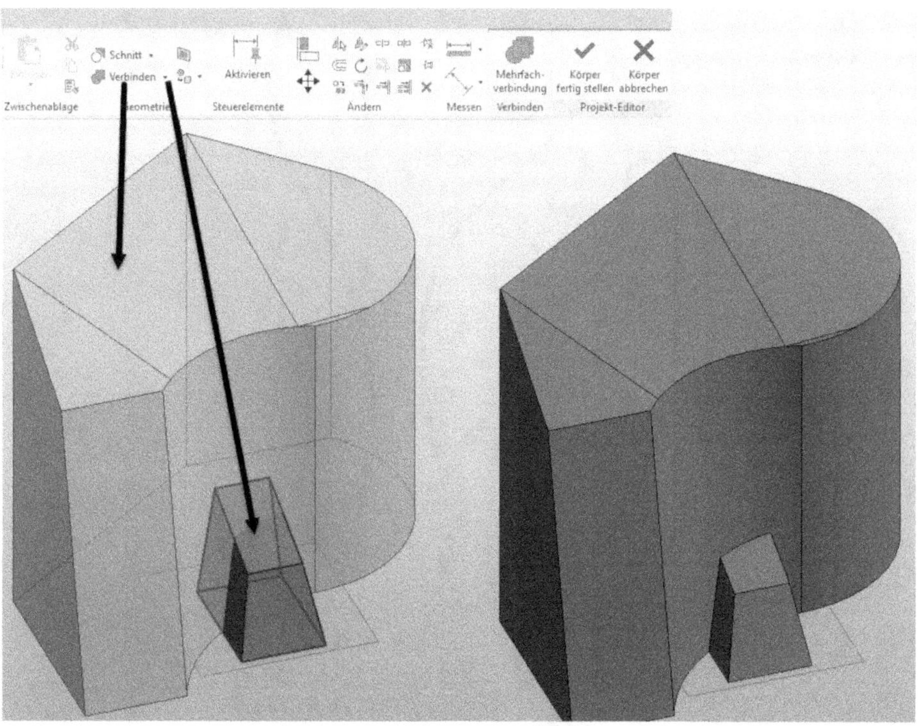

Abb. 11.6: Volumina vereinigen

Auch Rotationskörper können erstellt werden. Dafür brauchen Sie allerdings ein Profil, das auf einer Fläche senkrecht zum normalen Grundriss liegt. Das Verfahren wurde bereits für Dächer unter Abschnitt 10.3.2, »Weitere Rotationssymmetrische Dächer« vorgestellt:

1. Arbeitsebene sichtbar machen,
2. Ebene Fläche für Arbeitsebene wählen
3. Geschlossenes Profil über LINIE,
4. LINIE und
5. SPLINEKURVE zeichnen,
6. Weitere LINIE als *Rotationsachse* zeichnen,

Danach markieren Sie das geschlossene Profil und wählen mit Shift+Klick auch die Rotationsachse. Mit FORM ERSTELLEN|VOLUMENKÖRPER erzeugen Sie daraus einen Rotationskörper und beenden mit KÖRPER FERTIGSTELLEN.

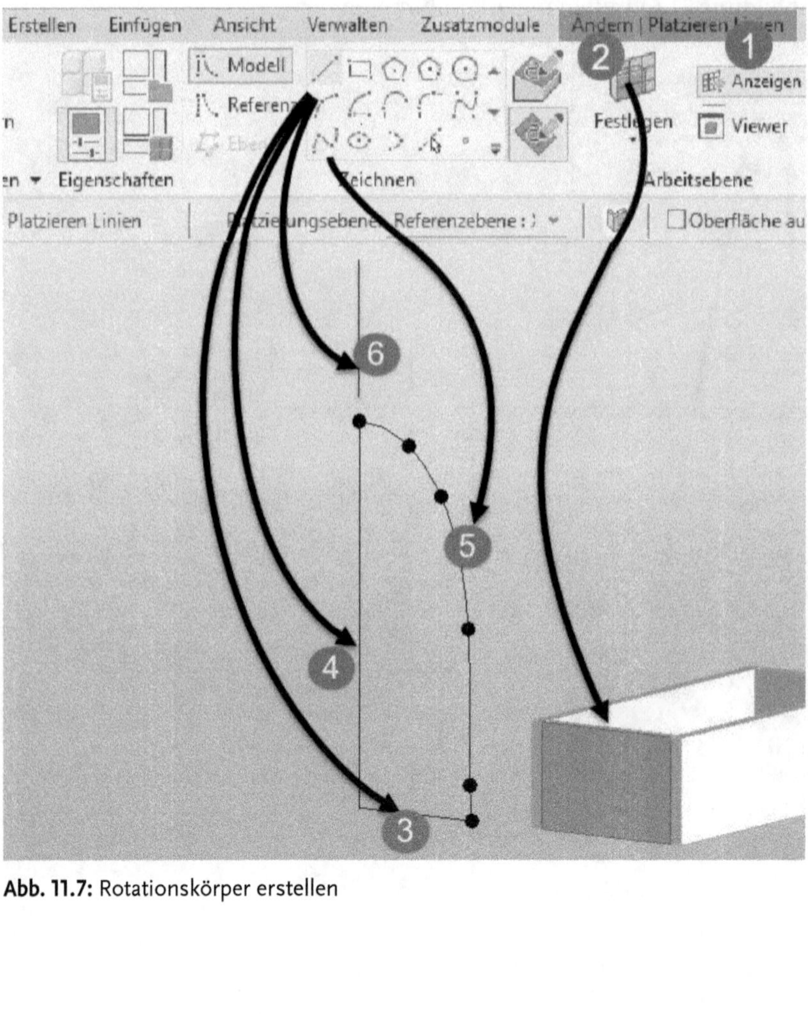

Abb. 11.7: Rotationskörper erstellen

Mit erzeugen Sie darauf ein FASSADENSYSTEM und schalten die Sichtbarkeit des Körpers ab.

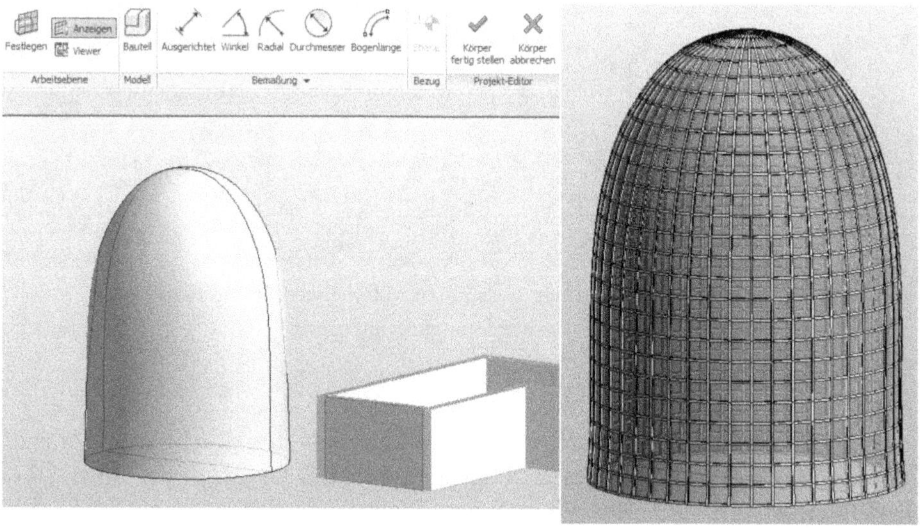

Abb. 11.8: Volumenkörper und darauf erstelltes Fassadensystem

Eine weitere Volumenkörperkonstruktion ist als *Lofting* bekannt. Dabei werden mehrere Querschnitte in verschiedenen Höhen vorgegeben und dann zum Volumenkörper verbunden. Die Zeichenebenen für die Profile können in der Optionsleiste nach den gewünschten Geschosshöhen eingestellt werden (Abbildung 11.9). Dann werden auf den verschiedenen Ebenen diverse Profile gezeichnet. Letztlich wird wieder mit FORM ERSTELLEN|VOLUMENKÖRPER der Körper erzeugt. In Abbildung 11.10 wurde schließlich noch eine Fassade darüber gezogen.

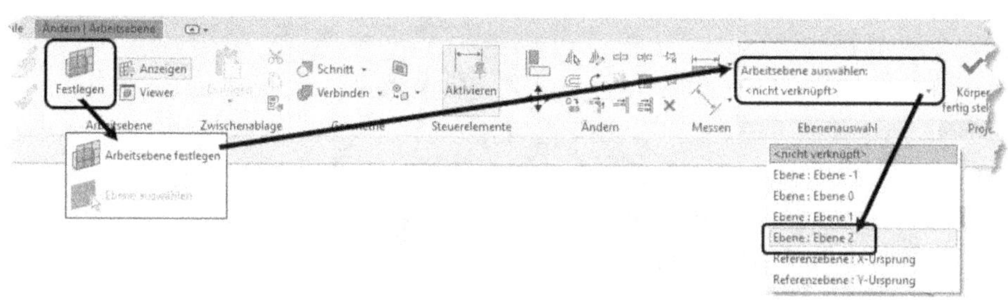

Abb. 11.9: Zeichenebenen für die Profile auf die Geschosshöhen legen

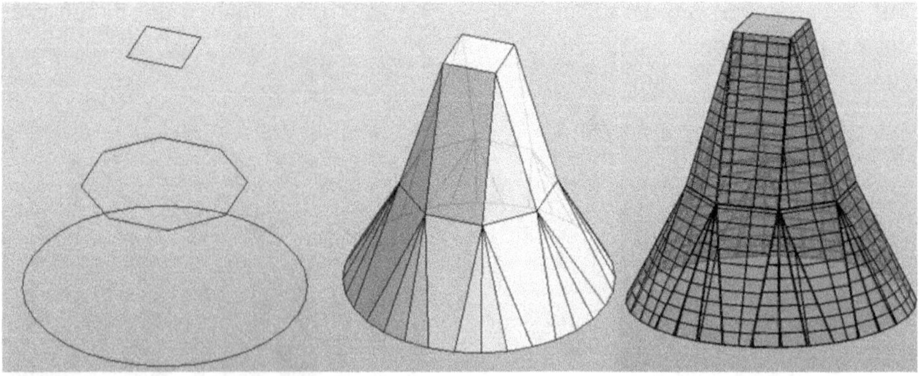

Abb. 11.10: Profile in verschiedenen Geschosshöhen, Volumenkörper und Fassade

11.2 Dächer erzeugen

Zu den Oberflächen eines Volumenkörpers können nun Dachflächen erzeugt werden. Die Werkzeuge liegen im Register KÖRPER & GRUNDSTÜCK unter ÜBER FLÄCHE MODELLIEREN|DACH oder im Register ARCHITEKTUR unter ERSTELLEN|DACH ▾ |DACH ÜBER FLÄCHE. Nach Anklicken der Körperflächen ❶ werden die Dachflächen generiert. Da Sie üblicherweise mehrere Einzelflächen wählen, bietet die Multifunktionsleiste nach Wahl der Flächen die Option DACH ERSTELLEN ❷ an, die Sie nicht vergessen dürfen. Allerdings können nicht alle Flächen für Dächer verwendet werden, insbesondere wenn sie in der Fläche gebogen sind!

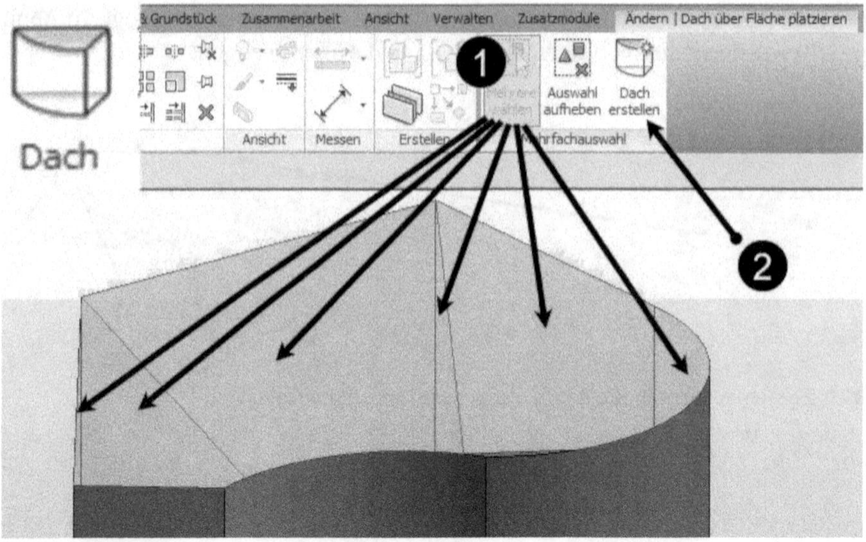

Abb. 11.11: Dachflächen

11.3 Fassaden und Wände erzeugen

FASSADENSYSTEME können genauso einfach wie Dachflächen aus Volumenkörpern erzeugt werden. Die Werkzeuge dafür sind wieder KÖRPER & GRUNDSTÜCK|ÜBER FLÄCHE MODELLIEREN|FASSADENSYSTEM oder ARCHITEKTUR|ERSTELLEN|FASSADENSYSTEM ❶. Nach Wahl der einzelnen Flächen ❷ werden die Fassadensysteme erst erstellt, wenn Sie auf SYSTEM ERSTELLEN ❸ klicken. Die Wände werden über die Werkzeuge KÖRPER & GRUNDSTÜCK|ÜBER FLÄCHE MODELLIEREN|WAND oder ARCHITEKTUR|ERSTELLEN|WAND ▾ |WAND ÜBER FLÄCHE erzeugt.

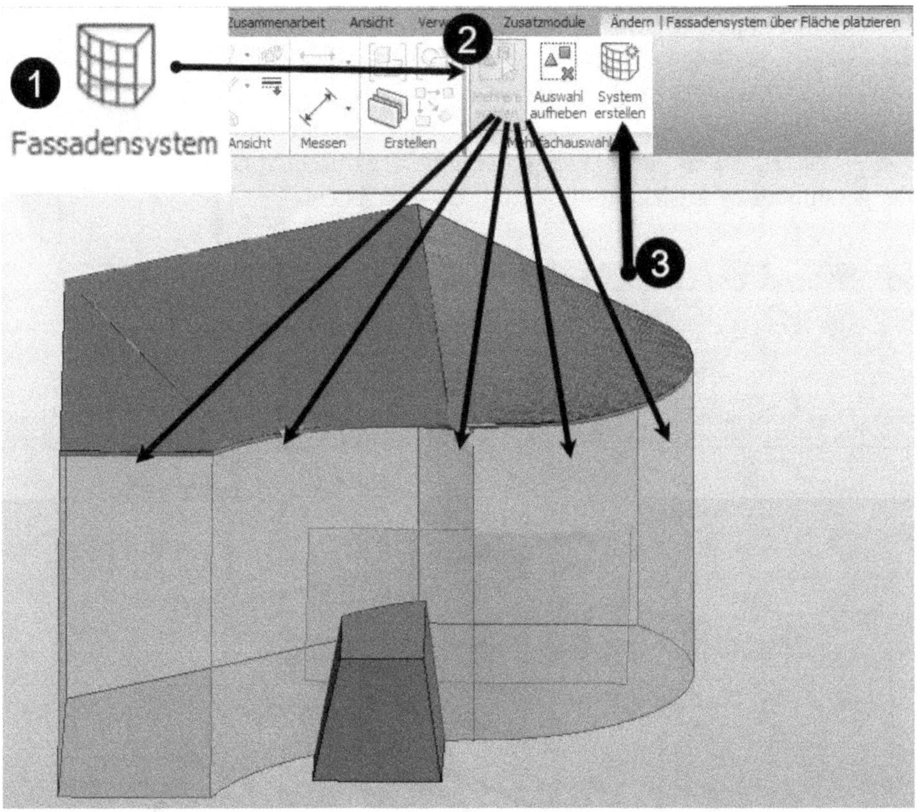

Abb. 11.12: Fassaden erzeugen

11.4 Körpergeschosse und Geschossdecken erstellen

Etwas anders als bei den Dächern, Wänden und Fassaden läuft es bei den Geschossdecken ab. Voraussetzung ist natürlich, dass die Geschosse definiert sind, für die Sie Geschossdecken brauchen.

Da vorgabemäßig nur die vier Geschosse EBENE -1, EBENE 0, EBENE 1 und EBENE 2 definiert sind, müssen Sie in einer der ANSICHTEN SÜD, NORD, OST oder WEST neue Geschosse definieren und ihre Geschosshöhen eingeben. Klicken Sie dazu einfach ein existierendes Geschoss an und wählen Sie nach Rechtsklick im Kontextmenü die Option ÄHNLICHES PLATZIEREN und legen Sie das neue Geschoss über zwei waagerechte Positionen im gewünschten Abstand an.

Nachdem die Geschosse definiert sind, *klicken* Sie den Volumenkörper *an* und erhalten dann erst in der Multifunktionsleiste das Werkzeug KÖRPERGESCHOSSE ❶. Aktivieren Sie mit diesem Werkzeug die gewünschten Geschosse im Dialogfenster ❷ und beenden Sie mit OK ❸. Nun werden automatisch passend zu den Geschosshöhen Flächen in den Volumenkörper eingezogen ❹, die sogenannten *Körpergeschosse*. Nun wählen Sie KÖRPER & GRUNDSTÜCK|ÜBER FLÄCHE MODELLIEREN|GESCHOSSDECKE oder ARCHITEKTUR|ERSTELLEN|GESCHOSSDECKE ▾ |GESCHOSSDECKE ÜBER FLÄCHE und klicken jetzt all diese Körpergeschosse an ❺ und wählen dann GESCHOSSDECKE ERSTELLEN ❻. Revit erzeugt dann die gewünschten Geschossdecken wie in der geschnittenen Ansicht in Abbildung 11.14 zu sehen.

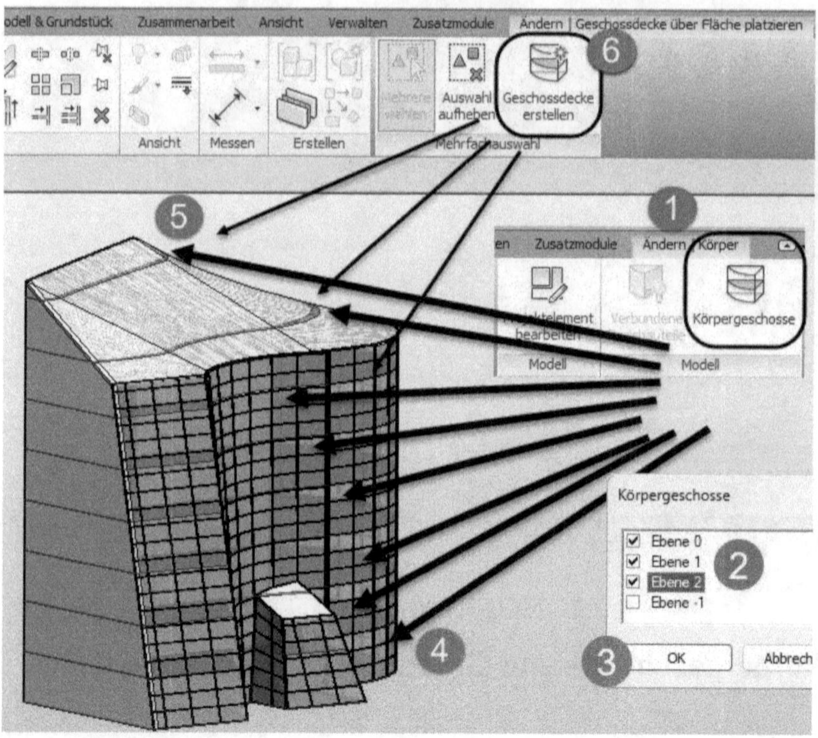

Abb. 11.13: Körpergeschosse und Geschossdecken

Zum Abschluss können Sie unter KÖRPER & GRUNDSTÜCK|ENTWURFSKÖRPER die Körperanzeige von KÖRPERFORM UND GESCHOSSDECKEN ANZEIGEN (meint eigentlich »Körper und Körpergeschosse anzeigen«) auf KÖRPER ANZEIGEN NACH ANSICHTSEINSTELLUNGEN umschalten. Damit wird der erzeugte Volumenkörper wieder unsichtbar.

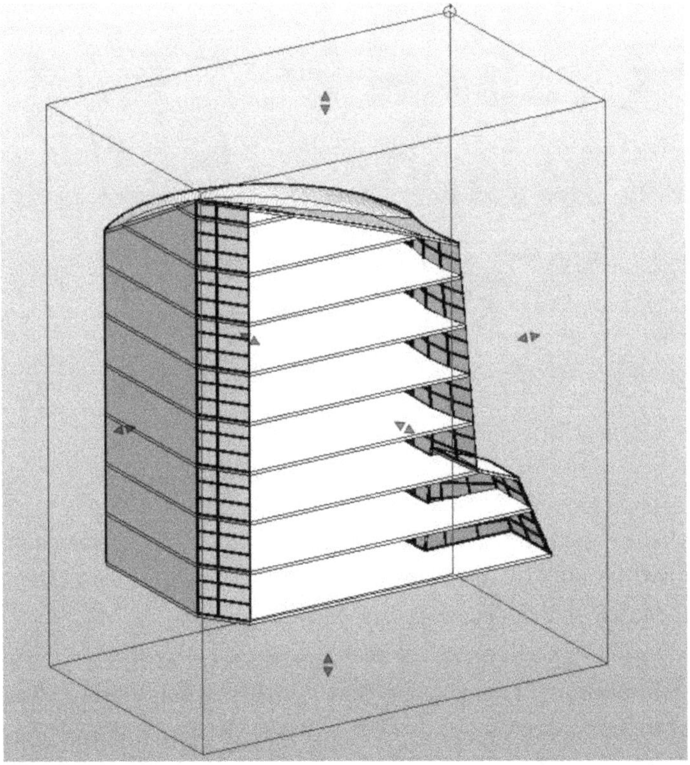

Abb. 11.14: Fertige Gestaltung im Schnitt mit Dachflächen, Wänden, Fassaden und Geschossdecken

Die so erstellten Wände, Dächer, Fassaden und Geschossdecken müssen natürlich noch weiterbearbeitet werden, damit kein Überlapp zwischen den einzelnen Elementen besteht. Dazu müssen die Befehle VERBINDEN bzw. die Fassaden-Änderungsmöglichkeiten genutzt werden.

11.5 Konzeptionelles Design am Beispiel eines einfachen Hauses

Konzeptionelles Design ist auch für konventionelle Haustypen möglich. In der BIM-Bibliothek KÖRPER UND GRUNDSTÜCK – KÖRPER finden sich viele Volumenkörper für Standard-Haustypen. Laden Sie also zuerst mit EINFÜGEN|AUS BIBLIOTHEK LADEN|AUTODESK-FAMILIE LADEN das gewünschte Haus ins Projekt.

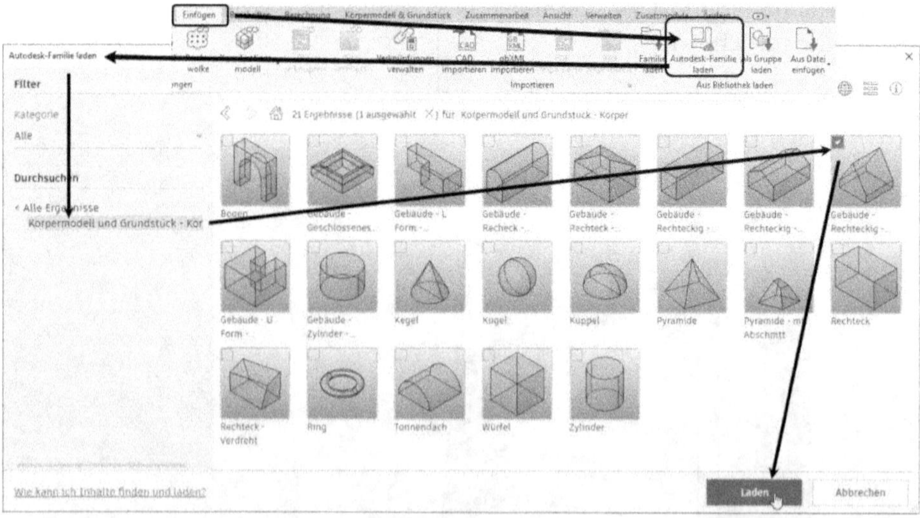

Abb. 11.15: Körper für konzeptionelles Design herunterladen

1. Wählen Sie im Register KÖRPER & GRUNDSTÜCK das Werkzeug KÖRPER PLATZIEREN. Sie erhalten daraufhin eine Meldung, dass ab jetzt die normalerweise deaktivierte Sichtbarkeit für Körper aktiviert wird.
2. Wählen Sie unter EIGENSCHAFTEN das geladene Haus.
3. Spezifizieren Sie unter EIGENSCHAFTEN die Abmessungen unter BREITE, TIEFE und GIEBELHÖHE für den Dachfirst sowie die TRAUFHÖHE mit den Werten **10** m, **15** m, **15** m und **10** m.
4. Dann positionieren Sie den Körper im Zeichenbereich.

Danach können Sie passend zum Körper Wände, Dachflächen, Fassadensysteme und Geschossdecken erstellen. Zuerst klicken Sie mit dem Werkzeug WAND AUS FLÄCHE auf diejenigen Körperflächen, zu denen Sie Wände erstellen möchten (Abbildung 11.16). Das Werkzeug liegt sowohl in KÖRPER & GRUNDSTÜCK|ÜBER FLÄCHE MODELLIEREN als auch in ARCHITEKTUR|ERSTELLEN|WAND ▾. Unter EIGENSCHAFTEN wählen Sie natürlich den nötigen Wandtyp aus. Zu jeder angeklickten Körperfläche wird sofort die gewünschte Wand erstellt.

Für Körperflächen, die zu Dachflächen werden sollen, wählen Sie an den entsprechenden Stellen das Werkzeug DACH ÜBER FLÄCHE. Nun klicken Sie alle Flächen an, die als Dach gestaltet werden sollen. Schließen Sie die Erstellung der Dachflächen mit dem Werkzeug DACH ERSTELLEN in der Multifunktionsleiste ab. Dachflächen können auch mit Fassadensystemen bedeckt werden.

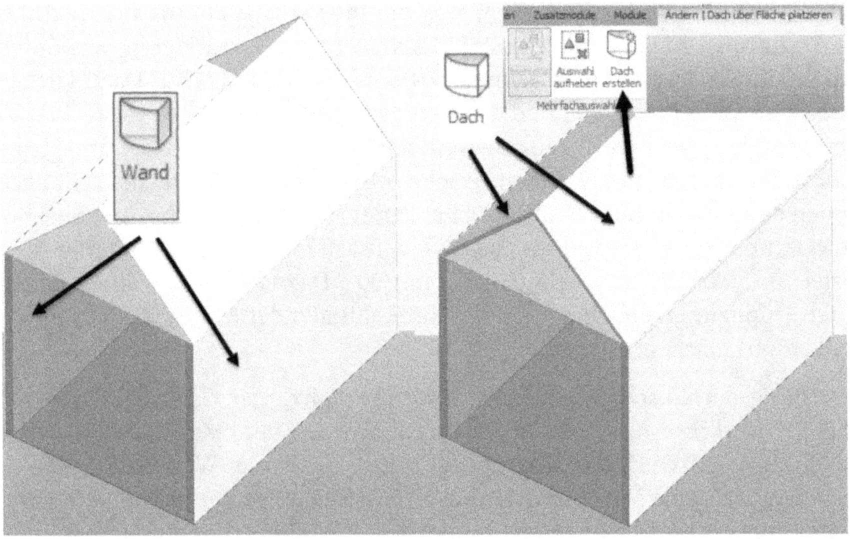

Abb. 11.16: Wand und Dach nach Flächen des Körpers erstellen

Für Körperflächen, die zu Fassaden werden sollen, wählen Sie das Werkzeug FASSADENSYSTEM (Abbildung 11.17). Nun klicken Sie alle Flächen an, die mit einer Fassade gestaltet werden sollen. Schließen Sie die Erstellung des Fassadensystems mit dem Werkzeug FASSADE ERSTELLEN in der Multifunktionsleiste ab. Ein solches Fassadensystem bleibt immer mit dem Volumenkörper gekoppelt. Geometrische Änderungen am gesamten Fassadensystem wie etwa das Anpassen der Fassade an die Innenkante der anderen Wände oder an die Innenkanten des Dachs sind deshalb nur durch Änderungen des Volumenkörpers möglich.

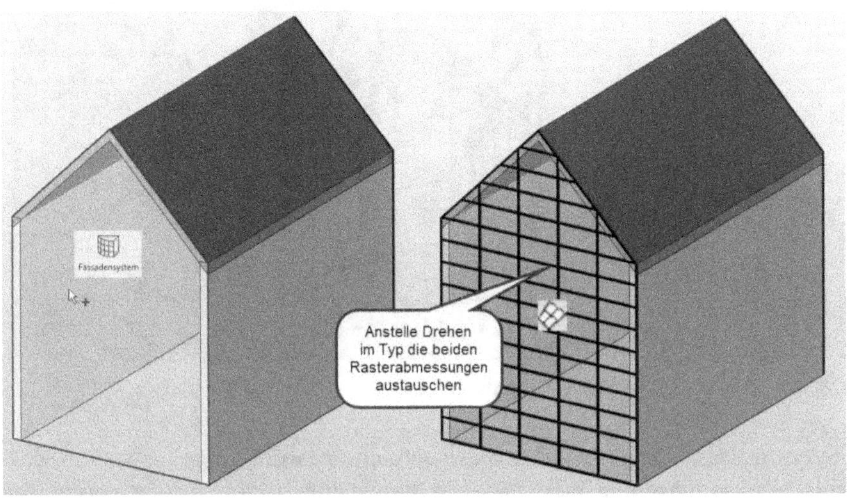

Abb. 11.17: Fassadensystem nach Flächen des Körpers erstellen

Allerdings sind Änderungen möglich, was die Pfostenausrichtung oder -winkel betrifft. Dazu müssen Sie dann zuerst das Fassadensystem markieren, was durch gestrichelte Außenkanten des gesamten Systems signalisiert wird. Dazu klicken Sie am besten einen Pfosten an und drücken dann so lange die [Tab]-Taste, bis der Rahmen markiert wird. Nach einem weiteren Klick erscheint dann das kleine Fenstersymbol in der betreffenden Fläche (Abbildung 11.17 rechts). Danach erscheinen dann in den EIGENSCHAFTEN die Parameter dieser Fläche, und Sie können WINKEL und AUSRICHTUNG für das Fassadenraster einstellen. Sie können aber ein Raster um maximal 89° drehen, nicht um 90°. Dazu sollten Sie einen neuen Typ durch Duplizieren erstellen und die Abmessungen der beiden Rasterrichtungen einfach vertauschen.

Die Erstellung der Geschossdecken ist etwas komplizierter. Zuerst müssen Sie den *Körper anklicken* und finden erst danach in der Multifunktionsleiste ÄNDERN|KÖRPER das Werkzeug KÖRPERGESCHOSSE. Dieses Werkzeug erscheint erst, *nachdem* Sie den Körper aktiviert haben! Im Dialogfenster können Sie dann die Ebenen Ihres Modells aktivieren, für die diese Körpergeschosse erstellt werden sollen. Körpergeschosse sind einfache Querschnittsebenen im Körper, die nur für die Erzeugung der Geschossdecken benötigt werden.

Mit dem Werkzeug KÖRPER & GRUNDSTÜCK|ÜBER FLÄCHE MODELLIEREN|GESCHOSSDECKE ÜBER FLÄCHEN erstellen Sie für gewählte Körpergeschosse – meistens wählt man mit der Kreuzen-Wahl alle – die gewünschten Geschossdecken. Die Erzeugung wird wieder in der Multifunktionsleiste mit GESCHOSSDECKE ERSTELLEN abgeschlossen.

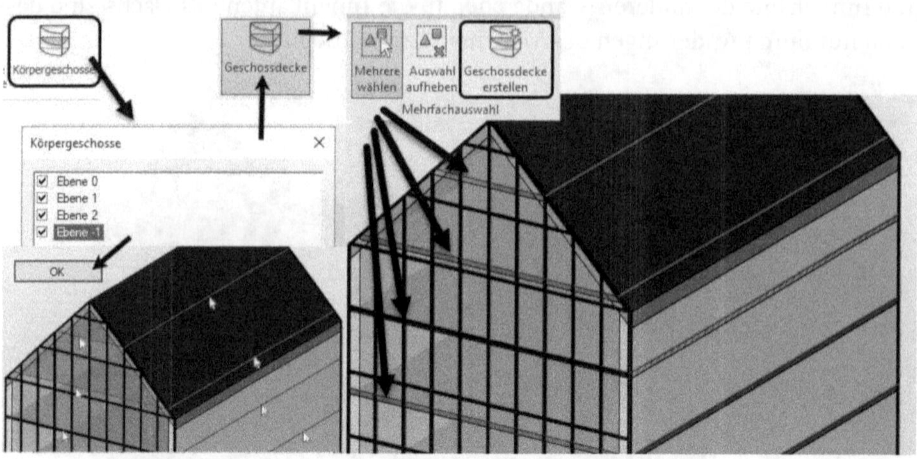

Abb. 11.18: KÖRPERGESCHOSSE erstellen und dann GESCHOSSDECKEN dafür erstellen

Wenn Sie nun das resultierende Gebäude betrachten, werden Sie feststellen, dass die Verbindungen zwischen Dach, Wänden, Fassadensystem und Geschossdecken noch nicht optimal sind.

Als einfachste Aufgabe können Sie die Wände wählen und mit dem Werkzeug FIXIEREN exakt ans Dach anschließen.

Die Geschossdecken können Sie in den Grundrissansichten relativ zu den Wandkanten auf die gewünschten Abstände bzw. Positionen ziehen. Aktivieren Sie dazu jede Geschossdecke und nutzen Sie das Werkzeug BEGRENZUNG BEARBEITEN.

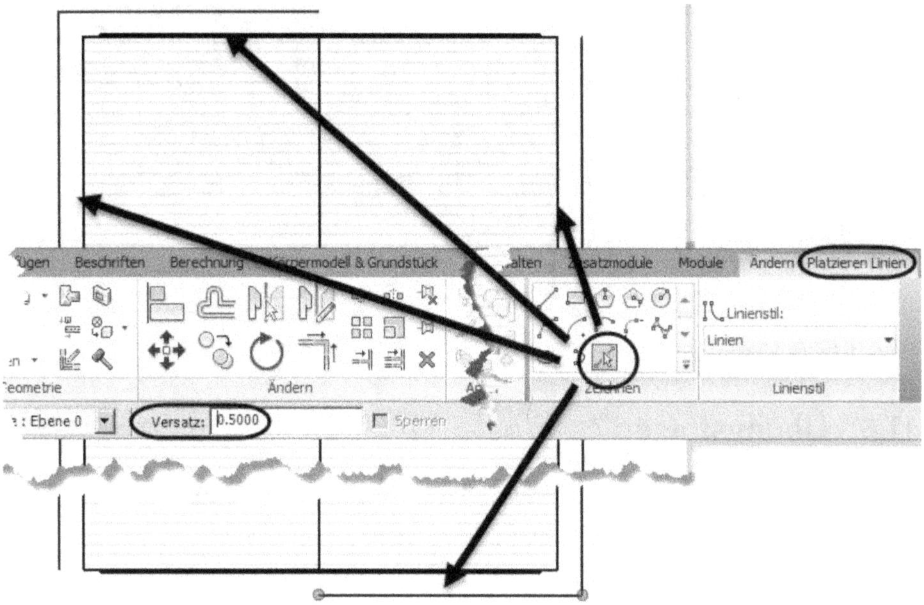

Abb. 11.19: Kanten mit Versatz 50 cm für Dachüberstand

Um die Dachflächen mit etwas Dachüberstand zu versehen, zeichnen Sie am besten versetzte Kanten zu den Wänden und Fassaden mit dem Werkzeug MODELLLINIE und dort der Option LINIEN AUSWÄHLEN mit Versatz **0.5**. Auf diese Hilfslinien ziehen Sie dann die Dachkanten wiederum mit BEGRENZUNG BEARBEITEN hin.

Die komplizierteste Anpassung betrifft das Fassadensystem. Weil es im Unterschied zu Wänden, Dächern und Geschossdecken *fest an den Volumenkörper gekoppelt* ist, müssen Sie für geometrische Änderungen am Fassadensystem den *Körper* modifizieren. In den Grundrissen können Sie zur Anpassung der Fassaden beispielsweise die Körperkanten zu den Wandinnenkanten mit *Griffen* zurückziehen und einrasten lassen oder mit AUSRICHTEN zurückziehen.

Am Dach können Sie die Fassadenecken am besten in einer Schnittansicht unter die Dachkanten positionieren. Nach den geometrischen Änderungen am Körper müssen Sie die Funktion AKTUALISIEREN AUF FLÄCHE aufrufen, damit die Änderungen wirksam werden. Das Ergebnis zeigt Abbildung 11.20.

Abb. 11.20: Anpassungen des Körpers, um Fassadensystem zu ändern

11.6 Übungsfragen

1. Welche Arten von Volumenkörpern haben Sie kennengelernt?
2. Wie können Sie hier ARBEITSEBENEN erstellen?
3. Wie werden GESCHOSSDECKEN im konzeptionellen Design erstellt?
4. Wie ist die Körperanzeige eingestellt?

Kapitel 12

Import – Export

12.1 Import-Funktionen

Im Register EINFÜGEN bietet Revit drei grundsätzlich verschiedene Optionen an:

- VERKNÜPFUNGEN – fügt Quell-Dateien als dauerhaft verbundene Elemente (Referenzen) ein, die immer mit den Originaldateien assoziiert bleiben und spätere dortige Änderungen übernehmen.
- EINFÜGEN – fügt Quell-Dateien als kopierte Elemente ein, die keine Verbindung mehr zu den Originalen besitzen.
- AUS BIBLIOTHEK LADEN – überträgt Familienteile und Ähnliches in die entsprechenden BROWSER-Kategorien zur späteren Verwendung in der aktuellen Zeichnung.

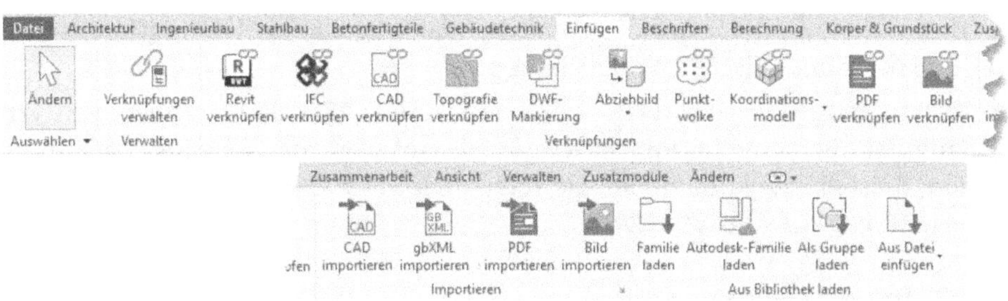

Abb. 12.1: Register EINFÜGEN

12.1.1 Verknüpfungen

Die Verknüpfungen gliedern sich in

- REVIT – mit einem anderen Projekt.
- IFC – mit einer Datei im Format International Foundation Class.
- CAD – mit:
  - DWG – AutoCAD-Zeichnungsdatei,
  - DXF – AutoCAD-Format für Dateiaustausch,
  - AXM – Formit-Format, ein Programm von Autodesk zur 3D-Skizzierung und Modellierung,
  - DGN – Zeichnungsdatei von MicroStation,
  - SAT – ACIS-Austauschformat für 3D-Objekte,

  - SKP – SketchUp-Zeichnungsdatei,
  - OBJ – ein offenes Format für 3D-Daten,
  - STL – das Austauschformat im 3D-Druckbereich,
  - 3DM – Rhino-Zeichnungsdatei,
  - STEP – ein neutrales Format zur Übertragung von Geometrie- und Produktdaten (ISO 10303)
- TOPOGRAFIE – ein Format zur Verbindung über das spezielle BIM360-Interface zu anderen Autodesk-Programmen (benötigt Autodesk Desktop Connector)
- DWF-MARKIERUNG – übernimmt die Anmerkungen aus einer DWF-Datei, die mit Revit erstellt, über einen Viewer (Autodesk Design Review) betrachtet und mit Anmerkungen (Markierungen) ergänzt werden kann.
- ABZIEHBILD – fügt eine Bilddatei auf einem Element wie z.B. einer Wand ein.
- PUNKTWOLKE – verknüpft mit Punktwolken-Dateien aus 3D-Scannern.
- KOORDINATIONSMODELL – verknüpft mit Modellen im NWD- oder NWC-Format des Programms Navisworks, mit dem Koordinationsmodelle aus unterschiedlichen CAD-Quellen zusammengestellt werden können.
- PDF – verknüpft PDF-Dateien als Referenzen, sodass PDF-Änderungen in Revit immer aktuell erscheinen.
- BILD – verknüpft 2D-Ansichten mit Bilddateien, z.B. als Hintergrunddarstellung mit automatischer Aktualisierung.
- VERKNÜPFUNGEN VERWALTEN – Hiermit können Sie die verschiedenen verknüpften Elemente im Projekt wiederholt einfügen oder auch lokalisieren lassen. Dieselbe Funktion finden Sie auch unter VERWALTEN|PROJEKT VERWALTEN|VERKNÜPFUNGEN VERWALTEN.

12.1.2 Importieren

Zum Importieren als Quell-unabhängige Elemente gibt es vier Optionen:

- CAD – Hiermit können die gleichen Formate wie oben DWG, DXF, DGN, SAT, SKP, 3DM, OBJ, STL, AXM (FormIt-Datei) und STEP importiert werden.
- GBXML – Hiermit kann eine gbXML-Datei (green building XML) mit Heizungs-, Kühlungsdaten, Räumen und Zonen eines anderen Gebäudeplaners importiert werden.
- PDF – importiert eine PDF-Datei.
- BILD – importiert ein Bild ohne Referenzbeziehung zum Original zum Einfügen in 2D-Ansichten als Hintergrund.

12.1.3 Aus Bibliothek laden

Die hiermit importierten Elemente werden zu den Projektquellen im Browser hinzugefügt:

- FAMILIE LADEN – lädt Familientypen aus den Familienbibliotheken des PC in die projektinterne Bibliothek. Diese Bibliothek enthält aber nur wenige spezielle Familienteile.
- AUTODESK-FAMILIE LADEN – lädt Familientypen aus der Inhaltsdatei bei Autodesk. Dort können Sie über *sehr umfangreiche Bibliotheken* auch auf die Familienteile anderer Länder zugreifen. Zum Beispiel können Sie hier über die GEBIETSSCHEMA-EINSTELLUNGEN unter SPRACHE **Englisch** und REGION **Großbritannien und Nordirland** recht brauchbare Haustüren finden.
- ALS GRUPPE LADEN – lädt eine Revit-Datei in die GRUPPEN-Kategorie im Browser.
- AUS DATEI EINFÜGEN
  - ANSICHT – fügt Bauteillisten und Pläne aus anderen Projekten zur Verwendung als Vorlagen in das aktuelle Projekt ein.
  - 2D-ELEMENTE – fügt 2D-Elemente aus Ansichten anderer Projekte ein.

12.2 Nützliche CAD-Importe

12.2.1 Grundrisse aus CAD

Oft sind schon Vorgaben für ein Gebäude in Form von zweidimensionalen CAD-Grundrissen der Geschosse vorhanden. Dann können Sie diese z.B. als AutoCAD-Zeichnung in das Revit-Projekt einfügen und darauf aufbauend Ihre 3D-Modellierung erstellen.

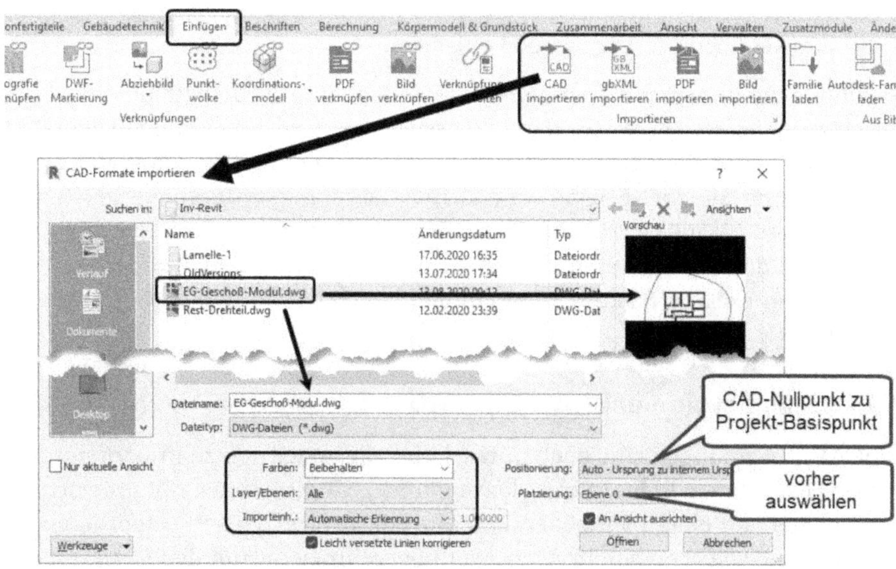

Abb. 12.2: AutoCAD-Zeichnung wird importiert.

Dabei sind noch einige Einstellungen zu beachten:

- FARBEN – Da Revit mit weißem Hintergrund arbeitet, AutoCAD in der Grundeinstellung aber mit schwarzem Hintergrund, sind die AutoCAD-Layer oft pastellfarben, die hier nur schlecht sichtbar sind. Mit UMKEHREN oder SCHWARZ-WEIß können Sie die Sichtbarkeit verbessern.
- LAYER/EBENEN – Statt ALLE können Sie auf SICHTBAR oder AUSWÄHLEN umschalten, um die Anzahl der importierten Layer zu reduzieren. Unerwünschte Layer können Sie aber auch später in Revit über ANSICHT|GRAFIK|SICHTBARKEIT/GRAFIKEN im Register IMPORTIERTE KATEGORIEN abschalten.
- IMPORTEINHEITEN – Wenn Sie in der CAD-Datei die Einheiten korrekt eingestellt haben, können Sie mit der Option AUTOMATISCHE ERKENNUNG arbeiten, ansonsten wählen Sie hier die benutzten Einheiten aus.
- POSITIONIERUNG – Hier gibt es vier Optionen:
  - AUTO – MITTE ZU MITTE– positioniert den Schwerpunkt der AutoCAD-Zeichnung auf den Schwerpunkt des Revit-Modells.
  - AUTO – URSPRUNG ZU INTERNEM URSPRUNG – legt den AutoCAD-Nullpunkt auf den PROJEKT-BASISPUNKT.
  - MANUELL URSPRUNG – legt den AutoCAD-Nullpunkt auf eine wählbare Position in Revit.
  - MANUELL ZENTRIERT – legt den Schwerpunkt der AutoCAD-Zeichnung auf eine wählbare Position in Revit.
- PLATZIERUNG – Sie können hier die Revit-Ebene wählen, aber es werden nur die aktuelle Ebene und darunter liegende angeboten. Gegebenenfalls also hier die aktuelle Ebene vorher passend einstellen.

Sie können die importierte Geometrie verwenden, um mit Objektfang die Wände danach zu erstellen. Achten Sie darauf, dass Fenster- und Türöffnungen zuerst ignoriert werden, weil sie beim Einfügen der Türen und Fenster automatisch entstehen. Damit Sie die Fenster und Türen an den gewünschten Positionen einsetzen können, müssen Sie im Grundriss auf den BILDSTIL: DRAHTMODELL umschalten, damit die Kanten der CAD-Zeichnung unter den Wänden sichtbar werden. Zum exakten Positionieren empfiehlt sich dann die Funktion ÄNDERN|AUSRICHTEN.

12.2.2 Geländevolumenkörper aus CAD

AutoCAD-Zeichnungen sind auch nützlich, um Geländedaten zu importieren. Sie können Höhenlinien in Form von Skizzenkurven oder Polylinien mit unterschiedlichen Höhen auf einem speziellen Layer in AutoCAD erzeugen. Importieren Sie die Zeichnung wie oben beschrieben, aber übernehmen Sie nur den Layer mit den Höhenlinien.

Mit KÖRPER & GRUNDSTÜCK|GRUNDSTÜCK MODELLIEREN|GELÄNDEMODELL AUS IMPORT ERSTELLEN|AUS CAD ERSTELLEN können Sie direkt den AutoCAD-Import als AUS IMPORT ERSTELLEN▾AUS CAD ERSTELLEN anklicken, um daraus ein Gelände zu erstellen. Die Höhenlinien (Linien, Polylinien oder Splines) werden punktweise in eine Geländeoberfläche mit Unterbau umgesetzt.

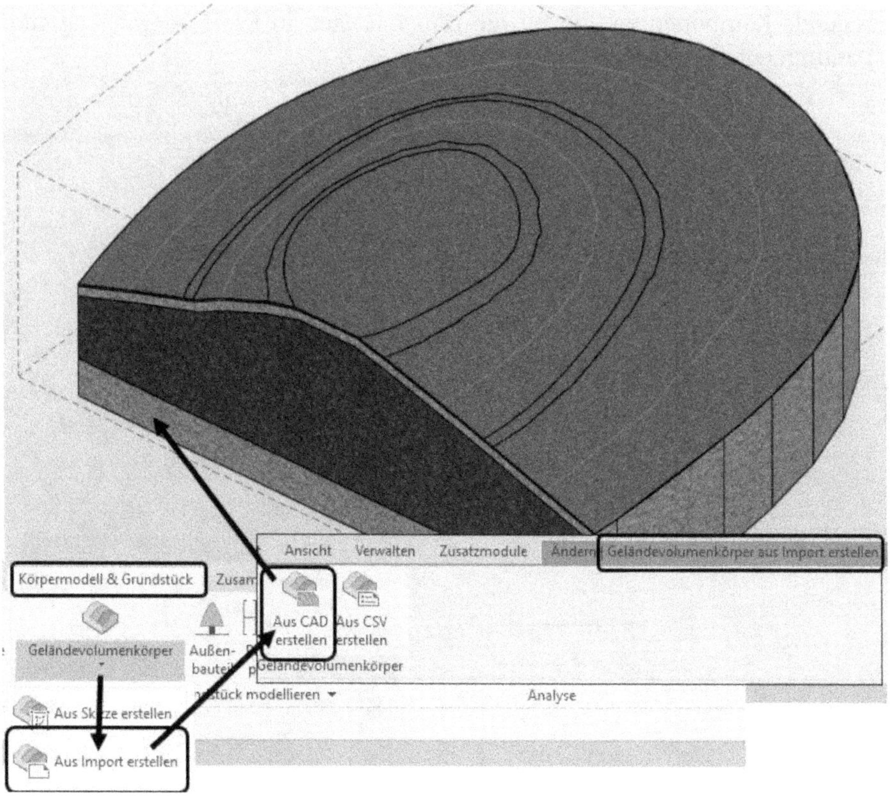

Abb. 12.3: AutoCAD-Gelände nach Import

12.2.3 BIM-Import aus Inventor

In dem Autodesk-Programm INVENTOR gibt es die Möglichkeit des BIM-Exports. Damit werden aus *Inventor-Konstruktionen*dann REVIT-FAMILIENDATEIEN erstellt.

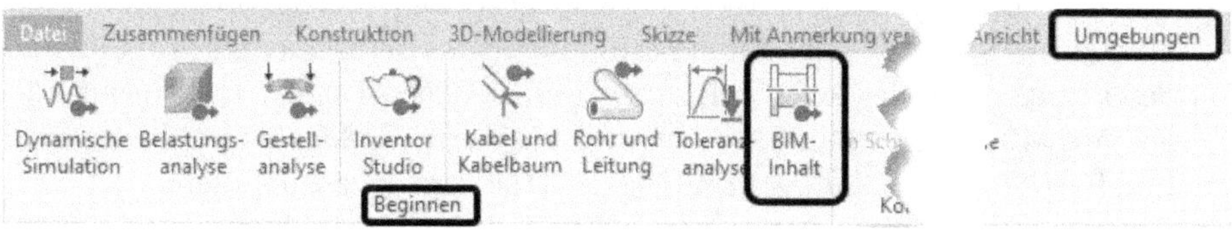

Abb. 12.4: Inventor-Register zum Exportieren von Revit-Familien

Das geschieht in mehreren Schritten.

1. Bevor Sie eine ggf. komplexe Inventor-Baugruppe wie beispielsweise einen Heizkörper o.Ä. direkt in ein Revit-Familienteil umwandeln, sollten Sie unter ZUSAMMENFÜGEN die KONTURVEREINFACHUNG (Abbildung 12.5, ❶) in Inventor benutzen, um die Komplexität zu reduzieren. Die KONTURVEREINFACHUNG kann Details der Konstruktion ausblenden, wie beispielsweise innen liegende Komponenten, die für die Darstellungen in Revit unerheblich sind. Dadurch entsteht eine neue Baugruppe.

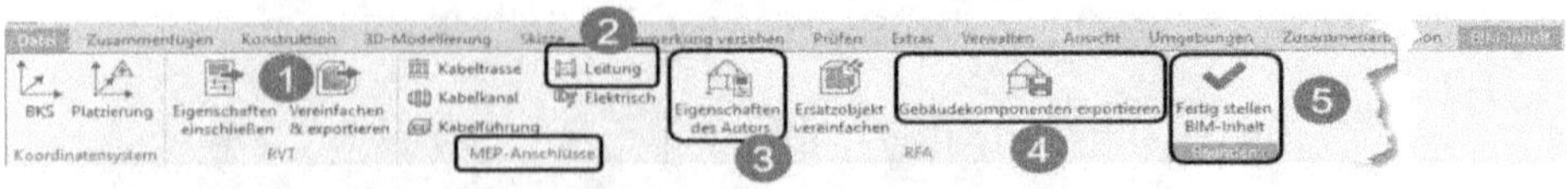

Abb. 12.5: BIM-Exportfunktionen in Inventor

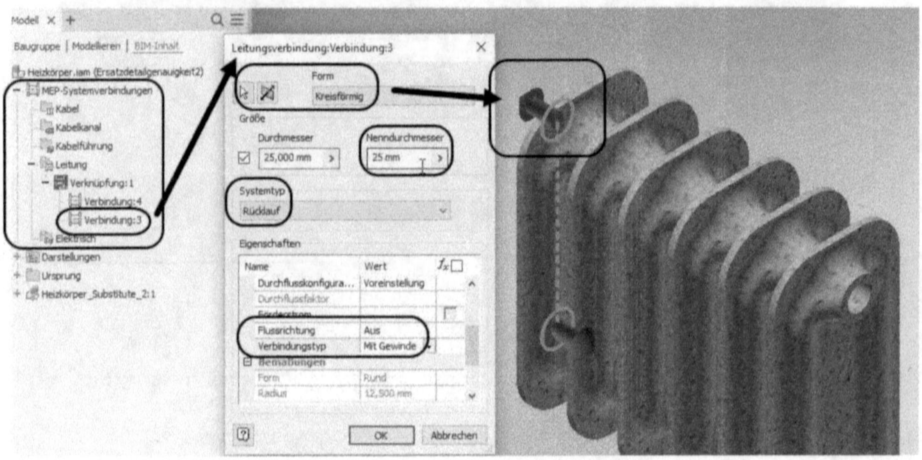

Abb. 12.6: Gestaltung der MEP-Verbindungen

2. Wesentlich für Revit sind natürlich die Anschlusspunkte für Rohr- oder Elektroleitungen. Dazu wählen Sie für die hier gezeigten Heizkörper in der Gruppe MEP-VERBINDUNGEN die LEITUNGSVERBINDUNG ❷ für die Vorlauf- und Rücklauföffnung. Hier geben Sie den Nenndurchmesser an, den Systemtyp und den Verbindungstyp.
3. Danach wählen Sie EIGENSCHAFTEN DES AUTORS ❸, wobei Sie vor allem mit EINFÜGEPUNKT SUCHEN – hier durch Positionieren des Achsenkreuzes am Einlauf – den Bezugspunkt des Revit-Teils setzen und die REVIT-FAMILIENKATEGORIE wählen. Mit MODELLEIGENSCHAFTEN können Sie Werte wie Masse etc. übernehmen und BESCHREIBUNG, MODELL und HERSTELLER dann selbst definieren.

4. Am Schluss wählen Sie GEBÄUDEKOMPONENTEN EXPORTIEREN ❹, um dann die Revit-Familiendatei zu erzeugen. Als Dateiverzeichnis benutzen Sie praktischerweise das Verzeichnis der Revit-Familien auf Ihrem PC C:\PROGRAMDATA\AUTODESK\RVT 2026\LIBRARIES\GERMAN. Von hier aus kann die Familie bequem in Revit mit EINFÜGEN\AUS BIBLIOTHEK LADEN\FAMILIE LADEN geladen werden.
5. Mit FERTIGSTELLEN BIM-INHALT ❺ wird die BIM-Bearbeitung beendet.

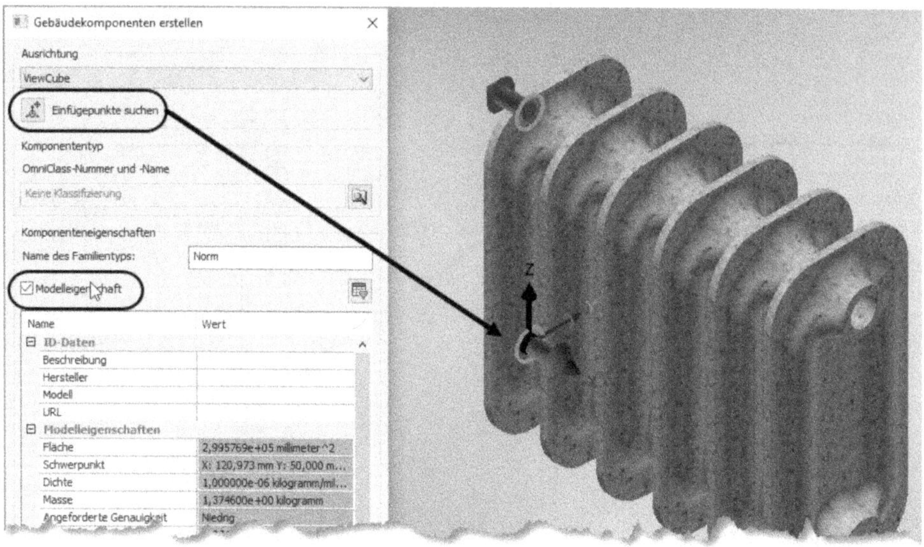

Abb. 12.7: Erstellen einer BIM-Komponente

Die Festlegung der Anschlüsse können Sie aber auch in der Revit-Familie durchführen. Wenn Sie also in Inventor zwar die Revit-Familiendatei erzeugt haben, aber die Verbindungen noch fehlen oder fehlerhaft sind, dann bearbeiten Sie das Familienteil einfach unter Revit weiter. Ist das Bauteil schon in eine Projektdatei eingefügt, dann genügt es, mit einem Doppelklick in den Familieneditor für dieses Teil zu wechseln. Ansonsten wählen Sie beim Revit-Start einfach FAMILIE|ÖFFNEN und bearbeiten das Teil.

Im Familieneditor benutzen Sie ERSTELLEN|ANSCHLUSSSTÜCKE|ROHR-ANSCHLUSS, um beispielsweise einen Rohranschluss zu gestalten. An der Anschlussstelle blättern Sie die angebotenen Konturen mit [Tab] durch, bis Sie den Kreis für den Anschluss erhalten. Dann wählen Sie unter EIGENSCHAFTEN|BEMAẞUNG RUNDER ABSCHLUSS noch die Option DURCHMESSER VERWENDEN. Mit [ESC] brechen Sie ab und markieren den angezeigten Richtungspfeil und tragen in den EIGENSCHAFTEN den DURCHMESSER, die FLIEẞRICHTUNG und die SYSTEMKLASSIFIZIERUNG ein (Abbildung 12.8). Den Familieneditor beenden Sie durch Schließen der benutzten Ansichten.

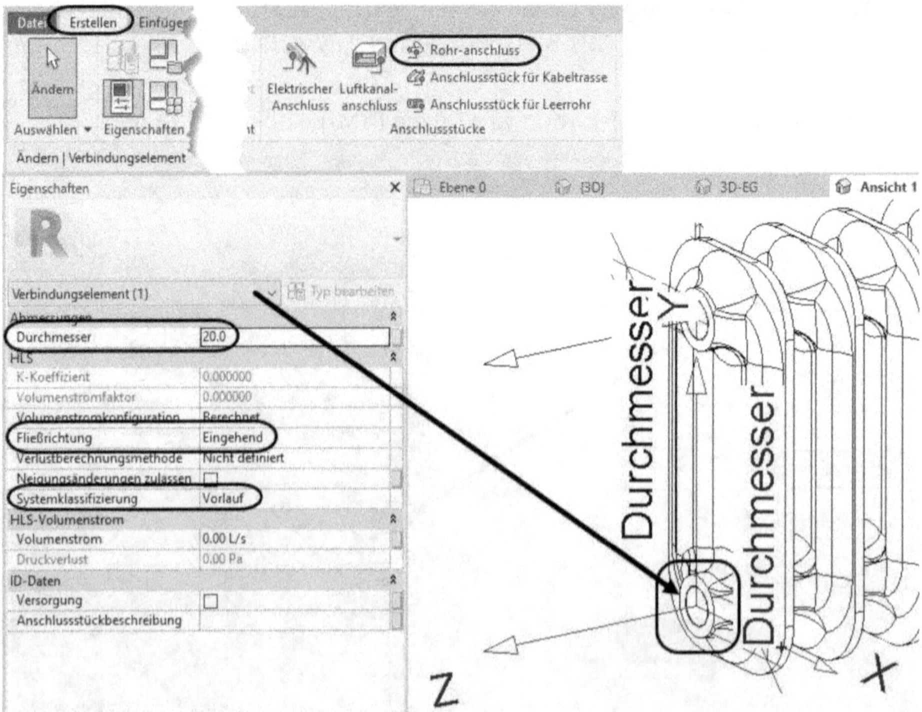

Abb. 12.8: Verbindung im Revit-Familieneditor erstellen

Das Bauteil kann nun in Ihr Projekt eingebaut werden. Verwenden Sie dazu ARCHITEKTUR|BAUTEIL|FAMILIE LADEN und gehen Sie in das Verzeichnis, in dem Sie das Familienteil unter Inventor abgelegt haben. Nun können Sie das Bauteil mit ARCHITEKTUR|ERSTELLEN|BAUTEIL|BAUTEIL PLATZIEREN in Ihr Modell einfügen. Achten Sie darauf, dass es mit dem Punkt positioniert wird, den Sie in Inventor als EINFÜGEPUNKT (Abbildung 12.7) angegeben haben. Nach dem Einbau kann das Teil über das GEBÄUDETECHNIK-Modul automatisch mit Rohren verbunden werden. Voraussetzung ist, dass Sie die passenden Rohrteile mit den nötigen Durchmessern bereits geladen haben (siehe Kapitel 16 »Gebäudetechnik«).

Beim Anschluss eines Rohrteils erscheinen an den Anschlussstellen automatisch kleine Pfeilsymbole und die Rohrdurchmesser können auch automatisch übernommen werden (Abbildung 12.9).

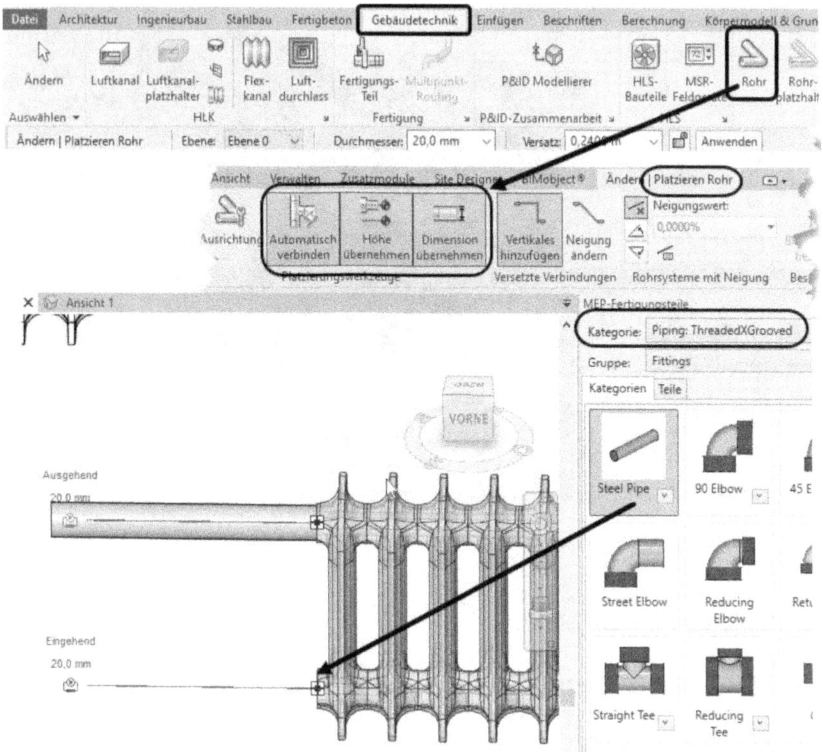

Abb. 12.9: Heizkörper mit Rohren automatisch verbinden

12.3 Internet-Bibliotheken nutzen: BIMobject®

Unter der URL `http://www.bimobjects.com.de` können Sie zahlreiche Familienteile für REVIT laden. Am besten verschieben Sie die Teile aus dem Windows-Ordner **Downloads** gleich in den Familienordner **C:\ProgramData\Autodesk\RVT 2026\Libraries\German**. Dann können Sie mit den Voreinstellungen des Befehls FAMILIE LADEN direkt auf diese Familien zugreifen. Wenn die gewählten Objekte aus mehreren Familien bestehen, wird eine ZIP-Datei erstellt, die Sie dann erst entpacken müssen, um an die Einzelkomponenten zu kommen.

Achten Sie beim Einfügen der Elemente über FAMILIE LADEN auch darauf, dass der Familientyp immer zum aktuellen Konstruktionsbefehl passen muss. Sie können ein Fenster nur einbauen, wenn Sie über FENSTER|FAMILIE LADEN gekommen sind und nicht über TÜR|FAMILIE LADEN! Allerdings können Sie beliebige Familientypen stets über das Register EINFÜGEN mit EINFÜGEN|AUS BIBLIOTHEK LADEN|FAMILIE LADEN dazuladen und dann in das Modell einfügen über ARCHITEKTUR|ERSTELLEN|BAUTEIL|BAUTEIL PLATZIEREN.

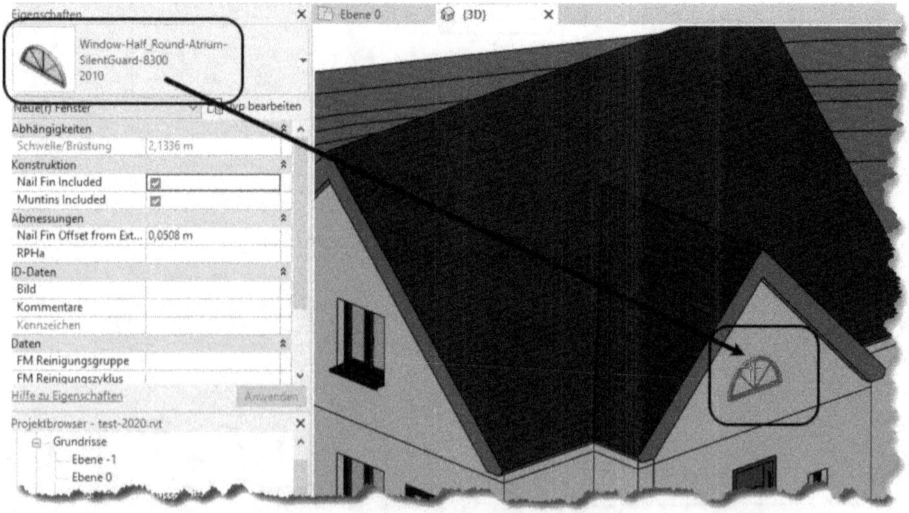

Abb. 12.10: Einbau eines Fensters aus der Bimobject-Bibliothek

12.4 Export-Funktionen

12.4.1 CSV-Export von Bauteillisten

Wenn Sie Bauteillisten in nachfolgenden Programmen zur Auswertung weiterverwenden wollen, ist immer ein Format gefragt, das die Übergabe in Datenbanken ermöglicht. Hierzu gibt es *bei aktivierter Bauteilliste* unter DATEI|EXPORTIEREN|BERICHTE|BAUTEILLISTE neben dem Textexport auch das Format `*.csv` (Comma Separated Values), das von gängigen Datenbanken eingelesen werden kann.

12.4.2 Export mit deutschsprachigen Layern einrichten

Über eine EXPORTEINRICHTUNG können Sie bestimmen, welche Layer für die einzelnen Elemente in AutoCAD erstellt werden sollen. Vorgegeben ist der Standard des American Institute of Architects (AIA) (Abbildung 12.11). Sie können aber eine Exporteinrichtung mit deutschen Layernamen einrichten:

- Wählen Sie DATEI|EXPORTIEREN ▾ OPTIONEN|EXPORTEINRICHTUNGEN – DWG/DXF weit unten in der Drop-down-Liste.
- Im Dialogfenster DWG-/DXF-EXPORTEINRICHTUNG ÄNDERN klicken Sie auf NEUE EXPORTEINRICHTUNG.
- Geben Sie einen sinnvollen Namen ein: `DWG-deutsch`.
- Gehen Sie zu LAYER AUS STANDARDS LADEN: und
- blättern Sie 6auf, um dort EINSTELLUNGEN AUS DATEI LADEN zu aktivieren.
- Wählen Sie folgende Datei C:\ProgramData\Autodesk\RVT 2026\TEMPLATES\GERMAN\REVITKEYNOTES_DACH.TXT.

- Schließlich stellen Sie ggf. noch oben im Register EINHEITEN auf DWG-EINHEIT `Meter` statt `Millimeter` um.

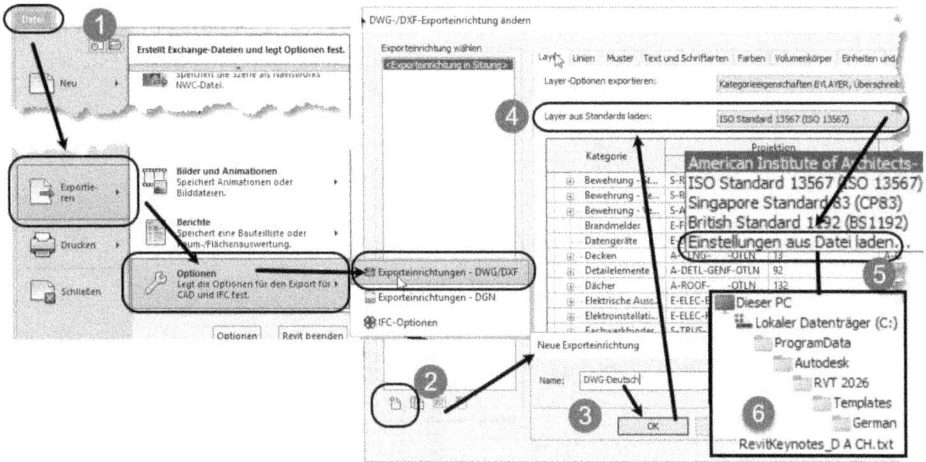

Abb. 12.11: Deutschsprachige Export-Einrichtung

12.4.3 Exportieren nach CAD

Sie können einzelne Geschosse und Querschnitte, aber auch 3D-Ansichten nach AutoCAD exportieren: DATEI|EXPORTIEREN|CAD-FORMATE|DWG bzw....|DXF (Abbildung 12.12).

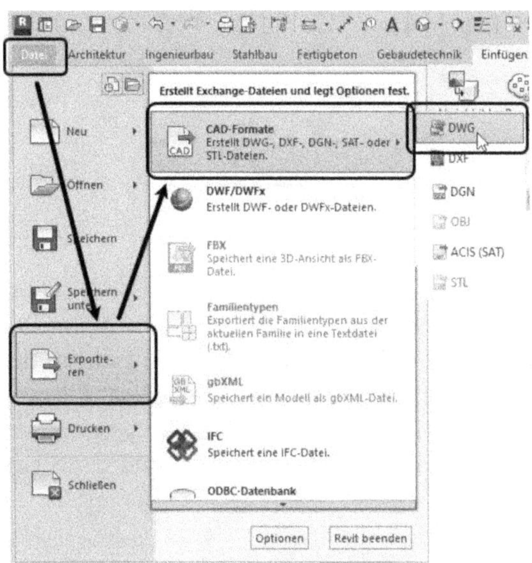

Abb. 12.12: Export zum AutoCAD-Format

Es erscheint der DWG-Export-Dialog für die aktuelle Ansicht mit der oben eingerichteten Exporteinrichtung. Mit Weiter und dann Eingabe eines Dateinamens wird die aktuelle Ansicht exportiert.

Sie können aber auch mehrere Ansichten zugleich als DWG ausgeben. Wenn Sie auf Neuer Satz klicken, legen Sie mit einem neuen Export-Satz fest, welche Ansichten Ihres Projekts exportiert werden sollen (Abbildung 12.13).

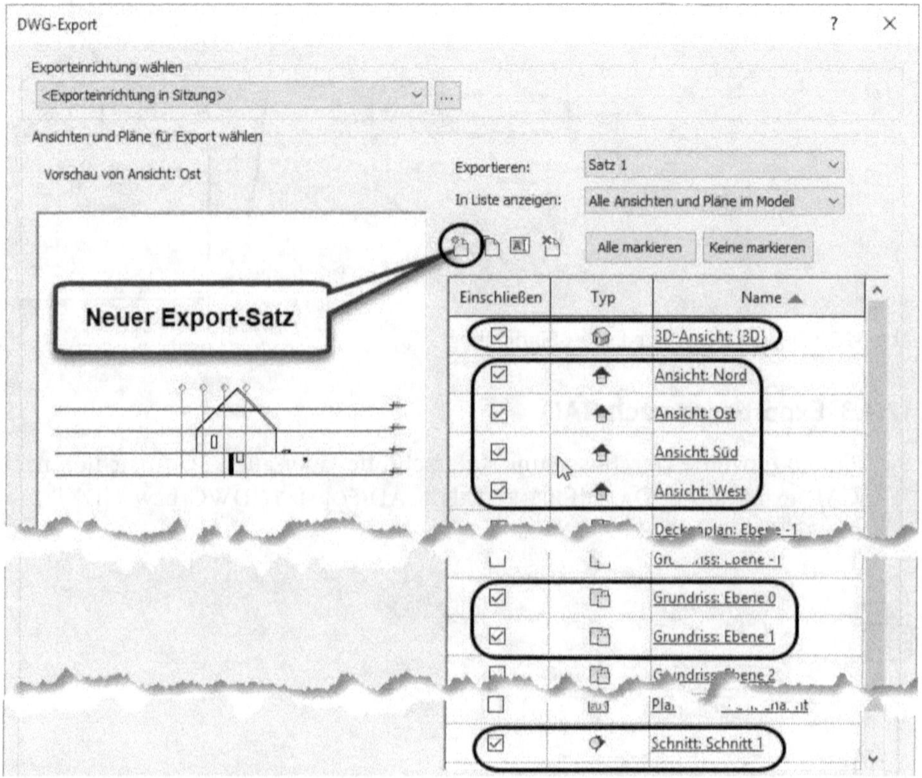

Abb. 12.13: Exportsatz festlegen

Die entstandene AutoCAD-DWG-Datei sollte natürlich in AutoCAD noch nachbearbeitet werden. Nach dem Öffnen der Zeichnung in AutoCAD ist die Maßstabsliste auf *britisch* und der Maßstab 1:1 eingestellt. Die Maßstabsliste kann in der Statusleiste mit wenigen Klicks auf die Maßstabsanzeige über Benutzerdefiniert und Option Zurücksetzen auf Metrisch und 1:100 zurückgesetzt werden. Der mit übertragene Bemaßungsstil und die Maßstabsliste sind dann ggf. noch AutoCAD-spezifisch anzupassen.

12.4.4 Revit-Modell in Iventor verwenden

Revit-Modelle können auch in Inventor-Baugruppen eingefügt werden, und zwar als Referenz oder als konvertierte Volumenkörper. Beim Referenzmodell passen sich nach Änderungen am Revit-Modell die Inventor-Konstruktionen adaptiv an. So werden dann Stützkonstruktionen, die Sie in Inventor mit Abhängigkeiten zu den Revit-Komponenten versehen haben, bei Modelländerungen automatisch mitgenommen.

In Inventor wählen Sie in einer Baugruppe ZUSAMMENFÜGEN|IMPORTIERTE CAD-DATEIEN PLATZIERENund entscheiden dann zwischen REFERENZMODELL und MODELL KONVERTIEREN. Im letzteren Fall können Sie noch zwischen drei Strukturvarianten wählen: BAUGRUPPE, BAUTEIL MIT MEHREREN KÖRPERN (Multipart-Modell) und ZUSAMMENGESETZTES BAUTEIL.

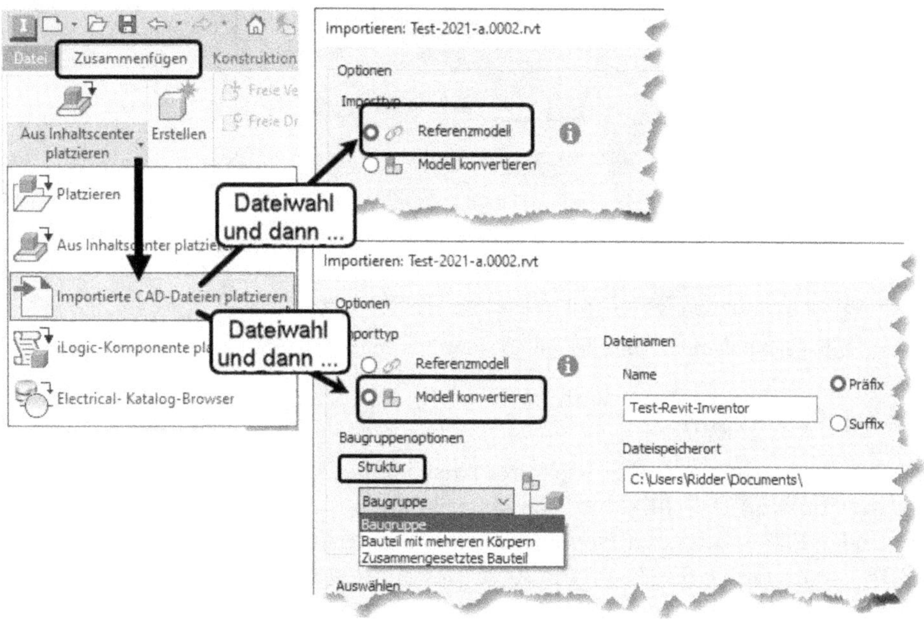

Abb. 12.14: Revit-Modell in Inventor-Baugruppe importieren

Am interessantesten ist natürlich das Referenzmodell, bei dem sich durch Abhängigkeiten verbundene Inventor-Teile den nachträglichen Revit-Änderungen anpassen können. Das in Abbildung 12.15 an die Wände angepasst konstruierte Vordach variiert hier mit der Änderung der Wandpositionen in der Bau-Konstruktion.

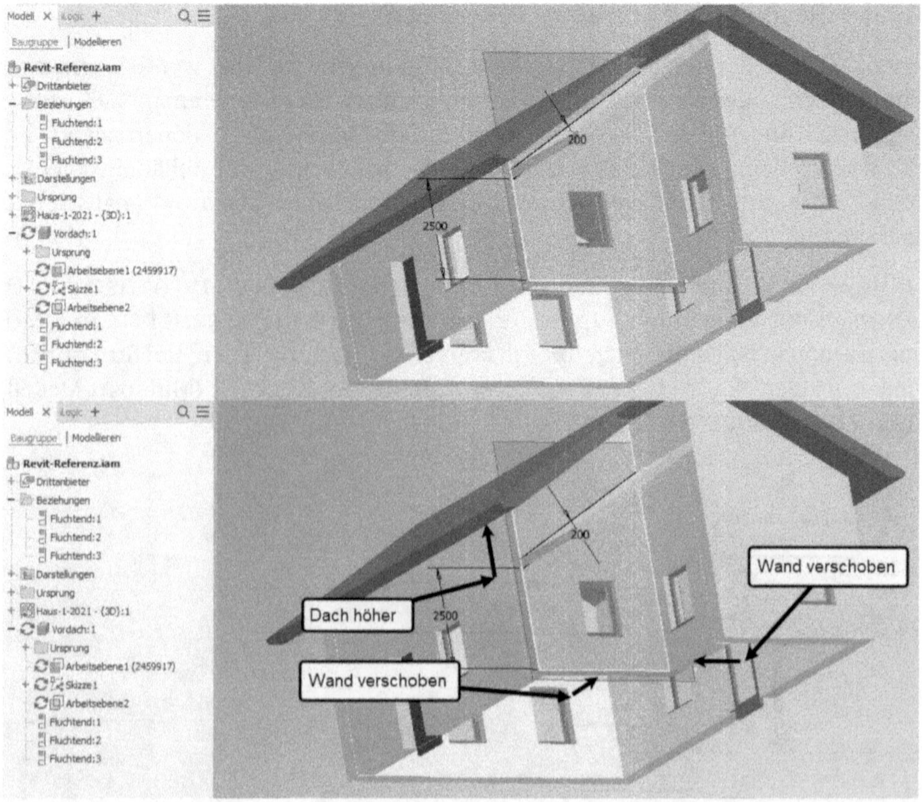

Abb. 12.15: Revit-Referenzmodell beeinflusst Inventor-Konstruktion.

12.4.5 PDF-Export

Zur Ausgabe einzelner oder mehrerer Ansichten oder Pläne im PDF-Format gibt es die Funktion DATEI|EXPORT|PDF. Hier können Sie nicht nur einzelne Ansichten oder Pläne ausgeben, sondern auch mehrere auswählen. Im Dialogfenster PDF-Export sollten Sie zuerst die Ansichten und/oder Pläne auswählen ❶. Dann können Sie wählen, ob alles in einer PDF-Datei zusammengefasst werden soll ❷. Wenn getrennte Dateien erstellt werden sollen, können Sie Benennungsregeln festlegen, um sinnvolle Dateinamen aus den Projektparametern zu generieren ❸. Mit EXPORTIEREN ❹ starten Sie die Erzeugung der PDFs.

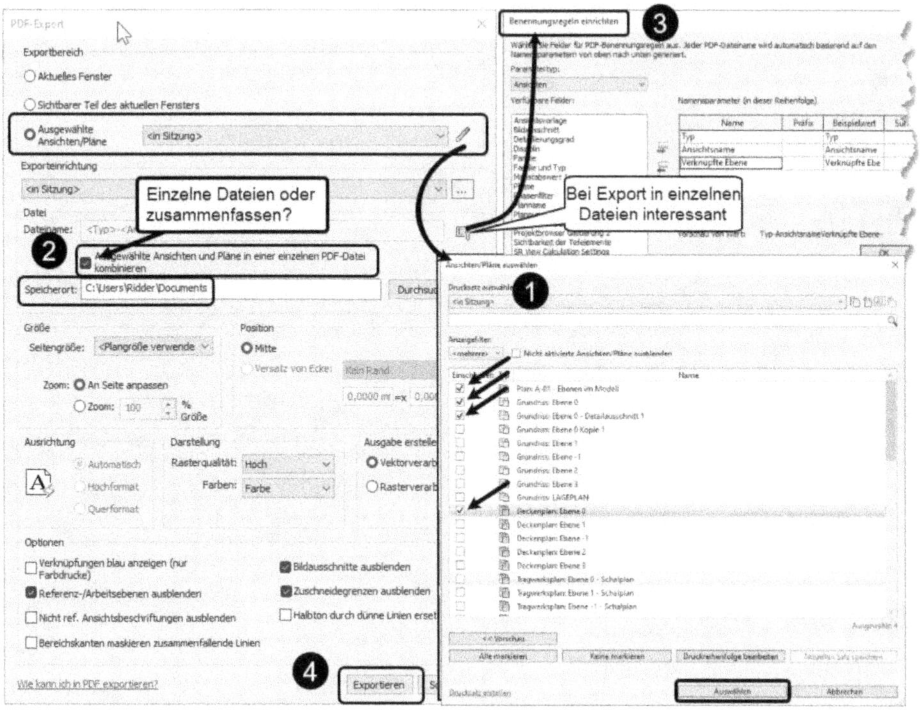

Abb. 12.16: PDF-Export-Einstellungen

12.5 Autodesk Construction Cloud

Unter AUTODESK CONSTRUCTION CLOUD werden *extra zu abonnierende Cloud-Dienste* angeboten, über die Sie oder Mitarbeiter Ihres Teams Modelle in der Cloud AUTODESK DOCS speichern und von dort öffnen können. Dazu dienen die Funktionen DATEI|SPEICHERN UNTER|CLOUD-MODELL bzw. DATEI|ÖFFNEN|CLOUD-MODELL.

12.6 Übungsfragen

1. Wie können Sie ein Gelände aus AutoCAD verwenden?
2. Was bedeutet beim Export zu AutoCAD die Export-Einrichtung?
3. Was bedeutet beim Export zu AutoCAD der Export-Satz?

Auswertungen

Aus den Elementen Ihrer Konstruktion werden von Revit automatisch Listen aufgestellt, die Fenster und Türen zählen, Wandvolumen zusammenfassen, Raum- und Flächendaten registrieren.

13.1 Räume und Raumstempel

Die Informationen über Räume werden über die Raumstempel erzeugt und in einer Raumliste zusammengefasst. Die Raumstempel ermitteln die Raumflächen automatisch für jeden einzelnen Raum. Automatische Begrenzungen für die Raumstempel sind die Wände, Fenster und Türen.

13.1.1 Raumtrennung

Nun gibt es ggf. Wände, die nicht als Raumtrennung wirken sollen. Für diese Wände können Sie in den EIGENSCHAFTEN bei RAUMBEGRENZUNG das Häkchen entfernen.

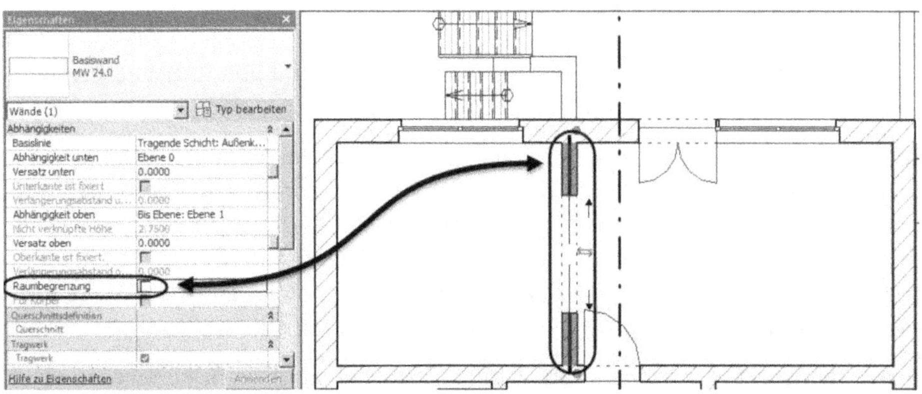

Abb. 13.1: Aufhebung der Raumbegrenzung für eine einzelne Wand

Andererseits gibt es auch Räume, die wegen ihrer Größe unterschiedlich genutzt werden. Hier wäre es sinnvoll, zusätzliche Raumtrennungslinien zu zeichnen. Im Beispiel soll der Flurbereich zur Treppe hin getrennt werden. Diese Linien dienen wie die Wände dann als automatische Raumbegrenzungen.

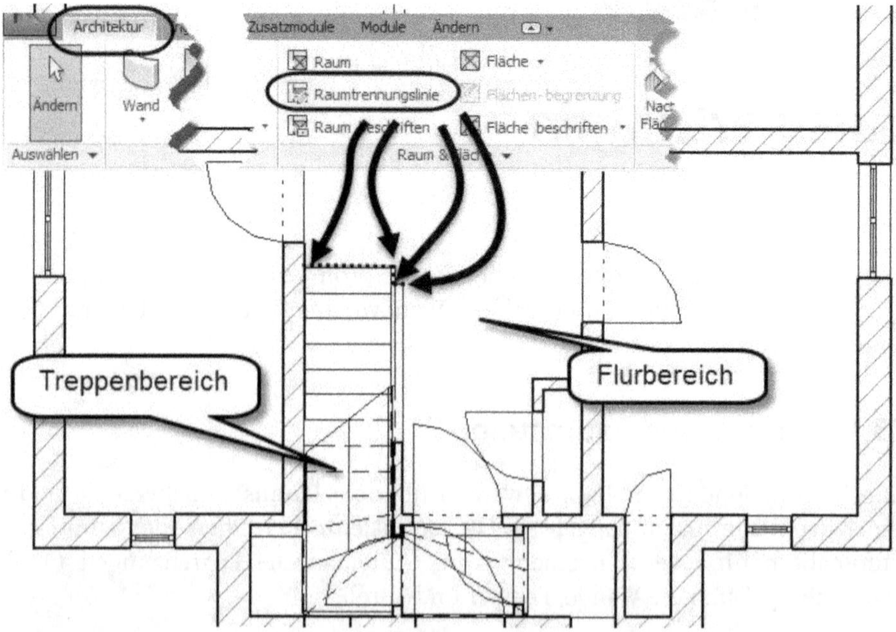

Abb. 13.2: Raumtrennungslinien zwischen Flur- und Treppenbereich

13.1.2 Raumstempel

Mit dem RAUM-Werkzeug können Sie die Option RÄUME AUTOMATISCH PLATZIEREN verwenden, um *alle* Räume der aktuellen Ebene automatisch mit *Raumstempeln* zu versehen, oder Sie klicken in jeden Raum einzeln hinein, um *Räume* und *Raumstempel* zu erstellen. Wenn Sie einen Raumstempel gelöscht haben, bleibt der Raum trotzdem erhalten und kann mit der Funktion RAUM BESCHRIFTEN mit einem neuen Stempel versehen werden.

Der Raum-Umfang selbst wird beim Markieren des Raumstempels als rötlicher Rahmen sichtbar. Es wird nach mehrmaligem [Tab] als Element über eine kreuzförmige Markierung unter 45° auch wählbar. Nach Markieren des Raums – und nicht der Raumbeschriftung – können Sie den Raumnamen unter EIGENSCHAFTEN|ID-DATEN|NAME ändern. Sie wählen dort aus einer Raumschlüssel-Liste einen passenden Namen aus oder geben einen neuen Namen ein.

Raumstempel, die zwischen den Wänden keinen Platz haben, können zunächst normal erzeugt werden und dann nach Anklicken am Text nach außen verschoben werden (Abbildung 13.4). Dafür sollte aber in den OPTIONEN oder EIGENSCHAFTEN die FÜHRUNGSLINIE aktiviert sein. Unterhalb vom Raumstempel erscheint nach dem Anklicken ein blaues Verschiebungssymbol, mit dem Sie den Raumstempel dann herausziehen können.

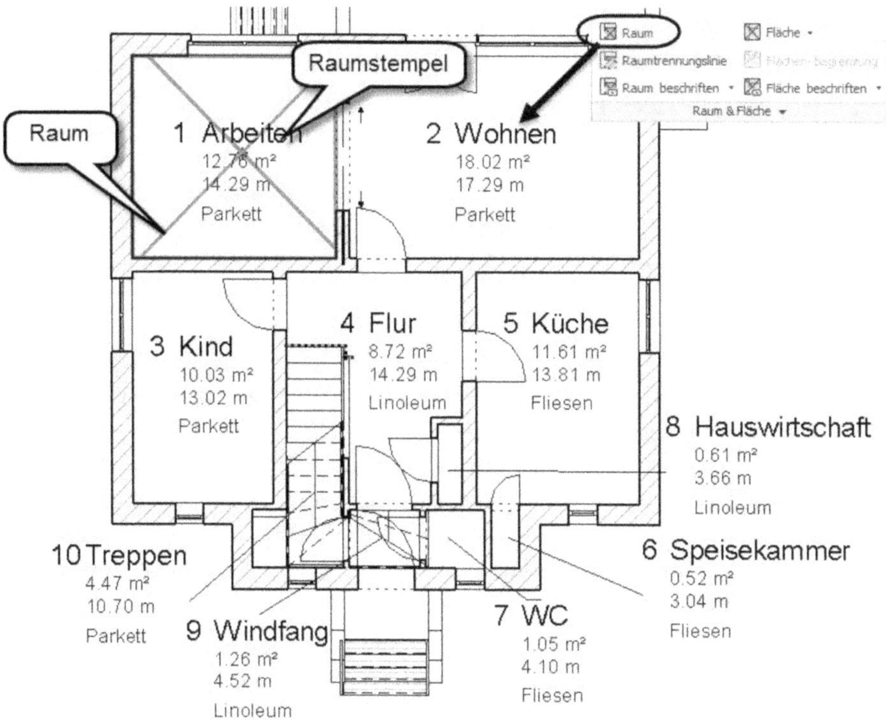

Abb. 13.3: Räume und Raumstempel

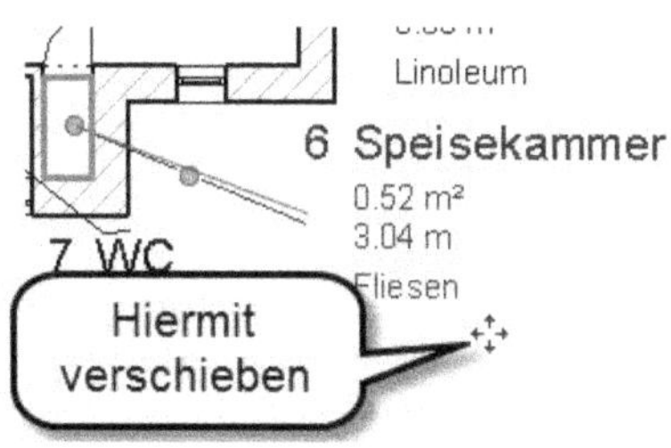

Abb. 13.4: Verschieben eines Raumstempels

Fragezeichen im Raumstempel zeigen an, dass ein Raumparameter nicht aus der Zeichnung abgeleitet werden kann und über die Raumliste manuell eingegeben werden muss. Dies ist der Fall, wenn Sie z.B. in den EIGENSCHAFTEN einen Raumstempel vom Typ NUMMER, NAME, FLÄCHE, UMFANG, FUßBODEN gewählt haben.

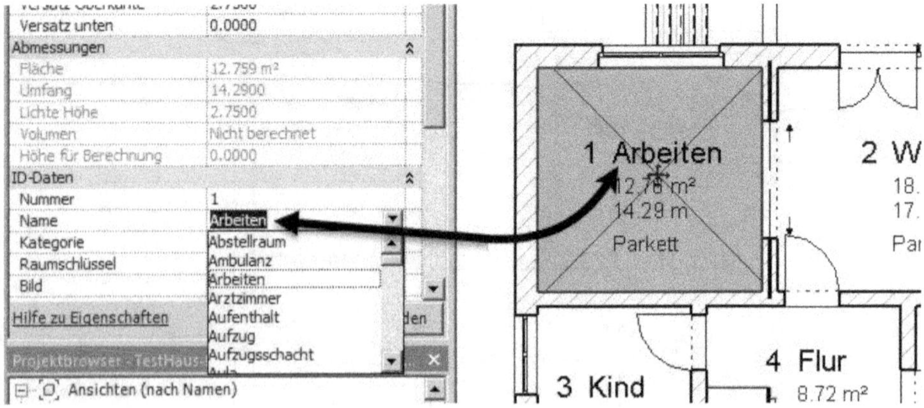

Abb. 13.5: Raumbeschriftung ändern

Die RAUMLISTEN finden Sie im PROJEKTBROWSER in der Kategorie BAUTEILLISTEN/MENGEN (GLIEDERUNG) unter der Kategorie RÄUME|RÄUME – NACH EBENE MIT FLÄCHE UND UMFANG ist eine Standard-Raumliste. Es fehlt ggf. noch eine Spalte für den Fußbodenbelag.

Um eine neue Spalte der Tabelle hinzuzufügen, gehen Sie bei aktivierter Tabelle in den EIGENSCHAFTEN unter der Kategorie ANDERE|FELDER auf BEARBEITEN. Im neuen Dialogfeld klicken Sie links unter VERFÜGBARE FELDER den FUßBODEN an und befördern ihn mit dem grünen Pfeilsymbol nach rechts in die Spaltenübersicht. In der neuen Tabellenspalte FUßBODEN können Sie danach in jeder Zeile über eine Dropdown-Liste den Fußbodenbelag wählen. Danach erscheinen sie auch in den Raumstempeln.

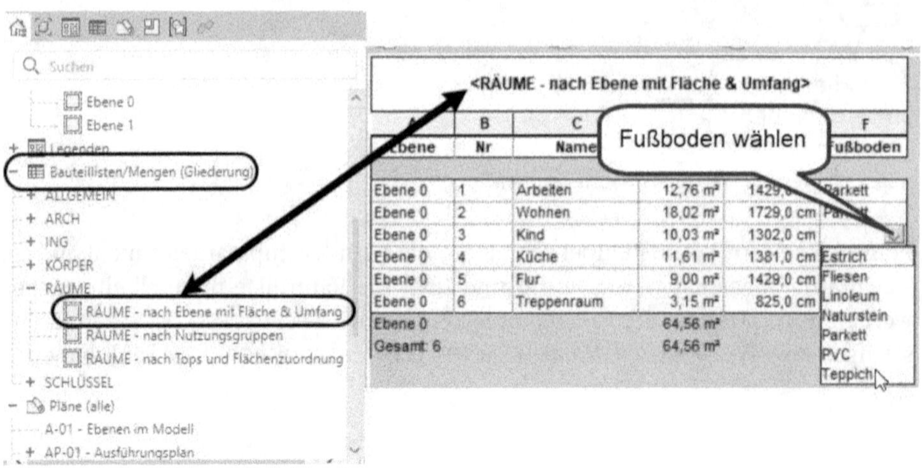

Abb. 13.6: Fußbodenbelag in Raumliste wählen

Die Raumliste zeigt unter den Einzelflächen auch die Gesamtfläche an.

13.1.3 Farbenlegenden

Zu einer Raum-Darstellung können mit BESCHRIFTEN|FARBFÜLLUNG|FARBENLEGENDEN verschiedene Farbenlegenden hinzugefügt werden. Nach Markieren einer Legende können mit SCHEMA BEARBEITEN auch andere Schemata gewählt werden wie etwa NACH QM oder BODENBELAG. Mit ARCHITEKTUR|RAUM & FLÄCHE ▾ |FARBSCHEMATA lassen sich eigene Schemata gestalten.

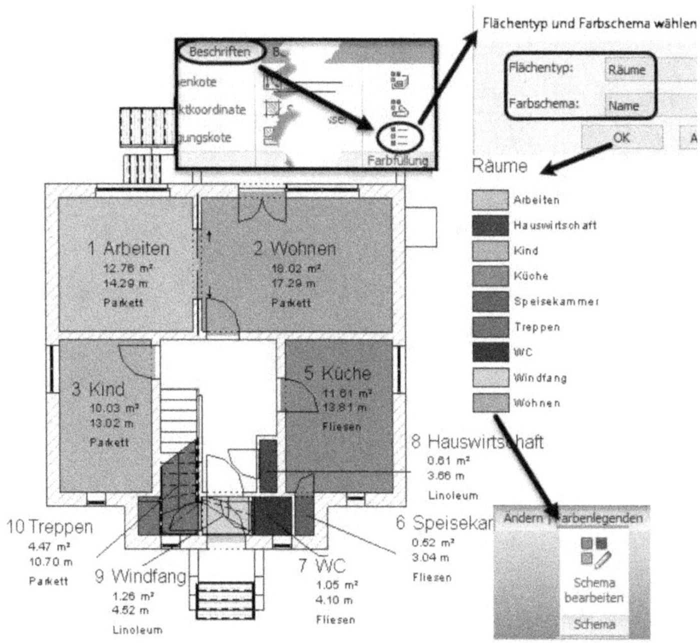

Abb. 13.7: Farbenlegende hinzufügen und bearbeiten

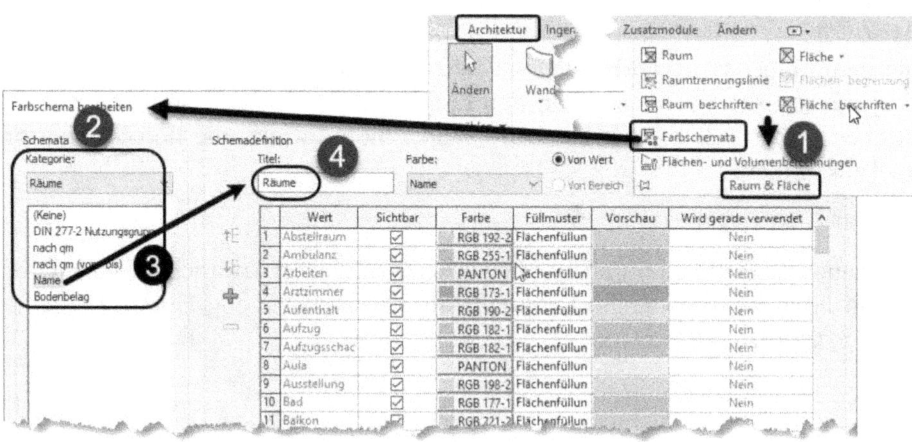

Abb. 13.8: Farbschemata gestalten

13.1.4 Nettoflächen

Die Bauteillisten können auch bearbeitet und um weitere Spalten ergänzt werden. Das soll hier am Beispiel der RAUMLISTE zur Berechnung der Nettoflächen geschehen. Zunächst wird eine Spalte PUTZABZUG eingeführt und damit dann die Netto-Raumfläche errechnet. Dazu klicken Sie in den EIGENSCHAFTEN der RAUMLISTE bei FELDER auf BEARBEITEN, dann schieben Sie aus der Spalte links den PUTZABZUG mit dem grünen Pfeilsymbol in die rechte Spalte.

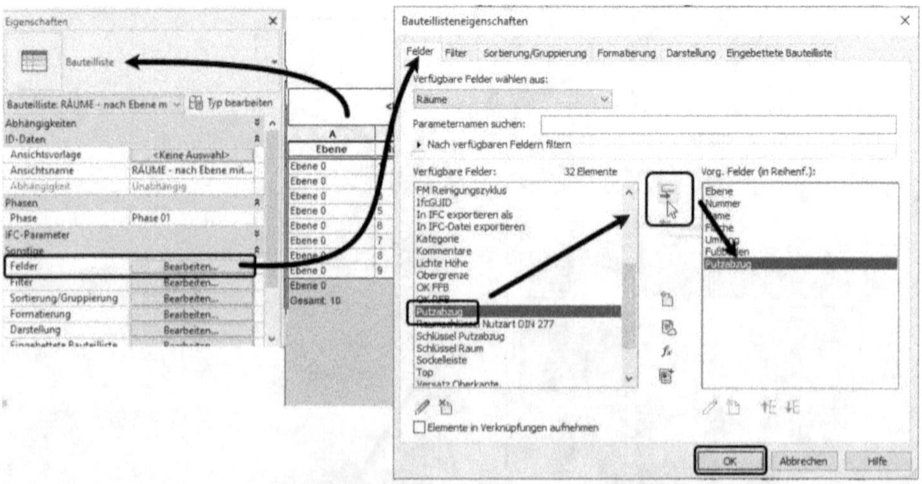

Abb. 13.9: Neue Spalte für PUTZABZUG erstellt

Als Nächstes soll die Spalte zur Berechnung der Nettofläche eingerichtet werden. Dazu klicken Sie nun auf das Werkzeug BERECHNETEN PARAMETER HINZUFÜGEN *fx* und geben zuerst den Namen **Nettofläche** ein (Abbildung 13.10). Wichtig ist dann der PARAMETERTYP, weil der zu den *Einheiten* der Berechnung passen muss. Hier wählen Sie deshalb FLÄCHE aus. Dann stellen Sie unter FORMEL die nötige Rechenformel aus den vorhandenen Parametern zusammen. Die Parameter holen Sie sich mit dem Werkzeug mit den drei Pünktchen [...]. Sie müssen nur die Rechenzeichen selbst schreiben. Also stellen Sie nun folgende Berechnungsformel zusammen:

FLÄCHE-UMFANG*PUTZABZUG.

Die neuen Spalten PUTZABZUG und NETTOFLÄCHE sollten natürlich neben der normalen Flächenspalte stehen. Dazu können Sie das Werkzeug PARAMETER NACH OBEN VERSCHIEBEN benutzen.

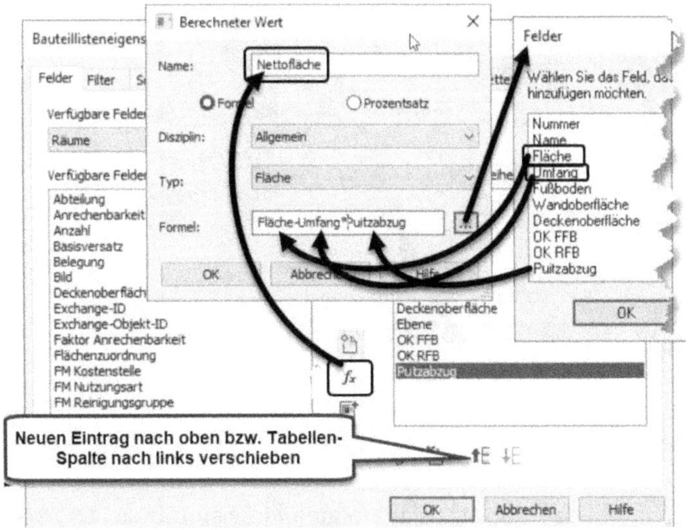

Abb. 13.10: Nettofläche als Formelparameter

Die Spalte für den PUTZABZUG können Sie nun mit Werten füllen. Wenn Sie die Einheiten dazu schreiben wie beispielsweise **cm**, dann werden die Werte korrekt verrechnet und automatisch in *Meter* umgerechnet. Auf die Spaltenüberschrift FLÄCHE können Sie doppelklicken und in **Bruttofläche** ändern.

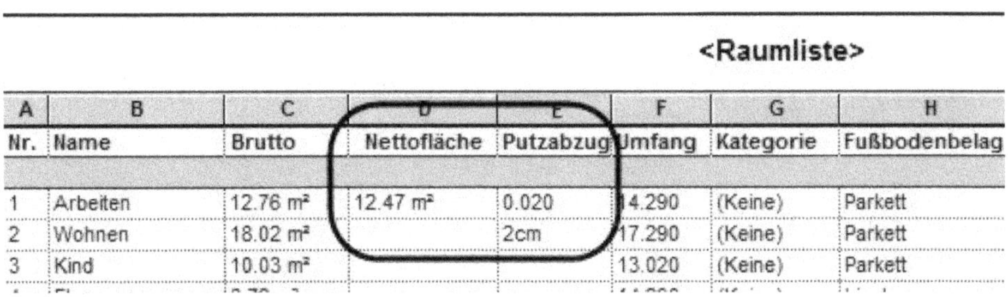

<Raumliste>

A	B	C	D	E	F	G	H
Nr.	Name	Brutto	Nettofläche	Putzabzug	Umfang	Kategorie	Fußbodenbelag
1	Arbeiten	12.76 m²	12.47 m²	0.020	14.290	(Keine)	Parkett
2	Wohnen	18.02 m²		2cm	17.290	(Keine)	Parkett
3	Kind	10.03 m²			13.020	(Keine)	Parkett

Abb. 13.11: Eingabe für PUTZABZUG

Als Beispiel sollen hier noch die beiden Flächenspalten unter einem gemeinsamen Titel gruppiert werden (Abbildung 13.12):

1. Klicken Sie in der Flächenspalte auf den Text BRUTTO,
2. Klicken Sie mit `Shift` in der nächsten Spalte auf den Text NETTOFLÄCHE,
3. rufen Sie das Kontextmenü mit Rechtsklick auf,
4. wählen Sie KOPFZEILE GRUPPIEREN,
5. klicken Sie nun in die neue gemeinsame Titelzeile und geben Sie **Flächen** ein.

Im Beispiel wurde noch die Überschrift direkt geändert: NETTOFLÄCHE in **Netto**.

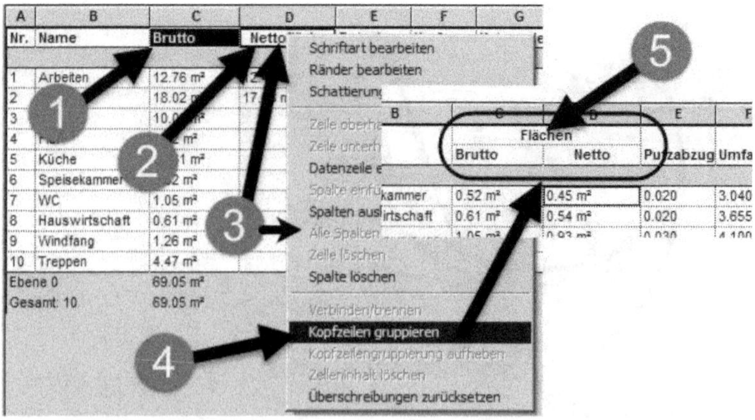

Abb. 13.12: Gruppieren von Kopfzeilen

In der Spalte für die Bruttofläche wird noch die *Gesamtfläche* summiert. Das können Sie über die EIGENSCHAFTEN in der Kategorie ANDERE|FORMATIERUNG|BEARBEITEN für beliebige Spalten aktivieren. Aktivieren Sie unter FELDER die NETTOFLÄCHE und wählen Sie ganz unten statt KEINE BERECHNUNG aus der Drop-down-Liste dann GESAMTWERTE BERECHNEN.

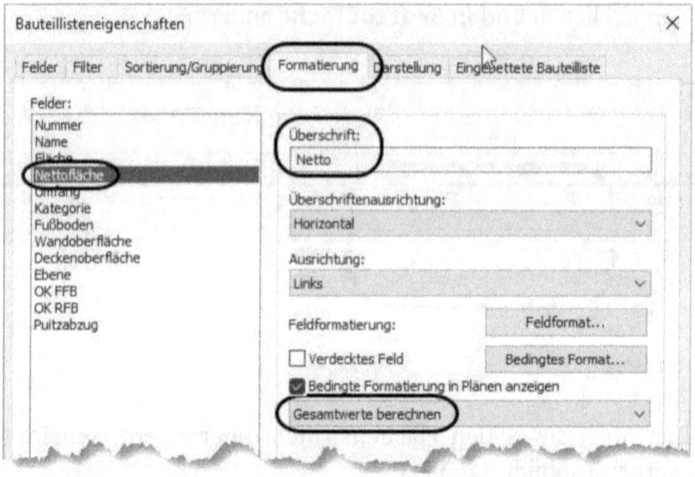

Abb. 13.13: Berechnung der Gesamtflächen in der Spalte NETTO

Nützlich ist auch das Werkzeug FELD-FORMAT zur Änderung der Werteanzeige. Abbildung 13.14 zeigt die Änderung der Anzeige für die Putzabzug-Spalte. Markieren Sie die Spalte und wählen Sie im Register BAUTEILLISTE/MENGEN ÄNDERN weit links das FELD-FORMAT. Dort deaktivieren Sie PROJEKTEINSTELLUNGEN VERWENDEN und können dann beispielsweise die Rundung auf ganze Zentimeter wählen.

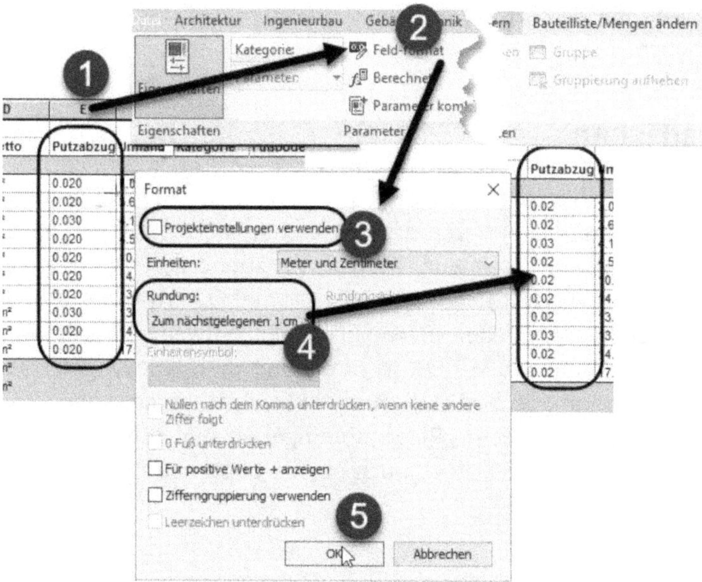

Abb. 13.14: Formatierungsänderung für Putzabzug

Die Raumflächenberechnungen können auch als Berechnungsliste im HTML-Format ausgegeben werden. Damit sind sie mit jedem Internet-Browser lesbar. Die Ausgabe erfolgt mit DATEI|EXPORTIEREN ▸ BERICHTE ▸ RAUM/FLÄCHENAUSWERTUNG. Vorgabemäßig werden die Flächen der aktuellen Ansicht ausgegeben, aber auch mehrere Ansichten sind wählbar.

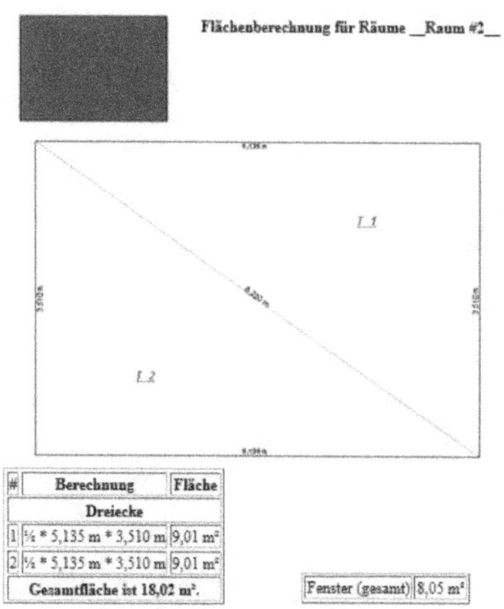

Abb. 13.15: Ausschnitt aus der Raumlisten-Ausgabe

Eine entsprechende Ausgabe ist auch für die unten berechneten Gesamtflächen in derselben Weise möglich.

13.2 Geschossflächen

Flächenpläne für Gesamtflächenberechnungen werden als neue Ansichten unter einer neuen Kategorie FLÄCHENPLAN durch das Werkzeug ARCHITEKTUR|RAUM & FLÄCHE|FLÄCHE ▾ FLÄCHENPLAN erstellt. Wählen Sie zuerst den TYP der Flächenpläne wie BRUTTOGESCHOSSFLÄCHEN oder VERMIETBARE FLÄCHEN o.Ä. (Abbildung 13.16). Dann wählen Sie die Ebenen für die Pläne aus, entweder für alle oder Sie lassen ggf. Keller oder Dach aus. Mit OK werden dann die Pläne im Browser erstellt und nach Anfrage automatisch mit den nötigen Flächenbegrenzungslinien versehen. Sie könnten dann in einzelne Pläne hineingehen und mit ARCHITEKTUR|RAUM & FLÄCHE|FLÄCHEN-BEGRENZUNG noch eigene Begrenzungslinien hinzufügen.

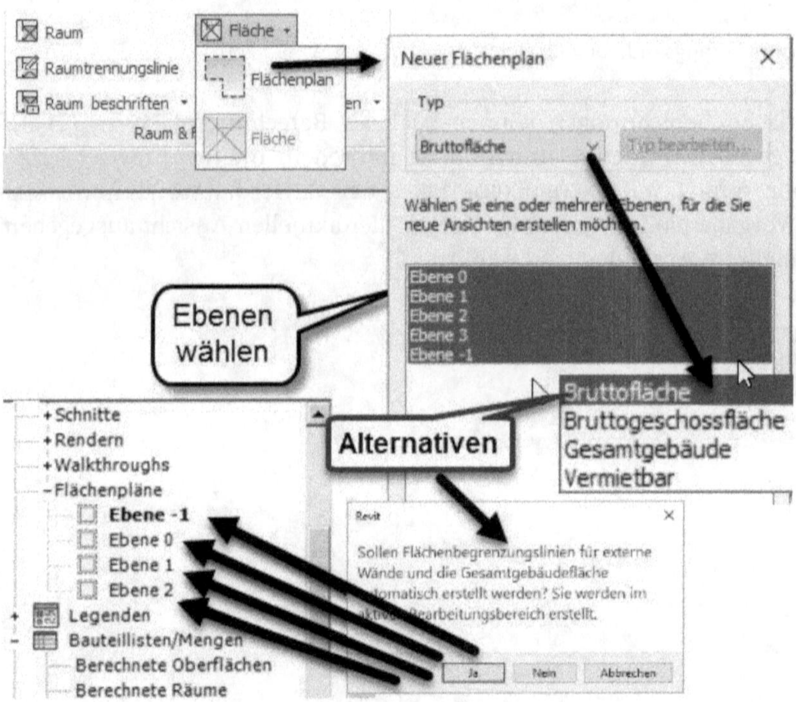

Abb. 13.16: Erstellen von Flächenplänen

Mit ARCHITEKTUR|RAUM & FLÄCHE|FLÄCHE ▾ FLÄCHE werden dann die Flächen (Markierung mit gekreuzten Linien) und Flächenstempel erzeugt (Abbildung

13.17). Im Beispiel mussten zwei Flächenbegrenzungslinien im Dach manuell hinzugefügt werden, weil dort keine Wände vorhanden waren.

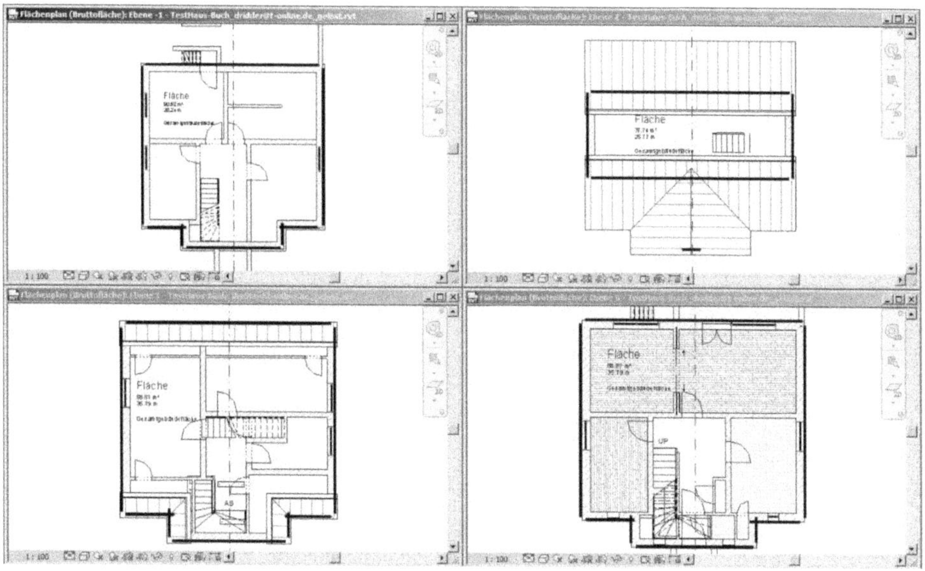

Abb. 13.17: Bruttogeschossflächen vom Keller bis zum Dach

13.3 Elementlisten

Automatische Listen erscheinen im BROWSER unter der Kategorie BAUTEILLISTEN/ MENGEN (GLIEDERUNG) untergliedert nach Kategorien. Die Listen für die Fenster, Türen und Wände finden Sie in der Kategorie ARCH für die architektonischen Elemente. Die Fensterliste zeigt Abbildung 13.18 mit allen Informationen über Typen, Abmessungen und Geschoss-Ebenen. Die Fensternummern, die Sie hier sehen, sind die gleichen, die Sie in Abschnitt 4.11.1, »Automatische Element-Beschriftungen« erstellen können. Dort haben Sie auch gesehen, dass Sie die Nummern für eine geeignetere Anzeige selbst noch ändern dürfen. Das würde genauso hier in den Listen möglich sein.

Für die Fenster-Bestellung wäre es jedoch sinnvoll, eine komprimierte Liste zu erstellen. Deshalb wurden die BAUTEILLISTENEIGENSCHAFTEN im Register SORTIERUNG/GRUPPIERUNG entsprechend optimiert. Zunächst wurden weitere Sortierkriterien für BREITE und HÖHE hinzugefügt und mit einer Leerzeile zur übersichtlicheren Darstellung versehen. Dann wurde noch die Option JEDES EXEMPLAR AUFGLIEDERN entfernt. Das Ergebnis zeigt die kompakte Liste in Abbildung 13.20. Die Spalten ab BRH (Brüstungshöhe) sind in diesem Fall irrelevant und hätten über die FELDER noch ausgeblendet werden können.

<AVA - FENSTERLISTE>								
A	B	C	D	E	F	G	H	I
				Rohbaumaße				
Anzahl	Nr	Familie	Typ	Breite	Höhe	BRH	UK ST	Kommentare
FE 1 tlg - DrehKipp								
1	FE 5	FE 1 tlg - DrehKipp	1260 x 1260	1,260	1,260	0,850	2,110	
1	FE 6	FE 1 tlg - DrehKipp	510 x 760	0,510	0,760	0,850	1,610	
1	FE 7	FE 1 tlg - DrehKipp	510 x 760	0,510	0,760	0,850	1,610	
1	FE 8	FE 1 tlg - DrehKipp	510 x 760	0,510	0,760	0,850	1,610	
1	FE 9	FE 1 tlg - DrehKipp	510 x 760	0,510	0,760	0,850	1,610	
1	FE 11	FE 1 tlg - DrehKipp	1260 x 1260	1,260	1,260	0,850	2,110	
1	FE 12	FE 1 tlg - DrehKipp	1260 x 1260	1,260	1,260	0,850	2,110	
1	FE 1	FE 1 tlg - DrehKipp	1260 x 1260	1,260	1,260	0,850	2,110	
1	FE 32	FE 1 tlg - DrehKipp	1260 x 1260	1,260	1,260	0,850	2,110	
1	FE 33	FE 1 tlg - DrehKipp	1260 x 1260	1,260	1,260	0,600	1,860	
1	FE 10	FE 1 tlg - DrehKipp	510 x 760	0,510	0,760	0,500	1,260	
1	FE 13	FE 1 tlg - DrehKipp	510 x 760	0,510	0,760	0,500	1,260	
FE 2 tlg - DrehKipp mit Stulp								
1	FE 2	FE 2 tlg - DrehKipp mit Stulp	2010 x 1260	2,010	1,260	0,850	2,110	
1	FE 4	FE 2 tlg - DrehKipp mit Stulp	2010 x 1260	2,010	1,260	0,850	2,110	
FE 2 tlg - konfigurierbar								
1	FE 20	FE 2 tlg - konfigurierbar	1260 x 760	1,260	0,760	1,200	1,960	
1	FE 21	FE 2 tlg - konfigurierbar	1260 x 760	1,260	0,760	1,200	1,960	
1	FE 29	FE 2 tlg - konfigurierbar	1260 x 760	1,260	0,760	1,200	1,960	
1	FE 31	FE 2 tlg - konfigurierbar	1260 x 760	1,260	0,760	1,200	1,960	
FE TÜR 2 tlg - DrehKipp mit Stulp								
1	FE 3	FE TÜR 2 tlg - DrehKipp mit	1260 x 2136	1,260	2,135	0,000	2,135	
19								

Abb. 13.18: Fensterliste mit allen Informationen

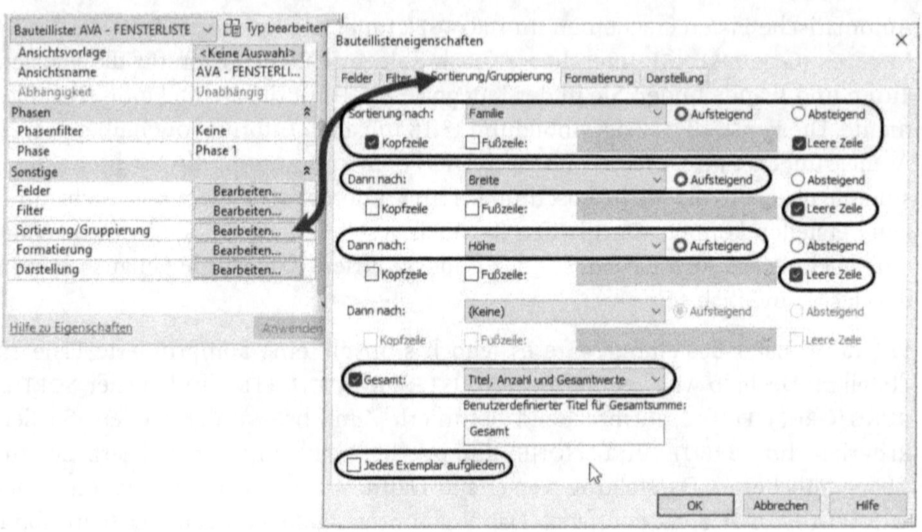

Abb. 13.19: Sortierung und Gruppierung für Bestellung

<AVA - FENSTERLISTE>

A	B	C	D	E	F	G	H	I
				Rohbaumaße				
Anzahl	Nr	Familie	Typ	Breite	Höhe	BRH	UK ST	Kommentare
FE 1 tlg - DrehKipp								
6	<Variier	FE 1 tlg - DrehKipp	510 x 760	0,510	0,760	<Variier	<Variier	
6	<Variier	FE 1 tlg - DrehKipp	1260 x 1260	1,260	1,260	<Variier	<Variier	
FE 2 tlg - DrehKipp mit Stulp								
2	<Variier	FE 2 tlg - DrehKipp mit Stulp	2010 x 1260	2,010	1,260	0,850	2,110	
FE 2 tlg - konfigurierbar								
4	<Variier	FE 2 tlg - konfigurierbar	1260 x 760	1,260	0,760	1,200	1,960	
FE TÜR 2 tlg - DrehKipp mit Stulp								
1	FE 3	FE TÜR 2 tlg - DrehKipp mit	1260 x 2136	1,260	2,135	0,000	2,135	
19								

Abb. 13.20: Komprimierte Liste zur Bestellung

Die *Wandliste* enthält eine Vielzahl von Wandstücken, die dort einzeln aufgelistet sind. Auch hier entsteht eine sehr kompakte Liste durch Weglassen von JEDES EXEMPLAR AUFGLIEDERN.

<AVA - WANDLISTE>

A	B	C	D	E	F
Anzahl	Typ	Breite	Fläche	Volumen	Kommentare
Klinker 240					
12	Klinker 240	0,240	37,85 m²	8,99 m³	
			37,85 m²	8,99 m³	
Klinker 365					
8	Klinker 365	0,375	76,66 m²	26,87 m³	
			76,66 m²	26,87 m³	
Ziegel 115					
13	Ziegel 115	0,115	44,71 m²	5,04 m³	
			44,71 m²	5,04 m³	
Ziegel 240					
19	Ziegel 240	0,240	125,94 m²	29,84 m³	
			125,94 m²	29,84 m³	
Ziegel 365					
5	Ziegel 365	0,365	6,16 m²	1,14 m³	
			6,16 m²	1,14 m³	
Ziegel+WD hart 365+140+2					
11	Ziegel+WD hart	0,525	127,50 m²	64,47 m³	
			127,50 m²	64,47 m³	
Gesamt: 68			418,81 m²	136,36 m³	

Abb. 13.21: Kompakte Wandliste

Wenn Listen, die in Pläne eingefügt sind, zu lang werden, können Sie diese markieren und am Trennsymbol in der Mitte der rechten Seite in zwei Hälften trennen. Die Halbierung lässt sich auch mehrfach wiederholen.

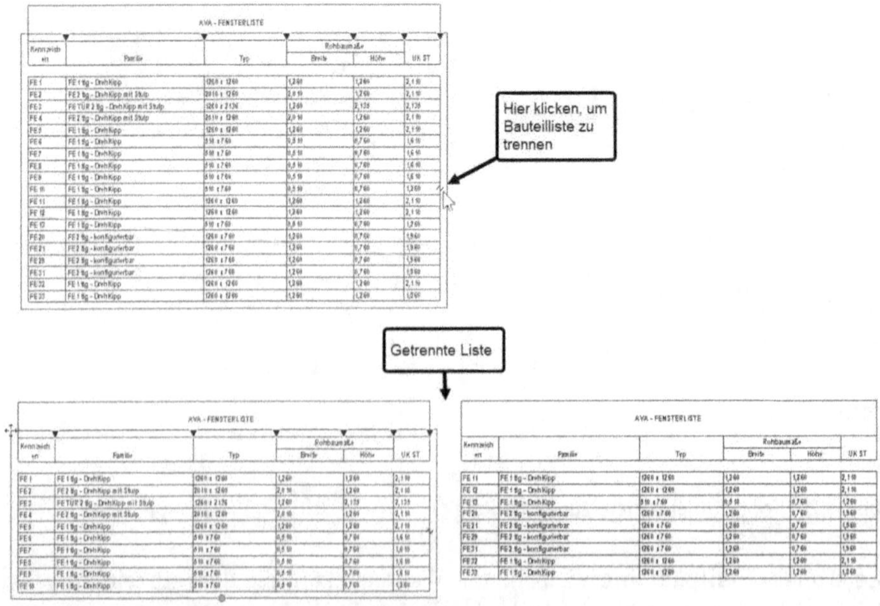

Abb. 13.22: Listen in Plänen können getrennt werden.

13.3.1 Neu möblieren und Möbelliste erstellen

Beim Möblieren und auch generell beim Bestücken des Modells mit der Innenausstattung und Installationselementen tritt oft das Problem auf, die Teile in den Pfaden der Familienbibliotheken zu finden.

Normalerweise werden die schon im Projekt vorhandenen Bauteile mit ARCHITEKTUR|BAUTEIL ▾ |BAUTEIL PLATZIEREN eingefügt. Was noch nicht im Projekt vorhanden ist, kann man mit EINFÜGEN|AUS BIBLIOTHEN LADEN|AUTODESK-FAMILIE LADEN aus den BIM-Bibliotheken holen. Die üblichen Pfade sind dann dort ALLE ERGEBNISSE|ARCHITEKTUR-BAUTEIL|MÖBEL oder ...|ELEKTRISCHE AUSSTATTUNG.

Im Browser gibt es keine vorbereitete Liste für Möbel. Mit Rechtsklick auf BAUTEILLISTEN/MENGEN ❶ erstellen Sie unter NEUE BAUTEILLISTE/MENGEN... eine eigene Liste. Schränken Sie die Kategorien hier auf den Bereich ARCHITEKTUR ein ❷ und wählen Sie die Kategorie MÖBEL ❸, dann BAUTEILLISTE ERSTELLEN ❹ und OK ❺.

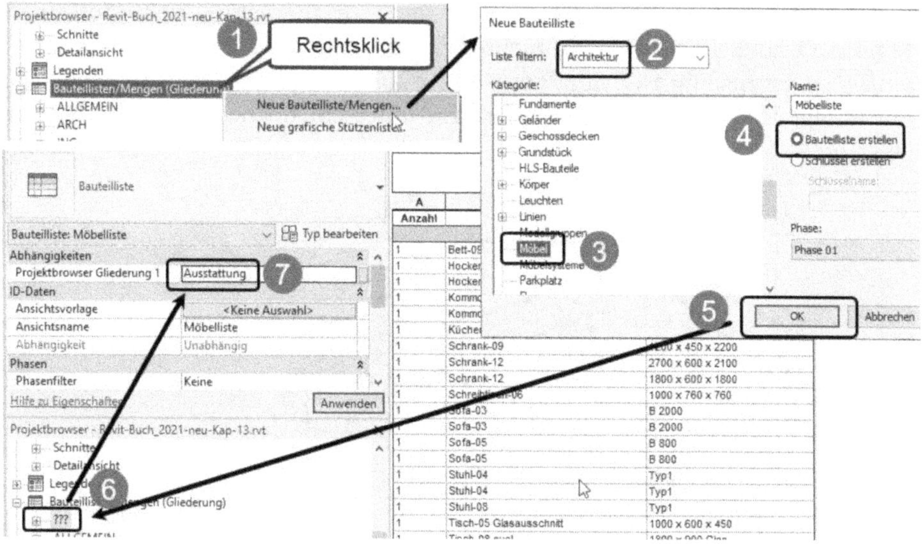

Abb. 13.23: Neue Möbelliste in einer neuen Kategorie **Ausstattung** erstellen

Sobald die Liste erstellt ist, können Sie in EIGENSCHAFTEN den Eintrag FELDER wählen und sie detailliert gestalten. Unter VERFÜGBARE FELDER wählen Sie die benötigten Felder aus und schieben sie mit dem grünen Pfeilsymbol in die rechte Spalte.

Die neue Liste erscheint im BROWSER unter BAUTEILLISTEN/MENGEN zunächst in einem unbenannten Bereich namens ??? ❻. Ändern Sie gleich die Zuordnung oben unter EIGENSCHAFTEN im Bereich ABHÄNGIGKEITEN und wählen Sie bei PROJEKTBROWSER GLIEDERUNG 1 den neuen Bereichsnamen **Ausstattung** ❼. Dadurch wird eine neue Kategorie **Ausstattung** unter den Bauteillisten mit der Liste **Möbelliste** erstellt.

13.4 Routen-Analyse

Unter BERECHNUNG|ROUTEN-ANALYSE finden Sie einige nützliche Werkzeuge, um Laufzeiten und Weglängen beispielsweise für *Fluchtwege* zu ermitteln. Mit der Funktion BEWEGUNGSPFAD geben Sie einen Start- und Endpunkt an und lassen den Weg dazwischen automatisch berechnen. In den EIGENSCHAFTEN finden Sie dann die Laufzeit und die Weglänge. Interessant ist auch die Funktion HINDERNISSE ANZEIGEN, die alle Hindernisse wie Wände und Fenster gelb markiert, aber die zur Flucht nutzbaren Türen als freie Öffnungen anzeigt.. Damit habe ich auch herausgefunden, dass eine Terrassentür, die als FENSTERTÜR realisiert war, als undurchdringbar gilt. Nur echte Türen aus den TÜR-Familien sind für die Bewegungspfade offen.

Die Funktion MEHRFACHPFADE ermittelt mehrere alternative Pfade mit einem Mindestabstand. Das entspricht mehreren Personen, die dasselbe Ziel anlaufen, ohne sich gegenseitig zu behindern (siehe Abbildung 13.25). Das ist in der Regel nur erfolgreich, wenn genügend Türen für unterschiedliche Fluchtwege vorhanden sind.

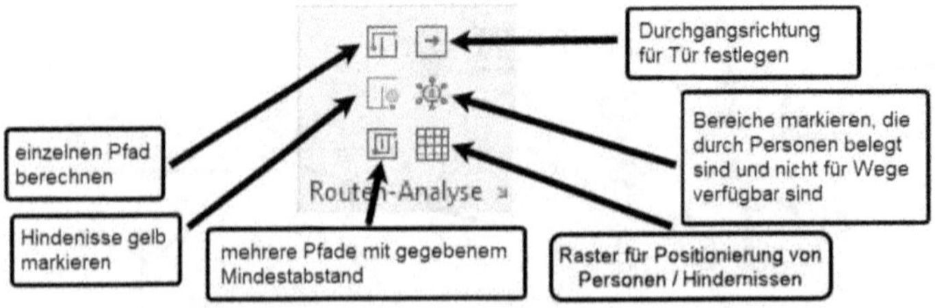

Abb. 13.24: Routenanalyse-Werkzeuge

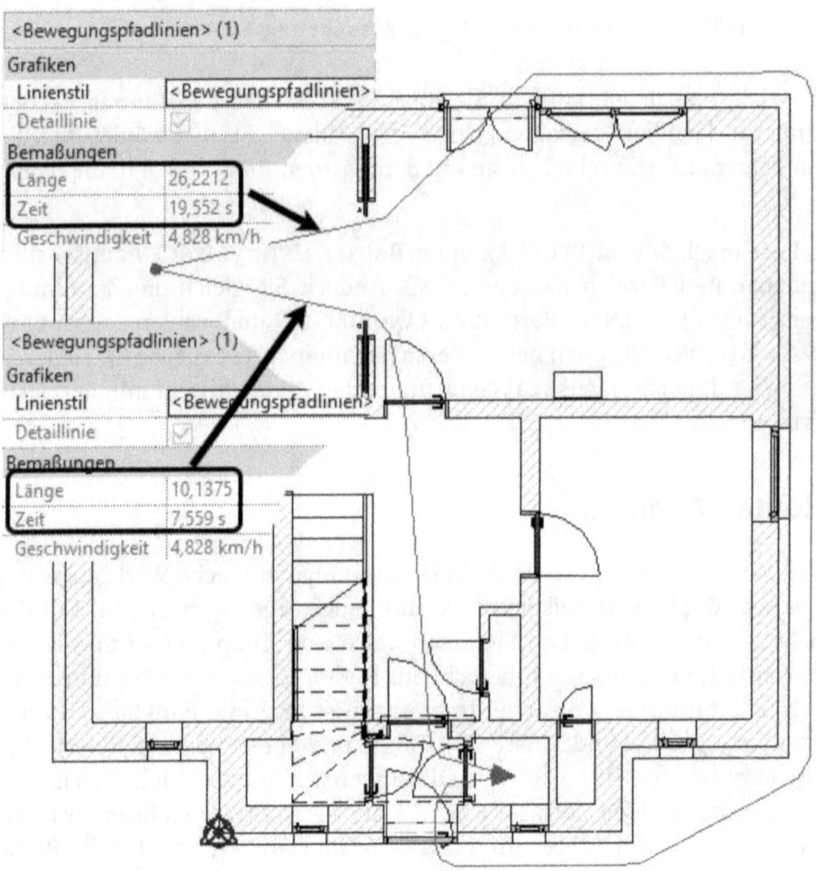

Abb. 13.25: Zwei alternative Routen mit Weglängen und Zeiten

Mit UNIDIREKTIONALE ANZEIGE können Sie bei Türen die Durchgangsrichtung vorschreiben. Das Werkzeug PERSONEN-INHALTE dient der Darstellung von Personenansammlungen oder Gegenstände, die praktisch Hindernisse für Bewegungspfade darstellen.

Die RASTER-Funktion erzeugt ein hexagonales oder quadratisches Raster mit definierbarem Abstand beim Anklicken von RAUM-Elementen. Zum Erzeugen des Rasters ist in der Multifunktionsgruppe MEHRFACHAUSWAHL unbedingt FERTIG STELLEN zu aktivieren. Das Raster kann ein nützliches Hilfsmittel zum Positionieren der Hindernisse sein.

13.5 Übungsfragen

1. Was ist der Unterschied zwischen RAUM und RAUMSTEMPEL?
2. Was ist eine RAUMTRENNUNGSLINIE?
3. Wo finden Sie die FARBENLEGENDEN?
4. Womit können Sie die Tabellenstruktur bearbeiten?
5. Wie können Sie die Bauteilnummern aus der Tabelle in der Zeichnung sichtbar machen?

Kapitel 14

Rendern

Unter Rendern versteht man die fotorealistische Darstellung einer 3D-Ansicht. Dies ist in Revit möglich, wenn Sie für Ihr Modell den Standort und die Himmelsrichtung, dann den passenden Sonnenstand und ggf. noch einen entsprechenden Hintergrund festlegen.

14.1 Standort

Den Standort Ihres Modells können Sie unter VERWALTEN|PROJEKTPOSITION|STANDORT definieren. Die Standortbestimmung (siehe Abschnitt 5.2, »Geografische Position«) ist für verschiedene Zwecke anwendbar. Sie ist die Basis für die Sonnenstandberechnung, aber auch unter Berücksichtigung der lokalen Klimadaten für die Energieanalyse und Lüftungsberechnung. Es gibt zwei Verfahren für die Standortbestimmung, den INTERNET-KARTENDIENST und eine STANDARD-STÄDTELISTE. Für die Sonnensimulation wäre die Standortbestimmung nach einer internen STANDARD-STÄDTELISTE ausreichend, wenn Sie dort Ihren Ort finden. Die Stadt **München** ist mit der Adresse der berühmten Gaststätte »Hofbräuhaus« voreingestellt. Alternativ könnten Sie auch Längen- und Breitengrad Ihres Ortes manuell eingeben.

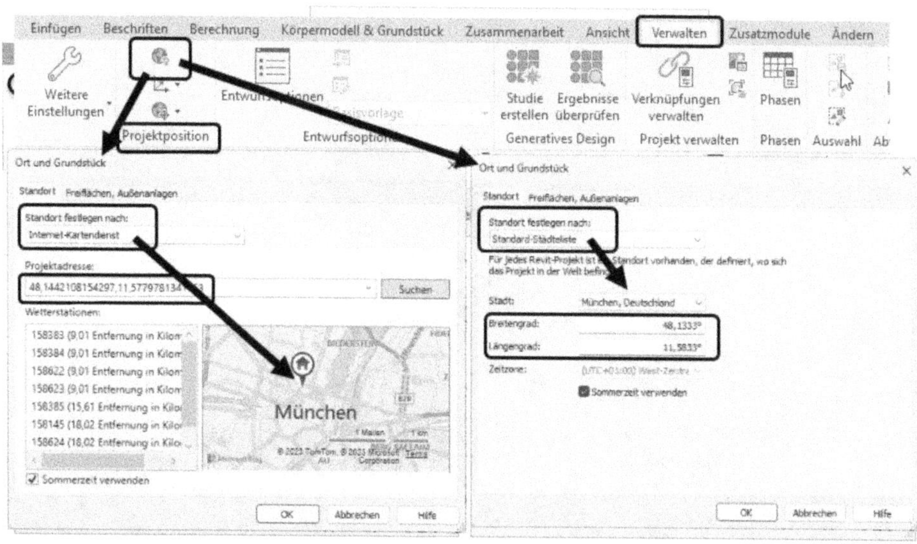

Abb. 14.1: Standortbestimmung

Ansonsten können Sie die Internet-Verbindung zur Ortsermittlung verwenden. Im Internet-Kartendienst müssen Sie einfach das Haus-Symbol auf den gewünschten Ort schieben.

14.2 Sonnenstand und Schattenwurf

14.2.1 Statische Anzeige

Für die Sonnensimulation sei eine 3D-Ansicht vorausgesetzt. In der Statusleiste können Sie dann die Sonne und den Schattenwurf aktivieren. Natürlich sollten Sie zur Beurteilung des Schattenwurfs auch ein Gelände erstellt haben (siehe Abschnitt 5.1 »Gelände«).

Abb. 14.2: Sonne und Schattenwurf in der STATUSLEISTE

Zur genauen Festlegung der Beleuchtung sollten Sie zunächst vielleicht die SONNENEINSTELLUNGEN im Flyout der Statusleiste aktualisieren (Abbildung 14.4). Bei korrekt gewähltem Standort sollten Ort und Uhrzeit dort stimmen. Das vorgegebene Datum und die Uhrzeit sind jeweils aktuell, sie können aber auf jedes andere Datum umgesetzt werden.

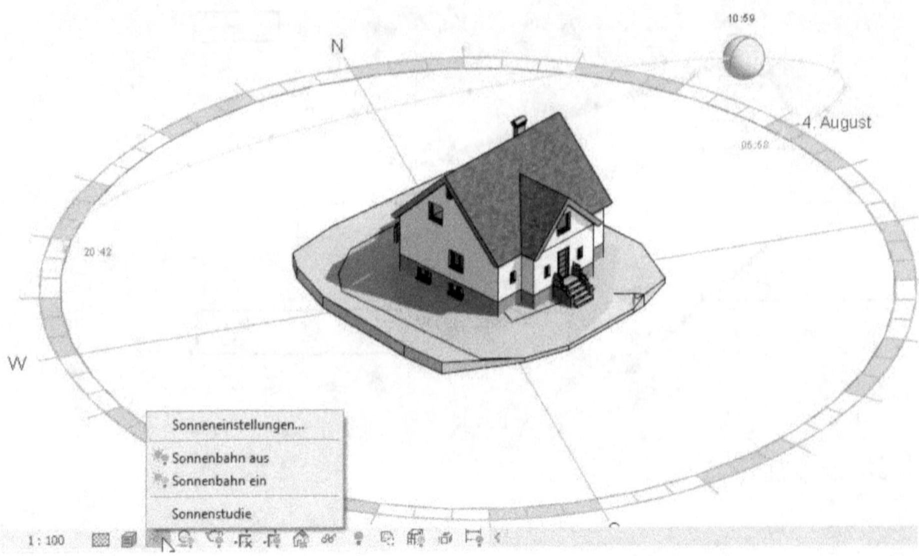

Abb. 14.3: Sonnenbahn und Schattenwurf

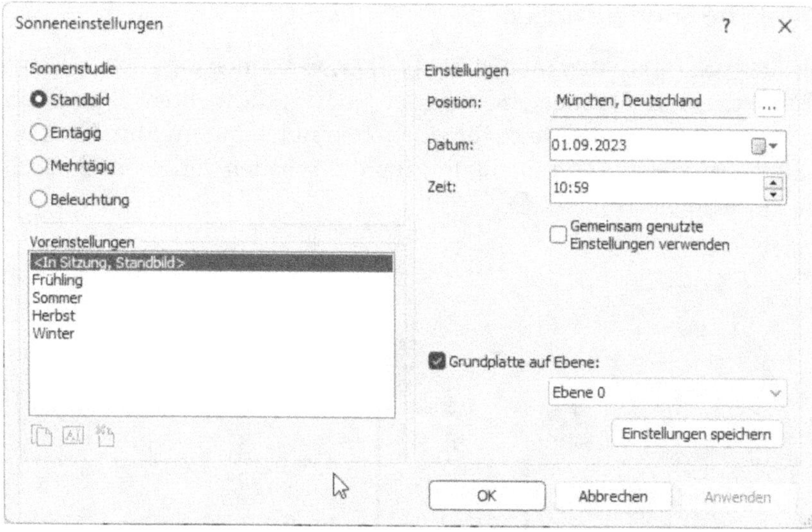

Abb. 14.4: Die Sonneneinstellungen

In der 3D-Ansicht erscheint die Anzeige der Sonnenbahn, und die Sonnenbeleuchtung und die Schattenwürfe werden nun simuliert. Wenn Sie die Sonne anfahren und die Maustaste gedrückt lassen, können Sie in der Ansicht auch die Sonne bewegen, einmal entlang der Sonnenbahn im Tagesverlauf, andererseits aber auch senkrecht dazu entsprechend dem Jahreslauf bei fester Uhrzeit (Abbildung 14.5).

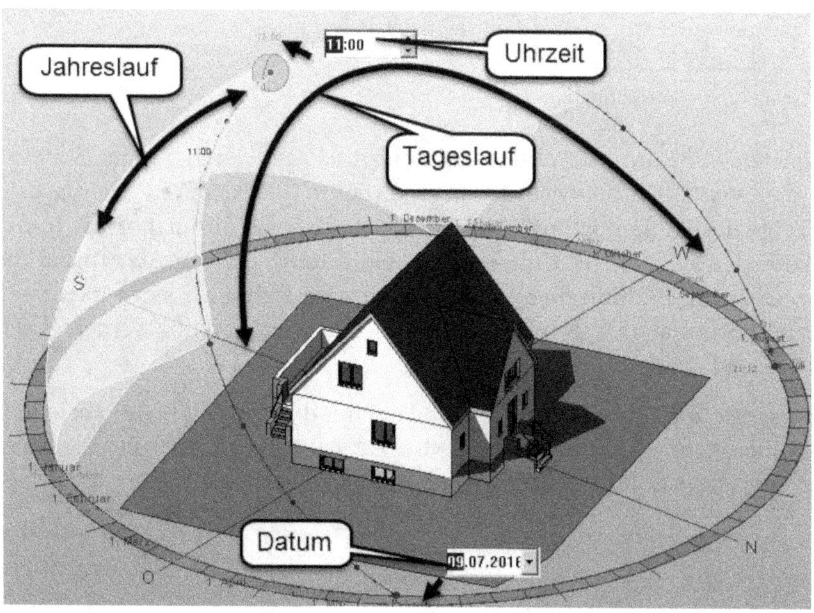

Abb. 14.5: Einstellungen für Datum und Uhrzeit, Anzeige für Tages- und Jahreslauf

14.2.2 Animierte Sonnenstudien

Bei den SONNENEINSTELLUNGEN (Abbildung 14.6) ❶, ❷ können Sie auch *animierte Studien* ❸ über mehrere Stunden eines Tages oder auch für mehrere Tage ❹ einstellen. So können Sie beispielsweise für einen Zeitraum dann im Stundenrhythmus von Sonnenaufgang bis Sonnenuntergang die Schatten verfolgen ❺. Beenden Sie die Einstellungen mit OK ❻.

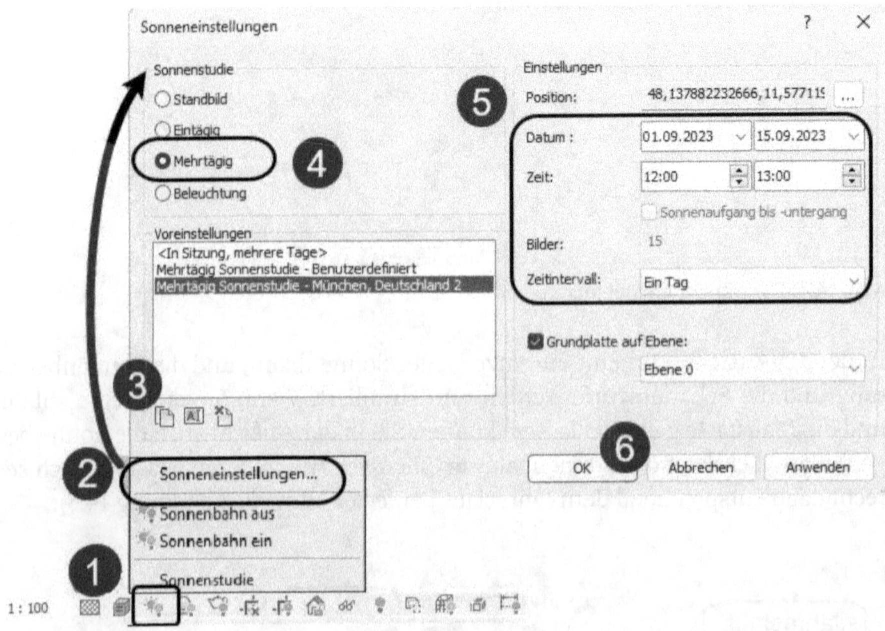

Abb. 14.6: Einstellungen für Sonnenstudien

Zum Abspielen der SONNENSTUDIE (Abbildung 14.7) aktivieren Sie im Sonnenmenü ❶ die SONNENSTUDIENVORSCHAU ❷. Eventuell deaktivieren Sie die dauernde Anzeige der Sonnenbahn ❸ und starten danach die Simulation ❹. In der Multifunktionsleiste SONNENSTUDIE erhalten Sie Zugriff auf den Ablauf und die Parameter. Über die Bildnummer dort ❺ können Sie sich auch jeden einzelnen Sonnenstand noch mal anzeigen lassen. Datum und Uhrzeit dafür werden gleich darüber angezeigt.

Die Sonnenstudie können Sie auch als Filmdatei mit der Endung *.AVI speichern über DATEI|EXPORTIEREN ▸ BILDER UND ANIMATIONEN ▸ SONNENSTUDIE. Die Datei kann dann mit FILME & TV abgespielt werden.

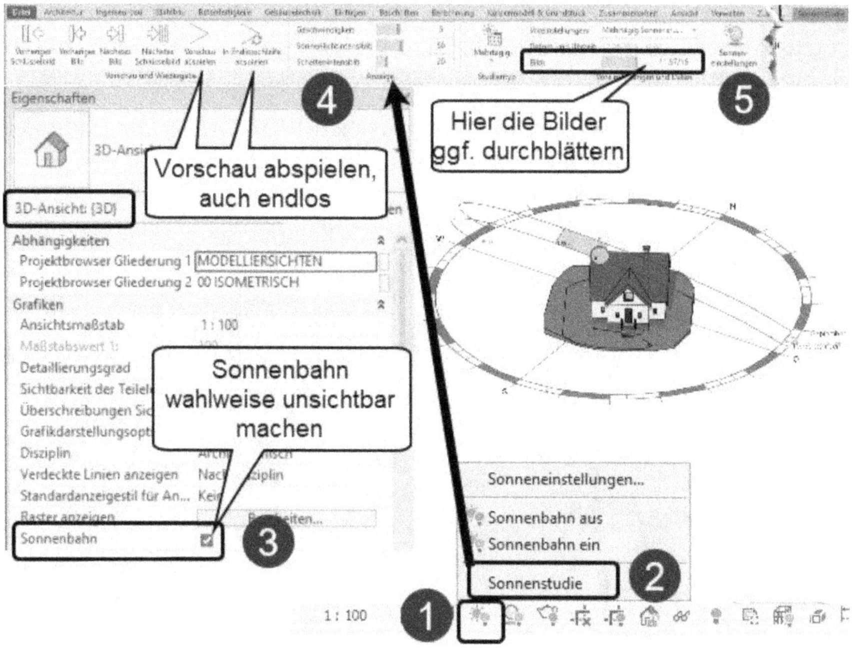

Abb. 14.7: Sonnenstudie abspielen

14.3 Rendern, fotorealistische Bilder

Um die fotorealistische Darstellung zu starten, aktivieren Sie in der STATUSLEISTE das Symbol mit der Teekanne.

Diese Teekanne wird in verschiedensten Programmen immer als Symbol für die RENDER-Funktionen benutzt. Dafür gibt es zwei Deutungen: Einmal benutzte eines der frühen Standardbücher über Render-Techniken eine Teekanne als Modell, zum anderen benötigen solche Render-Berechnungen, gerade wenn sie sehr gut werden sollen, einfach viel Zeit und geben deshalb die Gelegenheit für eine Tasse Tee.

Das Dialogfenster RENDERN bietet nun eine Vielzahl von Einstellungen für die fotorealistischen Bilder an.

RENDERN – Mit dieser Schaltfläche wird der Render-Prozess gestartet. Die Auswahl REGION daneben kann aktiviert werden, wenn testweise aus Zeitgründen oder zur Probe nur eine Region, d.h. ein Ausschnitt, des Bildes gerendert werden soll. Vorgabemäßig ist der Ausschnitt so groß, dass Sie ihn oft gar nicht sehen. Dann sollten Sie zoomen und den Ausschnitt mit dem Cursor so zusammenschieben, dass er wirklich nur ein kleines Probestück des Bildes abdeckt.

QUALITÄT|EINSTELLUNG – Hier wählen Sie verschiedene Darstellungsqualitäten aus. Da das Rendern sehr zeitaufwendig sein kann, beginnen Sie zuerst mit der Einstellung ENTWURF.

AUSGABEEINSTELLUNGEN – Wählen Sie hier zwischen BILDSCHIRM und DRUCKER. Für die Druckerausgabe kann die Pixelauflösung gewählt werden.

Abb. 14.8: Gerenderte 3D-Ansicht

BELEUCHTUNG|SCHEMA – Hier gibt es sechs Beleuchtungsschemata:

1. AUßEN: NUR SONNE – Nur die Sonnenbeleuchtung wird berücksichtigt.
2. AUßEN: SONNE UND KÜNSTLICH – Sonne und künstliche Beleuchtungskörper werden berücksichtigt. Da aber die Lichtstärken der künstlichen Leuchtkörper immer um ein Vielfaches geringer sind, treten sie nicht in Erscheinung. Erst wenn man wie unter Punkt 5 die Intensität der künstlichen Leuchtkörper mindestens verzehnfacht, werden ihre Effekte sichtbar.
3. AUßEN: NUR KÜNSTLICH – zeigt nur die Wirkung der künstlichen Leuchtkörper an. Innere Lichtquellen sind in dieser Ansicht noch nicht vorhanden, sonst wäre die Szene identisch mit Fall 6.
4. INNEN: NUR SONNE – Bei den Innen-Beleuchtungsschemata wird die Gesamt-Helligkeit so gesteuert, dass die Elemente in Hausinnern so dargestellt werden wie oben die äußeren Elemente. Diese Darstellungen zeigen deshalb völlig überbelichtete Außenteile.

5. INNEN: SONNE UND KÜNSTLICH – Bei dieser Ansicht wurde erstens das Hausdach etwas angehoben, damit man im Innern die Effekte von den Leuchten sehen kann. Außerdem wurde hier bei allen künstlichen Lichtquellen die Intensität, speziell der Lumen-Wert, um einen Faktor 10 erhöht. Dadurch sind die Effekte sämtlicher künstlichen Lichtquellen wenigstens ansatzweise spürbar. Auch ist dies folgerichtig keine überbelichtete Szene mehr, weil die Sonne und die künstlichen Lichtquellen nun in die gleiche Größenordnung kommen.
6. INNEN: NUR KÜNSTLICH – Alle künstlichen Lichtquellen sind nun wirksam, und das Bild ähnelt Fall 3. Mit dem Unterschied, dass bei 3 noch keine inneren Lichtquellen vorhanden waren.

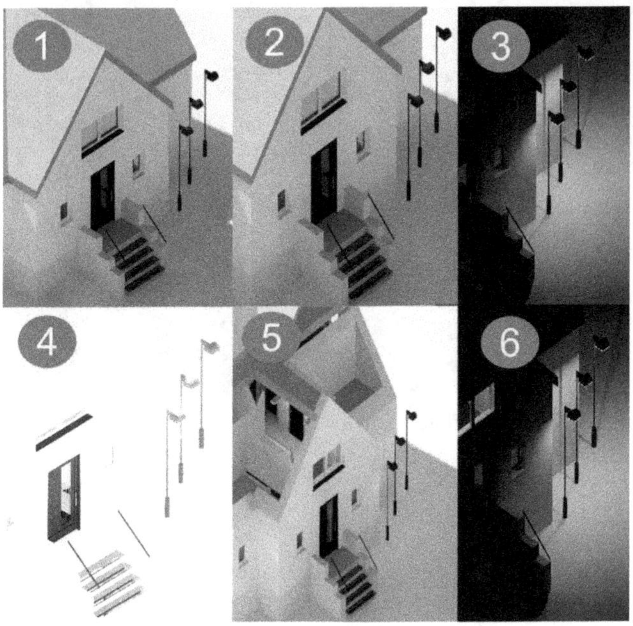

Abb. 14.9: Sechs verschiedene Beleuchtungsschemata, bei 5 und 6 mit intensiverer künstlicher Beleuchtung

SONNENEINSTELLUNG – entspricht exakt den Sonneneinstellungen, die Sie über das Sonnenlogo in der STATUSLEISTE schon erreicht und eingestellt haben.

KÜNSTLICHE BELEUCHTUNG – Mit dieser Funktion können Sie die künstlichen Beleuchtungskörper verwalten, indem Sie sie per Häkchen ein- oder ausschalten und auch individuell dimmen können. Beim Dimmen bedeutet der Wert **1** volle Intensität und **0** dann voll gedimmt. Insbesondere lassen sich hier mehrere Beleuchtungskörper zu Gruppen zusammenfassen, um sie gemeinsam zu steuern.

HINTERGRUND – bietet verschiedene Hintergrund-Varianten an. Die verschiedenen Wolkendarstellungen ergeben kaum Effekte. Nützlich kann ein einfarbiger Hintergrund sein oder gar ein Hintergrund mit einem passenden Foto (Abbildung 14.10). Unter **C:\Windows\Web\Wallpaper\Sonnenaufgang**, **...\Windows**, **...\Windows 11** oder **C:\Windows\Web\Screen** sind nützliche Bilder zu finden.

Abb. 14.10: Render-Darstellung mit Hintergrundbild

14.4 Hintergrund

Unabhängig vom Hintergrundbild, das fürs Rendern eingestellt wird, kann jede Ansicht vom Typ 3D-ANSICHTEN, ANSICHTEN oder SCHNITTE über EIGENSCHAFTEN| GRAFIKDARSTELLUNGSOPTIONEN mit einem Hintergrundbild versehen werden (Abbildung 14.11). Eigentlich gibt es hier vier Optionen:

- KEINE – kein Hintergrund
- HIMMEL – blau verlaufender Himmelshintergrund und eine wählbare Bodenfarbe
- ABSTUFUNG – Himmelshintergrund mit verlaufender Himmelsfarbe und Horizontfarbe, sowie einer Bodenfarbe, alle sind wählbar
- BILD – wählbares Bild

Alternativ können Rasterbilder für 2D-Ansichten als Hintergrundbilder mit der Funktion EINFÜGEN|IMPORTIEREN|BILD eingefügt, frei positioniert und über Griffe skaliert werden (Abbildung 14.12). Sie sind aber normal nicht sichtbar, wenn Hintergründe nach der Prozedur oben aktiv sind. Ein Rasterbild können Sie über die EIGENSCHAFTEN und Kategorie SONSTIGE|LAYER ZEICHNEN mit den Optionen HINTERGRUND/VORDERGRUND hinter oder vor Ihre Konstruktion setzen.

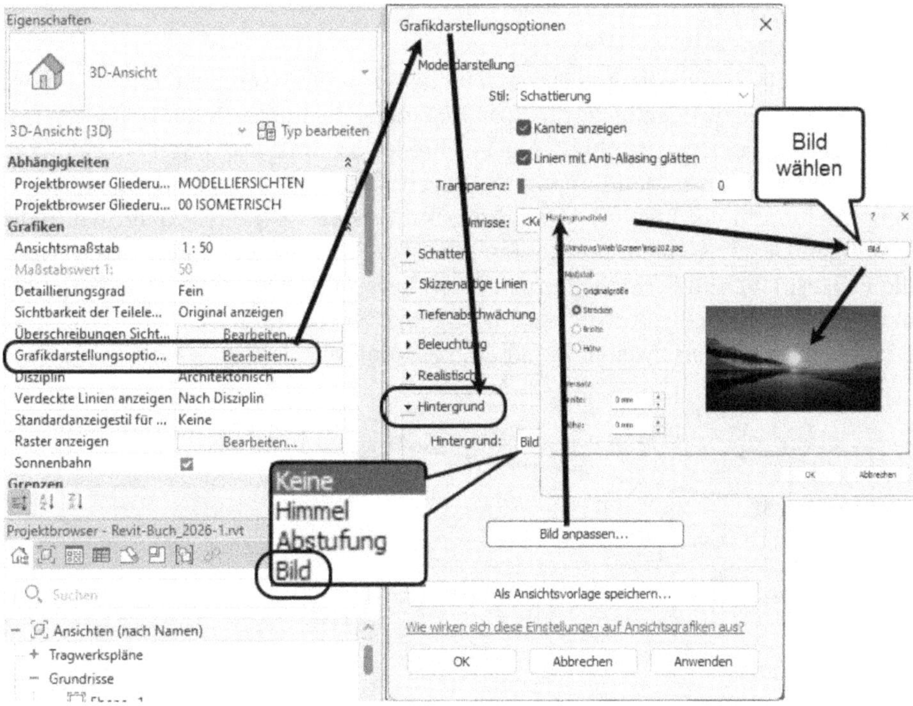

Abb. 14.11: Hintergrundbild für eine Ansicht

Abb. 14.12: Rasterbild-Hintergrund mit Positioniermarke und Griffen zum Skalieren

14.5 Kameras

Wenn Sie perspektivische Ansichten brauchen, dann müssen Sie Kameras aufstellen und Blickrichtungen festlegen. Das Werkzeug liegt unter ANSICHT|ERSTELLEN| 3D-ANSICHT|KAMERA (Abbildung 14.13) oder im SCHNELLZUGRIFF-WERKZEUGKASTEN im Pull-down-Menü unter 3D-ANSICHT. Sie sollten die Kamera für Außenansichten in der EBENE 0 (Abbildung 14.14) oder für Innenaufnahmen in der jeweiligen Geschossebene positionieren. In der OPTIONSLEISTE ist vorgabemäßig die PERSPEKTIVE aktiviert, die Kamera-Höhe liegt gemäß VERSATZ auf 1,75 m über der aktuellen EBENE 0. Als ersten Punkt geben Sie dann die Kamera-Position in Draufsicht an und als zweiten Punkt eine Position für die Kamera-Richtung.

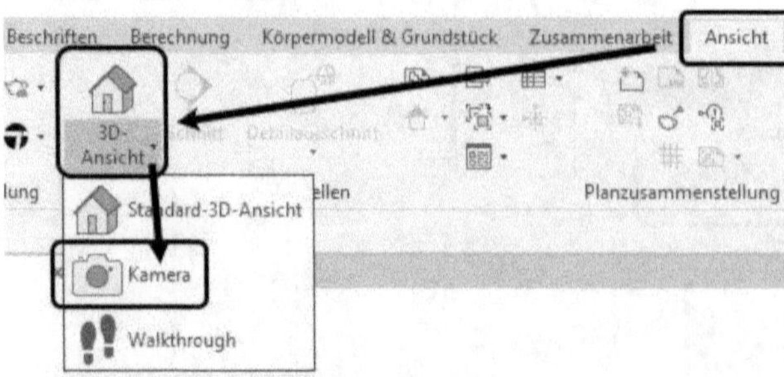

Abb. 14.13: KAMERA-Werkzeug

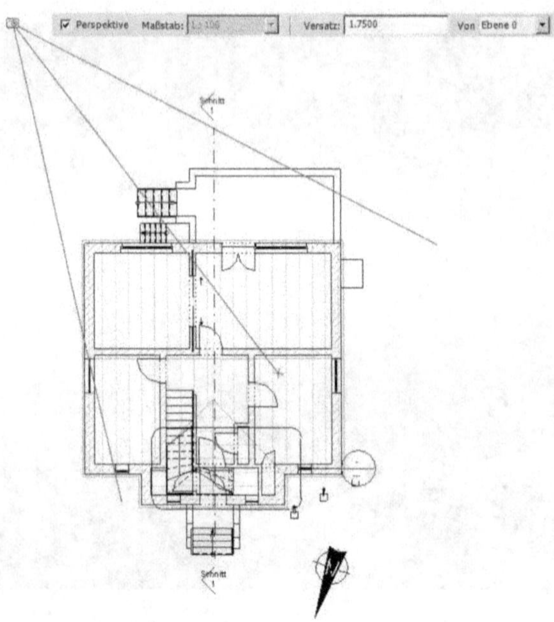

Abb. 14.14: Positionieren der Kamera

Nach Eingabe des zweiten Punkts erscheint sofort das Bild, das diese Kamera nun aufnimmt (Abbildung 14.15). Es wird in die Kategorie 3D-ANSICHTEN als 3D-ANSICHT 1 eingeordnet. Dieses Bild können Sie natürlich wieder in jedem der in der Statusleiste angebotenen Bildstile anzeigen lassen. Nach Anklicken der Ansicht erscheinen runde Griffe auf den Randlinien, mit denen sich die Ränder verschieben lassen. Ziehen Sie die Ränder weiter nach außen, dann erhalten Sie praktisch die Anzeige wie mit einer Weitwinkel-Kamera, schieben Sie die Ränder zusammen, dann ergibt sich eine Teleaufnahme.

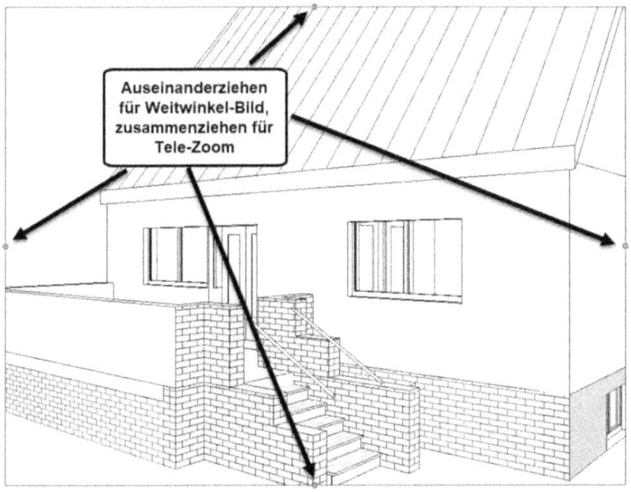

Abb. 14.15: Kamera-Bild

Weitere Kamera-Einstellungen können Sie in einer anderen 3D-Ansicht mit sichtbar gemachter Kamera vornehmen. Die Kamera können Sie über einen Rechtsklick auf die dazugehörige Ansicht 3D-ANSICHT 1 unter 3D-ANSICHTEN mit KAMERA ANZEIGEN sichtbar machen (Abbildung 14.16). Neben der eigentlichen Kamera-Position gibt es hier drei weitere wichtige Positionen (Abbildung 14.17).

1. Ein roter Griff mit Mittelpunkt gibt das Kamera-Ziel projiziert auf die Kamera-Höhe an. Wird er bewegt, so ändert sich nur die Richtung der Kamera, aber nicht die Neigung.
2. Mit dem darüber liegenden gefüllten blauen Griff können Sie die Höhe des Kamera-Ziels ändern.
3. Dann gibt es noch einen kreisförmigen blauen Griff, der nicht gefüllt ist. Damit legen Sie die Ansichtstiefe an. Alles, was hinter der Ebene liegt, die durch diesen Kreis geht, wird nicht mehr in der Kamera-Ansicht gezeigt. Damit können Sie also Objekte, die sich hinter dieser Ebene befinden, von der Anzeige ausschließen.

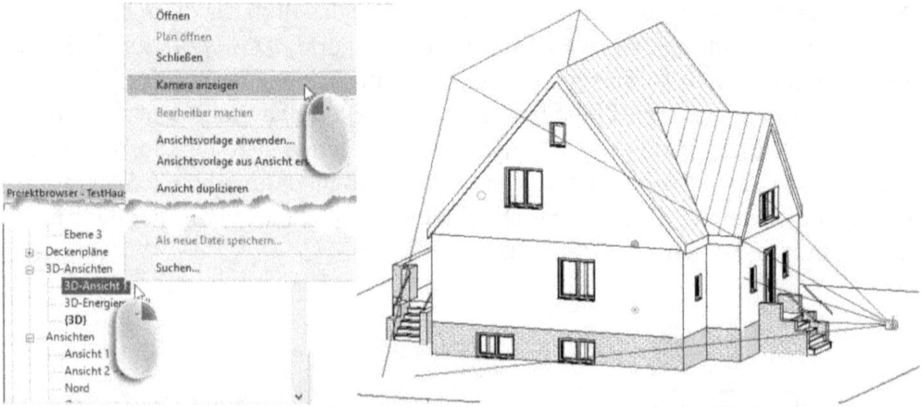

Abb. 14.16: Kamera-Anzeige im Browser aktivieren

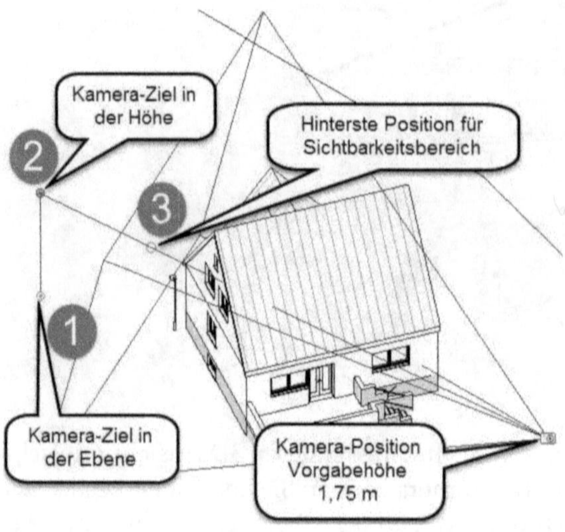

Abb. 14.17: Einstellmöglichkeiten für Kamera

14.6 Walkthroughs

Walkthroughs sind Kamera-Pfade, die aus einer großen Anzahl aufeinanderfolgender Kamera-Positionen bestehen. Dazu wechseln Sie zuerst in eine Geschossansicht. Zum Erstellen eines Walkthroughs dient ANSICHT|ERSTELLEN|3D-ANSICHT▾|WALKTHROUGH oder das Werkzeug im SCHNELLZUGRIFF-WERKZEUGKASTEN. Dann klicken Sie den ersten und alle nachfolgenden Punkte des Kamera-Pfads an. Achten Sie dabei darauf, dass der Pfad möglichst glatt ohne zu viele Schwenks eingegeben wird und später nicht nervös wirkt. Wenn Sie über Treppen und in andere Geschosse gehen, denken Sie daran, in der Optionsleiste die Kamera-Position unter VERSATZ entsprechend anzupassen, denn die bezieht sich immer auf das Ausgangsgeschoss. Nach der letzten Position klicken Sie auf das Werkzeug WALKTHROUGH FERTIG STELLEN in der Multifunktionsleiste.

Revit legt dann im Browser die Kategorie WALKTHROUGHS mit Ihrem gespeicherten Pfad WALKTHROUGH 1 an. Genau wie die Kameras machen Sie auch einen Walkthrough per Rechtsklick im Browser über die Funktion ÖFFNEN sichtbar.

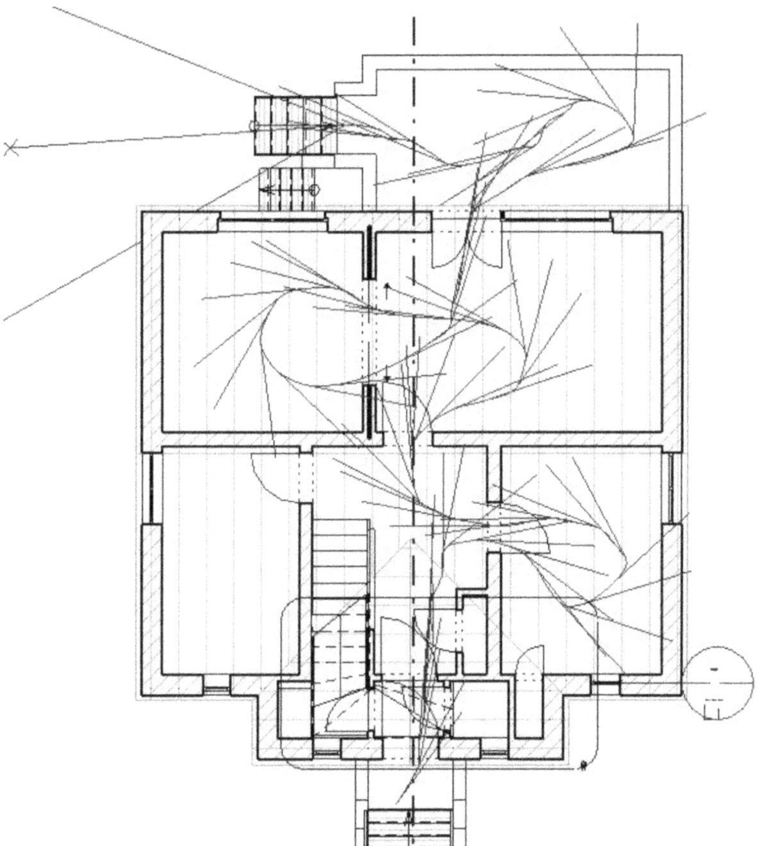

Abb. 14.18: Walkthrough

Der Walkthrough soll nun bearbeitet werden und mehr Zwischenbilder erhalten. Nachdem Sie ihn sichtbar gemacht haben, markieren Sie ihn und klicken in der Multifunktionsleiste auf das Werkzeug WALKTHROUGH BEARBEITEN. In der Optionsleiste erhalten Sie nun die Möglichkeit, die Bilderzahl zu ändern. Die letzte 300 ❶ in der Zeile ersetzen Sie durch **3000** ❷. Die erste 300 in der Optionsleiste ist die aktuelle Bildnummer. Die sollten Sie auf **1** zurücksetzen ❹. Außerdem kann auch über die Griffe am Ansichtsfenster ggf. noch die Größe des Bildausschnitts für den gesamten Walkthrough geändert werden.

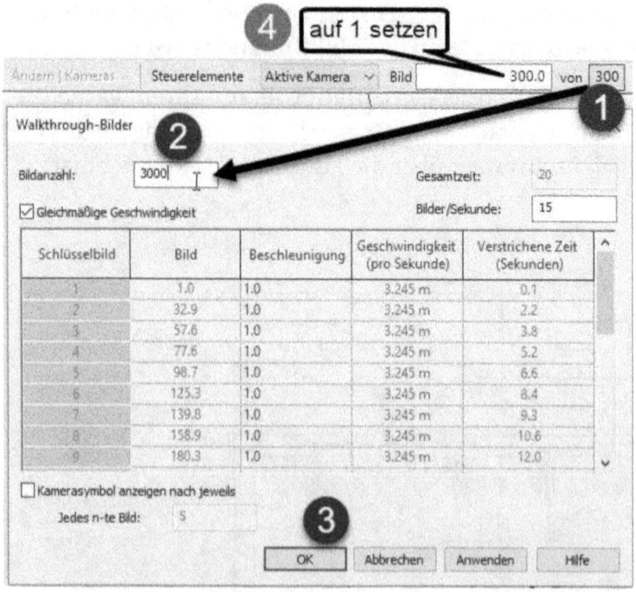

Abb. 14.19: Optionen für Walkthrough

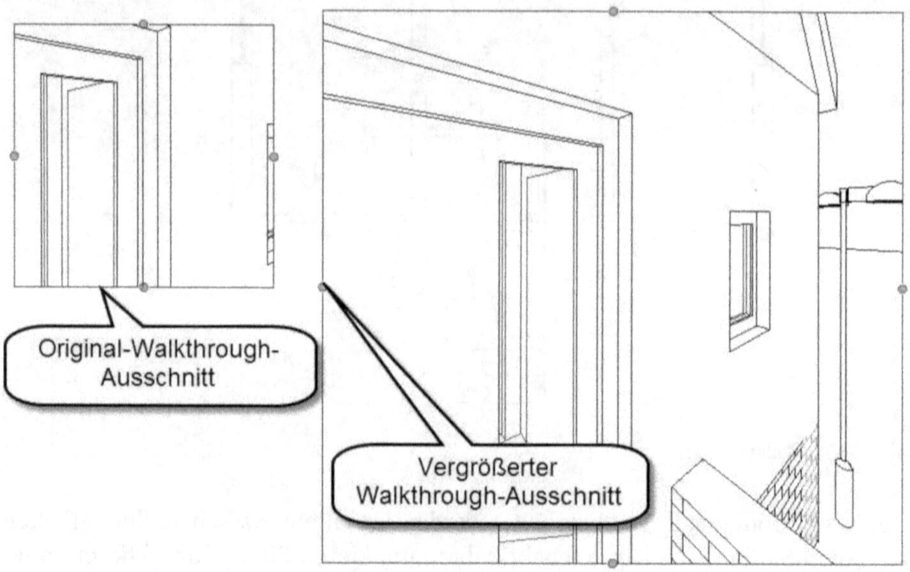

Abb. 14.20: Walkthrough-Ausschnitt über die Griffe vergrößern

Zum Abspielen des Walkthroughs gehen Sie ganz rechts auf das Multifunktionsleisten-Register WALKTHROUGH BEARBEITEN, setzen wenn nötig in der Optionsleiste unter BILD die Nummer auf **1** herunter und starten dann mit ABSPIELEN.

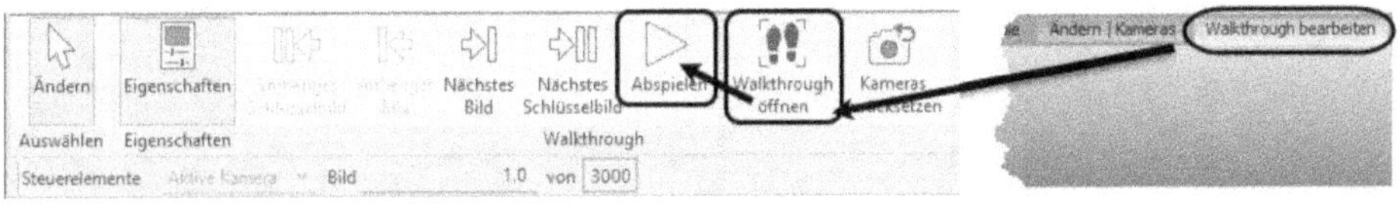

Abb. 14.21: Walkthrough abspielen

Sie können einen Walkthrough auch in eine *.AVI-Datei exportieren. Öffnen Sie dazu den Walkthrough und wählen Sie im Dateimenü DATEI|EXPORTIEREN ▸ |BILDER UND ANIMATIONEN|WALKTHROUGH. Im Dialog kann hier auch noch der BILDSTIL von DRAHTMODELL über REALISTISCH bis RENDERN neu bestimmt werden (Abbildung 14.22). Je realistischer der BILDSTIL gewählt wird, desto länger dauert natürlich die Erstellung der Film-Datei. Die Qualität der Wiedergabe wird auch über die Pixelauflösung bestimmt, und die kann hier unter BEMAẞUNGEN eingestellt werden.

Die fertige Animationsdatei kann dann unabhängig von Revit mit FILME & TV abgespielt werden.

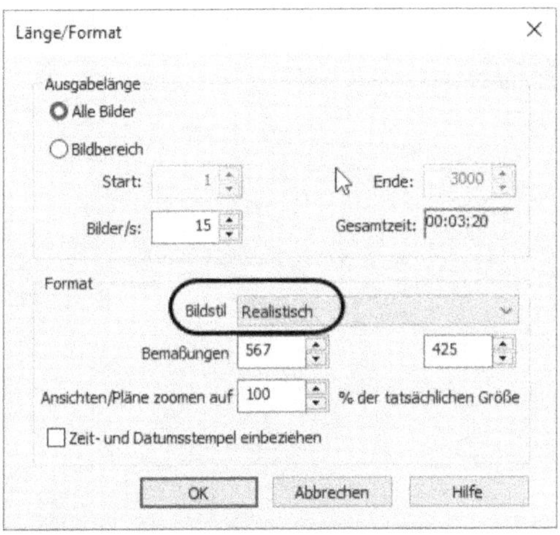

Abb. 14.22: Bildstil für Export einstellen

14.7 Übungsfragen

1. Wo wird der STANDORT eingegeben?
2. Welche Optionen gibt es für die Standortbestimmung?
3. Wie aktivieren Sie die manuelle Einstellung für den SONNENSTAND?
4. Wo aktivieren Sie ein Hintergrundbild für eine Ansicht?
5. Wie definieren Sie eine KAMERA?
6. Was ist ein WALKTHROUGH?

Familieneditor

Mit dem Familieneditor können Sie einerseits neue Familien erstellen oder andererseits vorhandene bearbeiten. Zum *Erstellen* von neuen Familien gehen Sie

- auf der STARTSEITE auf FAMILIEN|NEU oder
- im Dateimenü auf DATEI|NEU|FAMILIE.

Zum *Bearbeiten* existierender Familien

- reicht ein *Doppelklick* auf ein Familien-Element in Ihrer Konstruktion oder
- Sie gehen auf der STARTSEITE unter FAMILIEN auf ÖFFNEN oder
- im Dateimenü auf DATEI|ÖFFNEN|FAMILIE.

Bei den beiden letzten Optionen erreichen Sie aber nur einen Bruchteil der verfügbaren Familien, weil die meisten nicht mehr im lokalen Bibliotheksordner, sondern in der AutoCAD-Cloud verwaltet werden. Sie müssten sich Familien von dort erst mit EINFÜGEN|AUS BIBLIOTHEK LADEN|AUTODESK-FAMILIE LADEN ins aktuelle Projekt einfügen.

Wichtig

Einheiten sind hier Millimeter. Sie sollten unbedingt beachten, dass im FAMILIENEDITOR die Einheiten stets in Millimetern einzugeben sind.

15.1 Beispiel: Eigenes Fenster

15.1.1 Familieneditor starten

An einem einfachen Fenster soll das Erstellen eines neuen Bibliotheksbauteils, sprich einer Familie, demonstriert werden. Zuerst wird der Familieneditor beispielsweise mit DATEI|NEU|FAMILIE gestartet. Das kann auch parallel zu einem aktuellen Projekt geschehen. Das hat den Vorteil, dass das Teil gleich im Projekt ausprobiert werden kann.

Für jede Kategorie von Elementen gibt es eine eigene Familienvorlage. Deshalb wird nun die Familienvorlage `Fenster.rft` (rft = Revit Family Template, engl. *template* = Vorlage) gewählt. Diese Vorlage enthält ein fiktives Stück Wand, in das bereits mit einem unsichtbaren Abzugskörper ein rechteckiges Loch geschnitten wurde.

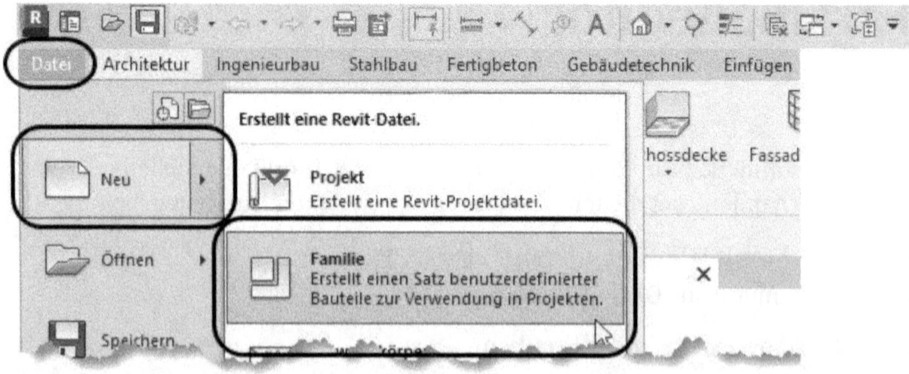

Abb. 15.1: Familieneditor starten

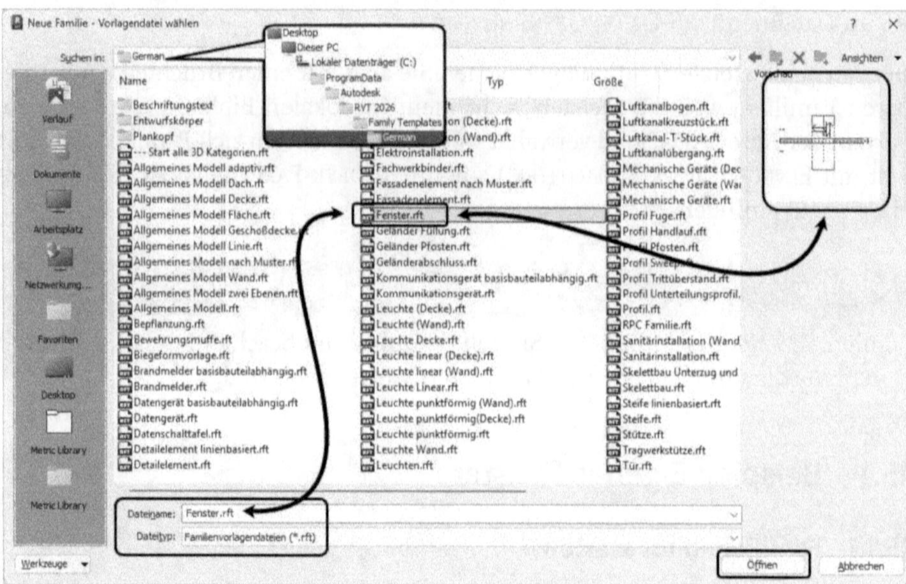

Abb. 15.2: Fenster-Vorlage wählen

Die Fenster-Vorlage hat eine ähnliche Struktur wie ein Revit-Projekt. Allerdings gibt es nur einen GRUNDRISS, der sich REFERENZ-EBENE nennt. Auch ein entsprechender DECKENPLAN ist vorhanden. Neben der normalen 3D-ANSICHT finden Sie anstelle der Außenansichten hier die ANSICHTEN AUẞEN, INNEN, LINKS und RECHTS.

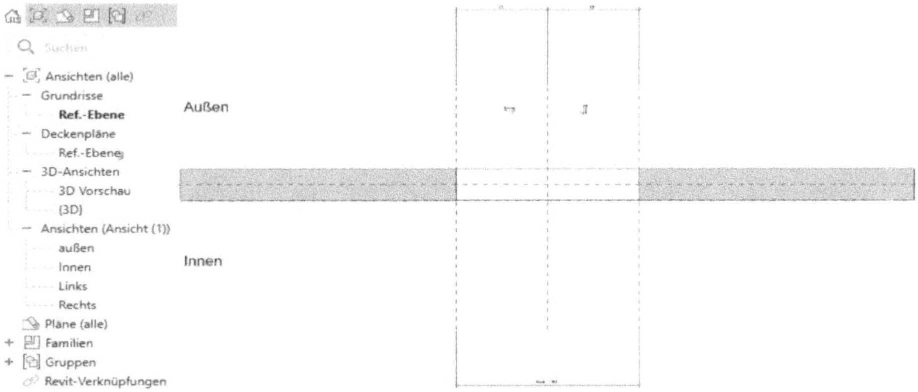

Abb. 15.3: Ansicht der Referenzebene und Browser-Struktur

15.1.2 Die Multifunktionsleiste »Erstellen«

Die Multifunktionsleiste ERSTELLEN bietet im Familieneditor die wichtigsten Modellierfunktionen unter FORMEN an. Es gibt die Möglichkeit, normale Körperelemente zu erstellen oder auch unter Abzugskörperformen eben Körper zu erstellen, die später von den anderen Körpern abgezogen werden. Abzugskörper sind nicht bei allen Familien möglich. Die *Modellierfunktionen* sind:

- EXTRUSION – Die Funktion verlangt als Erstes eine Skizze, für die ggf. zuerst eine geeignete Arbeitsebene gewählt werden muss. Nach Beenden der Skizze mit BEARBEITUNGSMODUS BEENDEN ✔ wird der Extrusionskörper schon mit Griffen angezeigt, sodass Sie ihn eigentlich nur noch auf die richtige Länge ziehen und ggf. mit dem Schlosssymbol fixieren müssen. Das Fixieren ist wichtig, wenn sich dieser Extrusionskörper bei Änderungen der Fenstermaße entsprechend anpassen soll.
- VERSCHMELZEN – Diese Funktion heißt meist auch *Lofting* und bedeutet die Körperdefinition über Querschnitte. Hier wird ein Querschnitt auf einer ARBEITSEBENE als *untere Kontur* und ein weiterer als *obere Kontur* verlangt. Beide werden verbunden und können mit Griffen senkrecht zur Ebene gedehnt werden.
- ROTIEREN – erzeugt einen Rotationskörper. Mit dem Werkzeug BEGRENZUNGSLINIE erzeugen Sie – wieder in einer geeigneten ARBEITSEBENE – eine geschlossene Kontur für den Körper. Mit dem Werkzeug ACHSLINIE zeichnen Sie die nötige Rotationsachse.
- SWEEP – Hiermit wird ein *Profil* an einem *Pfad* entlanggeführt, wodurch der Körper entsteht. Sie können den Pfad aus vorhandener Geometrie wählen oder neu zeichnen: PFAD WÄHLEN oder PFAD SKIZZIEREN. Achten Sie wieder auf die geeignete ARBEITSEBENE. Der Pfad darf aus mehreren Segmenten bestehen.

Schon auf dem ersten Pfadsegment wird die Zeichenebene für das Profil angedeutet. Nach Beenden der Pfad-Skizze können Sie mit PROFIL BEARBEITEN das Profil zeichnen.

- SWEEP-VERSCHMELZEN – Dies ist eine Kombination aus SWEEP und VERSCHMELZEN. Die Funktion erlaubt aber nur eine Pfadkurve mit einem einzigen Segment und bietet an jedem Ende eine Zeichenebene für ein individuelles Profil an.

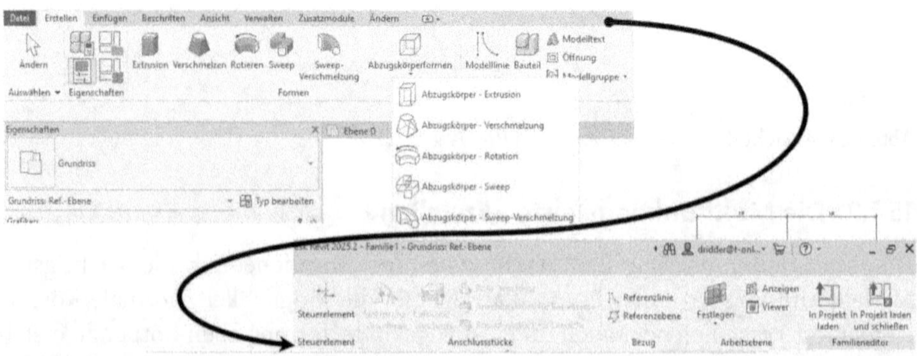

Abb. 15.4: Menüleiste des Familieneditors

Ein wichtiges Werkzeug ist noch MODELL|ÖFFNUNG, mit dem Sie zusätzliche Öffnungen zum Fenster hinzuzeichnen können. Die Funktionen für Abzugskörper sind zur Erweiterung der Fensteröffnung nicht verwendbar.

Ganz rechts erscheinen in der Menüleiste noch zwei Funktionen zum Beenden:

- IN PROJEKT LADEN – Mit dieser Funktion können Sie das neue Familienteil in das aktuelle Projekt bringen und dort auch testen. Sollten noch Änderungen nötig sein, können Sie aus dem Projekt heraus einfach das Familienteil doppelklicken oder anklicken und FAMILIE BEARBEITEN aufrufen, um im Familieneditor weiterzumachen.
- IN PROJEKT LADEN UND SCHLIEßEN – Hiermit wird das Familienteil gespeichert, wobei Sie *Dateinamen* und *Speicherort* vergeben können, und ins Projekt aufgenommen.

15.1.3 Fensterbearbeitung

Es soll nun das rechteckige Fenster durch einen Rundbogen ergänzt werden. Die Stichhöhe für den Bogen soll unter EIGENSCHAFTEN eingegeben werden können.

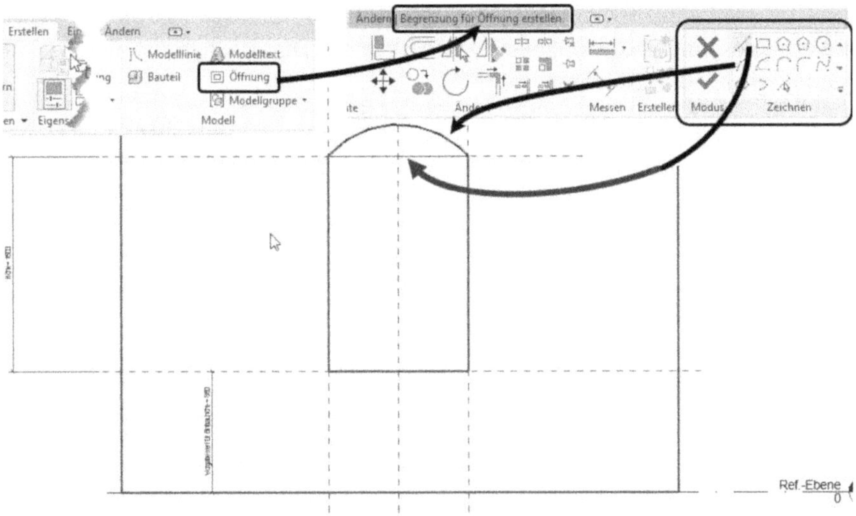

Abb. 15.5: Zusätzliche Öffnung als Bogen und Linie

Gehen Sie in die Ansicht AUßEN, wählen Sie die Funktion ERSTELLEN|MODELL|ÖFFNUNG und zeichnen Sie mit den Werkzeugen ANFANG-ENDE-RADIUS-BOGEN und LINIE den Umriss für die Erweiterung der Fensteröffnung.

Bleiben Sie noch im Skizziermodus und platzieren Sie mit der Funktion AUSGERICHTETE BEMAßUNG das Maß für die Stichhöhe.

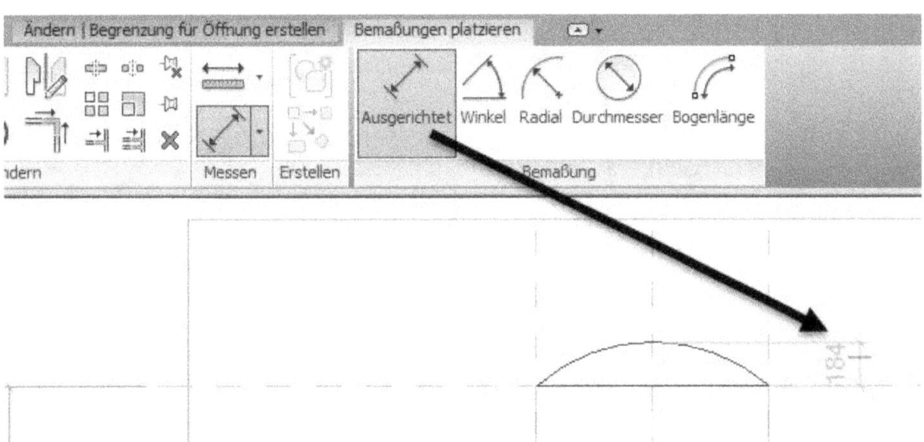

Abb. 15.6: Bemaßung noch im Skizziermodus

Nun soll aus diesem Maß ein Parameter werden, den Sie unter EIGENSCHAFTEN eingeben können. Markieren Sie dazu nach Beenden des Bemaßungsbefehls das Maß ❶. Es erscheinen in der Multifunktionsleiste neue Gruppen. Aktivieren Sie

BESCHRIFTUNGSBEMAẞUNG|PARAMETER ERSTELLEN ❷. Diese Funktion ist in älteren Versionen in der Optionsleiste erreichbar. Im Dialogfenster stellen Sie die Spezifikationen für den Parameter ein.

Zunächst können Sie zwischen FAMILIENPARAMETER und GEMEINSAM GENUTZTEM PARAMETER wählen. Für ein normales Bibliotheksteil wäre hier FAMILIENPARAMETER richtig ❸.

Nun geben Sie den Namen ein: **`Stichhöhe`** ❹.

Der PARAMETERTYP LÄNGE wurde automatisch erkannt, weil er aus einem *Längenmaß* entstanden ist.

Dann können Sie noch auswählen, unter welcher *Kategorie* dieser Parameter im EIGENSCHAFTEN-MANAGER erscheinen soll. Hier wurde BEMAẞUNGEN ❺ gewählt.

Dann müssen Sie sich zwischen TYP und EXEMPLAR entscheiden. Ein TYP-Parameter kann nicht über den EIGENSCHAFTEN-MANAGER geändert werden, sondern nur durch Duplizieren und Ableiten eines neuen Typs mit dem neuen Parameterwert. Da wir möglichst flexibel sein wollen, wurde hier EXEMPLAR ❻ gewählt.

Mit OK ist der Parameter dann definiert ❼.

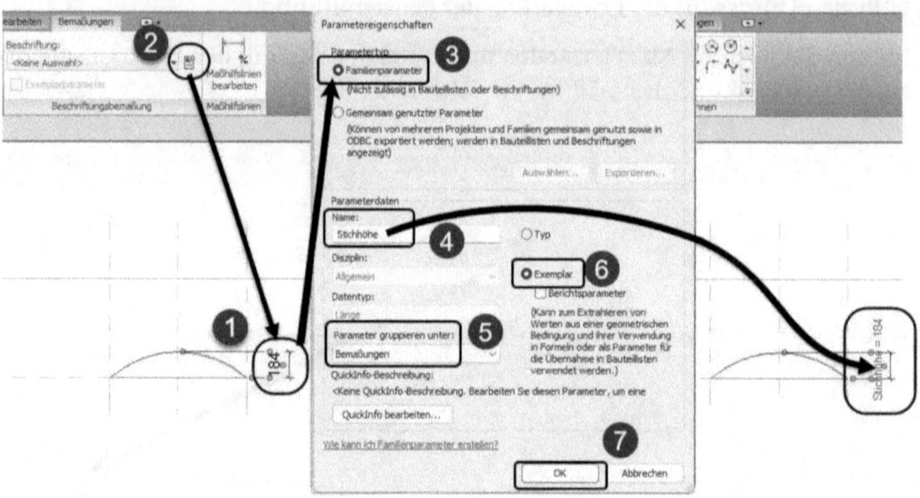

Abb. 15.7: Parameter aus Bemaßung erstellen

In der *Gruppe* EIGENSCHAFTEN klicken Sie auf FAMILIENTYPEN, geben für die STICHHÖHE einen sinnvollen glatten Wert ein – z.B. 200 – und beenden mit OK.

Nun können Sie den Skizziermodus mit BEARBEITUNGSMODUS BEENDEN abschließen. Sie können jetzt mit DATEI|SPEICHERN UNTER|FAMILIE die Datei unter einem sinnvollen Namen speichern.

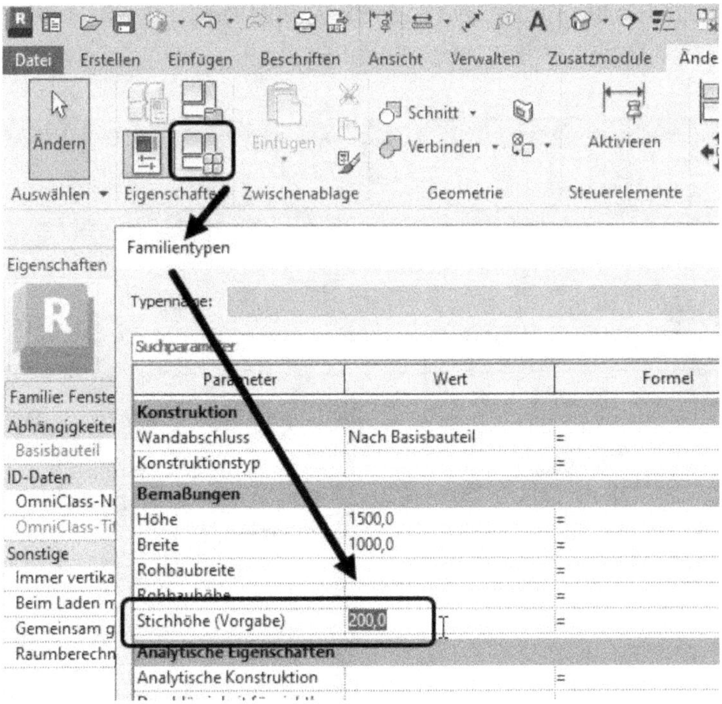

Abb. 15.8: Vorgabe-Wert für Stichhöhe einstellen

Als Speicherort sollten Sie dann in der Positionenspalte links METRIC LIBRARY wählen. Dies ist das Standard-Verzeichnis, aus dem Sie später mit FAMILIE LADEN die Familiendatei in andere Projekte einfügen können. Das Fenster kann nun mit IN PROJEKT LADEN geladen und im Projekt getestet werden.

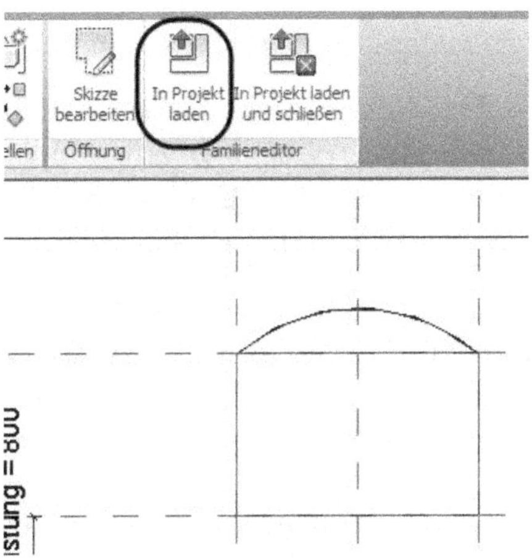

Abb. 15.9: Fenster-Familie ins aktuelle Projekt laden

Es zeigt sich, dass das Fenster funktioniert und die STICHHÖHE unter BEMAẞUNGEN mit verschiedenen Werten eingegeben werden kann.

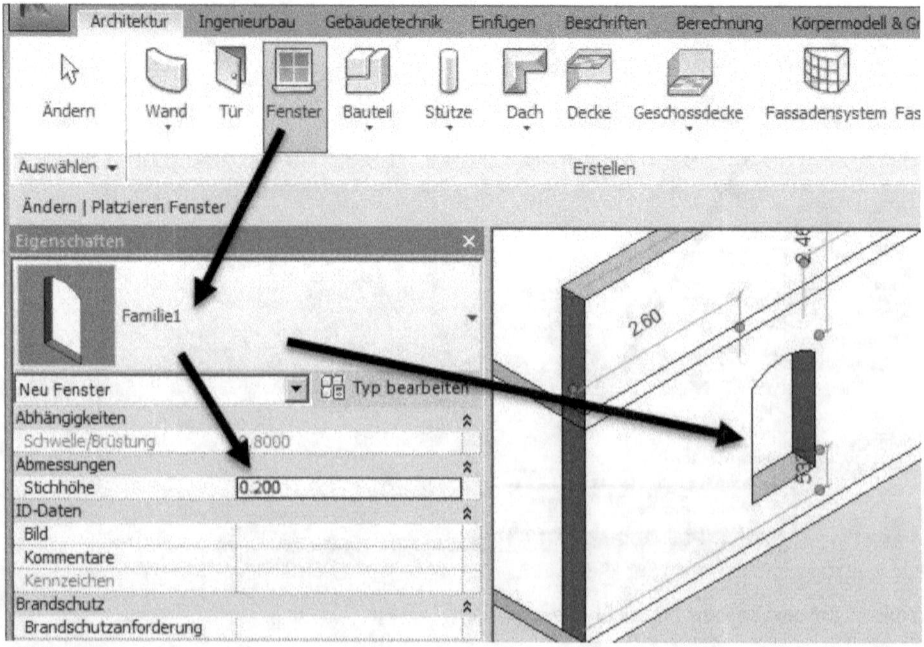

Abb. 15.10: Neue Fenster-Familie austesten

15.1.4 Fensterrahmen

Bis jetzt ist das Fenster noch sehr unfertig, weil es keinen Rahmen und kein Glas enthält. Der Fensterrahmen ist ein typisches SWEEP-Teil, weil das Rahmenprofil entlang den umlaufenden Kanten des Fensterausschnitts geführt werden muss.

Die erste Frage ist: Wo soll der Rahmen verlaufen? Nehmen wir an, dass der Rahmen in der Wandmitte liegen soll. Dann ist eine ARBEITSEBENE ❶ genau in die Mitte der Wand zu legen. Im Dialog ARBEITSEBENE FESTLEGEN ❷, ❸ können Sie diese Position unter NAME: REFERENZEBENE: MITTE (VORNE/HINTEN) ❹ wählen.

Dann starten Sie mit ERSTELLEN|FORMEN|SWEEP und wählen zuerst die Funktion PFAD SKIZZIEREN , um den Pfadverlauf zu konstruieren. Erst danach zeichnen Sie mit PROFIL BEARBEITEN den Querschnitt des Fensterrahmens. Die einzelnen Segmente für den Pfad zeichnen Sie am bequemsten mit dem grünen Werkzeug LINIE AUSWÄHLEN , indem Sie die Flächen der Fensteröffnung anklicken. Die Pfadkurve entsteht dann automatisch durch Projektion auf die ARBEITS-

EBENE. Dabei sollten Sie beachten, dass Sie jede einzelne Kante mit dem SCHLOSS-Werkzeug fixieren, damit Ihr Rahmen später bei Änderungen von Fensterbreite oder Höhe an der Fensteröffnung fixiert bleibt. Beenden Sie dann die Pfad-Skizze mit ✔.

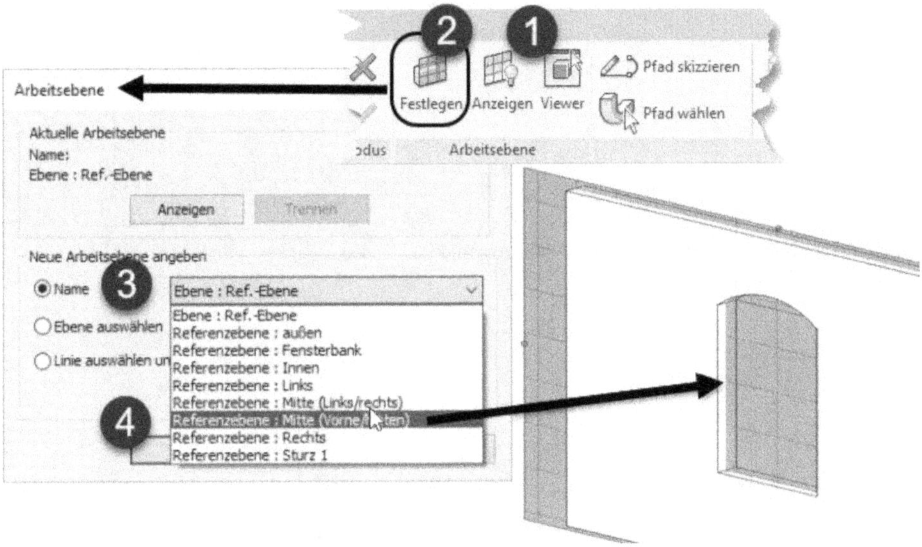

Abb. 15.11: Arbeitsebene auf Wandmitte setzen

Nun wählen Sie PROFIL BEARBEITEN und zeichnen die geschlossene Kontur für den Querschnitt des Rahmens (Abbildung 15.13). Beenden Sie schließlich die Profil-Skizze mit ✔. Abschließend müssen Sie nur noch die SWEEP-Funktion mit einem weiteren ✔ beenden.

Abb. 15.12: SWEEP-Werkzeug für Fensterrahmen

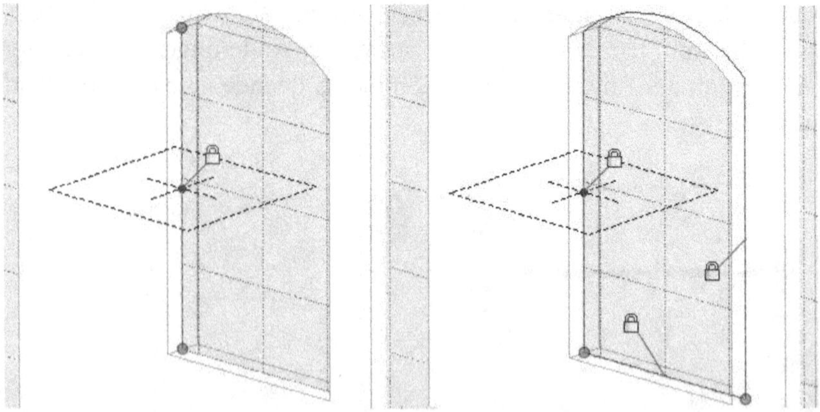

Abb. 15.13: Segmente des Pfads mit Fixierungen

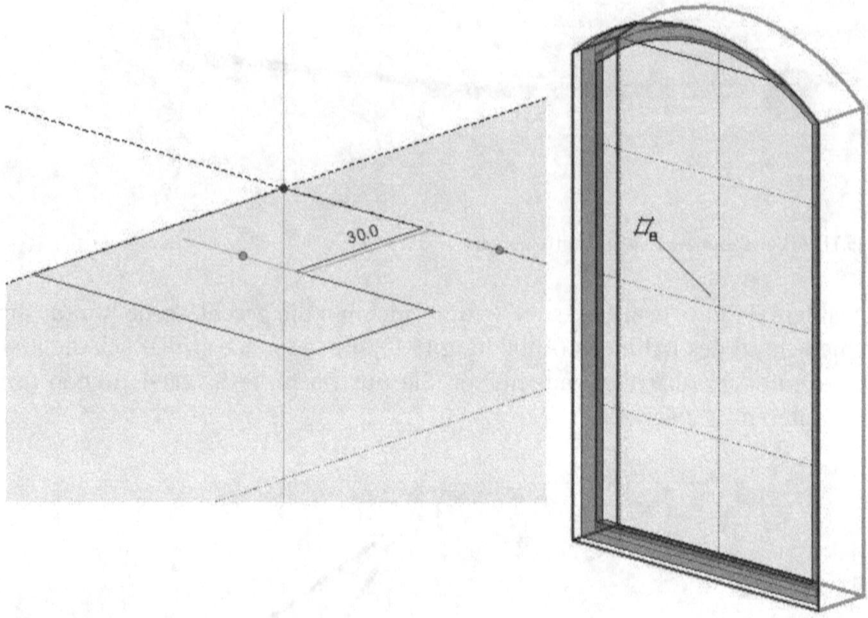

Abb. 15.14: Profil und fertiger Rahmen

Geometrisch ist der Rahmen nun fertig. Für die Darstellung soll jetzt noch ein besseres Material gewählt werden:

1. In den EIGENSCHAFTEN finden Sie nur das Material <NACH KATEGORIE>.
2. Wenn Sie mehr als nur ein allgemeines Fenstermaterial haben wollen, müssen Sie auf die *drei Pünktchen* daneben klicken.
3. Der MATERIALBROWSER wird gestartet.

4. Unter [icon] wählen Sie NEUES MATERIAL ERSTELLEN.
5. Nach Rechtsklick auf das neue Material wählen Sie UMBENENNEN und geben **Birkenholz** ein.
6. Mit [icon] starten Sie den MEDIEN-BROWSER (OBJECT BROWSER).
7. Hier blättern Sie die Bibliothek PHYSIKALISCHE AUTODESK MATERIALIEN auf.
8. Wählen Sie HOLZ|HARTHOLZ.
9. Suchen Sie sich eine Holzart wie beispielsweise BIRKE aus. Mit Klick auf den Pfeil nach oben [icon] werden die physikalischen Daten der BIRKE nun dem Material im MATERIALBROWSER zugeordnet.
10. Mit ANWENDEN im MATERIALBROWSER wird das Material **Birkenholz** in die EIGENSCHAFTEN übernommen.

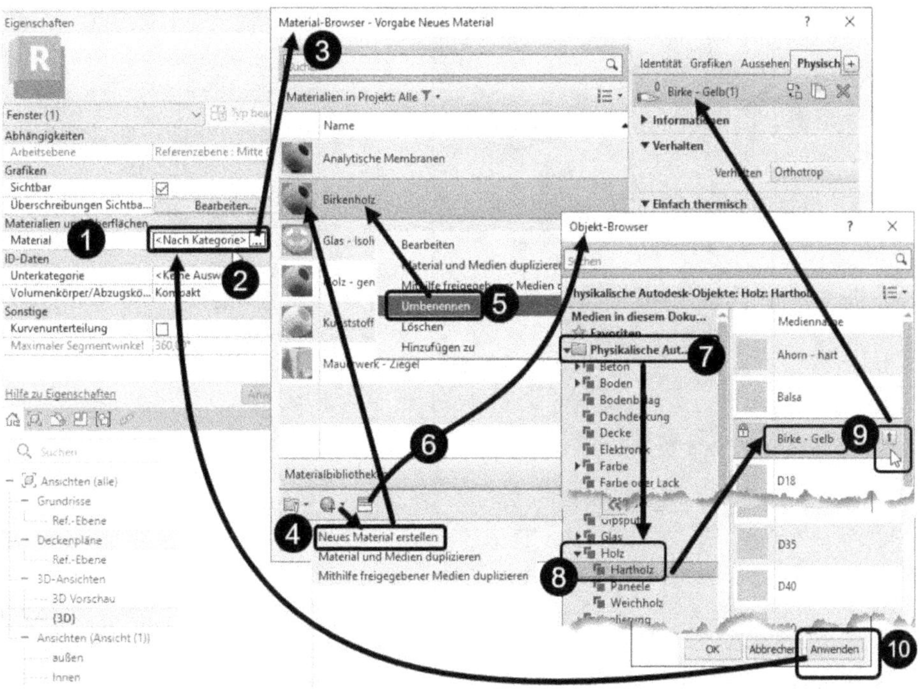

Abb. 15.15: Materialzuordnung für den Rahmen

15.1.5 Fensterglas

Die Glasscheibe ist ein typisches EXTRUSIONS-Teil, weil die Innenfläche des Rahmens einfach um 3 mm extrudiert werden muss.

Damit die Glasscheibe direkt am Rahmen anliegt, sollten Sie die ARBEITSEBENE in der 3D-ANSICHT von hinten an die Rahmen-Innenflächen anlegen.

Nachdem Sie dann das Werkzeug EXTRUSION gewählt haben, zeichnen Sie die Rahmen-Innenkanten ähnlich wie bei SWEEP nach. Achten Sie darauf, dass die Kontur sauber geschlossen ist. Nach Beenden der Skizze zeigt sich sofort die Glasscheibe, allerdings mit der Vorgabe-Stärke von 250 mm. In der Multifunktionsgruppe EXTRUSION sollten Sie die Vorgabe bei TIEFE auf **3** setzen. Auch hier sollten Sie das Material realistisch auf Glas umstellen.

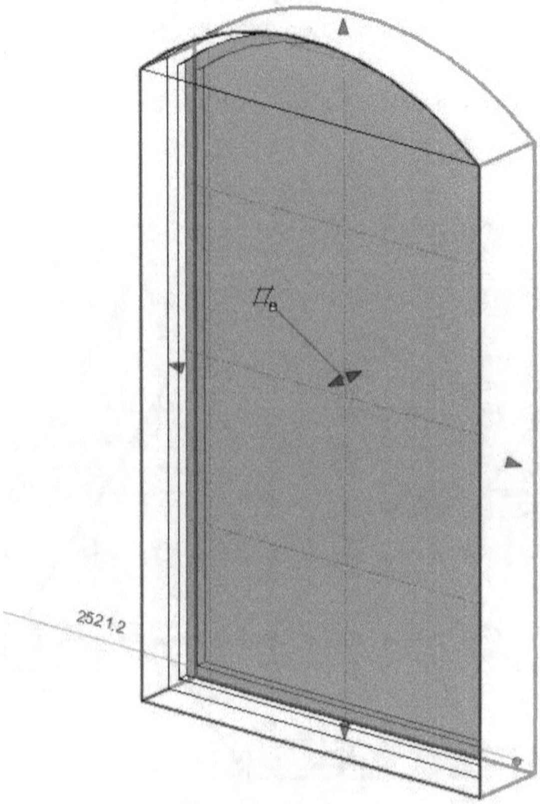

Abb. 15.16: Rahmen und Glasscheibe fertig

Sie können übrigens das Fenster noch flexibler machen, indem Sie in der Ansicht REF.-EBENE den Parameter BREITE markieren und ihn mit einem Häkchen in der Multifunktionsleiste zum EXEMPLARPARAMETER machen. Genauso können Sie in der Ansicht AUßEN den Parameter HÖHE ebenfalls zum EXEMPLARPARAMETER erklären.

Falls nicht schon geschehen, sollten Sie das fertige Fenster unter einem sinnvollen Namen dann vielleicht in einem eigenen Ordner für eigene Bibliotheksteile speichern. Dazu gehen Sie im Browser in der Kategorie FENSTER auf die neue Familie RUNDFENSTER und wählen nach Rechtsklick SPEICHERN. Als Speicherort sollten Sie dann in der Positionenspalte links METRIC LIBRARY wählen. Dies ist das Standard-Verzeichnis, aus dem Sie später mit FAMILIE LADEN die Familiendatei in andere Projekte einfügen können.

15.2 Übungsfragen

1. Welche Dateiendung haben die Familien und Familien-Vorlagen?
2. Was sind die typischen Browser-Kategorien im Familieneditor?
3. Beschreiben Sie die Modellierfunktionen im Familieneditor.
4. Was ist ein Abzugskörper?
5. Wie erstellen Sie einen Parameter für Ihr Familienteil?

Anhang A

Befehlskürzel

Die Befehlsabkürzungen sind immer dann sehr nützlich, wenn Sie viel mit dem Programm arbeiten und dafür auch schnell werden wollen. Je mehr Sie auch die PC-Tastatur nutzen und mit der Tasteneingabe vertraut sind, desto schneller können Sie mit den Befehlskürzeln arbeiten. Das Hin- und Herschalten zwischen Multifunktionsleiste und das Aufblättern von Flyout-Werkzeugen entfällt damit. Die Werkzeuge haben allerdings Abkürzungen, die sich aus den englischen Befehlsnamen ergeben, und sind deshalb nicht so einfach zu lernen. Sie finden die komplette Liste auch unter DATEI|OPTIONEN unter BENUTZEROBERFLÄCHE|TASTENKOMBINATIONEN:

MFL-Aufruf	Kürzel	Werkzeug
Erstellen>Auswählen; Einfügen>Auswählen; Beschriften>Auswählen; Ansicht>Auswählen; Verwalten>Auswählen; Zusatzmodule>Auswählen; Ändern>Auswählen; Architektur>Auswählen; Ingenieurbau>Auswählen; Stahlbau>Auswählen; Gebäudetechnik>Auswählen; Berechnung>Auswählen; Körper & Grundstück>Auswählen; Zusammenarbeit>Auswählen; Kontextabhängige Registerkarten>Auswählen	MD	Ändern
Ändern>Ändern	AL	Ausrichten
Ändern>Ändern	MV	Verschieben
Ändern>Ändern	OF	Versatz
Ändern>Ändern	CO#CC	Kopieren
Ändern>Ändern	MM	Spiegeln - Achse wählen
Ändern>Ändern	RO	Drehen
Ändern>Ändern	DM	Spiegeln - Achse zeichnen
Ändern>Ändern	TR	Stutzen/dehnen für Ecke
Ändern>Ändern	SL	Element teilen

MFL-Aufruf	Kürzel	Werkzeug
Ändern>Ändern	AR	Reihe
Ändern>Ändern	RE	Maßstab
Ändern>Ändern	UP	Sperre aufheben
Ändern>Ändern	PN	Sperren
Ändern>Ändern	DE	Löschen
Ändern>Ansicht	EH	In Ansicht ausblenden:Elemente ausblenden
Ändern>Ansicht	VH	In Ansicht ausblenden:Kategorie ausblenden
Ändern>Ansicht	EOD	Grafik in Ansicht überschreiben:Überschreiben nach Element
Ändern>Ansicht	LW	Liniengrafik
Ändern>Ansicht	BX	Auswahlrahmen
Ändern>Erstellen	CS	Ähnliches erstellen
Ändern>Geometrie	PT	Farbe
Ändern>Geometrie	CP	Ausklinkung; Ausklinkung anwenden
Ändern>Geometrie	RC	Ausklinkung:Ausklinkung entfernen
Ändern>Geometrie	SF	Fläche trennen
Ändern>Geometrie	SF	Fläche trennen
Ändern>Steuerelemente; Schnellzugriffs-Werkzeugkasten	AC	Steuerelemente und Bemaßungen aktivieren
Ändern>Zwischenablage	MA	Typ anpassen - Eigenschaften
Ansicht>Darstellung; Steuerelemente für Ansichten	RR	Render
Ansicht>Darstellung; Steuerelemente für Ansichten	RD	Cloud- Rendering:In Cloud rendern
Ansicht>Darstellung; Steuerelemente für Ansichten	RG	Cloud- Rendering:Render-Katalog
Ansicht>Fenster	TW	Ansichten als Registerkarte
Ansicht>Fenster	WT	Ansichten neben-/untereinander
Ansicht>Fenster	Fn9	Systembrowser
Ansicht>Fenster	KS	Tastaturkurzbefehle
Ansicht>Fenster	CA	Ansichtsbereich-Farbschema
Ansicht>Fenster; Gebäudetechnik>Fertigung	PB	MEP-Fertigungsteile; Fertigungs- Teil

MFL-Aufruf	Kürzel	Werkzeug
Ansicht>Grafik	VG#VV	Sichtbarkeit/ Grafiken
Ansicht>Grafik; Schnellzugriffs-Werkzeugkasten	TL	Feine Linien
Architektur>Bezug; Ingenieurbau>Bezug	GR	Raster
Architektur>Erstellen	DR	Tür
Architektur>Erstellen	WN	Fenster
Architektur>Erstellen; Ingenieurbau>Ingenieurbau	WA	Wand; Wand:Nichttragende Wand
Architektur>Erstellen; Ingenieurbau>Ingenieurbau	CL	Stütze; Tragwerksstütze
Architektur>Erstellen; Ingenieurbau>Ingenieurbau	SB	Geschossdecke:Geschossdecke: tragend
Architektur>Modell; Ingenieurbau>Modell	LI	Modelllinie
Architektur>Raum & Fläche	RM	Raum
Architektur>Raum & Fläche; Beschriften>Beschriftung	RT	Raum beschriften; Raum beschriften; Raum-beschriftung
Beschriften>Bemaßung; Ändern>Messen; Erstellen>Bemaßung; Kontextabhängige Registerkar- ten>Bemaßung; Schnellzugriffs-Werkzeugkasten	DI	Ausgerichtete Bemaßung
Beschriften>Bemaßung; Ändern>Messen; Kontextabhängige Registerkar- ten>Bemaßung	EL	Höhenkote
Beschriften>Beschriftung; Schnellzugriffs-Werkzeugkasten	TG	Nach Kategorie beschriften
Beschriften>Detail	DL	Detaillinie
Beschriften>Text; Erstellen>Text; Kontextabhängige Registerkar- ten>Text	FR	Suchen/ Ersetzen
Beschriften>Text; Erstellen>Text; Schnellzugriffs-Werkzeugkasten	TX	Text
Eigenschaftenbereich	VR	Ansichtsbereich

MFL-Aufruf	Kürzel	Werkzeug
Erstellen>Arbeitsebene; Ändern>Arbeitsebene; Architektur>Arbeitsebene; Ingenieurbau>Arbeitsebene; Stahlbau>Arbeitsebene; Gebäudetechnik>Arbeitsebene; Berechnung>Arbeitsebene; Kontextabhängige Registerkarten>Arbeitsebene;	PK	Festlegen:Ebene auswählen; Arbeitsebene bearbeiten:Ebene wählen
Erstellen>Bezug; Architektur>Bezug; Ingenieurbau>Bezug	LL	Ebene
Erstellen>Bezug; Erstellen>Zeichnen; Ändern>Zeichnen; Architektur>Arbeitsebene; Ingenieurbau>Arbeitsebene; Stahlbau>Arbeitsebene; Gebäudetechnik>Arbeitsebene; Berechnung>Arbeitsebene; Kontextabhängige Registerkarten>Arbeitsebene	RP	Referenzebene
Erstellen>Eigenschaften; Ansicht>Fenster; Ändern>Eigenschaften; Kontextabhängige Registerkarten>Eigenschaften	PP#Ctrl+1#VP	Eigenschaften
Erstellen>Modell; Architektur>Erstellen; Ingenieurbau>Modell; Gebäudetechnik>Modell	CM	Bauteil platzieren
Erstellen>Modell; Beschriften>Detail; Ändern>Erstellen; Erstellen>Detail; Architektur>Modell; Ingenieurbau>Modell	GP	Modellgruppe:Gruppe erstellen; Detailgruppe:Gruppe erstellen
Erstellen>Modell; Erstellen>Detail; Erstellen>Zeichnen; Ändern>Zeichnen; Kontextabhängige Registerkarten>Zeichnen	LI	Modelllinie; Linie; Begrenzungslinie; Bewehrungslinie
Ingenieurbau>Bewehrung	RN	Bewehrungsnummern

MFL-Aufruf	Kürzel	Werkzeug
Ingenieurbau>Fundament	FT	Fundament: Wand
Ingenieurbau>Ingenieurbau	BM	Tragwerk: Träger
Ingenieurbau>Ingenieurbau	BR	Tragwerk: Strebe
Ingenieurbau>Ingenieurbau; Kontextabhängige Registerkarten>Trägersystem	BS	Trägersystem; Automatisches Trägersystem
Kontextabhängige Registerkarten>Ausrichtung	JP	Ausrichtungspunkte
Kontextabhängige Registerkarten>Ausrichtung	JY	yOffset
Kontextabhängige Registerkarten>Ausrichtung	JZ	zOffset
Kontextabhängige Registerkarten>Formbearbeitung	PV	Punktvorschau
Kontextabhängige Registerkarten>Formbearbeitung	SG	Editor-Punkte und -Linien fangen
Kontextabhängige Registerkarten>Gruppe	EG	Gruppe bearbeiten
Kontextabhängige Registerkarten>Gruppe	UG	Gruppierung aufheben
Kontextabhängige Registerkarten>Gruppe bearbeiten	AP	Zu Gruppe hinzufügen
Kontextabhängige Registerkarten>Gruppe bearbeiten	RG	Aus Gruppe entfernen
Kontextabhängige Registerkarten>Gruppe bearbeiten	AD	Detailgruppe anhängen
Kontextabhängige Registerkarten>Gruppe bearbeiten	FG	Fertig stellen
Kontextabhängige Registerkarten>Gruppe bearbeiten	CG	Abbrechen
Kontextabhängige Registerkarten>Maßhilfslinien	EW	Maßhilfslinien bearbeiten
Kontextabhängige Registerkarten>Optionen	HT	Hilfe-QuickInfo anzeigen
Kontextabhängige Registerkarten>Optionen; Kontextabhängige Registerkarten>Bearbeiten	EP	Teil bearbeiten
Kontextabhängige Registerkarten>Schriftart; Texteditor	Ctrl+B	Fett

MFL-Aufruf	Kürzel	Werkzeug
Kontextabhängige Registerkarten>Schriftart; Texteditor	Ctrl+I	Kursiv
Kontextabhängige Registerkarten>Schriftart; Texteditor	Ctrl+U	Unterstrichen
Kontextabhängige Registerkarten>Schriftart; Texteditor	Ctrl+=	Tiefgestellt
Kontextabhängige Registerkarten>Schriftart; Texteditor	Ctrl+Shift+=	Hochgestellt
Kontextabhängige Registerkarten>Schriftart; Texteditor	Ctrl+Shift+A	Großbuchstaben
Kontextabhängige Registerkarten>Teilen	//	Fläche teilen
Kontextabhängige Registerkarten>Text bearbeiten; Texteditor	Ctrl+Q	Texteditor schließen
Kontextabhängige Registerkarten>Verdeckte Elemente anzeigen	EU	Element einblenden
Kontextabhängige Registerkarten>Verdeckte Elemente anzeigen	VU	Kategorie einblenden
Kontextabhängige Registerkarten>Verdeckte Elemente anzeigen; Steuerelemente für Ansichten	RH	Modus Verdeckte Elemente anzeigen ein/aus
Kontextmenü	FE	Bewehrungsenden umkehren
Kontextmenü	RC	Letzten Befehl wiederholen
Kontextmenü	EX	Ausschließen
Kontextmenü	RA	Alle ausgeschlossenen wiederherstellen
Kontextmenü	SA	Alle Exemplare auswählen: im gesamten Projekt
Kontextmenü	FL	Bewehrungsverlegung umkehren
Kontextmenü	MP	In Projekt verschieben
Kontextmenü	RB	Ausgeschlossenes Objekt wiederherstellen
Kontextmenü	TV	Sichtbarkeit ein/aus
Kontextmenü	FF	Im Projektbrowser suchen

MFL-Aufruf	Kürzel	Werkzeug
Kontextmenü	R3	Drehmittelpunkt platzieren
Körper & Grundstück>Grundstück modellieren	BP	Geländeschnitt-Abzugskörper-Optimierung
Körper & Grundstück>Grundstück modellieren	TS	Glatte Schattierung von Geländemodellen
Navigationsleiste	ZR#ZZ	Zoom Fenster
Navigationsleiste	32	2D-Modus (3D-Maus)
Navigationsleiste	ZE#ZF#ZX	Zoom Grenzen
Navigationsleiste	ZP#ZC	Vorherige Einstellung Pan/Zoom
Navigationsleiste	ZO#ZV	Verkleinern 2x
Navigationsleiste	ZS	Zoom für Plan anpassen
Navigationsleiste	3F	3D-Navigation (3D-Maus)
Navigationsleiste	3O	Objektmodus (3D-Maus)
Navigationsleiste	ZA	Zoom alles
Navigationsleiste	3W	2D-Navigation (3D-Maus)
Objektfang	SX	Punkte
Objektfang	SI	Schnittpunkte
Objektfang	S2	Mitte zwischen 2 Punkten
Objektfang	ST	Tangenten
Objektfang	SP	Lotrecht
Objektfang	SW	Raster Arbeitsebene
Objektfang	SN	Nächster
Objektfang	PC	Punktwolken fangen
Objektfang	SQ	Quadranten
Objektfang	SC	Zentrumspunkte
Objektfang	SR	Entfernte Objekte fangen
Objektfang	SM	Mittelpunkte
Objektfang	LM	Koordinationsmodelle fangen
Objektfang	SZ	Schließen
Objektfang	SO	Objektfang aus
Objektfang	SS	Überschreibung ausschalten
Objektfang	SE	Endpunkte
Statusleiste	Fn11	Hintergrundprozesse
Steuerelemente des Zeichenbereichs	CD	Bewehrungszwischenraum ein/aus
Steuerelemente des Zeichenbereichs	LH	Bewehrungsabhängigkeit in zwei Richtungen ein/aus

MFL-Aufruf	Kürzel	Werkzeug
Steuerelemente des Zeichenbereichs	LC	Autom. Schließen der Freiform-bewehrung ein/aus
Steuerelemente des Zeichenbereichs	CF	Abhängigkeit für die Betonüber-deckung ein/aus
Steuerelemente des Zeichenbereichs	AF	Stabausrichtung umschalten
Steuerelemente für Ansichten	WF	Drahtmodell
Steuerelemente für Ansichten	HR	Temporär ausblenden/isolieren zurücksetzen
Steuerelemente für Ansichten	HH	Element ausblenden
Steuerelemente für Ansichten	HL	Verdeckte Linie
Steuerelemente für Ansichten	CX	Modus Anzeige von Abhängigkei-ten ein/aus
Steuerelemente für Ansichten	IC	Kategorie isolieren
Steuerelemente für Ansichten	SD	Schattiert mit Kanten
Steuerelemente für Ansichten	GD	Grafikdarstellungsoptionen
Steuerelemente für Ansichten	HC	Kategorie ausblenden
Steuerelemente für Ansichten	HI	Element isolieren
Verwalten>Einstellungen	PM	Parameterdienst
Verwalten>Einstellungen	UN	Projekteinheiten
Verwalten>Einstellungen	GL	Globale Parameter
Verwalten>Einstellungen	MS	MEP- Einstellungen:HLS-Einstel-lungen
Verwalten>Einstellungen	ES	MEP- Einstellungen:Elektrische Einstellungen
Verwalten>Einstellungen	FS	MEP- Einstellungen:Fertigungs-einstellungen
Verwalten>Einstellungen	BT	MEP- Einstellungen:Gebäude-/ Raumtypeinstellungen
Verwalten>Einstellungen; Kontextabhängige Registerkar-ten>Voreinstellungen und Daten	SU	Weitere Einstellungen:Sonne-neinstellungen
	VOH	Grafiküberschreibung nach Kate-gorie in Ansicht: Halbton ein/aus
	EOH	Grafiküberschreibung nach Ele-ment in Ansicht: Halbton ein/aus
	Ctrl + =	Bauteillisten-Ansicht vergrößern

Antworten zu den Übungsfragen

Kapitel 1

1. Die Testversion kann 30 Tage zum Testen des Programms benutzt werden, die Studentenversion mit jährlicher Verlängerung und nur die lizenzierte Version berechtigt zum professionellen dauerhaften Einsatz, solange das Abonnement läuft.
2. STARTSEITE, ÖFFNEN, SPEICHERN, ZURÜCK, WIEDERHERSTELLEN, Drucken, MESSEN, AUSGERICHTETE BEMAẞUNG, NACH KATEGORIE BESCHRIFTEN, TEXT, STANDARD-3D-ANSICHT, SCHNITT, DÜNNE LINIEN, FENSTER WECHSELN, SICHTBARKEIT/GRAFIKEN.
3. Die Typenauswahl oben, die einzelnen EXEMPLAR-EIGENSCHAFTEN und TYP BEARBEITEN.
4. GRUNDRISSE, DECKENPLÄNE, 3D-ANSICHTEN, ANSICHTEN, BAUTEILLISTEN/MENGEN, PLÄNE UND FAMILIEN.
5. Unter ANSICHT|FENSTER|BENUTZEROBERFLÄCHE.
6. Ebenfalls unter ANSICHT|FENSTER|BENUTZEROBERFLÄCHE.
7. Man klickt so lange auf das kleine Werkzeug ▾ in der Titelleiste, bis das gewünschte wieder da ist.
8. Die ANSICHTSLEISTE liegt links unten in der vorletzten Zeile mit MAẞSTAB, DETAILLIERUNGSGRAD, BILDSTIL, SONNENBAHN EIN/AUS, SCHATTEN EIN/AUS, RENDERN, ANSICHT ZUSCHNEIDEN, ZUSCHNEIDEBEREICH EINBLENDEN, 3D-ANSICHT SPERREN, VORÜBERGEHEND ISOLIEREN, VERDECKTE ELEMENTE.
9. ARCHITEKTUR und INGENIEURBAU.
10. Ganz links unten in der untersten Zeile.

Kapitel 2

1. Mit FAMILIEN werden Bauteilefamilien bezeichnet.
2. GRUNDRISSE, DECKENPLÄNE, 3D-ANSICHTEN, ANSICHTEN, BAUTEILLISTEN/MENGEN und PLÄNE.
3. Unter ANSICHT|GRAFIK|SICHTBARKEIT/GRAFIKEN und dort in den MODELLKATEGORIEN unter GRUNDSTÜCK|PROJEKT-BASISPUNKT.

4. ENDPUNKTE, MITTELPUNKTE, NÄCHSTE, ARBEITSEBENENRASTER, QUADRANTEN, SCHNITTPUNKTE, ZENTRIERT, LOTRECHT, TANGENTEN, PUNKTE.
5. Vorgabemäßig auf der Wandachse, bei Option TRAGENDE SCHICHT: AUßENKANTE auf der linken Kante.
6. Fein.
7. ÄHNLICHE PLATZIEREN bedeutet, Elemente des gleichen Typs mit gleichen Eigenschaften erneut zu erstellen.
8. Mit der Mehrfachwahl: Anfahren und Berühren, [Tab]-Taste und Klicken.
9. Bei WÄNDE AN GESCHOSSDECKE FIXIEREN werden die Oberkanten der Wände auf die Unterkante der Geschossdecke begrenzt.
10. Ein Satteldach entsteht aus einem viereckigen Dachumriss, indem man bei zwei gegenüberliegenden Kanten die Eigenschaft BESTIMMT NEIGUNG entfernt.

Kapitel 3

1. Mit 3D-SCHNITTBEREICH.
2. Die Icons rechts unten in der STATUSLEISTE spezifizieren die Elementwahl.
3. Von links nach rechts.
4. Mit WANDVERBINDUNGEN
5. Sie müssen die Partien anklicken, die erhalten bleiben sollen.
6. TRENNEN unterteilt ein Element in zwei Teilstücke an einer wählbaren Position.
7. Wenn in der STATUSLEISTE die Option ELEMENT BEIM AUSWÄHLEN VERSCHIEBEN aktiv ist.
8. Das Werkzeug MAßSTAB skaliert.
9. Es erzeugt aus einem 2D-Auswahlrahmen einen 3D-Schnittbereich.
10. ELEMENTE VERSCHIEBEN verschiebt Elemente temporär, um andere Partien der Konstruktion freizulegen. Diese Verschiebung lässt sich jederzeit mit einem Klick zurücknehmen.

Kapitel 4

1. Die Standard-Bemaßung ist die ausgerichtete Bemaßung.
2. Zum Ändern wird die Maßkette markiert, dann das Werkzeug HILFSLINIEN HINZUFÜGEN/ENTFERNEN aktiviert und dann die Kanten für neue oder zu entfernende Maße angeklickt. Beendet wird mit einem Doppelklick neben der Bemaßung.
3. Die Höhenkote für Rohfußböden ist ein gefülltes kopfstehendes Dreieck.

4. Bei der Neigungskote gibt es die Anzeige als Winkel oder Seitenverhältnis des Neigungsdreiecks. Es kann das Neigungsdreieck oder ein Pfeil angezeigt werden.
5. VERWALTEN|PROJEKTPOSITION|STANDORT.
6. Bei der Beschriftung ELEMENT-BAUELEMENT wird nach der Eintragung im Typ beschriftet. Das ergibt nur eine Codierung auch für zusammengesetzte Elemente. Dagegen wird bei MATERIALBAUELEMENT gemäß der einzelnen Schicht eines Elements beschriftet.

Kapitel 5

1. Der PROJEKT-BASISPUNKT läuft beim Verschieben des Projekts in der Höhe mit. Der VERMESSUNGSPUNKT bleibt immer in der Höhe 0 m liegen.
2. Zuerst müssen Sie die Grundrissansicht unter EIGENSCHAFTEN|AUSRICHTUNG auf GEOGRAFISCHEN NORDEN umstellen und dann das Werkzeug GEOGRAFISCHEN NORDEN DREHEN anwenden.

Kapitel 6

1. Die normale Schnitthöhe in den Grundrissen liegt bei 1,20 m.
2. Sie ist unter EIGENSCHAFTEN bei ANSICHTSBEREICH unter SCHNITTHÖHE definiert.
3. Der ZUSCHNEIDEBEREICH eines Grundrisses legt den sichtbaren Bereich für den späteren Plot fest.
4. Deckenpläne braucht man zur Darstellung abgehängter Decken und/oder zum Positionieren von Deckenleuchten.
5. Mit 3D-SCHNITTBEREICH generiert man für eine Ansicht eine dreidimensionale Box, deren Seitenflächen verschiebbar sind und das 3D-Modell zuschneiden können.
6. Mit ANSICHT|ERSTELLEN|ANSICHT>ANSICHT werden eigene Ansichten erstellt.
7. Ein SCHNITT mit Knick wird zunächst als einfacher Schnitt erstellt, dann markiert und mit dem Werkzeug SEGMENT TEILEN mit einem Knick versehen.
8. DETAILAUSSCHNITT erzeugt eine Detailansicht für eine Draufsicht, DETAILSCHNITT ist eine SCHNITTANSICHT, die zum DETAILSCHNITT umgewandelt wurde.
9. Mit Rechtsklick auf die Kategorie PLÄNE im Browser erzeugen Sie einen neuen Plan.

Kapitel 7

1. MODELLLINIEN sind als Hilfslinien für Konstruktionen wie schräge Wandpartien oder als Grundlage für GELÄNDER nützlich.
2. RASTERLINIEN werden typischerweise zum Positionieren von STÜTZEN verwendet. Es gibt spezielle Funktionen zum Positionieren von STÜTZEN auf alle gewählten Rasterschnittpunkte.
3. Die RASTERLINIE kann in einer Draufsicht eine Linie, ein Bogen oder ein offener Linienzug sein.
4. ARBEITSEBENEN werden zum zweidimensionalen Zeichnen in beliebigen Ebenen benötigt, wie beispielsweise zum Skizzieren in einer schrägen Dachfläche.
5. Um eine vorhandene Fläche als ARBEITSEBENE zu definieren, wählen Sie das Werkzeug ARBEITSEBENE FESTLEGEN, dann aktivieren Sie dort EBENE AUSWÄHLEN, klicken auf OK und wählen danach die gewünschte Fläche.
6. Eine ARBEITSEBENE kann mit VERSCHIEBEN und AUSRICHTEN exakt positioniert werden.
7. Eine REFERENZEBENE ist immer eben, kann aber in der erzeugenden 2D-Ansicht eine beliebige Richtung haben. Die RASTERLINIE verläuft in Seitenansichten immer senkrecht, in Draufsichten kann sie eine beliebige Richtung haben und auch gebogen sein.

Kapitel 8

1. Tragende Schichten haben die höchste Priorität, nämlich 1.
2. Wählen Sie in EIGENSCHAFTEN für das VERTIKALE RASTER die Ausrichtung MITTE.
3. Im TYP.
4. Das Rasterlayout definiert Neigungswinkel und Kantenversatz des Rasters.
5. REALISTISCH.
6. Eine DECKE.
7. Die Türen und Treppen.
8. Die TREPPE NACH BAUTEIL und über LAUF.
9. Die TREPPE NACH SKIZZE und über BEGRENZUNG und STEIGUNG.
10. In den EIGENSCHAFTEN der normalen Treppe tragen Sie unter OBERSTE EBENE EINES MEHRGESCHOSSIGEN GEBÄUDES die oberste Ebene ein.

Kapitel 9

1. Es gibt tragende und nichttragende Stützen. Die nichttragenden Stützen sind Zierstützen.
2. Sie müssen darauf achten, dass in der OPTIONSLEISTE HÖHE aktiviert ist und als Höhenangabe die nächste *Geschossebene*.
3. Die GENEIGTE STÜTZE verlangt zwei Punktpositionen in der Draufsicht, den ersten Punkt für das untere Ende, den zweiten Punkt für das obere. Die Höhen der Endpunkte ergeben sich aus den betreffenden Ebenen.
4. 3D-OBJEKTFANG.
5. TRÄGER können über ANFANGSFUGENVERKÜRZUNG und ENDFUGENVERKÜRZUNG jeweils mit negativen Werten verlängert werden.
6. Die Träger dürfen keine anderen Verbindungen beispielsweise mit Stützen haben.
7. Die ANZAHL bei Trägersystemen gibt an, wie viele Träger im Innern noch hinzukommen.
8. Eine ARBEITSEBENE in der Dachrichtung.
9. Eigentlich nichts Besonderes, denn wenn die Gaube korrekt erstellt wurde, enthält das Dach schon den nötigen Ausschnitt, nach dem sich auch das Trägersystem richtet.
10. STREBEN werden durch Verlängern mit den Pfeilgriffen und durch AUSKLINKUNG angepasst.

Kapitel 10

1. Es gibt DACH ÜBER GRUNDFLÄCHE, DACH ÜBER EXTRUSION und DACH ÜBER FLÄCHE.
2. Beim DACH ÜBER GRUNDFLÄCHE wird die Neigung über die Winkel an den Dachkanten oder über den NEIGUNGSPFEIL festgelegt.
3. Beim NEIGUNGSPFEIL gibt man Start- und Endpunkt und die Höhen an beiden Positionen an.
4. Voraussetzung für das DACH ÜBER EXTRUSION ist eine sinnvolle ARBEITSEBENE, um das Profil des Daches zeichnen zu können.
5. Das DACH ÜBER FLÄCHE setzt einen Volumenkörper voraus.
6. Dächer können keine nach unten weisenden Flächen beinhalten.
7. Als DACH ÜBER EXTRUSION.
8. Bei DACH VERBINDEN sollte das zu verbindende Gaubendach zuerst vor dem Hauptdach enden. Dann aktivieren Sie die Funktion, klicken die Kante des Gau-

bendachs an, die zum Hauptdach zeigt, und dann eine beliebige Kante des Hauptdaches.

9. Gaubenwände müssen üblicherweise oben und unten fixiert werden.

Kapitel 11

1. Extrusionskörper, Rotationskörper und Lofting-Körper.
2. Auf Grundlage von Wänden und anderen ebenen Flächen von bestehenden Elementen oder über die Geschosshöhen.
3. Es werden zuerst nach Anklicken des Volumenkörpers die Körpergeschosse erstellt und dann erst die Geschossebenen dazu.
4. Vorgabemäßig werden Körper nicht angezeigt. Im Register KÖRPER & GRUNDSTÜCK gibt es eine Option KÖRPERFORM UND GESCHOSSDECKEN ANZEIGEN zum Aktivieren der Körperanzeige.

Kapitel 12

1. Die AutoCAD-Zeichnung importieren und dann mit KÖRPER & GRUNDSTÜCK|GRUNDSTÜCK MODELLIEREN|GELÄNDE|IMPORTEXEMPLAR WÄHLEN daraus ein Revit-Gelände erstellen.
2. Die EXPORT-EINRICHTUNG definiert die Layer-Umsetzung beim Export.
3. Der EXPORT-SATZ legt fest, welche Ansichten exportiert werden.

Kapitel 13

1. Der RAUM wird durch ein x-förmiges Kreuz gekennzeichnet und wird durch die Wände eines einzelnen Zimmers begrenzt. Er liefert die Daten für Fläche und Umfang in der RAUMLISTE. Der RAUMSTEMPEL ist ein Textfeld, das die Daten des Raums anzeigt.
2. Eine RAUNTRENNUNGSLINIE ist eine Linie, die ein Zimmer anstelle einer Wand in zwei Bereiche auftrennt, von denen dann jeder einen einzelnen Raum bilden kann.
3. Unter BESCHRIFTEN|FARBFÜLLUNG|FARBENLEGENDE.
4. Unter EIGENSCHAFTEN der Bauteilliste in der Kategorie SONSTIGE finden Sie die FELDER, die SORTIERUNG und die FORMATIERUNG für die Tabelle.
5. Unter BESCHRIFTEN|ALLE BESCHRIFTEN können Sie den Bauteil-Typ wählen und die Art der Beschriftung auswählen. So können Sie beispielsweise die BAUTEILNUMMERN aus der Tabelle in der Ansicht sichtbar machen.

Kapitel 14

1. Unter VERWALTEN|PROJEKTPOSITION|STANDORT.
2. Es gibt eine Karte mit Internet-Verbindung oder eine Städteliste. Alternativ können Sie auch eigene Längen- und Breitengrade eingeben.
3. Mit dem Werkzeug SONNENSTAND EIN aus der Anzeigeliste links unten aktivieren Sie die Sonnenstandsanzeige in der 3D-ANSICHT, wo Sie die Sonne manuell gemäß Datum und Uhrzeit bewegen können.
4. In den EIGENSCHAFTEN der Ansicht unter GRAFIKDARSTELLUNGSOPTIONEN.
5. In einer Draufsicht sollten Sie die Kamera zuerst positionieren und die Zielrichtung angeben. In der 3D-ANSICHT können Sie dann über die Kamera-Anzeige noch die Höhenausrichtung, Blicktiefe und Öffnungswinkel manuell einstellen.
6. Ein WALKTHROUGH ist eine Verkettung mehrerer Kamera-Positionen. Der komplette WALKTHROUGH kann als Film abgespielt werden.

Kapitel 15

1. Die Familien haben Dateiendung `*.rfa` und die Familien-Vorlagen `*.rft`.
2. GRUNDRISSE|REFERENZEBENE, 3D-ANSICHTEN|ANSICHT(1), ANSICHTEN|AUẞEN, INNEN,LINKS und RECHTS.
3. EXTRUSION zieht ein Profil in die Höhe. VERSCHMELZEN bildet einen Körper aus zwei Profilen in verschiedenen Höhen, ROTIEREN dreht ein Profil um eine Achse, SWEEP führt ein Profil an einem Pfad entlang, SWEEP-VERSCHMELZEN verbindet zwei Profile an den Enden einer einzelnen Pfadkurve.
4. Ein ABZUGSKÖRPER wird nach gleichen Methoden wie ein normaler Körper erzeugt, aber er wird automatisch von dem normalen Körper abgezogen.
5. Sie müssen zuerst eine Bemaßung erstellen, diese markieren und dann die Funktion BESCHRIFTUNGSBEMAẞUNG|PARAMETER ERSTELLEN wählen.

Stichwortverzeichnis

C

D

E

F